健康管理专科护理

主编　周晓丹　车　颖　刁庆庆

科学出版社
北　京

内 容 简 介

本书以健康管理学和护理学为基础，阐述了健康管理护理的作用、现状及展望，护士在健康管理中需具备的知识、能力和素养。全书分为四篇 17 章。内容涵盖健康管理服务体系、风险评估、慢病管理、技术规范、健康教育、质量管理等内容，既有理论体系的梳理，也有实践经验的总结；即注重内容的可读性与启发性，也注重培养护士独立思考能力、创新能力及实践操作能力。本书通过图表、列表、个案研究及可操作的量表清晰准确地展示知识要点；通过案例分析、实践操作指导、知识拓展等多种形式，巩固所学知识。本书适用各级临床健康管理专业护理人员、院校护理专业教学及学生学习参考。

图书在版编目（CIP）数据

健康管理专科护理 / 周晓丹, 车颖, 刁庆庆主编. -- 北京 : 科学出版社, 2025. 9.

ISBN 978-7-03-082964-1

Ⅰ. R47

中国国家版本馆CIP数据核字第2025FN3854号

责任编辑：郝文娜 / 责任校对：张　娟

责任印制：师艳茹 / 封面设计：吴朝洪

科学出版社 出版

北京东黄城根北街 16 号

邮政编码：100717

http://www.sciencep.com

三河市春园印刷有限公司印刷

科学出版社发行　各地新华书店经销

*

2025 年 9 月第　一　版　开本：787 × 1092　1/16

2025 年 9 月第一次印刷　印张：32 1/2

字数：811 000

定价：198.00 元

（如有印装质量问题，我社负责调换）

编著者名单

总　审　李　红　李　力

主　编　周晓丹　车　颖　刁庆庆

副主编　张立万　范　颖　魏剑婷　蔡丽华　王媛媛

编　委　（按姓氏笔画排序）

刁庆庆　南京医科大学第一附属医院（江苏省人民医院）
于海霞　联勤保障部队第九一〇医院
王　航　福州大学附属省立医院
王　蕊　北京大学第三医院
王媛媛　厦门大学附属中山医院
车　颖　北京大学第三医院
全冬妮　福州大学附属省立医院
张　宁　厦门大学附属中山医院
张立万　福建省妇幼保健院
张惠惠　北京大学第三医院
范　颖　福建省级机关医院
林　榕　福建医科大学
罗淑娟　南京医科大学第二附属医院
周晓丹　福州大学附属省立医院
洪国灿　福建医科大学附属闽东医院
黄　林　联勤保障部队第九〇〇医院
黄秀峰　厦门大学附属中山医院
韩洁珣　南京医科大学第一附属医院（江苏省人民医院）
谢玉琴　福建省福清市医院
蔡丽华　福州大学附属省立医院
薛　婷　福州大学附属省立医院
魏剑婷　福建省人民医院

秘　书

王培铃　联勤保障部队第九〇〇医院
曾金花　福建省健康管理师协会

前　言

健康管理概念自 20 世纪末引入中国至今已有 20 余年。《“健康中国 2030”规划纲要》与《健康中国行动（2019—2030）》相关政策文件促进了健康管理相关产业蓬勃发展并催生了健康新产业、新业态。健康管理机构作为健康管理的主战场，护士作为健康体检服务的主力军，其工作贯穿整个健康管理全过程。然而，目前我国健康管理机构护理专业服务规范有待提高，技能水平参差不齐，培训质量不高，人才培养体系尚处于初步探索阶段。基于《全国护理事业发展规划（2021—2025）》中提出的要加强护理队伍建设，建立以岗位需求为导向、胜任力为核心的护士培训制度，推动护理高质量发展，笔者本着对健康管理护理工作的热爱和责任，总结多年工作经验和体会，参阅国内外最新研究成果，凝聚多位本领域专家智慧，编写了这本《健康管理专科护理》。

本书以健康管理学和护理学为基础，整合了护士在健康管理中需要具备的知识、能力和素养。本书分为 4 篇共 17 章。第一篇为总论，第 1 章概述了健康管理内涵和策略，第 2 章阐述了健康管理护理作用、现状及展望。第二篇描述健康管理护理服务体系，第 3 章主要介绍健康监测，第 4 章讲述健康风险评估，第 5 章介绍常见慢性病管理策略，第 6 章讲述健康教育。第三篇为健康管理护理实践，第 7 章讲述健康管理机构护理管理，第 8 章为健康管理机构护理质量控制，涵盖了健康管理机构护理结构质量管理、过程质量管理和结果质量管理等内容，第 9 章介绍健康管理机构医院感染管理，第 10 章着重阐述人际沟通技巧、岗位规范用语及客户关系管理等，第 11 章讲述健康管理机构信息管理与应用，第 12 章讲述护理科研及健康管理中心常用科研方法，第 13 章概述健康管理伦理与职业道德，第 14 章介绍健康管理相关的法律法规知识，第 15 章针对中医健康管理护理讲述内容及相关护理技术。第四篇为技术规范与个案管理，第 16 章和第 17 章主要介绍健康管理护理专科技术及慢性病健康管理个案护理，附录部分为评估及登记量表和操作评分量表。本书通过插图、列表、个案研究及可操作的量表工具清晰准确地展示知识要点。每章章首设学习目标，帮助学员更好地掌握本章的学习内容，巩固所学知识。我们诚挚地希望通过《健康管理专科护理》一书能为健康管理护理专业人才起到指导和帮助作用，为各高等院校培养健康管理护理人才提供教学参考。

本书在编写过程中得到了北京健康管理协会、福建省健康管理师协会、福建省医学会健康管理学分会以及所有编者所在单位相关领导和同事的大力支持，在此一并表示感谢！然而，由于健康管理是一门正在快速发展的学科，随着健康管理内容的不断拓展，护理健康管理相关理论、方法和技术也在不断完善，编者的能力和水平有限，书中难免会有疏漏之处，真诚地希望所有使用本书的人员和同道能够及时提出宝贵建议，以便改进提高。

周晓丹　车　颖　刁庆庆

2024 年 9 月

目　录

第一篇　总　论

第二篇　健康管理护理服务体系

第三篇　健康管理护理实践

第一篇　总　论

第1章　健康管理概论

学习目标

了解：健康管理的服务流程和服务机构。

熟悉：健康管理的重点、支撑点、实施步骤和基本策略。

掌握：健康管理的定义、特点和科学依据。

第一节　概　述

一、健康管理的历史演进

健康管理的核心理念可追溯至我国古代医学中的“治未病”思想。这一预防医学理念最早见于成书于战国时期的《黄帝内经》，其中《素问·四气调神大论》有云：“圣人不治已病治未病，不治已乱治未乱，此之谓也。夫病已成而后药之，乱已成而后治之，譬如渴而穿井，斗而铸锥，不亦晚乎？”这段论述精辟地阐释了预防为主的医疗理念，强调高明的医者应当善于识别疾病的早期征兆并及时干预。

作为中华传统医学的重要智慧结晶，“治未病”的理念历经千年传承至今。其与当代健康管理理念不谋而合，二者的融合既体现了传统医学智慧与现代医学科学的完美结合，也展现了人类对健康真理的不懈追求。这种跨越时空的医学思想交流，为现代健康管理提供了独特的理论视角和实践指导。

现代健康管理体系起源于20世纪80年代的美国，随后被英国、德国等发达国家所采纳。其发展历程经历了从单一的健康检查服务到综合性健康促进战略的演变，服务范围也从个体健康评估扩展到全民健康规划。我国于21世纪初开始引入并发展这一健康管理模式，逐步建立起具有中国特色的健康管理体系。

二、健康管理的概念界定

健康管理作为一门新兴学科，虽然已有四十余年的国际发展历史，但学术界对其定义、概念框架及理论内涵尚未达成全球性共识。从学科建设角度来看，健康管理学在国际范围内仍处于发展阶段，各国学者基于不同国情和研究重点，形成了多样化的研究路径。

关于健康管理的概念界定，学术界主要存在以下几种代表性观点：

1. 公共卫生视角　强调对健康风险因素的识别、动态监测和系统管控。

2. 预防医学视角　注重通过健康筛查实现疾病的早期发现和及时干预。

3. *健康体检视角* 将健康管理视为体检服务的延伸，包含检后管理在内的完整服务体系。

4. *疾病管理视角* 突出主动筛查和及时诊疗在健康维护中的关键作用。

在我国，健康管理学科建设取得了重要进展。2009 年，中华医学会健康管理学分会集合领域专家智慧，制定了《健康管理概念与学科体系的中国专家初步共识》。该共识将健康管理定义为：健康管理是以现代健康概念（生理、心理和社会适应能力）和新的医学模式（生理 - 心理 - 社会）及中医治未病为指导，通过采用现代医学和现代管理学的理论、技术、方法和手段，对个体或群体整体健康状况及其影响健康的危险因素进行全面检测、评估、有效干预与连续跟踪服务的医学行为及过程。其目的是以最小投入获取最大的健康效益。

三、健康管理的目标与核心特征

基于健康管理的定义，其主要目标可归纳为以下方面：

1. 提升个体与群体的整体健康水平及生活质量。
2. 控制和降低各类健康风险因素。
3. 针对高风险人群实施疾病预防措施。
4. 实现易感疾病的早期筛查与识别。
5. 优化医疗资源配置与临床服务效能。
6. 防范可避免的疾病并发症发生。
7. 减少低效或非必要的医疗干预。
8. 建立持续性的健康效果评估与改进机制。

健康目标的演变与 WHO 的健康理念发展密切相关。自 1948 年 WHO 首次提出涵盖生理、心理和社会适应能力的健康三维概念以来，其内涵不断深化：1978 年《阿拉木图宣言》强调健康是全面功能状态的体现；1984 年《保健大宪章》突出社会适应维度；至 1989 年，健康概念进一步扩展至生理、心理、社会适应和道德四维度的协调统一。

从管理学视角来看，健康管理本质上是将经典管理职能（计划、组织、领导、协调、控制）应用于健康服务领域，通过优化资源配置实现健康效益最大化。其核心特征表现为：

1. *标准化* 基于循证医学和公共卫生指南。
2. *量化评估* 建立科学的健康指标体系。
3. *个性化服务* 针对个体差异制订干预方案。
4. *系统化运作* 整合多平台资源协同服务。

这种管理模式强调服务流程的科学性、干预措施的有效性及健康评估的持续性，旨在构建完整的健康促进生态系统。

四、健康管理的科学依据

健康管理实践的理论支撑源于慢性疾病的两个关键特征。

其一，健康与疾病之间的动态转化规律及疾病演变的可干预性构成了健康管理的理论基础。人体从健康状态到疾病状态往往经历渐进性的发展过程：从低风险阶段逐步过渡到高风险状态，继而出现早期病理改变，最终形成明显的临床症状。这一演变过程在急性传染病中可能较为短暂，而在慢性疾病中则通常持续数年甚至数十年。值得注意的是，这一过程中的生理变化往往具有隐匿性，各阶段之间并无明确界限。在此潜伏期内实施针对性干预措施，可能有效阻断、延缓或逆转疾病进程，从而达到健康维护的目标。

其二，慢性病风险因素的可调控性为健康管理提供了另一重要依据。根据世界卫生组织的相关研究，包括高血压、血脂异常、体重超标、运动不足、蔬果摄入缺乏及吸烟等在内的多数慢性病风险因素均属可干预范畴。尽管这些因素引发的慢性疾病通常难以根治，但其风险因素本身却可以通过系统管理得到有效防控。因此，健康管理的核心价值在于对这些可改变风险因素实施三级预防策略——即早期筛查、科学评估和及时干预，最终实现健康促进的总体目标。

五、健康管理的服务特性与实施基础

健康管理作为一种专业化医疗服务，其理论基础源自现代预防医学理念。该服务体系以优化资源配置、实现健康效益最大化为宗旨，由具备专业资质的医疗从业人员为主体，服务对象涵盖健康人群、亚健康人群（亚临床人群）及慢性病早期和康复期患者。

在实践层面，健康管理的重点是慢性非传染性疾病的早期预防和风险管控，通过个性化健康指导与科学干预措施相结合的方式，促进服务对象建立健康行为模式。从实施架构来看，信息技术与金融保险构成了最重要的两大支撑点。

这一服务体系倡导“预防优先、科学管理、全程照护”的现代健康理念，其核心使命在于重大疾病预防、慢性病规范管理和全民健康促进，即“防大病、管慢病、促健康”。

六、健康管理的实施步骤

科学化的健康管理通常遵循以下核心步骤。

第一步：健康信息采集与监测。该阶段需要全面收集个体健康数据，主要包括基础个人信息（性别、年龄等生物统计学资料）、健康现状及遗传病史档案、日常生活方式（饮食结构、身体活动、烟酒嗜好、睡眠起居等）、生理指标检测（血压、BMI 等体测数据）、实验室生化指标（血糖、血脂等体液检测结果）。

第二步：健康状态评估与风险预测。基于采集的健康数据，运用循证医学模型进行：健康风险量化分析，建立疾病发生概率预测模型；多维健康评估，系统识别存在的健康隐患。核心价值体现在：提升健康风险认知 / 建立行为修正激励机制；制订精准化干预方案；设计个性化健康促进计划；重点针对可调控风险因素（如可控指标），制订阶段性改善目标和具体实施策略。该环节形成的个性化方案既是个体健康行动的指南，也是健康管理师开展工作的专业依据。

第三步：健康干预与促进实施。采用多元化干预手段：不良生活方式矫正、健康风险因素管控、个体化目标管理。区别于常规健康教育的特点：定制化服务方案、动态效果监测、多维度协同干预。典型案例：对于兼具血糖异常、体重超标和吸烟习惯的糖尿病高危人群，需实施包括血糖调控、科学减重和戒烟辅导在内的综合管理方案，并通过健康档案追踪、专项课程和定期随访确保干预效果。

特别说明：健康管理是持续优化的系统工程，具有以下特征。

1. *周期性*　实施→评估→调整的闭环管理。

2. *渐进性*　螺旋式提升的健康改善过程。

3. *全面性*　涵盖生理 - 心理 - 社会多维度。

从操作层面看，健康监测是基础→风险评估是依据→精准干预是核心→健康提升是目标。

七、健康管理服务标准化流程

规范的现代健康管理服务通常包含以下五个核心环节。

（一）健康信息采集与健康体检

该阶段包含问卷调查和医学检查两个维度。专业人员通过标准化问卷采集个人病史、家族遗传史及生活习惯等基础数据，同时结合针对性体检项目进行生理指标检测。这种复合型数据采集方式能够全面评估个体健康状况，为后续干预提供客观依据。健康体检是开展健康管理的前提和基本手段。值得注意的是，体检方案需根据服务对象的年龄层、性别特征及职业特性实施个性化定制。

（二）健康评估与风险分析

该环节运用专业评估模型对采集的健康数据进行多维度分析，包括疾病风险预测、健康状态评级、潜在风险因素识别。通过量化分析为健康干预方案的制订提供科学支撑。

（三）个性化健康指导

基于前期评估结果，健康管理师将提供分级咨询服务，主要包括：专业解读健康报告、定制健康改善方案、制订动态跟踪计划。服务形式灵活多样，既支持线下面对面咨询，也可通过远程方式实现。

（四）持续性健康维护

根据服务对象的实际需求和资源条件，该阶段提供差异化服务方案：

1. *电子化服务* 在线健康档案查询、智能健康提醒。

2. *定期跟进* 健康动态监测、风险因素追踪。

3. *健康教育* 专项健康知识普及（重点涵盖营养管理、行为矫正及慢性病防控）。

（五）专项的健康及疾病管理服务

针对不同健康状态人群提供专项服务：

1. *慢性病患者管理* 专科疾病管理（如糖尿病系统管理）、危险因素控制（包括心血管风险干预等）。

2. *健康人群服务* 预防性健康教育、生活方式优化指导、高风险人群早期干预。

本流程可根据机构特点和服务对象需求进行模块化组合，实现个性化健康管理服务。

八、健康管理服务机构体系

健康管理服务提供主体呈现多元化特征。基于当前国内健康管理行业格局，主要服务机构可分为以下几个类型：

1. *医疗健康机构* 以各级医疗机构、专业体检中心为核心的健康管理服务网络，通过基础体检、健康评估等服务形式，构建了我国健康管理服务体系的基础架构。这类机构依托专业医疗资源，在疾病筛查和健康干预方面具有显著优势。

2. *公共卫生机构* 政府部门作为宏观健康管理者，通过公共卫生政策制定、健康促进法规颁布等行政手段，引导居民健康行为养成。例如膳食指南的推广、控烟条例的实施等，从政策层面为健康管理创造制度环境。

3. *企业健康管理* 用人单位通过建立内部健康管理机制或购买专业服务的方式，将健康管理纳入人力资源管理体系。具体措施包括建立健康激励机制、开展职业健康促进项目、提供专项健康服务等，以此提升员工健康水平和工作效能。

4. 商业保险机构　健康保险公司整合医疗资源，开发出融合健康促进与保险产品的综合服务方案。通过疾病预防、健康干预等增值服务，既提升了参保人的健康水平，又实现了医疗费用控制的商业目标。

5. 第三方专业机构　独立健康管理公司、社区健康服务中心等专业机构，凭借其服务灵活性和专业性的特点，为不同群体提供定制化健康管理解决方案。

这种多元主体协同的服务体系，通过政策引导、专业服务、商业运作等多种机制，共同推动健康管理服务的可持续发展。

第二节　健康管理的基本策略

健康管理的基本策略在于通过健康评估和健康风险控制实现健康维护目标。健康信息收集、健康风险评估旨在通过健康数据采集和风险分析为个体提供定制化健康指导，激发其主动参与健康改善的积极性；其次依据循证医学证据实施针对性干预，有效控制既存健康风险。

流行病学研究证实，吸烟、酗酒、不良膳食习惯及缺乏运动等行为因素与多种慢性非传染性疾病存在显著关联，包括心血管疾病、代谢性疾病、恶性肿瘤和呼吸系统疾病等。这些慢性病症通常呈现复杂的病因网络特征，表现为“一因多果、一果多因、多因多果、互为因果”的复杂网络。现代医学已基本阐明这些风险因素与慢性病发生发展的内在机制。

慢性病的发生发展通常遵循一个渐进式的自然规律：从健康状态→低危人群→高危人群（亚临床状态）→疾病显现→并发症出现。关键发现是：在这一链条的任何阶段实施科学干预，都能产生显著的积极健康效应，并且干预时机越早，健康获益越大。

健康管理实践中主要应用以下六大基本策略：

1. 生活方式管理。
2. 需求管理。
3. 疾病管理。
4. 灾难性病伤管理。
5. 残疾管理。
6. 综合的人群健康管理。

一、生活方式管理

生活方式与健康结局及疾病发生发展密切相关。国内外针对生活方式对健康状况影响的研究已较为丰富。研究发现，即便对于正在接受降压和降脂药物治疗的男性群体，坚持健康生活方式仍能显著降低其罹患心脏疾病的风险。

（一）生活方式管理的概念

从健康服务视角看，生活方式管理是以个体（或自我）为核心的卫生保健活动。其核心在于强调个人行为选择对健康的直接影响力。该管理方式运用健康促进技术（如行为矫正与健康教育），旨在帮助个体规避不良行为、减少健康危险因素的损害、预防疾病并促进健康。结合当前国民健康风险，膳食结构、身体活动水平、吸烟行为、酒精摄入控制及心理压力管理是生活方式管理的关键干预领域。

（二）生活方式管理的核心特点

1. *以个体为中心，调个体的健康责任和作用* 生活方式的选择本质上是个人决策。健康管理师可提供科学指导（如戒烟、均衡膳食的重要性），并通过多元方法（如创设健康体验环境、传授行为改善技巧）辅助决策。然而，健康管理师无法替代个体做出最终的生活方式选择。

2. *预防为主导，整合三级预防体系* 生活方式管理在疾病预防中占据核心地位，其预防内涵不仅在于阻止疾病发生，更涵盖延缓或逆转疾病进程。

一级预防：控制危险因素，预防疾病发生。

二级预防：通过早发现、早诊断、早治疗，阻止或延缓疾病进展。

三级预防：减少残疾、促进功能恢复、提升生存质量、延长寿命、降低死亡率。

根据个体与群体特征，有效融合三级预防策略，是生活方式管理的精髓所在。

（三）生活方式管理中的行为干预技术

作为健康管理策略的基石，生活方式管理依赖有效的干预技术促进行为改变。实践中主要应用以下四类技术：

1. *教育干预* 传播知识，塑造态度，引导行为转变。

2. *激励策略* 运用正面强化（奖励）、负面强化（消除厌恶刺激）、反馈促进及惩罚等手段进行行为矫正。

3. *技能训练* 通过参与式训练与实践，使个体掌握行为矫正的技术方法。

4. *健康营销* 借助社会营销理念推广健康行为，营造支持性社会与物质环境，促进个体改变不健康行为。

生活方式管理在实践应用中极具灵活性：既可独立实施，也能深度融入健康管理的其他策略。例如：整合进疾病管理项目，用于降低疾病发生率或减轻疾病负担；纳入需求管理范畴，指导个体做出更健康的食物选择或提醒进行预防性医学检查。无论采用何种具体方法或技术整合形式，生活方式管理的根本目标始终一致：通过引导选择健康生活方式，降低疾病危险因素暴露，实现疾病与伤害的有效预防。

二、需求管理

（一）需求管理的核心内涵

在健康管理策略体系中，需求管理占据重要位置。其核心理念在于：当个体在自身医疗保健决策中扮演积极角色时，服务效果将得到提升。需求管理的本质是通过赋能健康消费者，助其维护健康并合理选择健康服务，从而达到控制医疗成本、优化健康服务利用的目的。该策略的核心目标是减少高成本且非必需的医疗服务使用，同步改善人群整体健康水平。其典型实施路径包括探索手术替代方案、协助管理特定健康风险及促进行为改变、强化自我保健与健康干预能力等。

（二）需求的关键影响因素

健康服务需求受多重因素驱动，主要可归纳为以下四类：

1. *疾病患病率* 特定疾病在人群中的发生水平直接影响相关医疗服务的需求规模。

2. *感知的健康需求* 个体对自身健康服务需要的认知是决定服务利用的核心要素。其形成受多重因素影响：个体对疾病风险及服务价值的认知水平、对推荐疗法效果的预期评估、自我识别和评估健康问题的能力、对疾病严重程度的主观判断、独立处理健康问题的能力与信心。

3. *消费者选择偏好*　个体在选择健康干预措施时的倾向性至关重要。医疗专业人员的职责在于协助个体全面理解不同选择的潜在收益与风险。

4. *非健康动机因素*　非医学因素，如获取病假、残疾津贴或疾病补助的资格等，也可能显著影响个体寻求医疗保健的决策。

（三）需求管理的实施工具与策略

需求管理通过一系列专业化的服务手段和工具来引导和优化个体的健康服务需求。常用且有效的工具包括 24 小时电话医疗咨询与健康指导、结构化的转诊服务支持、基于互联网的权威健康信息数据库、系统性的健康教育与课堂、便捷的医疗服务预约系统。在特定场景下（如疾病管理项目），需求管理机制可能扮演“守门人”角色，负责评估服务需求的必要性与适宜性。

三、疾病管理

疾病管理作为健康管理的关键策略之一，其核心内涵由美国疾病管理协会（Disease Management Association of America，DMAA）界定为：“一个整合医疗保健干预措施与患者沟通的系统，特别强调患者自我保健的核心地位。”该定义明确指出，疾病管理旨在构建稳固的医患关系并支撑个体化保健计划，其基础在于运用循证医学证据和提升个人健康管理能力的策略，以预防疾病恶化。其最终目标是基于持续改善个体或群体健康的基准，全面评估临床效果、人文关怀成效及经济成本效益。

DMAA 进一步强调，完整的疾病管理体系必须涵盖六大核心要素：人群识别、循证医学指导、医生与服务提供者协调运作、患者自我管理教育、过程与结果的预测和管理，以及定期的报告和反馈机制。

基于上述定义和要素，可以提炼出疾病管理的三个显著特征：

1. *目标人群的特定性*　疾病管理的对象是患有特定疾病的个体。例如，糖尿病管理项目即专门服务于已确诊的 1 型或 2 型糖尿病患者。

2. *关注连续性与整体性*　疾病管理区别于传统的单次病例管理，其核心在于关注个体或群体在疾病进程中的连续性健康状况与生活质量的变化。

3. *综合协调的核心地位*　疾病管理本身要求对健康状况进行持续改善，而各国卫生服务系统普遍存在的多样性与复杂性，使得协调来自多方的医疗卫生服务和干预措施以保障其一致性和有效性变得尤为关键。正是这种协调的难度，凸显了其在疾病管理实践中的至关重要的作用。

四、灾难性病伤管理

灾难性病伤管理是疾病管理体系中针对特殊病种 / 伤情的管理分支。其核心关注点在于“灾难性”特征——即对患者健康构成极端严重威胁，或导致异常高昂医疗支出的疾病或伤害，典型代表包括恶性肿瘤、终末期肾病、重大创伤等。

灾难性病伤通常具有以下显著特征：发病率较低、需依赖长期且复杂的医疗服务体系、服务获取受制于家庭经济状况、保险覆盖等多重社会因素。这些特性共同决定了灾难性病伤管理的高度复杂性与实施难度。

一套高效的灾难性病伤管理项目，通常具备以下关键要素：

1. *确保及时转诊*　建立顺畅的通道，保障患者在关键时间窗内获得必要救治。

2. *制订综合服务方案*　基于患者个体情况，融合医学、社会、经济等多维度考量，制订科学合理的长期医疗服务计划。

3. 组建多学科协作团队　整合涵盖所需医学专科及具备综合协调能力的专业人员，形成能够应对复杂多变医疗需求的服务队伍。

4. 强化患者自我管理支持　采取系统化措施，最大程度赋能患者进行有效的自我健康管理。

5. 关注患者及家庭满意度　在服务全过程中，注重患者及其家属的体验与反馈，力求服务满意度的最大化。

五、残疾管理

目的与核心考量：残疾管理旨在减少工作场所残疾事故的发生频率及由此产生的成本。从雇主视角出发，需依据残疾程度实施差异化干预，核心目标是尽可能降低残疾对个体劳动能力与生活品质的负面影响。对雇主而言，残疾带来的实质损失往往体现为生产力损失，其量化通常参照完全替代因残疾缺勤员工所需投入的全部人力成本。

影响残疾持续时间长短的因素可归纳为医学与非医学两大类：

（一）医学因素

1. 伤病本身的严重程度。
2. 个体选择的治疗方式。
3. 康复进程的推进情况。
4. 伤病被识别及接受治疗的时机（早期、中期、晚期）。
5. 获取有效治疗的便捷性。
6. 治疗方案选择（药物保守治疗或手术治疗）。
7. 年龄因素（影响康复周期及重返工作岗位的可能性，通常年龄越大所需时间越长）。
8. 并发症的出现与否及其性质。
9. 药物治疗效应，尤其需关注副作用（如镇静作用）。

（二）非医学因素

1. 社会心理层面的问题。
2. 职业相关特性与因素。
3. 残疾员工与同事、上级间的关系状况。
4. 工作环境中的压力水平。
5. 对工作内容或职责的满意度。
6. 组织内部的工作政策与流程。
7. 涉及伤病、事故、缺勤及残疾事件的及时报告与管理机制。
8. 涉及赔偿或责任的法律诉讼。
9. 心理状态（如抑郁、焦虑等）。
10. 信息沟通渠道的通畅性与效率。

基于上述因素，有效的残疾管理应致力于达成以下具体目标：

1. 预防残疾状况恶化。
2. 聚焦并提升功能性能力。
3. 设定切合实际的康复与重返工作岗位预期。
4. 明确界定工作限制与可行的工作调整方案。

5. 全面评估医学及社会心理因素。
6. 确保与员工（患者）及雇主进行高效沟通。
7. 在适当时机规划并支持复职安排。
8. 实施持续循环的评估与管理流程。

六、整合式群体健康管理

这一健康管理模式通过有机整合多元化的干预措施，为个体构建全方位的健康保障体系。其运作核心包含两个关键维度：首先需要建立完善的数据采集机制，系统性地获取包括生理指标、健康隐患、疾病发展阶段等关键参数；其次要构建科学的评估模型，通过分析这些参数与临床治疗效果及资源投入产出的相关性，准确预测健康状态发展趋势、功能障碍程度、病情演变轨迹、继发症发生概率及功能康复预期等关键指标。

第三节 健康管理学科建设与产业发展

健康管理领域的可持续发展离不开学科体系建设、专业人才培养和学术研究的协同推进。我国健康管理学科经历了从零起步到系统化发展的演进过程。值得关注的是，2008 年初，中华医学会健康管理学分会曾组织权威专家对该领域发展现状进行全面梳理，并达成重要行业共识。在教育领域，越来越多的高等院校开始设立健康管理相关专业院系，通过系统化的课程设置和人才培养，不仅推动了专业技术的创新发展，更为构建具有中国特色的健康管理学科体系和产业化发展模式奠定了坚实基础。

一、健康管理学术组织发展概况

2007 年，我国正式组建了中华医学会健康管理学分会这一专业学术机构。该组织主要承担以下职能：①通过举办国内外学术会议促进学科建设，打造具有影响力的学术交流平台；②推进健康管理领域的科研创新与临床技术转化应用；③组织实施专业人才教育培训项目；④为政府部门制定相关政策提供专业建议；⑤构建健康产业各领域的协作网络。

作为跨学科、跨行业的专业组织，分会积极与各类学术团体、行业协会及基金会建立合作关系，共同推进健康管理事业发展。近年来，全国范围内健康管理相关学术机构和行业组织蓬勃发展，如已经成立了中国健康管理协会、福建省健康管理师协会等，形成了多元化的学术交流体系。

二、医疗机构健康管理学科发展现状

（一）政策背景与发展历程

2019 年国家启动《健康中国行动（2019—2030 年）》战略规划以来，全国已有超过 3000 家医疗机构参与健康促进医院建设试点。这一政策导向推动医疗服务模式实现从疾病治疗向健康管理的根本性转变。作为实施健康中国战略的关键载体，三级公立医院的健康管理（体检）机构承担着重要使命。

近年来，健康管理服务体系建设呈现以下特征：

1. *机构建设多元化* 形成以公立医疗机构为主体、社会办医机构为补充的发展格局。

2. 服务内涵深化 从单一体检服务向全周期健康管理服务升级。

3. 行业规范化 国家卫健委相继出台《健康体检管理暂行规定》等系列文件，建立行业标准体系。

值得关注的是，2018 年健康管理学科首次纳入中国医院专科声誉排行榜，标志着该学科建设取得突破性进展。

（二）区域发展特征分析

基于最新调研数据，健康管理机构发展呈现明显地域差异：

1. 三级医院领域 华东地区占比达 42%，北京、上海、广东三地机构数量占全国总量的 35%。

2. 县域医院领域 山东、江苏、浙江三省包揽全国百强机构的 53% 席位。

这种分布格局与区域经济发展水平和居民健康需求呈正相关关系。值得注意的是，综合实力强的三级医院往往更重视健康管理学科建设，形成医疗资源与健康服务的良性互动。

（三）学科建设关键要素

1. 人才资源配置现状 当前面临的主要挑战如下。

（1）高层次人才缺口：高级职称人员占比不足 30%。

（2）专业教育滞后：全国仅 12 所高校开设健康管理本科专业。

（3）培训体系缺失：缺乏规范化培训机制，78% 从业人员未接受系统培训。

建议解决方案：

（1）建立“院校教育 - 继续教育 - 岗位培训”三级培养体系。

（2）引入全科医学培养模式，强化健康管理思维训练。

（3）完善职称晋升通道，吸引优秀人才。

2. 服务能力建设 调研数据显示：三级医院 93% 机构建立检前评估系统，大部分开展检后管理服务；县域医院仅 17% 机构实施标准化问卷评估。

服务创新方向：

（1）建立多学科协作的健康管理门诊。

（2）开发慢性病风险干预方案。

（3）构建数字化健康管理平台。

3. 质量管控机制 关键质控指标包括：重大阳性结果检出率、报告准确率、感染控制达标率、客户满意度。各省市质控中心通过制订标准、开展培训等方式，推动质量持续改进。最新评估显示，省级质控中心挂靠单位的质量标准符合率达 98.6%。

4. 科研能力提升 当前科研工作特点：应用型研究占比 85%、横向课题占主导（72%）、平均课题经费低于临床学科。发展趋势：研究领域向主动健康管理延伸、加强多中心临床研究合作、促进科研成果转化应用。

（四）发展建议与展望

针对当前存在的短板，建议从以下方面着力：

1. 建立人才联合培养机制。

2. 完善继续教育体系。

3. 加大科研投入力度。

4. 推进信息化建设。

5. 构建分级诊疗体系下的健康管理网络。

未来 5 年，随着人口老龄化加剧和健康需求升级，健康管理学科将迎来重要发展机遇。预计到 2030 年，全国健康管理服务市场规模将突破 3000 亿元，专业人才需求缺口约 50 万人。医疗机构应把握政策机遇，加快学科建设步伐，为实施健康中国战略提供有力支撑。

三、高校健康管理专业的发展历程

我国健康管理高等教育体系经过十余年的发展已日趋完善。2010 年，首批健康管理方向硕士研究生开始招生，标志着该领域高层次人才培养的启动。次年，杭州师范大学率先成立国内首家健康管理学院，为专业建设提供了机构保障。2013 ～ 2014 年，教育体系进一步升级，不仅设立了首个“治未病与健康管理”博士学位点，还完成了首批博士生的招收工作。

在学科建设方面，2014 年具有里程碑意义：获批首个部级重点学科和教育部工程研究中心，为健康管理研究搭建了高水平平台。教学资源建设同步推进，2015 年首部规划教材《健康管理学》正式出版，2013 年起持续推出的《中国健康服务业发展报告》系列已成为行业重要参考文献。

截至 2024 年，全国已有 156 所高校开设健康服务与管理本科专业，涵盖多所“双一流”建设高校。该专业注重管理能力培养，毕业生授予管理学学士学位。在职业教育层面，截至 2021 年，186 所高职院校开设了三年制专科专业，形成了多层次人才培养体系。

科研支持体系不断完善，2017 年国家自然科学基金委员会新增健康服务管理学科代码（G040605），次年即资助 60 项相关研究项目。这一系列发展有力支撑了健康中国战略的人才需求。

四、健康管理师职业人才培养

（一）职业发展历程

健康管理师于 2005 年 10 月由劳动和社会保障部作为第四批 11 个新职业之一正式发布。同年 12 月，根据劳动和社会保障部第 425 号文件《关于同意将医疗救护员等 2 个新职业纳入卫生行业特有执业范围的函》，该职业被明确列为卫生行业特有职业（工种），划归卫生部管理。2009 年，原卫生部国家职业技能鉴定与指导中心牵头组建新一届“健康管理师专家委员会”，主要职责包括：制订国家职业标准、组建题库、编写教材、开展职业技能鉴定考试研究、指导并评估相关培训与鉴定单位工作等。2017 年，健康管理师正式纳入国家人社部发布的新版职业资格目录清单。

（二）职业定位与工作内容

健康管理师是从事个体或群体健康与疾病监测、分析、评估以及健康维护和健康促进的专业人员。其主要工作职责涵盖：

1. 信息采集与管理　收集并管理个人或群体的健康信息。

2. 风险评估　评估个人或群体的健康状态及疾病发生风险。

3. 咨询指导　为个人或群体提供健康咨询与个性化指导。

4. 计划制订　制订个人或群体的健康促进计划。

5. 健康教育　开展健康知识普及与健康行为干预。

6. 技术研发　进行健康管理相关技术的研究与开发。

7. 成效评估　评估健康管理技术应用的实际效果。

（三）职业资格认证

健康管理师职业资格证书是对持证人从事健康监测、健康评价、健康维护、健康促进等相关工作技术水平的权威认证，是其具备相应专业能力的证明。认证体系分为一级、二级和三级三个等级，其中二级和三级认证的培训与鉴定工作自 2007 年起率先启动。

五、健康管理产业的创新发展与模式探索

随着“健康中国 2030”战略的深入推进，我国健康管理领域迎来了前所未有的发展机遇。近年来，该行业呈现出集群化发展态势，各类市场主体快速成长并逐步形成规模效应。在这一发展进程中，企业面临着资源整合与运营效率提升的双重挑战，亟需建立科学的管理体系以实现人力、物力、财力等要素的优化配置。健康管理产业呈现三大转型特征：服务规模化（连锁机构覆盖超 300 城）、技术智能化（AI 健康干预系统渗透率达 42%）、支付多元化（23 个城市试点医保覆盖健康管理）。行业从单一体检向全生命周期管理加速演进。

创新服务模式案例：

1. 某互联网医疗平台　头部平台通过可穿戴设备连接超 4 亿用户，为慢性病患者提供动态健康方案，使糖尿病随访率提升 37%。

2. 某家庭医生融合模式　长三角某试点地区将健康管理包纳入家庭医生服务，实现高血压控制率提升 23%，人均医疗支出下降 18%。

3. 某企业健康管理计划　基于 AI 行为分析的员工健康干预系统在制造业应用后，亚健康状态改善率达 65%，病假率下降 29%。

未来趋势前瞻：

1. 精准健康管理　基因检测企业推出个性化防癌方案，高危人群覆盖率年增 120%。

2. 社区化服务　北京、深圳等 15 城试点“智慧健康小屋”，提供自助检测 +AI 评估 + 医生联动的三级干预。

3. 支付创新　商业健康险与健康管理捆绑产品规模破 800 亿元，赔付率降低 11 个百分点。

作为新兴的健康服务模式，健康管理在我国虽然起步较晚，但发展迅猛。特别是在过去十年间，这一模式已成为应对慢性病高发和医疗费用攀升问题的有效解决方案。通过持续的服务创新和产业升级，健康管理企业有望为提升国民健康素质作出更大贡献，同时也将推动整个医疗健康产业向预防为主的方向转型。

思考题

1. 健康管理的目标与特点是什么？
2. 为什么说金融保险和信息技术是健康管理的支撑点？
3. 健康管理有哪些核心步骤和服务流程？
4. 举例说明健康管理可以应用哪些基本策略？

（张立万）

参考文献

葛均波，徐永健，2013. 内科学 [M]. 8 版 . 北京：人民卫生出版社 .
郭姣，2017. 健康管理学 [M]. 北京：人民卫生出版社 .
郭清，2011. 健康管理学概论 [M]. 北京：人民卫生出版社 .
郭清，2015. 健康管理学 [M]. 北京：人民卫生出版社 .
郭清，2023. 中国健康服务业发展报告 [M]. 北京：人民卫生出版社 .
孙长颢，2017. 营养与食品卫生学 [M]. 8 版 . 北京：人民卫生出版社 .
王陇德，2019. 健康管理师基础知识 [M]. 北京：人民卫生出版社 .
王培玉，2012. 健康管理学 [M]. 北京：北京大学医学出版社 .
武留信，曾强，2016. 中华健康管理学 [M]. 北京：人民卫生出版社 .

第 2 章　健康管理护理概论

学习目标

掌握：健康管理护理原则；健康管理的发展，对护理人员提出的要求；健康管理护理现状。
熟悉：健康管理护理人才的需求背景与培养现状；健康管理护理所面临的问题与挑战。
应用：分析健康管理护理未来发展趋势，提出团队和个人发展规划。

第一节　概　　述

一、健康管理护理定义

健康管理是一门新兴学科，自 2000 年以来，以健康体检为主的健康管理逐渐兴起。2009 年《健康管理概念与学科体系的中国专家初步共识》对健康管理的概念进行了阐述，即健康管理是以现代健康概念和新的医学模式及中医“治未病”思想为指导，通过采用现代医学和现代管理学的理论、技术、方法和手段，对个体或群体整体健康状况及其影响健康的危险因素进行全面监测、评估、有效干预与连续跟踪服务的医学行为及过程。护理在健康管理中进行的实践和研究，极大地丰富和促进了健康管理的内涵和外延，在中国特色健康管理体系的建设中发挥了积极作用。

健康管理护理是一种综合的、以服务对象为中心的护理服务模式，旨在通过评估、计划、实施和监测个体或群体的健康状况，达到促进健康、预防疾病、协助恢复及改善生活质量的目的。护理健康管理强调在医疗过程中融入全面的健康促进和预防策略，以满足个体或群体在生理、心理、社会和环境等多方面的健康需求。

二、健康管理护理对象

我国是一个总人口超过 14 亿的发展中国家，为维护和保障人民身心健康，约 350 万的护理工作者用专业化的知识和技术服务于各医疗卫生战线。随着医学模式从“以治病为中心”转变为“以健康为中心”，护理工作的重点逐渐由治疗性护理转移到疾病预防和健康促进方面。在未来的时间，护理服务内涵外延也将进一步的发展与深化。护理工作将以满足人民群众健康需求为目标，与推进分级诊疗、促进整合型医疗服务体系、健康管理联合体的发展相适应，护理服务从疾病护理向慢病管理、保健康复、社区延续护理、非药物性健康处方等方面拓展，为人民群众提供全方位全生命周期的健康管理服务。

健康管理是覆盖全人群的精准化健康服务，在我国医疗服务体系是疾病的个体化诊疗，而公共卫生服务体系的关注重点是人群的疾病预防，这种相对分离的模式存在较多空白和短板，护理实践可以弥补和平衡个体和群体层面的需求。

对健康人群，护理通过健康体检建立档案管理，了解其健康状况。定期监测、动态评估，根据需求提供健康咨询和生活方式指导，达到维持健康的目的。

在亚健康人群中，护理在健康体检和健康评估的基础上，确定高风险人群或健康风险因素，进行有针对性的健康干预和指导服务，预防疾病，回归健康状态。

在慢性病人群健康管理中，护士逐渐成为慢性病防治医疗资源的沟通者和健康知识的传播者，也是慢性病人群健康管理和健康促进活动的组织和参与的主力军。护士应该通过专业的知识和技能，主导在健康监测、健康评估和健康干预中，建立系统、个性、动态和全方位的健康管理模式。但是现阶段国内护理仍以住院患者的疾病护理和社区延续的治疗性护理为主。主动参与健康管理的意愿不高，在健康管理中作用不明显，在健康管理中护理职业发展趋势不明朗。我国健康管理尚在发展的初级阶段，随着社会老龄化和全民健康素养亟待提升等问题的凸显，健康管理需求巨大，其发展需要更多专业人员的深度参与。在健康中国引领下，未来将逐渐形成以体检—评估—干预—促进为核心的“四位一体”的实践模式，逐步建立健康管理的专业团队，在行业引领和组织管理下建立中国特色的健康管理标准模式和规范体系。

对患病人群，特别是慢性病患者，在“早发现、早诊断、早治疗”的基础上，通过治疗性护理、延续护理、社区管理等帮助患者做好疾病管理，延缓疾病进程、预防疾病复发、加快恢复健康。

三、健康管理护理目的

健康管理护理实践是以“人”为中心，动态、不间断地记录健康数据，关注生物、心理、社会等要素对健康的影响，评估生活习惯、家庭因素、社会环境等情况，制订切实有效的健康干预和健康促进措施，包括生活行为管理、运动管理、心理精神管理、疾病管理、延续管理等方面。通过有效的健康管理护理，人们可以预防疾病、减轻病痛、提高生活质量，预防疾病的发生可以有效降低医疗资源的消耗，减轻国家医疗体系的负担。健康管理护理强调自我保健和健康教育，有助于增强公众的健康意识和自我管理能力。

健康管理围绕“提升全民健康素养，总体控制医疗费用”，针对健康人群，护理实践应注重健康教育和健康指导，引领和调动个体追求健康的内在动力和自发行为，建立和践行符合自身特点的健康生活方式。针对亚健康人群和高危人群，护理实践应通过健康档案、健康数据的动态记录和全面评估，制订个性化的健康管理计划和干预方案。对于患病人群，通过治疗性护理和延续护理，重点做好社区慢性病人群的监控和管理，提高患者的治疗依从性和连续性。建立针对个人、家庭和社区的护理健康管理实践服务，做好预防保健、健康监测、医疗对接、慢性病管理等服务，以达到预防疾病、减少复发、延缓发展、降低费用、促进健康、提高生命质量的目的。

随着互联网技术、人工智能、大数据等先进技术的发展和应用，健康管理的模型和内容得到了极大的丰富和扩展。首先通过构建健康信息平台，护理实践效率将大大增加，健康数据的管理将实现从“事后管理”成为“实时管理”，健康管理的人群也将从疾病人群延伸到社区、基层，进而实现全人群管理。同时护理可以通过“互联网＋服务”的手段，利用手机 APP 实现全方位、无缝隙健康管理，健康评估更全面，健康干预手段更多样，健康教育和咨询更便捷，健康管理的效果评价会更全面。

第二节 健康管理护理特点

一、健康管理护理内容

健康管理学是一门集医学、管理学、信息科学为一体的交叉学科。健康管理护理实践参与健康管理的各个环节，在信息处理、健康体检、健康咨询、健康监测、健康评估、健康干预、效果评价等一系列长期、连续、动态与循环往复的健康管理过程中发挥着重要作用。

健康管理护理的范围包括但不限于疾病预防、慢性病管理、急性病恢复期管理、康复期管理、老年人健康管理、妇女儿童健康管理及特定疾病（如糖尿病、高血压、心脏病等）的专项管理。此外，还包括生活方式管理、心理健康管理及营养指导等内容。

二、健康管理护理原则

健康管理护理原则可概括为以个体为中心，预防为主，身心并举，动态监测，持续跟踪，质量保障，协同管理；尊重个人隐私，提供个性化健康管理服务，激发个人参与健康管理的积极性，增加健康管理措施的有效性。

（一）以个体为中心

每个人的健康状况、生活方式、遗传背景和环境因素都是独特的，因此体检筛查、干预措施和沟通方式等都需要制订个性化的管理方案和有针对性的健康管理计划；以个体为中心还应体现在个人是健康第一责任人，选择什么样的生活方式属于个人的意愿和行为。健康管理护士可以告知人们什么样的生活方式是有利于健康的，比如不应吸烟、不应偏食等；也可以通过多种方式和渠道帮助人们做出决策，比如提供条件供大家进行健康生活方式体验，指导人们掌握改善生活方式的技巧等，但这一切都不能替代个人做出选择何种生活方式的决策。

（二）以预防为主

早筛查、早评估、早干预共同构成了健康管理的核心内容，以预防为主，面向全人群进行筛查，找出危险因素；多维度、多层次、连续地对引起疾病的相关危险因素进行评估，推动健康教育和健康促进，培育健康的生活方式和行为习惯，去除危险因素，促进健康，减少疾病的发生。

（三）全面评估

健康管理的首要任务是进行全面而细致的健康状况评估。这一环节包括收集个人基本信息、既往病史、家族病史、生活习惯、心理状态等方面的数据。通过问卷调查、体检、实验室检查等多种手段，全面评估个体健康状况，为后续制订个性化的健康管理计划提供科学依据。

（四）动态管理

健康是一个持续变化的过程，因此健康管理也是动态的、连续的。这意味着健康管理需要根据个体的健康状况变化及时调整管理方案，同时定期监测和评估管理效果，确保健康管理的有效性和持续性。

（五）身心并护

健康管理不仅要关注身体健康，还应关注个体的心理健康。在护理过程中，应提供必要的情感支持和关怀，帮助个体缓解焦虑、抑郁等负面情绪，增强其对健康管理的信心和动力。

（六）隐私保护

在健康管理中，涉及大量的个人健康信息，如生理指标、疾病史、家族遗传史等，这些信息属于个人隐私，必须得到严格保护。健康管理机构和人员应遵守相关法律法规，确保个人健康信息的安全性和保密性。

（七）质量监督

为保证健康管理的质量和效果，必须建立有效的质量监督机制。这包括对健康管理过程进行定期检查和评估，对管理效果进行量化分析，纠正管理中的问题和不足。通过质量监督，可以确保健康管理的高效性和规范性。

第三节　健康管理护士的作用

健康管理以人的健康为中心、以医疗卫生服务机构为主体，由专业人员提供包含防、诊、控、治、康等多方面的一体化服务。作为健康管理的核心组成部分，护理工作贯穿健康管理的全过程，从健康数据收集、识别评估危险因素到实施有效的护理干预、评价干预效果，最终实现对个体、群体进行预防保健、疾病治疗、健康照护、健康干预、健康促进等全方位的管理。

护士在健康管理各个环节中扮演着不同角色，通过收集和分析受检者的健康信息，制订个性化的护理计划，提供健康教育和指导，促进服务对象参与自我健康管理，并与其他医疗团队成员共同协作，提供最佳医疗照护。

一、健康咨询者

护士运用所学的专业知识，遵循健康科学原则，针对收集的信息、检查报告等资料，开展电话咨询、体检报告咨询和院外咨询等服务，使用健康咨询的技术与方法，为服务对象提供有关健康问题的专业建议和指导。

二、服务协调者

健康管理是一个多学科、多部门协作的过程，在这个过程中，护士负责协调各个环节，确保服务的连续性和高效性，包括与护理对象、医生、其他医疗团队成员及家属进行沟通，协调各种资源，为护理对象提供最佳的护理和健康管理方案。

三、策略实施者

作为健康管理的核心成员，健康管理护士不仅执行医生制订的健康管理决策，还积极参与护理计划的制订和执行，这些计划旨在实现特定的健康目标，以满足护理对象的健康需求，促进其健康和提升其生活质量。

四、健康教育者

健康教育是健康管理过程中的重要方法，而护士是实施健康教育的主要成员之一。健康教育是一个心理双向互动的过程，护士通过与服务对象的交流和指导，帮助其理解并掌握健康知识，从而改善生活方式和行为习惯，以促进健康。

五、场地管理者

健康体检机构场地涉及多种检查室、仪器设备，更涉及环境与安全。健康管理护士参与场地规划，确保各个区域布局合理的同时考虑服务对象的隐私和舒适度；负责管理场地内的仪器设备维护；识别并评估场地内的安全风险，如地面湿滑、设施损坏等，并采取相应的措施予以解决。

六、心理疏导者

心理健康是健康的重要组成部分。护士应当善于了解和体察护理对象的心理变化，通过交谈和观察，掌握受检者的思想动态，充分发挥心理护理的主导作用，以心理健康促进身体健康，促使身心两个方面的健康发展。

七、护理研究者

随着健康管理护理的发展，健康护理的科研重要性已经引起了广泛关注。健康管理科研是健康管理护理专业发展不可缺少的活动，每一个健康管理护士都是护理科研工作者，在做好健康管理护理工作的同时，要积极开展护理研究工作，解决复杂的健康管理问题及在健康管理护理教育、护理管理等领域中遇到的有关问题，并将研究结果推广应用，指导改进健康管理护理工作，提高健康管理护理质量，使健康管理护理的整体水平从理论和实践上不断进步，推动健康管理护理专业的发展。

第四节 健康管理护理人才培养

一、健康管理护理人才需求

护理人才作为健康管理的主力军，不仅负责服务对象的护理工作，更在健康教育、疾病预防与健康促进等方面发挥着不可替代的作用，是提升健康管理服务质量和水平的关键。国家卫生健康委员会在《“十四五”卫生健康人才发展规划》中明确指出， 人才是促进卫生健康事业高质量发展，推动健康中国建设的关键因素。这一政策导向不仅深刻体现了国家对人才战略的高度重视，也为健康管理领域人才培养与队伍建设指明了方向。

近年来，随着工业化和城镇化进程不断加速，人们的生活方式和工作模式发生了重要转变，由此带来的健康问题也越来越复杂多样，对健康管理提出了更为严峻的挑战。与此同时，全球范围内都面临着慢性非传染性疾病和新发传染性疾病的双重负担，加上人口老龄化加剧，人们对健康管理服务的需求日益增加。

此外，科技的快速发展引领我们进入人工智能时代，前沿技术的广泛应用为健康管理带来了前所未有的机遇，但同时也对护理人才提出了新的更高的要求。护理人员除了需要具备扎实的专业知识与技能以外，还需要学习和掌握各种新技术和新手段，努力提高健康管理的效率和效果。

由此可见，政策支持为护理人才的培养与成长提供了有力保障，现实需求对护理人才的数量与质量提出了更高的标准，科技进步则为护理人才的发展开辟了大有可为的广阔天地。机遇与挑战并存，面对这样的时代背景，健康管理护理人员应勇于担当，主动提升自身的专业素养和服务能力，以实际行动开创新时代健康管理事业的新篇章。

二、国内外健康管理护理人才的培养现状

（一）培养路径

为了满足人民群众对于健康管理的需求，国家高度重视健康管理人才的培养。目前，健康管理护理人才的培养路径主要包括学历教育和继续教育与职业培训两大类。

在学历教育方面，我国目前已经构建了“本 - 硕 - 博”立体化培养体系。2006 年，福建医科大学招收首批健康管理方向的护理硕士研究生，开创了护理学研究生的专业化培养方向。此后，全国多所院校陆续开设健康管理研究生教育，构建起涵盖硕士、博士的完整培养层次。2015 年天津医科大学设立本科护理学健康管理方向，以前期医学基础课程、护理专科课程的理论和实践为基础，充分发挥护理专业的优势与特色，旨在培养满足社会需求的健康管理型本科护理人才。2017 年北京大学护理学院在全国首创慢性病管理高级执业护师方向硕士专业学位项目，标志着我国护理学教育在推动慢性病管理规范化和养老服务的健康发展方面迈出了具有历史意义的一步。2024 年，中国学位与研究生教育学会受国务院学位办委托发布《研究生教育学科专业简介及其学位基本要求》，首次明确护理学下设 8 个二级学科，其中包括健康与慢性病管理学，这一里程碑式调整，既通过二级学科划分构建了护理学规范化的学科发展框架，又着重强化了健康管理护理人才的专业化培养导向。从本科到博士的全链条教育创新，充分展现了在“大健康”战略指引下，对健康管理护理人才培养体系建设的系统性布局与卓越成效。

在继续教育与职业培训方面，我国在健康管理护理人才培养上积极探索，成效显著。为了加强护理人才队伍建设、全面提升健康管理能力，四川省和重庆市率先开展健康管理专科护士培训工作，并建立了我国首批的健康管理专科护士培训基地。此后，各个医院也陆续开展相关工作，并根据能力和岗位需求开展针对性继续医学教育，全面提升健康管理领域护理从业人员的健康管理能力。

（二）培养方式

针对不同培养路径，培养方式略有不同。

当前学历教育主要依托高校，通过系统的课程设置、多学科融合、理论与实践相结合的培养方式，以及严格的考核体系和国际合作，鼓励学生参与体验式实验教学，在健康体检机构实验室进行情景模拟，确保学生日后能够胜任复杂多变的健康管理工作，满足全球范围的健康管理需求。因此，院校教育在健康管理护理人才的培养中发挥了基础性和关键性作用。

对于继续教育与职业培训，培训方式较为多样且灵活，不同国家和地区间可能略有不同。新西兰学者通过总结专业化培训和干预对医疗卫生保健机构中从业者的健康管理能力影响的有关研究，发现培训方式主要包括参加培训课程、情景模拟、开展讲座、研讨会、小组工作和行动学习。柬埔寨还通过互动式课堂培训和定期在健康体检机构实践相结合的方式对健康中心工作人员进行培养，并在培训后组织开展研讨会，以这种形式开展相关技术指导。英国除了正式的培训授课外，还利用小组工作、教学游戏、研讨会等多种形式对从业人员提供健康管理培训。我国健康管理专科护士培训起步较晚，但近年来已在全国范围内陆续推广。培训内容覆盖通科基础、专科深入、科研方法与实践技能等多个方面。在形式上，培训充分融合了线上与线下的多种形式，线上网络课程可以为学员提供灵活便捷的学习方式，线下讲授和实习能够让学员深

化理解并在实践中提升技能。2021 年，四川省率先举办了首届健康管理护理专科能力培训班，为全国其他地区的培训提供了宝贵经验。随后，重庆市、湖南省等多地的护理学会也积极响应，纷纷举办了相关培训。安徽省在专科护士培训中，以《健康体检机构专科护士基本要求及管理》地标为指导，保障培训的科学性和规范性。深圳市在首届健康管理专科护理能力提升培训班中创新地使用知识竞赛的形式激发学员学习热情，提升培训效果。

综上所述，无论是学历教育，还是继续教育与职业培训，健康管理护理人才的培养均呈现出多元化、系统化的特点，旨在构建全方位、多层次的人才培养体系。高校作为学历教育的主阵地，强调理论与实践的深度融合，为健康管理领域输送具备扎实基础与创新能力的高素质人才。而继续教育与职业培训则更加注重灵活性与实用性，通过多样化的教学手段和丰富的实践机会培养具备专业技能与综合素质的应用型人才。

三、健康管理护理人才培养展望

健康管理护理人才的培养对于提高整体医疗服务水平和满足日益增长的健康需求至关重要。随着社会老龄化加剧和慢性病患病率的上升，健康管理护理的需求将不断增加。为了应对这一挑战，需要从多个方面入手，系统化地培养高素质的护理人才。

健康管理护理人才的培养在未来需要明确岗位职责以实现专业化。随着健康管理护理领域的细化，不同岗位的职责将更加明确，如健康评估师、慢性病管理师、健康教育师等。这将推动护理人才在各自领域内进行深入的专业学习和实践，提高专业水平。各个岗位将有具体的知识和技能要求，教育机构和培训机构将开发针对性的课程和培训计划。此外，明确的岗位职责还有助于护理人员职业发展的规划，使其能够根据自身的兴趣和特长选择合适的发展路径，成为特定领域的专家。

为了实现同质化培养，必须统一培养方式。这要求各教育机构遵循统一的课程设置标准，确保基础课程和核心课程的一致性，保证所有护理人员具备相同的基础知识和技能。统一的培训内容与方法将通过国家级培训认证机构的设立来实现，确保培训内容和方法的一致性。同时，还需要建立统一的实习和实践标准，规定实习内容、时间和评估标准，确保护理人员在实习过程中获得同质化的实践经验。通过对实习基地的统一管理和监督，保证各地实习质量的一致性。

规范培养标准是实现标准化的重要途径。国家相关部门、行业协会和教育机构需联合制定健康管理护理的培养标准，明确各个培养阶段的目标、内容和考核方式，这些标准将成为培养健康管理护理人才的指导性文件。完善的认证和考核体系将确保护理人员通过规范化的考试和评估，达到规定的标准，如全国性健康管理护理资格认证考试。此外，制定持续教育和再培训的标准，确保护理人员在职期间能够不断更新知识和技能，适应医疗技术和健康管理模式的变化。这包括定期的再培训课程和学分制度，从而保持护理人员的专业素质和服务水平。

通过明确岗位职责、统一培养方式和规范培养标准，健康管理护理人才的培养将更加系统化、专业化和标准化。这不仅有助于提高护理人员的专业素质和服务水平，还将推动整个健康管理护理行业的发展，最终惠及广大受检者和公众健康。持续关注并改进这些方面，将为我国健康管理护理事业的未来发展奠定坚实基础。

第五节　健康管理护理现状与前景

一、健康管理护理的发展现状

健康管理最早起源于 20 世纪 30 年代的美国，随后英国、德国、法国、日本等国家也开始积极推广实行，并逐渐成为医疗服务体系中必不可缺的重要组成部分。健康管理在我国于 20 世纪 90 年代末开始出现，最早的健康管理公司于 2000 年左右成立。

健康管理护理作为一门综合性的医疗服务模式，近年来在全球范围内得到了显著的发展和推广。该模式通过整合预防、干预和康复措施，致力于提高个体和群体的健康水平。从历史演变到当前形势，健康管理护理已逐步从传统的治疗导向转变为以健康为中心的综合管理模式。健康管理护理通过健康评估、行为干预和健康促进活动，不仅关注受检者的疾病管理，还注重促进健康行为的形成和巩固。这种全方位的健康管理模式，使得个体在不同生命周期内都能享受到持续和综合的健康服务，从而提升了整体社会的健康水平和生活质量。

中华医学会 2019 年筹建了健康管理学分会护理学组，为健康管理护理、慢性病管理等工作搭建了专业的交流平台。2023 年，中华护理学会健康管理专业委员会在北京成立，成为健康管理学与护理学深度融合的里程碑。健康管理专业委员会的成立引领专业发展，此后国内的多个省市的护理学会也相继设立了健康管理护理专业委员会，可以进一步加强专业交流、进行信息共享、促进健康管理护理的发展。

二、国内外健康管理护理的实践进展

全球范围内，健康管理护理的实践呈现出多样化和跨学科特点。各国政府和医疗机构通过制定和实施健康管理政策，推动健康管理服务的普及和优化。

国际上主要由高级实践护士在健康管理领域开展相关护理工作，其中高级实践护士包括开业护士、临床护理专家、临床护理领导者、个案管理护士等不同角色，可以为不同需求受检者提供相应的情感支持、健康教育、出院指导、院外随访和个体化护理等多种健康管理服务，改善预后结局。同时，健康管理护理工作的场景也不局限于医院的健康体检机构，可以实现从医院到社区的衔接，更关注护理的整体性和连续性。

随着医疗体制改革和人口老龄化的加剧，我国对健康管理护理工作日益重视。中国政府通过建设健康体检机构和推广社区健康服务，为广大居民提供全面的健康管理服务，涵盖了健康评估、慢性病管理和健康干预等多个方面，以满足人民群众持续增长的健康需求。在医院的诊疗环节中，健康管理护理工作主要由专科护士完成，可以根据不同病种特征进行专病健康管理，尤其是慢性病方面，可以有效协助受检者康复、改善症状，降低再入院率，提高生活质量。在基层医疗卫生服务机构中，家庭医生签约服务团则是健康管理服务的主要提供者，工作内容涵盖建立健康档案，进行健康科普、膳食管理、运动指导等诸多方面，有效提升居民的健康知识素养、健康行为依从性和居民满意度。随着科技不断进步，当前在健康管理实践中，护理人员更加关注借助虚拟现实、增强现实、类脑智能、可穿戴生物传感、大语言模型等前沿技术手段，为个体提供覆盖生命全周期、健康全过程的健康管理服务。

不同国家和地区在健康管理护理实践中的经验和教训，为全球健康管理护理的发展提供了宝贵的借鉴和参考。跨国合作和经验交流，将进一步促进全球健康管理护理的进步和优化。

三、健康管理护理面临的问题与挑战

尽管健康管理护理取得了显著的进展，但同时也面临着一些挑战。首先，个人健康数据的隐私保护和信息安全问题是当前健康管理护理面临的重要问题之一。随着健康信息技术的普及，如何保障受检者健康数据的安全性成了亟待解决的问题。在全球化和数据共享的背景下，跨国数据的流动和信息安全的协调成为当前迫切需要解决的问题。

其次，健康管理护理的普及和可及性存在一定的地区差异和资源分配不均衡的情况，特别是在一些偏远地区和经济较为落后地区，健康管理护理服务的覆盖率仍然较低。如何通过政策支持和资源调配，缩小城乡和区域之间的健康服务差距，是当前健康管理护理面临的一项重要挑战。

此外，人力资源的培养和管理也是健康管理护理发展中的一个瓶颈。健康管理护理需要跨学科的人才团队，包括医生、护士、健康教育者、数据分析师等，这些专业人才的培养和流动，直接影响到健康管理护理服务的质量和效果。如何通过教育和培训体系，吸引和留住高素质的健康管理人才，成为当前健康管理护理面临的又一重要挑战。

四、健康管理护理未来发展趋势与前景展望

随着人工智能、大数据、物联网等新一代技术的不断成熟与普及，健康管理护理领域正迎来一场深刻的变革。在这场变革中，更加注重预测性和精准性，未来将走向智能化、个性化和综合化。

（一）数智驱动与个性定制：人工智能推动健康管理范式演进

未来，健康管理护理将更加依赖人工智能技术，以提升管理效率和效果。人工智能算法将广泛应用于健康数据的分析中，例如通过数据驱动的方法预测患病风险，为个体提供个性化的健康管理建议。具身机器人作为智能化的代表，将在健康管理领域发挥重要作用。同时，情感照护技术的融入，如面部表情识别、语调分析等，将使机器人具备更多的人文关怀，为受检者提供温馨的心理支持。智能问答和决策支持系统有助于优化健康管理流程，使受检者能够随时随地获取基于个人健康资料的定制化建议。

（二）学科交融与系统整合：多维度构建健康管理新生态

在健康照护领域，学科交融与系统整合已成为推动健康管理护理高质量发展的核心驱动力。心理学、教育学、营养学、运动康复等多学科犹如精密齿轮，在健康管理新生态中紧密咬合、协同运转，这种交融打破了学科之间的壁垒，促使各学科从单一视角转向综合视角，共同为受检者构建起一个全方位、多层次的健康支持网络。系统整合则强调以整体观念为指导，将分散的学科资源与健康管理流程进行有机串联，形成一个高效协同的运作体系。在健康管理护理实践中，各学科通过系统整合，实现了从预防、诊断、治疗到康复的全流程无缝对接。

（三）资源整合与模式革新：打造多元协同健康管理矩阵

展望未来，健康管理护理领域将深度推进资源整合与模式革新，致力于打造多元协同的健康管理矩阵。具体而言，构建以“防大病、管慢病、促健康”为核心服务内容，以基层医疗卫生服务机构和健康体检机构为主体的健康管理联合体将成为重要方向。在体检机构提供全面、精准的基础健康体检服务的基础上，积极拓展社区健康管理与家庭健康护理服务维度。通过建

设社区健康中心和推广家庭医生制度等方式来应对多样化的健康管理需求，开展全流程健康管理，全方位守护健康。

（四）全球联动与智慧共享：共同应对全球健康挑战

在全球化浪潮席卷的当下，全球联动与智慧共享已成为共同应对全球健康挑战的核心要义。各国突破地理空间限制，积极构建跨国合作机制，畅通经验交流与资源共享路径。当前，传染病大流行形势严峻、慢性病疾病负担不断加重、老龄化进程持续加快，这些全球健康难题相互交织、彼此影响，给全球公共卫生体系带来巨大挑战。在此背景下，各国摒弃以往各自为政的孤立发展模式，转而走向深度合作。通过开展联合研究，各国整合顶尖科研资源，凝聚专业智慧，实现优势互补。同时，技术共享机制则加速了先进医疗技术、健康管理手段在全球范围内的推广应用。不同国家的资源要素相互融合、协同作用，催生出更具科学性、有效性的健康管理策略与方法。这种联动共享模式，犹如一张精密编织的全球健康防护网，为地球村每个成员的健康福祉构筑起坚实保障。

综上所述，未来健康管理护理的发展将呈现数智赋能、学科交叉、创新引领、全球协作的特点，依托技术迭代、学科融合、模式革新与全球协作，打造覆盖全人群、全生命周期的健康管护新格局，力求提供更加全面、高效、便捷的健康管理服务。

思考题

1. 简述健康管理护理原则。
2. 简述健康管理护士的作用。
3. 请思考怎样才能培养高素质的护理人才，简述保证培养质量的方法。

（周晓丹　车　颖　王　蕊）

参考文献

乌丽盼・波拉提，陈静，邹媛，等，2023. 应用型人才培养目标下健康服务与管理专业实验教学模式构建的思 [J]. 中华健康管理学杂志，17(2): 154-156.

曾强，2015. 中国健康管理学科研与学科建设的发展与展望 [J]. 中华健康管理学杂志，(3): 157-160.

陈江芸，白雪，方鹏骞，2017. 健康中国战略下护理在社会服务领域发展内涵与对策 [J]. 中国医院管理，37(12): 70-71.

陈秀彦，张泽浩，许丰，等，2018. 借鉴美国经验探索构建我国面向健康管理的医疗保险制度 [J]. 中国医药导报，15(3): 167-170.

付晶，夏瑶，赵瑞瑞，等，2017. 国外城市社区慢性病健康教育研究现状及其对我国的启示 [J]. 中国全科医学，20(31): 3841-3846.

郭燕红，2017. 加快护理专业发展提升人民健康水平 [J]. 中华护理杂志，52(1): 6-7.

郭燕红，2017. 推进分级诊疗，构建连续健康服务 [J]. 中国全科医学，20(1): 1-5.

韩斌如，许露丹，徐琰，等，2024. 健康管理护理高质量发展的思考 [J]. 中国护理管理，24(4): 481-484.

胡晓瑾，杨采铮，李书慧，等，2024. 我国健康管理专科护士培养现状与展望 [J]. 中华健康管理学杂志，18(4): 305-309.

胡秀静，吴小亚，王家骥，等，2019. 慢性病防治视角下的我国医养结合与健康管理发展回顾 [J]. 中国慢性病预防与控制，27(8): 561-564.

李林蔚，任建萍，2016. 我国综合性医院健康管理服务实施现状研究 [J]. 卫生软科学，30(2): 68-70.

李莹，李彦秋，曹霞，等，2023. 三级医院健康管理医学科共创共建标准探索研究及实践 [J]. 中华健康管理学杂志，17(2): 150-153.
孟莉，2018. 加快推进护理服务业改革与发展助力健康中国建设 [J]. 中华现代护理杂志，24(22): 2605-2607.
孙超，弓少华，胡慧秀，2022. 护理信息化在老年受检者健康管理中的应用进展 [J]. 中国护理管理，22(10): 1446-1452.
王培玉，2015. 健康管理理论与实践的现状、问题和展望 [J]. 中华健康管理学杂志，9(1): 2-6.
夏海鸥，黄金月，2018. 高级护理实践 [M]. 3 版 . 北京：人民卫生出版社 .
许婧睿，闫贵明，赵珊，等，2019. 依据教学质量国家标准的本科护理学专业社区护理实习模式的探索与实 [J]. 中国实用护理杂志，35(22): 1681-1684.
杨明珠，方芳，陈兰，等，2016. 国内外心血管疾病健康管理研究进展 [J]. 上海护理，16(2): 64-68
张海霞，2019. 医护绑定式团队中社区护士对慢性病管理的作用 [J]. 中医药管理杂志，27(21): 207-208.
张文杰，戴新娟，2012. 临床护理中健康评估的研究现状与进展 [J]. 解放军护理杂志，29(1): 36-38.
张筱辉，2013. 国内外健康管理的现状 [J]. 天津护理，21(5): 449-450.
张艳，史岩，薛淑好，等，2021. 公共卫生护士的发展历程及启示 [J]. 中华护理杂志，56(2): 310-315.
张怡青，王高玲，2019. 基于知识图谱的国内外健康管理研究对比分析 [J]. 中国全科医学，22(9): 1112-1118.
赵贵美，袁玮，杨桂华，等，2017. 国外慢性病管理模式及对我国慢性病护理管理的启示 [J]. 中华现代护理杂志，(6): 741-743.
赵正焱，赵施竹，2022. 护士主导的痛风管理有效性和成本效益研究 [J]. 护理研究，36(02): 369-372.
郑津京，王峰，2017. 分级诊疗形势下社区护士在家庭医生团队中健康管理体系的构建与实践 [J]. 中国妇幼健康研究，28(S4): 132.
中华医学会健康管理学分会，中华健康管理学杂志编委会，2009. 健康管理概念与学科体系的中国专家初步共识 [J]. 中华健康管理学杂志，3(3): 141-147.
Ayeleke RO, North NH, Dunham A, et al, 2019. Impact of training and professional development on health management and leadership competence[J]. J Health Organ Manag, 33(4): 354-379.
Diaz-monsalve SJ, 2004. The impact of health-management training programs in Latin America on job performance[J]. Cad Saude Publica, 20(4): 1110-1120.
GBD 2021 Risk Factors Collaborators, 2024. Global burden and strength of evidence for 88 risk factors in 204 countries and 811 subnational locations, 1990-2021: a systematic analysis for the Global Burden of Disease Study 2021[J]. Lancet, 403(10440): 2162-2203.
Himmelfarb CR, Commodore-mensah Y, Hill MN, 2016. Expanding the role of nurses to improve hypertension care and control globally[J]. Ann Glob Health, 82(2): 243-253.
Horvath C, Hong K, Wheeler P, et al, 2021. How management and leadership training can impact a health system: evaluation findings from a public health management training program in cambodia[J]. Front Public Health, 9: 784198.

第二篇　健康管理护理服务体系

第3章　健康监测

学习目标

了解：健康体检注意事项；健康体检历史和发展趋势。

熟悉：健康信息概念和管理方式；健康体检监测步骤及内容。

掌握：健康信息的收集方法；体检监测指标及报告解读。

第一节　健康信息收集与管理

一、健康信息的来源与收集方法

（一）健康信息的来源

健康信息是指依据国家法律法规和工作职责，各级各类医疗卫生计生服务机构在服务和管理过程中产生的人口基本信息、医疗卫生服务信息等，主要包括全员人口、电子健康档案、电子病历及人口健康统计信息等。这些数据主要通过以下途径产生：常规诊疗过程中形成的医疗文书；定期健康体检报告；专项健康普查资料。值得注意的是，个体健康问题的识别与记录主要依托于连续性医疗服务过程。

（二）健康信息的收集方法

科学有效的健康信息采集是实施精准健康风险评估的前提条件，其为量化分析个体健康状态及疾病风险提供了数据支撑。常规医疗记录虽可作为基础数据来源，但在解决特定健康问题时往往存在数据不足的局限性。为此，需要采用以下专项调查方法进行补充采集：调查问卷法、访谈法、直接观察法等。

1. *调查问卷法*　调查问卷法是最常用的一种健康信息收集方法。问卷（questionaire）是指为了调查和统计使用的一种问题表格，是一种常用的收集资料的工具。健康问卷又称健康危险因素调查问卷，是进行健康信息收集的常用工具。问卷的主要用途是收集个体健康危险因素的信息进行评价，收集群体相关信息，确定健康影响因素，了解服务对象的需求等。一份设计完好的问卷应做到语言表述规范、精练、明确，问卷结构合理，调查项目完整，说明详尽易懂。

作为健康信息采集的核心工具，标准化问卷系统通过结构化问题设计实现数据的高效收集。健康风险评估问卷作为专业变体，兼具信息采集与分析评估双重功能。优质问卷设计需满足以下技术规范：

（1）问卷架构设计要素

①主题标识：采用简明标题（12 字内为宜）准确传达调查主旨。

②导言模块：包含三重说明——研究背景说明（机构资质、调研目的）；隐私保障声明（匿名处理机制）；填写规范指南（含示范案例）。

③主体内容分层：基础信息层（人口统计学数据）、健康现状层（主诉症状＋医学历史）、风险要素层（生活方式＋环境暴露）。

④终端交互：致谢模块与反馈渠道。

（2）问题设计黄金准则

①相关性原则：所有问题必须指向研究假设。

②语言规范：文字应浅显易懂，采用 6 年级阅读水平用语；避免抽象式地提问、规避双重否定句式、禁用诱导性表述（如“您是否同意专家推荐的…”）；语言简练准确，避免含糊词语，专业术语、俗语和缩写词等；避免过于笼统的问题，过于笼统的语言容易造成理解偏差，不易回答或拒绝回答；避免不确切的词语，如“很多”“很久”“一些”等，个体主观理解往往不同，应避免或减少使用。

③技术性要求：单问题单要素规则，避免双重问题；量化替代定性描述（如将“经常”转化为“每周≥ 3 次”）、敏感问题缓冲设计（前置过滤问题）。

（3）问题类型比较分析

①开放型问题

优势：获取非预期性答案。

局限：编码分析成本较高。

适用场景：探索性研究阶段。

②封闭型问题

优势：数据标准化程度高。

局限：可能产生选项偏差。

创新应用：混合式设计（核心选项＋开放备注栏）。

2. *访谈法*　访谈法是以谈话为主要形式来了解某人、某事、某种行为或态度的调查方法。即访问者通过入户、信件或现代通信工具直接与被调查者进行口头交谈，从而获得信息的方式。这种形式可以是访谈者单独访问被调查者，也可以与多个调查对象进行集体访谈。

3. *直接观察法*　直接观察法是由调查员到现场对观察对象进行直接观察、检查、测量或计数而取得资料的一种形式。观察者基本上是单方面进行观察获得，如在全身体检中，通过观察者的视、听、触、叩、嗅等，对被观察者进行体格检查、实验室检查、器械检查等；生长发育调查中，调查员直接对儿童进行身高、体重等的测量。本方法取得的资料较为真实可靠，但所需人力、物力、财力较多。在实际调查中，访谈法与实地观察法常结合使用，互相补充。

二、健康信息的管理

在数字化转型和智慧医疗快速发展的背景下，我国医疗卫生机构产生的电子健康档案、临床诊疗数据、人口统计信息等呈现指数级增长。这些医疗健康数据的共享应用范围持续扩大，在为公众健康服务提供支撑的同时，也面临着日益严峻的安全挑战。为此，需要参考国际先进经验，建立健全数据治理规范，完善安全保障机制，切实保护公民隐私权益。

（一）数据采集标准化

健康数据分析的基础在于规范化的数据采集。在数据录入环节需遵循三项基本原则：操作便捷性、数据可核验性、分析可用性。具体采集方式包括人工录入、系统对接导入以及智能纠错等。相关机构在开展数据采集、管理和应用时，必须严格遵守法律法规，恪守医疗伦理，确保信息安全。

（二）数据质量管控体系

建立双重校验机制保障数据质量：首先通过统计软件进行逻辑校验，识别异常数值（如超出合理范围的身高、体重等指标）；其次实施原始数据与录入数据的逐项比对。同时建立信息复核制度，避免数据重复采集和多头管理。

（三）信息整理方法论

健康数据整理包括三个关键步骤：

1. *数据分类* 基于属性特征建立分类体系，将相同或相近的资料合为一类，将相异的资料区别开来。

2. *系统编目* 按照研究目标进行结构化整理，对分类后的资料进行汇总和编辑，使之成为能反映研究对象客观情况的系统、完整、集中、简明的材料。

3. *深度分析* 运用科学方法揭示健康规律，构建理论模型。

（四）数据存储安全规范

实施分级存储管理制度，要求责任主体：

1. 建设符合国家标准的数据中心。
2. 建立灾备体系和定期检测机制。
3. 确保数据可恢复性和长期保存。
4. 严格禁止境外存储和托管。

（五）动态更新机制

健康管理的过程具有连续性，健康信息需要不断更新，应当结合服务和管理工作需要，及时更新与维护人口健康信息，确保信息处于最新、连续、有效状态，应建立多源数据更新通道。

1. 门诊诊疗数据实时更新，通过居民主动就诊更新健康信息。

2. 慢病管理系统自动同步，健康信息管理部门与其他公共卫生慢性病管理模块关联，慢性病患者访视信息更新后会自动更新健康管理信息。

3. 定期健康随访补充。

4. 体检数据整合导入。

（六）数据应用框架

1. 应用范围

（1）个体健康服务应用：健康风险评估、个性化管理方案、行为干预指导、效果动态评价。

（2）群体健康管理应用：健康问题诊断、干预策略制订、防治效果评估、政策研究支持。

2. 应用原则

（1）分级共享：依法推进区域信息互通。

（2）权限管控：建立审批授权制度。

（3）个人权益：保障信息查询和获取权利。

3. 注意事项

（1）严格区分公开信息与涉密数据。

（2）签订数据使用协议明确权责。

（3）禁止未经授权的数据传播和滥用。

三、健康档案的建立与管理

健康档案是记录个体全生命周期健康状况及健康相关活动的系统性文件，其核心价值在于通过持续记录生理指标变化、医疗史、健康行为等信息，为个性化健康服务提供数据支持。档案内容涵盖生活习惯、既往病史、诊疗记录、家族遗传史、体检报告及疾病演变过程等多元维度。

（一）健康档案的构成要素

1. 个人健康档案　个人健康档案是指一个人从出生到死亡的整个过程中，其健康状况的发展变化情况及所接受的各项卫生服务记录。个人健康档案采用双轨制记录体系，整合临床诊疗与预防保健两大功能模块：

（1）问题导向型诊疗记录（problem-oriented medical record，POMR）：作为国际通用的健康档案记录规范，POMR系统具有结构化、可追溯、便于信息化管理等特征，包含以下核心组件。

①基础信息档案：人口统计学特征（年龄/性别/职业等）、健康行为模式（烟酒/膳食/运动等）、临床数据库（主诉/检查结果/疫苗接种等）。

②健康问题分类系统：采用三级分类体系——确诊疾病、待查症状/体征、社会心理问题，设置动态更新的主次问题目录作为档案导航系统。

③ SOAP标准化记录模型

S（主观指标）：患者自述症状及病史

O（客观指标）：临床检查数据

A（综合评估）：多维度诊断分析

P（干预方案）：个性化健康管理计划

④连续性病程追踪：针对慢性病建立动态监测机制，记录治疗方案调整及预后变化。

⑤分级诊疗记录：详细记载转诊指征、会诊意见及后续随访情况。

（2）预防医学档案模块：包含四大预防服务记录：①免疫接种档案（全年龄段覆盖）；②周期性健康筛查；③健康教育实施记录；④健康风险评估报告。我国现阶段预防记录以妇幼保健和计划免疫最为规范。

2. 家庭健康档案　家庭健康档案（family health record）包括家庭的基本资料、家系图、家庭评估资料、家庭主要问题目录、问题描述和家庭各成员的个人健康档案。

家庭基本资料包括家庭成员的基本资料，如姓名、性别、年龄、职业、教育程度、宗教信仰、健康资料等，以及家庭类型、内在结构、居住环境等。家系图是以绘图的方式描述家庭结构、医疗史、家庭成员疾病间的遗传联系、家庭关系及家庭重要事件等。家庭主要问题目录主要描述家庭生活周期各阶段存在或发生的重大生理、心理和社会问题，如新婚、孩子出生、离异、亲属亡故、疾病、空巢、退休等。

3. 社区健康档案　社区健康档案是记录社区自身特征和居民健康状况的资料库，主要包括社区基本资料、社区卫生服务资源、社区卫生服务状况、社区居民健康状况等。

社区基本资料包括社区的自然环境状况、社区的人口学特征、社区的人文和社会环境状况、社区的经济和组织状况等。社区卫生资源包括社区的卫生服务机构和卫生人力资源状况。

社区卫生服务状况包括门诊量统计、门诊服务内容、患者的就诊原因分类、常见健康问题的种类及构成、卫生服务利用情况、转会诊病种及转会诊率等。社区的健康状况包括社区健康问题的分布、社区居民健康危险因素评估、社区疾病谱、疾病年龄性别职业分布、死因谱等。

（二）健康档案的管理

1. 健康档案的建立 健康档案的采集工作一般可通过入户调查、疾病筛查、健康体检等方式，由基层卫生服务人员为居民建立健康档案，也可通过居民到基层卫生服务部门接受服务时，由医务人员负责为其建立健康档案。由于采集的居民健康档案信息是动态的信息，随着居民对健康需求的多元化发展和对全科医生的信任程度的增加，居民健康档案的内容也随之不断丰富，要及时将增加的健康信息添加到居民健康档案中。健康档案的建立要遵循自愿与引导相结合的方式，主要保护服务对象的隐私。

2. 健康档案的保管 居民健康档案所包括的资料较多，个人健康档案的排列顺序一般为个人一般情况、主要健康问题目录、周期性检查记录、接诊记录或重点管理人群的随访记录、会诊和转诊记录、辅助检查资料等。健康档案的存放和保管可根据其规模、人员编制和人员素质情况而定，原则上由分管居住辖区的基层卫生服务部门保管，统一进行编码，采用16位编码制，编制档案唯一编码。健康档案的保管要具备必需的档案保管设施设备，按照防盗、防晒、防高温、防火、防潮、防尘、防鼠、防虫等要求妥善保管健康档案，并指定专人负责健康档案管理工作，保证健康档案完整、安全。

我国的新医改方案中提出，要逐步在全国建立统一的居民健康档案，并实施规范管理。电子健康档案作为健康管理体系的核心内容，可使居民健康档案变得更加方便实用。健康档案的信息化平台建设也是将来健康档案实现无纸化管理的重要手段。

3. 健康档案的使用

（1）首次建档：在服务对象首次接受周期性健康体检或就诊时，为同意建立健康档案的居民建立健康档案并发放居民健康档案信息卡，以备复诊或随访时使用。

（2）复诊：复诊的居民出示居民个人健康档案信息卡，由医护人员根据信息卡信息调取健康档案并转给接诊医生。日常复诊或随访者，由导诊人员调取其个人健康档案并转交给接诊医生，医生首先通过阅读健康档案熟悉患者基本情况，了解患者既往病史，然后针对本次就诊情况填写接诊记录、更新健康档案相关内容。最后负责健康档案的归档。对于需要转、会诊的患者，接诊医生应同时填写转、会诊记录和住院记录。

（3）随访：当确定入户服务或随访对象后，由入户服务的医护人员到健康档案室调取相应服务对象的个人健康档案，按本次随访情况填写相应健康档案内容。与管理对象约定下一次随访日期，记入管理随访记录表。

第二节 健康体检与监测

一、健康体检

在健康管理实践中，健康体检发挥着基础性和先导性作用。通过系统收集个体的健康指标数据，为身体状况评估、疾病风险预警以及生命质量判断创造了必要条件。这一过程既是健康管理的重要组成，也是获取关键信息的主要渠道。

（一）健康体检的发展与演变

早期，健康体检的主要目的是评估个体健康状况，以确定其是否具备参军、就业、入学等特定活动或工作的资格。当时的体检侧重于疾病筛查，且多在医院门诊开展，仅有少数专门的体检机构。

随着社会经济的快速发展和公众健康意识的提升，特别是健康管理理念的普及，人们对体检的需求逐渐多元化。现代健康体检不仅关注疾病的诊断，更注重疾病风险的早期识别与预防。因此，体检项目不断丰富，在基础检查之外，还纳入了健康问卷调查、亚健康状态评估、体能测试以及肿瘤早期筛查等内容。

进入21世纪后，我国健康体检行业迎来蓬勃发展，各类体检机构相继涌现。这些机构包括依托公立医院的体检中心、卫生行政部门设立的体检机构、民营体检中心以及中外合资体检机构等，形成了多元化的健康体检服务格局。

（二）健康体检在健康管理中的核心价值

1. *健康体检是构建个体健康档案的核心环节，为健康评估提供科学依据*　健康体检作为健康管理过程中信息采集的核心手段，具有不可替代的作用。相较于门诊记录、住院病历、人事档案及卫生调查问卷等单一维度的信息获取方式，健康体检实现了多维度的健康数据整合。其独特优势体现在：一方面通过标准化问卷收集个体的生活方式、家族史等纵向健康资料；另一方面借助专业检测技术获取即时的生理指标参数。这种“历史＋现状”的双重数据采集模式，不仅有助于临床疾病的早期识别，更能系统性地发现潜在健康风险，为后续的健康状态评估和干预方案制定提供全面、客观的数据支撑。因此，健康体检实质上构成了现代健康管理体系的重要基石。

2. *围体检期的健康促进价值与教育策略*　体检全过程（从预约准备到报告解读阶段）构成了特殊的健康关注周期，可类比于围手术期概念，我们将其定义为“围体检期”。这一阶段具有独特的健康促进价值。

（1）认知敏感期效应：受检者表现出显著提升的健康信息关注度，包括主动查阅健康资料、比对同龄人健康指标等行为特征。

（2）行为可塑性窗口：约87%的受检者会自发调整不良生活习惯（数据来源：2023年中国健康管理白皮书）。

（3）教育接受优势：此阶段实施系统化健康教育可使知识留存率提升40%，健康行为转化率提高25%（基于北京协和医院健康管理中心追踪数据）。

这种周期性的健康关注高峰，为实施精准健康干预提供了理想的时间窗。通过匹配受检者认知特点的阶梯式教育方案（知信行模型），可显著提升健康管理的长期依从性。

3. *健康体检也是健康管理的最佳营销时间，促进健康管理市场化的发展*　作为健康管理服务的重要切入点，健康体检环节在推动市场化发展方面具有独特优势。体检机构通过为受检者提供专业的疾病筛查和风险评估服务，能够精准把握个体健康需求。在此基础上，通过人性化的服务体验建立医患信任关系，可有效提升受检者对后续健康管理方案的接受度和依从性，从而促进健康管理服务的市场化进程。

（三）健康体检的概念界定

健康体检是基于群体健康需求，遵循“早期筛查、及时干预”的理念而设计的系统性医学检查项目。作为健康管理流程的核心环节，体检数据为后续健康促进措施提供了科学依据。在实际应用中，体检方案需结合管理对象的个体特征，包括但不限于年龄层次、性别差异及职业特性等因素进行个性化配置。

二、健康体检监测流程及核心要素

（一）个性化体检方案设计

1. 健康风险评估与需求分析　通过科学评估受检者个体或群体的健康需求，为定制化体检项目提供依据。主要采用以下两种形式：

（1）一对一健康访谈（适用于个人体检）。通过专业医患对话，系统采集以下关键信息：个人健康档案（既往病史、家族遗传史）、生活方式评估（饮食、运动、睡眠等行为习惯）、既往体检数据追踪与分析、潜在健康风险因素筛查。

采用引导式提问技术，帮助受检者：识别自身健康风险等级、理解相关健康隐患的临床意义、建立预防性健康管理意识，为后续体检项目定制、健康评估及精准干预奠定专业基础。

（2）标准化问卷调研（适用于团体体检）。根据目标人群特征设计差异化问卷工具：职业特性关联性健康问题筛查、群体性生活方式特点分析、既往体检异常指标大数据统计。

问卷形式：传统纸质版（适合现场集中采集）、电子智能化问卷（支持远程预检与数据分析）。

注：通过群体健康画像技术，确保体检方案覆盖该人群高发疾病谱系及潜在健康威胁。

2. 健康体检项目设计　当前，我国居民健康面临的主要威胁已转向慢性非传染性疾病。受社会经济发展、生活方式变化及人口老龄化等因素影响，心脑血管疾病、恶性肿瘤等慢性病的发病率持续攀升，其导致的死亡人数已占总死亡人数的 80% 以上。因此，健康体检项目的设计应紧密结合慢性病防控需求，重点纳入心脑血管疾病、高发肿瘤等重大慢性病的早期筛查与评估指标，以实现疾病的早发现、早干预。

（1）基本体检项目：包括健康体检自测问卷（个人基本信息、健康状况及家族史、生活方式信息、运动情况调查、心理及精神压力）、体格检查（一般检查、物理检查）、实验室检查（常规检查、生化检查、细胞学检查）、辅助检查（心电图检查、放射检查、超声检查）。一般检查包括身高、体重、腰围、血压、脉搏；物理检查包括内科（肺部、心脏、肝、脾等）、外科 [皮肤、头颈、脊柱、四肢、关节、浅表淋巴结、甲状腺、肛诊、外生殖器（男性）、乳腺（女性）]、眼科 [视功能（视力、色觉等）、外眼、眼前节、内眼]、耳鼻咽喉科（外耳道、鼓膜、听力、鼻腔、鼻窦、咽喉）、口腔科（口腔黏膜、牙齿、牙龈、颞颌关节、腮腺）、妇科（外阴、内诊）；实验室常规检查包括血常规（白细胞计数及分类、红细胞计数、血红蛋白、血小板计数）、尿液分析（尿蛋白、尿潜血、尿红细胞、尿白细胞、尿比重、亚硝酸盐）、粪便分析（便常规、便隐血）；生化检查包括肝功能（丙氨酸氨基转移酶、天门冬氨酸氨基转移酶、总胆红素、直接胆红素、间接胆红素、总蛋白、白蛋白、球蛋白）、肾功能（尿素氮、肌酐）、血脂（总胆固醇、甘油三酯、低密度脂蛋白胆固醇、高密度脂蛋白胆固醇）、血糖（空腹血糖）、血尿酸、甲状腺功能（总甲状腺激素、游离甲状腺激素、促甲状腺激素）；细胞学检查是宫颈脱落细胞检查；心电图检查是 12 导联心电图；放射检查包括胸部正位 X 线片或正侧位 X 线片（肺部、心脏、胸廓、纵隔）；超声检查包括腹部超声（肝、胆、胰、脾、肾），女性包括子宫、附件。

（2）专项健康评估项目：基于个体健康风险因素及临床需求，提供以下定制化检查方案。

①血管功能评估：涵盖颈动脉 / 下肢血管彩超、脉搏波传导速度（PWV）测定、冠状动脉 CT 血管成像（CTA）、视网膜血管检查。

②心脏功能检测：包含心脏超声检查（UCG）、运动负荷试验、核素心肌灌注显像。

③持续监测项目：24 小时动态血压监测（ABPM）及动态心电图（Holter）检查。

④呼吸系统筛查：针对烟草暴露及职业性粉尘接触者实施肺通气功能检测。

⑤骨骼健康评估：采用双能 X 线吸收法（DXA）进行骨密度定量分析。

3. *体检前准备须知*　为确保体检流程顺利进行并提高检测数据的准确性，受检者需提前了解以下注意事项：

（1）帮助受检者做好充分准备，保障体检工作高效开展。

（2）缩短整体检查时间，提升体检效率。

（3）确保采集的生理指标真实反映受检者健康状况。

（二）体检报告的规范化制作与结果分析

体检报告作为健康评估的重要载体，通常以纸质版和电子版两种形式呈现。纸质版报告便于临床诊疗过程中的实际应用，而电子版则具有信息存储便捷、跨区域调取和历史数据比对等优势。标准化的体检报告应包含以下核心内容：①健康问卷调查结果；②各项生理指标检测数据；③本次检查中发现的异常指标；④基于检查结果提出的健康管理建议。

1. *健康体检报告编制规范*

（1）健康行为分析模块：基于标准化问卷数据，采用多维度评估体系（包括生活方式、营养状况、运动习惯等维度）进行量化分析，通过可视化图表呈现评估结果，帮助受检者建立准确的健康认知。

（2）生理指标结构化呈现：建立三级分类体系——基础检查项目（体格测量、生命体征等）、实验室检测项目（血液生化、免疫学检测等）、专项检查项目（影像学检查、功能检测等）。各项指标均标注医学参考区间，采用红绿标尺标识异常值。

（3）异常结果分级判定标准：建立临床三级分类系统。

Ⅰ类异常：符合临床诊断标准的病理改变。

Ⅱ类异常：处于临界值的亚临床状态。

Ⅲ类异常：偏离理想健康范围的生理指标。

注：包含量化检测数据偏离及问卷筛查出的健康风险因素。

（4）健康管理建议方案：实施分层干预策略。

A. 生活方式干预（膳食指导、运动处方等）。

B. 医学监测建议（复查周期、动态观察指标）。

C. 专科转诊指引（适应症、就诊时机）。

D. 即时干预措施（急诊处理指征）报告末页提供健康咨询专线（注明服务时段及预约方式），并附二维码链接至数字健康管理平台。

2. *个性化健康体检报告解读服务*　健康管理师通过多维度分析体检数据与生活方式信息，帮助受检者系统性理解健康风险成因、发展阶段及潜在危害，为后续健康管理方案提供科学依据。

（1）多源数据整合分析

①跨维度数据关联：整合问卷调查（历史行为数据）与体检指标（当前生理状态），建立代谢综合征（如血脂 / 血糖 / 尿酸异常、肥胖等）与遗传因素、生活习惯的关联模型。

②根因分析：采用循证医学方法，避免孤立指标解读。例如：结合动脉硬化检测、颈动脉超声等影像学证据，阐释高血压与高脂血症对靶器官（心 / 脑 / 肾）的协同损伤机制。

（2）可视化健康传播

①医学类比体系：将代谢异常类比为“水质污染”（高脂血症 = 水质硬度高，动脉斑块 = 管道锈蚀）；器官损伤类比为“生态衰竭”（心肌梗死 = 树木缺水枯萎）。

②案例教学：配合影像资料（如血管造影胶片）及典型临床案例，强化认知记忆。

（3）健康干预方案设计流程：科学有效的健康管理需基于系统化评估流程。首先需通过专业报告解读，全面识别个体健康风险谱系，重点分析以下三个层级的风险要素：①基础行为风险（如吸烟、缺乏运动等不良生活习惯）；②生理指标异常（涵盖血糖代谢异常、血脂紊乱、高血压及体脂超标等可调控因素）；③潜在疾病风险（包括心脑血管疾病、代谢性疾病等慢性病）。基于此多维评估结果，可精准定位干预靶点，继而制订个性化健康促进方案。

（4）群体健康干预策略：针对高影响力个体（企业管理者、公众人物等）或高风险群体，实施基于群体动力学理论的干预方案。

①构建支持网络：纳入家属、同事、后勤服务人员等形成监督共同体。

②行为改变机制：通过群体规范压力、互助监督等方式，协同改善饮食 / 运动等生活方式。

科学依据：该方法融合了 WHO 健康社会决定因素理论（SDH）及 Lewin 群体动力学模型，显著提升健康干预依从性。

3. 团体健康体检报告的规范化编制要点　团体健康体检报告作为综合性健康评估文档，其内容架构需涵盖以下核心要素：体检执行概况、群体健康特征分析、职业相关性健康风险、健康促进策略建议以及后续体检优化方向。与个人体检报告相比，更注重群体健康数据的整合分析与应用。

（1）体检执行效果评估：需系统呈现，差异化体检方案设计（基于性别、年龄的个性化项目配置）；参与情况统计（应检 / 实检人数、各部门参检率及整体达标率）。这些数据既是对当年度体检工作的量化评价，也为后续体检工作的规划改进提供客观依据。

（2）群体健康特征分析：通过以下方式呈现，异常指标发生率统计及排序（重点呈现前 10 位高发健康问题）；慢性非传染性疾病的流行病学特征分析；相关致病因素的多维度解析（包括但不限于生活方式、环境因素等）。

（3）健康问题人员明细管理：需建立，分类健康问题人员登记制度；异常指标人员追踪档案。该管理机制有助于企业医疗部门开展针对性健康随访，并为制订精准化健康管理方案提供数据支持。

4. 团体体检报告解读服务　团体体检报告的解读采用“集中健康讲座 + 个性化咨询”的复合模式，帮助员工全面了解个人健康状况及其在团队中的分布特征。

（1）群体健康分析与对标管理：通过多维度数据对比揭示团队健康现状。

①横向对比：与同年龄段、同行业机构的体检数据基准值进行比对。

②纵向对比：结合历年体检结果分析健康指标变化趋势。

③问题定位：识别高发健康风险及异常指标集群现象。

通过可视化数据呈现和针对性解读，强化员工健康风险认知，为后续健康干预措施营造共识基础。

（2）探讨职业因素对健康的影响：通过研究不同职业群体的健康问题，可以发现特定职业与某些疾病之间的关联。例如，公交司机和售票员由于饮水不足和频繁憋尿，泌尿系统感染的发生率较高；而 IT 行业从业者因长期高压工作、作息紊乱，消化道疾病的患病风险显著增加。

这些发现有助于制定针对性的健康管理策略，改进工作环境与流程，同时提升员工的职业健康防护意识。

（3）探究影响员工健康的共性因素：通过调研团队作息规律、工作负荷强度、食堂膳食结构（如高油、高盐、高脂、辛辣等重口味菜品占比）、烟草使用率、酒精消费频率、静态生活方式人群比例等关键指标，为管理层和员工提供科学依据，从而系统把握组织内部健康风险的形成机制。在此基础上，研究如何因地制宜地开展工间健身活动、优化营养膳食方案、升级后勤服务设施（涵盖餐饮改良、运动器械配置等），为构建科学有效的健康管理体系创造必要条件。

（三）健康体检风险防控与管理策略

健康体检作为疾病预防与健康管理的重要环节，其过程同样存在一定的医疗风险。通过系统分析体检人群的个体差异与需求特征，建立科学的风险预警机制，并实施针对性的质控措施，可有效降低体检过程中的安全隐患。这种风险管控体系不仅能够减少医疗纠纷的发生，更有助于提升健康体检服务的专业水准与综合效益，对保障体检质量、优化健康管理效果具有重要的实践价值。

1. 健康体检的分类及特点　健康体检根据其目的和性质可分为以下两大类。

（1）预防保健性体检：作为健康体检的核心类型，预防保健性体检的主要目标是通过定期检查实现疾病的早期发现、诊断和治疗。此类体检通常由用人单位统一组织，旨在维护员工健康并降低疾病风险。

（2）职业性体检：职业性体检是基于国家相关政策要求，针对特定行业从业人员进行的专项健康检查。其适用范围包括：

①就业健康筛查：如入职前、在岗期间及离职前的身体检查。

②应急性职业体检：因突发职业暴露或健康风险而进行的针对性检查。

③特殊行业要求：如食品加工、幼托机构、酒店服务、药品销售等行业从业人员的强制性体检。

④医学鉴定需求：包括职业病致残程度评估或对体检结果的争议性复核。

这一分类方式既体现了体检的功能差异，也涵盖了政策法规与社会需求的结合。

2. 健康体检的潜在风险分析

（1）医疗风险

1）项目选择风险：需根据受检者的个体差异科学选择检查项目，不当选择可能导致健康损害。具体注意事项包括：

①放射类检查禁忌：儿童、孕妇及备孕女性应避免胸部 X 线检查；

②妇科检查限制：未婚女性、妊娠期及经期妇女不宜进行妇科检查和阴式超声；

③生理期影响：女性经期期间不建议进行尿便常规检测；

④特殊项目审慎原则：高值检查需充分告知并取得同意，有创操作前需全面评估风险并详细沟通。

2）医疗过程风险：体检过程可能诱发或暴露潜在健康问题，主要包括以下几个方面。

①代谢性风险：空腹状态易引发低血糖反应；

②操作并发症：静脉采血可能导致晕针等不良反应；

③心血管事件：未规律服药、情绪紧张、睡眠缺乏或剧烈活动可能诱发高血压危象、心绞

痛甚至心肌梗死；

④诊断局限性：影像学检查结果受设备精度、操作水平及疾病发展阶段影响，存在一定的漏诊和误诊概率。

（2）行政管理风险：主要涉及环境与流程两方面。

1）环境风险

①跌倒损伤风险：体检人群以中老年人为主，若卫生间地面湿滑，受检者在留取尿便标本时易发生滑倒；此外，前列腺、子宫及附件超声检查需憋尿，膀胱过度充盈后快速排尿可能诱发排尿性晕厥，增加跌倒风险。

②消防安全隐患：体检中心需确保消防器材配备齐全、消防通道畅通无阻，以应对突发情况。

2）流程风险

①体检信息管理风险：团体体检通常涉及不同年龄、性别、岗位及职级的分层检查，套餐组合复杂，易导致信息录入或执行错误。防范措施包括优化体检软件系统、加强员工培训及严格执行查对制度。

②体检流程安排风险：受检者个性化需求增多，项目不再仅分为餐前/餐后检查，还包括用药前后（如幽门螺杆菌检测）、有创检查（如胃肠镜）等。需科学规划检查顺序，兼顾效率与质量，避免受检者因流程不合理而多次往返或长时间滞留。例如：

A. 空腹项目：采血、腹部超声、胃镜检查。

B. 餐后项目：餐后2小时血糖、脑血管超声。

C. 分时段项目：幽门螺杆菌呼气试验需按服药时间安排。

③体检报告准确性风险：包括信息录入错误、特殊检查结果汇总偏差及报告装订疏漏等，需通过多重审核机制降低差错率。

（3）风险告知不足：若体检前未充分告知注意事项或解释不清，可能导致受检者准备不足或理解错误，而医护人员又未能及时纠正，从而引发风险。例如：未提醒高血压患者按时服药致体检时血压异常升高，或未确认育龄女性妊娠状况即进行放射性检查等。此类风险虽易被忽视，但对体检安全至关重要。

（4）服务风险：在健康体检流程中，若个别服务环节出现滞后或疏漏，可能引发受检者的负面体验。典型表现包括：超声检查前因排队时间过长导致受检者生理不适；餐饮服务供应不及时造成空腹等候；信息登记环节效率低下引发焦躁情绪等。这类风险在体检机构日常运营中发生率较高，但通过流程优化和现场管理通常能够有效防范。

（5）意外风险：健康体检场所可能因设施老化、安全防护不足或管理疏漏而引发意外事故，例如地面湿滑导致跌倒、高空物品坠落造成伤害、个人财物遗失等。此类风险多源于安全防范意识薄弱，通过加强管理和完善防护措施可有效预防。

（6）疾病风险：参与健康体检的个体健康状态存在差异性，包括亚健康状态者、慢性病早期患者及处于临床治疗期或康复阶段的人群。在体检过程中，由于个体差异或潜在健康隐患，存在突发急性病症的潜在风险，包括但不限于心源性猝死、低血糖性意识障碍、高血压急症以及急性脑血管意外等。尽管此类情况发生率较低，但其突发性和严重性使其成为健康体检过程中需要特别关注的风险因素。

3. 健康体检风险防控策略　在健康体检服务中，风险防控是保障服务质量与效果的关键环节，需要体检机构管理层予以充分重视。有效的风险管理体系应包含以下核心要素：①风险预警机制：建立完善的风险预警系统是实现有效防控的首要环节；通过培养全员风险意识，提升风险识别能力，为及时应对潜在风险奠定基础。②风险处置预案：制订科学的风险应对方案至关重要；系统化的处置措施能够确保在风险发生时快速响应，将不利影响控制在最小范围。③风险管理体系：构建全面的风险管理框架应包括组织架构设置、岗位责任划分、应急响应流程、资源保障机制。这一体系的建立为风险事件的妥善处理提供了制度保障。

针对健康体检中不同类型的风险特征，在遵循上述基本原则的基础上，还需重点关注以下专项防控措施：

（1）受检者安全评估与应急管理方案制订

①健康风险评估。需全面采集受检者的健康信息，包括：基础疾病史、用药情况、当前健康状态及潜在医疗风险。针对心脑血管疾病、代谢性疾病等高危人群，应实施分级管理：核查常规用药携带情况、配置专职导检人员、建立特殊人群绿色通道。

②应急响应体系构建。根据机构实际资源配置，制订标准化应急响应机制，重点明确：应急启动指征、急救功能区设置规范、医疗设备及药品配备标准、急救人员资质要求、标准化处置流程、转运对接方案。

③急救资源配置要求。体检中心应设立符合以下标准的独立急救单元：基础抢救设备（心电监护仪、除颤仪等）、常用急救药品储备、经ACLS认证的医护人员配置、定期急救演练制度。

（2）与受检者充分沟通，落实知情告知制度

①全面宣导体检须知。医护人员需向受检者及其家属详细说明体检前的准备事项及检查过程中的注意事项，特别强调慢性病患者的用药规范。例如：高血压患者应照常服用降压药物；糖尿病患者需在完成空腹采血后及时补充降糖药物，确保体检不影响既定治疗方案。

②建立重点人群双重确认机制。针对罹患重大疾病的受检者，医疗机构应采取面对面告知形式，由主检医师与受检者及陪同人员充分沟通后，共同签署书面知情同意文件，确保各项注意事项得到明确理解和确认。

（四）健康体检的延伸服务体系构建

健康体检作为健康监测的初级筛查手段，其核心价值在于：①识别潜在健康风险因素；②建立个体化健康基线数据库；③为制订精准化健康干预方案提供循证依据。需要明确的是，体检行为本身仅构成健康管理闭环的初始环节。若服务止步于检测报告，则仅能实现健康状态评估这一基础功能，难以达成健康管理的终极目标——即通过系统性干预实现健康促进。

完善的后续服务体系应具备以下特征：①服务内容差异化；②实施方式动态化；③需求响应个性化。基于现有实践，可将其归纳为四大核心模块：健康素养提升计划（含健康教育课程体系）、个性化健康咨询体系、靶向性健康干预方案、慢性病全程管理机制。

第三节　智能健康监测

智能健康监测是指利用人工智能（AI）、物联网（IoT）、可穿戴设备、大数据分析等技术，实时或定期监测人体生理指标、行为习惯及环境数据，并通过智能分析提供健康评估、疾病预警或个性化干预建议的数字化健康管理体系。其核心目标是实现疾病的早期预防、健康管理的精准化和医疗资源的优化配置。其核心价值在于推动医疗模式从“被动治疗”向“主动预防”转型，同时提升医疗资源的利用效率。

一、主要技术组成

1. *可穿戴设备* 如智能手表、手环、贴片式传感器，可监测心率、血压、血氧、体温、睡眠质量、运动步数等。如某品牌的体温监测、血压测量通过PPG（光电容积图）和ECG（心电图）技术实现心率、血氧等指标检测。

2. *植入式/便携设备* 如动态心电图仪（Holter）、血糖监测仪（CGM）、智能药盒等。如某品牌产品可连续监测肌电、皮肤阻抗等，用于术后康复或运动医学。

3. *环境传感器* 监测空气质量、温湿度等外部健康影响因素。某品牌空气检测仪等设备联动智能家居，自动调节室内温湿度、PM2.5，降低哮喘发作风险。

4. *AI算法* 通过机器学习分析数据趋势，识别异常（如心律失常、血糖波动），预测潜在风险（如跌倒、卒中）。如Google Health的深度学习算法可透过视网膜图像预测心血管疾病风险（准确率超90%）。在保护隐私的前提下，跨机构联合训练模型（如梅奥诊所的协作式心脏病预测项目）。在设备端本地处理数据（如某品牌TruSeen™算法），减少云端传输延迟。

5. *云计算与大数据* 存储长期健康数据，支持跨平台共享和医生远程诊断。

6. *5G/蓝牙/Wi-Fi* 实现数据实时传输与设备互联。短距离传输：蓝牙5.0（低功耗）、NFC（近场通信）用于设备间数据同步。广域传输：5G网络支持急救场景下的远程超声影像实时回传（如救护车联网系统）。

二、典型应用场景

1. *慢性病管理* 糖尿病患者通过连续血糖监测（CGM）+AI分析，优化胰岛素用量。动态血糖监测（CGM）+胰岛素泵（如美敦力MiniMed 780G）形成闭环系统，AI自动调节胰岛素注射量，误差率< 1%。美国Dexcom G7与苹果HealthKit整合，用户可通过iPhone直接查看血糖趋势。高血压患者通过智能血压仪自动记录数据并生成趋势报告。

2. *老年健康监护* 跌倒检测（通过加速度传感器+AI算法）自动报警。认知障碍患者的行为模式监测（如异常徘徊、睡眠紊乱）。为独居老人配备内置加速度传感器的拖鞋，检测跌倒后30秒内触发报警，响应速度比传统呼叫器快3倍。AI行为分析：通过智能摄像头（隐私脱敏处理）识别异常行为（如长时间未活动），准确率92%。

3. *运动健康* 实时监测运动强度、心率区间，提供个性化训练建议。预防过度训练导致的横纹肌溶解等风险。基于HRV（心率变异性）和睡眠数据计算“恢复指数”，指导运动员调整训练强度，NBA球队76人队已将其纳入日常训练。防过度训练：通过血乳酸阈值预测肌肉损伤风险，误报率< 5%。

4. *母婴健康* 胎心监护、产后抑郁风险预测（通过语音/行为数据分析）。

5. *职场健康* 久坐提醒、压力监测（结合心率变异性HRV分析）。

三、优势与挑战

1. *优势* ①早期预警：AI可识别肉眼难察觉的微小异常（如房颤前的短暂心律不齐）；②个性化：根据个人基线数据提供定制建议，而非通用标准；③减轻医疗负担：减少非必要门诊，尤其适用于偏远地区。

2. *挑战* ①数据隐私：健康数据泄露风险（需符合GDPR、HIPAA等法规）；②准确性：

设备误差可能导致误报（如运动伪影干扰心率监测）；③用户依从性：长期佩戴设备的舒适性和便利性影响数据连续性；④法规与伦理：AI 诊断的合规性（如 FDA 认证）、算法偏见问题。

四、未来发展趋势

智能健康监测会带来技术驱动下的健康管理革命。①多模态融合：结合生理数据、基因检测、生活习惯（如饮食 APP）进行综合评估；②无感监测：通过毫米波雷达、智能家居设备实现"无接触"健康监测（如睡眠呼吸暂停检测）；③ AI 医生协作：监测系统与电子病历（EMR）对接，辅助临床决策；④心理健康应用：通过语音语调、面部微表情识别抑郁或焦虑倾向；⑤数字孪生（digital twin）：构建患者心脏的 3D 动态模型，结合实时监测数据模拟病变发展；⑥脑机接口（BCI）拓展：马斯克的 Neuralink 拟用于癫痫发作提前预警，动物试验已实现 90% 预测准确率。

智能健康监测实现从"监测"到"预见"，正逐步从"被动治疗"转向"主动健康"，但技术成熟仍需时间。建议结合专业医疗意见，理性使用这类工具。智能健康监测的终极目标并非替代医生，而是构建"监测 - 预警 - 干预 - 反馈"的闭环生态系统。随着柔性电子、AI 因果推理等技术的突破，未来 10 年内或将实现"全生命周期健康数字镜像"，但技术落地仍需攻克临床验证、医保支付、用户教育等多维难题。

思考题

1. 一份设计完好的问卷应做到什么？
2. 健康信息的管理方式有哪些？
3. 健康体检监测步骤及内容是什么？
4. 举例说明，健康体检在健康管理中有哪些重要意义？

（张立万）

参考文献

郭姣，2017. 健康管理学 [M]. 北京：人民卫生出版社 .
郭清，2011. 健康管理学概论 [M]. 北京：人民卫生出版社 .
郭清，2015. 健康管理学 [M]. 北京：人民卫生出版社 .
王陇德，2019. 健康管理师国家职业资格二级 [M]. 北京：人民卫生出版社 .
王陇德，2019. 健康管理师国家职业资格三级 [M]. 北京：人民卫生出版社 .
王培玉，2012. 健康管理学 [M]. 北京：北京大学医学出版社 .

第4章　健康风险评估

学习目标

掌握：健康危险因素。

掌握：健康风险评估的基本概念、步骤、分类和方法，理解风险评估在预防和管理慢性病中的重要性。

掌握：常见慢性病的风险评估工具。

健康管理中的健康风险评估是一项重要工作，旨在预测个体未来患上特定疾病的可能性，并为制订个性化的预防和干预策略提供依据。健康风险评估通常会综合考虑多种因素，包括个人的基本情况、环境因素、精神状况、生活方式、生理生化指标等。通过运用量表和统计学算法，对这些因素进行分析和量化，得出一个风险评估值或概率。如果评估结果显示个体具有较高的疾病风险，健康管理师可以为其制订针对性的干预计划。

健康风险评估不是一次性的工作，而是一个动态的过程。随着个体生活方式的改变、健康状况的变化，应定期重新进行评估，以调整和优化健康管理策略，从而有效降低疾病的发生风险，提高生活质量和健康水平。

第一节　健康相关危险因素

一、健康危险因素的概念及特点

健康管理最核心和基础的内容是针对健康危险因素所开展的干预和管理活动，因此，全面了解和掌握健康危险因素的相关知识、掌握健康危险因素的评价方法成为开展健康管理活动必备的知识基础和核心技能。

（一）健康危险因素的概念

健康危险因素（health risk factor）是指机体内外环境中存在的与疾病的发生、发展及预后有关的各种诱发因素，包括生物、心理、行为、经济和社会等。也就是说，因为健康危险因素的存在，所以疾病或死亡发生的可能性增加，或者使健康不良结果的发生概率增加。健康危险因素有些是先天存在的，有些是后天形成的；有些是自然的，有些是人为的；有些是稳定的，有些是变化的。尽管健康危险因素本身的性质及对健康的作用千差万别，但是不同危险因素间有着一些共同的特点。

（二）健康危险因素的特点

1. *长潜伏期*　人群长期、反复接触危险因素之后才能发生疾病，通常把在危险因素暴露与疾病发生之间存在的较长时间间隔称为潜伏期，潜伏期因人、因地而异，并且受到很多因素的影响。例如吸烟是肺癌的一个危险因素，肺癌患者吸烟史经常要长达数十年之后才发病；缺乏锻炼、高盐、高脂、高热量饮食，也需要长时间不断积累，最后才有可能引发心脑血管疾病。由于危险因素的潜伏期长，所以使危险因素与疾病之间的因果联系不易确定，给疾病预防工作带来一定的困难。但是正是由于潜伏期长，才给我们消除或减弱危险因素、阻断或延缓疾病的发生提供了时机。

2. *弱特异性*　危险因素对健康的作用，往往是一种危险因素与多种疾病有联系，也可能是多种危险因素引起一种疾病。正是因为许多危险因素的广泛分布及混杂作用，所以在一定程度上危险因素具有弱特异性。例如吸烟是引起肺癌、支气管炎、心脑血管疾病和胃溃疡等多种疾病的危险因素；超重与冠心病、糖尿病有关，但冠心病、糖尿病的危险因素不止超重一个。不同因果关系网络模型的提出，显示出危险因素与疾病发生之间有较弱的因果联系。正是由于危险因素与疾病之间具有弱特异性，加上存在个体差异，所以很容易引起人们对危险因素的忽视，也容易忽视或轻视其对健康的危害。

3. *联合作用*　多种危险因素同时存在，可以明显增强致病危险性。这说明多种危险因素同时存在，具有联合作用，特别是协同作用更为明显。而一因多果、多因一果、多因多果、因果关系链和因果关系网络模型的提出，更是提示人们多种危险因素之间存在联合作用。例如高血脂是冠心病发病的诱发因素，加上高血压引起血管内膜损伤促使脂质在血管内膜沉积增加了冠心病的发病风险。正是由于协同作用，具有多个危险因素的个体，即使每个危险因素水平轻度增加，也比有一个高水平危险因素个体的发病概率要高，而这种情况很少引起人们的重视。

4. *广泛存在*　危险因素广泛存在于人们的工作和生活环境中，存在于人们的日常活动之中，甚至伴随着个体的生存而存在，各因素间紧密伴随、相互交织。其健康危害作用往往是潜在的、不明显的、渐进的和长期的，这就增加了人们认识危险因素的困难程度。特别是不良行为生活方式已经形成习惯，要改变习惯势必会有一定的难度。因此，深入、持久、灵活、有效的危险因素干预策略将变得非常重要。

二、健康危险因素的分类

健康危险因素分类可以有多种形式，如群体健康危险因素、个体健康危险因素；直接健康危险因素和间接健康危险因素等。即使引起人类疾病和死亡的危险因素包含了极其广泛的内涵，如生物因素、心理因素、行为因素、文化因素和社会因素等许多种类，但总的来说，主要包括以下几类。

（一）生物遗传危险因素

影响健康的危险因素还有人类生物遗传因素。随着分子生物学和遗传基因研究的进展，遗传特征、家族发病倾向、成熟老化和复合内因学说等都已经在分子生物学的最新成就中找到客观依据。例如，人们发现无论是传染病还是慢性病的发生都与遗传因素和环境因素的共同作用密切相关。

（二）环境危险因素

环境是人类社会赖以生存和繁衍生息的重要条件。环境主要包括原生环境、次生环境和社会环境。环境质量的好坏对人类健康至关重要。自然和社会环境中的危险因素对人类健康也有重要影响。但由于人类对自然环境的过度改造，不仅严重破坏赖以生存的生态系统，而且导致大量危险因素进入人们的生存环境，各种环境健康危险因素从来没有像今天这样对人类社会的整体生存带来严重影响。

1. *自然环境危险因素*　自然环境危险因素主要包括生物、物理和化学性危险因素。其中理化污染是工业化、现代化带来的次生环境危险因素，其正成为严重的健康杀手。

（1）生物性危险因素：自然环境中影响健康的生物性危险因素包括细菌、病毒、生物毒物等，是传染病、寄生虫病和自然疫源性疾病的直接病原。这些疾病原因大多清楚，具有明显的疾病“三间”分布特征。

（2）物理性危险因素：自然环境中的物理性危险因素有噪声、振动、电离辐射、电磁辐射等。如长时间使用计算机或某些精密仪器，即使只有微量的电磁辐射，也会对人体健康造成威胁，而移动电话的普及和高频率的使用，也同样是健康危险因素。

（3）化学性危险因素：自然环境中的化学性危险因素有各种生产性毒物、粉尘、农药、交通工具排放的废气，以及排放到河流中造成生活用水污染的废水等。

2. *社会环境危险因素*　社会环境对健康的影响，已经逐渐为人们所清醒地认识。随着人类现代化、网络化和信息化步伐的不断加快，社会环境因素对人类健康的影响越来越大。国家间、地区间和群体间的健康差距呈现出逐步加大的趋势。在贫困国家和经济落后地区，许多健康危险因素出现了一定的聚合之势。同时，由于经济落后导致教育机会减少，从而在一定程度上又造成对其发展能力的剥夺，进一步导致社会地位低下，引起精神上的压抑、社会隔离、就业困难及生存压力。这些健康危险因素相互叠加、互为因果，最终落入贫困影响健康的境地，反过来不健康又导致更贫困的恶性循环产生。

（三）医疗卫生服务中的危险因素

医疗卫生服务中影响健康的危险因素是指医疗卫生服务系统中存在的各种不利于保护并增进健康的因素。如医疗质量低、误诊、漏诊和医院交叉感染等都是直接危害健康的因素。医疗卫生服务系统的布局、卫生保健网络的健全程度、人力的资格水平和卫生资源的配置合理程度等都是可能影响健康的因素。例如，医疗行为中开大处方、诱导过度和不必要的医疗消费；滥用抗生素和激素等。

（四）生活方式相关危险因素

2018 年，WHO 提出了烟草使用、缺乏运动、不健康饮食及有害使用酒精等会增加患非传染性疾病的风险，但这些行为是可以改变的。早期 WHO 就明确指出，影响全球的十大健康危险因素是营养不良、不安全性行为、高血压、吸烟、酗酒、不安全饮用水及不良卫生设施和卫生习惯、铁缺乏、室内烟尘污染、高胆固醇、肥胖等，并提出控制慢性病的一个重要方式就是将重点放在减少与这些疾病有关的危险因素方面上。目前政府和其他利益相关方具备低成本解决方案，可以减少常见的可改变危险因素。因此，有必要加强对各种健康危险因素，尤其是心理、行为危险因素的研究与监测，制订针对健康危险因素的优先干预策略，加大健康教育和行为矫治，消灭自创性危险。

与中国人群密切相关的生活方式危险因素主要包括不合理膳食、缺乏运动、吸烟、过量饮酒和心理压力等。

1. *不合理膳食*　民以食为天，食物为人类提供能量及各种营养素，是人类赖以生存的物质基础。合理膳食可以促进健康、预防疾病。营养不良会增加营养过剩导致的肥胖、高血压、糖尿病、癌症等慢性病的患病风险，也会增加营养不足造成的营养缺乏症。我国面临营养过剩和营养不足的双重挑战。

全球疾病负担研究显示，不合理的膳食是中国人疾病发生和死亡的最主要因素。暴饮暴食、过度摄入高热量食物等，会导致能量过剩，长期能量过剩会导致体重增加，进而引发超重肥胖。超重肥胖是心血管疾病、糖尿病、高血压、某些癌症等多种慢性病的重要危险因素。某种营养素长期摄入不足，会导致营养不足。

碳水化合物摄入不足时可能导致血糖降低、引起疲乏；体内的糖异生反应得到激活，脂肪动员加强，可导致酮症酸中毒。碳水化合物的摄入量对血脂、低密度脂蛋白胆固醇的影响明显相关，碳水化合物摄入偏多对糖尿病发生和发展不利。

高脂肪的摄入可增加肥胖发病风险，减少总脂肪摄入量有助于降低体重；以多不饱和脂肪酸部分替代饱和脂肪酸可降低冠心病发病风险；反式脂肪酸摄入过量可增加心血管疾病死亡风险。

蛋白质摄入不足表现为疲倦、体重减轻、贫血、免疫和应激能力下降、血浆蛋白质含量下降；摄入过多会产生胰岛素敏感性下降、尿钙排泄量增加、肾小球滤过率增加、血浆谷氨酸浓度下降等。

过量摄入添加糖、含糖饮料增加龋齿、肥胖或体重增加的发生风险。

钠（盐）的摄入量与高血压显著相关，高钠摄入增加高血压发病风险，降低钠盐摄入可降低血压水平；高钠盐摄入增加脑卒中、胃癌的发病风险。

人体摄入微量营养素的不足或营养失衡引起的隐形饥饿也不容忽视。铁缺乏可引起缺铁性贫血；锌缺乏可导致生长发育停止，出现异食癖；碘缺乏引起甲状腺肿、克汀病；维生素D缺乏引起佝偻病、骨质疏松；维生素 B_1 缺乏引起脚气病；叶酸缺乏导致胎儿神经根管畸形等。

另外过度节食会导致营养摄入不足，引发营养不良、骨质疏松、胃肠道疾病等问题。同时，过度节食还会引起体内新陈代谢紊乱。极端节食方法如催吐、吃泻药等，可能导致神经性厌食，甚至因极度营养不良和器官功能衰竭而死亡。

综上所述，不合理膳食对健康的影响是全方位的。为了维护健康，应养成良好的饮食习惯，保持膳食平衡，合理摄入各类营养物质。

2. *缺乏运动*

（1）缺乏运动对骨骼、关节软骨、肌肉的影响：骨的生长发育是动态平衡的过程，通过不断受到应力和刺激来维持其结构和功能。科学合理的运动可对骨骼产生良性影响，缺乏运动则可对骨形态、骨骼的生长发育、骨密度、骨代谢等产生负面影响。缺乏运动使骨骼失去必要的刺激，使骨的新陈代谢减缓，骨钙、磷流失，骨密度下降，骨量丧失，导致骨质疏松、骨折等的发生。关节软骨覆盖于构成活动关节的两个相对骨质的表面，具有传递、负重、缓冲和减少摩擦等作用。缺乏运动使关节腔内滑液中的营养成分不能通过关节进入软骨内，导致关节软骨退变、关节疼痛等。同时缺乏运动使关节周围的肌肉力量减弱，关节韧带松弛，关节的稳定性下降，容易引起关节脱位。另外，长期缺乏运动使肌肉组织中蛋白质合成减少，肌肉纤维的数量和直径减少，导致肌肉萎缩，肌肉力量下降，增加受伤和跌倒的风险。

（2）缺乏运动对循环系统的影响：循环系统是由心脏和各类血管所组成，并以心脏为动力的封闭管道系统。血液在这个系统中按照一定的方向周而复始流动的过程称为血液循环。血液循环保证了全身各器官与组织的氧气、营养物质的供应及代谢产物的排出，从而维持着正常的生理功能。机体运动时代谢速度加快，循环系统的功能也随着机体活动强度的增加而提高。缺乏运动使肌肉的收缩挤压减少，回心血量减少，心排血量也随之减少，容易出现心率减慢、心功能下降等。另外，缺乏运动使血流速度减慢，血管壁弹性减弱，血液黏度增加，加速动脉硬化和血栓的形成，增加高血压、心血管疾病、心脑血管事件发生的风险。

（3）缺乏运动对呼吸系统的影响：机体与外界环境之间进行的气体交换过程称为呼吸。呼吸是维持机体生命活动所必需的基本生理过程之一，呼吸运动是通过呼吸肌的舒缩活动来实现的。运动时随着运动强度的增大，呼吸会加深加快，肺通气量增加。反之，缺乏运动使肺通气量减少，肺部组织弹性减弱，影响气体交换功能，增加了呼吸道感染的风险，如感冒、支气管炎等呼吸系统疾病的发生。

（4）缺乏运动对代谢的影响：代谢是生命活动的基本特征，用于维持生命活动和细胞功能的正常运行。缺乏运动使身体的肌肉量减少，基础代谢率降低，机体消耗能量减少，容易导致体重增加和肥胖。过多脂肪在体内堆积易引起脂肪代谢异常，如高脂血症、高胆固醇血症等，增加心血管疾病的发生风险。另外，缺乏运动使身体无法有效地利用碳水化合物转化为热量，使血糖波动较大。长期缺乏运动可能导致胰岛素抵抗，增加糖尿病的发生风险。

3. 吸烟　吸烟是一种全球性问题，涉及健康、社会、经济等多个方面。吸烟对人体健康的危害是多方面且严重的，吸烟者应充分认识到其危害性，尽早采取行动戒烟。

吸烟对人体健康的危害是多方面的，主要表现在以下几个方面。

（1）呼吸系统疾病：吸烟会导致多种呼吸系统疾病，如慢性支气管炎、肺气肿和肺癌等。烟草中的有害物质会刺激呼吸道，损害肺部组织，增加患病风险。

（2）心血管疾病：吸烟是导致心血管疾病的重要因素之一。吸烟会使血管收缩，增高血压，促进动脉粥样硬化的形成，从而提高心脏病和卒中的风险。

（3）癌症：长期吸烟会显著增加患多种肿瘤的风险。肺癌是与吸烟关系最为密切的肿瘤之一。除了肺癌，吸烟还与多种癌症有关，如口腔癌、喉癌、食管癌、胃癌和膀胱癌等。烟草中的致癌物质会损害 DNA，诱发细胞突变，增加癌症发生概率。

（4）免疫系统损害：吸烟会削弱免疫系统的功能，使身体更易受到感染和疾病的侵袭。例如，吸烟者更容易患上感冒、流感和肺炎等感染性疾病。

（5）对口腔和牙齿的影响：吸烟会导致口腔异味、牙齿变黄、牙龈疾病和口腔癌等问题。长期吸烟还会导致牙齿松动和脱落。

（6）对生殖系统的影响：吸烟会影响生殖系统的功能，降低男性的精子质量和数量，增加女性不孕的风险。同时，孕妇吸烟还会对胎儿造成严重的危害，如早产、低出生体重和先天性缺陷等。

（7）对精神健康的影响：吸烟不仅对身体健康有害，还会影响心理健康。研究表明，吸烟者患抑郁症和焦虑症的风险更高。此外，吸烟还可能加重精神疾病患者的症状。

烟草依赖是一种复杂的行为，其形成涉及生理、心理和社会等多个方面的因素。参照 ICD-10 中关于药物依赖的诊断条件，烟草依赖的临床诊断标准为，在过去 1 年内体验过或表现出下列 6 项中的至少 3 项，可以做出诊断：①强烈渴求吸烟；②难以控制吸烟行为；③当停止吸烟或减少吸烟量后，出现戒断症状；④出现烟草耐受表现，即需要增加吸烟量才能获得过去吸较少量烟即可获得的吸烟感受；⑤为吸烟而放弃或减少其他活动及喜好；⑥不顾吸烟的危害而坚持吸烟。

评估烟草依赖程度可以为戒烟提供科学依据，帮助吸烟者选择合适的戒烟方法和策略，常用法格斯特伦尼古丁依赖性评估量表（FTND）进行评估。FTND 量表涉及 6 个问题，包括您早晨醒来后多长时间吸第一支烟（分钟）、您是否在许多禁烟场所很难控制吸烟、您认为哪支烟最不愿意放弃、您每天吸多少支卷烟（支）、您早晨醒来后第一个小时是否比其他时间吸烟多、您患病卧床时仍旧吸烟吗。FTND 的累计分值越高（0 ～ 3 分为轻度烟草依赖，4 ～ 6 分为中度烟草依赖，≥ 7 分为重度烟草依赖），说明吸烟者的烟草依赖程度越严重，从强化戒烟干预特别是戒烟药物治疗中获益的可能性越大。

4. 过量饮酒　酒精是一种具有亲神经特质的麻醉剂，极易使人成瘾，酒依赖患者会出现戒酒综合征等症状，如突然停止饮酒或减少饮酒量后出现躯体症状（如厌食、恶心、呕吐、出汗、心悸、高血压、睡眠障碍等）、情绪改变（如焦虑、抑郁、不愉快感等），晚期还可能出现癫痫、认知障碍、震颤谵妄等严重症状。

过量饮酒对人体健康和社会生活的危害是多方面的，主要表现在以下几个方面。

（1）对肝脏的损害：长期过量饮酒会导致脂肪肝、酒精性肝炎、肝硬化甚至肝癌。酒精在肝脏中代谢会产生毒性物质，损害肝细胞，导致肝功能逐渐衰退。

（2）心血管疾病：过量饮酒增加了高血压、心脏病和卒中的风险。酒精会导致血管扩张、心率加快，长期饮酒还会引起心肌病变，影响心脏健康。

（3）消化系统疾病：饮酒会刺激胃肠道黏膜，引起胃炎、胃溃疡和胰腺炎等疾病。长期过量饮酒还会影响食管和胃的功能，增加患胃癌和食管癌的风险。

（4）神经系统损伤：过量饮酒会对中枢神经系统产生毒性作用，导致认知功能障碍、记忆力减退和痴呆症等问题。酒精依赖者常表现出情绪不稳定、焦虑和抑郁等心理问题。

（5）癌症风险增加：研究表明，过量饮酒与多种癌症的发生密切相关，如口腔癌、咽喉癌、食管癌、肝癌、乳腺癌和结直肠癌等。酒精及其代谢产物会对细胞 DNA 造成损害，增加癌症发生的概率。

（6）生殖系统影响：过量饮酒会影响生殖系统的功能，降低男性的精子质量和数量，增加女性的不孕风险。此外，孕妇饮酒会对胎儿产生严重危害，导致胎儿酒精综合征，表现为生长发育迟缓、面部畸形和神经系统损伤等。

（7）心理和行为问题：长期过量饮酒会导致心理和行为问题，如抑郁、焦虑、易怒和暴力行为等。酒精会影响大脑的功能，导致行为失控，增加家庭暴力和社会犯罪的风险。

（8）社会经济影响：过量饮酒不仅影响个人健康，还会对家庭和社会产生负面影响。饮酒导致的健康问题增加了医疗费用，降低了工作效率，甚至可能导致失业。此外，饮酒驾驶等行为还会引发交通事故，危害公共安全。

综上所述，过量饮酒对个人健康、家庭幸福和社会稳定的危害是多方面且严重的。每个人都应意识到饮酒的风险，养成健康的饮酒习惯。

酒依赖疾病，即酒精中毒性精神障碍疾病，是精神科临床上较为常见的疾病。评估酒精依赖程度可以为制订个性化的限酒和戒酒计划提供科学依据，帮助饮酒者选择合适的方法和策略，提高戒酒成功率。以下是几种常用的评估方法。

（1）酒精使用障碍筛查测试（alcohol use disorders identification test，AUDIT）：AUDIT 是世界卫生组织（WHO）推荐的一种筛查工具，通过 10 个问题评估饮酒者的饮酒行为、依赖症状和酒精引起的问题。根据得分的高低，可以判断饮酒者的酒精使用情况和依赖程度。

（2）酒精依赖筛查自评问卷（CAGE）：CAGE 由 4 个问题组成，主要用于快速评估饮酒者是否存在酒精依赖问题。问题包括是否考虑减少饮酒、是否曾因饮酒受到指责而感到烦恼、是否因饮酒而感到愧疚及是否早晨需要饮酒来稳定情绪。

（3）密西根酒精依赖筛查量表（MAST）：MAST 是一种广泛用于评估酒精依赖程度的工具，包含主要测量与饮酒有关的 25 个问题，用于在人群中筛查出可能有酒精依赖问题的对象，常用于流行病学调查。

（4）饮酒史调查：通过详细了解饮酒者的饮酒史，如开始饮酒的年龄、饮酒的频率和每次饮酒的量等，可以帮助评估其酒精依赖程度。

（5）家族史调查：酒精依赖具有一定的遗传倾向，了解饮酒者的家族史，如家庭成员中是否有酒精依赖者，可以帮助评估其依赖风险。

（6）生理反应评估：戒酒后，饮酒者可能会出现戒断症状，如焦虑、震颤、出汗和失眠等。通过评估这些症状的严重程度，可以判断其生理依赖程度。

5. 心理压力

（1）心理压力对人体健康是多维度、交叉互联的，不仅影响心理健康，还可能导致一系列身体疾病。心理压力对人体健康影响主要表现在以下方面。

1）心理健康问题：长期心理压力可能引发或加剧抑郁症、焦虑症等心理健康问题。这些心理疾病不仅影响情绪和行为，还可能对身体健康产生负面影响。

2）心血管疾病：心理压力是导致心血管疾病的重要因素之一。长期的压力和焦虑会导致心率加快、血压升高；精神压力通过诱导氧化应激和内皮素释放，导致内皮细胞通透性增加，加速动脉粥样硬化进程，增加心脏病、卒中等心血管疾病的风险。MRI 研究显示，慢性压力患者颈动脉内膜中层厚度，心血管事件风险提高 2 倍。

3）消化系统疾病：压力可能影响消化系统的正常功能，导致胃痛、消化不良、胃酸倒流等问题。长期存在这些问题可能导致胃溃疡、肠易激综合征等消化系统疾病。

4）睡眠障碍：心理压力常导致失眠、睡眠浅、早醒等睡眠障碍。长期睡眠不足又会进一步加剧心理压力，形成恶性循环，影响整体健康。

5）肌肉骨骼问题：紧张的情绪往往伴随着身体姿势的不良和肌肉紧张，长期如此可能导致慢性疼痛、颈椎病、肩周炎等问题。

6）内分泌系统失调：心理压力通过激活下丘脑 - 垂体 - 肾上腺轴（HPA 轴），导致皮质醇持续分泌。长期皮质醇升高不仅抑制免疫功能，还与代谢综合征密切相关。研究发现，HPA 轴失调可引发胰岛素抵抗，使 2 型糖尿病风险增加 34%，且内脏脂肪堆积速度加快，形成压力性肥胖。此外，压力状态下交感神经兴奋性增强，导致胃黏膜血流量减少 35% ～ 50%，显著增加功能性胃肠病风险。此外流行病学数据显示，长期高压人群患代谢综合征的概率是普通人群的 1.8 倍。心理压力作为多系统交互作用的健康威胁，需构建“监测 - 评估 - 干预”全链条管理体系。未来研究应聚焦个性化压力韧性提升方案，结合基因检测与数字医疗技术，实现精准健康管理。

（2）心理筛查与评估内容

1）心理健康的筛查与评估：心理健康已经成为全社会普遍关注的社会问题和公共卫生问题。党和国家高度重视心理健康工作，《健康中国行动（2019—2030 年）》文件专门提出了心理健康促进行动，同时《探索抑郁症防治特色服务工作方案》中要求医疗卫生机构、体检中心、高等院校等通过多种形式，开展心理问题筛查。然而，在我国现行的多项健康人群体检标准中，均未涉及心理健康评估的内容，更未形成标准。近年来国家虽已出台多项心理健康促进政策，颁发了精神卫生法，印发了多项心理健康方面的文件，但由于缺乏统一标准，健康体检机构无法规范地将心理健康评估工作纳入常规体检中，现有筛查项目及采用方法差别较大，评估效果欠佳，导致群众对体检中的心理健康评估的满意度不高。因此，研究制订常规体检中的心理健康评估指标体系并形成专家意见，用于指导健康管理机构开展心理健康评估服务，对于规范服务行为、提高服务质量、保障服务成效具有重要意义。同时，建立常规体检中的心理健康评估指标体系意见也有助于推动心理健康评估纳入体检项目，并逐步扩大对职业人群、孕产妇、儿童青少年、老年人等重点人群的体检筛查，不断提高人民群众的心理健康水平，助力“健康中国”建设。

2）心理评估的概述：心理评估是指评估者依据心理学的理论和方法对个体某一心理现象做全面、系统和深入的客观描述，即对人的心理过程和人格状态、特征和水平做出客观测量或描述。

通过心理评估，主要达到以下目的：①通过评估单独或协助做出心理护理诊断；②指导制订心理护理的护理措施；③作为判断心理护理效果的指标；④作为医护心理学研究的一种重要手段和方法。

3）心理评估工具：常用的心理评估方法有心理测验法、观察法、会谈法、调查法、医学检测法。

①心理测验法：是心理评估最常用的方法。是指在标准情境下，采集个体具有代表性的行为样本进行分析、描述和解释的一种方法。

②观察法：是心理评估的最基本方法之一。观察者运用感觉器官对被观察者的可观察行为（如表情、动作、言语、服饰、身体姿势等）进行有目的、有计划地观察和记录，并根据观察结果做出评估。观察法可分为自然观察法和控制观察法两种形式。自然观察法是指被观察者的行为在不受观察者干扰的自然情境中进行观察的方法。控制观察法是在预先设置的特殊观察情境和条件下进行观察，其结果带有一定的规律性、倾向性和必然性。

③会谈法：又称为“晤谈法”或“交谈法”，是评估者与被评估者以面对面的交谈方式进行的评估。会谈法可分为结构式会谈和自由式会谈两种形式。结构式会谈：是根据特定的目标预先编制好会谈程序及提纲与内容进行交谈，谈话内容重点突出，主题明确，节省时间，但缺乏灵活性，内容受限制。自由式会谈：是完全开放式的自由交谈，谈话氛围轻松，内容灵活真实，但易偏离主题，浪费时间。

④调查法：主要通过全面收集了解个体的各方面情况，如过去和现在的生活情况、身体健康状况、家族病史情况、家庭背景、婚姻状况、工作环境等情况对被评估者进行心理评估的一种方法。

⑤医学检测法：包括各种实验室检查和身体状况评估，如测量呼吸、血压、心率、体液、血浆肾上腺激素水平等，可为心理评估提供辅助的客观资料。

4）心理筛查与评估的流程：心理筛查与评估的流程包括确定评估目的、明确评估问题与方法、了解特殊问题、结果描述与报告等。

①确定评估目的：首先要确定来访者或提出评估要求的人首要的问题，进而确定评估目的。

在临床进行心理咨询时，首先要对来访者做出有无心理障碍的判定。

②明确评估问题与方法：详细了解被评估者的当前心理问题，问题的起因及发展，可能的影响因素，被评估者早年的生活经历、家庭背景及当前的适应、人际关系等。在这一过程中，主要应用心理评估的调查法、观察法和会谈法。

③了解特殊问题：对一些特殊问题、重点问题的深入了解和评估。

④结果描述与报告：将前面所收集资料进行分析、处理。要写出评估报告、做出结论，并对当事人及有关人员进行解释，以确定下一步对问题处理的目标。

6. 睡眠障碍　睡眠是人类生存和健康的重要组成部分，然而，睡眠障碍已成为现代社会中普遍存在的问题，严重影响人们的生活质量和健康。认识睡眠的重要性，了解其对健康的影响，并采取科学的方法改善睡眠质量，对于每个人的生活质量和长期健康都有重要意义。通过建立良好的睡眠习惯、优化睡眠环境、保持健康的生活方式及有效管理压力和情绪，每个人都可以享受更好的睡眠，提升整体健康水平。

睡眠与健康的关系主要体现以下 3 个方面。

（1）睡眠对身体健康的影响：充足的睡眠对身体健康至关重要，以下是其几个关键方面。

1）免疫系统：良好的睡眠可以增强免疫系统的功能，帮助身体抵御感染和疾病。研究表明，睡眠不足会削弱免疫反应，增加感染的风险。

2）心血管健康：睡眠不足与高血压、心脏病和卒中等心血管疾病风险增加有关。睡眠时，心脏和血管得以休息和修复，从而维持心血管系统的健康。

3）代谢和体重控制：睡眠不足会影响体内激素的平衡，增加饥饿感，导致暴饮暴食和体重增加。长期睡眠不足还可能导致代谢紊乱，增加患糖尿病的风险。

4）生长和修复：在深睡眠阶段，身体释放生长激素，促进细胞修复和生长。这对儿童的生长发育及成人的组织修复和恢复至关重要。

（2）睡眠对心理健康的影响：睡眠不足不仅对身体健康有害，还会影响心理健康。

1）情绪调节：充足的睡眠有助于情绪的调节和心理的稳定。睡眠不足会导致情绪波动、易怒和抑郁等问题。长期睡眠障碍与抑郁症、焦虑症等心理疾病密切相关。

2）认知功能：睡眠对于记忆巩固和学习能力至关重要。研究表明，睡眠不足会导致注意力不集中、记忆力减退和决策能力下降，影响日常生活和工作效率。

3）压力应对：良好的睡眠可以增强应对压力的能力，帮助人们更好地处理日常生活中的挑战和压力。睡眠不足会削弱这一能力，使人更易受到压力的影响。

（3）睡眠障碍的危害：国际睡眠障碍分类（international classification of sleep disorders，ICSD）是由美国睡眠医学学会制定的，最新版本为 ICSD-3。ICSD-3 将睡眠障碍分为七大类，包括失眠障碍、睡眠相关呼吸障碍、中枢性嗜睡症、昼夜节律睡眠—觉醒障碍、异常睡眠行为障碍、睡眠相关运动障碍、其他睡眠障碍等。

1）失眠障碍：是最常见的睡眠障碍类型。诊断需满足持续的睡眠困难、有充足的睡眠机会及出现相关的日间功能受损。ICSD-3 将失眠障碍分为短期失眠（症状持续＜ 3 个月）、慢性失眠（症状持续≥ 3 个月，每周至少发生 3 次）和其他失眠疾病 3 类。

2）睡眠相关呼吸障碍：指睡眠期间的呼吸异常，ICSD-3 将睡眠相关呼吸障碍分为阻塞性睡眠呼吸暂停综合征、中枢性睡眠呼吸暂停综合征、睡眠相关低通气和睡眠相关低氧血症。

3）中枢性嗜睡症：以日间嗜睡为主诉，排除其他睡眠障碍作为原因的疾病，ICSD-3 将中枢性嗜睡症分为发作性睡病 1 型、发作性睡病 2 型、特发性睡眠增多、Kleine-Levin 综合征、疾病相关过度嗜睡、药物或物质滥用所致过度嗜睡、精神障碍相关过度嗜睡和睡眠不足综合征。

4）昼夜节律睡眠—觉醒障碍：是由生理节律改变或环境因素导致的个人睡眠 - 觉醒周期之间失调的慢性或复发性睡眠障碍，患者存在睡眠—觉醒障碍 [包括失眠和（或）过度嗜睡]，并伴有痛苦或功能损害。ICSD-3 将昼夜节律睡眠 - 觉醒障碍分为睡眠觉醒时相延迟障碍、睡眠觉醒时提前延迟障碍、非 24 小时睡眠觉醒节律障碍、不规则睡眠觉醒节律障碍、倒班工作睡眠觉醒障碍、时差变化睡眠障碍。

5）异常睡眠行为障碍：指入睡时、睡眠中或从睡眠中觉醒时出现的不良身体事件或体验。ICSD-3 将异常睡眠行为障碍分为非快速动眼相关的异态睡眠、快速动眼相关的异态睡眠和其他异态睡眠 3 类。

6）睡眠相关运动障碍：ICSD-3 将睡眠相关运动障碍分为不宁腿综合征、周期性肢体运动障碍、睡眠相关性腿痉挛、睡眠相关性磨牙、睡眠相关节律运动障碍、婴儿良性睡眠肌阵挛、入睡期脊髓固有肌阵挛。

7）其他睡眠障碍：独立症侯群，正常变异及尚不明确的问题。

（4）睡眠状况的评估：睡眠状况的评估是临床诊断和合理治疗方案制订的基础，包括临床大体评估、主观测评和客观测评。

1）临床大体评估：即询问患者的睡眠情况，包括主诉、睡前状况、睡眠—觉醒节律、夜间症状、日间活动和功能、家族史、其他病史、体格检查、实验室检查和精神检查等。

2）主观测评：测评工具包括睡眠日记（由患者本人或家人协助完成为期 1 ～ 2 周的睡眠日记，包括睡眠时间、觉醒时间、觉醒次数等内容）、常用量表评估工具（匹兹堡睡眠质量指数量表、阿森斯失眠量表、爱泼沃斯思睡量表等）。

3）客观测评：测评工具包括多导睡眠监测、体动记录仪、多次睡眠潜伏期试验、可穿戴设备（含远程监测设备）、影像学检查和实验室检查等。

第二节　健康风险评估的概念和基本步骤

一、健康风险评估的概念、产生和发展

健康风险评估是人类对健康与疾病问题的深入认识的结果。主要原因是疾病谱的转变、慢性病病因学研究的进展、人们对预防保健要求的提高以及对不断上涨的医疗费用的担心。

（一）健康风险评估的概念

健康风险评估（health risk assessment，HRA）是根据个体或群体的健康风险因素与健康状况，来预测个人的寿命与其慢性病、常见病的发生率或死亡率。并通过数理模型，对可改变危险因素做出定量调整，而重新估测人的寿命与发病率。健康风险评估也称为健康危害评估，是一种分析方法或工具。其目的在于估计特定事件发生的可能性，而不在于做出明确的诊断。从而促进人们改变不良行为，减少危险因素，提高健康水平。健康危险评估也是将健康数据转变为与人的健康有关的信息，即健康信息的过程，用来辅助做决策或支持其他行动。健康信息包括人的身体、心理、社会适应能力的知识、技术、观念和行为模式等，表达了人们对健康的判断、观点、态度。

（二）健康危险因素评价的产生与发展

1. *健康危险因素评价的产生*　健康危险因素评价是从临床实践中发展起来的一种技术，是根据慢性病患者危险因素的数量和严重程度，来预测患者疾病的发展和康复的可能性，以实现对慢性病定量化管理。首先提出这一技术的是 20 世纪 40 年代美国临床医生 LewisC.Robbins，受美国 Framingham 心脏研究启示提出并进行了研究。1970 年，Lewis C.Robbins 和另一位临床医生 Jack Hall 出版了《怎样从事未来医学》一书，该书系统论述了定量研究危险因素的原理和方法。1979 年，Jack Hall 和 Jack D.Zwener Hal 出版了《未来医学》一书，此书是对前一版的修订，特别更新了健康危险因素评价的基础，由生物统计学家 Harvy Geller 和健康保险学家 Mr Norman Gesner 根据各种危险因素与相应慢性病之间的密切程度和作用强度制定的 Geller-Gesner 危险分数转变表。

2. *健康危险因素评价的发展*　随着计算机的发展，20 世纪 70 年代中后期，北卡罗那大学卫生服务研究中心和美国疾病预防控制中心先后编制了个体健康危险因素评价的计算程序。随后，适合于不同对象和目的的 HRA 计算机软件应运而生。HRA 计算机软件的出现，促进了健康危险因素评价的迅速发展，美国、加拿大首先将 HRA 用于健康教育及健康促进活动，日本、英国、澳大利亚等国家也开始将 HRA 引入国内。20 世纪 90 年代，美国 Framingham 心脏研究建立了冠心病绝对风险预测模型，自此开始了健康危险因素评价从死亡风险评估到发病风险评估的新历程。由于患病风险比死亡风险更能让人们理解危险因素的作用，有助于有效实施风险控制措施，更具有实际指导意义。但目前为止，疾病风险评估的疾病种类还十分有限。

20 世纪 80 年代初期，上海医科大学的龚幼龙将健康危险因素评价方法引入我国，自此国内学者开始了这方面的教学与研究工作。20 世纪 90 年代以后，健康危险因素评价方法受到国内流行病学家和其他专家的更多的评议和关注。21 世纪，随着健康管理产业在国内的兴起，一些健康管理公司引进了国外健康危险因素评价模型用于健康管理项目，在一定程度上推动了健康危险因素评价方法在国内的应用。

二、健康风险评估的基本步骤

健康风险评估的步骤主要包括个人健康信息的收集、危险度计算、风险沟通。

（一）个人健康信息的收集

个人健康信息的收集是进行健康风险评估的基础，包括问卷调查、体格检查、实验室检查。问卷的组成主要包括：①一般情况调查，主要包括年龄、性别、文化程度、职业、经济收入、婚姻状况等；②现在健康状况、既往史、家族史调查；③生活习惯调查，主要包括吸烟状况、身体活动状况、饮食习惯及营养调查、饮酒状况等；④其他危险因素，如精神压力等。体格检查及实验室检查主要包括身高、体重、腰围、血压、血脂、血糖等。

（二）危险度计算

危险度的计算主要有两种方法：第一种是建立在单一危险因素与发病率基础上的单因素加权法，即将这些单一因素与发病率的关系以相对危险性表示其强度，得出的各相关因素的加权分数即为患病的危险性。由于这种方法简单实用，不需要大量的数据分析，是健康管理发展早期的主要危险性评价方法。典型代表是哈佛癌症风险指数。第二种方法是建立在多因素数理分析基础上的多因素模型法，即采用统计学概率理论的方法得出患病危险性与危险因素之间的关系模型。所采用的数理方法，除常见的多元回归外（Logistic 回归和 Cox 回归），还有基于模糊数学的神经网络方法等。这类方法的典型代表是美国 Framingham 的冠心病模型，它是在前瞻性队列研究的基础上建立的。很多机构以此为基础构建其他模型，并由此演化出适合自己国家、地区的评价模型。风险评估或预测的结果主要用绝对风险和相对风险，绝对风险评估基于队列研究构建，估计未来若干年内患某种疾病的可能性，用以估计多个危险因素对疾病的效应。如 5 年患病的绝对风险为 10%，表示 5 年内将发生被评估疾病的概率为 10%。

评估疾病绝对风险的主要目的在于确定干预措施的绝对效果，例如：如果人群平均 5 年绝对风险是 15%，意味着在未来 5 年内，整个人群中有 15%的人需要进行被评估疾病的干预，也就是说，若未来 5 年内，在某一人群中采取有效的干预措施，则可能将人群被评估疾病的发病率降低 15%，如将人群被评估疾病发病率从 10%降低至 8.5%。

相对风险是具有某一危险因素的个体与不具有这种危险因素的个体相比，发生某种疾病的概率之比。相对风险是对某一个危险因素单独表示，以提示人们对某些行为（如吸烟）或某种生理异常（如高血压）进行干预。这种表述方法在人群干预疗效的评价中存在一定问题，因为相对风险的降低程度与患者治疗前的绝对风险水平相关。例如有研究显示：血压或血脂处于人群平均水平而心血管疾病绝对风险高的个体，其降压或降脂治疗的绝对益处是血压或血脂处于较高水平而心血管疾病绝对风险较低的个体的 2 ～ 3 倍。因此，目前相对风险评估通常是指个体危险性与同年龄、同性别人群平均水平之比。

（三）风险沟通

风险沟通是个体、群体及机构之间交换信息和看法的双通道的互动过程，是一个收取信息、组织信息、再现和修炼信息，并为决策服务的过程。风险沟通贯穿风险管理的全过程，起到互动和交流信息的作用，是风险管理的最重要的途径之一。因此在疾病的风险管理中，恰当的风险沟通方式，将有助于临床医生、全科医生和患者更好地理解疾病绝对风险的概念。

目前多数国家和地区在疾病风险管理过程中存在的主要问题在于：多数患者和医生不能很好地理解疾病绝对风险。研究显示，近 80%的实际处于高风险个体过于乐观地自认为处于低风险中，同时近 20%的实际处于低风险的个体过于悲观地自认为处于高风险中。多数人更理解相对风险的概念，如吸烟者发生心血管病事件的风险是不吸烟者的 2 倍，但这一信息只有知道不吸烟者心血管病事件的风险才有意义。同样，仅告知吸烟者，5 年发生心血管疾病事件的绝对风险是 10%的意义并不大，只有同时告知他们，戒烟可使他们的风险水平降低的程度，并有相应的测量尺度测定平均改变量，才有意义。多数人对所暴露或预防的风险因素没有绝对等级的概念，因此也就不知道应该如何应对这些信息。

绝对风险是来自数学运算的抽象概念。对患者和临床医生而言，药物或其他干预降低血压或血脂的直接的、可理解的指标是血压和血脂水平，难以理解降压或降脂药能显著降低心血管疾病的风险，即使这些危险因素是在正常范围内，同样也很难理解相同的药物对血压、血脂处于平均水平的人比处于较高水平者更有效。

因此，风险评估报告中，用有利于患者和医生理解的工具来表示风险评估所给出的结果，将更有利于风险沟通，更简单、直接地向患者和医生传达风险程度。

健康风险评估报告包括个体评估报告和群体评估报告。无论是个体评估报告还是群体评估报告都应与评估目的相对应。个体报告主要包括健康风险评估结果及分析，以及有针对性的健康教育信息。群体报告主要包括受评群体的人口学特征、患病状况、危险因素总结、建议的干预措施和方法等。

第三节　健康风险评估的分类和方法

健康风险评估因评估的对象、范围、目的不同，有多种分类和方法。广义的健康风险评估可分为临床评估（包括体检、门诊、住院、治疗的评估等）、健康与疾病风险评估 [包括健康、亚健康、非健康（疾病）评估等]、健康过程及结果评估（包括患病危险性、疾病并发症及预后的评估等）、生活方式和健康生活行为评估（包括膳食、运动、心理、卫生观念的评估等）、公共卫生与人群健康评估（包括环境、食品安全、职业卫生的评估等）。狭义的健康风险评估可分为一般健康风险评估、疾病风险评估、生命质量评估、行为方式评估、体力活动评估、膳食评估和精神压力评估。

一、一般健康风险评估

（一）问卷法

健康风险评估首先要明确的是疾病的危险因素与死亡率及发病率之间的数量关系。健康风险评估收集信息的最基本方法是问卷法，是全面准确、迅速进行健康风险评估的重要依据。问卷调查可由个人自行填报，或由知情的亲属、医护人员等协助提供。问卷收集信息的内容可因评估的目标与重点不同而有所区别，对具有特殊健康风险的人群，需要增添特别的内容，如职业病、地方病、心理、运动等针对性的内容。

健康风险评估所需收集的资料主要包括当地目标人群危险因素、个人健康危险因素和危险分数资料。

1. *当地目标人群危险因素*　健康风险评估要阐明危险因素与疾病发病率及死亡率之间的关系。一般选择影响当地目标人群最重要的且具有明确危险因素的前十位主要死亡原因中具有可定量的危险因素作为研究对象进行评估。当地性别、年龄别、疾病别的死亡率等资料收集，可以通过死因登记报告、疾病检测资料、居民健康档案等途径获得，也可以通过回顾性的社区居民健康询问抽样调查获得。这部分资料主要用于计算同性别、同年龄别的死亡率的平均水平，在评估时作为比较的标准。使用时换算为 10 年的死亡概率，以提高评估的稳定性。

2. *个人健康危险因素*　一般用询问调查或自填式问卷方式收集评估对象的生活行为方式、环境、医疗服务中的危险因素，同时进行体格检查、询问疾病史和实验室检查。个人健康危险因素包括行为生活方式、环境因素、生物遗传因素、医疗卫生服务、疾病史和家族疾病史等。

3. *危险分数资料*　健康风险评估计算中常用的流行病学和统计学指标包括患病率、发病率、死亡率、相对危险度、归因危险度、归因危险度百分比、比值比等，在慢性病风险计算中发挥着关键作用，它们能够量化疾病的发生风险、关联强度及人群中的疾病负担。

（1）患病率：患病率是特定时间内总人口中某病新旧病例所占比例，反映了某一时间点上慢性病在人群中的分布状况。

（2）发病率：发病率是在一定期间内，一定人群中某病新发生病例的频率，侧重于描述疾病的新发病情况。

（3）死亡率：死亡率通常表示为在特定时间段内（通常为 1 年）总死亡人数与该人群同期平均人口数之比，包括总死亡率、年龄别死亡率、死因别死亡率、性别死亡率等。

（4）相对危险度（relative risk，RR）：RR 是暴露组发病率或死亡率与非暴露组发病率或死亡率之比。它反映了暴露因素与疾病发生之间的关联强度。通过比较暴露组和非暴露组的发病率或死亡率差异，能直观地展示暴露因素对疾病的影响程度。

（5）归因危险度（attributable risk，AR）和归因危险度百分比（attributable risk proportion，AR%）：AR为暴露组发病率或死亡率与非暴露组发病率或死亡率之差，反映发病归因于暴露因素的程度。AR有助于确定因特定暴露因素导致的额外发病风险，为制订针对性的干预措施提供依据。AR%是指暴露人群中因暴露于某因素而导致的发病或死亡占全部发病或死亡的百分比，即AR除以暴露组的发病率或死亡率，再乘以100%，即可得AR%。在慢性病的风险评估中，AR%可以用于评估各种危险因素对疾病发生的影响。通过比较不同危险因素的AR%，可以确定哪些因素是导致慢性病的主要危险因素，从而为制订针对性的预防策略提供依据。此外，AR%还可以用于评估预防措施的效果。如果采取某种预防措施后，AR%显著降低，说明该措施是有效的。

（6）比值比（odds ratio，OR）：OR常用于病例对照研究，是病例组中暴露与非暴露的比值与对照组中暴露与非暴露的比值之比。虽然OR是对RR的近似估计，但在某些情况下仍能有效揭示疾病与暴露因素的关联。

危险因素与死亡率之间的数量关系是通过危险因素转换为危险分数这个关键环节来实现的。危险分数是根据人群的流行病学调查资料，如各个危险因素的RR和各个危险因素在人群的发生率（P），经过一定的数理统计模型，如Logistic回归模型、综合危险分数模型等计算得到。如果缺乏人群的流行病学调查资料或危险因素在人群的发生率资料，可采用经验评估的方法，即邀请有关专家，根据危险因素与死亡率之间的联系及有关资料，提出将不同水平疾病存在危险因素转换为各个危险分数的指标。

4. *常见健康问卷*　健康风险评估问卷种类繁多，以下是几种常见且广泛使用的风险评估问卷表。

（1）健康状况调查量表（the MOS 36-item short form health survey，SF-36）：SF-36由美国医学研究组研制的测评生活质量的通用量表，在国际上被普遍认可并广泛应用。该量表由36个条目组成，内容包括8个维度，即躯体功能、生理职能、躯体疼痛、总体健康状况、活力、社会功能、情感职能、精神健康。

（2）健康体检基本项目专家共识（2022）推荐的健康体检自测问卷：该问卷借鉴了国内外相关问卷，并通过中国各级健康管理专家充分考虑填写的必要性、规范性、可行性后设计制定的版本。问卷内容包括个人基本信息、健康状况及家族史、生活方式、运动情况、心理及精神压力等，目的在于了解与健康相关的状况与影响因素，进而指导疾病的精准预防。

（3）中国健康与营养调查（China health and nutrition survey，CHNS）：CHNS是一项中国疾病与预防控制中心营养与健康所与美国北卡罗来纳大学教堂山分校卡罗莱纳人口中心合作开展的开放队列国际合作项目，采用多阶段随机聚类过程抽取中国15个省份约4万研究人群，并分别于1989年、1991年、1993年、1997年、2000年、2004年、2006年、2009年、2011年、2015年进行了10次追访调查。CHNS通过长期追踪调查，旨在研究国家和地方政府实施的健康、营养和计划生育政策及项目的效果，并了解中国的社会、经济转型如何影响其人口的健康和营养状况，建立中国居民膳食结构和营养状况变迁的基础性数据库，为相关政策制定提供科学依据。相关问卷详见CHNS网站：https://www.cpc.unc.edu/projects/china/。

（4）汉密尔顿焦虑量表（Hamilton anxiety scale，HAMA）：HAMA用于评定焦虑症状的

严重程度，由躯体性焦虑和精神性焦虑两个维度，共 14 个条目组成。通过对患者的焦虑心境、紧张、害怕、失眠、认知功能等方面进行评估，能较为全面地反映焦虑症状的特点。我国量表协作组对 HAMA 分数制定了推荐标准：≥ 7 分为可能有焦虑；≥ 14 分为肯定有焦虑；＞ 21 分为肯定有明显焦虑；＞ 29 分为可能为严重焦虑。HAMA 已被广泛应用并证实其具有良好的一致性，能较好地反映焦虑症状的严重程度。

（5）汉密尔顿抑郁量表（Hamilton anxiety scale，HAMD）：HAMD 用于评定抑郁症状的严重程度，有 17 项、21 项和 24 项三种版本。该量表由经过培训的两名评定者对患者进行 HAMD 联合检查，一般采用交谈与观察的方式，检查结束后，两名评定者分别独立评分；在抑郁治疗前后进行评分，可以评价病情的严重程度及治疗效果。通过对患者的抑郁情绪、有罪感、自杀、入睡困难、工作和兴趣等方面进行评估，能较为全面地反映抑郁症状的特点。不同版本的划界分数有所不同。例如，HAMD-21 的总分＞ 35 分被认为是严重抑郁，20 ～ 35 分为中度抑郁，8 ～ 19 分为轻度抑郁，＜ 8 分则表示无症状。

（6）匹兹堡睡眠质量指数量表（Pittsburgh sleep quality index，PSQI）：该量表适用于评价近 1 个月的睡眠质量，由 7 个成分组成（睡眠质量得分、入睡时间得分、睡眠时间得分、睡眠效率得分、睡眠障碍得分、催眠药物得分、日间功能障碍得分）。总分范围为 0 ～ 21 分，得分越高，说明睡眠质量越差。PSQI 具有较高的信度和效度，广泛应用于临床和科研中，用于评估一般人群以及患有睡眠障碍或其他相关疾病人群的睡眠状况。

（7）阿森斯失眠量表（Athens insomnia scale，AIS）：该量表是美国俄亥俄州立大学医学院于 1985 年设计的，因医学院位于阿森斯大学城而得名。由于该量表自测结果准确、易于使用，在临床上得到了广泛应用，并成为国际医学界公认的评估失眠的标准量表之一。量表得分＜ 4 分表示没有睡眠障碍；得分 4 ～ 6 分表示存在轻度睡眠障碍；得分＞ 6 分表示存在失眠症状。

（8）爱泼沃斯嗜睡量表（Epworth sleepiness scale，ESS）：随着对睡眠的深入研究，临床医学对睡眠问题的探讨已从失眠扩展至瞌睡和打鼾等现象。相较于阿森斯量表仅评估失眠的严重性，爱泼沃斯嗜睡量表是一种广泛应用于评估睡眠质量并判断日间嗜睡程度的工具。

（二）体格检查、实验室检查

体检中常用的风险评估指标涵盖了多个方面，从基本的体重、血压到复杂的基因检测和影像学检查，它们相互补充，为全面评估个体的健康状况提供了有力的支持。通过定期体检和对这些指标的监测，能够早期发现潜在的健康问题，及时采取干预措施，降低疾病的发生率，提高生活质量，延长寿命。同时，随着医学技术的不断发展，新的风险评估指标和检测方法也在不断涌现，为更精准的健康评估和疾病预防提供了更多的可能。

1. *体重与体重指数（body mass index，BMI）*　BMI 是衡量人体整体营养状况和健康风险的常用指标，计算公式为体重（kg）除以身高（m）的平方。正常 BMI 范围为 18.5 ～ 23.9kg/m^2。BMI ≥ 24kg/m^2 为超重，BMI ≥ 28kg/m^2 为肥胖。超重和肥胖是多种慢性病的危险因素，如心血管疾病、糖尿病、高血压、睡眠呼吸暂停综合征等。体重过低则可能与营养不良、免疫力下降、骨质疏松等问题相关。通过保持合理的体重，可以有效降低慢性病的发生风险。

2. *腰围*　腰围是反映腹部脂肪分布的指标，对于评估心血管疾病和糖尿病风险具有重要意义。男性腰围≥ 90cm，女性腰围≥ 85cm 被认为是中心性肥胖。中心性肥胖与代谢综合征的发生密切相关，增加了心血管疾病、糖尿病等的发病风险。

3. *血压*　血压是反映心血管系统功能的重要指标之一。高血压是心血管疾病的主要危险因素之一，长期高血压可导致心、脑、肾等重要脏器的损害。在体检中，通常测量收缩压和舒张压。正常血压范围为收缩压＜ 120mmHg 和舒张压＜ 80mmHg。如果收缩压在 120 ～ 139mmHg 或舒张压在 80 ～ 89mmHg，则被认为是正常高值血压，需要密切关注并采取生活方式干预。如果收缩压≥ 140mmHg 或舒张压≥ 90mmHg，则可诊断为高血压，其中 1 级高血压（轻度）范围为 140 ～ 159mmHg 或舒张压在 90 ～ 99mmHg，2 级高血压（中度）范围为 160 ～ 179mmHg 或舒张压在 100 ～ 109mmHg，3 级高血压（重度）为收缩压≥ 180mmHg 或舒张压≥ 110mmHg，单纯收缩期高血压为收缩压≥ 140mmHg 且舒张压＜ 90mmHg。对于高血压的个体，需要高血压诊断，确定血压水平分级。高血压患者需要根据具体情况确定血压水平分级，及时就医判断高血压的原因，区分原发性高血压或继发性高血压，寻找其他心脑血管危险因素、靶器官损害及相关临床情况，从而做出高血压病因的鉴别诊断和评估患者的心脑血管疾病风险程度，指导诊断与治疗。

4. 血液指标

（1）血脂：体检中常用的血脂指标包括总胆固醇、甘油三酯、低密度脂蛋白胆固醇（LDL-C）和高密度脂蛋白胆固醇（HDL-C）。血脂异常是动脉粥样硬化性心血管疾病的重要危险因素之一。血脂异常通常指血清中胆固醇和（或）甘油三酯水平升高，俗称高脂血症。实际上血脂异常也泛指包括低 HDL-C 血症在内的各种血脂异常。通常，总胆固醇正常范围为＜ 5.2mmol/L，甘油三酯正常范围为＜ 1.7mmol/L，LDL-C 正常范围为＜ 3.4mmol/L。LDL-C 升高是动脉粥样硬化的主要危险因素，而 HDL-C 具有抗动脉粥样硬化的作用。血脂异常患者首先推荐采取健康生活方式，包括合理膳食、适度增加身体活动、控制体重、戒烟和限制饮酒等，当生活方式干预不能达到降脂目标时，应考虑加用降脂药物。

（2）血糖：静脉血浆葡萄糖水平是评估糖尿病风险的重要指标。诊断糖尿病的主要依据包括随机血糖、空腹血糖、口服葡萄糖耐量试验（OGTT）和糖化血红蛋白（HbA1c）。若出现典型糖尿病症状（烦渴多饮、多尿、多食、不明原因体重下降），并且随机血糖≥ 11.1mmol/L 或空腹血糖≥ 7.0mmol/L 或 OGTT 2 小时血糖≥ 11.1mmol/L 或 HbA1c ≥ 6.5%，则可诊断为糖尿病。糖尿病前期是指血糖水平高于正常范围，但尚未达到糖尿病诊断标准的状态，包括空腹血糖受损（空腹血糖 6.1 ～ 6.9mmol/L，OGTT 2 小时血糖＜ 7.8mmol/L）和糖耐量减低（空腹血糖＜ 7.0mmol/L，OGTT 2 小时血糖 7.8 ～ 11.0mmol/L）。糖尿病前期患者是糖尿病的高危人群，需要进行生活方式干预，以预防糖尿病的发生。

（3）肝功能：肝功能指标能够反映肝脏的生理和病理状态，帮助我们了解肝脏的工作效率和潜在的健康问题。丙氨酸转氨酶（ALT）主要存在于肝细胞胞质中，天冬氨酸转氨酶（AST）则存在于肝细胞线粒体和胞质中。当肝细胞受损时，ALT 和 AST 释放入血，导致血液中它们的水平升高。ALT 对肝脏疾病的诊断特异性较高，而 AST 在心肌、肝、骨骼肌等组织中均有分布。胆红素包括总胆红素、直接胆红素和间接胆红素。胆红素代谢异常可反映肝的排泄功能障碍，如肝细胞性黄疸、梗阻性黄疸等。白蛋白由肝合成，其水平反映了肝的合成功能。白蛋白降低可能提示肝合成能力下降或存在慢性消耗性疾病。肝参与凝血因子的合成，凝血酶原时间延长提示肝的凝血功能异常，可能与慢性肝病有关。饮酒、吸烟、长期熬夜、过度劳累、暴饮暴食、高油高脂饮食等不良生活习惯均可影响肝功能指标，此外某些药物，如抗生素、抗结核药、降脂药等，可能对肝产生毒性作用，导致肝功能指标异常。除了肝本身的疾病外，其他系统的疾病，如感染、自身免疫病等，也可能间接影响肝功能。

（4）肾功能：肾功能作为反映人体健康状况的重要指标之一，在慢性病风险评估中具有不可忽视的作用。血肌酐是肌肉代谢产生的废物，通过肾排泄。血肌酐水平升高通常提示肾功能受损，但在肾损伤早期，血肌酐可能仍处于正常范围，因此其敏感性相对较低。尿素氮是蛋白质代谢的产物，其水平受多种因素影响，如饮食中蛋白质摄入量、脱水、感染等。尿素氮升高可能提示肾功能障碍，但也可能是其他疾病导致的代谢紊乱。

（5）心肌酶：心肌酶作为反映心肌细胞损伤和功能状态的生物标志物，在早期发现和评估心血管疾病的风险中发挥至关重要的作用。肌酸激酶（CK）存在于骨骼肌、心肌和脑组织中，它在能量代谢和肌肉收缩中发挥重要作用。肌酸激酶同工酶（CK-MB）主要存在于心肌细胞中，当心肌细胞受损时，CK-MB 释放入血，其水平升高。乳酸脱氢酶（LDH）及其同工酶广泛存在于人体组织中，在糖酵解过程中起催化作用。LDH 同工酶包括 LDH1 ～ LDH5，其中 LDH1 和 LDH2 在心肌中含量较高，心肌损伤时其比例会发生改变。心肌肌钙蛋白（cTn）包括 cTnI 和 cTnT，是心肌特有的调节蛋白，对心肌损伤具有高度的特异性和敏感性，是目前诊断心肌梗死的首选标志物。

（6）血尿酸：血尿酸升高是痛风的主要病因，正常血尿酸水平男性为 150 ～ 416μmol/L，女性为 89 ～ 357μmol/L，当血尿酸浓度超过其在血液中的饱和度时，尿酸盐结晶易在关节及周围组织沉积，引起炎症反应，导致痛风性关节炎。同时，高血尿酸水平可能通过损伤血管内皮细胞、促进炎症反应、激活肾素 - 血管紧张素 - 醛固酮系统、导致尿酸盐肾病、肾结石等机制，与心血管疾病、肾病等的发生发展密切相关。此外，研究发现血尿酸水平升高常与肥胖、糖尿病、血脂异常等代谢综合征的组分并存。它们相互作用，共同增加慢性病的发病风险。血尿酸升高患者需要调整饮食结构，减少高嘌呤食物的摄入，如动物内脏、海鲜、酒类等，必要时进行药物治疗。

（7）胃功能：胃功能相关指标，如胃蛋白酶原、胃泌素、幽门螺杆菌抗体等，对于早期发现和预防慢性胃炎、消化性溃疡、胃癌等慢性胃病发挥重要作用。胃蛋白酶原分为胃蛋白酶原Ⅰ（PG Ⅰ）和胃蛋白酶原Ⅱ（PG Ⅱ）。PG 主要由胃黏膜的主细胞和黏液颈细胞分泌，其水平反映了胃黏膜的形态和功能。PG Ⅰ主要由胃底腺的主细胞和颈黏液细胞分泌，PG Ⅱ则由胃底腺、胃窦幽门腺和近端十二指肠 Brunner 腺分泌。当胃黏膜发生病变时，PG的分泌会发生相应的改变。常用的检测方法为血清学检测，通过酶联免疫吸附试验（ELISA）或化学发光免疫分析法测定血清中 PG Ⅰ和 PG Ⅱ的浓度，并计算 PG Ⅰ /PG Ⅱ的比值。胃泌素是由胃窦和十二指肠 G 细胞分泌的一种胃肠激素，主要作用是刺激胃酸分泌，促进胃黏膜细胞的增殖和分化。胃泌素的水平受到胃内酸度、食物摄入、神经调节等多种因素的影响。在胃部疾病中，胃泌素的分泌和代谢会发生异常。通过抽取血液样本，采用放射免疫分析法或化学发光免疫分析法测定血清胃泌素水平。

（8）甲状腺功能水平：甲状腺是人体重要的内分泌器官，反映甲状腺功能的相关指标，包括游离三碘甲状腺原氨酸（FT_3）、游离甲状腺素（FT_4）、促甲状腺激素（TSH）、甲状腺过氧化物酶抗体（TPOAb）、甲状腺球蛋白抗体（TgAb）和促甲状腺素受体抗体（TRAb）等对机体的代谢、生长发育、神经系统功能等起着至关重要的作用。甲状腺功能亢进时，血清 FT_3、FT_4 水平升高，TSH 水平降低。甲状腺功能减退时，血清 TT_3、TT_4、FT_3、FT_4 水平降低，TSH 水平升高。亚临床甲状腺功能亢进时，血清 TSH 降低，FT_3、FT_4 水平正常；亚临床甲状腺功能减退时，血清 TSH 升高，FT_3、FT_4 水平正常。虽然患者可能没有明显的临床症状，但研究表明，亚临床甲状腺功能异常与心血管疾病、骨质疏松等的发生风险增加有关，因此也需要引起重视。TPOAb、TgAb 和 TRAb 阳性且甲状腺超声显示甲状腺弥漫性肿大、回声减低、血流丰富等异常改变，有助于诊断桥本甲状腺炎等自身免疫性甲状腺疾病。总之，体检中发现甲状腺功能指标异常，结合临床症状和体征，有助于早期发现甲状腺疾病、预防并发症及制订合理的治疗方案。

（9）同型半胱氨酸：同型半胱氨酸作为一种新型健康风险评估指标，对于心血管疾病、神经系统疾病等的早期诊断及预后评估方面具有重要价值。高水平的同型半胱氨酸被认为是心血管疾病的独立危险因素。它可损伤血管内皮细胞，促进血管平滑肌细胞增殖，增加血小板的黏附和聚集，从而加速动脉粥样硬化的形成和发展，增加冠心病、心肌梗死、脑卒中等心血管事件的发生风险。其次，同型半胱氨酸水平升高与痴呆、帕金森病、抑郁症等神经系统疾病的发生和发展密切相关。它可能通过氧化应激、神经毒性等机制损害神经细胞，影响神经系统的正常功能。此外，高同型半胱氨酸血症还与糖尿病并发症、妊娠期高血压疾病、骨质疏松等多种疾病的发生发展有关。

（10）D- 二聚体：D- 二聚体作为一种反映体内凝血和纤溶状态的生物标志物，已成为体检中常用的风险评估指标之一。D- 二聚体检测对深静脉血栓、肺栓塞等常见的血栓性疾病的阴性预测价值较高，即 D- 二聚体水平正常时，可基本排除这两种疾病的可能性。在冠心病、心肌梗死等心血管疾病中，D- 二聚体水平升高提示患者体内存在血栓形成和纤维蛋白溶解亢进，与疾病的严重程度和预后相关。许多恶性肿瘤患者常伴有凝血功能异常，D- 二聚体水平升高可能与肿瘤的进展、转移及治疗效果有关。其他疾病，如弥散性血管内凝血（DIC）、感染、炎症性疾病、创伤等，D- 二聚体也可能出现不同程度的升高。尽管 D- 二聚体在体检中具有一定的价值，但也存在一些局限性。如特异性不高，在多种疾病中均可升高；检测结果易受年龄、妊娠、药物等多种因素影响。因此，在应用 D- 二聚体进行体检风险评估时，需要充分考虑这些因素，结合患者的临床症状、体征、其他实验室检查及影像学结果进行综合分析。

（11）C 反应蛋白（C-reactive protein，CRP）：CRP 作为一种敏感的炎症标志物，可反映体内炎症状态，为评估个体的健康风险提供了有价值的信息。在机体受到细菌感染时，CRP 水平通常会显著升高，且其升高程度与感染的严重程度相关。相比之下，病毒感染时 CRP 升高一般不明显，有助于鉴别感染的类型。同时，高水平的 CRP 是心血管疾病的独立危险因素，可预测冠心病、心肌梗死等疾病的发生风险及预后。类风湿关节炎、系统性红斑狼疮等自身免疫病活动期，CRP 往往也会升高，可作为疾病监测和治疗效果评估的指标。此外，某些恶性肿瘤患者的 CRP 水平可能升高，对肿瘤的诊断和病情评估有一定的参考价值。

（12）自身免疫全套：通过自身免疫全套检测，早期发现潜在的自身免疫病，尤其是在症状不明显的阶段，有助于及时采取治疗措施，延缓疾病进展。抗核抗体（ANA）是自身免疫病的筛查指标，对系统性红斑狼疮、干燥综合征、混合性结缔组织病等多种疾病具有重要的诊断意义。抗双链 DNA 抗体（dsDNA）对系统性红斑狼疮的诊断具有高度特异性，尤其是在疾病活动期，其水平通常与病情严重程度相关。抗 Sm 抗体是系统性红斑狼疮的特异性抗体，对疾病的诊断具有重要价值。抗 SSA 和抗 SSB 抗体常见于干燥综合征，也可见于系统性红斑狼疮等其他自身免疫病。类风湿因子（RF）主要用于类风湿关节炎的诊断，但在其他自身免疫病和感染性疾病中也可能升高。抗环瓜氨酸肽抗体（CCP）对类风湿关节炎的诊断具有较高的特异性和敏感性，尤其在早期诊断中具有重要意义。抗中性粒细胞胞质抗体（ANCA）包括 cANCA 和 pANCA 两种类型，与血管炎等疾病密切相关。其他抗体，如抗线粒体抗体（AMA）、抗平滑肌抗体（ASMA）等，分别与原发性胆汁性肝硬化、自身免疫性肝炎等疾病相关。

（13）25- 羟维生素 D：25- 羟维生素 D 作为一个重要的生物标志物，其检测在体检中的应用越来越受到重视。对于中老年人、绝经后女性、儿童等特定人群，检测 25- 羟维生素 D 水平有助于早期发现骨骼疾病的风险，指导合理补充维生素 D 和钙。同时，结合 25- 羟维生素 D 及其他心血管危险因素，如血脂、血压等，综合评估心血管疾病的发生风险，为制订预防策略提供依据。25- 羟维生素 D 还能在自身免疫性疾病的诊断和病情监测中提供参考，辅助判断疾病的活动程度和治疗效果。根据检测结果，为 25- 羟维生素 D 缺乏或不足的个体提供个性化的饮食和生活方式建议，可通过补充维生素 D 制剂、增加日照时间、摄入富含维生素 D 的食物（如鱼肝油、蛋黄、乳制品等）等方式来提高 25- 羟维生素 D 水平。补充剂量和时间应根据个体情况和检测结果在医生的指导下进行。

（14）β 淀粉样蛋白（amyloid β-protein，Aβ）：Aβ 作为与阿尔茨海默病（Alzheimer’s disease，AD）密切相关的生物标志物，是由淀粉样前体蛋白（APP）经过 β 和 γ 分泌酶的切割而产生的，其主要存在形式包括 Aβ40 和 Aβ42，其中 Aβ42 具有更强的聚集倾向和神经毒性。大量研究表明，大脑中 Aβ 的沉积是 AD 发病的早期事件之一。在 AD 患者中，脑脊液中 Aβ42 水平降低，Aβ42/Aβ40 比值下降，PET 成像显示大脑皮质有明显的 Aβ 沉积。对于有家族病史、认知功能下降症状或处于高危年龄段的人群，检测 Aβ 水平可以评估其未来患 AD 等疾病的风险，为早期干预提供依据。对于已经诊断为轻度认知障碍或 AD 的患者，定期监测 Aβ 水平的变化有助于评估疾病的进展情况和治疗效果。

除 AD 外，Aβ 的异常沉积也与帕金森病、路易体痴呆等其他神经退行性疾病存在一定的关联，但其作用机制和诊断价值仍在进一步研究中。

（15）脂联素：脂联素作为一种具备抗炎作用的保护性脂肪细胞因子，在调节胰岛素敏感性及葡萄糖代谢的过程中发挥着关键作用，能够对糖尿病的风险进行预测。研究结果表明，血清脂联素水平与 2 型糖尿病发病风险呈负相关，并能直接反映 2 型糖尿病最核心的病理生理变化。提升脂联素的水平能够有效降低 2 型糖尿病的发生风险。

（16）血清肿瘤标志物：肿瘤标志物是正常组织不存在或仅少量存在，或仅见于胚胎组织，因肿瘤相关基因表达上调或机体对肿瘤组织反应产生的，在肿瘤组织中大量存在的代谢产物。它可反映肿瘤发生发展风险，辅助肿瘤诊断、监测治疗效果、判断预后复发和转移等。常见的肿瘤标志物包括癌胚抗原（CEA）、糖类抗原 125（CA125）、糖类抗原 15-3（CA15-3）、糖类抗原 19-9（CA19-9）、糖类抗原 72-4（CA72-4）、糖类抗原 242（CA242）、甲胎蛋白（AFP）、前列腺特异抗原（PSA）和细胞角蛋白 19 片段（CYFRA 21-1）等血清蛋白标志物。

1）癌胚抗原（CEA）：是一种广谱肿瘤标志物，在多种肿瘤中均有表达，如结肠癌、直肠癌、胃癌、胰腺癌、肺癌等。CEA 的升高程度与肿瘤的分期、转移等有关，但特异性较低，在一些良性疾病如结肠炎、胰腺炎等也可能升高。

2）甲胎蛋白（AFP）：是一种胚胎性蛋白，主要由胎儿肝细胞和卵黄囊合成。在成人中，AFP 的升高常见于原发性肝癌，尤其是肝细胞癌。对血清 AFP 阴性人群，可以借助异常凝血酶原、甲胎蛋白异质体、miRNA 组合检测试剂盒进行早期诊断。此外，生殖细胞肿瘤、肝硬化等疾病也可能导致 AFP 水平升高。

3）糖类抗原 125（CA125）：主要用于卵巢癌的诊断和监测，尤其是上皮性卵巢癌。但在子宫内膜异位症、盆腔炎、肝硬化等疾病中，CA125 也可能升高。

4）糖类抗原 15-3（CA15-3）：在乳腺癌患者常有升高，但对于早期的乳腺癌敏感性不高。临床上常用于判断乳腺癌进展与转移，并监测治疗与复发。其他恶性肿瘤，如肺癌、结肠癌、胰腺癌、卵巢癌、宫颈癌、原发性肝癌等，也有不同程度的阳性率。

5）糖类抗原 19-9（CA19-9）：对胰腺癌的诊断具有较高的特异性和敏感性，同时在胆管癌、胃癌、结肠癌等消化系统肿瘤中也有一定的表达。

6）前列腺特异性抗原（PSA）：是前列腺癌的特异性标志物，包括总 PSA（t-PSA）和游离 PSA（f-PSA）。t-PSA 明显升高常见于前列腺癌，但前列腺增生、前列腺炎等疾病也可能导致其升高。当血清 t-PSA 为 4.0 ～ 10.0μg/L 时，f-PSA/t-PSA 比值对诊断更有价值，若 f-PSA/t-PSA 比值＜ 0.1 提示前列腺癌风险。

7）糖类抗原 72-4（CA72-4）：作为一种肿瘤标志物，在胃癌、卵巢癌等癌症的早期筛查中具有一定的提示意义。如果体检中其水平显著升高，尤其是在排除了其他良性疾病的影响后，可能提示存在患癌的风险。但需注意，单独的 CA72-4 升高不能确诊癌症，还需结合临床症状、其他检查结果等综合判断。

8）糖类抗原 242（CA242）：对于胰腺癌、结肠癌、胃癌等消化系统肿瘤的筛查有辅助作用。其水平的升高可能提示相关癌症的风险增加，但同样不能仅凭此项指标确诊。

9）细胞角蛋白 19 片段（CYFRA21-1）：主要用于肺癌的筛查，特别是非小细胞肺癌，如肺鳞癌。在体检中如果 CYFRA21-1 超出正常范围，可能需要进一步检查以排除肺癌的可能性。

（17）基因检测

1）循环肿瘤 DNA（circulating tumor DNA，ctDNA）：作为一种非侵入性的生物标志物，在肿瘤的早期诊断、治疗监测和预后评估等方面展现出巨大的潜力。ctDNA 是由肿瘤细胞释放到血液循环中的 DNA 片段，其来源包括肿瘤细胞的凋亡、坏死及主动分泌。对于一些常见的癌症，如肺癌、乳腺癌、结直肠癌等，检测 ctDNA 中的肿瘤相关突变或甲基化改变，有助于在无症状阶段发现癌症的迹象。同时，在治疗过程中，动态监测 ctDNA 水平的变化可以及时反映肿瘤的治疗反应，为调整治疗方案提供依据。此外，治疗后的 ctDNA 水平与患者的预后密切相关，持续存在或升高的 ctDNA 提示复发风险较高。

2）微小核糖核酸（microRNA，miRNA）：是一类长度为 18 ～ 25 个核苷酸的非编码小分子 RNA，在细胞的生长、发育、分化和凋亡等过程中发挥着重要的调控作用。在肿瘤诊断和预后评估中，miRNA 发挥关键作用。例如，基于 7 个 miRNA 组合（miR-122、miR-192、miR-21、miR-223、miR-26a、miR-27a、miR-801）的检测试剂盒诊断肝癌的灵敏度和特异度分别为 86.1% 和 76.8%，对甲胎蛋白阴性肝癌的灵敏度和特异度分别为 77.7% 和 84.5%；miR-21 在多种肿瘤中呈现高表达，如乳腺癌、肺癌和结肠癌等。其高表达通常与肿瘤的侵袭性、转移能力及不良预后相关。同时，miRNA 也参与了心血管疾病的发生和发展。例如，miR-1 和 miR-133 在心肌细胞中高表达，它们的表达异常与心肌肥厚、心律失常等心血管疾病密切相关。此外，在神经系统疾病中，miRNA 同样发挥着重要的作用。例如，miR-124 在神经元的发育和分化中具有重要作用，其表达异常与神经退行性疾病如阿尔茨海默病、帕金森病等的发生有关。

3）DNA 甲基化作为一种重要的表观遗传学修饰，在疾病的发生和发展中扮演着关键角色。在肿瘤细胞中，常出现抑癌基因启动子区域的高甲基化，导致基因沉默，失去对细胞增殖的抑制作用；同时，一些原癌基因可能出现低甲基化，使其过度表达，促进肿瘤的发生和发展。与心血管疾病相关的基因甲基化水平的改变，如炎症相关基因、脂质代谢相关基因等，可影响心血管系统的功能，增加心血管疾病的发病风险。在神经系统疾病中，如阿尔茨海默病、帕金森病等，特定基因的甲基化异常与神经细胞的损伤和功能障碍密切相关。

5. 尿液指标

（1）尿蛋白：持续性蛋白尿往往提示肾损伤，对于评估肾病的风险、监测疾病进展和判断治疗效果具有重要意义。生理性蛋白尿常见于剧烈运动、发热、寒战、精神紧张等情况下，一般为短暂性、轻度的蛋白尿，去除诱因后可恢复正常。病理性蛋白尿多由肾病引起，如肾小球肾炎、肾病综合征等，也可见于全身性疾病累及肾，如糖尿病肾病、高血压肾病、系统性红斑狼疮性肾炎等。

（2）尿微量白蛋白：尿微量白蛋白的出现通常早于常规尿蛋白检测阳性，对于早期发现肾损伤，尤其是糖尿病肾病和高血压肾病等微血管病变具有高度敏感性。糖尿病患者出现尿微量白蛋白升高，提示糖尿病肾病的早期阶段，若不及时干预，可能进展为大量蛋白尿和肾衰竭。同样，高血压患者尿微量白蛋白增加也提示肾小血管受损，心血管疾病的风险相应增加。因此，尿微量白蛋白是评估糖尿病、高血压患者肾和心血管疾病风险的重要指标。

（3）尿糖：尿糖阳性是糖尿病的重要线索之一，但不能单纯依靠尿糖诊断糖尿病，还需要结合血糖检测。生理性尿糖常见于短时间内摄入大量糖类食物或情绪激动等可出现一过性尿糖。病理性尿糖常见于糖尿病，由于胰岛素分泌不足或作用缺陷，导致血糖升高，超过肾糖阈而出现尿糖。对于已经确诊糖尿病的患者，尿糖监测可以帮助了解血糖控制情况。同时，长期的尿糖阳性也提示糖尿病并发症（如糖尿病肾病、视网膜病变等）的风险增加。此外，某些内分泌疾病（如甲状腺功能亢进、肢端肥大症等）、肾病（如肾性糖尿病）也可导致尿糖阳性。

（4）尿酮体：糖尿病患者由于胰岛素严重缺乏，糖代谢紊乱，脂肪分解加速，产生大量酮体，导致尿酮体阳性。当血酮体≥ 3mmol/L 或尿糖和酮体阳性（++ 以上）伴血糖＞ 13.9mmol/L，血 pH ＜ 7.3 和（或）二氧化碳结合力＜ 18mmol/L，无论有无糖尿病史，都可诊断为糖尿病酮症酸中毒，需要及时治疗。对于非糖尿病患者，长期饥饿、剧烈运动、妊娠剧吐等情况下，也可因糖代谢相对不足，脂肪分解增加而出现尿酮体阳性。

6. 粪便指标

（1）粪便隐血：粪便隐血阳性提示消化道存在出血，可能是由于消化性溃疡、炎症、肿瘤等原因引起。多次或持续粪便隐血阳性，尤其是中老年人，增加了结直肠癌的风险。对于患有胃肠道炎症性疾病（如溃疡性结肠炎、克罗恩病）的患者，粪便隐血阳性可能提示疾病活动或病情加重。

（2）粪钙卫蛋白：粪钙卫蛋白水平升高与炎症性肠病（Inflammatory bowel disease，IBD）的活动度密切相关，可用于区分炎症性和非炎症性肠道疾病。对于已确诊的 IBD 患者，定期检测粪钙卫蛋白可以评估疾病的活动程度，指导治疗方案的调整。同时，在细菌、病毒或寄生虫引起的肠道感染中，粪钙卫蛋白水平也会升高。此外，对于其他肠道疾病如肠易激综合征（irritable bowel syndrome，IBS）、结肠癌等，粪钙卫蛋白水平可能有一定程度的改变。

7. 影像学检查　早期准确的风险评估对于慢性病的预防、诊断和治疗至关重要。影像学检查作为一种非侵入性的诊断手段，能够提供有关器官结构和功能的详细信息，为慢性病的风险评估提供了有力的支持。

（1）超声：超声心动图是评估心血管结构和功能的常用方法。通过测量心室大小、室壁厚度、心腔容积和射血分数等参数，可以早期发现心脏结构的异常，如心肌肥厚、心室扩张等，这些都是心血管疾病的危险因素。此外，超声还可以检测心脏瓣膜的功能，评估血流动力学状态，有助于预测心血管事件的发生风险。颈部血管超声能够检测颈动脉内中膜厚度（intima-media thickness，IMT）、斑块形成及狭窄程度。IMT 增厚和斑块形成是动脉粥样硬化的早期表现，与脑血管疾病的发生密切相关。超声还可以评估颈动脉的血流速度和频谱形态，为脑血管疾病的风险评估提供重要依据。腹部超声可用于评估肝、胆囊、胰腺和脾等器官的形态和结构。对于脂肪肝、肝硬化、胆囊结石等疾病的早期诊断具有重要意义。同时，超声还可以检测腹部血管的情况，如腹主动脉瘤的筛查。

（2）X 线检查：X 线检查在慢性病风险评估中具有重要应用。在骨骼健康方面，可通过观察骨密度、骨结构评估骨质疏松风险，对于长期使用特定药物或有危险因素的人群，能及时发现潜在骨折隐患。在肺部疾病评估中，有助于诊断慢性阻塞性肺疾病、肺结核、肺部肿瘤、间质性肺疾病等，依据肺部形态、结构及病变特征判断病情严重程度和并发症风险。对于心血管疾病，可评估心脏大小和形态及检测主动脉病变。然而，X 线检查也有局限性，如存在辐射暴露、对早期轻微病变敏感性和特异性有限且不能提供功能信息。因此，应结合具体情况，综合运用多种检查方法，以更准确地评估慢性病风险，为早期干预和治疗提供有力依据。

（3）计算机断层扫描（computed tomography，CT）：颅脑 CT 可以快速发现脑出血、脑梗死等急性脑血管事件，并对脑部结构进行评估。CT 血管造影（CT angiography，CTA）能够显示脑血管的形态和狭窄情况，有助于评估脑血管疾病的风险。胸部低剂量螺旋 CT 是肺癌筛查的有效手段，能够发现早期肺癌结节。对于长期吸烟、有家族史等高风险人群，定期进行低剂量螺旋 CT 检查可以显著提高肺癌的早期诊断率，降低死亡率。冠状动脉 CT 血管造影（coronary computed tomographic angiography，CCTA）可以清晰地显示冠状动脉的解剖结构，评估冠状动脉狭窄的程度和斑块的性质。对于无症状人群的冠心病筛查和有症状患者的诊断具有重要价值。此外，CT 还可以测量冠状动脉钙化积分，作为心血管疾病风险评估的重要指标。腹部 CT 可以全面评估腹部器官的情况，如肝肿瘤、胰腺肿瘤、肾病等。对于腹部血管疾病，如腹主动脉瘤、肠系膜血管病变等的诊断也具有重要意义。

（4）磁共振成像（magnetic resonance imaging，MRI）：MRI 在肿瘤的诊断、分期和治疗效果评估中发挥着重要作用。对于肝、胰腺、乳腺等部位的肿瘤，MRI 具有较高的软组织分辨力，能够更准确地评估肿瘤的大小、位置、浸润范围和转移情况。颅脑 MRI 对脑缺血、脑梗死、脑血管畸形等疾病的诊断具有较高的敏感性和特异性。磁共振血管造影（magnetic resonance angiography，MRA）可以清晰地显示脑血管的形态和血流情况，为脑血管疾病的风险评估提供重要依据。心脏磁共振成像（cardiovascular magnetic resonance，CMR）可以提供心脏的形态、功能、心肌灌注和组织特征等多方面的信息。对于心肌病、心肌梗死、心力衰竭等疾病的诊断和预后评估具有独特的价值。

8. 其他检查

（1）肺功能：常见的肺功能检测指标包括肺活量（vital capacity，VC）、用力肺活量（forced vital capacity，FVC）、第一秒用力呼气容积（forced expiratory volume in 1 second，FEV_1）、最大呼气流量（peak expiratory flow，PEF）等。这些指标能够反映肺的通气功能、呼吸肌力、气道阻力等情况。例如，FEV_1/FVC 比值降低通常提示存在阻塞性通气功能障碍，而 VC 减少可能提示限制性通气功能障碍。肺功能检测是诊断慢性阻塞性肺疾病的金标准。通过检测气流受限程度，确定疾病的严重程度分级，为治疗方案的制订提供依据。同时，定期监测肺功能可以评估疾病的进展情况和治疗效果。肺功能检测也有助于明确哮喘的诊断，区分哮喘的类型（如过敏性哮喘、运动性哮喘等），有助于在治疗过程中调整药物剂量和治疗方案，预防急性发作。心肺功能相互关联，肺功能下降可能增加心血管疾病的发病风险。研究表明，低肺功能与高血压、冠心病等心血管疾病的发生和预后不良相关。此外，糖尿病患者可能存在肺功能损害，肺功能检测可以早期发现潜在的肺部并发症，如糖尿病性肺纤维化。

（2）骨密度检查：骨密度检查作为评估骨骼健康的重要方法，不仅对于骨质疏松症的诊断和治疗具有重要意义，还在其他慢性病的风险评估中展现出独特的价值。骨密度检查的常用方法包括双能 X 线吸收测定法（dualenergy X-ray absorptiometry，DXA）、定量计算机断层扫描（quantitative computed tomography，QCT）、外周骨定量超声（peripheral quantitative ultrasound，QUS）。骨密度值是诊断骨质疏松症的重要依据，根据 WHO 的标准，T 值＜－2.5 可诊断为骨质疏松症。同时，骨密度检查还可以对疾病进行分期，评估病情的严重程度。低骨密度与骨折风险密切相关。通过骨密度检查，可以预测未来发生骨折的可能性，为制订预防和治疗策略提供重要参考。在骨质疏松症的治疗过程中，定期进行骨密度检查可以评估治疗效果，及时调整治疗方案。糖尿病患者常存在骨代谢紊乱，高血糖、胰岛素抵抗、糖尿病并发症等均可影响骨密度和骨质量。骨密度检查有助于评估糖尿病患者发生骨质疏松症和骨折的风险，为综合治疗提供依据，包括血糖控制、营养支持和骨健康管理。同时，骨密度与心血管疾病之间可能存在内分泌和代谢方面的相互作用，低骨密度与心血管疾病的共同危险因素如年龄、绝经、肥胖、炎症等有关。冠心病、心力衰竭等心血管疾病患者，常伴有骨密度降低。此外，慢性肾病患者由于肾功能减退，导致维生素 D 代谢异常、钙磷失衡等，从而影响骨密度和骨结构。骨密度的变化可以反映慢性肾病的严重程度和进展情况，对于评估患者的肾功能和预后具有一定的价值。

（三）风险计算

健康风险评估是根据所收集的个人健康信息，对个人的健康状况及未来患病死亡的危险性用数学模型进行量化评估。其特征是估计具有一定健康特征的个人在一定时间内发生某种健康状况或疾病的可能性。健康风险评估的目的是帮助个体综合认识健康风险，鼓励和帮助人们纠正不健康的行为和习惯。

风险计算主要有以下几个步骤。

1. *将危险因素转换为危险分数*　针对个体危险因素的指标值分别查《危险分数转换表》，得到各项危险分数。当被评估个体的危险因素相当于某地人群平均水平时，其危险分数定为 1.0，即个体发生某病死亡的概率大致相当于当地死亡率的平均水平。危险分数＞1.0，即个体发生某病死亡的概率大于当地死亡率的平均水平。危险分数＜1.0，即个体发生某病死亡的概率小于当地死亡率的平均水平。危险分数越高，死亡率越大；危险分数越低，死亡率越小。危险分数转换表可使用美国生物统计学盖勒（N.Geller）和健康保险学家格斯纳（N.Gesner）依据统计模型编制的美国分年龄别（以 5 岁为 1 个年龄组）的危险分数转换表（简称 Geller-Geer 表）。

2. *计算组合危险分数*　一种危险因素可能对多种疾病产生作用，多种危险因素可能对同一种疾病产生并发或联合的影响，且对疾病的影响程度更加强烈。计算组合危险分数能够较好地反映危险因素之间的并发或联合作用。计算方法主要有单因素加权计算法和多因素数理模型分析计算法。

单因素加权计算法主要用于单项危险因素计算。单因素加权计算法建立在评估单一健康危险因素与发病概率的基础上，将这些单一因素与发病或死亡之间关系以相对危险性来表示其强度，得出的各种相关因素的加权分数即为某种疾病发病或死亡的危险性。由于这种方法简单实用，不需要大量的数据分析，是健康管理发展早期的主要健康风险评估方法。

多因素加权计算法主要用于多项危险因素计算。多因素数理模型分析计算法是在多因素数理分析基础上，采用流行病学、数学和统计学概率理论的方法建立疾病发病或死亡的危险性与各个健康危险因素之间的关系模型，得出某种疾病发病或死亡的危险性。所采用的数理方法，包括多元回归法、基于模糊数学的神经网络方法及 Monte Carlo 模型等。

计算组合危险分数的步骤：第一步，参照《危险分数转换表》得到各项危险分数。第二步，计算相加项之和，即将危险分数＞ 1.0 的各项分别减去 1.0 后的剩余数值作为相加项分别相加求和。第三步，计算相乘项之积，即将危险分数小于或等于 1.0 的各项作为相乘项分别相乘求积。第四步，将相加项和相乘项的结果相加就得到该死亡原因的组合危险分数。

3. *计算存在死亡危险*　存在死亡危险表明是在某一种组合危险分数下，因某种疾病死亡的可能危险性。

第一步，有明确危险因素的死亡原因，分别计算存在死亡危险，其余死亡原因都归入其他原因一组，计算存在死亡危险（存在死亡危险＝某种平均死亡率 × 组合危险分数）。第二步，计算总的存在死亡危险。总的存在死亡危险等于各种死亡原因存在危险之和。第三步，用总的存在死亡危险值查健康评价年龄表，得到某地某性别评价年龄数。

4. *计算评价年龄*　评价年龄是根据年龄与死亡数之间的函数关系，按个体所存在的危险因素计算的预期死亡数求出的年龄。具体的计算方法是将各死亡原因的存在死亡危险相加，并且加上其他死因的存在死亡年龄，其结果就是总的存在死亡危险。然后用总的存在死亡危险查健康评价年龄表，即可得出评价年龄。

5. *计算增长年龄*　增长年龄又称预期年龄。是根据已存在的危险因素提出可能降低危险因素的措施后计算得到的死亡概率推算出的一个理论年龄。如果评价年龄理解为“初评价年龄”，那么增长年龄可理解为“再评价年龄”，增长年龄应小于评价年龄。

增长年龄的计算方法：首先将评估对象可能改变的危险因素填入健康分析评估表中。然后将降低或改变了的危险因素的指标值，即查表或计算所得的新危险分数、新组合危险分数、新的存在死亡危险值分别填入相应的栏目中，新的存在死亡危险值等于新组合危险分数与危险降低量（%）的乘积，就是用采取降低危险因素的措施后计算得出的死亡率再算出一个相应年龄。对于危险分数＞ 1 且危险因素属于行为生活方式的评估对象建议其改变危险因素，根据新的指标值查阅危险分数转换表，重新计算得到新的存在死亡危险，所得出的年龄为增长年龄。

6. *计算危险因素降低程度*　危险因素降低程度是指评估对象根据医生建议改变了现有的危险因素后，死亡危险可能降低的程度。可用存在死亡危险降低的绝对量占改变前总的存在死亡危险值的比例表示。

危险降低量＝存在的死亡危险－新存在死亡危险

危险降低程度＝（危险降低量 / 总存在死亡危险）×100%

（四）评估报告

1. *健康风险报告的要求*　①要实事求是反映客观存在的危险因素，对多种健康危险因素，必须根据危险性大小分清主次，按照先后顺序排列。②评估报告还应考虑和结合个体和群体的社会生活环境和习俗。③群体健康风险评估报告，应包括个体的和人群的评估报告。④健康风险评估的适应范围只针对健康人群评估没有发生的疾病。对于已经发生的和曾经发生过的疾病建议去医院诊疗。

2. *健康风险评估报告的内容*　一般应包括个体或群体的人口学特征、疾病风险评估分析与描述、健康风险评估结果、健康干预的建议措施和方法、体检项目建议等。

某疾病危险性评估与健康改善指导报告内容包括 3 个部分：①某疾病危险性评估结果。根据个体提供的相关信息及临床检查结果，健康评估系统分析结果是：与同年龄、同性别人群的平均患病风险水平比较，个体患某疾病的风险等级为较高风险（提示：个体若改变生活习惯、控制相关危险因素，则个体患某疾病的风险水平可能达到较低的水平）和低风险（潜在可能降低 100.00% 风险）。②健康危险因素重点提示。如影响个体患前列腺癌风险性的重要危险因素为患前列腺疾病、常吃高脂食物。相关危险性因素列表内容包括序号、危险因素、本次结果和医学解释。③附说明。通过健康评估，可以帮助个体更好地了解当前的健康状况，从而有效地控制和降低健康隐患。评估报告只提供趋势性分析结果，并不能作为一种诊断工具。所提供的健康报告可以作为医生的参考资料，但不是诊断报告。

3. *健康风险评估的分析*　应从两个方面对评估结果中发病风险高于参考风险的疾病进行分析：①个人风险与参考风险的对比分析，参考风险是指同年龄同性别人群发病的概率；②确定风险项，指影响该疾病发生的风险因素有哪些。

风险项建议包括 3 个方面：①对可改变的风险项建议，即对通过改变生活方式能够降低的疾病的危险性因素，可参考国际疾病诊疗指南给出可执行建议；②对不改变的风险项建议，即对不能够通过改变生活方式降低的风险因素，建议评估对象定期体检和预防；③确定风险等级，可根据风险因素对疾病发病的影响从高分到低分划分为 A^+、A、B、C、D5 个级别。

4. *健康风险评估的结果*　应包括两个方面：①发病风险高于参考风险的疾病，指未来 3 ～ 5 年高发的疾病；②确认的疾病，指评估对象在评估过程中确认已经发生的和曾经发生过的疾病。

5. *健康风险报告的形式*　报告的形式可多种多样，如可采用文字、图表、图片、影像、互联网等形式，并尽可能辅以详细通俗易懂的解读。

二、疾病风险评估

与一般健康风险评估不同，疾病风险评估是针对特定疾病的风险评估，主要是为了筛查出患有指定疾病的个体，引入需求管理或疾病管理；测量医生和患者良好临床实践的依从性与有效性；测量特定干预措施所要达到的健康结果；测量医生和（或）患者的满意度。

一般健康风险评估的方法同样适用于疾病风险评估，但疾病风险评估又有其自身的特点：主要评估客观临床（如生化试验）指标对未来特定疾病发生的危险性；流行病学研究成果是其评估的主要依据和科学基础；评估模型运用严谨的统计学方法和手段；适用于医院、体检中心、人身保险（主要是健康保险和人寿保险）中的产品研发与核保。

疾病风险评估主要使用前瞻性队列研究和对以往流行病学研究成果的综合分析及循证医学方法。前者包括生存分析法、寿命表分析法等，后者包括 Meta 分析、合成分析法等。从大的方面来讲，疾病风险评估主要有 4 个步骤：①选择要预测的疾病（病种）；②不断发现并确定与该疾病发生有关的危险因素；③运用适当的预测方法建立疾病预测模型；④评估模型的正确性和准确性。

需要注意的是，一般选择人群高发、危害严重的疾病病种，也可以选择现代医学已有较好干预、控制效果的疾病。流行病学的研究成果对于发现和确定与某疾病发生有关的危险因素，并随之建立有效的疾病预测模型起着至关重要的作用，同时危险因素的个数及其作用随着医学研究的进展和新发现应能体现在预测模型中。建立的模型应该有较高的正确性和准确性，即预测的结果应和实际观测的结果具有一致的方向性、较好的相关性与敏感性。不同的评估工具可能采用不同的患病危险性表示方法，最基本的方法是通过未来若干年内患某种疾病的可能性即概率值来表示，也可以用于同龄人、同性别的人群平均水平，相比而言个人患病危险性的高低即人群中的百分位数来表示。

三、生命质量评估

生命质量（quality of life）又称生存质量、生活质量，是人们在社会经济、文化背景和价值取向的基础上对自己的身体状态、心理功能、社会能力及个人整体情形的一种感觉体验。因此，生命质量是一个内涵丰富的概念，是人们对自己生活状态的感受和理解，它包括许多内容，如个人的生理健康、心理素质、自立能力、社会关系、个人信念等。由于文化观念、价值观念等的不同，对生命质量的理解会因人而异。健康相关生命质量是指在病伤、医疗干预、老化和社会环境改变的影响下，人们的健康状态及与其经济、文化背景和价值取向等相联系的主观体验。

对生命质量及健康相关生命质量的研究伴随着人们对健康、疾病及生命意义认识的不断深入而产生，其研究目的主要在于：测量个体患者及人群的健康状况；定量比较个体患者及人群健康状况的变化；评价疾病带来的负担和对生活质量的影响；对治疗进行临床及经济学的评价，选择最佳方案；通过生命质量，为卫生政策制定和卫生资源的合理利用提供依据。

生命质量评估的基本内容包括躯体健康、心理健康、社会功能、疾病状态、对健康的总体感受等。

（一）躯体健康

躯体健康是个体体能和活力的反映，它对生命质量产生直接影响，是提高生命质量的基础。躯体健康主要包括活动受限、体力活动适度性、卧床时间和自感体力状况。活动受限是指有无生活自理能力、有无躯体活动和走动方面的限制及受限的程度；体力活动适度性是指个人在日常生活中表现出来的疲劳感、无力感和虚弱感，如登山、登楼、举（搬）重物的能力等；卧床时间是指由于健康原因不得不卧床的时间、如过去 30 天内因健康原因卧床或每天大部分时间卧床的天数；自感体力状况是指个人对自身体力和自理能力的主观评价。

（二）心理健康

心理是人类大脑反映外界客观事物的过程，它由认识、情感和意志三种活动过程组成。认识包括感觉、知觉、记忆、想象及思维。情感则是满意、愉快、忧伤、愤怒及烦恼等态度体验。在认识和情感体验的基础上，人类为了满足某种需要，自觉地确定目的，制订计划，克服困难而努力达到目的的过程则为意志。所有的疾病和损伤都会给患者带来心理变化，只是程度不同。这些心理变化主要有以下几个方面。

1. *情绪反应*　是生命质量测量中最为敏感的部分，不仅受疾病的直接影响，同时个体身体功能状态和社会功能状态也会间接地从情绪反应中直接表现出来。因生病引起的常见的情绪反应有神情不安、焦虑、精神紧张、压抑、恐惧、悲观失望等。

2. *心理感受*　指积极心理状态的频度和强度，如幸福感、满意感、对生活意义的理解等。

3. *情感控制*　指在特定时间里患者对思想和情感的控制能力，如面对突发事件时的思维、行为和情感波动。

4. *意识能力*　包括时空定向能力、记忆能力和警觉能力等。

（三）社会功能

社会功能是人类生活的一种基本需求，是衡量一个人生活是否正常的指标之一。相对于躯体和心理健康的测量，社会功能研究的较少，主要包括社会交往和社会支持两个概念。

社会交往强调交往的范围和数量、社会资源的充分程度，但不强调交往的效果和质量。社会资源是指个人的社会网络和社会联系，包括网络的数量与质量，前者指可能交往的朋友、亲属、邻居、同事等的数目；后者指各种人际关系的密切程度。社会支持是指社会交往和社会资源对个人的支持程度，包括情感支持和物质支持，其中情感支持对于健康和生命质量具有更重要的作用。社会支持的测量较为简单，即通过接受支持者个人的判断来获得。社会支持的测量结果代表了个人对某相互关系充分性的评价，包括可信赖并能向其倾诉心里话的人及提供社会支持的数量。个体的社会健康状况体现在体验到他人的关心、自己对他人有用及能够参与社会生活等方面。

（四）疾病状态

疾病的特征性表现和患者的主观感受即为疾病状态。疾病状况包括主诉、体征及生理测定、病理检查。其中主诉是指自诉症状、感觉、疼痛等健康问题，这些主观指标更为重要。

（五）对健康的总体感受

对健康的总体感受是指对自身健康状况的评价和主观满意度及幸福感。对自身健康状况的评价可以是个人对自己目前综合健康状态的自我评价，也可以是对自己将来健康状态发展的自我评价，它是一种综合评价，反映了个体生命质量的总变化。主观满意度及幸福感则反映了个人特定需求的满足程度及对自身生活的综合感觉状态，包括的内容与健康状态的各方面直接相连，如经济状况、婚姻状况、家庭生活、职业、闲暇活动、社会生活等。因此，对健康的总体感受是生命质量评价中较为主观的指标，一般与个人的文化背景和价值观念的关系极为密切。

生命质量评估的方法：生命质量评估多采用各种量表进行测量，主要有以下 3 类。

1. *一般性生命质量调查问卷*　这类量表是通用的生命质量测评工具，适用于评估不同类型、不同严重程度疾病患者的生命质量，尤其可用于衡量相应治疗干预时患者生命质量的影响，其应用不依赖于疾病的特异性。常见的主要是 SF-36 健康量表和诺丁汉健康量表（nottingham health profile，NHP）、良好适应状态质量评估量表（quality of well-being scale，QWB）、欧洲五维健康量表（EuroQol five dimensions questionnaire, EQ-5D）等。其中，运用最为广泛的是 SF-36 量表，它是在 1988 年 Stewarts 研制的医疗结局研究量表（medical outcomes study-short form，MOS-SF）的基础上，由美国波士顿健康研究所发展而来。与其他生命质量评估量表相比，SF-36 量表有短小、灵活、易管理、信度与效度令人满意和敏感性较高的优点。1998 年浙江大学医学院社会医学教研室翻译了中文版的 SF-36 量表。

2. *特殊病种生命质量调查表*　主要是针对特殊病种的调查表，如帕金森病生命质量调查表、慢性心力衰竭调查表、严重心力衰竭生命质量调查表、糖尿病患者生命质量特异性量表、肝癌患者生存质量测定量表。

下面以 SF-36 量表为例，介绍如何进行生命质量评估。SF-36 量表含 8 个维度，36 个条目，分属“生理健康”和“精神健康”两大类。SF-36 量表的总分计分方法：量表条目 2 为“与上一年比较，自我报告的健康状况变化”，不参加量表得分计算。其余 35 个条目归为 8 个维度，根据各个条目相应的权重赋分计分，总分为 145 分，分值越高，代表健康生命质量越好。SF-36 量表各个维度的计分方法：SF-36 量表 8 个维度中，除躯体职能和情感职能两个维度的问题回答为“是”或“否”外，其余问题的回答分为 4 ～ 5 个等级，每个问题根据其代表功能损害的严重程度，赋予了相应的权重或分值，最后将各个维度的得分转化为百分制。一个维度最大得分为 100 分，最小为 0 分，得分越高，生命质量就越高。

每个维度得分计算公式：

各维度转换得分 =（实际得分 − 最低可能得分）/（最高可能得分 − 最低可能得分）× 100

四、生活方式（行为）评估

现代医学认为影响健康的因素很多，但归纳起来主要有行为生活方式因素、环境因素、生物学因素、卫生服务因素四大类。生活方式是一种特定的行为模式，这种行为模式受个体特征和社会关系所制约，是在一定社会经济条件和环境等因素之间的相互作用下形成的。建立在文化传承、社会关系、个性特征和遗传等综合因素基础上的稳定的生活方式包括饮食习惯、社会生活习惯等。众多研究表明，不良生活方式和行为对健康的直接或间接影响巨大。膳食不合理、身体活动不足和吸烟是造成慢性病的三大行为危险因素，如吸烟与肺癌、慢性阻塞性肺疾病、缺血性心脏病及其他心血管疾病密切相关。据美国的调查表明，只要有效地控制行为危险因素，包括不合理饮食、缺乏体育锻炼、吸烟、酗酒和滥用药物等，就能减少 40%～ 70%的早死、1/3 的急性残疾和 2/3 的慢性残疾。

行为生活方式评估与疾病评估有显著不同，它仅对现状进行评估，不预测未来，评估重点领域主要有体力活动、膳食和精神压力，评估的主要目的是帮助个体识别不健康的行为方式，并有针对性地提出改善建议。

第四节　健康风险评估的应用

一、个体健康评估

个体健康评估主要通过比较实际年龄、评价年龄和增长年龄三者之间的差别来进行。以较直观的方式告知被评价者现存危险因素的危害及根据建议改变危险因素后死亡危险降低的程度，增强行为干预的效果。

一般来说，评价年龄高于实际年龄，说明被评价者所存在的危险因素高于平均水平，死亡率可能高于当地死亡率平均水平。增长年龄与评价年龄之差，说明降低危险因素后用年龄表达的死亡概率降低水平。年龄之间差值的大小一般以 1 岁为标准，大于 1 岁为大（或多），小于或等于 1 岁为小（或少）。

根据实际年龄、评价年龄和增长年龄三者之间的关系不同，一般可将个体分为 4 种类型。

（一）健康型

个体评价年龄小于实际年龄。例如，个体的实际年龄为 48 岁，评价年龄为 44 岁，说明个体危险因素低于平均水平，预期健康状况良好，亦即 48 岁的个体可能处于 44 岁年龄者的死亡概率，健康水平优于 48 岁的同龄人群。当然，进一步降低危险因素并不是没有可能，但进展有限，因为危险因素较少。

（二）自创性危险因素型

这一类型的个体，评价年龄大于实际年龄，并且评价年龄与增长年龄之差较大，说明危险因素平均水平较高。例如，个体的实际年龄为 42 岁，评价年龄为 44.5 岁，增长年龄为 37 岁。这种类型的个体评价年龄大于实际年龄，评价年龄与增长年龄相差较大，说明个体危险因素较平均水平高。由于这些危险因素多是自创的，是可以去除的，降低危险因素其健康状况可得到更大的改善，死亡率有较大的降低，可以较大程度地延长预期寿命。

（三）难以改变的危险因素型

个体的评价年龄也大于实际年龄，但评价年龄与增长年龄之差较小。例如，个体实际年龄为 42 岁，评价年龄为 48 岁，增长年龄为 47 岁，评价年龄与增长年龄之差为 1 岁。这种类型说明个体的危险因素主要来自既往病史或生物遗传因素，不容易降低和改变这些因素，即使稍有改变，效果也不显著，死亡危险不可能有大的改变。

（四）一般性危险型

个体的评价年龄接近实际年龄，死亡水平相当于当地的平均水平，他们个人存在的危险因素类型和水平接近当地人群的平均水平。降低危险因素的可能性有限，故增长年龄与评价年龄也较接近。

根据上述分析，可以有针对性地对不同类型的个体采取不同的预防措施，健康教育、行为干预对第二种类型的个体作用较大。除了对上述改变所有危险因素后三种年龄之间的关系进行分析外，尚可针对某一种危险因素进行分析。例如，仅减少吸烟的危险因素，或控制超体重的危险因素，用同样方法计算增长年龄，从评价年龄的差值大小说明某一种危险因素对个体预期寿命可能影响的程度。危险因素对个体预期寿命影响的程度，同样可以用改变危险因素后，危险因素降低程度来说明。

二、群体健康评估

（一）不同人群的危险程度

首先进行个体评价，根据实际年龄、评价年龄和增长年龄三者之间的关系将被评价者划分为健康型、自创性危险因素型、难以改变的危险因素型和一般性危险型 4 种类型。进行不同人群的危险程度分析时,可以根据不同人群危险程度性质区分为健康组、危险组和一般组 3 种类型。然后，根据人群中上述 3 种类型人群所占比重大小，确定不同人群的危险程度，将危险水平最高的人群列为重点防治对象。一般而言，某人群处于危险组的人越多，危险水平则越高。可以根据不同性别、年龄、职业、文化和经济水平等人群特征分别进行危险水平的分析。

（二）危险因素的属性

慢性病的很多危险因素属于行为生活方式，是后天习得的，因此这一类危险因素是可以改变的。通过计算具有危险因素人群中能去除和不能去除危险因素人群所占比重来分析人群中的危险因素是否可以避免，若具有能去除危险因素的人群比例较高，则可通过健康教育和健康促进来改变危害健康的行为生活方式，降低死亡或疾病风险，提高人群健康状况。

（三）分析单项危险因素对健康的影响

当人群具有危险因素较多时，可以通过分析各种危险因素对健康的危害情况，首先选择对当地人群影响最大的危险因素进行干预。其分析方法是将个体扣除某一项危险因素后所计算的增长年龄与评价年龄之差的均数作为单项危险强度，同时将这一单项危险因素在调查人群中所占的比重作为危险频度，得出危险强度 × 危险频度 = 危险程度，用危险程度的大小来反映危险因素对健康状况的影响。可以看到，某一项危险因素对整个人群健康状况影响的大小，不但与它对具体的个体影响大小有关，还与它在人群中影响的范围有关。有些因素虽然对个体影响很大，但受这一因素影响者有限，它对整个人群来说影响并不严重，但受其影响的人很多，它也就是值得注意的因素了。

通过对不同人群的危险程度分析，可以发现应该加以干预的重点人群；通过对危险因素属性的分析，有助于制订针对不同人群的疾病干预措施；而通过对单项危险因素影响的分析有助于确定重点干预的危险因素。总之通过对健康危险因素的群体评价，有助于疾病控制工作的开展。

三、健康保险领域的应用

作为健康管理的重要组成部分，健康风险评估在健康保险领域的应用非常广泛，同时也对健康保险，尤其是商业健康保险的经营至关重要。健康风险评估收集的相关数据对健康保险机构进行产品研发具有重要的参考价值，影响着健康保险精算人员对健康风险发生概率的预测和健康保险产品费率（价格）的确定。一旦风险实际发生概率高于预测概率，将导致预计利润无法实现，甚至出现保费收入不足以弥补赔付支出的经营危机；而风险实际发生概率低于预测概率，意味着产品费率过高，损害了参保人的利益。另外，健康风险评估是健康保险机构，尤其是商业健康保险机构核保的重要工具。为了避免（潜在的）被保险人的逆向选择，控制经营风险和不必要的合同纠纷，商业健康保险公司必须进行风险选择，即对（潜在的）被保险人的健康风险进行评估，以确定是否承保，以及保费、保额等。

四、其他应用

健康危险因素评估作为一种健康促进的技术、预防疾病的一项有效手段，广泛应用于各个领域。如传染病风险评估、职业病风险评估、卫生服务需求与利用评估、健康危险因素与降低医疗费用关系的评估。在公共卫生等方面也发挥了十分显著的作用，如对吸烟、乙醇滥用、伤害风险的评估。随着信息技术的迅速发展，给健康风险评估发展提供了新的活力。通过计算机技术建立社区居民的健康档案和居民健康管理系统，实现健康数据资源共享，有利于对居民健康风险的监测、统计和危险因素分析和居民的健康服务咨询。

由于健康风险评估的研究起步较晚，有待于进一步研究改进与完善，我们也要清楚地认识到它的局限性。健康风险评估是实施健康管理的一种技术和方法，在功能上，健康风险评估不是疾病诊断，不提供完整的病历，更不能替代医学检查。健康风险评估也不评估社会或环境危险因素。同时，健康风险评估只是健康管理的一个中间环节，需要结合健康干预、健康教育等才能真正发挥它的作用。在方法上，目前成熟的风险评估方法不多，部分健康风险评估方法有一定的适用范围限制，甚至部分方法的科学性还有待进一步检验。很多评估方法从国外引进，有待于进行我国本土化的修正和完善。目前很多健康管理机构“体检套餐”的推出也是对医疗资源的一种浪费。

第五节　常见慢性病的风险评估工具

准确评估慢性病的发病风险对于制订有效的预防策略和干预措施至关重要。慢性病风险评分模型作为一种工具，能够综合考虑多种危险因素，预测个体未来患慢性病的可能性。

一、高血压

高血压风险评估意义重大，因其危险因素复杂，涵盖遗传、年龄、体重等多方面，危险因素聚集会增大患病风险。血压升高还会导致靶器官损害，引发心脑血管事件。临床评估手段丰富多样，诊室血压测量可作初步筛查，动态血压监测则能全方位记录全天血压变化。目前，我国采用正常血压、正常高值和高血压进行血压水平分类，并根据诊室血压水平进一步将高血压分为 1 级、2 级和 3 级。这些分类为高血压评估提供了重要依据，医生依此结合评估工具结果，能精准判断风险，制订有效干预方案，降低疾病危害。

二、冠状动脉粥样硬化性心脏病

（一）Framingham 心血管疾病风险评分

Framingham 风险评分是最经典和广泛应用的心血管疾病风险评估模型之一。它基于大规模的前瞻性队列研究，纳入了年龄、性别、血压、血脂、吸烟、糖尿病等传统危险因素。通过特定的计算公式，得出未来 10 年内发生心血管疾病的风险概率。该模型为心血管疾病的一级预防提供了重要依据。

（二）QR4 心血管疾病风险评分

该评分的构建基于 1690 万名英国成年人的健康数据，分别针对男性和女性估算 10 年内的心血管疾病风险。研究发现，相较于传统的心血管疾病风险评分如 QRISK3、SCORE2、ASCVD 等，QR4 在疾病预测准确性上有显著提高。QR4 算法纳入了之前未被广泛认为与心血管疾病风险相关的新风险因子，如脑癌、肺癌、口腔癌、血癌、慢性阻塞性肺疾病、唐氏综合征和学习障碍等。此外，QR4 评分对于女性还额外考虑了将先兆子痫和产后抑郁作为风险因素，这些都大大增加了该评分的人群覆盖范围和敏感性。

（三）中国动脉粥样硬化性心血管疾病风险预测（prediction for ASCVD risk in China，China-PAR）模型

该评分利用中国动脉粥样硬化性心血管疾病风险预测（prediction for ASCVD risk in China，China-PAR）模型研究新近随访的大样本队列数据，建立了用于心血管病 10 年风险和终身风险评估的 China-PAR 模型，并提出了适合国人的风险分层标准，获得了《中国心血管疾病风险评估与管理指南》的推荐。该评分纳入的指标包括性别、年龄、现居住地（城市或农村）、地域（北方或南方，以长江为界）、腰围、血脂、血压、是否服用抗高血压药，是否患有糖尿病，现在是否吸烟，是否有心血管病家族史等。

（四）中国人群冠心病多基因风险评分（metaPRS）

相较于基于传统临床指标（年龄、饮食和生活习惯等）的 China-PAR 风险评估模型，metaPRS 在血压、血脂、BMI 等临床指标的基础上，加入了更加可靠和稳定的遗传信息以提升临床风险评估能力。该评分整合中国、日本、新加坡和韩国等 26 万个东亚人群的冠心病基因

组数据，锁定了588个与冠心病相关的遗传变异位点，构建了适用于中国和东亚人群的冠心病多基因风险评分。研究发现，高遗传风险者（评分最高的20%）发生冠心病的风险是低遗传风险者（评分最低的20%）的近3倍，该评分可提升冠心病发病风险预测和临床风险分层能力，有助于提升我国心血管疾病危险因素管理能力和精准防治水平。

三、脑卒中

（一）改良的弗明汉卒中量表（modified Framingham stroke scale）

该量表是在弗明汉卒中风险评分的基础上进行改进的一种评估工具，用于预测卒中的发生风险，量表纳入的因素包括年龄、血压、心血管疾病史、糖尿病、吸烟状况、心房颤动、左心室肥厚。通过对这些因素进行综合评估得出卒中风险评分，得分越高则10年内卒中发病风险越高。

（二）非瓣膜病心房颤动患者卒中风险评估CHADS-VASc量表

2010年欧洲心脏病学会指南提出了CHA_2DS_2-VASc评分，用于预测非瓣膜性心房颤动患者发生缺血性脑卒中风险的评分量表，纳入的因素包括既往充血性心力衰竭病史、年龄、性别、血管相关疾病史、高血压史、糖尿病史、卒中或短暂性脑缺血发作史。通过对这些因素进行综合评估得出卒中风险评分，0分为低危组，可不给予抗栓治疗；1分为中危组，可不给予抗栓治疗或使用一种口服抗凝剂或阿司匹林治疗；2分以上为高危组，推荐使用口服抗凝剂治疗。

（三）Essen脑卒中风险评分量表（Essen Stroke Risk Score，ESRS）

该评分是一个简便、易于临床操作的9分量表，适用于相对稳定的门诊就诊的缺血性脑卒中患者及住院治疗的急性缺血性脑卒中患者的脑卒中复发风险预测评估。该评分纳入的因素包括年龄、高血压史、糖尿病史、既往心肌梗死史、其他心血管疾病史（除外心肌梗死和心房颤动）、吸烟史、外周动脉疾病史、既往缺血性脑卒中或短暂性脑缺血发作史。一般认为，ESSEN评分≥3分的患者为高危患者，需要采取更积极的预防和治疗措施。

四、慢性阻塞性肺疾病

（一）慢性阻塞性肺疾病全球倡议（global initiative forchronic obstructive lung disease，GOLD）肺功能评分

GOLD提供了慢性阻塞性肺疾病的诊断标准，包括症状、肺功能检查等。GOLD通过评估气流受限的程度（如FEV_1/FVC比值），将慢性阻塞性肺疾病分为不同的阶段，这有助于确定疾病的严重程度和风险水平。通过对慢性阻塞性肺疾病患者的症状、肺功能、急性加重风险、并发症等综合评估可以更全面地了解患者的病情，为制订个性化的治疗方案提供依据。

（二）慢性阻塞性肺疾病BODE评分

该评分用于评估慢性阻塞性肺疾病患者的生存状况。B代表BMI，BMI越低预后越差；O代表air obstruction（气体阻塞），通过肺功能检测中的FEV_1%（一秒用力呼气容积占预计值百分比）评估，数值越低提示气体阻塞越严重；D代表dyspnea（呼吸困难程度），采用改良版英国医学研究委员会呼吸问卷（mMRC）进行评估；E代表exercise tolerance（运动耐量），通过6分钟步行试验距离衡量。BODE评分的优点就在于它综合了营养状态、临床症状、肺功能和运动能力4个方面的信息，在慢性阻塞性肺疾病的临床管理中具有重要意义，可以较准确地预测患者的预后信息，评估治疗效果。

（三）中国慢性阻塞性肺疾病人群筛查评分（COPD screening questionnaire，COPD-SQ）

该评分是慢性阻塞性肺疾病多个危险因素的集成量表，纳入的因素包括年龄、吸烟量、BMI、感冒咳嗽史、气促病史、烹饪所用燃料、家族史等。该量表更适用于我国的慢性阻塞性肺疾病高危人群，COPD-SQ 评分 ≥ 16 分者需要进一步进行肺功能等检查以确诊。

五、糖尿病

（一）芬兰版糖尿病风险评估量表（Finnish diabetes risk score，FINDRISC）

FINDRISC 包括年龄、BMI、腰围、高血压及服药史、高血糖史 5 个条目。年龄条目为 20 ～ 44 岁计 0 分，45 ～ 54 岁计 2 分，55 ～ 64 岁计 3 分，≥ 65 岁计 4 分。BMI 条目为 < 25.0kg/m^2 计 0 分，25.0kg/m^2 ≤ BMI < 29.9kg/m^2 计 1 分，≥ 30.0kg/m^2 计 3 分。腰围条目为男性 < 94.0cm 计 0 分，94.0 ～ 101.9cm 计 3 分，≥ 102.0cm 计 4 分；女性 < 80.0cm 计 0 分，80.0 ～ 87.9cm 计 3 分，≥ 88.0cm 计 4 分。高血压及服药史为无计 0 分，有计 2 分。高血糖史为无计 0 分，有计 5 分。得分越高则糖尿病发病风险越高。

（二）丹麦糖尿病风险评分量表（Danish diabetes risk score，DDRS）

DDRS 分为年龄、性别、BMI、高血压史、闲暇时间活动和糖尿病家族史 6 个条目。年龄条目为 < 45 岁计 0 分，45 ～ 49 岁计 7 分，50 ～ 54 岁计 13 分，≥ 55 岁计 18 分。性别条目为女性计 0 分，男性计 4 分。BMI 条目为 < 25.0kg/m^2 计 0 分，25.0kg/m^2 ≤ BMI < 29.9kg/m^2 计 7 分，≥ 30.0kg/m^2 计 15 分。高血压史条目为无计 0 分，有计 10 分。闲暇时间活动条目为有体力活动计 0 分，无体力活动计 6 分。糖尿病家族史条目为无计 0 分，有计 7 分。得分越高则糖尿病发病风险越高。

（三）中国糖尿病风险评分表（Chinese diabetes risk score，CDRS）

CDRS 是基于中国人群的流行病学特征和临床数据构建的，纳入因素包括年龄、性别、腰围、BMI、收缩压及糖尿病家族史，为糖尿病筛查和风险评估提供了可选择的模式化工具。通过对这些因素进行综合评估并赋予相应的分值，计算出总得分。总分 ≥ 25 分为糖尿病高风险人群，应尽早开始糖尿病筛查；首次筛查结果正常者，可 3 年重复筛查一次；首次筛查结果为糖尿病前期者，需每 6 个月筛查一次。通过非侵袭性的风险模型筛选出糖尿病高风险的人群，再进行更具针对性的筛查试验，如口服葡萄糖耐量试验，是目前更符合中国国情和卫生经济学的做法。

六、肥胖症

肥胖已被 WHO 认定为疾病。肥胖会引发一系列健康问题，例如，增加高血压、糖尿病、血脂异常、冠心病、心肌梗死、卒中、部分肿瘤等多种慢性病的风险。肥胖也会引发一系列健康问题，例如，增加高血压、糖尿病、血脂异常、冠心病、心肌梗死、卒中、部分肿瘤等多种慢性病的发生风险，肥胖也可导致社会和心理问题，增加居民卫生保健服务成本，造成医疗卫生体系的负担加重。肥胖的影响因素包括遗传因素、不健康的膳食模式（动物源性食品、精制谷物和深加工、含糖饮料和油炸食品等高糖高脂食品摄取量过多）、生活方式与行为因素（久坐少动、缺乏体力活动、吸烟、过量饮酒、睡眠及生物钟节律紊乱等）、心理社会因素、生命早期危险因素（孕前高 BMI 和孕期体重过度增加导致的宫内异常的代谢环境、电磁场等）、环境驱动因素（环境污染、城市化、食品系统与环境、城市规划与建筑环境等）等。

中国目前建议使用 BMI ≥ 24.0kg/m^2 和 ≥ 28.0kg/m^2 分别诊断成人超重（24.0kg/m^2 ≤ BMI <

28.0kg/m^2）和肥胖（BMI ≥ 28.0kg/m^2），采用腰围男性≥ 90.0cm、女性≥ 85.0cm 诊断成人中心性肥胖。将 6 ～ 18 岁儿童青少年超重和肥胖的定义为 BMI 分别大于中国性别和年龄别 BMI 值参考标准，是与成年人超重和肥胖年龄 -BMI 曲线相对应的临界值（表 4-1，表 4-2）。

表 4-1　中国成人超重或肥胖诊断标准临界值

分类	BMI（kg/m^2）		腰围（cm）	
	WHO	中国	IDF	CDS
超重	25.0 ～ 29.9	24.0 ～ 27.9		–
肥胖	≥ 30.0	≥ 28.0	–	–
中心性肥胖	–	–	男：≥ 90.0 女：≥ 80.0	男：≥ 90.0 女：≥ 85.0

注：WHO. 世界卫生组织；IDF. 国际糖尿病联合会；CDS. 中国糖尿病学会

表 4-2　中国 6 ～ 18 岁学龄儿童青少年性别年龄别体重指数（kg/m^2）超重与肥胖界值

年龄组（岁）	男生		女生	
	超重	肥胖	超重	肥胖
6.0 ～	16.4	17.7	16.2	17.5
6.5 ～	16.7	18.1	16.5	18.0
7.0 ～	17.0	18.7	16.8	18.5
7.5 ～	17.4	19.2	17.2	19.0
8.0 ～	17.8	19.7	17.6	19.4
8.5 ～	18.1	20.3	18.1	19.9
9.0 ～	18.5	20.8	18.5	20.4
9.5 ～	18.9	21.4	19.0	21.0
10.0 ～	19.2	21.9	19.5	21.5
10.5 ～	19.6	22.5	20.0	22.1
11.0 ～	19.9	23.0	20.5	22.7
11.5 ～	20.3	23.6	21.1	23.3
12.0 ～	20.7	24.1	21.5	23.9
12.5 ～	21.0	24.7	21.9	24.5
13.0 ～	21.4	25.2	22.2	25.0
13.5 ～	21.9	25.7	22.6	25.6
14.0 ～	22.3	26.1	22.8	25.9
14.5 ～	22.6	26.4	23.0	26.3
15.0 ～	22.9	26.6	23.2	26.6
15.5 ～	23.1	26.9	23.4	26.9
16.0 ～	23.3	27.1	23.6	27.1

续表

年龄组（岁）	男生		女生	
	超重	肥胖	超重	肥胖
16.5～	23.5	27.4	23.7	27.4
17.0～	23.7	27.6	23.8	27.6
17.5～	23.8	27.8	23.9	27.8
18.0～	24.0	28.0	24.0	28.0

七、痛风

（一）2015 年美国风湿病学会（ACR）/ 欧洲抗风湿病联盟（EULAR）痛风分类标准

该评分适用于至少有一次外周关节或滑囊发作性肿胀、疼痛或压痛的患者，评分纳入的因素包括急性期关节 / 滑囊受累形式、关节炎发作特点（受累关节是否出现红肿、压痛、触痛或影响行走等症状）、关节炎发作的时间特征、痛风石是否存在、血尿酸水平、关节液分析、相关影像学检查。该评分分别对不同的纳入因素进行赋分，总评分≥ 8 分即可诊断为痛风。值得注意的是，若患者在有症状的关节或滑囊中存在单钠尿酸盐晶体（如在滑液中）或痛风石，则可直接诊断为痛风而无须进行上述评分（表 4-3）。

表 4-3　2015 年 ACR/EULAR 痛风分类标准

项目		分类	得分
临床特点	受累关节	累及踝关节或足中段的单关节炎或寡关节炎或累及第一跖趾关节的单关节炎或寡关节炎	1 或 2
发作时关节特点	患者自述或医生观察发现受累关节表面皮肤发红	符合 1 个发作特点或符合 2 个发作特点或符合 3 个发作特点	1 或 2 或 3
	受累关节明显触痛或压痛		
	受累关节活动受限或行走困难		
发作的时间特点（符合以下 3 点中的 2 点，且无论是否进行抗炎治疗）	24 小时之内疼痛达峰值	有 1 次典型发作或反复典型发作	1 或 2
	14 天之内疼痛缓解		
	2 次发作间期疼痛完全缓解		
痛风石的临床证据	痛风石为皮下结节，常见于耳郭、关节、双肘鹰突滑囊、指腹、肌腱，表面皮肤菲薄且覆有较多血管，皮肤破溃后可向外排出粉笔屑样尿酸盐结晶	有	4
实验室检查	血尿酸水平（尿酸酶法）：应在发作 4 周后（即发作间期）且还未行降尿酸治疗的情况下进行检测，有条件者可重复检测。取检测的最高值进行评分	＜ 40mg/L（＜ 240μmol/L）	－ 4
		60～80mg/L（360～480μmol/L）	2
		80～100mg/L（480～600μmol/L）	3
		≥ 100mg/L（≥ 600μmol/L）	4

续表

项目		分类	得分
	对发作关节或者滑囊的滑液进行分析（应由受过培训者进行评估）	尿酸盐阴性	－2
影像学表现	发作关节或滑囊尿酸盐沉积的影像学表现	有任意一种表现	4
	超声表现有双边征		
	双能 CT 显示有尿酸盐沉积		
痛风关节损害的影像学表现	X 线显示手和（或）足至少 1 处骨侵蚀	有	4

（二）痛风活动评分（gout activity score，GAS）

GAS 是意大利学者于 2016 年开发的首个痛风疾病特异性活动评分，该评分纳入了患者报告的 12 个月内发作次数、血清尿酸水平、疼痛视觉模拟量表（visual analog scale，VAS）和痛风石数量等数据，采用因子分析、线性判别分析和线性回归方法综合分析患者疾病活动度并计算分数，进而评估痛风患者的病情。GAS 的计算方法是：

$$GAS=0.09\times \text{最近 12 个月发作数次}+1.01\times \sqrt{\text{血清尿酸值}}+0.34\times \text{疼痛视觉模拟量表评分}+0.53\times \ln(1+\text{痛风石数量})$$

八、骨质疏松症

（一）WHO 骨折风险测评系统（WHO fracture risk assessment tool，FRAX）

FRAX 测评系统由 WHO 基于欧洲、北美洲、亚洲和澳大利亚患者的研究数据而开发，将骨折概率与多种临床危险因子及股骨颈的骨质密度（bone mineral density，BMD）相结合，用于预测 40 ～ 90 岁个体未来 10 年髋部及主要骨质疏松性骨折（表 4-4）。

表 4-4　FEAX 骨折风险评估工具计算依据的主要临床危险因素、骨密度值及结果判断

危险因素	解释
年龄	模型计算年龄是 40 ～ 90 岁
性别	选择男性或女性
体重	填写单位是 kg
身高	填写单位是 cm
既往骨折史	指成年期自然发生或轻微外力下发生的骨折，选择“是”与“否”
父母髋部骨折史	选择“是”与“否”
吸烟	根据患者现在是否吸烟，选择是与否
糖皮质激素	若患者正在接受糖皮质激素治疗或接受过相当于泼尼松＞ 5mg/d 超过 3 个月，选择“是”
类风湿关节炎	选择“是”与“否”

续表

危险因素	解释
继发性骨质疏松	如果患者具有与骨质疏松症密切关联的疾病（包括 1 型糖尿病、成骨不全症、未治疗的甲状腺功能亢进症、性腺功能减退症或＜ 45 岁绝经、慢性营养不良或吸收不良、慢性肝病等），选择“是”
过量饮酒	酒精摄入量≥ 3U/d 为过量饮酒（1U 相当于 8 ～ 10g 乙醇，约 285ml 啤酒，120ml 葡萄酒，30ml 烈性酒）
骨密度	先选择测量骨密度的仪器，然后填写股骨颈骨密度的实际测量值（g/cm^2），若患者没有测量骨密度，可以不填此项
结果判断	FRAX 预测的髋部骨折可能性≥ 3% 或任何主要骨质疏松性骨折可能性≥ 20%，为骨质疏松性骨折高危患者，建议给予治疗；FRAX 预测的任何主要骨质疏松性骨折可能性为 10% ～ 20%，为骨质疏松性骨折中风险；FRAX 预测的任何主要骨质疏松性骨折可能性＜ 10%，为骨质疏松性骨折低风险

（二）亚洲骨质疏松风险指数（osteoporosis self assessment tool for asians，OSTA）

OSTA 是在对亚洲多个国家和地区绝经后妇女的研究后，得出的一项简易的骨质疏松自查方法。OSTA 计算方法是：OSTA=[体重（kg）－年龄（岁）]×0.2。OSTA 数值＞－ 1 提示发生骨质疏松的风险较低；OSTA 数值在－ 1 ～－ 4 提示中风险，建议积极预防骨质疏松；OSTA 数值＜－ 4 提示骨质疏松高风险，建议及时就医。

（三）国际骨质疏松基金会（IOF）骨质疏松风险 1 分钟测试题

IOF 骨质疏松风险 1 分钟测试题是根据患者相关病史及症状，从中选择与骨质疏松相关的问题，由患者判断是与否，从而初步筛选出可能具有骨质疏松风险的患者。上述问题，只要其中有一题回答结果为“是”，即为阳性，提示存在骨质疏松症的风险，并建议进行骨密度检查或 FRAX 风险测评。

九、恶性肿瘤

考虑到我国疾病谱、肿瘤危险因素流行情况与西方存在一定差异，并且西方人群建立的模型不适于我国肿瘤总体风险评估的需求。因此，本章节的肿瘤风险评估模型主要介绍我国最新的研究成果。

（一）中国人群肺癌风险预测评分

该评分基于中国慢性病前瞻性队列和常州队列构建和验证吸烟及非吸烟人群的肺癌风险评分。在吸烟者模型中，最终纳入了 13 个预测因子，而在非吸烟者模型中纳入了 9 个预测因子。这些预测因子包括年龄、每天吸烟数、吸烟年数、戒烟年数等。研究发现，每天吸烟数与肺癌风险的关联呈现非线性，当每天吸烟数超过 20 支时，肺癌风险迅速上升，而在 30 支以上时趋于平坦。此外，戒烟后肺癌风险在最初 5 年内迅速下降，之后以较慢的速率继续降低。为了方便应用，基于该评分开发了“中国人群个性化肺癌发病风险预测工具平台”（http://ccra.njmu.edu.cn/lckey/web），该工具用于从不吸烟、已经戒烟及现在吸烟的 30 ～ 80 岁的中国人群肺癌发病风险评估，提供未来 3 年、5 年、6 年和 10 年罹患肺癌的风险及相应的筛查指导和健康生活建议。

（二）基于中国高发区人群的食管癌风险预测评分

该评分以年龄分层（60 岁），纳入多种食管癌独立危险因素，包括年龄、BMI、烹饪方式、上腹痛病史、饮食习惯、家族史、吸烟史、农药暴露史等。风险计算方式为各危险因素赋值后分别乘以逻辑回归相应系数，求和后加常数项。该模型在预测食管癌及重度异型增生的方面展现出优异的效能，可在不漏诊高级别食管病变的前提下节省内镜检查。

（三）中国人群胃癌多基因遗传风险评分

该评分基于迄今为止最大的中国人群胃癌全基因组关联研究而构建，在中国慢性病前瞻性队列中前瞻性评估了风险评分在胃癌发病风险预测及潜在预防应用中的效果，并系统探讨了健康生活方式在不同遗传负荷的情况下对胃癌的保护效果。该评分可帮助提高大众对于胃癌遗传风险和健康生活方式的认识，对中国人群胃癌高危人群鉴别，有目标地开展胃癌一级预防（健康生活方式和幽门螺杆菌根治）和二级预防（内镜筛查）具有指导意义。

（四）中国人群肝癌风险评分（a diagnostic nomogram model based on age，sex，AFP，and PIVKA-Ⅱ，ASAP）

该评分基于中国人群大样本数据构建，纳入的因素包括年龄、性别、甲胎蛋白、异常凝血酶原，用于个体化评估慢性乙肝患者罹患肝癌的风险，同时对于慢性丙肝相关性肝癌和非酒精性脂肪肝相关性肝癌的诊断评估同样显示出令人满意的效能。有研究发现 ASAP 评分展示了不劣于甚至优于经典的 GALAD（Gender-Age-AFP-L3-AFP-DCP）评分（由性别、年龄、甲胎蛋白异质体、甲胎蛋白和异常凝血酶原组成，较 ASAP 模型多了一个甲胎蛋白异质体变量）的诊断效能。因此，ASAP 评分可能更适用于中国慢性丙型肝炎患者进行肝癌筛查和监测，更具有卫生经济效益。

（五）中国人群结直肠癌风险评分（national colorectal polyp care，NCPC）

该评分结合免疫法粪便隐血试验（fecal immunochemical test，FIT）对中国人群进行风险分层评估，有效提高了结直肠癌筛查的效率。该评分纳入了 8 个风险因素，包括性别、年龄、BMI、吸烟史、饮酒史、糖尿病史、一级亲属结直肠癌病史、既往结直肠镜检查阴性史。该评分可以节省将近 50% 的结直肠镜检查，同时对不同阶段的结直肠癌发展有着较高的高灵敏度。

（六）中国人群乳腺癌风险评分

该评分分析了乳腺癌的相关风险因素（乳腺癌一级家族史、乳腺良性疾病史、哺乳史、初潮年龄、BMI），并对中国人群进行风险分层，确定了乳腺癌筛查的起始年龄。该评分建议低、中、高危风险三组的女性应分别在 55 岁、48 岁和 43 岁时开始乳腺癌风险筛查。为了方便应用，基于该评分开发了在线工具（http://cancerrc.ncsis.org.cn/#/utilshome），方便计算乳腺癌发病风险和开始筛查的推荐年龄。

（七）中国人群宫颈高级别鳞状上皮内病变风险预测评分

该评分纳入的因素包括年龄、宫颈细胞学检查、人乳头瘤病毒（HPV）检查、宫颈转化区类型、阴道镜检查和病灶大小。该评分通过结合多个临床因素与阴道镜结果量化宫颈高级别鳞状上皮内病变的风险，从而帮助临床医生做出基于循证的临床决策。

思考题

1. 请简要介绍健康危险因素的分类。

2. 为什么在健康风险评估中需要综合考虑多种因素，而不仅仅是单一的指标？

3. 描述如何通过问卷调查收集个人的健康风险相关信息，以及在设计问卷时需要注意哪些问题。

4. 描述如何利用体检数据进行健康风险评估，需要重点关注哪些体检指标。

5. 健康风险评估报告风险评估结果，以哪些方式来反映个人在未来发生某种疾病的风险大小？

（王　航　张立万　周晓丹　于海霞　蔡丽华）

参考文献

杜建艳，左津淮，2015. 心理干预对抑郁障碍患者家属心理状况影响 [J]. 精神医学杂志，(1):53-55.

冯红静，陈波，2022. 对美国健康体能教育的分析研究 [J]. 文体用品与科技，(16):156-158.

高玉婷，2022. 团体平衡心理治疗和团体认知行为治疗干预广泛性焦虑障碍的疗效差异研究 [D]. 江苏：东南大学.

宫艳芬，2007. 心理干预对抑郁障碍患者治疗的影响 [J]. 中国健康心理学杂志，15(2):153-154.

郭姣，2017. 健康管理学 [M]. 北京：人民卫生出版社.

郭清，2011. 健康管理学概论 [M]. 北京：人民卫生出版社.

郭清，2015. 健康管理学 [M]. 北京：人民卫生出版社.

黄弋冰，唐荣兰，汪咏梅，2016. 我国戒酒临床干预实践研究进展 [J]. 中国农村卫生事业管理，36(9): 1183-1187.

吕龙琴，穆敬平，廖恒，等，2024. 团体认知行为治疗对广泛性焦虑障碍的临床疗效及其对患者执行功能的影响 [J]. 四川精神卫生，37(1):21-25.

马红霞，李杨，2016. 有效可行的心理健康管理模式和干预措施探讨 [J]. 河南医学研究，25(7):1212- 1213.

潘华山，王艳，2023. 运动医学 [M]. 北京：中国中医药出版社.

全国卫生专业技术资格考试用书编写专家委员会，2023. 营养学 [M]. 北京：人民卫生出版社.

王陇德，2019. 健康管理师国家职业资格二级 [M]. 北京：人民卫生出版社.

王陇德，2019. 健康管理师国家职业资格三级 [M]. 北京：人民卫生出版社.

王陇德，马冠生，2015. 营养与疾病预防：医护人员读本 [M]. 北京：人民卫生出版社.

王培玉，2012. 健康管理学 [M]. 北京：北京大学医学出版社.

王向群，丁荣晶，陈冬雪，等，2023. 常规体检中纳入心理健康评估项目的专家意见 [J]. 中国心理卫生杂志，37(7):570-576.

于建春，2021. 临床营养学 [M]. 北京：人民卫生出版社.

中国女医师协会糖尿病专业委员会，《中华健康管理学杂志》编辑委员会，中国健康促进基金会，2022. 糖尿病高危人群筛查及干预专家共识 [J]. 中华健康管理学杂志 16(1):7-14.

中国血脂管理指南修订联合专家委员会，2023. 中国血脂管理指南 (2023 年)[J]. 中国循环杂志，38(3): 237-271.

中国营养学会，2023. 中国营养学会发布《2023 版中国居民膳食营养素参考摄入量》 [J]. 营养学报，45(5): 414.

中华人民共和国国家卫生和计划生育委员会，2016. 中国临床戒烟指南 (2015 年版)[J]. 中华健康管理学杂志，10(2):88-95.

中华医学会骨质疏松和骨矿盐疾病分会，2023. 原发性骨质疏松症诊疗指南 (2022)[J]. 中国全科医学，26(14):1671-1691.

中华医学会健康管理学分会，《中华健康管理学杂志》编辑委员会，2023. 健康体检基本项目专家共识 (2022)[J]. 中华健康管理学杂志，17(9):649-660.

中华医学会糖尿病学分会，2021. 中国 2 型糖尿病防治指南 (2020 年版)[J]. 中华糖尿病杂志，13(4): 315-409.

钟兴明，1998. 健康体能与现代生活方式 [J]. 北京体育师范学院学报，(3):78-81.

《中国人群身体活动指南》编写委员会，2021. 中国人群身体活动指南 [M]. 北京：人民卫生出版社 .

American academy of sleep medicine, 2017. 国际睡眠障碍分类 [M]. 3 版 . 高和译 . 北京：人民卫生出版社 .

Harvard Medical School, 2018. The importance of sleep and how to get more of it. (https://www.health. harvard.edu/newsletter_article/the-importance-of-sleep-and-how-to-get-more-of-it)

Hippisley-Cox Julia, Coupland Carol A C, Bafadhel Mona, et al, 2024. Development and validation of a new algorithm for improved cardiovascular risk prediction.[J].Nat Med, 30:1440-1447.

Jin GF, Lv J, Yang M, et al, 2020. Genetic risk, incident gastric cancer, and healthy lifestyle:a meta- analysis of genome-wide association studies and prospective cohort study.[J].Lancet Oncol, 21:1378-1386.

Liu MF, Liu Z, Cai H, et al, 2017. A model to identify individuals at high risk for esophageal squamous cell carcinoma and precancerous lesions in regions of high prevalence in China.[J].Clin Gastroenterol Hepatol, 15:1538-1546e7.

Ma ZM, Lv J, Zhu M, et al, 2023. Lung cancer risk score for ever and never smokers in China.[J].Cancer Commun (Lond), 43:877-895.

National Institute of Neurological Disorders and Stroke (NINDS), 2019. Brain Basics:Understanding Sleep. (https://www.ninds.nih.gov/Disorders/Patient-Caregiver-Education/Understanding-Sleep)

National Institute on Alcohol Abuse and Alcoholism (NIAAA), 2020. Alcohol’ s Effects on the Body. (https://www.niaaa.nih.gov/alcohols-effects-health/alcohols-effects-body)

National Institute on Drug Abuse (NIDA). (2022). What are treatments for tobacco dependence? (https:// www.drugabuse.gov/publications/drugfacts/cigarettes-other-tobacco-products)

Neogi T, Jansen TLTA, Dalbeth N, et al, 2015. 2015 Gout classification criteria:an American College of Rheumatology/European League Against Rheumatism collaborative initiative[J]. Ann Rheum Dis, 74(10):1789-1798.

Scirè CA, Carrara G, Viroli C, et al, 2016. Development and First Validation of a Disease Activity Score for Gout.[J].Arthritis Care Res (Hoboken), 68:0.

World Health Organization (WHO), 2020. Sleep and Health. (https://www.who.int/news-room/q-a-detail/ sleep-and-health)

Xue P, Seery S, Wang S, et al, 2023. Developing a predictive nomogram for colposcopists:a retrospective, multicenter study of cervical precancer identification in China.[J].BMC Cancer, 23:163.

Yang T, Xing H, Wang GQ, et al, 2019. A Novel online calculator based on serum biomarkers to detect hepatocellular carcinoma among patients with hepatitis B[J]. Clin Chem, 65:1543-1553.

Zhao SB, Wang SL, Pan Peng, et al, 2022. FIT-based risk-stratification model effectively screens colorectal neoplasia and early-onset colorectal cancer in Chinese population:a nationwide multicenter prospective study.[J].J Hematol Oncol, 15:162.

Zheng YD, Dong XS, Li, et al, 2022. Use of breast cancer risk factors to identify risk-adapted starting age of screening in China.[J].JAMANetw Open, 5:e2241441.

Zhou YM, Chen SY, Tian J, et al, 2013. Development and validation of a chronic obstructive pulmonary disease screening questionnaire in China.[J].Int J TubercLung Dis, 17:1645-1651.

第5章　常见慢性病管理策略

学习目标

了解：常见慢性病管理体系；脑卒中、高血压、冠状动脉粥样硬化性心脏病、慢性阻塞性肺疾病、糖尿病、肥胖症、痛风、骨质疏松症及恶性肿瘤的二级预防及三级预防中的非生活方式干预原则。

熟悉：我国慢性病流行现状；脑卒中、高血压及冠状动脉粥样硬化的分类、诊断思路及防治要点；慢性阻塞性肺疾病、糖尿病、肥胖症、痛风、骨质疏松症及恶性肿瘤的诊断思路及防治要点。

掌握：慢性病定义及特点；脑卒中、高血压、冠状动脉粥样硬化、慢性阻塞性肺疾病、糖尿病、肥胖症、痛风及恶性肿瘤的一级预防、二级预防及三级预防中的生活方式干预原则。

第一节　概　　述

一、慢性病管理相关理论

慢性非传染性疾病，简称“慢性病”，是对一类病因复杂、起病隐匿且发展缓慢、病情持续时间长且难以治愈的疾病的概括性总称。其主要特点为：①病因复杂，通常与遗传、环境、生活方式等因素相关，缺乏明确的传染性致病病原微生物病因证据；②起病隐匿且发展缓慢，潜伏期较长，疾病早期通常缺乏明显的自觉症状和体征改变，一般没有明确的起病时间；③病程较长且难以治愈，疾病一旦发生，多不可逆转，可伴随患者一生；④发病率高且危害大，随着疾病的发展，最终表现为功能进行性受损甚至失能，已经成为全球疾病与死亡负担的主要病因；⑤可防可控，健康生活方式是防控慢性病发生发展的重要管理手段。

本章内容包括我国慢性病流行现状及常见慢性病管理体系，并对脑卒中、高血压、冠状动脉粥样硬化性心脏病、慢性阻塞性肺疾病、2型糖尿病、肥胖症、痛风、骨质疏松症、恶性肿瘤等与健康管理密切相关的主要慢性病的诊断思路、防治要点和管理策略等分别简要介绍，对这些慢性病的干预实践，将在本书其他相关章节详细叙述。

二、我国慢性病流行现状

我国慢性病防控形势十分严峻，一方面，慢性病发病率上升且呈年轻化趋势，不良生活方式是重要原因；另一方面，人口老龄化进程加速，慢性病人群基数不断扩大，技术的进步使其生存期逐渐延长，进而导致健康管理、健康护理等需求迅速增长。与2012年相比，2018年慢性病死亡率从 533/10 万上升到 685/10 万，增幅 28.5%；慢性非传染性疾病死因亦持续增加，2019 年增至 88.5%。2019 年，心血管疾病、恶性肿瘤、慢性呼吸道疾病和糖尿病死亡分别占总死亡的 47.1%、24.1%、8.8% 和 2.5%，位列城乡死亡的前四位。

慢性病在人群中大幅增长，自 2002 年至 2018 年，高血压从 18.8% 上升至 27.5%，糖尿病从 2.6% 上升至 11.9%；而慢性病的知晓率、治疗率和控制率均增长缓慢，波动在 10% ～ 40%。慢性病的行为危险因素，如吸烟、饮酒、蔬菜 / 水果摄入不足等几乎没有改善，红肉过量摄入、运动不足等情况甚至变得更糟。与 2013 年相比，2018 年红肉过量摄入的比例从 32.5% 上升到 42.0%，而运动不足的比例从 16.3% 增加到 22.3%。如果不采取更加强有力的行动来应对日益严峻的慢性病流行，2030 年中国高血压、糖尿病的患病率预计将达到 35.4% 和 18.5%，慢性病负担将进一步加重。慢性病已成为严重危及我国居民健康的重大公共卫生问题，我国慢性病的防控任务任重而道远。

三、常见慢性病管理体系

慢性病管理是以患者健康为中心，围绕慢性病的预防及患者的健康促进，提供全方位、全生命周期的连续健康管理服务。慢性病的管理分为 3 级：一级预防又称为病因预防，是指慢性病尚未发生时，针对其致病因素或者危险因素采取干预措施，预防慢性病的发生；二级预防又称为“三早”预防，是做好慢性病的早发现、早诊断、早治疗，从而防止或延缓慢性病发展而采取的措施；三级预防是在慢性病的临床期，采取积极有效的治疗康复措施，防止病情恶化，预防并发症和残疾。慢性病的预防要从根本抓起，以一级预防为主，兼顾二、三级预防。我国的慢性病管理体系是以国家卫生健康委员会等相关部门为主导，各级医疗机构多部门协作、多层次覆盖的综合性体系，旨在有效防控慢性病，提升居民健康水平。截至 2021 年，我国累计建成 488 个国家级慢性病综合防控示范区，全民健康生活方式行动覆盖全国 97% 的县区，通过建立慢性病监测网络，收集、分析和上报慢性病的流行情况、死亡结局及危险因素；通过健康宣教普及健康知识，改善居民生活方式，防控慢性病的发生发展；通过规范慢性病的诊疗流程和随访路径，逐步建立基于单病种的规范化、标准化连续性健康管理服务；通过家庭医生签约服务及分级诊疗，引导慢性病患者合理就医，形成“基层首诊、双向转诊、急慢分治、上下联动”的诊疗模式。

慢性病管理的具体实施通常需要组建由医生、护士、技师及多学科人员共同组成的健康管理团队，并依据功能需要原则、因事设岗原则、精简、高效原则、能级对应原则、系统性原则及动态发展原则设置岗位，保证人力资源的充分利用。可通过设立慢性病管理专家委员会、质量与安全管理专家委员会、定价与分配管理专家委员会及信息化建设与管理专家委员会进一步保障慢性病管理体系的正常运转。我国慢性病管理体系仍在不断完善和发展，以更好地应对慢性病带来的挑战，保障居民健康。

第二节　脑　卒　中

脑卒中又称为脑血管意外，分为缺血性脑卒中、脑出血、蛛网膜下腔出血和未分类的卒中。脑卒中是当前我国居民首位死亡原因。缺血性脑卒中是最常见的卒中类型。2017 年我国缺血性脑卒中发病率为 156/10 万，人均住院费用为 9607 元；出血性脑卒中发病率为 62/10 万，人均住院费用为 18 525 元，给社会、家庭和个人造成沉重负担。

一、诊断思路

（一）缺血性脑卒中

缺血性脑卒中指因脑部血液循环障碍引起局限性脑组织的缺血、缺氧性坏死，出现相应的神经功能缺损的一类临床综合征。其诊断需符合如下标准：①急性起病；②局灶神经功能缺损症状及体征（如偏瘫、偏身感觉障碍、语言障碍等），少数为全面神经功能缺损；③当缺乏影像学责任病灶时，症状或体征需持续 24 小时以上，反之则症状及体征持续时间不限；④排除非血管性病因；⑤脑 CT/MRI 排除脑出血。CT 是急性脑卒中鉴别的首选方法，可用于排除脑出血；MRI 弥散加权成像（DWI）有助于早期诊断缺血性脑卒中；DSA 则是诊断缺血性脑卒中的金标准。

（二）脑出血

脑出血是指自发性的脑实质出血，其临床特点为：①急性起病，多于情绪激动或活动时发病；②局灶性神经功能缺损症状及体征，常伴有头痛、呕吐，可伴有血压增高、意识障碍和脑膜刺激征。脑出血后不同时期影像学表现各异。CT 对急性期脑出血的诊断优于 MRI，主要表现为边界清楚的高密度影；但 MRI 有助于病因鉴别。

（三）蛛网膜下腔出血

蛛网膜下腔出血是指脑组织表面血管破裂（多见于颅内动脉瘤和脑血管畸形）后，血液流入蛛网膜下腔，引起以突发剧烈头痛持续不能缓解或进行性加重为主要症状，以脑膜刺激征为主要体征的疾病。患者可有短暂的意识障碍及烦躁、谵妄等精神症状，少数出现癫痫发作。

脑 CT 是首选诊断方法，若显示蛛网膜下腔内高密度影可以确诊。本病诊断明确后，应行全脑 DSA 检查以确定出血原因。

二、防治要点

脑卒中是可防可控的疾病，其危险因素分为不可干预和可干预两种。不可干预的危险因素主要为年龄、性别、种族、遗传因素等；可干预的危险因素主要为高血压、糖代谢异常、心脏病、无症状性颈动脉粥样硬化、肥胖和不良生活方式等。研究表明，80% 的脑卒中是由可干预危险因素引起。对脑卒中的可干预危险因素进行积极有效的干预，可以明显降低脑卒中发病率，改善预后，进而减轻脑卒中的疾病负担。脑卒中可分为急性期、恢复期及后遗症期。急性期一般是指发病后 2 ～ 4 周，此期病情不稳定，治疗上以抢救生命、稳定病情为主，尽可能减少神经功能缺损。恢复期一般是指发病后 2 周～ 6 个月，此期病情逐渐趋于稳定，治疗上以功能康复为主。后遗症期一般是指发病后 6 个月以上，此期病情康复速度放缓，但仍需要积极进行康复锻炼，进一步促进患者功能。在整个病程中还应注意预防脑卒中复发。

三、健康管理策略

脑卒中的管理分为 3 级。一级管理指的是针对脑卒中的可干预危险因素进行管理；二级管理指的是针对脑卒中的早发现、早诊断和早治疗；三级管理指的是针对脑卒中并发症及不良结局风险的管理。

（一）一级管理

1. *高血压*　与使用安慰剂的对照组相比，对正常高值血压人群采取积极的降压治疗可以使脑卒中发生风险下降 22%；当基线收缩压在 160mmHg 以上时，积极的降压治疗可以使脑卒中风险下降 31%。35 岁以上者每年应至少测量血压一次；有高血压和（或）脑卒中家族史的患者应增加血压测量频率。除了关注诊室血压，还要监测患者动态血压、家庭血压和清晨血压。所有血压水平高的人群及需要降压治疗的人群都需要进行非药物治疗，包括减重、饮食调整（心脏健康饮食结构、适当限钠补钾）、适宜运动及限制饮酒。对于 10 年心血管疾病风险≥ 10% 且收缩压≥ 130mmHg 和（或）舒张压≥ 80mmHg 的人群、10 年心血管疾病风险＜ 10% 且收缩压≥ 140mmHg 和（或）舒张压≥ 80mmHg 的人群，以及合并 2 型糖尿病且收缩压≥ 130mmHg 或舒张压≥ 80mmHg 的人群，推荐应用抗高血压药物治疗。降压目标应根据患者的情况进行个体化设置。对于原发性高血压且 10 年心血管疾病风险＞ 10% 或合并慢性肾脏病或 2 型糖尿病的人群，应将降压目标值设置为 130/80mmHg 以下。

2. *糖代谢异常*　糖代谢异常包括糖尿病前期与糖尿病，同样与脑卒中风险密切相关。脑卒中危险因素的人群应定期检测血糖，包括糖化血红蛋白及口服葡萄糖耐量试验，尽早识别糖代谢异常。糖尿病高危人群应尽早进行糖尿病筛查，非糖尿病高危人群可在≥ 40 岁时开始筛查。对于首次血糖筛查结果正常者，应每 3 年重复筛查一次。糖代谢异常患者应进行生活方式干预，包括减重、健康饮食方式及适当运动等。糖尿病患者根据病情需要，可在生活方式干预基础上进行药物治疗甚至手术治疗。对于 2 型糖尿病患者，强化血糖控制可以降低脑卒中的风险，但也要注意避免低血糖的发生，因而降糖目标需要个体化设置，以获得最大健康收益。大多数 2 型糖尿病患者应将降糖目标设置为糖化血红蛋白＜ 7.0%；如果病程较短、预期寿命较长，并且没有并发症及心血管疾病，建议将降糖目标设置在糖化血红蛋白＜ 6.5%；对于有严重低血糖史、预期寿命较短、存在显著的微血管或大血管并发症、有严重并发症或者难以达到常规治疗目标的患者，建议将降糖目标设置在糖化血红蛋白＜ 8.0%。在上述基础上，糖尿病患者应联合应用降脂药物治疗以降低脑卒中风险。

3. *血脂异常*　血脂异常指的是血清总胆固醇、低密度脂蛋白胆固醇或甘油三酯水平升高，或高密度脂蛋白水平降低。以甘油三酯或低密度脂蛋白胆固醇升高为特点的血脂异常是脑卒中的重要危险因素。建议≥ 20 岁人群至少每 5 年测量一次血脂；40 岁以上男性和绝经后女性应每年进行血脂检查，并评估 10 年动脉粥样硬化性心血管病（ASCVD）风险。对于缺血性心血管病及缺血性脑卒中的高危人群应提高检测频率至每 3 ～ 6 个月一次。降低低密度脂蛋白胆固醇水平是首要降脂目标，而非高密度脂蛋白胆固醇可作为次要干预靶点。建议根据个体 ASCVD 危险程度，采取不同强度的干预措施。改善生活方式是血脂异常的治疗基石，必要时辅以药物治疗。启动药物降脂治疗或降脂治疗方案调整后 4 ～ 12 周应复查血脂水平，此后每 3 ～ 12 个月复查一次。

4. *心脏病*　约 20% 的缺血性脑卒中由心源性栓子引起，约 40% 原因不明的脑卒中可能是心源性脑卒中。与非心源性脑卒中相比，心源性脑卒中患者在入院时往往表现出更严重的神经功能损害，并且在出院后及发病 6 个月后的预后也更差。建议对年龄＞ 65 岁的患者主动进行心房颤动筛查，包括体格检查及心电图。对脑卒中高危患者可根据需要进行长时程心电监测以提高心房颤动检出率。推荐对所有心房颤动患者进行卒中风险评估（CHA_2DS_2-VASc 评分）以确认抗凝治疗的必要性；对于有抗凝治疗适应证但不适合长期规范抗凝治疗的患者，或者在规范抗凝治疗基础上仍发生脑卒中或栓塞事件的患者，可以考虑在有条件的医疗机构进行左心耳封堵术。除心房颤动外，其他类型心脏病也可能增加脑卒中风险。建议伴有左心室附壁血栓的 ST 段抬高型心肌梗死患者及有栓塞史或伴左心房血栓的二尖瓣狭窄患者进行抗凝治疗。对接受抗凝治疗的患者要进行出血风险评估（HAS-BLED），以权衡获益与风险。

5. *无症状性颈动脉粥样硬化*　无症状性颈动脉狭窄包括颈动脉内中膜增厚和颈动脉斑块形成，与缺血性脑卒中的风险呈正相关。颈动脉内膜中层厚度每增加 0.1mm，脑卒中风险升高 13%。无论男性还是女性，缺血性脑卒中的发生风险均与颈动脉斑块面积成正比。建议对 40 岁以上且具有 3 个以上脑卒中危险因素（高血压、血脂异常、糖尿病、心房颤动、吸烟史、明显超重或肥胖、缺乏运动和脑卒中家族史）的高危人群进行颈动脉彩超检查。建议仅发现内膜增厚的人群改善生活方式，并每年复查颈动脉彩超一次。对于无症状性颈动脉狭窄≥ 50% 的患者应当在上述生活方式及定期复查基础上予以药物抗凝、抗脂治疗。对于无症状性颈动脉狭窄≥ 70% 且预期寿命＞ 5 年者建议行手术治疗。

6. *肥胖*　根据 WHO 的推荐，在我国，成人 BMI 在 24.0 ～ 27.9kg/m^2 为超重；≥ 28.0kg/m^2 则为肥胖。BMI 增高是脑卒中的独立危险因素，也与脑卒中的其他可改变危险因素如高血压、糖尿病和心脏病相关。超重和肥胖者可通过健康的生活方式减重，从而减少脑卒中风险。建议坚持减肥计划≥ 6 个月且每周检测一次体重。

7. *生活方式*　生活方式改善既可以对预防脑卒中带来直接益处，也可以通过改善脑卒中的其他可改变危险因素对预防脑卒中带来间接益处。

（1）吸烟：吸烟可使缺血性脑卒中的风险增加 90%，使蛛网膜下腔出血的危险增加近 2 倍。被动吸烟同样是脑卒中的重要危险因素。荟萃分析表明，被动吸烟使脑卒中风险增加 35%。建议通过综合性控烟措施对吸烟行为进行干预，包括政府部门逐步完善控烟相关法律法规、健康宣教提高公众对吸烟危害的认知、心理疗法、社会支持及药物治疗促进吸烟者戒烟。

（2）饮酒：过量饮酒是脑卒中的又一危险因素。多项国内外最新研究表明，最安全的饮酒量为 0，随着饮酒量的增加，血压水平和脑卒中发病风险持续增加。建议饮酒者限酒或戒酒，不饮酒者保持不饮酒。

（3）缺乏锻炼：缺乏锻炼可使脑卒中风险增加。规律身体活动可以预防脑卒中，降低总死亡率，防治效果等同于甚至优于药物治疗。相较于缺乏运动者，经常进行体力活动者的脑卒中或死亡风险降低 25% ～ 30%。各种类型的体力活动均会带来健康益处。平时日常身体活动每增加 4 个代谢当量（相当于慢跑 1 小时）可以使缺血性脑卒中和出血性脑卒中的风险分别下降 5% 和 6%。健康成年人应每周进行 3 ～ 4 次有氧运动并减少久坐时间；老年人、脑卒中高危人群应进行最大运动负荷检测以制订个性化运动处方。

（4）膳食营养：合理膳食可以通过改善脑卒中的多种高危因素如高血压、糖尿病、血脂异常、肥胖等降低脑卒中风险。国内外流行病学调查显示，低钠高钾、高镁高钙、高膳食纤维及不饱和脂肪酸，低饱和脂肪酸饮食对脑卒中及其多个可改变危险因素有益。建议每天饮食种类应多样化，采用包括谷薯类及杂豆类、蔬果类和奶制品，并且总脂肪和饱和脂肪较低的均衡膳食模式，如地中海饮食与 DASH 饮食。

（二）二级管理

早期识别脑卒中是寻求治疗的必要条件。目前常用的评估系统有辛辛那提院前卒中评分（CPSS）或语言测试（FAST），包括 3 项快速查体：①颜面歪斜；②单侧肢体无力；③语言能力受损。对脑卒中筛查呈阳性和（或）高度怀疑为脑卒中的患者应启动 EMS 并记录正常出现的时间或表现正常的最后时间，同时立即开始气道、呼吸和循环评估并迅速转移到能够实施溶栓治疗的医疗机构进行治疗。

（三）三级管理

应对脑卒中患者进行预防康复训练以改善肢体挛缩、关节畸形及深静脉血栓形成等并发症，并加强健康教育，改善不良行为以预防复发。国家卫生健康委脑卒中防治工程委员会办公室自 2017 年开始实施“卒中健康管理师”的培训工作，充分彰显出健康管理于脑卒中防治中的效用，让脑卒中患者及其家属的健康教育变得更为专业、科学连续。

四、健康体检机构中常用的相关检查

1. *诊断*　颅脑血管 CT 成像、颅脑血管 MR 成像、颅脑 CT 及颅脑 MRI 等。

2. *危险因素*　颈部血管彩超、经颅多普勒、脑血管功能积分、血压、血脂、血糖、血同型半胱氨酸、脂蛋白 a、脂蛋白磷脂酶 A2、髓过氧化物酶、血液流变学、血小板聚集功能、D-二聚体、身体质量指数及人体成分分析等。

第三节　高　血　压

高血压是以动脉血压升高为主要表现的心血管症候群，是我国居民心脑血管疾病死亡最重要的危险因素。《中国心血管病报告 2018》显示，目前我国 18 岁及以上居民的高血压患病率高达 27.9%。2017 年我国因高血压死亡的人数高达 254 万，严重危害了人民健康和社会经济发展。尽管高血压是我国患病人数最多的慢性病之一，但其知晓率、治疗率和控制率仍处于较低水平。

一、诊断思路

（一）高血压的诊断标准

诊室血压、动态血压监测和家庭自测血压都是筛查高血压的有效方式。

1. *诊室血压*　非同日 3 次测量收缩压≥ 140mmHg 和（或）舒张压≥ 90mmHg，或正在服用降压药。

2. *动态血压监测*　24 小时平均血压≥ 130/80mmHg 和（或）白天血压≥ 135/85mmHg 和（或）夜间血压≥ 120/70mmHg。

3. *家庭自测血压*　连续监测 5 ～ 7 日，平均血压≥ 135/85mmHg。

诊室血压正常，而动态血压监测和（或）家庭自测血压提示高血压称为隐匿性高血压；而动态血压监测和（或）家庭自测血压正常，反复出现诊室血压升高称为白大衣高血压。

（二）血压测量规范

1. *诊室血压*　由医护人员使用水银柱式血压计或符合国际标准及中国高血压联盟（CHL）认证的电子血压计测量。测量前嘱被测量者安静休息 5 分钟以上，取坐位或平卧位，上臂与心脏处于同一水平，根据臂围选择合适规格的袖带进行测量。首诊时建议测量双上臂血压，取读数较高一侧的血压值。至少测量两次血压，间隔 1 ～ 2 分钟，若差值≤ 5mmHg，取两次测量的平均值；若差值＞ 5mmHg，则应再次测量并取后两次的平均值。

2. *动态血压监测*　应使用通过国际标准方案认证并定期校准的动态血压测量仪。白天测量频率为 1 次 /30 分钟，夜间睡眠时间测量频率为 1 次 / 小时。有效血压读数应达到总监测次数的 70% 以上。

3. *家庭自测血压*　应使用经过验证且每年至少校准一次的上臂式电子血压计。建议晨起 1 小时内或晚上就寝前测量血压。晨起血压应在进食早餐及服用抗高血压药物前，排尿后坐位测量。测量方法同诊室血压。

二、防治要点

90% 的高血压原因不明，称为原发性高血压，目前尚无根治方法，多需长期服用药物降压。5% ～ 10% 的高血压由特定疾病引起，如肾性和肾血管性疾病、内分泌疾病、睡眠呼吸疾病及药物等，称为继发性高血压，可通过治疗原发病根治或改善高血压。因此，初诊高血压时应进行原因鉴别。本文下述高血压的防治及管理主要针对原发性高血压。具有下列危险因素之一者为高血压高风险人群：①遗传（高血压家族史）；②年龄（≥ 45 岁）；③高血压前期 [收缩压 120 ～ 139mmHg 和（或）舒张压 80mmHg]；④超重和肥胖，或中心性肥胖；⑤高盐膳食；⑥吸烟；⑦过量饮酒；⑧缺乏体力活动；⑨长期精神紧张。其中，遗传和年龄是高血压不可干预的危险因素，其余为可干预的危险因素。通过改善高血压的可干预因素，可显著降低高血压的患病率及改善预后。高血压的防治包括针对健康人群、高血压高风险人群和高血压患者的健康管理。健康人群主要进行一般健康管理和定期检查；高血压高风险人群需要接受生活方式干预和定期随访；高血压患者则要接受生活方式干预 + 药物干预治疗，以及定期随诊。

三、健康管理策略

高血压的管理分为 3 级。一级管理指的是针对高血压的可干预危险因素进行管理，预防高血压的发生；二级管理指的是针对高血压的早发现、早诊断和早治疗，预防并发症发生；三级管理指的是延缓高血压并发症的进展，降低不良结局发生，从而改善生活质量和延长寿命。

（一）一级管理

1. *肥胖*　肥胖者发生高血压的风险高达正常体重者的 3 倍。中心性肥胖的危害更甚。降低 BMI 及腰围至合适范围可以显著降低高血压风险。

2. *生活方式*

（1）高盐膳食：高盐膳食与高血压风险显著相关。膳食钠盐摄入量每天增加 2g 可导致收缩压和舒张压分别增高 2.0mmHg 和 1.2mmHg。多项荟萃分析结果表明，减少食盐摄入量能够降低血压，对预防高血压的发生具有积极作用。当下，WHO 推荐的食盐日摄入量＜ 5.0g。在限钠饮食的同时需注意均衡膳食，增加全谷物、杂豆类和蔬果类的摄入，控制饱和脂肪、胆固醇和精制糖的摄入，同时注意食用适量的优质蛋白（优选鱼和禽类食物）。

（2）吸烟：主动吸烟及被动吸烟均导致血压升高及高血压患病率增加。被动吸烟对女性高血压患病率的影响尤甚。建议彻底戒烟，并避免接触二手烟。

（3）过量饮酒：过量饮酒与血压升高风险呈正相关。研究表明，酒精摄入量减少 67% 时可使收缩压下降约 3.3mmHg，舒张压下降 2mmHg，对降低高血压风险产生积极影响。成人每日最大酒精摄入量为男性＜ 25g，女性＜ 15g，鼓励戒酒。

（4）体力活动：规律运动可增加能量消耗和基础代谢，改善心肺功能及肥胖等多种健康危险因素，从而预防高血压和心脑血管事件的发生。

（5）心理因素：长期的精神紧张、焦虑及高负荷压力等可引起高血压风险增高，在女性中尤甚。大型纵向研究表明，焦虑可使高血压风险增加约 2 倍，而抑郁使女性的高血压风险增加约 3.5 倍。对于持续存在应激的人群，应关注其个性特征、认知和行为方式，强化对其应激水平及身心健康状况的评估与干预。

诊室血压水平在 120 ～ 139/80 ～ 89mmHg 为正常高值血压，这类人群尤其应重视进行生活方式干预。

（二）二级管理

建议健康人群每年测量血压 1 ～ 2 次进行高血压筛查，而高血压高风险人群应增加血压监测频率至每 3 ～ 6 个月测量血压一次。

所有高血压患者均应进行全方面的评估，包括危险因素、靶器官损害及并发症情况，以指导个体化生活方式干预和药物治疗。依据诊室血压水平可将高血压分为 1 级、2 级和 3 级（表 5-1）。当收缩压和舒张压所属级别不同时，应以较高的分级为准。依据心血管危险因素和疾病史，可将高血压分为低危、中危、中 - 高危、高危、高 - 很高危和很高危（表 5-2，表 5-3）。

所有高血压患者均应进行生活方式干预。高血压 2 级或以上，或高血压 1 级但心血管风险为中危及以上患者，以及血压水平 130 ～ 139/85 ～ 89mmHg 的正常高值血压患者若心血管水平为高危者和很高危者，应立即启动抗高血压药物治疗。高血压 1 级的低危患者可先改善生活方式 4 ～ 12 周，若血压仍不达标应尽早启动降压治疗。利尿药、β 受体阻滞剂、钙阻滞剂、血管紧张素转化酶抑制剂及血管紧张素Ⅱ受体阻滞剂及以上药物的复方制剂均可作为起始药物，可根据病情选择。强调血压早期达标，降压达标时间为 4 ～ 12 周。诊室血压的目标值应遵循个体化设置原则：对于高危 / 很高危及有并发症的高血压患者，在可耐受的前提下，应将血压控制在 130/80mmHg 以下；无并发症者推荐将血压控制在 140/90mmHg 以下，在可耐受的前提下，应将血压控制在 130/80mmHg 以下；65 ～ 79 岁老年人推荐将血压控制在 140/90mmHg 以下，在可耐受的前提下，可将血压控制在 130/80mmHg 以下；80 岁及以上老年人推荐将血压控制在 150/90mmHg 以下，在可耐受的前提下，可将血压控制在 140/90mmHg 以下。

表 5-1　依据诊室血压的高血压分级（mmHg）

分级	收缩压		舒张压
1 级高血压（轻度）	140 ～ 159	和（或）	90 ～ 99
2 级高血压（中度）	160 ～ 179	和（或）	100 ～ 109
3 级高血压（重度）	≥ 180	和（或）	≥ 110

表 5-2　影响高血压患者心血管预后的危险因素

危险因素
高血压（1 ～ 3 级）
● 男性＞ 55 岁；女性＞ 65 岁
● 吸烟或被动吸烟
● 糖耐量受损（2 小时血糖 7.8 ～ 11.0mmol/L）和（或）空腹血糖异常（6.1 ～ 6.9mmol/L）

续表

● 血脂异常（总胆固醇≥ 5.2mmol/L 或 LDL-C ≥ 3.4mmol/L 或 HDL-C < 1.0mmol/L）
● 早发心血管疾病家族史（一级亲属发病年龄< 50 岁）
● 腹型肥胖（腰围：男性≥ 90cm，女性≥ 85cm）或肥胖（体重指数≥ 28kg/m²）
● 高尿酸血症（血尿酸：男性≥ 420μmol/L，女性≥ 360μmol/L）
● 心率增快（静息心率> 80 次 / 分）
靶器官损害
● 左心室肥厚：心电图 Sokolow-Lyon 电压> 3.8mV 或 Cornell 乘积> 244mV • ms，或超声心动图 LVMI 男性≥ 109g/m²，女性≥ 105g/m²
● 颈动脉超声 IMT ≥ 0.9mm 或动脉粥样斑块
● cfPWV ≥ 10m/s 或 baPWV ≥ 18m/s
● ABI < 0.9
● eGFR 30 ～ 59ml/（min • 1.73m²）或血清肌酐轻度升高（男性 115 ～ 133μmol/L，女性 107 ～ 124μmol/L）
● 微量白蛋白尿：尿白蛋白与肌酐比值 30 ～ 300mg/g 或白蛋白排泄率 30 ～ 300mg/24h
临床并发症与合并症
● 脑血管病：脑出血，缺血性脑卒中，短暂性脑缺血发作
● 心脏疾病：心肌梗死史，心绞痛，冠状动脉血运重建，慢性心力衰竭，心房颤动
● 肾脏疾病：糖尿病肾病，肾功能受损，包括：eGFR < 30ml/（min • 1.73m²）；或血肌酐升高（男性≥ 133μmol/L，女性≥ 124μmol/L）；或蛋白尿（≥ 300mg/24h）
● 外周动脉疾病
● 视网膜病变：眼底出血或渗出，视盘水肿
● 糖尿病

注：LDL-C. 低密度脂蛋白胆固醇；HDL-C. 高密度脂蛋白胆固醇；LVMI. 左心室质量指数；IMT. 内膜中层厚度；cfPWV. 颈 - 股动脉脉搏波传导速度；baPWV. 肱 - 踝动脉脉搏波传导速度；ABI. 踝 / 臂血压指数；eGFR. 估算的肾小球滤过率

表 5-3　高血压患者心血管水平分层

危险因素和疾病史	收缩压 130 ～ 139 和（或）舒张压 85 ～ 89mmHg	高血压 1 级	高血压 2 级	高血压 3 级
无	低危	低危	中危	高危
1 ～ 2 个其他危险因素	低危	中危	中 - 高危	很高危
≥ 3 个其他危险因素，靶器官损害，慢性肾脏病 3 期，或无并发症的糖尿病	中 - 高危	高危	高危	很高危
临床并发症，慢性并发症≥ 4 期，或有并发症的糖尿病	高 - 很高危	很高危	很高危	很高危

高血压患者的生活方式干预如下。

1. 限钠补钾　建议食盐摄入量首先减少 30%，并逐步降至 5g/d 以下，肾功能良好者优选低钠富钾替代盐，但不建议服用钾补充剂。注意减少使用其他钠含量高的调味品来增添味道，并避免食用腌制食品。可以使用简易食品问卷来半定量评估食盐摄入量，也可使用点尿钠公式进行评估（表 5-4），后者的适用范围为氯化钠摄入量 6 ～ 12g/d（尿钠 106 ～ 212mmol/d）。

表 5-4　点尿评估食盐量公式

性别	公式
男性	461.11 × [UNaspot（mmol/L）/UCrspot（μmol/L）]$^{0.5}$+41.14—0.35 × 年龄（岁）+0.64 × 体重（kg）+0.31 × UNaspot（mmol/L）
女性	639.14 × [UNaspot（mmol/L）/UCrspot（μmol/L）]$^{0.5}$—9.42—0.33 × 年龄（岁）+1.06 × 体重（kg）+0.13 × UNaspot（mmol/L）

2. 膳食管理　得舒（dietary approaches to stop hypertension，DASH）膳食、中国心脏健康（Chinese heart-healthy，CHH）膳食及辣膳食均已被证明具有降压作用并改善预后。DASH 膳食模式指的是富含蔬果、蛋白质、低脂低糖低盐的膳食模式，坚持 14 天以上就可以起到降压作用。CHH 膳食由连续 14 天不重样的三餐主副食食谱构成，着重增加优质碳水化合物、蛋白质、钾及膳食纤维摄入，减少饱和脂肪酸摄入，减少每日钠摄入量，使其降至 3g。辣膳食的主要营养素为辣椒素，可作用于其特异性受体，促进血管内皮一氧化氮生成，进而扩张血管及降低血压。

3. 控制体重　所有超重和肥胖患者均应减重，体重管理目标为减重 5% ～ 15%，1 年内需减少初始体重的 5% ～ 10%。减重措施首选生活方式干预，包括自我监测、合理膳食、多动少坐等，必要时转诊至减重门诊进行药物或手术治疗。

4. 戒烟限酒　戒烟可显著降低高血压患者心脑血管疾病进展风险，使冠心病患者的远期病死率降低 36%。在控制血压的基础上戒烟，可减少约 2/3 的人群缺血性心脏病发病风险。应对所有高血压患者进行戒烟教育，阐明吸烟的危害并告知戒烟的措施等。应充分评估患者的吸烟状态和尼古丁依赖程度，与其充分沟通，共同制订个性化戒烟计划。应为患者提供咨询、戒烟热线，必要时转诊至戒烟门诊医生处开具戒烟药物。

Fagerström 烟草依赖评估量表有助于评估患者的尼古丁依赖情况（表 5-5）。评分 1 ～ 3 分为尼古丁轻度依赖，建议使用戒烟辅助药或靠毅力戒烟；评分 4 ～ 6 分为尼古丁中度依赖，建议使用戒烟辅助药；评分＞ 7 分为尼古丁重度依赖，建议使用戒烟辅助药。可选择的戒烟方法包括突然停止法（将香烟、火柴、打火机和烟灰缸全扔掉）与逐步戒烟法（每天减少吸烟次数和吸烟量，用几周的时间逐步戒烟）。推荐选择工作压力和强度相对不大的时间开始戒烟。鼓励患者将戒烟计划告诉家人和朋友，以取得他们的理解和支持；鼓励患者邀请一位同样吸烟的朋友一起戒烟。

表 5-5　Fagerström 烟草依赖评估量表

评估内容	0 分	1 分	2 分	3 分
早晨醒来后多长时间（分钟）吸第一支烟?	＞ 60	31 ～ 60	6 ～ 30	＜ 5
您是否在许多禁烟场所感觉很难控制吸烟的需要?	否	是		

续表

评估内容	0 分	1 分	2 分	3 分
您最不想放弃的是哪一支烟	其他时间	早晨第一次		
您每天吸多少烟（支）?	10	11 ～ 20	21 ～ 30	＞ 30
您是否在早晨醒来后的第一个小时内吸烟最多?	否	是		
若您患病卧床是否还会吸烟?	否	是		

饮酒量增加会导致致死性高血压风险增高。不饮酒可以带来最大的健康益处。应对所有高血压患者进行限酒教育，阐明酒精的危害。若饮酒，男性不应超过 25g/d，女性不应超过 15g/d [酒精摄入量 =0.8× 饮用量（ml） × 酒精含量（%v/v×100）]。

5. *运动管理*　高血压患者可从适宜运动中获益，但过高强度的体力活动可能会使血压进一步升高。因而高血压人群的运动在起始负荷、时长和强度上更强调安全性和有效性，应注意低起始强度及循序渐进。未控制的高血压患者（收缩压＞ 160mmHg）不推荐进行高强度运动。控制良好的高血压患者应以中等强度有氧运动为主（每天 30 分钟，每周 5 ～ 7 天），辅以抗阻运动（每周 2 ～ 3 次）、呼吸训练和柔韧平衡训练。部分降压药物，如 β 受体阻滞剂、钙通道阻滞剂及血管扩张剂可导致运动后血压骤降，需要延长运动前的热身时间和运动后的整理放松时间。运动强度的监测详见本章第六节。

6. *心理管理*　强调多学科合作，躯体疾病与精神疾病“同诊共治”。建议高血压患者进行基于正念的减压练习（每周至少 3 小时）或进行瑜伽、冥想或太极拳（每天至少 45 分钟），或听音乐（每周至少 3 次，每次至少 25 分钟）。必要时转诊至心理门诊进一步干预。

7. *睡眠管理*　健康的睡眠有助于改善高血压患者预后。应对高血压患者进行睡眠评估并做好睡眠卫生教育。匹兹堡睡眠质量指数量表可用于初步评估睡眠状况（详见第 4 章）。鼓励高血压患者按时作息，每晚睡眠时间为 7 ～ 9 小时，睡前远离咖啡和尼古丁，并限制睡前电子产品的使用。必要时转诊至睡眠门诊进行药物干预或中医治疗等。

（三）三级管理

长期高血压可损伤心、脑、肾的结构和功能，并最终导致这些重要脏器的功能衰竭。对于高血压伴有并发症患者，需长期服用抗高血压药物控制血压，日常提倡强化全方位的生活方式干预以改善血压水平并预防不良预后。高血压合并缺血性脑卒中和（或）肾脏疾病，应进一步限制食盐摄入量＜ 3.0g。高血压合并肾脏疾病还应注意根据病情限制蛋白质摄入，强调优质蛋白饮食。

四、健康体检机构中常用的相关检查

1. *诊断*　诊室血压、24 小时动态血压、肾上腺 CT、肾素及血管紧张素等。

2. *并发症*　心电图、心脏彩超、血管内皮功能检测、血管弹性度检测、颈部血管彩超、经颅多普勒、脑血管功能积分、脂蛋白 a、脂蛋白磷脂酶 A2、髓过氧化物酶、血液流变学、血小板聚集功能、D- 二聚体、肾功能、尿微量白蛋白、尿常规、颅脑血管 CT 成像、颅脑血管 MR 成像、颅脑 CT、颅脑 MRI、冠状动脉 CT 血管成像、眼底检查、眼底照相及眼压检查等。

3. *危险因素*　血脂、血糖、血同型半胱氨酸、身体质量指数、人体成分分析等。

第四节　冠状动脉粥样硬化性心脏病

冠状动脉粥样硬化性心脏病（以下简称“冠心病”）是指因冠状动脉发生粥样硬化性狭窄或闭塞，导致心肌缺血缺氧和（或）坏死引起的心脏病。冠心病是全球性的重大健康问题。在我国，冠心病发病率及病死率均呈持续上升趋势。目前，我国约有1139万例冠心病患者。2019年，城市居民冠心病病死率为121.59/10万，农村居民为130.14/10万，给个人和国家带来巨大的疾病负担。

一、诊断思路

诊断冠状动脉狭窄的金标准是冠状动脉造影检查，冠状动脉管腔狭窄≥50%为有临床意义的病变，管腔直径狭窄至70%～75%或以上会严重影响心脏的血供。冠心病可根据发病特点和治疗原则分为两大类。

（一）慢性冠状动脉疾病

包括稳定型心绞痛、隐匿性冠心病和缺血性心肌病。

典型心绞痛临床特点为：①存在诱因（体力活动、情绪激动、吸烟、饱食、受冻或心动过速等诱发）；②典型部位（胸骨体后，可波及心前区及横贯前胸）及放射部位（左肩、左臂内侧至环指和小指，或至颈部、咽部、下颌部）；③典型性质（压迫、发闷或紧缩，被迫停止活动，有时有濒死感）；④持续时间，多为3～5分钟，一般不超过30分钟；⑤缓解方式，可通过停止诱发症状的活动或舌下含服硝酸酯类药物缓解。

稳定型心绞痛的诊断要点为有典型心绞痛临床症状，并除外其他原因所致，发作时心电图可见ST-T改变。隐匿性冠心病缺乏临床症状，但有心肌缺血的客观证据。而缺血性心肌病是冠心病的一种特殊类型，系冠状动脉粥样硬化引起心肌长期缺血所致心肌弥漫性纤维化导致；常有心肌坏死或心肌缺血的病史或客观证据，且心脏明显扩大，有心功能不全的临床表现或客观依据，并排除其他原因所致。

（二）急性冠脉综合征

包括不稳定型心绞痛、非ST段抬高型心肌梗死、ST段抬高型心肌梗死和冠心病猝死。

急性冠脉综合征有典型心绞痛临床特点，但相较稳定型心绞痛，诱因更轻，症状更重，持续时间更长（30分钟以上，可达数小时）且难以缓解。同时，急性冠脉综合征有典型的缺血性心电图改变及心肌损伤标志物增高。

二、防治要点

冠心病是可防可控的疾病，其危险因素分为不可干预和可干预两种。不可干预的危险因素主要为年龄、性别、遗传等；可干预的危险因素主要为血脂异常、高血压、糖代谢异常、吸烟、肥胖和不良生活方式等。冠心病的治疗包括药物治疗和有创治疗。稳定型心绞痛及隐匿型冠心病的治疗原则是改善症状和预防心血管事件。缺血性心肌病需在上述治疗的同时积极治疗心功能不全。急性冠脉综合征危害严重，治疗上需即刻缓解缺血并预防不良结局。对ST段抬高型心肌梗死，尤其强调早发现，就地早处理及早住院，最佳溶栓时间窗及介入时间窗分别为到院后医院30分钟内及90分钟内。

三、健康管理策略

冠心病的管理分为 3 级。一级管理指的是针对冠心病的可干预危险因素进行管理，预防冠心病的发生；二级管理指的是针对冠心病的早发现、早诊断和早治疗（急性期治疗）；三级管理指的是针对冠心病不良结局风险的管理，从而改善生活质量和延长寿命（缓解期管理）。

（一）一级管理

1. *血脂异常* 血脂异常是冠心病最重要的危险因素，包括高密度脂蛋白胆固醇降低，总胆固醇、甘油三酯及低密度脂蛋白胆固醇升高。其中，低密度脂蛋白胆固醇升高的致动脉粥样硬化作用最确切，是降低冠心病风险的最重要靶目标。低密度脂蛋白胆固醇目标值应根据个体的心血管事件风险个性化设定。

2. *高血压* 高血压患者的冠心病风险较一般人群增高 3 ～ 4 倍，女性尤甚。血压水平与动脉粥样硬化及冠心病风险成正比。应根据个体的心血管事件风险设置个性化的降压目标。

3. *糖代谢异常* 冠心病是糖尿病最常见的大血管并发症之一。糖尿病前期也与冠状动脉粥样硬化密切相关。应根据个体的病程、健康状况及预期寿命等综合评估，设置个体化降糖目标。

4. *肥胖* 肥胖也是冠心病的危险因素。且肥胖往往伴发高脂血症、高血压及糖代谢异常，进一步增高冠心病风险。应将 BMI 与腰围控制在正常水平。

5. *不良生活方式*

（1）吸烟：吸烟者的冠心病发病率和病死率较不吸烟者增高 2 ～ 6 倍，且风险与吸烟量成正比。被动吸烟也是冠心病的危险因素。应戒烟并避免被动吸烟。

（2）高脂膳食：高脂饮食可引起血脂增高及肥胖，增加冠心病风险。应注意均衡膳食，避免摄入过多的饱和脂肪酸和总胆固醇，避免摄入反式脂肪酸，减少深加工食品的摄入。

（3）活动减少：体力活动减少者的冠心病风险是正常对照组的 1.5 ～ 2.4 倍。体力活动有助于预防肥胖，提升循环系统功能，建议进行适宜强度的体力活动，保持运动频率并减少久坐时间。

（4）其他：劳累和精神紧张等也会增加冠心病风险，应注意劳逸结合，保持情绪平稳。

（二）二级管理

根据典型心绞痛发作特点和心肌缺血的客观证据可快速建立冠心病诊断。冠状动脉造影不仅是诊断金标准，还可以明确病变严重程度并决定进一步治疗。改善冠状动脉血供及降低耗氧可迅速缓解症状。对 ST 段抬高型心肌梗死，应尽早、充分、持续性再灌注治疗，无须等待心肌损伤标志物结果。

（三）三级管理

冠心病患者应严格控制危险因素，接受强化的生活方式干预。若无禁忌，需长期接受降脂、抗凝、抗血小板、β 受体阻滞剂，ACEI、ARB 等治疗，以预防急性心肌梗死 / 再梗死、冠心病猝死风险。

四、健康体检机构中常用的相关检查

1. *诊断* 冠状动脉 CT 血管成像、心电图、24 小时动态心电图、肌钙蛋白 I 及肌钙蛋白 T 等。

2. *并发症* 心脏彩超及心房钠尿肽等。

3. *危险因素检测* 血管弹性度检测、颈部血管彩超、经颅多普勒、脑血管功能积分、颅脑血管CT成像、颅脑血管MR成像、颅脑CT、颅脑MRI、血压、血脂、血糖、血同型半胱氨酸、脂蛋白a、脂蛋白磷脂酶A2、髓过氧化物酶、血液流变学、血小板聚集功能、D-二聚体、身体质量指数及人体成分分析等。

第五节　慢性阻塞性肺疾病

慢性阻塞性肺疾病（简称慢阻肺）是一种可防可控的呼吸系统疾病，以持续存在的呼吸系统症状和气流受限为主要临床表现。“中国成人肺部健康研究”对10个省市5万余人的调查结果表明，2018年，我国成人慢阻肺的患病率为8.6%，并随年龄增长。估算我国慢阻肺患者人数高达1亿。慢阻肺发病率及病死率高，是我国重点防控的重大慢性病之一。近年来，在国家一系列指导文件和支持政策推动下，我国慢阻肺死亡率显著下降，但发病率仍持续增加。相较1990年，2019年慢阻肺年龄标化死亡率下降达70.1%，而发病率增加了67.8%。可见慢阻肺的早期预防是当前慢阻肺防控的重中之重，需高度重视关口前移。

一、诊断思路

当慢性支气管炎、肺气肿患者出现持续气流受限时可诊断为慢阻肺。其典型临床表现为慢性咳嗽、咳痰、气短或呼吸困难、喘息和胸闷等；典型临床体征为桶状胸、双侧语音震颤减弱、肺部过清音、两肺呼吸音减弱，呼气期延长。具有吸烟等危险因素，有典型的慢阻肺临床症状和体征者可怀疑慢阻肺，给予进一步行肺功能检查。肺功能检查是诊断慢阻肺的金标准：在吸入支气管扩张剂后，第一秒用力呼气容积（FEV_1）/用力肺活量（FVC）< 0.7表明存在明确的持续气流受限，排除其他已知病因即可诊断。

二、防治要点

慢阻肺的发生发展是个体易感因素和环境因素共同作用的结果。个体易感因素包括遗传因素、胎儿和生命早期事件（如早产及儿童期感染等）、哮喘、低体重指数、年龄。环境因素包括吸烟、燃料烟雾、空气污染、职业暴露、下呼吸道感染和社会经济地位。其中，吸烟是最重要的危险因素，应避免主动及被动吸烟。确诊后应基于肺功能分级、症状评价稳定期COPD急性加重风险做出综合性评估，指导药物选择。

三、健康管理策略

慢阻肺的管理分为3级。一级管理指的是针对慢阻肺的可干预危险因素进行管理，预防慢阻肺的发生；二级管理指的是针对慢阻肺的早发现、早诊断和早治疗，预防并发症发生；三级管理指的是延缓慢阻肺并发症的进展，降低不良结局发生，从而改善生活质量和延长寿命。

（一）一级管理

1. *戒烟*　吸烟是慢阻肺最主要的可干预危险因素。烟草中的有害物可损伤气道上皮细胞和纤毛运动、刺激黏液分泌、增加气道阻力及破坏肺弹性纤维。初始吸烟年龄越小、吸烟量越大、烟龄越长、慢阻肺的发病风险越高。戒烟是防控慢阻肺最重要、最有效的措施。

2. *其他*　空气污染、职业暴露和感染因素也是慢阻肺重要的可干预因素，可分别通过环境保护、加强职业防护，及接种疫苗等措施予以改善。

（二）二级管理

慢阻肺高危人群需每年做一次肺功能检查。基于国人特点开发的慢阻肺人群筛查问卷（COPD-SQ）（见第 4 章）是慢阻肺早筛早诊的有效工具。COPD-SQ 总分≥ 16 分的患者为疑诊慢阻肺，需进行肺功能等检查以明确诊断。所有确诊患者均需进行肺功能分级（GOLD 分级，见表 5-6）、症状评估 [改良版英国医学研究委员会（modified British medical research council，mMRC）呼吸问卷，见表 5-7] 及稳定期 COPD 急性加重风险评估。急性加重风险根据既往急性加重史评估，若上一年发生 1 次及以上因急性加重住院，或 2 次及以上中度急性加重，则为急性加重高风险。根据以上评估，可将稳定期慢阻肺人群分为：① A 组，症状少且急性加重风险小；② B 组，症状多且急性加重风险小；③ E 组，急性加重风险大。

表 5-6　肺功能分级

GOLD 分级	气流受限程度	第一秒用力呼气容积占预计值百分比（使用支气管舒张剂后）
1 级	轻度	≥ 80%
2 级	中度	50% ～＜ 80%
3 级	重度	30% ～＜ 50%
4 级	极重度	＜ 30%

表 5-7　改良版美国医学研究委员会呼吸问卷

呼吸困难评价等级	呼吸困难严重程度
0 级	仅剧烈活动时才感到呼吸困难
1 级	平地快步行走或步行爬小坡时感到气短
2 级	由于气短，平地行走较同龄人慢，或需要停下休息
3 级	平地行走 100m 左右或数分钟后需停下来喘气
4 级	因严重呼吸困难不能离开家，或在穿脱衣物时出现呼吸困难

慢阻肺稳定期的治疗一方面要强化可干预危险因素的管理，另一方面要根据病情选择药物治疗（支气管扩张剂、糖皮质激素、祛痰药及磷酸二酯酶Ⅳ型抑制剂等）。急性加重期应解除病情加重诱因，根据病情选择对症及支持药物，必要时给予低流量吸氧或机械通气治疗。外科方法仅适用于少数有特殊指征的患者。

慢阻肺患者常伴有其他慢性病，如心血管疾病、肺癌、支气管扩张症、代谢综合征和糖尿病、胃食管反流病、骨质疏松、贫血、阻塞性睡眠呼吸暂停及精神障碍等。这些共病进一步增加死亡风险，应加强筛查，做到“同诊共治”。

（三）三级管理

慢阻肺的主要并发症是慢性呼吸衰竭、自发性气胸和慢性肺源性心脏病。慢阻肺并发慢性呼吸衰竭患者应接受长期家庭氧疗和康复治疗。康复治疗可以使患者改善活动能力，提升生活质量，具体包括肌肉训练、营养支持、精神治疗、健康教育与呼吸生理治疗等。

四、健康体检机构中常用的相关检查

1. *诊断*　肺功能。

2. *并发症*　胸部 X 线、胸部 CT、心电图、心脏彩超及心房钠尿肽等。

3. *危险因素检测*　体重指数及人体成分分析等。

第六节　糖　尿　病

糖尿病是一组由于多种病因引起胰岛素分泌障碍或胰岛素抵抗，导致慢性高血糖的代谢性疾病。一般分为 1 型糖尿病，2 型糖尿病，其他特殊类型糖尿病和妊娠糖尿病。目前我国成人糖尿病患病率高达 11.2%，其中 2 型糖尿病占比＞ 90%。肥胖、体力活动不足及压力增大是导致 2 型糖尿病患者数量增加的主要原因。长期高血糖可导致微血管、大血管病变及神经病变，是导致成人失明、慢性肾脏病、非创伤性截肢的主要原因；病情严重时可发生急性严重代谢紊乱。我国每年糖尿病相关医疗支出达数百亿美元。鉴于 2 型糖尿病的高发病率和危害，本节着重阐述 2 型糖尿病的诊断思路、防治要点和健康管理策略。

一、诊断思路

糖尿病的诊断标准为有典型糖尿病症状并且随机静脉血浆葡萄糖≥ 11.1mmol/L，或空腹血浆葡萄糖≥ 7.0mmol/L，或口服葡萄糖耐量试验 2 小时静脉血浆葡萄糖≥ 11.1mmol/L，或糖化血红蛋白≥ 6.5%。若无糖尿病典型临床症状，需重复测量血糖以确诊。典型糖尿病症状指的是“三多一少”，即多饮、多尿、多食、不明原因体重下降。应激情况（如急性感染或创伤）下血糖可增高，需在消除应激后复查。若血糖水平超过正常值上限，但没有达到糖尿病诊断标准，则诊断为糖尿病前期。其中，空腹静脉血浆葡萄糖超过正常值但没有达到糖尿病诊断标准为空腹血糖受损；口服葡萄糖耐量试验 2 小时静脉血浆葡萄糖超过正常值但没有达到糖尿病诊断标准为糖耐量异常。糖尿病诊断初期分型较为困难，可根据年龄、体型、胰岛素、C 肽水平及胰岛自身免疫标志物等对 1 型和 2 型糖尿病做初步的鉴别，并通过患者对初始治疗的反应重新评估、分型。同时需注意鉴别特殊类型糖尿病及妊娠糖尿病。2 型糖尿病多见于成年人，常在 40 岁以后隐匿起病，“三多一少”症状较轻，多因健康体检或慢性并发症就诊而发现，部分患者以反应性低血糖为首发临床表现。此外，2 型糖尿病患者胰岛自身免疫标志物阴性，早期常有胰岛素抵抗，故胰岛素 C 肽水平正常或升高。

二、防治要点

2 型糖尿病是遗传因素与环境因素共同作用的多基因遗传性疾病，其病因和发病机制仍然认识不足。目前已知的环境危险因素有年龄、能量摄入过多、体力活动不足、肥胖、应激、化学毒物和子宫内环境等。2 型糖尿病的预防主要针对已知的环境危险因素进行干预。生活方式干预应始终纳入在 2 型糖尿病患者的治疗中，并根据病情予药物降糖治疗。血糖控制目标需个体化设置。

三、健康管理策略

2 型糖尿病的管理分为 3 级。一级管理指的是针对 2 型糖尿病的可干预危险因素进行管理，预防 2 型糖尿病的发生；二级管理指的是针对 2 型糖尿病的早发现、早诊断和早治疗，预防并发症发生；三级管理指的是延缓 2 型糖尿病并发症的进展，降低不良结局发生，从而改善生活质量和延长寿命。

（一）一级管理

1. *一般人群*　应提高糖尿病防治意识，倡导均衡膳食、低盐摄入、控制体重、适量运动、戒烟限酒及心理平衡的健康生活方式。

2. *糖尿病前期人群*　我国大庆研究通过 30 年随访发现，强化生活方式干预 6 年可使糖耐量受损人群 2 型糖尿病发病风险下降 39%，发病时间推迟 3.96 年。生活方式干预对 2 型糖尿病的有益作用在其他国家的大型研究中也得到了证实。建议对糖尿病前期人群强化生活方式干预。膳食方面，建议每日饮食总热量减少 400 ～ 500kcal，超重 / 肥胖患者应减少 500 ～ 750cal；减少饱和脂肪酸摄入至总脂肪酸摄入 30% 以下；每日食盐摄入量＜ 5g。体力活动方面，建议每周中等强度体力＞ 150 分钟。体重管理方面，建议超重 / 肥胖患者减重至 BMI 正常，或体重至少下降 7%。需对糖尿病前期患者进行定期随访和社会心理支持。经上述生活方式干预 6 个月效果不佳的糖尿病前期患者，可以考虑药物干预治疗。

（二）二级管理

建议采用中国糖尿病风险评分表对 20 ～ 74 岁一般人群进行糖尿病风险评估，总分≥ 25 分为糖尿病高风险人群，应尽早开始糖尿病筛查；首次筛查结果正常者，可每 3 年重复筛查一次；首次筛查结果为糖尿病前期者，需每 6 个月筛查一次。随机血糖和空腹血糖是简单易行的筛查方法，但漏诊率高。建议糖尿病高风险人群使用口服葡萄糖耐量试验进行糖尿病筛查。对于一般状况良好的新发 2 型糖尿病患者，应启动早期严格控糖治疗。通过控制高血糖以消除糖尿病症状并防止出现高渗性高血糖状态等急性并发症是糖尿病健康管理的近期目标。远期目标则是通过良好的代谢控制达到预防大血管和微血管等慢性并发症以提高患者生活质量和延长寿命的目的。糖尿病的代谢指标控制目标见表 5-8。

表 5-8　2 型糖尿病患者代谢指标目标值

指标	目标值
血糖（mmol/L）	
空腹	4.4 ～ 7.0
非空腹	＜ 10.0
糖化血红蛋白（%）	＜ 7.0
血压（mmHg）	＜ 130/80
总胆固醇（mmol/L）	＜ 4.5
高密度脂蛋白胆固醇（mmol/L）	
男性	＞ 1.0
女性	＞ 1.3
甘油三酯（mmol/L）	＜ 1.7
低密度脂蛋白胆固醇（mmol/L）	
未合并动脉粥样硬化性心血管疾病	＜ 2.6
合并动脉粥样硬化性心血管疾病	＜ 1.8
体重指数（kg/m^2）	＜ 24.0

值得注意的是，过于严格控制血糖可能会造成低血糖等严重后果。因而，血糖控制目标需个体化。对于大多数非妊娠成年 2 型糖尿病患者，糖化血红蛋白控制目标为＜ 7%；年轻、病程短、一般状况良好、预期寿命长的患者在没有低血糖等不良反应的情况下可以设置更为严格的糖化血红蛋白控制目标，反之则采取相对宽松的目标。

2 型糖尿病是一种长期慢性病，患者日常行为和自我管理能力是 2 型糖尿病控制与否的关键之一，因此，2 型糖尿病的控制不是传统意义上的治疗而是系统的管理。2 型糖尿病一体化健康管理主要包括自我管理教育和支持、营养、运动、戒烟、心理、血糖和并发症的管理。

1. 自我管理教育和社会支持　2 型糖尿病患者均应接受自我管理教育和支持。医护工作者、健康管理师等接受过规范化培训的糖尿病教育者应为其提供全面、个体化的糖尿病教育和支持。内容应包含：①对受教育者的基本评估，包括病情、知识、行为、心理等；②确定患者在知识和行为上主要存在的问题；③确定经教育后患者在知识和行为上所能达到的目标，并据此制订有针对性的计划；④采用具体教育方法和技巧对患者进行教育，包括疾病自然进程与临床表现，危害及如何防治并发症，口服药、胰岛素治疗及胰岛素注射技术，自我血糖监测和尿糖监测，监测结果的意义和干预措施，口腔、足部和皮肤护理技巧，特殊情况应对措施（疾病、低血糖、应激和手术等），糖尿病妇女计划受孕并全程监护，社会心理适应及自我管理的重要性等；⑤通过效果评价制订进一步教育方案。

教育形式可分为集体教育、个体教育、集体和个体教育相结合等。集体教育主要由专科医生或专科护士为多名糖尿病患者讲解 2 型糖尿病相关理论知识，演示 2 型糖尿病健康管理相关操作（如自我血糖监测等）。个体教育指的是教育者与患者进行一对一的沟通和指导，重视患者的参与及回馈，以随时对方案做出调整。从平衡效率及获益的角度出发，一般建议集体和个体教育相结合。可使用回授法检验患者的掌握情况。回授法指的是对患者进行健康教育后，让其复述接收的信息，对其理解错误或未理解的信息，教育者应再次强调，直到其完全掌握。

教育的关键时间点为初诊时、年度教育、出现新问题（如健康状况、身体缺陷、情感因素或基本生活需要）影响自我管理时及需要过渡护理时。应逐步建立定期随访和评估系统，以确保所有患者都能得到及时的正确指导。

2. 营养　营养管理是 2 型糖尿病自我管理的重要组成部分。2 型糖尿病者均需要接受个体化医学营养管理，由熟悉 2 型糖尿病管理的营养（医）师、健康管理师或糖尿病专科护士指导完成。2 型糖尿病医学营养管理的内涵是通过对患者进行营养评估及诊断，制订个体化营养干预方案，并监测其实施情况及效果。2 型糖尿病患者并无推荐特定的膳食模式。个体化营养干预方案包括调整膳食摄入总能量、饮食结构及餐次分配，以调控能量平衡，促进代谢指标及体重达到并维持理想水平，同时满足不同情况下的营养需求。超重 / 肥胖患者的减重目标是 3 ～ 6 个月减轻体重的 5% ～ 10%，但不推荐 2 型糖尿病患者长期接受极低能量（＜ 800kcal/d）的营养干预。消瘦者则应通过营养管理达到并长期维持理想体重。理想体重的计算方法为：

理想体重（kg）= 身高（cm）－ 105

2 型糖尿病患者的能量摄入应根据个体的劳动强度和体型来设定（表 5-9）。三大营养物质供能占总能量比例为碳水化合物 50% ～ 65%，脂肪 20% ～ 30%，蛋白质 15% ～ 20%（肾功能正常者）。

表 5-9　每日膳食能量摄入推荐表（kcal/kg）

劳动强度	消瘦	正常	肥胖
卧床休息	20 ～ 25	15 ～ 20	15
轻度体力劳动	35	25 ～ 30	20 ～ 25
中度体力劳动	40	35	30
重度体力劳动	40 ～ 45	40	35

碳水化合物的主要食物来源为谷物、大豆、蔬菜及水果等。低碳水化合物饮食有利于降低血糖，但可能对血脂代谢有不良影响，因而不可长期采用极低碳水化合物膳食。推荐选择低血糖生成指数的碳水化合物，适当增加非淀粉类蔬果及全谷物的摄入，后者应占总谷类摄入的50% 以上；每日膳食纤维摄入量应＞ 14g/1000kcal；严格控制添加糖的摄入并尽量减少糖醇和非营养性甜味剂的摄入。

脂肪的主要食物来源分为动物性来源（如动物油、动物皮、畜、禽、鱼、奶制品、蛋等）及植物性来源（如植物油、坚果、果仁等)。饱和脂肪酸和反式脂肪酸是血糖等代谢指标异常的重要危险因素，不饱和脂肪酸有助于改善代谢。应尽量减少饱和脂肪酸与反式脂肪酸的摄入，适当限制胆固醇的过多摄入，并适当增加富含 n-3 多不饱和脂肪酸摄入。

蛋白质是人体必需的营养物质，摄入蛋白质不易引起血糖升高，但可能增加胰岛素分泌反应。蛋白质过高摄入 [＞ 1.3g/（kg・d）] 还与肾功能下降、蛋白尿增加、心血管及死亡风险增加有关；过低摄入 [＜ 0.8g/（kg・d）] 并不能延缓糖尿病肾病进展。推荐每日优质蛋白摄入占比＞ 1/2；有肾功能损害的糖尿病患者每日摄入蛋白质应＜ 0.8g/kg，如已开始透析治疗，可以适当增加每日蛋白质摄入。优质蛋白质指的是经蛋白质消化率校正的氨基酸评分高且能提供 9 种必需氨基酸的蛋白质来源。

不推荐 2 型糖尿病患者饮酒。如饮酒，女性的酒精摄入量应＜ 15g/d，男性应＜ 25g/d。应将酒精所含的能量计入每日膳食总热量，并警惕酒精可能诱发的低血糖。2 型糖尿病患者应限制高盐食品摄入，每日食盐摄入量限制在 5g 以内，如合并高血压应进一步减少食盐摄入。此外，2 型糖尿病患者容易缺乏多种微量营养素，应进行充分评估。

3. *运动*　规律运动可显著改善糖尿病患者的血糖水平并降低死亡风险。2 型糖尿病患者应遵循以下运动原则：①专业指导，安全第一。糖尿病患者应在医务人员的监督下参加体力活动项目，可获得与无监督相比更多的健康益处。②量力而行，循序渐进。运动是把双刃剑，单次时间过长可将肌糖原和肝糖原消耗殆尽，引起低血糖等代谢紊乱。③持之以恒，终身坚持。规律的体力活动可以增加肌肉的毛细血管密度、氧化能力、脂代谢能力和胰岛素敏感性，但这些指标在训练停止后又会消失。

2 型糖尿病患者在运动前应进行风险评估，包括心肺耐力水平及有无已知的并发症。运动项目要与患者的年龄、病情及身体承受能力相适应，兼顾患者喜好，并定期评估，及时调整运动方案。医务工作者可以让糖尿病患者列出自己感兴趣或可能喜欢的几项运动，根据患者的年龄和健康状况，经过充分沟通开具适宜的运动处方。以时间表格的形式记录安排运动时间及选择地点便利的运动场所有助于提升运动依从性。鼓励患者将自己的运动计划告诉给家人及好友，邀请他们加入运动计划，获得更多社会支持。

运动处方的主要内容包括运动方式、运动频率及运动强度。成年 2 型糖尿病患者每周至少有 3 天进行中等至较高强度的有氧运动，每周不少于 150 分钟，且运动间歇不超过 2 天。年轻人或身体素质更好的个体可进行较短时间（每周最低 75 分钟）的高强度运动或间歇训练。抗阻运动和柔韧平衡运动也有利于糖尿病的控制，成年 2 型糖尿病患者在非相邻日里参加抗阻练习，每周 2 ～ 3 次。老年糖尿病患者每周 2 ～ 3 次灵活性和平衡性训练。瑜伽和太极拳有助于灵活性、肌肉力量和平衡性锻炼。增加生活中的体力活动，及减少久坐时间可带来额外益处。运动强度可以通过三个指标来判断：耗氧量、心率和自觉运动强度。耗氧量是最精确的指标，但是只能在实验室环境下测量，所以通常不作为运动强度的监测指标。建议患者使用自觉运动强度（表 5-10）和心率（表 5-11）两个指标来综合判断运动强度。自觉运动强度可分为 6 ～ 20 共 15 个等级，等级越大表示运动强度越大。使用心率来判断运动强度时可使用储备心率（称为“储备心率法”）或最大心率（称为“最大心率法”）。最大心率指的是人体每分钟所能够达到的最高心跳次数。储备心率指的是人体活动时，心率可能增加的潜力。最大心率和储备心率的计算方法如下：最大心率（次 / 分）=220 － 年龄（岁）；储备心率（次 / 分）= 最大心率（次 / 分）－ 安静心率（次 / 分）。计算达到某一强度运动时的目标心率区间的公式如下：目标心率 = 最大心率 × 目标训练强度百分比（最大心率计算法）；目标心率 = 储备心率 × 目标训练强度百分比 + 静息心率（储备心率计算法）。两种方法各有优劣。最大心率法便于计算，但是没有考虑静息心率的影响，无法反映个体化差异。储备心率法虽然更加准确，但是这个训练方案要及时调整，因为经过一段时间的适当训练之后，静息心率会降低。目标心率的控制要和自觉运动强度结合考虑，保证运动的安全性和有效性。

表 5-10　自觉强度量表（rate of perceived exertion，RPF）

等级	主观感觉
6	根本不费力
7	极其轻松
8	
9	很轻松
10	轻松
11	
12	有点吃力
13	
14	
15	吃力
16	非常吃力
17	
18	
19	极其吃力
20	精疲力尽

表 5-11　目标心率计算表

强度	%储备心率	%最大心率	主观感觉疲劳（RPE）
很低	< 30	< 57	很轻松（RPE ≤ 9）
低	30 ～< 40	57 ～< 64	轻松（RPE10 ～ 11）
中等	40 ～< 60	64 ～< 76	有些吃力（RPE12 ～ 14）
较强	60 ～< 90	76 ～< 96	吃力到非常吃力（RPE15 ～ 17）
很强	≥ 90	≥ 96	极其吃力（RPF ≥ 18）

2 型糖尿病患者的运动禁忌证为：空腹血糖> 16.7mmol/L、反复低血糖或血糖波动较大、有糖尿病酮症酸中毒（DKA）等急性代谢并发症、合并急性感染、增殖性视网膜病变、严重肾病、严重心脑血管疾病（不稳定型心绞痛、严重心律失常、一过性脑缺血发作）等。以上病情控制稳定后可逐步恢复运动。应注意避免在注射胰岛素和（或）口服降血糖药物发挥最大效应时运动以预防低血糖。若出现低血糖，应立即进食含 10 ～ 15g 糖类的食物，15 分钟后血糖如果仍低于 3.9mmol/L，再给予含同等量食物。进食后未能纠正的严重低血糖应送医疗中心抢救。伴有自主神经病变、心血管并发症或肺部疾病的任何人应避免炎热和（或）潮湿天气下的户外运动，以防止高温相关的疾病。伴有周围神经病变的患者在体力活动时应做好恰当的足部护理，并及时预防、发现早期问题的出现，从而避免溃疡和截肢的发生。伴有重度非增殖性和增殖性糖尿病视网膜病变的人群应避免剧烈的有氧或抗阻运动，如跳跃、摇动、头朝下及屏气活动等。

4. *戒烟*　2 型糖尿病患者戒烟可带来许多益处，能够显著改善代谢指标，降低并发症、肿瘤及死亡风险。应对 2 型糖尿病患者进行常规戒烟教育，告知其吸烟的危害及戒烟的措施等。应充分评估患者的吸烟状态和尼古丁依赖程度，与其共同制订个性化戒烟计划，并提供咨询及戒烟热线等服务，必要时转诊至戒烟门诊医生处开具药物等帮助戒烟。评估方法与戒烟计划的制订参见本章第三节。

5. *心理*　心理健康是 2 型糖尿病健康管理中的重要部分。2 型糖尿病患者的焦虑抑郁风险显著升高，约为正常人 2 倍，还有一些其他心理行为障碍（如认知障碍、人格改变等）也很常见。约 1/4 的 2 型糖尿病患者存在抑郁状况。这些负性情绪可加重糖尿病的病情，而后者进一步促进负性情绪的发生。及时识别糖尿病患者的负性情绪，并帮助其改善心理状态，不但有利于糖尿病的控制，还可提高患者的生存质量。对于 2 型糖尿病患者的心理健康管理主要包括心理状态评估和心理治疗两个部分。心理状态的评估应贯穿糖尿病管理全过程。尤其注意有抑郁、焦虑史的患者在病情变化或存在其他心理社会因素时的评估。可分别使用汉密顿焦虑量表（HAMA）及汉密顿抑郁量表（HADA）对患者的焦虑和抑郁状态进行评估。糖尿病健康管理团队成员应能提供必要的心理咨询，最好有专业的心理治疗师或有经验的精神科医生。当 2 型糖尿病患者出现以下表现时应转诊至具备糖尿病知识的精神科医生：抑郁症、焦虑症、人格障碍、药物成瘾、认知功能障碍等。

（三）三级管理

糖尿病的常见慢性并发症包括糖尿病肾病、糖尿病视网膜病变、糖尿病神经病变、糖尿病下肢动脉病变及糖尿病足。对于已存在并发症的糖尿病患者，应继续采取降糖、调脂、降压、抗血小板等综合治疗，但应遵循分层管理原则。对于出现严重慢性并发症者，建议专科治疗。

四、健康体检机构中常用的相关检查

1. *诊断* 空腹血糖、空腹胰岛素 C 肽、OGTT 2 小时血糖、OGTT 2 小时胰岛素 C 肽、糖化血红蛋白。

2. *并发症* 血管内皮功能检测、血管弹性度检测、颈部血管彩超、经颅多普勒、脑血管功能积分、颅脑血管 CT 成像、颅脑血管 MR 成像、颅脑 CT、颅脑 MRI、血液流变学、血小板聚集功能、D- 二聚体、肌电图、心电图、心脏彩超、骨密度、眼底检查及眼底照相等。

3. *危险因素检测* 血压、血脂、身体质量指数、内脏脂肪测量及人体成分分析等。

第七节 肥 胖 症

WHO 已将肥胖认定为疾病。肥胖影响全身多个系统，是多种慢性病的危险因素，并可能导致社会和心理问题，对公共健康构成巨大威胁。对于儿童而言，肥胖还会干扰正常生长发育，增加成年期患慢性病的风险。因此，肥胖的预防和治疗对于改善公共健康至关重要。超重和肥胖的患病率在中国成年人口中呈上升趋势。自 20 世纪 90 年代以来，成年人中超重和肥胖的比例每年平均增长一个百分点，从 1992 年的 20% 增加到 2018 年的 50.7%。儿童和青少年的情况也不容乐观，2020 年的数据显示，6 ～ 17 岁儿童青少年中超重和肥胖的比例已达到 20%，而 6 岁以下儿童中这一比例为 10%。研究预测，到 2030 年，成年人的超重和肥胖患病率将可能高达 65.3%，在学龄儿童和青少年中可能达到 31.8%，学龄前儿童中可能达到 15.6%。这一上升趋势凸显了肥胖问题的严重性。科学有效防控肥胖症对“健康中国 2030”战略目标的实现至关重要。肥胖的防控需要覆盖全人群、全方位和全生命周期，本节着重介绍成年肥胖患者的诊断思路、防治要点和健康管理策略。

一、诊断思路

诊断肥胖首先需计算个体的体重指数（BMI），通过体重（kg）除以身高（m）的平方得出。在中国，成人 BMI 达到 24.0 ～ 27.9kg/m^2 被视为超重，而 28.0kg/m^2 及以上则被判定为肥胖症。腰围作为评估中心性肥胖的补充指标。男性腰围超过 90.0cm 或女性腰围超过 85.0cm，均可诊断为中心性肥胖。

二、防治要点

推广健康的生活方式，包括均衡膳食和规律的体力活动是预防肥胖的基础。治疗肥胖症需多学科团队合作，包括医生、营养师、运动专家、健康管理师、心理师等共同对患者进行身体状况、心理状态及生活方式的全面评估，并制订个性化的干预方案。生活方式改变是肥胖症的治疗核心，应强化生活方式干预。在必要时可以谨慎使用药物治疗。对于重度肥胖患者，在满足特定条件时可以考虑手术治疗。此外，应注意给予患者足够的心理支持，帮助患者应对肥胖带来的心理压力，预防和治疗相关心理疾病。

三、健康管理策略

肥胖的管理分为 3 级。一级管理指的是针对肥胖症的可干预危险因素进行管理，预防肥胖症的发生；二级管理指的是针对肥胖症的早发现、早诊断和早治疗，预防并发症发生；三级管理指的是延缓肥胖症并发症的进展，降低不良结局发生，从而改善生活质量和延长寿命。

（一）一级管理

肥胖的危险因素包括个人、环境驱动和系统动力 3 个方面。个人危险因素包括遗传因素、生活方式因素、心理因素和生命早期危险因素；环境驱动因素包括污染、城市化与环境内分泌干扰物等；系统动力因素包括社会文化因素（如鼓励过量进食等）和政策因素（如深加工食品定价政策和税收等经济手段）。应从个人、环境和群体 3 个方面采取综合措施，以降低个体和群体的肥胖风险。

个体层面的预防措施包括：①自我监测体重，控制成年后体重增长在 5kg 以内。②合理膳食，在控制总热量摄入的前提下注意食物多样化和均衡膳食，做好三大营养物质的能量分配（碳水化合物 50% ～ 65%，脂肪 20% ～ 30%，蛋白质 10% ～ 20%）。③坚持多动少坐，成年人每周至少进行 150 分钟中等强度运动或 75 分钟高强度运动，且每日至少步行 6000 步。

环境和群体层面的预防措施包括税收调控、环境改善等，需要得到政府、社区、家庭等的支持。

（二）二级管理

对成年人群定期进行身高、体重及腰围测量以筛查超重 / 肥胖。对确诊的超重和肥胖个体进行病史调查、生活方式评估及健康风险评估，并制订个体化的干预措施。对超重者进行体重监测和生活方式干预；对 BMI $< 35.0kg/m^2$ 的单纯性肥胖 / 中心性肥胖患者给予体重及相关指标监测，以及生活方式干预；对 BMI $\geqslant 35.0kg/m^2$ 的单纯性肥胖患者，以及伴代谢异常的超重 / 肥胖 / 中心性肥胖患者，可在随访监测与生活方式干预的基础上启动药物治疗，以预防慢性病的发生。

超重 / 肥胖的生活方式干预如下。

1. *营养管理*　营养管理是超重 / 肥胖生活方式干预的核心，其内涵是通过精准的热量评估，为患者制订热量负平衡的营养方案。建议超重 / 肥胖患者分别按照 85% 和 80% 的平衡热量作为摄入标准进食，以保证热量负平衡同时满足人体基础代谢的需求。此外，推荐日均热量输入减少 30% ～ 50% 或降低 500cal，或每日热量摄入限制在 1000 ～ 1500kcal。保证每日三大营养物质热量占比为碳水化合物 45% ～ 60%，脂肪 20% ～ 30%，蛋白质 20% ～ 25%。可以根据患者的年龄、并发症情况等制订个性化的膳食干预，包括限制热量平衡膳食、间断式断食膳食、高蛋白膳食、营养代餐及低 / 极低碳水化合物膳食等。常见膳食干预方法及其特点见表 5-12。

表 5-12　常见超重 / 肥胖膳食干预方法及特点

膳食方法	定义	特点
限制热量平衡膳食	每日在目标热量摄入基础上减少 500 ～ 1000kcal（男性为 1200 ～ 1400kcal/d，女性为 1000 ～ 1200kcal/d）热量摄入，或较推荐摄入量减少 1/3 总热量，其中，碳水化合物热量占比为 55% ～ 60%，脂肪为 25% ～ 30%	适合普通人群；能够有效减轻体重、改善代谢；可以且易于长期坚持

续表

膳食方法	定义	特点
高蛋白膳食	每日蛋白摄入热量占比 20% ～ 30% 或 1.5 ～ 2.0/(kg · d)	可增加饱腹感和静息热量消耗，有效减轻体重；不适用于老年人及肾功能异常者；不可长期使用，最长不宜超过 6 个月
低 / 极低碳水化合物	低碳水化合物膳食指每日碳水化合物摄入热量占比不超过 40%，脂肪供能占比达 30% 或以上，蛋白质摄入相对增加；极低碳水化合物膳食指碳水化合物摄入热量占比不超过 20%，生酮饮食是其特殊类型	需在营养师指导下进行，短期减重效果显著，但易出现营养代谢问题，需补充适量微量营养素；长期安全性及有效性尚未证实
间歇性热量限制膳食	包括隔日禁食法、每周禁食 2 ～ 3 天等，禁食期间热量供给为正常需求的 0% ～ 25%	可有效控制体重和改善锻炼，改善非糖尿病患者的胰岛素敏感性，但不适用于糖尿病患者；易出现营养代谢问题，需补充适量微量营养素；长期安全性及有效性尚未证实
低血糖指数膳食	以低血糖指数食物为主的膳食。低血糖指数食物指的是血糖指数＜ 55 的食物	可增加饱腹感、降低餐后血糖，改善胰岛素敏感性，有效降低体重
营养代餐	以能量棒或营养餐等非正常餐饮代替正餐的膳食	可有效减低体重和体脂，改善糖尿病患者血糖水平，但长期安全性及有效性尚未证实
得舒膳食	富含蔬果、蛋白质、低脂低糖低盐的膳食模式	可有效降低体重和体脂含量，有利于降低心血管疾病风险；可长期坚持
地中海膳食	以植物性食物为主；以橄榄油为主要食物油；适量摄入红葡萄酒；脂肪热量摄入占比为 25% ～ 35%，其中不饱和脂肪酸摄入量较高，饱和脂肪酸摄入量 7% ～ 8%	可有效减低体重；可长期坚持

2. *运动干预*　超重 / 肥胖成人每周应进行 150 分钟以上中等强度有氧运动。每天中等强度有氧运动 30 ～ 90 分钟，每周运动 3 ～ 7 天，每周运动 200 ～ 300 分钟会带来更多获益。此外，建议每周进行 3 ～ 4 次抗阻运动，隔天进行。

3. *心理干预*　超重 / 肥胖患者往往会有自卑等负面心理感受，容易导致焦虑、抑郁等心理障碍，进一步加重其过量进食行为。应为患者提供心理疏导和社会支持，帮助其正确认识超重 / 肥胖，建立信念，必要时转诊至心理医生处进一步诊疗。

（三）三级管理

肥胖伴有慢性病的患者都需要进行专科评估与建议，同时仍需随访监测及生活方式干预。此外，成年患者可予药物治疗，BMI ≥ 37.5kg/m^2 时可进行手术治疗。

四、健康体检机构中常用的相关检查

1. *诊断*　体重指数、人体成分分析、皮质醇、促甲状腺激素释放激素等。

2. *并发症*　消化系彩超、内脏脂肪测量、血糖、血压、血脂、血管内皮功能检测、血管弹性度检测、颈部血管彩超、经颅多普勒、脑血管功能积分及性激素等。

第八节　痛　　风

痛风是一组异质性疾病，系嘌呤代谢紊乱和（或）尿酸排泄障碍所致。痛风的临床特征为高尿酸血症、急性关节炎反复发作及慢性关节畸形，痛风石及肾脏损害，导致生活质量下降和预期寿命缩短。痛风可按发病原因分为原发性、继发性和特发性。原发性痛风是最常见的痛风类型，系遗传因素和环境共同作用所致。继发性痛风通常由肾脏疾病或药物所致。特发性痛风原因不明。当前我国痛风的患病率约 1.1%，这一数字正随着时间的推移而上升，且趋于年轻化。本节主要阐述原发性痛风的诊断思路、防治要点及健康管理策略。

一、诊断思路

痛风的特征性关节炎多发生于中青年男性，最常见的首发关节为第一跖趾关节，也可见于踝、膝等关节。起病急骤，初次发病一般累及单个关节，数天至数周内可完全自然缓解，反复发作则受累关节逐渐增多，症状持续时间延长，发作间歇期缩短。高尿酸血症患者（非同日 2 次测量空腹血尿酸均＞ 420μmol/L）如果出现特征性关节炎表现、尿路结石或肾绞痛发作，应考虑痛风。痛风石活检或关节液穿刺证实为尿酸盐结晶可做出诊断。影像学检查可协助诊断。急性关节炎期诊断有困难者，秋水仙碱试验性治疗有诊断意义。近年来，越来越多的研究发现无症状高尿酸血症患者关节及周围组织可出现尿酸盐晶体沉积甚或骨质侵蚀，表明高尿酸血症与痛风是一个连续的病理过程。伴尿酸盐晶体沉积的高尿酸血症可诊断为亚临床痛风。

二、防治要点

痛风是可防可控的疾病，其可干预的危险因素包括高嘌呤饮食、肥胖、缺乏体力活动、饮酒、饮水不足等。痛风的治疗应以生活方式干预为基础，急性期予秋水仙碱、非甾体抗炎药和糖皮质激素缓解症状，发作间歇期和慢性期予降尿酸治疗，同时注意治疗伴发的代谢综合征。必要时可予手术治疗剔除痛风石及矫正残毁关节。

三、健康管理策略

痛风的管理分为 3 级。一级管理指的是针对痛风的可干预危险因素进行管理，预防痛风的发生；二级管理指的是针对痛风早发现、早诊断和早治疗，预防并发症发生；三级管理指的是延缓痛风并发症的进展，降低不良结局发生，从而改善生活质量和延长寿命。

（一）一级管理

痛风的一级管理主要是生活方式干预，包括限制高嘌呤饮食及高果糖饮食、限酒、足量饮水、摄入足量奶制品及新鲜蔬菜，规律运动及控制体重。

（二）二级管理

应对所有痛风及高尿酸血症患者进行充分评估，了解其基本健康状况、症状和体征、生活方式、是否伴有合并症或并发症、血尿酸水平、合并用药情况、既往史和家族史等。应对所有痛风及高尿酸血症患者进行健康宣教，告知其高尿酸血症及痛风的危害，定期随访其血尿酸水平。生活方式干预是痛风治疗的基石，在此基础上根据疾病的分期给予相应的药物治疗。生活方式改善的具体内容包括以下几个方面。

1. *避免痛风发作诱因*　避免使用升高尿酸药物，避免外伤、应激、劳累、寒冷、腹泻、脱水等。

2. *膳食管理*　强调嘌呤摄入量＜200mg/d，避免摄入高嘌呤食物，如甲壳类、动物内脏、浓肉汤等；限制或减少红肉、鱼类、含果糖或蔗糖的食品；鼓励食用新鲜蔬菜（500g/d）、乳制品（300ml/d）、鸡蛋（1 个 / 日）、低升糖指数谷物（粗粮、豆类）；足量饮水（＞2000ml/d，包括茶和咖啡）。常见食物的嘌呤含量见表 5-13。值得注意的是，食物对痛风的危害不能单纯以嘌呤含量界定。过于严格的低嘌呤饮食中碳水化合物热量占比过高，容易引起胰岛素抵抗，进而减少尿酸排泄，促进血尿酸增高。因而，痛风患者也需要食物多样化。

表 5-13　常见食物的嘌呤含量（mg/kg）

食物名称	嘌呤含量	食物名称	嘌呤含量	食物名称	嘌呤含量
鸭肝	3979	鸡胸肉	2080	牛肉干	1274
鹅肝	3769	扇贝	1934	黄花鱼	1243
鸡肝	3170	基围虾	1874	驴肉加工制品	1174
猪肝	2752	河蟹	1470	羊肉	1091
牛肝	2506	猪肉（后臀尖）	1378	肥瘦牛肉	1047
羊肝	2278	草鱼	1344	猪肉松	763
紫菜（干）	4153	内酯豆腐	1001	大葱	307
黄豆	2182	花生	855	四季豆	233
绿豆	1958	腰果	713	小米	201
榛蘑（干）	1860	豆腐块	686	甘薯	186
猴头菇（干）	1777	水豆腐	676	红萝卜	132
豆粉	1675	豆浆	632	菠萝	115
黑木耳（干）	1662	南瓜子	608	白萝卜	110
腐竹	1599	糯米	504	木薯	105
豆皮	1573	山核桃	404	柚子	84
红小豆	1565	普通大米	347	橘子	41
红芸豆	1264	香米	344		

3. *戒烟限酒*　应建议高尿酸血症患者戒烟。痛风急性发作期及慢性痛风石性关节炎的患者应严格避免饮酒。痛风间歇期患者即使在血尿酸水平达标的情况下也应严格限制饮酒，男性不超过 28g/d，女性不超过 14g/d。对于有过量饮酒习惯的患者，应告知其饮酒的危害，协助其制

订个性化的戒酒方案，包括戒酒期限、具体措施、社会支持等，并随访其戒酒情况，必要时予以帮助支持。

4. *体重管理*　超重 / 肥胖与痛风密切相关，建议超重 / 肥胖患者进行体重管理，具体方法见本章第七节。

5. *运动管理*　痛风性关节炎患者可能会因疼痛和功能限制而减少运动。然而，运动对改善痛风预后非常重要，应根据患者的病情，协助其制订个性化的运动方案。痛风性关节炎急性发作期应注意休息，避免发作关节负重，适当进行关节周围肌肉等长收缩，如直腿勾脚训练等。痛风性关节炎非急性发作期应积极进行运动锻炼及功能康复训练，包含有氧运动、抗阻运动及柔韧平衡运动，尤其强调有氧运动。应注意尽可能从只诱发患者轻微疼痛的强度开始，循序渐进，逐步增加强度。训练的频率为有氧运动每周 3 ～ 5 次，抗阻运动每周 2 ～ 3 次及每天进行柔韧平衡运动；训练的强度为轻中度有氧运动和低强度抗阻运动，在年龄＞ 45 岁或合并多个心脑血管危险因素者先行运动测试；运动的时长为每周 150 分钟及以上。

痛风性关节炎急性发作期的治疗以改善症状为主，不能进行降尿酸治疗，但已经开始服用降尿酸药物者应继续服用药物，以避免血尿酸的剧烈波动。痛风常伴发代谢综合征，应积极治疗。与仅有全科医生参与的常规管理相比，健康管理专科护士参与干预后 2 年，患者血尿酸控制率显著升高，由 29.7% 上升至 95%；痛风发作频率显著下降，由 24.3% 下降至 8%。

（三）三级管理

所有患者终身均需将血尿酸水平控制在 240 ～ 420mmol/L，以减少痛风发作频率、预防痛风石形成及骨质损伤。对于关节功能受限严重的患者，建议康复科就诊，必要时可予手术治疗剔除痛风石及矫正残毁关节。痛风合并高血压者优选氯沙坦或氨氯地平降压；合并高脂血症者优选非诺贝特或阿托伐他汀类药物降脂；合并慢性肾脏病者优选对肾功能影响小的降尿酸药物。

四、健康体检机构中常用的相关检查

1. *诊断*　血尿酸、24 小时尿尿酸、关节 X 线检查等。

2. *并发症*　腹部彩超、尿常规及肾功能等。

第九节　骨质疏松症

骨质疏松症是一种以骨量减低，骨组织微结构破坏，导致骨骼脆性增加，骨折风险增高为特征的全身性骨病。中国目前有约 9000 万人患有骨质疏松症，骨质疏松与骨质疏松发病率均在不断升高。预计我国主要骨质疏松性骨折相关的医疗费用将在 2030 年达到 1320 亿元，在 2050 年达到 1630 亿元。人口老龄化是我国骨质疏松患病率及其不良结局发生率显著增长的重要原因。骨质疏松根据病因可分为原发性骨质疏松和继发性骨质疏松。原发性骨质疏松分为 3 个亚型：①绝经后骨质疏松症，通常发生在女性绝经后的 5 ～ 10 年；②老年骨质疏松症，一般指的是 70 岁以后发生的骨质疏松；③特发性骨质疏松症，主要影响青少年，其具体病因尚未明确。继发性骨质疏松症则是由其他疾病、药物使用或其他已知病因引起的骨质疏松。

一、诊断思路

详细的病史和体格检查有助于骨质疏松的临床诊断，但确诊有赖于双能 X 线骨密度仪的测定结果和（或）脆性骨折。对于绝经后女性和 50 岁以上男性，采用中轴骨或桡骨远端 1/3 骨密度的 T 值作为诊断依据，若 T 值≤－2.5，则可确诊。对于年轻患者或儿童，采用 Z 值作为诊断依据，若 Z 值≤－2.0，则提示骨量低于同年龄段预期。如果髋部或椎体存在脆性骨折，或前臂远端、骨盆、肱骨近端存在脆性骨折，且－2.5＜T 值＜－1.0，则临床上可以直接诊断骨质疏松症。

二、防治要点

骨质疏松症的不可干预因素包括种族、年龄、女性绝经、脆性骨折家族史等，可干预因素包括不健康生活方式、影响骨代谢的疾病与药物等。骨质疏松症的预防应从日常生活习惯做起，包括均衡饮食、适量阳光照射、规律体育活动等。骨质疏松高风险人群应定期进行骨密度检测，及时了解骨骼健康状况。骨质疏松症的治疗包括一般治疗与特殊治疗。一般治疗指的是所有类型的骨质疏松症均需接受的治疗，包括：①改善营养状况，补充足够的蛋白质和多进食富含异黄酮的食物；②确保充足的钙和维生素 D 摄入，必要时通过补充剂来满足身体需求；③加强运动，提高耐力和平衡力；④戒烟限酒，减少不良生活习惯对骨骼健康的影响；⑤避免使用致骨质疏松症药物；⑥积极治疗致骨质疏松症的原发病；⑦对症治疗；⑧预防跌倒。特殊治疗即根据骨质疏松的类型，予以药物干预，包括：①性激素补充；②选择性雌激素受体调节剂和选择性雄激素受体调节剂；③双膦酸盐；④降钙素；⑤促甲状旁腺激素释放激素等。骨质疏松性骨折的治疗包括复位、固定、康复锻炼和抗骨质疏松治疗。

三、健康管理策略

骨质疏松症的管理分为 3 级。一级管理指的是针对骨质疏松症的可干预危险因素进行管理，预防骨质疏松症的发生；二级管理指的是针对骨质疏松症早发现、早诊断和早治疗，预防骨质疏松性骨折的发生；三级管理指的是骨质疏松性骨折的管理，以期改善生活质量和延长寿命。

（一）一级管理

1. *营养管理* 高钙、低盐（＜ 5g/d）和适量蛋白（1.0 ～ 1.2g/kg）饮食。对于规律进行抗阻运动的老年人，每天蛋白质饮食以 1.2 ～ 1.5g/kg 为佳。每天动物源性食物摄入总量应达 120 ～ 150g，牛奶或蛋白质含量相当的奶制品摄入总量应达 300 ～ 400ml。戒烟限酒，避免过量饮用碳酸饮料及咖啡。

足量钙摄入对维持骨骼健康有着重要作用，钙摄入以食物来源为佳，不足时可服用补充钙剂及维生素 D。中青年每日元素钙摄入量推荐为 800mg，50 岁以上中老年人、妊娠中晚期及哺乳期人群推荐为 1000 ～ 1200mg，最高可耐受 2000mg。过量钙剂可能增加心脑血管疾病和泌尿系结石的风险。对于高钙血症和高尿钙患者，应避免补充钙剂。

维生素 D 摄入不足会降低肠钙吸收，降低骨矿化能力，并导致继发性甲状旁腺功能亢进，促进骨吸收，从而导致或加重骨质疏松症。维生素 D 不足者可每日口服维生素 D_3 1000 ～ 2000U，并于 2 ～ 3 个月后检测血清 25- 羟维生素 D 水平。血清 25- 羟维生素 D 水平在 20 ～ 30ng/ml 以上有助于维持骨骼健康，但不宜超过 150ng/ml。肠道吸收不佳或依从性不佳的患者，可考虑使用维生素 D 肌肉制剂，不建议单次过量口服补充维生素 D。

2. *充足日照* 每日应在无涂抹防晒霜的状态下接受充足日照，需注意防止晒伤。

3. *运动管理* 有氧运动、抗阻运动与柔韧平衡运动相结合。

4. 预防跌倒　使用防滑垫、改善视力、清除障碍物等。

5. 其他　避免使用影响骨代谢的药物，积极治疗引起骨代谢异常的原发病。

（二）二级管理

目前常用的骨质疏松症风险初筛工具包括亚洲人骨质疏松症自我筛查工具（OSTA）和国际骨质疏松基金会（IOF）风险 1 分钟测试题（详见第 4 章）。OSTA 仅适用于绝经后妇女，其计算方法是 OSTA 指数 = 体重（kg）－年龄（岁）×0.2。OSTA 指数＞－1 为骨质疏松症低风险，－4＜OSTA 指数＜－1 为骨质疏松症中风险；OSTA 指数＜－4 为骨质疏松症低风险。IOF 风险 1 分钟测试题包括 9 个筛查骨质疏松危险因素的问题，若患者存在任一危险因素，即提示骨质疏松症风险，建议进行双能 X 线骨密度检查或 FRAX 风险评估。FRAX 为 WHO 推荐的用于评估未来 10 年主要骨质疏松性骨折概率的风险预测工具（详见第 4 章），当其预测的主要骨质疏松性骨折风险≥ 20% 或髋部骨折概率≥ 3%，为骨质疏松性骨折高风险人群。经 FRAX 筛查为骨质疏松性骨折高风险的人群，或经双能 X 线骨密度检查诊断为骨质疏松症患者，均需在生活方式干预等一般治疗基础上启动药物治疗，并注意预防跌倒。完善血尿常规、肝肾功能、血清骨转换标志物及血尿电解质等检查有助于病因鉴别和病情评估，指导用药选择。定期复查骨密度，评估治疗效果。

（三）三级管理

对已发生骨质疏松性骨折的患者给予复位固定、康复锻炼和抗骨质疏松治疗。

四、健康体检机构中常用的相关检查

1. 诊断　超声骨密度测定及双能 X 线骨密度仪等。

2. 并发症　骨与关节 X 线及 CT 等。

第十节　恶性肿瘤

恶性肿瘤，也称为癌症，是一种细胞无序增殖，生长迅速且能侵犯周围组织并远距离转移的疾病。它可能影响身体的任何部位，对身体健康造成严重影响。恶性肿瘤的发病率在全球范围内普遍较高，不同地区之间存在差异，这些差异可能与遗传背景、环境暴露、生活习惯等因素密切相关。2022 年我国新发恶性肿瘤人数达 492.47 万，给公共卫生带来巨大挑战。当前我国发病率和死亡率最高的恶性肿瘤为肺癌。结直肠癌和乳腺癌分别是男性和女性第二高发的恶性肿瘤类型。其他发病率高的癌症还包括甲状腺癌、肝癌、胃癌、食管癌、宫颈癌、前列腺癌及胰腺癌等。肝癌和结直肠癌分别是男性和女性病死率第二高的恶性肿瘤类型。其他死亡率高的癌症还包括胃癌、食管癌、胰腺癌、乳腺癌、脑癌、宫颈癌及白血病等。随着医学的发展，大部分恶性肿瘤不再被认为是“绝症”，而是可防可控的一种慢性病。据 WHO 估计，约 50% 的恶性肿瘤病例是可以通过预防措施避免的，而 1/3 的恶性肿瘤有机会通过早期筛查和治疗得到治愈。这突显了采取科学预防和筛查措施的重要性。为了有效应对恶性肿瘤，需要全社会的共同努力，包括提升公众健康意识、倡导健康生活方式、加强恶性肿瘤的早期筛查和诊断，以及不断提升治疗技术。通过这些综合措施，我们可以有效降低恶性肿瘤的发病率和死亡率，同时提高患者的生存率和生活质量。

一、诊断思路

恶性肿瘤诊断首先从全面的病史采集和完善的体格检查开始，探索可能的风险因素和异常体征。实验室检测和肿瘤标志物分析为诊断提供初步线索。影像学技术如 CT 和 MRI 帮助识别肿瘤位置和大小。内镜检查在某些情况下提供直接观察和活检机会。病理检查是恶性肿瘤诊断的金标准，还是确定恶性肿瘤临床分期（TNM）分期的重要依据。所有肿瘤都应进行病理检查以明确诊断，并进行 TNM 分期评估病情严重性和扩散程度。分子诊断有助于理解恶性肿瘤的遗传背景，指导个性化治疗。

二、防治要点

为预防恶性肿瘤，应提高公众对恶性肿瘤防治的认识，通过教育和宣传普及必要的知识，倡导健康的生活习惯，并尽量避免已知的致癌风险因素。定期恶性肿瘤筛查是早期发现和治疗的关键，针对不同类型恶性肿瘤选择合适的筛查方法。确诊恶性肿瘤后需根据具体情况选择手术、放疗、化疗及靶向和免疫疗法。恶性肿瘤患者的术后康复和心理状态同样重要，需要专业和辅导和社会支持体系。

三、健康管理策略

恶性肿瘤的管理分为 3 级。一级管理指的是针对恶性肿瘤的可干预危险因素进行管理，预防恶性肿瘤的发生；二级管理指的是针对恶性肿瘤早发现、早诊断和早治疗；三级管理指的是恶性肿瘤复发和转移的防控，以期改善生活质量和延长寿命。

（一）一级预防

恶性肿瘤的危险因素包括先天因素和后天因素，不同恶性肿瘤的危险因素不尽相同。我国高发恶性肿瘤的常见危险因素为吸烟、病毒感染、不良膳食习惯及职业暴露等。

1. *吸烟*　吸烟是许多恶性肿瘤的重要危险因素，尤其是肺癌，以及口腔、喉、食管、胃等部位的癌症。二手烟对非吸烟者同样构成恶性肿瘤风险，增加他们患癌的可能性。通过健康教育和预防措施，可以减少吸烟率，从而降低恶性肿瘤的发生率。

2. *病毒感染*　特定病毒感染被证实与一些恶性肿瘤直接相关。如乙型肝炎病毒感染及黄曲霉素感染与原发性肝癌有关、高危型人乳头状瘤病毒与宫颈癌有关，幽门螺杆菌感染与胃癌有关，EB 病毒与鼻咽癌有关等。接种相应的疫苗、避免感染病毒的高风险行为、定期筛查和及时治疗是预防恶性肿瘤的有效手段，有助于减少恶性肿瘤的发病率。

3. *不良膳食习惯*　不良膳食习惯增加某些恶性肿瘤的风险。如食管癌与喜热食相关，结直肠癌与西方饮食相关。均衡膳食和良好的饮食习惯有助于减少这些特定恶性肿瘤的发生率。

4. *职业暴露*　国家卫生健康委员会已将苯所致白血病、石棉所致肺癌与间皮瘤、砷所致肺癌与皮肤癌等明确列为职业性恶性肿瘤。改善职业环境、完善职业防护及加强职业病筛查有助于防控职业性恶性肿瘤。

5. *其他环境因素*　紫外线照射增加皮肤癌风险。电离辐射可引起多种恶性肿瘤，如急性和慢性粒细胞白血病等。应注意避免环境有害物。

（二）二级预防

恶性肿瘤的早诊断、早治疗是改善预后的重要措施。应根据不同肿瘤，对高危人群开展及时有效的筛查。例如，对消化道肿瘤高危人群行结直肠镜检查，对肺癌高危人群行低剂量螺旋 CT 检查，对宫颈癌高危人群行宫颈脱落细胞检查等。对确诊恶性肿瘤的患者，根据恶性肿瘤类型、TNM 分期及一般健康状况制订个体化治疗方案，包括手术、放疗、化疗及靶向和免疫疗法等。并给予患者术后康复指导和足够的社会心理支持。

（三）三级预防

恶性肿瘤在首诊治疗后仍需定期随访、筛查，防止复发和远处转移。对于恶性肿瘤晚期患者，可予姑息治疗。

四、健康体检机构中常用的相关检查

1. *诊断*　胸部 CT、全腹彩超、甲状腺彩超、乳腺彩超、乳腺钼靶、胃镜及结直肠镜等。

2. *危险因素*　肿瘤标志物、肿瘤基因检测、EB 病毒检测、幽门螺杆菌检测及 HPV 病毒检测等。

思考题

1. 我国慢性病防控形势如何？其难点和痛点是什么？
2. 脑卒中的健康管理策略是什么？
3. 痛风的健康管理策略是什么？
4. 骨质疏松症的健康管理策略是什么？

（薛　婷　张立万）

参考文献

董欢欢，吕东蔚，2022. 老年缺血性脑卒中慢病管理指南 [J]. 中西医结合研究，14(6):382-392.

葛均波，徐永健，王辰，2018. 内科学（第 9 版）[M]. 北京，人民卫生出版社.

李国鑫，刘安琪，周俊阁，等，2024. 社区居家医养结合服务老年人常见慢性病共病影响因素分析 [J]. 郑州大学学报（医学版），(3): 325-330.

蔺丹丹，冷兴梅，2024. 医养护康一体推动慢性病全链条全周期管理 [J]. 中国农村卫生，16(4): 60-65.

马丽媛，王增武，樊静，等，2022.《中国心血管健康与疾病报告 2021》概要 [J]. 中国介入心脏病学杂志，30(7):481-496.

慢性病健康管理规范 (T/CHAA 007-2019). 中国慢性病预防与控制，2020, 28(1):1-2.

田文静，张红英，孙雨菡，等，2024. 主动健康在社区慢性病管理中的应用进展 [J]. 老年医学研究，5(2): 70-73.

王迪，2022. 国务院办公厅印发《"十四五"国民健康规划》[J]. 中医药管理杂志，30(10): 91.

县域冠状动脉粥样硬化性心脏病分级诊疗技术方案 [J]. 全科医学临床与教育，2022, 20(11):964-968.

中国 2 型糖尿病防治指南 (2020 年版)(上)[J]. 中国实用内科杂志，2021, 41(8):668-695.

中国 2 型糖尿病防治指南 (2020 年版)(下)[J]. 中国实用内科杂志，2021, 41(9):757-784.

中国高尿酸血症与痛风诊疗指南 (2019)[J]. 中华内分泌代谢杂志，2020, 36(1):1-13.

中国高血压防治指南 (2024 年修订版)[J]. 中华高血压杂志（中英文），2024, 32(7):603-700.

中国居民肥胖防治专家共识 [J]. 中国预防医学杂志，2022, 23(5):321-339.

中国医师协会神经外科学分会神经重症专家委员会，上海卒中学会，重庆市卒中学会，2021. 脑卒中病情监测中国多学科专家共识 [J]. 中华医学杂志，101(5), 317-326
中华医学会骨质疏松和骨矿盐疾病分会，章振林，2023. 原发性骨质疏松症诊疗指南 (2022)[J]. 中国全科医学，26(14):1671-1691.
Bingfeng Han, Rongshou Zheng, Hongmei Zeng, et al, 2024. Cancer incidence and mortality in China, 2022[J]. Journal of the National Cancer Cernter, 47-53.

第6章 健康教育

学习目标

了解：健康教育的概念。

熟悉：健康教育模式、健康教育方法。

掌握：健康教育程序。

第一节 概 述

一、健康教育的基本概念

健康教育（health education）是有计划地应用循证的教学原理与技术，为学习者提供获取科学的健康知识、树立健康观念、掌握健康技能的机会，帮助他们做出有益健康的决定和有效且成功执行有益健康的生活行为方式的过程。

健康教育的目的及意义：健康教育的目的是引导人们养成良好的行为和生活方式，消除或减少影响健康的危险因素，预防疾病、残疾和非正常死亡的发生，从而增进健康，提高生活质量。开展健康教育活动对个体、家庭和社会具有重要意义，主要体现在以下方面：①实现了初级卫生保健的需要。②增强人群自我保护意识和能力的需要。③降低医疗费用和提高效益的需要，健康教育不仅是保护和增进人民健康的重要举措，而且对社会进步和经济可持续发展具有重要意义。

健康教育的基本任务：①宣传和推广卫生与健康工作方针；②建立并促进个人与人群疾病预防、维护健康的责任感；③消除影响健康的危险因素，有针对性地提高健康水平。

依据《“健康中国2030”规划纲要》《“十三五”卫生与健康规划》及《“十三五”期间深化医药卫生体制改革规划》，加强健康促进与教育，提高人民健康素养，是提高全民健康水平根本、经济、有效的措施之一。护士的重要职责之一是通过健康教育唤起民众的健康意识，使他们改变不良的生活习惯，建立有利于健康的行为。因此，了解和掌握健康教育的概念、目的、意义及基本任务，有助于护士实现护理“减轻痛苦、维持健康、恢复健康、促进健康”的目标任务，并在健康管理工作中发挥积极作用，全面促进社会人群的健康水平。

二、健康教育的模式

（一）健康信念模式

健康信念模式（health belief model，HBM）是解释或预测个人信念如何影响健康相关行为改变的常用模式，尤其适用于实施健康教育及分析服务对象依从性行为的影响因素。健康信念模式主要由4部分组成：对疾病威胁的认知、提示因素、自我效能、影响及制约因素。

1. 对疾病威胁的认知　指人们如何看待健康与疾病，如何认识疾病的严重程度及易感性，如何认识采取预防措施后的效果及采取措施所遇到的障碍等，个体仅认识到疾病的危害性和严重性还不够，只有意识到自己在放弃危险行为上所付出的努力确实能起到预防效果，个体才会有意愿，并有明确的行为方式和路线，这时个体才有采纳健康行为的可能性。

（1）对疾病易感性的认知（perceived susceptibility）：主观上认为可能患病的概率。其尺度取决于个人对健康和疾病的主观感觉。例如某些疾病发病率高、流行范围广，对其易感性的感知就强。人们往往对遥远的、可能性不大的危害不予关注。人们越是感到自己患某种疾病的可能性大，越有可能采取行动避免疾病的发生。但人的认知有时会与实际易感性有很大的差异。

（2）对疾病严重程度的认知（perceived severity）：对疾病可能产生的医学和社会学的严重后果的认知程度。如意识到疾病所导致的疼痛、伤残和死亡，以及疾病对工作、家庭生活和人际关系等的影响，越是相信后果严重，越可能采取健康行为。

（3）对采取健康行为获益程度的认知（perceived benefits）：也称有效性，是指个体对采纳或放弃某种行为能带来的益处的主观判断。一般而言，人们认识到采纳健康行为的益处或认为益处很多，会更有可能采纳该行为，并有坚持的动力和目标。

（4）对采取健康行为障碍的认知（perceived barriers）：是指个体在采纳健康行为过程中对困难和阻力的感知，包括身体、心理、时间花费和经济负担等各种阻碍。个体对这些障碍都应有清醒的认识，心理准备与应对方式的思考对行为改变有益。人们对某种疾病采纳健康行为的障碍越少，越容易采取医护人员所建议的措施或健康行为。

2. 提示因素（cues to action）　也称行动线索或行动诱因，指激发或唤起个体采取行动的“导火索”，是诱发健康行为发生的因素，也是健康行为发生的决定因素。提示因素既可以是内在诱因比如身体出现不适症状，也可以是外在诱因比如大众传媒的健康宣传教育、医务人员的建议、家人和朋友的帮助和鼓励、家人或朋友患有此种疾病等。提示因素越多，权威性越大，个体采纳健康行为的可能性越大。

3. 自我效能（self-efficacy）　指个体对自我能力的评价和判断，即是否相信自己有能力控制自身及外在因素，从而成功采取健康行为，并取得期望结果。自我效能高即自信心强，采纳建议、采取健康行为的可能性就大。

4. 影响及制约因素（modifying factors）　包括人口学及社会心理学因素，如年龄、性别、民族、人格、社会压力、文化程度、职业等、一般来说，教育程度及社会地位高、老年人、曾患过该病的人会比较愿意采取所建议的预防行为。

健康信念模式在健康教育中应用广泛，它不仅用于解释各种健康行为的变化和维持，也成为指导行为干预、促使健康行为形成的重要理论框架。健康信念模式可以指导护士从影响人群的健康信念入手，利用手册、电视、报刊、杂志等媒体宣传预防疾病的知识及方法，以帮助其形成正确的健康认知、增强其健康的信念，使其愿意主动采取积极的预防性措施，从而达到防治疾病的目的。然而，健康信念模式存在一定局限性，因其建立在认知理论基础上，故分析健康行为的影响因素时，更多考虑认知因素而较少考虑与行为相关的情感、环境及社会学因素等。

（二）知-信-行模式

知-信-行模式（knowledge-attitude-belief-practice，KABP/KAP）是知识、信念和行为的简称，

是用来解释个体知识和信念如何影响健康行为改变的常用模式。该模式将人类的行为改变分为获取知识、产生信念及形成行为3个连续的过程。“知”主要是指对疾病相关知识的认知和理解;“信”主要是指对已获得的疾病相关知识的信念以及对健康价值的态度;“行”主要是指在健康知识、健康信念和态度的动力作用下产生的有利于健康的行为。“知”是基础,“信”是动力。只有当人们获得了有关的健康知识,并对知识进行积极地思考,具有强烈的责任感,才能逐步形成信念;知识只有上升为信念,才有可能采取积极的态度去改变行为。该模式简单明了,逻辑性强,便于理解应用。然而,人们从知识到行为改变是一个漫长的过程,诸多因素均可影响知识到行为的顺利转化,当认知和信念确立以后,如果没有坚决转变的态度,则难以实现行为转变。该模式还可用于根据研究对象和内容设计知-信-行问卷,了解人群的现状,为制订相应干预措施提供基础;也可用于测量和评价健康教育的效果。

(三)健康促进模式

健康促进模式(health promotion model, HPM)为健康促进行为的影响因素提供了理论框架。该模式包含三部分:个人特征及经验、特定行为认知及情感、行为结果。

1. *个人特征及经验* 包括先期相关行为和个人因素两个方面。先期相关行为指过去相同或相似的行为,以及这些行为的特征,可作为预测当前行为的指标;个人因素包括生理(如年龄、性别等)、心理(如自尊、自觉健康状况等)和社会文化(如种族、文化程度、社会经济地位等)3个方面。

2. *特定行为认知及情感* 是模式中最主要的激励部分,由认识到行动的益处、认识到行动的障碍、认识自我效能、行动相关情感、人际影响及情境影响6个方面共同组成重要的核心。其中认识到行动的益处、认识到行动的障碍和自我效能,与健康信念模式中所阐述的3个对应因素(即对采取健康行为获益程度/障碍的认知、自我效能)类似。行动相关情感指个体行为会受到与行为本身、实施者及周围环境有关的情感的影响,分为积极和消极两种。这些情感常会影响行为发生的频率,当个体面临的消极情绪越多,越不容易再次重复该行为。人际影响是他人对个体健康行为、信念或态度等的影响,影响主要来自家人、同事、朋友和医护人员,内容包括规范、社会支持和榜样。情境影响可包括居住环境的设施及资源、个体的需求意愿及审美观点等。

3. *行为结果* 包含了允诺行动计划、即刻竞争性需求和喜好及健康促进行为3个方面。允诺行动计划是指个体承诺采取某健康行为并做出计划,包括行动事件、地点等内容的允诺。即刻竞争性需求和喜好,指各种减弱允诺行动的突发情况。个体的行动计划越具体,健康行为维持的时间越长。健康促进行为是整个健康促进模式的最终目标。

健康促进模式全面阐述了影响健康教育行为的因素,同时突出了评估相关因素在健康教育中的重要性,评估个体对健康行为的认识及采取行动的意愿,找出阻碍及促进其采取行动的因素,从而为制订健康教育方案提供实证支持。

(四)格林模式

格林模式(PRECEDE-PROCEED)为整合模式,其优点是针对特定健康问题先进行诊断,然后根据诊断结果去规划并执行解决该健康问题的干预或教育计划,在干预或教育计划执行过程中进行过程评价,对计划结束后产生的即时影响进行效应评价,对一段时间后产生的长期影响进行效果评价。该模式包含5个诊断阶段(社会诊断、流行病学诊断、行为与环境诊断、教育与组织诊断、管理与政策诊断)、1个执行阶段、3个评价阶段(过程评价、效应评价、效果评价）。

1. 评估阶段（PRECEDE stage）　又称诊断阶段，包括对社会、流行病学、行为及环境、教育及组织、行政管理及政策 5 个方面的评估（诊断）。

（1）社会评估：即了解和确定社区人群的健康需求和生活质量。

（2）流行病学评估：流行病学评估是对社会评估的补充，指通过流行病学和医学调查，确定目标人群的主要健康问题以及引起健康问题的行为因素和环境因素，为制订干预策略提供科学依据。

（3）行为及环境评估：即评估与健康问题相关的行为及环境因素。

（4）教育及组织评估：PRECEDE-PROCEED 模式将影响健康行为的因素高度抽象并概括为倾向因素（predisposing factors）、促成因素（enabling factors）及强化因素（reinforcing factors）。①倾向因素：是指与某种行为发生相关的个体或群体的特征，可包括健康行为的相关知识、态度、信仰及价值观；②促成因素：是指促使某种行为的动机或愿望得以实现的因素，包括社会资源和个人技能；③强化因素：是指对于健康行为改变后各方面正性和负性的反馈因素，如卫生保健人员、同事、朋友、父母等的鼓励和反对都会影响行为的坚持，也包括人们对行为后果的感受。

（5）行政管理及政策评估：即判断、分析实施健康教育过程中行政管理方面的能力、相关资源、政策方面的优势与不足、实施计划的范围、组织形式及采用何种方法等，为健康促进项目的有效实施奠定基础。

2. 执行阶段（PROCEED stage）　又称实施阶段，包括以下 5 个环节：制订实施时间表、控制实施质量、组建实施的组织机构、配备和培训实施工作人员、配备和购置所需的设备物品。在实施中应该进行过程评价，即对项目计划的各个环节进行评价。

评价阶段包括近期、中期和远期效果评价。评价的内容包括计划措施是否得当、目标或目的达到的程度等。评价是健康教育的重要组成部分，贯穿于整个健康教育活动的始终。

（1）近期效果评价：又称过程评价。在健康教育实施过程中进行经常性的评价。如目标是否符合对象人群的特点，干预策略、活动是否可行，计划 / 规划实施是否遵循了最初的设计，有无偏离既定计划 / 规划的要求，分析规划实施的情况等。

（2）中期效果评价：又称效应评价。评估健康教育导致目标人群相关行为及影响因素（倾向因素、强化因素、促成因素）的变化。重点了解健康教育对目标人群知识、态度和行为的直接影响。

（3）远期效果评价：又称效果评价。评价健康教育的最终目标是否实现。着重评价计划或规划改变人群健康状况所带来的远期社会效应和经济效益。如目标人群的生活质量指标、患病率、死亡率及成本 - 效益和成本 - 效果分析。

PRECEDE-PROCEED 模式是用于指导健康教育干预实施及评价的宏观与微观相结合的模式，是最有代表性、应用最广泛的健康教育项目过程模式。

三、健康教育程序

健康教育是一项有计划、有组织、有系统的社会教育活动，是一个连续不断的过程，其程序包括评估需求、设立目标、制订计划、实施计划、效果评价 5 个步骤。

（一）评估需求

健康教育评估是教育者与学习者双方互动的过程，评估是制订教育目标和计划的先决条件。评估包括：①评估学习者的需求及能力，根据不同的学习需求及特点来安排健康教育活动；②评估学习资源比如实现健康教育目标所需要的时间、参与人员、教学环境、教育资料及设备等；③评估准备情况，教育者应对自身的健康教育准备情况进行评估，如计划是否周全、备课是否充分、是否了解服务对象及教具是否齐全等，指导自身做好充分的准备。

（二）设立目标

任何一项健康教育活动都必须有明确具体的目标，它既是实施教育计划的行为方向，也是教育效果的评价依据。健康教育目标应遵循以下原则：要有针对性和合理性、要具体和可测量、要以被教育者为中心。

（三）制订计划

为了实现健康教育目标而事先安排好的行动步骤。根据目标合理规划资源，计划应书面化和具体化。

（四）实施计划

在实施计划前应对参与的教育者进行培训，使其了解目标、计划和具体的任务，统一认识、统一技术、统一步调；在实施过程中应注重反馈评价，根据需要对计划进行必要的调整，以保证计划的顺利进行。

（五）效果评价

健康教育的效果评价可以是阶段性的、过程性的或结果性的，贯穿健康教育的全过程。评价的内容包括是否完成健康教育目标、是否需要修订计划、教育目标及计划是否确实可行等。

四、健康教育方法

（一）讲授法

讲授法是一种传统的教学方式，指教育者通过口头语言直接向学习者传授知识的方法。其特点是易于实施，可同时面向较多的学习者，在有限的时间内提供较大容量的知识和信息，但是学习者可能在理解和应用知识时存在困难，容易忘记讲授内容，不利于学习者的主动学习且对教育者的语言表达能力、教材组织能力、演讲技巧都有较高的要求。运用讲授法应注意以下要求：内容科学全面、因材施教（课前不记名小测）、讲究语言技术（条理清晰，通俗易懂，注意语音、语调、语速并配合非语言手段如手势等）、适当运用辅助教具、及时反馈调整。

（二）讨论法

针对学习者的共同需求或共同的健康问题，以学习者为主体，教育者加以引导，以小组的方式进行健康信息的沟通和交流，让学习者主动探究教育内容，完成教育目标。具体方法及注意事项如下：讨论的时间每次以 1.5 ～ 2 小时为宜；人数一般为 8 ～ 15 人，尽量选择年龄、健康状况及教育程度等背景相似的人组成同一小组；选择的讨论场地应便于交流，环境安静、圆形或半圆形就座。

讨论前需确定讨论的主题和讨论的基本内容，并制订一些讨论规则，如每人尽量发言、把握讨论主题和发言时间、别人发言时要静听及尊重别人的意见等，以保证讨论的顺利进行。

（三）教育者角色

护士在讨论过程中扮演的角色是组织者，开始时先介绍参加人员及讨论主题；讨论过程中注意调节讨论气氛，适时给予引导、提示、鼓励和肯定，促使小组成员自主参与讨论；结束时对讨论结果进行简短的归纳及总结。

（四）角色扮演法

角色扮演法是一种模拟的方法，通过模拟现实生活中的真实场面，使学习者获得感悟、启发和教育。角色扮演的基本步骤：扮演前应设计好基本情境和角色的基本情况，做好角色的分配和排练；扮演时主持者应报告此活动的目的和意义，并对剧情和有关的表演人员进行简单的介绍；扮演后应进行讨论，先由扮演者谈自己的感受，与其他人员积极参加讨论。讨论部分为角色扮演的重点，通过讨论可以让有关人员获得真正的知识。

（五）示范法

教育者通过示范具体动作，使学习者直接感知所要学习的动作的结构、顺序和要领的一种教育方法。即通过观察他人行为而学得或改变行为的过程。示范法常由教育者先对该技术或技巧进行示范，并讲解该项操作的步骤和要点，然后指导学习者进行练习。通常包含有动作、程序、技巧和知识，并且以各种设备和教具做相应的配合。具体方法及注意事项：一般示范者站在学习者的正面，与学习者的视线垂直，使全部学习者都能看清楚，增加示范效果；示范动作不宜太快，应将动作分解，让学习者能清楚地看到，在示范的同时，配合口头说明；示范的内容较复杂时，可事先利用视听教具，说明操作的步骤及原理，然后再示范，在示范时，应提示学习者注意观察演示内容的主要特征；示范应安排一定的时间让学习者有练习的机会，示范者在旁指导；示范者在纠正错误时切忌使用责备的口气，应了解学习者存在的困难，并详细说明错误的地方，注意给予鼓励和耐心指导。

（六）展示与视听法

展示与视听法是以图表、模型、标本或录像、电视、电影和广播等视听材料作为载体向人们讲解健康知识与技能的方法。此方法直观、生动，能激发学习者的学习兴趣。具体方法及注意事项：图表、模型的展示应配有通俗易懂、简明扼要的文字说明帮助理解，应重点突出，生动醒目，有利于吸引观众的注意力，易于记忆；播放视听教学片：要保证光碟、录像带、音响和播放器的质量，选择安静、大小适宜的播放环境，时长一次以 20 ～ 30 分钟为宜。

（七）基于互联网的信息化健康教育

近年来，随着现代信息技术的发展，以手机等设备为载体，以网络为媒介的信息化健康教育模式逐渐发展起来。互联网的功能在医学领域逐步拓展，除用于医护人员的学习与相互交流外，还提供了医疗人员与服务对象的互动平台。网站、手机 APP、QQ 及微信公众平台正在发展成为实施健康教育的新渠道，具有便捷性、互动性、时效性、可重复性、信息传播速度快和更新及时等特点，与常规教育方式相比，移动新媒体突破了时间和空间等客观因素的限制，通过网络快速发送实用的视频、音频、图片及文字等教育信息，并可随时重复学习、互动交流及在线答疑解惑，提高了学习者的自主选择性和参与度。

五、健康教育的技巧

人际沟通是健康信息传播最便捷、最常用的方法。健康教育工作者只要与人接触，就有进行信息交流的机会。学习和掌握人际传播的基本沟通与咨询技巧是健康教育工作者应具备的基本素质。

（一）建立关系技巧

建立关系需要掌握一定的技巧。良好的人际关系是人际交往的必要前提，特征是交往双方建立起相互了解、接纳、信任支持的关系。在健康教育活动中，这种良好的人际关系还表现为共同参与。

1. *建立良好的第一印象* 良好的第一印象可以促进交谈双方信任关系的建立，起到事半功倍的作用。健康服务人员应以诚待人，恰当地称呼对方，如“您好，请坐”，并主动做自我介绍，消除对方紧张、焦虑情绪。

2. *以微笑待人* 微笑是人际关系的润滑剂，是解除生疏紧张感的第一要诀，因此健康服务人员应做到微笑待人。

3. *寻找共同语言* 寻找与对方交流的共同基础，扩大共同经验范围。在内容上，注意对方的文化水平、知识结构和理解能力；在态度上，积极、主动获得对方认可或好感，争取成为教育对象的“自己人”。

4. *树立自身良好形象* 健康传播学研究表明，传播者的信誉和威望越高，传播效果越好。健康传播者的信誉主要来自其工作态度、专业知识水平、信息的可信度和准确度。此外，良好自身形象还包括仪表、服饰、语言、态度等方面。

5. *尊重对方隐私* 在交谈中，注意对教育对象隐私的保护，表达出充分的尊重，客观、公正地看待人和事。站在当事人的角度去看待问题，理解和接受对方的情感与行为，尽量保持中立。

（二）交谈技巧

交谈是通过语言和非语言交流来影响或改变教育对象知识结构、态度和行为的过程。交谈是一个双向交流的过程，包括说的技巧、倾听技巧、提问技巧、反馈技巧、非语言传播技巧、强化与自我开放技巧。

1. *说的技巧* 掌握谈话的技巧，就是要使用对方能够理解的语言和能够接受的方式，进行健康传播。

（1）内容明确，重点突出：一次谈话要围绕一个主题进行，内容过广或过泛会造成内容不明确，重点不突出。

（2）语调平稳，语速适中：谈话过程中注意适当停顿，让对方有提问和思考的时间。

（3）语言通俗，把握深度：应根据谈话对象的身份、文化水平及对医学知识的了解程度，选用适当的医学术语。

（4）适当重复：一般在一次交谈过程中，重要的内容应重复2～3次，加强教育对象的理解和记忆。

（5）注意观察，及时反馈：交谈过程中应注意观察教育对象非语言形式的表达及其含义，这对于谈话的深入将有很大的帮助。

（6）恰当结束：结束交谈前，需征求对方对本次交谈的看法，再次强调本次交谈的要点，积极鼓励和肯定教育对象的表现，为下一次交流打下良好的基础。

（7）应避免下列情况出现：①过分表述自己的意见，在交谈中唱“独角戏”；②连珠炮式提问；③交谈中突然改变话题；④做出不适当的保证和不负责任的承诺；⑤对交谈对象的问题答非所问；⑥表现出不耐烦、轻蔑的态度；⑦使用生硬、命令、教训式的语言；⑧过早下结论。

2. *倾听技巧* 倾听是通过有意识地听清每一个字句，观察和了解每一个字句的表达方式，洞察说话人表达的真正含义和感情。通过认真倾听，了解教育对象存在的问题及问题产生的根源，才能有效地进行健康教育工作。

（1）主动参与，积极反馈：在听的过程中，采取稳重的姿势，力求与说话者保持同一高度，双目注视对方，并不断回应，表明对对方的理解和关注。

（2）集中精力，克服干扰：对外界的干扰，要尽量克服，偶尔被打断时，要尽快把注意力转移回来；对于分心等主观因素，要有意识地加以克服和排除。

（3）充分听取对方的讲话：听的过程中，不轻易打断对方的讲话，不断进行分析，抓住要点。不轻易做出判断，也不要急于做出回答。

3. 提问技巧　提问是沟通与咨询中获取信息、加深了解的重要手段。一个问题如何问，常比问什么更重要。提问的方式可分为以下 5 种类型。

（1）封闭式提问：这种提问方式比较具体，要求对方简短而确切地回答“是”或“不是”，“好”或“不好”，“有”或“没有”，适用于收集简明的事实性资料。例如：“你昨天去体检了吗？”

（2）开放式提问：这类问题比较笼统，诱导交谈对象说出自己的感觉、认识、态度和想法。例如，你了解的心理放松方法有哪些？

（3）探索式提问：又称探究式提问。为了解教育对象存在的问题或某种认识、行为产生的原因，常需要进行更深层次的提问，也就是再问一个“为什么”。例如，你为什么不去做心理咨询呢？这种提问方式适用于对某一问题进行深入地了解。

（4）偏向式提问：又称诱导式提问，提问者把自己的观点加在问话中，有暗示对方做出自己想要得到的答案的倾向。可以用于有意提示对方。例如“你今天该去做体检了吧？”

（5）复合式提问：此类提问是在一句问话中包括了两个或两个以上的问题。例如：“你经常注意锻炼后的放松和饮食吗？”提问时应避免此类情况。

4. 反馈技巧　反馈是指对对方表达出来的情感或言行做出恰当的反应，可使谈话进一步深入，也可使对方得到激励和指导。常用的反馈方法有以下 4 种。

（1）肯定性反馈：对对方谈话的正确言行表示赞同和支持。肯定性反馈会使对方感到愉快，受到鼓舞，有意愿继续交谈。在技能训练、健康咨询、行为干预时，运用肯定性反馈尤为重要。除了语言外，也可用点头、微笑等非语言形式予以肯定。

（2）否定性反馈：对对方不正确的言行或存在的问题提出否定性意见。否定性反馈可以促使对方保持心理上的平衡，敢于正视自己已存在的问题。否定性反馈应注意两个原则：一是肯定对方值得肯定的一面，力求心理上的接近；二是用建议的方式指出问题所在。

（3）模糊性反馈：向对方做出表示没有明确态度和立场的反应。适用于暂时回避对方某些敏感问题或难以回答的问题。

（4）鞭策性反馈：有些情况下，健康教育者需要向教育对象提出更高的要求和行为目标，这种反馈称为鞭策性反馈。这种反馈既指出问题所在，提出改变的方向，又以征求意见的方式要求对方自己做出抉择，很有激励性。

5. 非语言传播技巧　非语言传播是指以动作姿态等非语言形式传递信息的过程。非语言传播，常是人的心理活动的自然反应，是无意识的，因此，表情、眼神、语音语调等都有着丰富而真实的信息内涵。非语言传播形式融会贯通在说话、倾听反馈、提问等技巧之中。交谈过程中应注意的非语言传播技巧包括动态体语、仪表形象类语言、时空场景等。

6. 强化与自我开放技巧　在健康咨询中，常使用强化与自我开放技巧。积极性强化是通过语言和非语言反应来表扬激励他人的过程。在咨询对象认识到问题所在、选择行为决策时，积极性强化是巩固咨询成果的重要手段。自我开放亦称自我暴露，即向他人揭示自己内心世界，以使他人了解自己的愿望、感觉和行为。自我开放是激发更深层次交流的必要手段。在人际交往过程中，能否互相了解在很大程度上取决于双方的自我开放程度。

六、健康教育讲座技能

健康教育讲座是健康信息传播常用的方法，是一种科学，也是一种艺术。健康教育讲座对主讲人的要求很高，除了需具备丰富的健康教育专业知识（临床医学、预防医学、健康教育学、心理学、教育学、健康教育学相关学科等）和较强的综合能力（开发领导、组织协调、现场组织和实践工作等）外，还需懂得人际传播和演讲技巧，并具备良好的心理素质和身体素质。不管现代教育技术怎么发展，健康教育讲座都是最有效的健康信息传播方法之一。“讲”的能力是健康教育的基本功，可以利用现代教育技术使讲座效果更好，但条件不具备时同样要讲出效果。因此，健康教育和健康管理工作者必须练好“讲”的基本功。

就讲座过程而言，健康教育讲座一般可分为3个阶段：准备阶段、讲座阶段和答疑阶段。每一阶段的具体内容及原则概述如下。

1. *准备阶段* 这一阶段主要解决“讲什么”的问题，包括讲稿和PPT课件两方面的准备。

（1）讲稿准备：讲稿是讲座的依据，要准备一份好的讲稿，主要是围绕“讲什么”进行内容的选择和加工，而内容选择的核心就是受众需求。对受众了解得越详细、越深刻，讲座就越有针对性。

（2）PPT课件准备：健康教育科普讲座多借助于PPT图文并茂的演示文稿，更形象、更生动地表达主题内容，让受众用多种感官去接收信息，以增强讲座效果。PPT制作时，应选择明亮的模板，以利于内容表达；色彩对比鲜明，制作时应考虑投影仪播放效果；字数不宜过多过密；加图恰当，不能喧宾夺主；幻灯片适当留白。

2. *讲座阶段* 这一阶段主要解决“怎么讲”的问题。讲座阶段是观点和知识点的表达，是一种语言展示，主要核心是表达技巧和控场技巧，通过合适的语言和体语表达来实现。

（1）入场：主讲人进入讲座现场，如受众已经就位，主讲人应把握的3个要点是“扫”“笑”“招”。“扫”即扫视全场，目光要从场地的一边到另一边，之后稳稳回到中间的位置。通过扫视可以大致了解场地大小、受众人数，做到心中有数。“笑”和“招”即微笑和招手，表现出一定的亲和力，可以给受众一个良好的初步印象。

（2）讲座开场：讲座的开场从形式到内容都要有新意，要有独创性。开场有很多形式，如正统式、自我介绍式、轻松幽默式、聊天式、调查式、问题式、展览式、视频式、游戏式、悬念式等，一般1～2分钟即可。

（3）语言表达技巧：语言表达技巧主要包括3个方面，即语言规范、得体，表达生动、通俗，适当地互动和反馈。“台风”应语言通俗易懂、风格幽默风趣、站姿落落大方、走动平稳有力。

1）语言规范、得体：主要包括语言和体语表达的技巧及其规律。语言表达包括语速、语调、音量、吐字清晰、停顿、克服习惯性用语6个方面；体语表达包括姿势、走动、手势、眼神与表情、着装。整场讲座中，要注意每10～15分钟有明显变化。

①语速：主讲人要能够控制讲座的节奏，防止过快或过慢。节奏过快，听众没有足够的时间接纳新的信息；节奏过慢，则易使听众昏昏欲睡。但也不要自始至终以一种速度讲座，这样也会使听众感到厌倦。一定的速度变化，有助于主讲人表达情感，调动情绪。

②语调：讲座需要激情，这种激情往往是一种长期的内在修炼，与主讲人对事业的忠诚度和敬业精神有关。但现场真情常靠一定程度的语调、语速变化来表达，通过语调的变化来强调重点，突出主题。

③音量：主讲人的声音要洪亮，讲话要让所有的听众听到，若有疑惑，应确认一下。声音要洪亮，但不能声嘶力竭。

④吐字清晰：主讲人的口齿要清楚，不要含糊不清，不要吞音。

⑤停顿：主讲人要学会控制讲座的节奏，以节奏的变化表现不同情感的变化，必要时可使用停顿，但停顿的时间不要过长，停顿时切忌发出"啊""啦""哈"等声音。

⑥克服习惯性口语：语言流畅，切忌语句中出现"啊""这个""那个"等习惯性口语。

⑦姿势：主讲人要自然站立，不要紧张，站直且重心要稳，切忌双脚交叉站立。不要双手托桌或单肘撑桌。

⑧走动：主讲人常要略微走动，一是作为语言的补充，二是增强受众的参与度。走动要稳健，快慢适中，不能过于频繁。

⑨手势：在讲座中，往往用手势来强调或描述某个观点或某种事物，但手势一定要用得合适、用得自然，切忌把手始终固定在某个位置上，也要避免连续用手势。

⑩眼神与表情：讲座时，表情一定要自然、适度，要与内容贴切，还要随时关注各方位听众的反应，经常保持目光接触，切忌望天望地、望黑板而忽视了听众的存在。

⑪着装：主讲人的着装一定要得体、大方，符合职业特点。一般要着正装，切忌衣冠不整或珠光宝气。

2）表达生动、通俗：科普讲座要做到表达生动、通俗，可以通过许多手段、方法和技巧来实现，如借用合适的道具、故事讲解、数据列举等。讲故事时应设计一个好的剧本，并进入角色，惟妙惟肖地表达，结束时可留有悬念，注意点明主题；列数据要形象并与实际生活相联系。总之，讲座现场语言表达基本做到听众听得懂、乐意听、用得上。

3）适当地互动和反馈：讲座中要随时观察听众，设置问题要注意给出答案，受众提出问题要有回答，时刻注意调动受众的参与意识。

（4）控场技巧：科普讲座的控场技巧包括临场技巧、约束技巧、调动技巧和应对技巧四大类，常见的需要适当控制的场景有怯场、乱场、冷场和闹场，不管是哪种情况，都应沉着、积极应对。另外，在控场方面，还要注意讲座时间的把握。主讲人应对讲座内容非常熟悉，根据具体时间灵活调整讲座的设计，做到胸有成竹、游刃有余。

（5）结尾：成功的结尾可以加深认识，揭示题旨。结尾部分的关键在于进一步总结自己的观点，再一次强调讲座的重点，使受众进一步加深对讲座主题的理解。结尾要简明扼要，不宜过多、过泛，要起到画龙点睛的作用。在讲座结尾时，可以套用"总结观点、表示感谢、提出希望、请求采取行动、简洁而真诚地祝福"的惯用表达。

3. *答疑阶段*　讲座之后，讲座的内容若能引起听众的兴趣，答疑则是必不可少的一部分，但需结合现场实际情况进行。一般来讲，受众人数较多（超过 100 人）时不宜进行。如需答疑，注意把握以下几个原则。

（1）倾听：主讲人在答疑时首先要学会倾听，要全神贯注地听，对提出的问题要给予高度重视并思考。

（2）与受众保持良好的关系：要用积极的态度耐心解答每一个问题，并且确认自己的回答是否让受众满意。

（3）预见、分析问题：回答问题时，要预见、分析还有哪些潜在的问题会提出来，要准备足够的资料，推理过程要严密，不要有漏洞。

（4）澄清问题：听到问题后，要仔细分析，若有疑问，则要请提问者再重复一遍，如果是一个问题里含有几个问题的话，应该让提问者一个一个地提问，然后逐个解答。对于不了解或不清楚的问题，可以推荐咨询专家或承诺讲座后进一步查询并给出答案。

（5）避免过于专业：在回答问题之前要考虑到提问者的背景、知识层次和知识结构，尽量避免过多使用专业术语。

总之，将按照原则、信息加工的知识技能通过语言更有感染力地传播给受众是健康教育工作者的基本能力。

第二节 健康教育在健康管理中的应用

一、健康教育在健康管理机构的应用现状

随着人们对健康的重视程度不断提高，健康管理机构在维护大众健康方面发挥着越来越重要的作用。而健康教育作为健康管理的重要组成部分，在健康管理机构中也得到了广泛应用。

（一）健康教育在健康管理机构中的重要性

1. *提高客户健康意识* 健康教育能够向客户传播健康知识，让他们了解疾病的预防、治疗和康复等方面的信息，增强对自身健康的关注和重视。通过健康教育，客户可以认识到不良生活方式对健康的危害，从而主动采取积极的健康行为。

2. *促进健康行为养成* 健康管理机构可以通过健康教育为客户提供具体的健康指导和建议，帮助他们掌握正确的饮食、运动、心理调节等方法，养成良好的健康行为习惯。这些健康行为的养成可以有效降低疾病的发生风险，提高生活质量。

3. *增强客户自我管理能力* 健康教育可以教育客户如何监测自己的健康状况、正确使用药物、应对疾病突发情况等，提高他们的自我管理能力。在健康管理机构的指导下，客户可以更好地控制疾病的发展，提高治疗效果。

（二）健康教育与健康管理的关系

健康教育是健康管理工作中的重要工具、方法和策略健康教育贯穿健康管理全过程中的绝大多数环节，是实现健康管理的基本手段和重要策略。具体表现在：健康管理前的健康教育与动员，健康管理引入我国的时间不长，在大众健康素养较低并缺乏保健意识的情况下，较新的理念及健康管理服务需要通过健康教育来实现；健康管理信息收集过程中的教育与指导，在信息收集过程中所有与服务对象解释的内容都要按照健康教育专业的要求去加工处理，达到“科学合理、通俗易懂、简便易行”的水平；健康评估及健康干预计划中的教育与指导；健康方案实施过程中的指导与干预。

健康管理是实现健康教育效果评价的有效途径由于健康管理具有信息化、标准化、系统化、量化的特点，可以解决健康教育评价中评价指标确立和指标定量的问题。健康管理的电子档案可以长期留存，在一定程度上解决了健康教育中结局评价困难的问题。

健康教育与健康管理的区别和联系见表6-1。

表 6-1　健康教育与健康管理的区别和联系

	健康教育	健康管理
内涵	有计划、有组织、有评价的教育活动和过程	健康监测、健康维护及生活方式管理、疾病管理的过程
侧重点	知识、信念和行为改变，提高人们的健康素养	健康风险评估、健康危险因素管理、提高人们的健康水平
对象	个体和群体，侧重群体	个体和群体，侧重个体
基本步骤	需求评估—计划制订—干预实施—效果评价	信息收集—风险评估—干预、咨询、指导—效果评估
干预方法	信息传播、行为干预	行为干预、健康和疾病的咨询与指导、生活方式管理、疾病管理
效果评价	活动实施、人群参与情况，知识、信念、行为的变化，健康指标的改善	健康相关行为、生活方式的改变，健康指标的改变，健康状况的提高、病情改善，疾病或死亡风险的改变

（三）健康教育在健康管理机构的应用现状

1. *多元化的健康教育内容*　健康管理机构的健康教育内容涵盖了多个方面，包括疾病预防、健康生活方式、心理健康、营养与饮食、运动与健身等。例如，针对常见的慢性病如高血压、糖尿病等，开展疾病知识讲座和防治指导；讲解合理膳食结构和营养搭配原则；推荐适合不同人群的运动方式和运动量。

2. *多样化的健康教育形式*　为了满足不同客户的需求，健康管理机构采用了多种形式的健康教育方式。

（1）健康讲座和培训：邀请专业的医生、营养师等举办健康讲座和培训课程，向客户传授健康知识和技能。

（2）宣传资料和手册：制作发放各种健康宣传资料和手册，如疾病防治手册、健康饮食指南、运动健身手册等，方便客户随时查阅。

（3）在线教育平台：利用互联网技术搭建在线教育平台，为客户提供便捷的健康知识学习渠道。客户可以通过在线课程、视频讲座、健康问答等形式获取健康信息。

（4）一对一咨询服务：健康管理机构的专业人员为客户提供一对一的健康咨询服务，解答客户在健康方面的疑问和困惑，制订个性化的健康管理方案。

3. *个性化的健康教育服务*　健康管理机构根据客户的不同健康状况和需求，提供个性化的健康教育服务。在客户进行健康体检后，健康管理机构会根据体检结果为客户制订个性化的健康教育计划。例如，对于患有慢性病的客户，提供专门的疾病管理教育和指导；对于有减肥需求的客户，制订合理的饮食和运动计划；对于孕妇、老年人等特殊人群，提供针对性的健康知识和服务。

二、健康教育在健康体检中的实践

健康教育贯穿整个体检流程，对于提高体检者的健康意识、促进健康行为的养成及提升体检服务质量都具有重要意义。《福建省健康体检管理质控检查评分标准（2023 版）》对体检流程中有关健康教育的部分都做了明确的规定和说明。以下将详细阐述健康教育在检前、检中、检后 3 个阶段的应用现状。

（一）检前健康教育

1. *体检项目介绍*　护理人员通过多种方式，如发放宣传手册、举办健康讲座、在体检机构官网及公众号发布信息等，向体检者详细介绍各类体检项目的目的、意义及适用人群。

2. *注意事项告知*　明确告知体检者检前的注意事项。如体检前一天应避免饮酒和进食高脂肪、高蛋白食物；体检当天需空腹，以便进行血液检查等。同时，提醒体检者穿着方便检查的服装，避免佩戴金属饰品等。提示特殊情况需告知，例如正在服用某些药物，如抗高血压药、降血糖药等，需在体检前告知医生，以便医生判断是否需要调整药物剂量或暂停服药。

对于特殊检查项目，如胃肠镜检查，详细说明检前的肠道准备方法，包括饮食限制、泻药的使用等，确保检查的准确性。

针对有安全风险的检查项目，要通过多种方式向客户说明检查的禁忌，必要时要签字确认体检者已了解。例如：备孕、妊娠者禁止做放射检查。有侵入性操作的检查，要提前告知被检查者等。

（二）检中健康教育

1. *检查流程引导*　护理人员在体检现场热情、耐心地引导体检者，告知各个检查科室的位置和检查顺序，减少体检者的等待时间和焦虑情绪。

在体检中心设置清晰的指示牌：诊疗科室牌、安全类警示牌、消防类指示牌、公共设施牌等。咨询台有明显的标识，安排导检人员随时为体检者提供帮助。餐厅、饮水机处放置相应的禁食禁饮水项目提示。体检区域内公示体检须知、体检流程，方便客户获取相关信息。

对于一些较为复杂的检查项目，如 CT、MRI 等，提前向体检者说明检查过程中的注意事项，如保持安静、避免移动等，以确保检查结果的可靠性。

2. *体检安全宣教*　为了保障医疗安全，针对体检中可能给客户带来安全风险的环节，要做好安全宣教。例如：妇科检查、腔内超声检查、放射检查等提供书面告知及诊室外告知；侵入性检查（如妇科、电子内镜）、放射检查、放弃检查项目等，要有知情同意书与特殊检查项目告知书。

3. *健康知识宣教*　在体检过程中，护理人员可以利用等待时间向体检者进行简短的健康知识宣教。例如，在测量血压时，向体检者讲解高血压的危害及预防方法；在进行眼科检查时，提醒体检者注意用眼卫生，避免长时间使用电子设备等。

对于体检中发现的一些常见问题，如体重超标、血压偏高、血糖异常等，及时给予初步的健康建议，如合理饮食、适量运动等，引起体检者的重视。

注重体检环境中的知识宣教，例如，放置健康宣教栏，提供健康书籍、健康画册，内容包括膳食指导、运动指导等；现场播放健康体检相关的视频广播。

（三）检后健康教育

1. *体检报告解读*　医生为体检者详细解读体检报告，解释各项检查结果的含义，让体检者清楚了解自己的身体状况。对于异常结果，说明可能的病因和进一步的检查建议。例如，若体检者的血脂偏高，解释血脂异常的危害，并建议其调整饮食结构、增加运动，必要时进行药物治疗。

2. *个案健康管理*　根据客户的体检报告和健康需求，为体检者制订个性化的健康管理方案，包括饮食调整、运动计划、定期复查等。为客户制订个性化的健康教育计划，并安排专业人员进行一对一的咨询和指导。例如，对于患有糖尿病的体检者，为了让客户达到了解糖尿病饮食原则的教育目标，制订相应的健康教育计划。在系列的课程中，可以通过讲授法、讨论法、展示与视听法，利用食物模型、看图说话等教具，让客户学习相关知识，并定期对健康教育效果进行评估，以确认达到健康教育目标。

3. 健康跟踪服务　建立体检者健康档案，通过电话、短信、微信等方式对体检者进行定期随访，了解其健康状况的变化和健康管理方案的执行情况。对需要进一步治疗的体检者，及时提醒其就医，并提供相关的医疗资源信息。

4. 科普宣传　组织健康讲座、健康沙龙等活动，邀请专家为体检者进行专题讲座，解答体检者在健康管理过程中遇到的问题。

总之，健康教育在健康体检流程中发挥着重要作用。体检机构的护理人员应充分认识到健康教育的重要性，不断提高自身的专业素养和沟通能力，将健康教育贯穿体检的各个环节，为体检者提供更加优质、全面的服务，促进体检者的健康水平不断提升。

三、健康管理机构健康教育的管理

（一）目标设定与规划

1. 明确健康教育目标　健康管理机构应根据自身定位和客户需求，确定具体的健康教育目标。例如，提高客户对常见疾病的认知水平、促进客户养成健康的生活方式、增强客户的自我健康管理能力等。

2. 制订健康教育规划　基于目标，制订详细的健康教育规划。包括确定教育内容、选择教育方式、安排教育时间和地点、确定教育对象等。规划应具有系统性、针对性和可操作性。

（二）教育内容管理

1. 科学性与准确性　确保健康教育内容的科学性和准确性。教育内容需来源于可靠的医学研究文献、专业学术期刊及经过严格审核的医学教材，遵循国家卫生部门发布的各类疾病防治指南、健康管理指南等专业规范。建立健康教育内容审核机制，由专人对教育内容进行审核把关，确保教育内容符合医学标准，避免传播错误或误导性的信息。

2. 多样性与个性化　提供丰富多样的教育内容，满足不同客户的需求。内容可以涵盖疾病预防、健康生活方式、心理健康、营养与饮食、运动与健身等多个方面。同时，根据客户的年龄、性别、职业、健康状况等因素，提供个性化的教育内容。

3. 时效性与更新性　关注健康领域的最新动态和研究成果，及时更新健康教育内容。确保客户接收到的信息是最新、最有效的。可以通过定期举办专题讲座、发布最新健康资讯等方式，向客户传递最新的健康知识。

（三）教育方式管理

1. 多样化的教育方式　采用多种教育方式，提高健康教育的效果。可以包括健康讲座、培训课程、宣传资料、在线教育平台、一对一咨询等。不同的教育方式适用于不同的客户群体和教育内容，可以根据实际情况进行选择和组合。

2. 互动性与参与性　增强教育方式的互动性和参与性，提高客户的学习积极性。例如，在健康讲座中设置问答环节、互动游戏等；在在线教育平台上开展讨论区、健康打卡等活动；鼓励客户分享自己的健康经验和心得。

3. *创新性与趣味性* 不断创新教育方式，增加健康教育的趣味性。可以利用多媒体技术，如视频、动画、虚拟现实等，使教育内容更加生动、形象。

（四）教育人员管理

1. *专业素质要求* 健康教育人员应具备专业的医学知识、教育技能和良好的沟通能力。可以通过招聘具有相关专业背景的人员、组织内部培训、邀请外部专家进行培训等方式，提高教育人员的专业素质。

2. *职责与分工* 明确健康教育人员的职责和分工，确保健康教育工作的顺利开展。可以设立专人负责教育内容的策划、组织实施和效果评估等工作。也可以将健康教育工作分配给各个部门的人员，如医生、护士、营养师等，共同参与健康教育工作。

3. *激励与考核* 建立激励机制，对表现优秀的健康教育人员进行表彰和奖励，提高他们的工作积极性和创造性。同时，建立考核机制，对健康教育人员的工作进行定期考核，评估他们的工作绩效和专业能力，为进一步提高健康教育质量提供依据。

（五）效果评估与反馈

1. *效果评估指标* 建立科学的效果评估指标体系，对健康教育的效果进行评估。可以包括客户对健康知识的掌握程度、健康行为的改变情况、客户满意度等方面。通过问卷调查、访谈、数据分析等方式，收集评估数据。

2. *定期评估与反馈* 定期对健康教育效果进行评估，并及时向教育人员和管理层反馈评估结果。根据评估结果，总结经验教训，调整健康教育规划和管理策略，不断提高健康教育的质量和效果。

3. *客户反馈与改进* 重视客户的反馈意见，及时了解客户对健康教育的需求和满意度。根据客户的反馈意见，改进健康教育内容和方式，提高客户的体验感和满意度。

健康管理机构应加强对健康教育的管理，从目标设定、内容管理、方式管理、人员管理和效果评估等方面入手，不断提高健康教育的质量和效果，为客户提供更加优质的健康管理服务。

思考题

1. 简述三种健康教育模式的特点。
2. 简述初诊糖尿病患者的健康教育程序。
3. 举例说明在健康教育中如何利用健康行为改变模式。
4. 简述健康教育与健康管理的关系。

（王媛媛 黄秀峰 张 宁）

参考文献

陈大方, 2020. 精准健康管理 [M]. 北京：北京大学医学出版社.

陈静, 方红丽, 刘杨琼, 等, 2022. 健康管理中心护理质量评价指标体系的构建 [J]. 昆明医科大学学报, 43(4):170-174.

傅华, 施榕, 张竞超, 等, 2017. 健康教育学 [M]. 北京：人民卫生出版社.

李春艳, 2020. 健康管理与健康促进 [M]. 武汉：武汉大学出版社.

李小妹, 冯先琼, 李昆, 等, 2021. 护理学导论 [M]. 5 版. 北京：人民卫生出版社.

李玥，关华，邹小翠，等，2023. 基于胜任力的体检中心健康管理专科护士核心能力评价指标体系的构建 [J]. 护理研究，37(20): 3632-3640.
邵同先，李昊，2021. 健康管理学 [M]. 郑州：郑州大学出版社 .
田本淳，管纪惠，米光明，等，2014. 健康教育与健康促进实用方法 [M]. 北京：北京大学医学出版社 .
杨颖，李慧，杨琳，等，2023. "护理 + 健康管理" 护士岗位胜任力评价指标体系的构建 [J]. 护理研究，37(24):4471-4476.
张立强，王陇德，胡锦华，等，2019. 现代健康教育学 [M]. 上海：复旦大学出版社 .

第三篇　健康管理护理实践

第7章　健康管理机构护理管理

学习目标

掌握：护理管理的职能；健康管理机构组织建设；绘制组织架构图；护理绩效管理方法；健康管理机构护理培训内容与方法；健康管理机构的制度与流程。

熟悉：健康管理机构各项计划的制订；健康管理机构岗位设置及职责；护理人力资源分层管理。

应用：根据健康管理机构特点，做一套绩效管理方案及护士培训方案。

第一节　护理管理概述

一、护理管理的概念

护理管理是指以提高护理质量和工作效率为主要目的，对护理工作的诸多要素（如人员、时间、信息、技术、设备等）进行科学的计划、组织、领导、协调、控制，从而使护理系统有效地运转，最终实现组织目标并使护士的能力及素质得到全面发展的活动过程。

护理管理在健康管理中具有重要的地位和作用，不仅涉及健康评估和风险筛查、个性化健康管理方案的制订与实施、健康教育与咨询、慢性病管理及心理支持与社会支持等方面，还通过优化资源配置和工作流程，确保高效、有序开展健康管理工作。有效的护理管理能够帮助个体和群体预防疾病、促进健康、提高生活质量，从而实现健康管理的目标。

二、护理管理的内容

（一）管理职能

管理职能在护理管理和健康管理领域中具有至关重要的意义。目前公认的管理职能包括计划、组织、人力资源管理、领导、控制5个方面。

1. 计划职能　是管理的基础和前提，是指为实现组织管理目标而对未来行动方案进行规划和安排的工作过程，有助于指导如何充分协调利用现有资源，提升护理服务的质量和效率。在健康管理中，计划职能重点关注健康管理方案的制订，具体包含6W1H，即做什么（What）、为什么做（Why）、谁来做（Who）、为谁做（Whom）、何时做（When）、何地做（Where）和如何做（How）。

2. 组织职能　是指为有效实现组织目标，根据计划对组织拥有的各种资源进行科学安排、设计和维持合理的组织结构，主要内容包括组织设计、组织运作、组织变革等。在护理管理中，良好的组织设计能够确保医护人员各司其职、协调配合，以提高服务效率和质量。在健康管理中，组织职能涉及整合社会资源，建立多部门协作的机制，未来有利于迎接更大的公共健康挑战。

3. *人力资源管理* 是指管理者根据组织内部的人力资源供需状况所进行的人员选择、培训、使用、评价的活动过程，主要涉及“选、用、考、育、留”五大环节，目的是保证组织任务的顺利完成。在健康管理中，通过有效的人力资源管理，能够吸引和保留优秀的健康管理护理人才，不仅保障日常工作顺利进行，还可以推动整体服务质量持续提升。

4. *领导职能* 是指管理者通过影响下属实现组织目标的行为过程，其目的是激励下属愿意为实现组织目标而努力。领导是联结计划、组织、人力资源管理和控制等各职能的纽带，通过有效的领导行为和团队管理，促进护理团队的凝聚力和工作效能，确保受检者护理的连续性和质量。在健康管理中，领导扮演关键角色，通过制订战略方向和目标，协调资源分配，以及激励团队成员，确保组织有效运作并达成既定组织目标。

5. *控制职能* 是指按照既定的目标和标准，对组织活动进行衡量、监督、检查和评价，以发现任何偏差，并采取纠正措施，确保按照原定计划执行，或者在需要时适当调整，最终实现组织目标的活动过程。在健康管理中，控制职能通过监督和评估护理实践的执行情况，及时发现和纠正偏差，确保医疗服务符合标准和质量要求。

五大管理职能之间相互关联、相互联系，在护理管理和健康管理中有机结合，不仅推动医疗服务的优化和升级，还促进了居民健康水平的提升和公共健康事业的发展。

（二）管理对象

管理对象也称为管理客体，是指管理者实施管理活动的对象。在健康管理护理工作中，管理对象涉及人员、财力、物资、时间、信息、技术和空间 7 个方面。单独来看，每个方面都至关重要，整体来看，各个方面还相互交织，它们共同确保健康管理护理服务的高质量和高效率。

1. *人员* 人员是确保组织可以有效运作的首要资源。健康管理护理工作离不开护士、健康管理师、医生和受检者。护士是直接提供健康管理护理服务的主体，不仅需要具备专业知识和技能，还要以良好的身心状态为受检者服务。管理者应关注护士的岗位培训、职业发展和心理健康等方面，通过科学、合理地调配人力资源确保他们能够以最佳的状态专业、高效地投入工作，医生和健康管理师作为健康管理护理工作的指导者和支持者，需要与护士密切配合，共同为受检者制订和调整健康管理计划。管理者可以采取多种措施保证团队的凝聚力和沟通的有效性，努力提升健康管理护理服务质量。受检者主要为健康与亚健康人群，健康管理护理服务的工作重点在于对受检者的健康危险因素进行全面监测、分析、评估、预测、预防与干预。管理者除了要随时关注受检者的健康状况外，还需要关注他们的需求和反馈，从而提升健康管理护理服务的满意度和有效性。总之，人员管理旨在对人进行有效开发、合理利用和科学管理，强调以人为本的理念，重视对人的思想、心理和行为进行全面而有效的管理，做到人尽其才、人事相宜。

2. *财力* 财力是保持组织高速发展的社会生产力的基础，通过对财力资源的有效整合及运用，可以达到提高管理成效的目的。在健康管理护理工作中，合理的财务预算和支出是保证护理质量的基础。管理者可以通过制订科学合理的预算确保资金用于最需要的地方，如购置必要的医疗设备、支付护理人员的薪资、开展相关的护理培训等。同时，还要加强财务监督，做到专款专用，避免资源浪费和资金流失。总之，财力资源管理就是对组织财力资源进行充分、科学的管理，做到财尽其力，将有限的财力资源转化为更大的社会和经济效益。

3. *物资* 指组织中的有形资产和无形资产，是人们从事社会实践活动的基础。管理者要根据组织目标和实际情况，根据事物发展的客观规律，对各种物力资源进行合理配置和最佳利用，开源节流，物尽其用。作为健康管理服务的提供者，除了按要求配备符合开展健康体检项目要求的仪器设备、急救设备和信息化设备外，还需要及时更新和维护，确保物资的供应充足、质量可靠。例如，医疗设备的定期检修和适时更新，药品的及时补充和合理使用，这些都是保障健康管理护理服务顺利开展的关键环节。

4. 时间　是一种特殊的、有价值的无形资源，清晰的时间成本效益观念是进行有效时间管理的基础。管理者可以通过对时间进行科学的统筹，实现在最短的时间内完成更多的事情的目的，充分提升时间的利用率和有效性。时间的管理在健康管理工作中尤为重要，护理人员需要合理规划工作时间，提升工作效率，减少不必要的时间浪费；管理者则需要制订科学的排班制度，确保护理人员在工作高峰期和紧急情况下能够快速响应。同时，还要关注护理工作的时间分配和体检流程的优化，确保每位受检者都能得到充分的照顾和最佳的体验。

5. 信息　信息资源管理就是对信息的获取、处理、传输、存储、开发等过程实施管理，使信息及时、准确、适时地发挥作用。管理者的主要任务是根据组织目标的要求，建立完善高效的管理信息系统，保证管理层和组织各环节互相沟通、联络活动所需的各种信息。在健康管理机构，需要采集个人及群体的信息，包括基本信息、生活及行为方式、健康体检信息等内容，管理者可以依据以上信息针对不同人群的特点和需求进行个性化管理，同时使用信息系统实现实时追踪管理。当前，在大数据背景下，管理者在充分利用信息资源，优化健康管理流程，提高护理质量的同时，还需要格外关注信息安全和隐私保护，避免信息泄露和滥用。

6. 技术　是自然科学知识在生产过程中的应用，是改造客观世界的方法和手段。技术资源涵盖两方面内容，其一为与解决实际问题有关的软件知识，其二为解决这些实际问题时所运用的设备、工具等硬件类知识。对于技术的管理，包括对新技术、新方法的引进与应用工作。随着医学技术的不断发展，新技术在健康管理护理工作的应用能够显著提升该领域工作的效率与成效。

7. 空间　空间是指环境中能够被开发利用的物质与非物质资源的总称。研究和开发空间资源，有助于充分利用有限的空间资源、优化资源配置。良好的环境有助于提升护理人员的工作积极性和受检者的舒适度，健康管理机构应遵循《健康体检管理暂行规定》《健康体检机构基本标准（试行）》规定的建筑总面积不少于 $400m^2$，各独立检查室使用面积不少于 $6m^2$ 的规定。管理者需要合理规划和设计可用空间，确保体检区域布局合理、分区明确、标识清楚、设施齐全、环境整洁。

综上所述，健康管理护理工作中的管理对象涵盖了人、财、物、时间、信息、技术和空间 7 个方面。每一个方面都至关重要，只有各方面协调发展，才能实现护理工作的高质量和高效率，最终达到提升受检者健康水平和生活质量的目标。管理者需要具备全面的管理能力和前瞻性的思维，科学规划和统筹各方面的资源，推动护理工作不断进步。

（三）管理方法

管理方法是指在管理活动中为实现管理目标、保证管理活动顺利进行所采取的具体方案和措施，是管理理论、原理的具体化和实际化。

1. 法律方法　也称“制度方法”，是指运用法律规范及类似法律规范性质的各种行为规则进行管理的一种方法。在管理的法律方法中，既包括国家正式颁布的法律，也包括各级政府机构和各个管理系统所制定的具有法律效力的各种社会规范。各级健康管理中心必须严格遵守国

家和地方出台的有关医疗保健、数据保密、隐私保护等方面的法律法规，保障受检者的合法权益；可以通过制定中心内部有关服务流程、操作标准、质量控制等内容的规章制度来规范健康管理活动，从而提升服务质量。

2. *行政方法* 是指在组织内部以组织的行政权力为依据，运用行政手段，按照行政隶属关系来执行管理职能和实施管理的一种方法。行政管理方法是最基本、最传统的管理方法。健康管理中心可以建立合理的组织架构，明确各部门职责，以行政手段确保各项政策落实到位，保障健康管理活动高效有序进行。

3. *经济方法* 是指以人们对物质利益的需要为基础，按照客观经济规律的要求，运用各种物质利益手段来执行管理职能、实现管理目标的方法。在健康管理机构，一方面可以依据市场需求和成本价格，推出体检套餐，提供更加便捷的健康管理服务；另一方面也可以设立奖励机制，鼓励职工提供优质服务。

4. *教育方法* 教育是按照一定的目的和要求对受教育者从德、智、体几个方面施加影响，使受教育者改变行为的一种有计划的活动。例如，健康管理机构可以在体检过程中为受检者提供健康教育服务，包括但不限于体检结果解读、提出管理建议等。健康管理中心也可定期举办健康讲座、培训班等活动，提升公众健康素养，促进公众健康。

5. *数量分析方法* 是建立在现代系统论、信息论、控制论等科学基础上的一系列数量分析、决策方法。健康管理中心汇集了大量的体检数据，通过数据挖掘技术对海量数据进行分析，有助于评估受检者的健康风险、发现潜在健康问题、辅助支持临床决策。

6. *系统方法* 是一种依据事物自身的系统性，将管理或研究对象置于系统形态中认识与考察的方法。该方法从系统视角出发，重点从整体与部分（要素）之间、整体与外部环境之间、部分（要素）与部分（要素）之间的相互作用和相互制约的关系中对对象加以考察，进而实现对问题的最优处理。系统方法强调从整体和系统的角度看待健康问题，这要求健康管理中心能够为受检者提供包括评估、干预、随访、宣教等全方位全流程的健康管理服务。同时，也可以通过系统集成，实现数据交互共享，有利于打破数据孤岛，提升健康管理效率。

7. *权变方法* 也称为“情境方法”，是指管理者在面对不同的组织情境时采用不同的管理方法。该方法强调不存在简单化的或普遍适用的管理理论和管理方法。在健康管理工作中，可以针对受检者的不同需求和特点，灵活调整健康管理策略，为受检者提供个性化服务，从而提升舒适度和满意度。

8. *人本方法* 传统管理方法秉持“以物为中心”的理念，而人本方法则是在深刻认知人与社会经济活动中核心作用的基础上，强调人在管理过程中的主导地位，实现以人为中心、追求人的全面自由发展为最终目标的管理方法。在健康管理过程中，应当始终以受检者为中心，注重人文关怀，关注社会支持需求和心理感受，营造人性化、温馨、舒适的环境，适时提供健康关怀和支持。

第二节 健康管理机构护理计划

计划是管理职能中的开始环节，也是管理工作中最基本的职能。一名健康管理机构的护理管理者，要科学制订各项护理工作计划，制订工作目标，同时为护理质量控制工作提供标准和依据。

一、护理计划的概念与分类

（一）计划的概念

计划是根据需要解决的问题，经过科学预测，权衡客观的需要和主观的可能提出未来要达到的目标及实现目标的方法。狭义的计划仅指计划制订的过程，广义的计划指计划制订、计划实施、检查和评价计划的三阶段工作过程。例如，健康管理机构的年度计划，包括健康管理机构制订护理工作年度计划的“计划制订”过程，护士长、护士组织逐级落实的“实施计划”过程，以及通过护理质量控制体系进行定期检查的“评价计划”过程。

（二）计划的分类

1. *按计划的规模分类* 主要分为战略计划、战术计划两种类型。

（1）战略计划：指决定整个组织的目标和发展方向的计划。战略计划是对如何实现战略目标的谋划，也是制订其他计划的依据。一般由高层管理者制订，时间跨度较大，对组织影响深远的职能范围较广。例如，中国护理事业发展规划、医院人才队伍建设规划等。

（2）战术计划：是战略计划的实施计划，较战略计划更加具体。一般由中层管理者负责制订，按照组织的职能进行制订，涉及的范围是指定的职能领域，时间跨度较短。例如，健康管理机构护理质控计划、专科护士培养计划等。

2. *按计划的时间分类* 主要分为长期计划、中期计划和短期计划 3 种类型。

（1）长期计划：一般指 5 年以上的计划，是建立在对未来发展趋势的一定预测、评估论证基础上，规定了组织各个部门在较长时期内从事某种活动应达到的目标和要求，制订了组织长期发展方向、方针和蓝图。由高层管理者制订，对组织具有一定的战略性、纲领性和指导性意义，如《全国护理事业发展规划（2021—2025 年）》。

（2）中期计划：一般介于长期和短期计划之间，根据组织总体目标的完成要求进行制订，衔接短期计划和长期计划，如《健康管理机构新入职护士培训计划》的培训时间为 24 个月。

（3）短期计划：一般指 1 年或 1 年以内的计划，是具体工作部署、活动安排和应达到的要求，组织成员在近期内的行动提供了依据，具有战术性特点，如健康管理年度培训计划。

3. *按计划的约束程度分类* 主要分为指令性计划和指导性计划两种类型。

（1）指令性计划：是由主管部门制订，以指令的形式下达给执行单位，要求严格按照计划的步骤执行，具有强制性的计划。指令性计划易于执行、考核及控制，但缺少灵活性，如健康管理机构年度绩效考核计划。

（2）指导性计划：由上级主管部门下达给执行单位，按照计划完成任务、目标和指标，对完成具体方法不做强制性规定，如《关于促进护理服务业改革与发展的指导意见》等。

二、健康管理机构护理计划制订

（一）健康管理机构护理管理工作计划

（1）明确护理管理分工，共同促进科室护理管理工作。明确护士长管理职责，明确职能小组职责，从质控、培训、科研、科普、文化建设、信息建设等各方面完成竞聘与建立工作计划，体现人人参与科室管理的目标。

（2）确保体检过程中的护理质量和安全，杜绝护理差错和事故的发生。完善护理质量监控体系，每周进行护理操作规范检查，每月进行护理安全隐患排查。加强对护理人员的安全教育，每季度组织应急演练，提高应对突发状况的能力。

（3）加强护理培训及团队建设，提高护理人员的专业素质和服务意识。制订详细的培训计划，包括内部培训、外部专家讲座及实践技能考核。建立服务意识评估机制，通过受检者评价、同事互评等方式，对护理人员的服务意识进行量化评估，并与绩效挂钩。

（4）提升团队护理科研能力。鼓励护理人员参与护理研究，通过科研培训、科研组会、科研课题申请等形式推动护理工作的创新和发展。

（5）优化护理服务流程，减少受检者等待时间，提高工作效率，提高体检受检者满意度。强化主动服务意识、安全意识，提高护士沟通意识，树立“以人为本”护理理念，确保护理工作安全有效。每两周对服务流程进行一次梳理，查找可能导致等待的环节，如登记、缴费、检查项目排序等。通过合理调整人员配置、优化预约系统、设置快速通道等方式，缩短受检者等待时间。每月进行受检者满意度调查，分析不满意的原因并制订改进措施。针对服务态度、沟通效果、操作技能等方面进行重点评估，根据调查结果对相关护理人员进行针对性培训和指导。

（6）健康科普与健康教育。积极开展健康教育活动，确定健康教育内容，确定健康教育形式，健康教育员的培训，开展效果评估，持续改进。

（7）人力资源管理。根据各护理单元工作内容，梳理各岗位人员配置，实施护士岗位能力及对应管理模式。做好护士轮转计划，做到人力资源合理调配。

（8）计划评估与调整。每月对工作计划的执行情况进行总结和评估，及时发现问题并采取措施加以解决。

（二）健康管理机构护理培训工作计划

（1）所有护士完成护理部规定的继续教育培训，年度学分达到 25 分，护师及以上职称完成Ⅰ类学分 10 分，Ⅱ类学分 15 分。

（2）新入职护士实行岗前培训和岗位规范化培训。岗前培训包括相关法律法规、医院规章制度、服务理念、医德医风及医患沟通等内容；岗位规范化培训包括岗位职责与素质要求、医院感染制度等内容，采取以一对一带教方式，考核合格后上岗，提高护士为受检者提供优质护理服务的意识和能力。

（3）1 ～ 5 年护士按要求完成护理部 1 年、3 年、5 年培训及院内轮转计划，按要求填写培训手册。

（4）各层级护士按层级完成健康管理机构岗位轮转计划，能够独立完成本岗位工作。

（5）护士每月按年资参加理论及操作课程学习，认真完成笔记，掌握专科知识及技能。

（6）每月完成操作考核，每季度完成科室理论考核，理论成绩 85 分、操作成绩 85 分以上为达标，不达标者需要补考。

（7）每年完成 CPR、医院感染管理控制、《护士条例》、护理部十大戒律、核心制度、各项应急流程及急救药物药理作用、服用剂量、作用与副作用的培训。

（8）5 年以上护士每年完成至少一次理论讲课。

（9）按兴趣对各科常见疾病进行系统性学习，做好自学笔记。

（10）主管层护士按科室计划完成所选专业方向的培训，并按要求完成各项记录与考核。

（11）所有护士按要求完成培训手册，每季度将培训手册交至本岗位组长处审阅并检查完成情况，根据完成情况调整下个季度的学习内容。

（三）健康管理机构护理质控工作计划

为了保障受检者的健康权益，提升护理服务品质，特制订以下护理质控工作计划，旨在从检前、检中、检后 3 个方面全面提升护理服务水平。

（1）建立护士长—科室护理质控组长—全体护士参与的质量管理监控体系，逐步落实人人参与质量管理，实现全员质控的目标。

（2）成立质控小组，设组长（1 个）、组员（4 个）。

（3）质量控制检查分工

1）消毒隔离人员。

2）安全管理人员。

3）抢救车管理人员。

4）环境管理人员。

5）服务礼仪人员。

6）检前检中质控管理人员。

7）检后质控管理：随访组人员、总检组人员、报告打印装订组人员。

（4）制订护理质控标准和操作指南，确保各项护理工作有章可循、有据可查。

（5）制订科室年度护理质控计划，每月按照计划完成质控检查。

（6）各质控小组按照质控月计划，每周对照质控检查标准自查，至少 1 次，发现问题及时反馈、通知责任人整改，并进行持续质量改进。

（7）护士长每月初组织召开科室质量分析会，并对本月出现的问题进行原因分析，并制订整改措施。

（8）每季度召开质控会议，开展内部质量评估，对护理存在的疑难问题进行总结、讨论、分析、提出有效的整改措施。

（9）加强对护理缺陷、护理纠纷的管理工作，坚持严格督查各工作质量环节，发现安全隐患，及时采取措施，使护理差错事故消灭在萌芽状态。

（10）加强医疗护理法律法规的培训，以提高护理人员的法律意识，依法从护，保护受检者及护士的自身合法权利。

（11）定期收集受检者反馈意见，及时改进服务方式和服务流程，提升受检者满意度。

（四）健康管理机构护理科研工作计划

1. 科研培训与学习

（1）每月组织一次护理科研知识培训，邀请专家进行讲座，内容包括科研选题、研究设计、数据分析等。

（2）建立护理科研学习小组，定期进行小组讨论和学习分享，促进团队成员之间的交流与合作。

（3）鼓励护理人员参加外部的科研学术会议和培训课程，拓宽视野，了解最新的科研动态。

2. 科研课题申报

（1）组织护理人员进行科研课题选题讨论，结合健康管理机构的工作实际和受检者需求，确定研究方向。

（2）完成课题申报书的撰写和修改，邀请专家进行指导和评审。按照相关要求提交课题申报材料，积极争取立项。

3. 论文撰写与发表

（1）要求护理人员根据自身的工作经验和研究成果，撰写护理科研论文。

（2）组织论文评审会，对撰写的论文进行修改和完善。

（3）选择优秀论文向相关护理期刊投稿，争取发表。

4. 数据管理与质量控制

（1）梳理健康体检人群队列数据，定期更新，做好数据管理，建立科研数据管理制度，确保数据的真实性、完整性和准确性。

（2）定期对科研项目进行质量检查，及时发现和解决问题，保证研究进度和质量。

（五）健康管理机构护理科普工作计划

1. 科普内容策划

（1）体检项目的解读与选择，帮助公众了解体检的重要性和如何根据自身情况选择合适的体检项目。

（2）健康生活方式的养成，包括合理饮食、适量运动、充足睡眠、心理调适等。

（3）不同年龄段的健康管理重点，如儿童青少年的生长发育、成年人的职业健康、老年人的养生保健等。

（4）常见慢性病（如高血压、糖尿病、高血脂等）的预防与管理。

2. 科普形式选择

（1）线上科普

1）通过健康管理机构的官方微信公众号等平台，定期发布科普文章、图片、视频等。

2）制作健康管理相关的短视频，发布在公众号平台，或在体检区域内滚动播放。

（2）线下科普

1）举办健康讲座和培训，走进社区、企业、学校等场所，面对面地为公众进行健康知识普及。

2）印发健康管理宣传手册、海报等资料，免费发放给公众。

3. 科普活动安排

（1）每月至少发布 1 篇科普文章，涵盖不同的健康管理主题。

（2）每季度制作 1 个科普短视频。

（3）每年开展两次线下健康讲座和培训。

（4）重大健康节日，如世界卫生日、高血压日、糖尿病日等，组织专题科普活动。

第三节 健康管理机构护理组织建设

组织职能是管理的基本职能之一，是通过建立、维护，并不断改进组织结构以实现有效的分工、合作过程，也是落实计划的手段和实施控制的工具。健康管理机构的护理管理工作中，要做好组织体系建设，做好各组织与部门间分工合作，从而实现组织目标。

一、护理组织设计原则

（一）目标明确原则

组织结构的设计和组织形式的选择必须从组织目标出发，明确组织的发展方向、经营战略。

组织中的每个部门都应有明确的目标，各部门的目标必须服从组织的总目标。例如，取血岗、检查岗、前台岗等各岗位护士都应互相协作，共同完成科室制订的总目标。

（二）统一指挥原则

遵循统一指挥原则，建立严格的责任制，可以最大限度地防止多头领导和无人负责现象，保证有效地统一和协调各方面的力量和各部门的活动。健康管理机构护理管理可划分为科护士长—护士长—护理组长—护士的垂直等级结构，整个护理组织从上而下形成一条清晰的等级“指挥链”实行统一指挥，做到下级只接受一个上级的命令并对其负责，上下级之间的上报下达都要按层次进行，不得越级，以免部门之间及成员之间推诿责任和工作。

（三）专业化分工原则

组织分工时应当按照专业化的原则设计部门，分配任务。一般分工越细，专业化水平越高，责任越明确，效率也越高，但这也容易出现部门增多、协作困难的问题。健康管理机构护理组织应首先根据岗位工作性质及工作量进行专业划分，每个组织成员承担其中一定范围的工作。专业分工精细有利于培养护理人才、提高护理工作和管理效率。

（四）层幅适当原则

管理幅度又称管理宽度或控制跨度，是指在一个组织结构中，管理人员所能直接管理或控制的下属数目。判断管理幅度与管理层次合理与否，关键在于管理幅度和管理层次与组织的具体环境和条件相适合。管理幅度的宽窄取决于组织结构的层级，幅度与层级成反比关系，即组织层级越多，管理幅度就越窄。管理层次是指从上级到下级建立明确的职责、职权和联系的正式层级。管理层次数以保证组织结构合理、有效运转的最少层次为宜，一般从最高领导层到基层是 2 ～ 4 层。

（五）责权对等原则

职责是指对应岗位应承担的责任。职权是指管理职位所具有的发布指令并保证指令得到执行的一种强制权力。每一个职位的权力应当与其承担的责任相当，职权越大，职责也越大。责任、权力、利益三者之间是不可分割的，权力是责任的基础，责任是权力的约束，利益的大小决定了管理者是否愿意担负责任及接受权力的程度，因此，责权利的协调、平衡和统一是组织高效运转的必备条件。护理组织机构应根据责权一致的原则设置明确的岗位，进行科学的人员配置。

二、护理组织系统

（一）公立医院健康管理中心护理管理组织架构（图 7-1）

公立医院健康管理中心的护理管理组织架构是健康管理机构内部管理的一个重要方面，它涉及护理服务的提供、护理人员的管理及护理质量的保证等多个方面。

（二）民营健康管理机构护理管理组织架构（图 7-2）

民营体检机构的护理管理组织架构可能会根据具体业务需求、服务范围、机构规模和发展战略进行调整。一些机构可能会有更加细化的职能分工，而其他一些可能采取更为灵活的管理方式。此外，随着技术的发展和市场需求的变化，民营体检机构可能还会引入新的护理管理角色或调整现有架构以适应变化。

1. *护理部*　作为护理管理的核心部门，负责制订护理政策、规划、监督护理工作，以及协调各科室的护理活动。

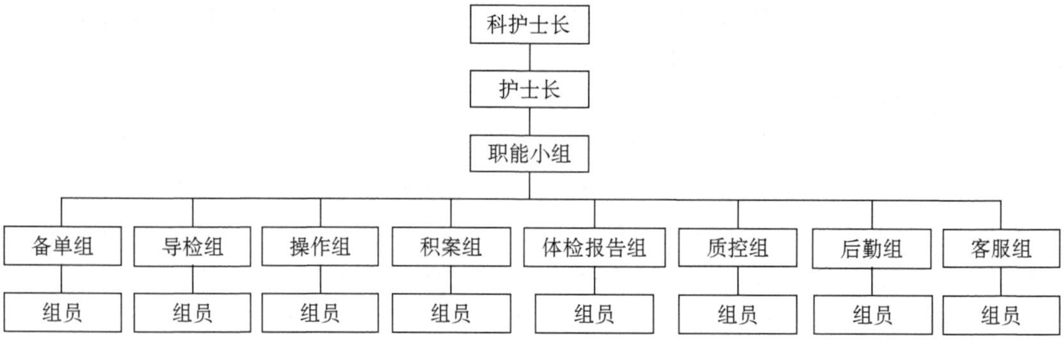

图 7-1　公立医院健康管理中心护理管理组织架构图

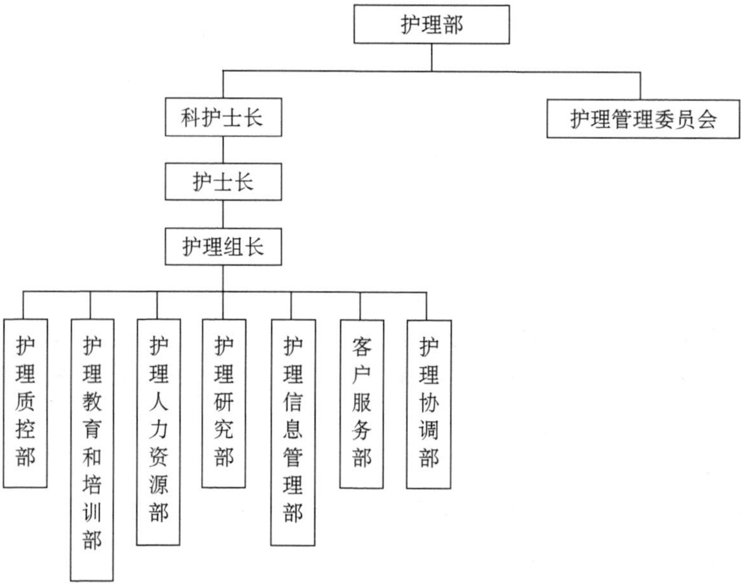

图 7-2　民营机构健康管理中心护理管理组织架构图

2. *护理管理委员会*　由高级护理管理人员和关键部门负责人组成，负责制订护理工作发展规划，解决护理工作中的问题，并提出改进措施。

3. *护理质控部*　由资深护士领导，负责定期审查护理服务质量，提出改进建议。

4. *护理教育和培训部*　负责制订护理人员的培训计划，提升护理团队的专业技能和服务水平。

5. *护理人力资源部*　建立护士人力资源管理制度，包括招聘、培训、考核和晋升等，以合理配置护理人员。

6. *护理研究部*　在医疗机构中扮演着重要角色，特别是在提升护理服务质量、促进护理学科发展及推动护理创新方面。

7. *护理信息管理部*　私立健康管理机构可能更加重视信息技术的应用，以提高护理管理的效率和质量。

8. *客户服务部*　专注于提供受检者咨询和指导，确保受检者体验的满意度。

9. *护理协调部*　负责护理部门后勤支持工作，如记录管理、物资管理等。

第四节　健康管理机构护理制度管理

护理制度建设在健康管理机构中发挥着关键作用。它确保护理工作的标准化、流程化，提升了护理服务的专业性和质量，从而增强了体检结果的准确性和受检者的信任度。同时，制度明确了护理人员的职责与分工，优化了资源配置，提高了工作效率。通过持续的培训与考核，促进了护理人员的专业技能提升，为受检者提供了更加安全、高效的健康体检体验。总体而言，护理制度建设是健康管理机构提升服务品质、赢得受检者信赖的重要保障。

一、护理工作制度

健康体检护理工作制度是确保体检过程顺利进行、保障受检者安全及提升服务质量的重要规范。以下是健康体检护理工作制度的主要内容。

（1）护理管理组织架构健全。在各级领导带领下，切实做好本机构的健康体检、健康管理、跟踪随访等工作，全面实施以受检者为中心的护理服务。

（2）严格遵守国家的法律法规和医院制定的各项规章制度。自觉遵守中心的各项规章制度，严谨求实，爱岗敬业，认真负责地做好本职工作。

（3）贯彻体检护理的质量方针和落实质量目标、质量指标过程中存在的问题，提出改进意见与措施，并落实改进。

（4）工作期间遵守护士行为规范，注意文明礼仪，提高职业素养。工作人员持证上岗，工作时间统一着装，除工作需要外，禁止穿着工作服外出。

（5）注重学习及培训，加强专业知识和业务技能的培训、考核，严格执行三查八对制度，认真执行各项无菌技术操作，严防差错事故。

（6）确保体检环境整洁舒适，物品放置有序，体检流程顺畅。对老弱病残、行动不便的人员应给予照顾，优先安排。

（7）开展医德医风教育，不断提高团队的整体素质。廉洁体检，不得营私舞弊，严禁篡改或伪造单据、报表、资料、记录和健康检查数据。

（8）尊重受检者隐私权，未经受检者同意，不得擅自散布、泄露受检者的个人信息。不得私下向受检者索要个人信息。

二、请假管理制度

为了保障健康管理机构的正常运转，维护员工的合法权益，同时确保服务质量和受检者满意度，特制定本请假管理制度。本制度适用于健康管理机构全体员工，旨在规范员工的请假行为，确保请假流程的透明化、规范化。

（一）预约与计划休假

（1）提前预约计划休假时间。员工应按照科室规定提前提交休假计划，详细说明休假时间、休假原因及休假期间的工作安排。

（2）科室领导应根据工作实际和人员配置情况，合理安排员工休假计划，并提前通知员工休假是否批准。

（3）员工在获得休假批准后，应做好工作交接，确保休假期间相关工作安排妥当。

（二）临时请假流程

(1) 如遇突发情况需临时请假，员工应立即向科室领导报告，并说明请假原因、请假时间及工作安排。

(2) 科室领导应根据实际情况，尽快审批员工的临时请假申请，并通知员工审批结果。

(3) 员工在获得临时请假批准后，应尽快完成工作交接，确保工作不受影响。

（三）请假方式规定

(1) 员工应通过正式渠道向科室领导提出请假申请，如书面请假条、电子邮件或内部请假系统。请假申请应包含请假人姓名、部门、职务、请假时间、请假原因等信息。

(2) 请假申请应按照科室规定时间提前提交，如有特殊情况需临时请假，应提前向科室领导请示并获得批准。

（四）休假种类及条件

1. *法定假期*　按照国家法定节假日规定执行，员工可享受带薪休假。

2. *年休假*　员工工作满一年后享有年休假，具体天数根据工龄和中心规定执行。

3. *病假*　员工因病需请假时，应提供医院诊断证明。

4. *事假*　员工因私事需请假时，应提前向科室领导请示并获得批准。

（五）请假申请与审批

(1) 员工应按照规定的请假方式和流程提出请假申请。

(2) 科室领导应根据实际情况和中心规定，及时审批员工的请假申请，并通知员工审批结果。

(3) 对于不符合规定的请假申请，科室领导有权拒绝，并向员工说明原因。

三、培训制度

为加强健康管理机构专科护士的培养，提高护理队伍整体素质，使健康管理机构的专业更加精准精细化，不断提高护理人员专业业务能力，特制定制度如下。

（一）培训目标

通过培训提高健康管理机构护理人员综合护理能力，独立判断和解决问题能力，人际沟通能力，组织管理能力和科研能力，在实践中巩固知识和技能，并能运用所学知识、技能和人文关怀能力，为受检者提供优质、高效的护理服务。进而提高健康体检与管理机构护理队伍整体素质，专业能力，全面提升健康体检与管理机构的整体护理质量。

（二）培训内容

(1) 相关法律法规、健康管理机构或医院相关规章制度、应急流程的培训，提高风险识别能力。

(2) 参加健康管理机构内或医院内组织的各类护理技能培训，完成继续教育学分。

(3) 健康管理相关知识及技能，包括健康信息采集、健康监测、健康评估、个性化管理方案、健康干预等，提高护士的健康管理水平。

(4) 专业服务技能及礼仪沟通等技能。

(5) 常见危急重症识别及病情观察能力。能在体检过程中发现危险病情并能及时正确的处理。

(6) 鼓励各种形式的自修学习，提高专业素养。

(7) 加强循证思维训练，提升护士的科研能力。

（三）培训形式

可采取多种形式结合的方式，接受培训，包括自主学习，参与机构安排的相关理论培训，参加院外或行业协会组织的相关培训，开展专题讨论，参加短期培训等。

（四）考核制度

（1）根据各级各类护理人员的培训计划和目标要求建立考核制度。

（2）根据各级各类护理人员的培训计划和目标要求制定考核标准，每年定期进行全面考核。

（3）考核内容应包括但不仅限于基础理论、基本操作技能、急救技能等。

四、护理操作查对制度

为确保健康体检工作的准确性、安全性和高效性，减少医疗差错，保障受检者的权益，特制定本健康体检护理操作查对制度。本制度旨在规范健康体检过程中各环节的查对流程，明确各岗位人员的职责与要求。

（1）前台工作人员仔细核对受检者的身份证件、预约信息及体检套餐等，确保受检者的身份信息与预约信息一致。根据受检者所选择的体检套餐，前台工作人员应核对体检项目清单，确保无遗漏或错误。将受检者信息录入体检系统时，应仔细核对录入信息的准确性，避免录入错误。

（2）各检查科室体检时必须核对受检者的姓名、年龄、性别等信息，确保体检项目无漏检、无漏填、无错项。在录入检查结果时，应仔细核对录入检查结果的准确性。

（3）妇科检查前、阴式超声检查前务必询问婚姻和性生活史。

（4）放射科检查前还须认真核对检查部位，询问受检者近期是否有生育计划或已经怀孕并请受检者签字确认未怀孕。

（5）受检者体检完毕，收回指引单时要核查检查项目记录，提醒受检者避免遗项。

（6）所有检验的标本结果必须由二人核对结果，确认无误方可输入电脑，有疑问时应重新检测并及时与受检者本人核对了解情况。

（7）报告核对人员出具报告时，需认真分析、核对检查、检验结果，在查对时发现问题及时报告有关医生和护士长或各部门负责人。如涉及可能导致受检者医疗安全时，应立即报告科室主任并登记。

（8）主检组发出报告前，须进行严格查对，确保体检资料准确无误后方可进行封装、发出，和团队负责人双方核对体检报告数目，确认后签收。

（9）发放个人体检报告时，需核对取报告者的相关证件，核实签字后领取体检报告。

五、资料管理制度

健康体检资料是健康管理机构的信息资源，包含着大量的受检者基本资料和体检资料。根据《医疗机构管理条例实施细则》《医疗机构病例管理规定》等制定本制度。

（1）健康体检资料管理范畴

1）受检者提供的基本个人信息（姓名、年龄、性别、身份证号、婚姻状态、既往疾病史、单位、联系电话等）。

2）受检者的导检单、受检者的检查报告、带有受检者信息的废弃打印纸。

3）健康体检报告纸质版，电子版。

4）带有个人信息的调查问卷。

5）团检单位的基本信息和团检结论分析纸质版、电子版。

（2）体检相关资料由专人定期备份，如实、完整保存。电子版体检资料终身保存，指引单及相关体检资料保存时间为不少于 3 年。

（3）健康管理资料如科研或统计需调用，使用人需以书面的形式提出申请，经相关领导同意后调用，调用期间出现的信息保密责任由使用人承担。

（4）未经允许不得对局域网中存储的体检资料进行删除、修改或增加。

（5）体检报告独立包装，由本人拆启；体检报告的发放形式有个人领取、邮寄、电子报告、团检送至单位等。受检者领取报告后将签字登记。如受检者委托他人代领时，须出具体检报告领取凭证及委托领取书，并予以领取签字登记。团体受检者，体检报告交由现场领取的单位联系人签字验收确认。如不能取体检报告，可与健康管理机构协商通过邮寄或者电子报告的形式发放体检报告。

（6）受检者遗失体检报告要求补发者，须由受检者本人提交补发申请，并核实其本人身份证，报领导后给予重新发放。

（7）过期体检报告（含未领取的报告），每年清理一次，保管期限 3 年。电脑资料永久保存。

六、护理纠纷处理制度

为防范健康管理过程中的护理纠纷，保护受检者、护理人员的合法权益，保证护理安全，提高护理质量，参照国务院颁布的《医疗事故处理条例》，特制定制度如下。

（1）一旦出现护理投诉和纠纷，科室应高度重视，认真调查，采取及时、积极的措施进行处理。

（2）处理护理纠纷的过程中严格遵守有关法律法规、部门规章、诊疗护理常规和技术操作规范。

（3）护理投诉的接待、处理工作应当坚持实事求是的科学态度，遵循合法、公正、公平、公开、及时的原则，委派专人负责接待投诉，妥善处理医疗纠纷。

（4）一旦发生或发现护理过失行为，应立即采取有效措施，尽可能避免或减轻对受检者身体健康的损害，防止损害扩大，并向相关负责人报告。

（5）能够当场核查处理的，应及时查明情况，尽量当场处理解决。

（6）对于体检中各专业科室的投诉，应通告相应科室，及时提供调查报告和处理意见。

（7）对于情况较复杂，需调查、核实投诉事项的，一般于 5 个工作日内向投诉人反馈相关处理情况或处理意见。

（8）发生纠纷，医患双方可以协商解决，并以协议书形式终结。

（9）双方认可或被鉴定组织认定为医疗事故的，双方还可以共同请求区卫生行政部门对赔偿数额进行行政调解。

（10）发生医疗事故的，对负有责任的科室和有关医务人员应依法给予行政处分或者纪律处分并承担一定的经济责任，依照医院相关管理办法执行。

（11）设立科室投诉登记本，定期对投诉处理情况进行统计和分析，重大事故应立即讨论，总结经验教训，提出整改及防范措施。加强员工培训、完善管理制度，不断改进服务质量。健康管理机构应对投诉处理结果进行跟踪和反馈，确保受检者的合法权益得到保障。

七、信息采集核对制度

为确保健康体检结果的真实性、准确性、完整性和有效性，保护受检者的权益，特制定本制度如下。

（一）体检前的查对

核对受检者信息，姓名、性别、年龄、婚姻状况、单位等项目是否齐全；核对体检项目是否正确；有空腹项目确认受检者是否空腹。

（二）体检过程中的查对

（1）三查：查操作前、操作中、操作后。

（2）核对：核对 ID 号、姓名、性别、年龄、检测项目。

（3）注意受检者体检过程中有无异常情况。

（4）前台收导检单时查看是否有漏查项目，提醒受检者完成检查，如受检者放弃该检查项目，请其签字确认。

（5）特殊群体检查项目核对

1）无性生活女性及妊娠女性避免妇科内诊和妇科阴式超声检查。

2）孕龄女性孕 6 个月及孕妇应避免放射检查。

3）正确录入体检结果，并核对无误。

（三）体检后的查对

体检结果收集后，经汇总装订成册时查对以下资料。

（1）体检报告与体检单编号、姓名、性别、年龄、单位是否一致。

（2）计算机录入体检结果与体检记录、实验室检验报告单等是否一致。

（3）检查项目是否齐全，有无遗漏。如有缺项，及时通知工作人员核对并追查。

八、急救、转诊制度

为保障受检者在体检过程中突发疾病、意外伤害等紧急事件时能够迅速、有效地进行抢救，切实保障受检者的生命安全，结合健康管理机构实际情况，特制定本制度。

（1）健康管理机构必须配备急救药品及急救设备。用于抢救的各类设备要求齐全、处于备用状态。急救药品数量充足、种类齐全，抢救的设备和药品不得挪用或外借。

（2）中心医护人员必须熟练掌握各种抢救设备的使用及常见急救药品用法，熟练掌握急救流程。

（3）对体检中突发的各种急性病症，如晕厥、摔伤、休克、猝死等应建立突发事件应急预案。定期组织医护人员进行急救知识技能培训和演练，做到人人知晓应急预案，提高应急处理能力。

（4）发现需要抢救的受检者时，体检医生或当班护士立即采取现场急救措施，同时报告上级并联系急救，并通知团检单位负责人或家属，及时疏散体检人群，保证抢救环境安全。

（5）做好病情观察及记录，记录要准确、字迹清楚，内容包括病史、体检情况、病情变化、抢救过程。

（6）受检者经抢救平稳后，及时转运，并做好交接工作，签字登记。

（7）抢救后记录救治经过并查对急救物品、药品，及时补充。

（8）独立健康管理机构应与附近的医院签订急危重症受检者处理与转诊协议，建立绿色转诊就医通道。

（9）对于需要转送至医院的受检者，应及时与相关医院联系，做好转院准备。

九、仪器设备管理制度

（1）各仪器设备均应建立档案统一管理，内容包括仪器编号、仪器名称、品牌型号、购置日期、使用说明书、操作、维修记录等原始资料，由专人保管。

（2）建立仪器设备检定和校准程序，按期进行强制检定或自检（贴有明显的标记）；保管好有关的技术档案和检定证书。

（3）仪器设备使用前，使用人员需严格按照仪器设备使用说明进行培训后，经过严格培训与考核合格，方可上岗操作。

（4）使用人员负责保持仪器的完好率、清洁、无缺失、随时处于备用状态，保证体检工作的正常进行。定期对各类仪器设备进行保养、清洁。

（5）各诊室仪器设备发生故障，使用人员应立即通报上级主管，尽快维修；确属仪器损毁，影响医疗质量时，及时申请更新。

十、护理安全管理制度

为了规范健康管理机构的护理安全管理，确保体检过程的顺利进行，保障受检者的合法权益和人身安全，特制定本安全管理制度。本制度适用于健康管理机构全体护理人员，并作为护理人员日常工作的行为准则。

（1）护士长负责全面监督和指导护理安全管理工作，确保各项安全管理制度的贯彻执行。

（2）护理人员严格执行本制度，确保体检过程中的护理安全，及时向护士长报告护理安全相关问题和隐患。

（3）护理人员应熟练掌握各项护理操作技能，确保操作准确、严格按照护理安全操作规范执行。

（4）定期组织护理人员参加护理安全培训，提高护理人员的安全意识。培训内容包括护理安全知识、操作规范、应急处理等方面。

（5）定期对体检设备进行检查和维护，确保设备正常运行。对体检区域进行安全检查，及时消除安全隐患。

（6）制订应急预案，明确应急处理流程和责任人。定期组织应急演练，提高护理人员的应急处理能力。

（7）建立投诉处理机制，及时受理和处理受检者的投诉。对投诉进行调查和分析，查找原因并制订改进措施。

（8）当发生或发现重大护理安全事故时，护士长应尽快了解情况，收集和保存有关实物及证据，公平公正地对纠纷进行调查核实和调解。较为复杂或严重的纠纷酌情组织相关专家进行讨论和鉴定。

（9）健康管理机构针对护理安全差错事故的程度，制订切实可行的整改措施与方案，并尽快整改。

（10）将护理安全管理工作纳入护理人员绩效考核体系。对护理安全管理工作表现优秀的护理人员给予表彰和奖励。对违反护理安全管理制度的护理人员，视情节轻重给予相应处理。

十一、护理不良事件报告制度

为加强护理服务质量，提高员工风险意识，及时妥善处理安全隐患，减少工作差错事故的发生，最大限度维护受检者的权益。特制定此制度。

（一）护理不良事件的界定

不良事件是指在健康管理科日常运营和受检者服务过程中发生的，可能导致受检者伤害、服务质量下降或工作流程中断的意外事件。这些事件包括但不限于受检者事件、医疗事故、服务投诉、设备故障等。

完整的护理不良事件报告是主动的、非处罚性的，能发现潜在系统因素并尽可能快速地采取行动避免类似事件发生。

（二）护理不良事件的范围

包括但不限于：

（1）各种护理服务过程及结果中出现的差错，有可能造成不良后果的，包括项目遗漏、核对错误、报告差错等。

（2）护理服务相关各种设施、设备和医耗等存在可能导致受检者非预期不良后果的隐患。

（3）护理服务流程、日常运营管理等环节中存在可能导致受检者非预期不良后果的隐患。

（4）各种导致医疗行政主管部门处罚的违规事件或安全隐患。

（5）各类受检者投诉。

（三）护理不良事件的分级

A 级：环境或条件可能引发不良事件，但尚未实际发生。

示例：体检区域光线不足，可能影响视力检查的准确性，但及时发现并调整了光线条件，未造成实际不良后果。

B 级：不良事件发生但未累及受检者。

示例：在体检报告录入过程中，工作人员误将一位受检者的部分信息录入到另一位受检者名下，但及时发现并更正，未对任何一位受检者造成影响。

C 级：不良事件累及受检者但没有造成伤害。

示例：在进行血液采集时，由于操作不当导致采血针轻微刺破皮肤但立即止血，未对受检者造成任何伤害。

D 级：不良事件累及受检者，需进行监测以确保受检者不被伤害，或需通过干预阻止伤害发生。

示例：在心电图检查中，由于设备故障导致心电图波形异常。体检医生及时发现需重新检查，确认受检者心脏无异常，需进行设备检修以防再次发生类似情况。

E 级：不良事件造成受检者暂时性伤害并需进行治疗或干预。

示例：在测量血压时，由于袖带绑扎过紧导致受检者手臂出现短暂性麻木和轻微淤青，需进行局部热敷等处理措施。

F 级：不良事件造成受检者暂时性伤害并需住院或延长住院时间（健康管理机构较少见，但理论上可能因严重过敏反应等转送医院）。

示例（理论性）：受检者在接受特定检查时发生严重过敏反应，需立即送往医院接受治疗并延长观察时间。

G 级：不良事件造成受检者永久性伤害（健康管理机构较为罕见，但需注意极端情况）。

示例（极端情况）：由于误诊或漏检导致受检者未能及时发现重大疾病并错过最佳治疗时机，造成永久性伤害（此类情况极为罕见且复杂，涉及多个环节和因素）。

H 级：不良事件发生并导致受检者需要治疗挽救生命（健康管理机构几乎不可能发生）。

示例（几乎不可能）：由于健康管理机构操作失误导致受检者生命垂危并需紧急救治的情况。通常与严重的操作失误、设备故障或误诊漏治等极端情况有关。但在实际管理中，健康管理机构应严格遵守医疗规范和安全标准，确保体检过程的安全性和有效性。

I 级：不良事件发生导致受检者死亡（健康管理机构几乎不可能发生）。

示例（几乎不可能）：健康管理机构内发生的任何导致受检者死亡的事件都将是极端且罕见的，通常与严重的操作失误、设备故障或误诊漏治等极端情况有关。但在实际管理中，健康管理机构应严格遵守医疗规范和安全标准，确保体检过程的安全性和有效性。

请注意：上述示例中的部分情况在健康管理机构中较为罕见或几乎不可能发生，但为了全面覆盖各类不良事件分类，仍进行了举例说明。在实际工作中，健康管理机构应高度重视受检者安全和医疗质量管理工作，建立健全的不良事件报告、分析和预防机制以有效防范和减少不良事件的发生。

（四）事件类别

Ⅰ类事件：（警告事件）：发生不良事件，造成受检者死亡。（包括损害程度 I 级）

Ⅱ类事件：（有后果事件）发生不良事件，且造成受检者伤害。（包括损害程度 E、F、G、H 级）

Ⅲ类事件：（无后果事件）发生不良事件、但未造成受检者伤害。（包括损害程度 B、C、D 级）

Ⅳ类事件：（隐患事件）未发生不良事件。（包括损害程度 A 级）

（五）管理措施

1. 组织架构　科室成立护理不良事件管理小组，由护士长担任组长，设立一名不良事件管理员，协助和督促科室人员及时识别和上报不良事件，并落实不良事件的日常督查、汇总分析、整改反馈等。

2. 报告流程

（1）报告原则：不良事件实行逢疑必报、自愿报告原则，鼓励上报；凡科室或个人认为存在可能构成不良事件的问题，均可报告。

（2）报告时限：一般护理不良事件要求 24 小时内报告，事件重大、情况紧急者应在处理的同时电话报告上级主管领导或部门。

（3）报告内容：事件当事人认真填写《护理不良事件报告单》。《护理不良事件报告单》应包括以下内容：①据实报告事件发生的时间、地点、过程及当时采取措施；②涉及受检者，应提供其个人信息、可能的预后和不良后果分析等内容；③对不良事件发生的原因进行分析，并提出改进建议。

3. 质控督查

（1）发生护理不良事件的个人，应当积极采取措施，避免、减少因事件可能引起的不良后果，不得瞒报、漏报，同时配合科室及相关行政职能部门做好事件调查处理工作。

（2）针对报告的不良事件，科室定期进行汇总分析，并跟踪改进措施的落实情况；定期在中心质量例会上进行总结汇报。

（3）不良事件管理是独立工作要求，不能替代其他相关工作，包括各级部门的医疗质量检查、问题监督整改和受检者投诉等工作。

（4）奖惩办法：①科室鼓励个人主动报告护理不良事件，并提出应对办法、防范措施、处理意见等合理化建议；②对于采取积极应对措施，尽量减少或消除不良后果，阻止重大事件发生的报告者，可予以表扬并给予适当的奖励措施；③科室对疑似不良事件的体检报告进行质控，对瞒报、漏报、缓报不良事件信息，发生医疗纠纷或不配合事件处置及处置不给力者，将给予通报批评或处分措施。

十二、护士职业防护管理制度

为维护医务人员的职业安全，加强职业安全防护，有效预防医务人员工作中发生职业暴露，特制定本制度。本制度所称职业暴露是指医务人员从事诊疗、护理等工作过程中意外被病毒感染者或被受检者的血液、体液污染了皮肤或者黏膜，或被含有细菌的血液、体液污染了的针头及其他锐器刺破皮肤，有可能被感染的情况。

（一）护理人员的职业防护要求

（1）建立护士的职业防护制度和相关措施，加强对护理人员的培训与管理。

（2）各岗位护理人员应掌握相应的职业安全防护知识与技能、在工作中自觉遵守各项规章制度。

（3）实施预防控制措施，避免和减少职业暴露的发生。

（4）健康管理机构应提供必要的防护设备，防护用品配置完整、充足、便于工作人员获取和使用。各类人员均应严格执行《医务人员手卫生规范》《医院隔离技术规范》《医院感染管理办法》等做好个人防护。

（5）放射性防护要求：相关科室工作人员应该具备放射性防护有关知识，按照国家《放射性同位素与射线装置防护和安全条例》《中华人民共和国放射性污染防治法》等法律、法规要求做好医务人员和受检者的防护。一旦发生放射损伤或事故立即报告中心主任，按照健康管理机构关于“放射事故医学相关应急预案”要求进行处置。

（6）生物安全防护要求：按照医院关于生物安全管理制度、措施及相关规定执行。

（7）重点科室医务人员应按照岗位要求定期体检，如有需求可进行免疫接种及治疗。

（8）工作人员患传染性疾病或感染性疾病期间应暂时离开直接接触受检者和无菌物品的工作岗位。

（9）进行消毒工作的相关人员应采取自我防护措施，防止因消毒操作不当可能造成的人身伤害。

（二）防护用品规范使用

使用和穿脱顺序按照《医院隔离技术规范》要求执行。医务人员认真评估医疗活动的危险性，采取适当的防护措施，尽可能使用一次性用品，用后及时按要求收集。注意利器的安全使用与收集，有效防止伤害。坚持标准预防，认真洗手和手消毒。

（三）对感染性疾病防护具体措施

医务人员的职业防护措施应当遵照标准预防原则，即基于受检者的血液、体液、分泌物（不包括汗液）、非完整皮肤和黏膜均可能含有感染性因子的原则。针对医院所有受检者和医务人员采取的一组预防感染措施。包括手卫生，根据预期可能的暴露选用手套、隔离衣、口罩、护目镜或防护面屏，以及安全注射。也包括穿戴合适的防护用品处理受检者环境中污染的物品与医疗器械。废弃的锐器应直接放入耐刺、防渗漏的利器盒中，以防刺伤。

（四）护士遭受伤害后的报告处理

（1）护理人员遭受伤害后，应按相应的应急预案进行处理。

（2）护理人员遭受锐器伤害后的报告处理：当医务人员在医疗操作、护理过程中遭受锐器伤害后，应及时报告健康管理机构医院感染负责人，并按照相关规定的处理流程进行处理。

（3）护理人员的院内感染应及时报告医院感染管理小组，执行处理流程。

（4）因消毒操作不当可能造成的人身伤害或事故，立即报告医院感染管理小组。

十三、受检者隐私保护制度

为在体检过程中保护好受检者隐私，维护受检者合法权益，特制定本制度。

（1）医务人员在体检过程中必须做好受检者的隐私保护，对由于医疗需要而提供的个人各种秘密或隐私，有要求保密的权利。医务人员应严守私密，确保受检者个人信息不被传播；不随意向外人泄露。

（2）医务人员有为受检者病情、隐私进行保密的法定义务。不在公共场合或以非检查为目的，讨论涉及受检者隐私的相关问题。

（3）检查过程中应尽量减少和避免受检者隐私部位的暴露，因检查需要必须要暴露的应在单独房间或用屏风遮挡，确保检查过程的私密性；由异性医务人员进行某些部位的体检治疗时，受检者有权要求第三者在场。

（4）对性病、未婚先孕、私生活等隐私或其他要求保护的隐私，不得透露给其他人，法律有特殊规定的除外。

（5）加强信息系统管理，对机构工作人员的工作权限进行限制，严禁体检结果信息外露。

（6）保管好体检资料，禁止外来人员调阅体检结果信息，体检结果的保存由专人管理。体检报告采取密封袋进行分装。

（7）个人体检凭缴费发票、或领取通知单、本人身份证件领取体检报告并签名，代取体检报告者须出示本人身份证。

（8）单位体检由单位负责人统一领取密封报告后分发。

十四、高危异常结果登记随访制度

为确保健康体检高危异常结果能够得到及时、规范的处置，为确保受检者在第一时间得到及时有效的治疗，建立相关制度。

（1）开展健康体检服务的机构应依据相关共识或标准，确定高危异常体检结果的定义和范围，定期修正、补充和学习及研讨。

（2）开展健康体检服务的机构应制定健康体检高危异常结果登记追访制度、明确登记和追访的流程与范围，设立高危异常体检结果管理员和报告人，确定登记和追访时限，以便尽早通知受检者采取有效的干预措施。

（3）设置临床危急值时，应按照《医疗质量安全核心制度》中“十四、危急值报告制度”

的有关规定进行管理。

（4）委托检验标本或检查项目存在高危异常体检结果项目的，开展健康体检服务的机构应和委托单位协商高危异常体检结果的通知方式和时限，建立可追溯的报告流程，确保健康管理机构和受检者能够及时收到通知。

（5）开展健康体检服务的机构应统一高危异常体检结果的登记专册和模板，确保登记、追访的人员、时间、内容等关键要素可追溯。

十五、抢救制度

为确保健康管理机构在遇到紧急情况时能够迅速、有效地进行抢救，保障受检者的生命安全，制定本制度。

（1）健康管理机构领导负责和组织抢救工作，确保抢救设备和药品的充足供应。

（2）医护人员：熟练掌握抢救技能，积极参与抢救工作。

（3）抢救设备与药品管理

1）定期检查和维护抢救设备，确保设备处于良好状态。

2）设置专用抢救室，抢救室除抢救其他任何情况不得占用。

3）用于抢救的各类设备及物品要求齐全、药品数量须充足、种类齐全，实行“五定”（定人保管、定位放置、定量供应、定时核对消毒、定期保养）制度，抢救的设备和药品不得挪用或外借。

（4）紧急情况的评估与处理

1）医护人员应迅速评估受检者的病情，采取相应的抢救措施。

2）对于需要转送至医院的受检者，应及时与相关医院联系，做好转院准备。

（5）抢救过程及注意事项

1）对需要抢救的受检者，出诊医生和护士须立即就地抢救，采取急救措施。同时报告上级医生并联系急诊室。

2）对抢救受检者做好病情观察并记录，要准确、字迹清楚，内容包括病史、体检、病情变化、抢救过程。抢救受检者必须有特护记录。

3）参加抢救的医务人员必须做到时间上分秒必争、严格执行“三查八对”制度。

4）受检者经抢救平稳后，及时由专人护送转入急诊室继续救治，并做好交接工作，签字登记。

（6）抢救记录与报告

1）详细记录抢救过程和受检者的病情变化。

2）及时向健康管理机构负责人和相关部门报告抢救情况。

（7）培训与演练

1）定期组织医护人员进行抢救技能培训和演练，提高应急处理能力。

2）监督与检查：健康管理机构负责人定期对抢救制度的执行情况进行监督检查，发现问题及时整改。

十六、护理持续改进制度

为提高健康管理科的服务质量，确保受检者安全与满意度，特制定本持续质量改进制度。

本制度旨在通过系统化的质量监测、问题识别、改进措施制订与实施、效果评价及反馈等环节，不断优化服务流程，提升工作效率，实现健康管理科质量的持续改进。

（一）质量监测与评估

（1）设立专门的质量管理小组，定期对健康管理科的服务质量进行全面监测与评估。

（2）确保评估结果客观、公正、全面。

（3）采用定期自查、互查及第三方评估等方式，确保评估结果的真实性和有效性。

（二）问题识别与报告

（1）鼓励员工积极参与问题识别，及时上报工作中遇到的问题和隐患。

（2）设立问题反馈渠道，确保员工能够便捷地反馈问题和建议。

（3）对上报的问题进行汇总分析，找出问题的根源和影响因素。

（三）改进措施制定

（1）根据问题识别的结果，制订具体的改进措施和计划。

（2）改进措施应具有针对性和可操作性，明确责任人、执行时间和预期效果。

（3）定期评估改进措施的执行情况，对未达到预期效果的措施进行调整和优化。

（四）实施与执行

（1）确保改进措施得到有效实施，责任人应严格按照计划执行改进措施。

（2）加强对改进措施执行情况的监督和检查，确保各项措施落到实处。

（3）对改进措施的执行过程进行记录和分析，为后续效果评价提供依据。

（五）效果评价与反馈

（1）对改进措施的执行效果进行定期评价，确保改进措施取得实效。

（2）将评价结果及时反馈给相关部门和人员，鼓励大家继续努力提升服务质量。

（3）对评价过程中发现的新问题进行新一轮的问题识别与改进措施制定。

（六）制度完善与更新

（1）根据持续质量改进的实践经验和效果评价结果，对制度进行不断完善和更新。

（2）鼓励员工积极参与制度的修订过程，提出建设性意见和建议。

（3）确保新制度能够更好地适应健康管理科的发展需求，提升服务质量。

（七）培训与教育

（1）定期开展质量管理培训和教育活动，提高员工对质量管理理念和方法的认识。

（2）针对不同岗位的员工提供个性化的培训内容，提升员工的专业技能和服务水平。

（3）通过培训和教育活动，增强员工的质量意识和责任心，促进持续质量改进文化的形成。

（八）激励机制与责任

（1）设立激励机制，对在持续质量改进过程中取得显著成绩的员工给予表彰和奖励。

（2）明确各级员工在质量改进中的职责和责任，确保每个人都能够积极参与到质量改进工作中。

（3）对在质量改进工作中失职或不当行为的员工进行问责和处理，以维护制度的严肃性和权威性。

十七、满意度管理制度

为了持续提升健康管理机构的服务质量，增强受检者满意度，构建和谐医患关系，根据相关法律法规及行业标准，特制定本满意度管理制度。本制度旨在通过系统、科学的手段收集、分析受检者满意度信息，为健康管理机构的持续改进提供依据，确保体检服务高效、专业、人性化。

（一）适用范围

本制度适用于健康管理机构全体员工，包括但不限于前台接待、医生、护士、技术人员及管理人员，涵盖体检前、体检中、体检后各个环节的受检者满意度管理工作。

（二）管理职责

1. *成立受检者满意度管理小组*　负责整体满意度管理工作的规划、执行、监督与评估，包括满意度调查的设计、实施、数据分析及改进建议的提出。

2. *各科室及岗位*　按照本制度要求，积极配合满意度调查工作，针对收集到的意见与建议进行内部整改，不断提升服务质量。

3. *满意度调查与反馈*

（1）调查方式

1）线上调查：通过健康管理机构官网、微信公众号等平台发放电子问卷。

2）线下调查：在体检现场设置意见箱、发放纸质问卷，或进行面对面访谈。

3）电话回访：针对部分重要受检者或特殊案例进行电话回访。

（2）调查内容：包括服务态度、专业能力、体检环境、隐私保护、流程便捷性、报告解读、后续健康咨询等多个维度。

（3）数据分析：定期收集、整理满意度调查数据，运用统计分析方法进行数据分析，识别服务中的优点与不足。

（4）反馈机制

1）将调查结果及时反馈给相关部门和个人，明确改进方向。

2）对提出的合理化建议或意见给予重视，制订改进措施并跟踪执行情况。

3）对于受检者的投诉或不满，应立即响应，妥善处理，直至受检者满意。

4. *改进措施与持续优化*

（1）制订改进措施：根据满意度调查结果，针对服务中存在的问题，制订具体、可行的改进措施，明确责任人和完成时限。

（2）跟踪与评估：对改进措施的实施情况进行跟踪，评估其效果，确保问题得到有效解决。

（3）持续优化：将满意度管理作为常态化工作，定期开展满意度调查，不断完善服务体系，提升受检者满意度。

5. *合规性与隐私保护*

（1）合规性：所有满意度调查活动必须遵守国家相关法律法规及行业规定，确保调查过程合法合规。

（2）隐私保护：对收集到的受检者信息严格保密，未经受检者同意，不得泄露给第三方。在数据分析和使用过程中，采取必要的技术手段和管理措施，保护受检者隐私安全。

第五节　健康管理机构护理流程管理

一、体检前预约流程（图 7–3）

（一）个人体检预约流程

（1）受检者选择体检时间。

（2）填写健康问卷。

（3）生成个性化体检套餐，并做好检前准备。

（4）体检当天可根据受检者需求进行细化调整。

（5）缴费完成并开始体检。

（6）领取报告并进行咨询解读。

（二）团队体检预约流程（图 7-4）

（1）团队负责人了解并分析团队体检需求。

（2）建立团队体检资料，如确定体检，需签订体检协议；如取消体检，需分析原因并记录。

（3）确定体检后，需签订体检协议。

（4）完成团体备单及体检预约，并做好检前准备。

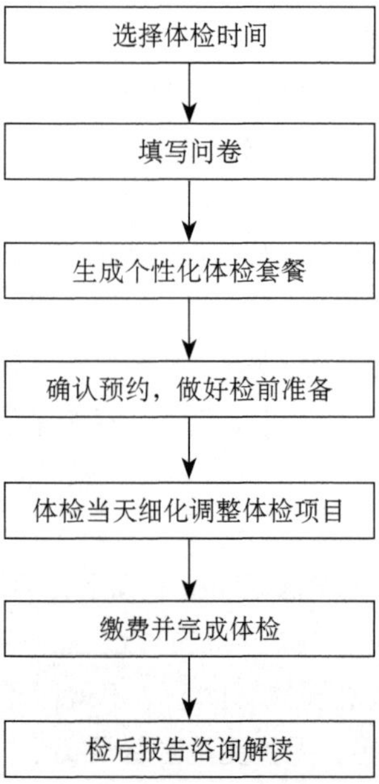

图 7-3　体检前预约流程

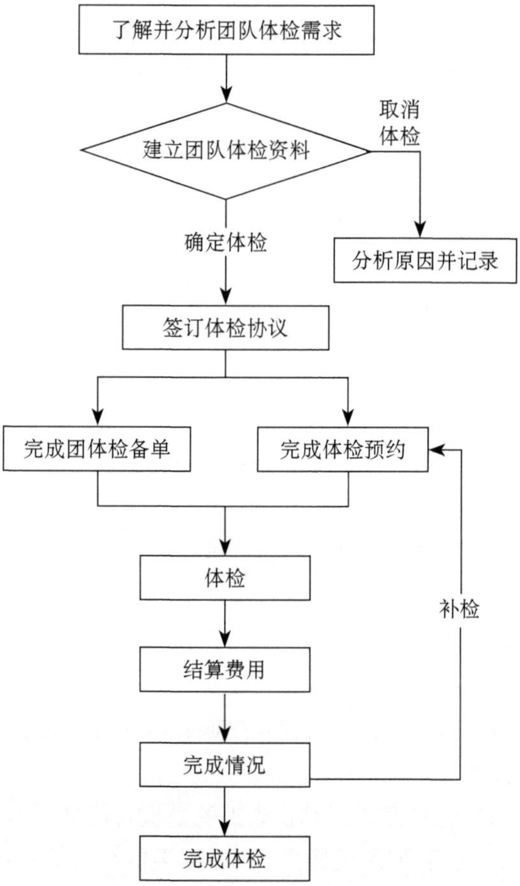

图 7-4　团队体检预约流程

（5）在规定时间内完成体检，做好费用结算。

（6）统计体检完成情况，如需补检，可在开放时间内重新预约。

（7）再次统计完成情况，体检结束。

（三）补检预约流程（图 7-5）

（1）受检者确认补检项目及补检日期，并告知检前注意事项。

（2）打印补检单并回收导引单。

（3）受检者按补检日期完成补检，体检完成。

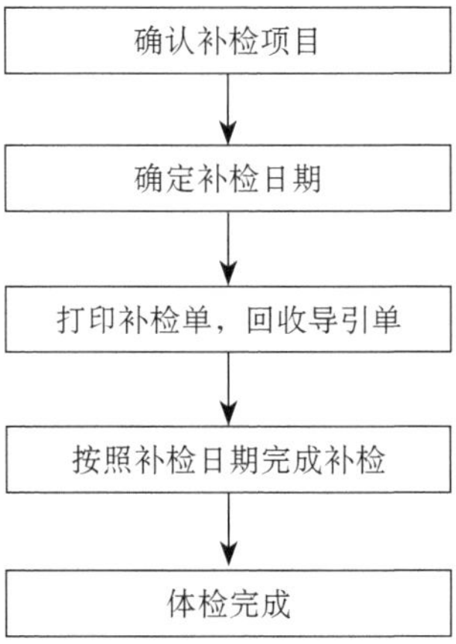

图 7-5　补检预约流程

二、体检中相关流程

（一）健康体检流程

1. *个人体检流程*　个人预约受检者在体检前需先填写健康问卷，初步了解身体健康状况；医生可根据健康问卷内容推荐合适的体检项目；预约好体检日期后，按照预约日期当天持身份证完成登记，领取导引单；缴费完成并开始体检，空腹项目完成后可用餐，餐后继续完成其他体检项目；检查完毕后交回导引单。

2. *团体体检流程*　团体受检者可登录体检网站在体检前填写健康问卷；初步了解身体健康状况；体检当日可咨询医生，医生可以根据健康问卷内容调整体检项目；如有增加项目需完成增加项目的缴费，缴费完成后开始体检，空腹项目完成后可用餐，餐后继续完成其他体检项目；检查完毕后交回导引单。

（二）晕针晕血处理流程（图 7-6）

（1）受检者出现头晕、心悸、眼前发黑、四肢无力、出冷汗等症状。

（2）立即拔针并停止采血，局部按压利于止血，搀扶受检者防止跌倒。

（3）有条件时协助受检者躺平，头偏向一侧，松开衣领，保持呼吸道通畅。

（4）如受检者意识清醒，密切观察受检者生命体征，可饮用少量白开水；口服少量含糖饮料等，利于受检者症状减轻，症状消失。

（5）如受检者意识模糊，立即呼叫医生，按压人中穴、合谷穴；立即给予吸氧，并静脉注射葡萄糖溶液，密切观察受检者生命体征，必要时可测量血压、血糖以鉴别诊断。

（6）受检者意识逐渐恢复，症状消失，评估生命体征平稳后，可继续完成体检。

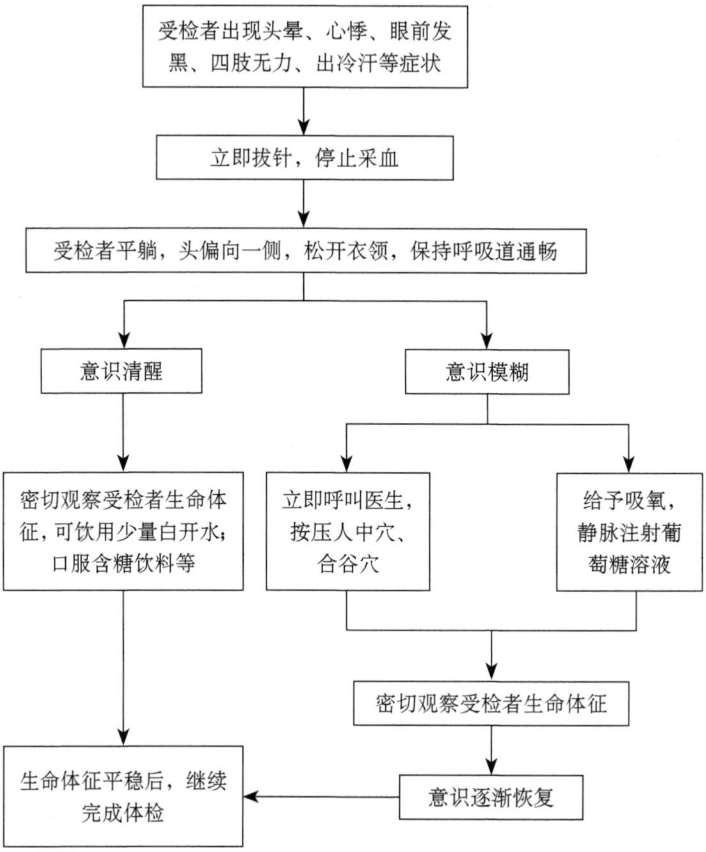

图 7-6 晕针晕血处理流程

（三）血压重要异常处理流程（图 7-7）

（1）当受检者经电子血压计测量血压＞ 160/90mmHg 并＜ 180/110mmHg 时，询问相关病史记有无头晕头痛等不适症状，嘱受检者平静休息 5 ～ 10 分钟。

（2）用水银血压计复测血压，如恢复正常，受检者可继续体检，嘱其仍需监测血压变化。

（3）如复测血压＞ 160/90mmHg，但＜ 180/110mmHg，需有专人陪同前往门诊进一步诊治，并与接诊医生做好交接并记录，未完成项目进行择期补检。

（4）如复测血压＞ 180/110mmHg，需有专人陪同前往急诊进一步诊治，并与接诊医生做好交接并记录，未完成项目进行择期补检。

（5）当受检者经电子血压计测量血压＞ 180/110mmHg 时，立即安排诊室让受检者平卧，询问相关病史及有无头晕头痛等不适症状，立即通知医生，并用水银血压计复测血压，如复测血压＞ 180/110mmHg，需有专人陪同前往急诊进一步诊治，并与接诊医生做好交接并记录，未完成项目进行择期补检。

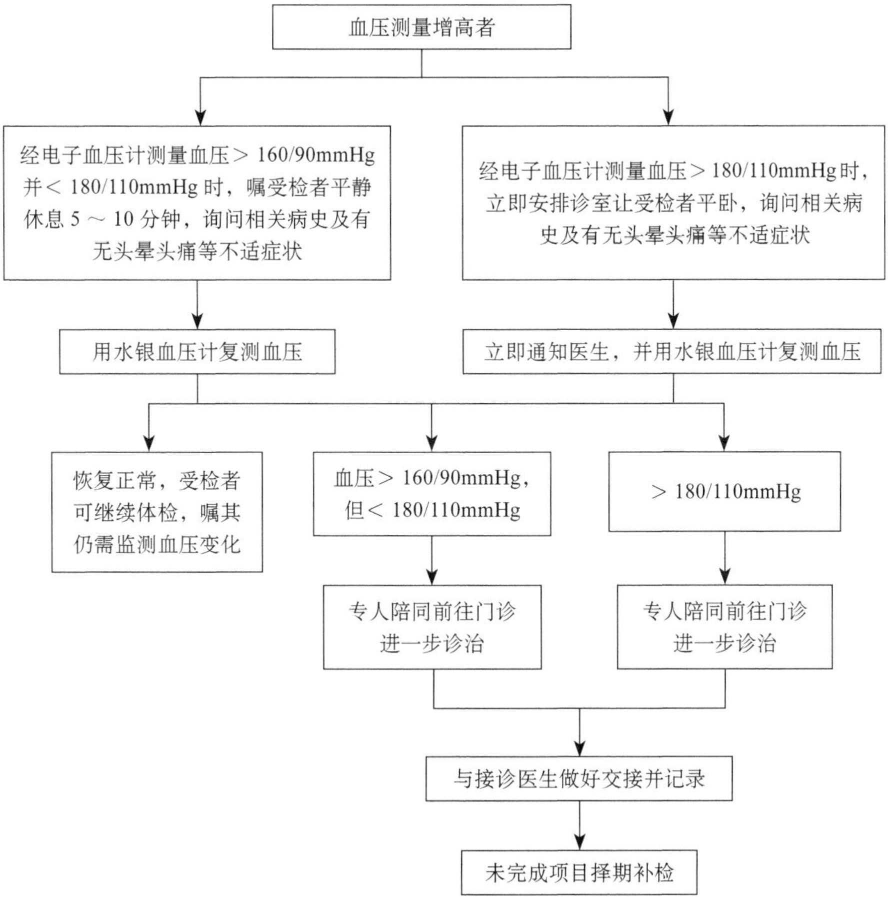

图 7-7　血压重要异常处理流程

（四）低血糖处理流程（图 7-8）

（1）受检者出现心悸、乏力、大汗淋漓、饥饿感、面色苍白等怀疑低血糖症状，立即给予平卧位，监测血糖，通知医生。

（2）受检者意识清醒、能安全进食者，口服 15 ～ 20g 糖类食品（葡萄糖优先，其次糖块或含糖饮料等）；注意保暖，并予以专人陪护。

（3）如受检者意识不清、不能安全进食者，立即静脉推注 50% 葡萄糖注射液 40ml，并开放静脉通道，注意保暖，并予以专人陪护。

（4）待 15 分钟后复测血糖，并观察低血糖症状是否缓解。

（5）如复测血糖＞ 3.9mmol/L，且低血糖症状缓解，可优先完成空腹检查并安排用餐。

（6）血糖＜ 3.9mmol/L，再次补充葡萄糖并监测血糖，直到低血糖症状缓解，待低血糖症状缓解后优先完成空腹检查并安排用餐。

（7）血糖＜ 3.0mmol/L，或者仍旧意识不清，再次静脉推注 50% 葡萄糖注射液 40ml，并转至急诊进一步就诊，剩余项目择期补检。

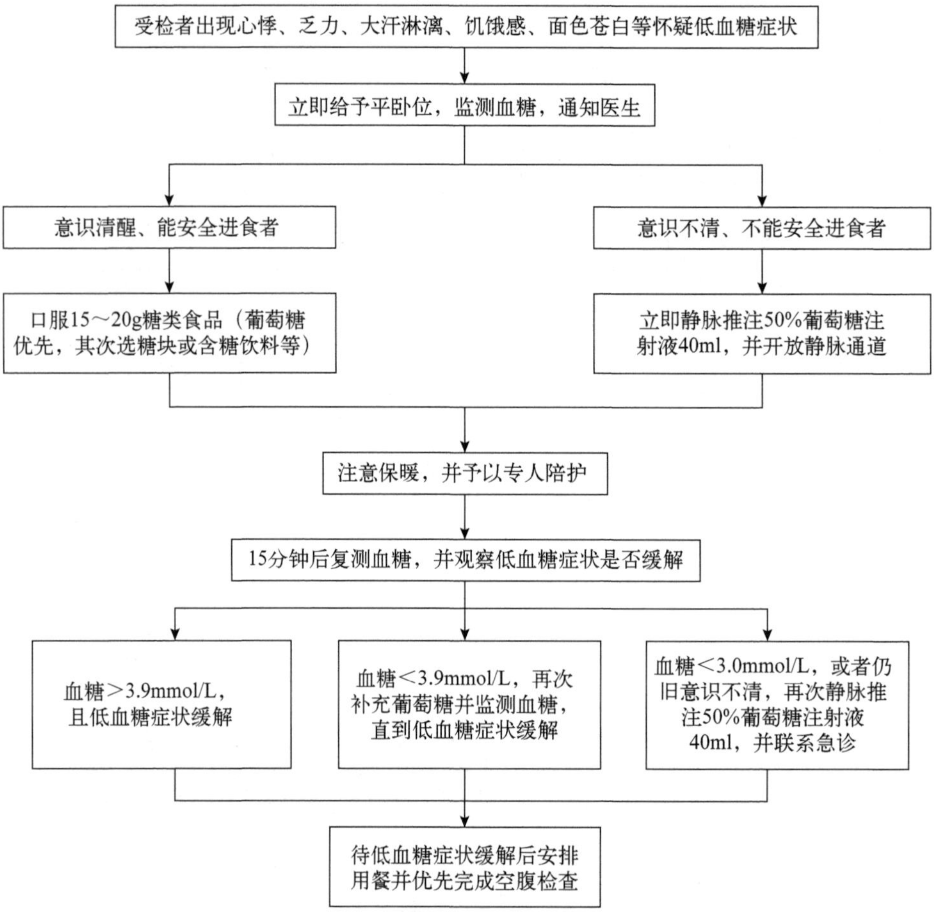

图 7-8　低血糖处理流程

（五）心血管意外（心绞痛 / 急性冠脉综合征等）处理流程（图 7-9）

（1）当受检者发生胸痛并高度怀疑心绞痛 / 急性冠脉综合征时，立即将受检者移至抢救室或检查床，嘱绝对卧床休息、吸氧，必要时面罩吸氧或建立人工气道。

（2）立即通知医生、护士，做好抢救准备，建立静脉通道，遵医嘱给予对症处理，做好各项记录，医生需要电话通知急诊科，简要介绍病情，确保急诊做好接诊准备，选派医生、护士，携带抢救仪器护送受检者至急诊科，确认受检者身份，并与急诊交接病情，严格交接记录并双方签字。

（3）建立心电监护，备好除颤设备，密切观察生命体征及病情变化。

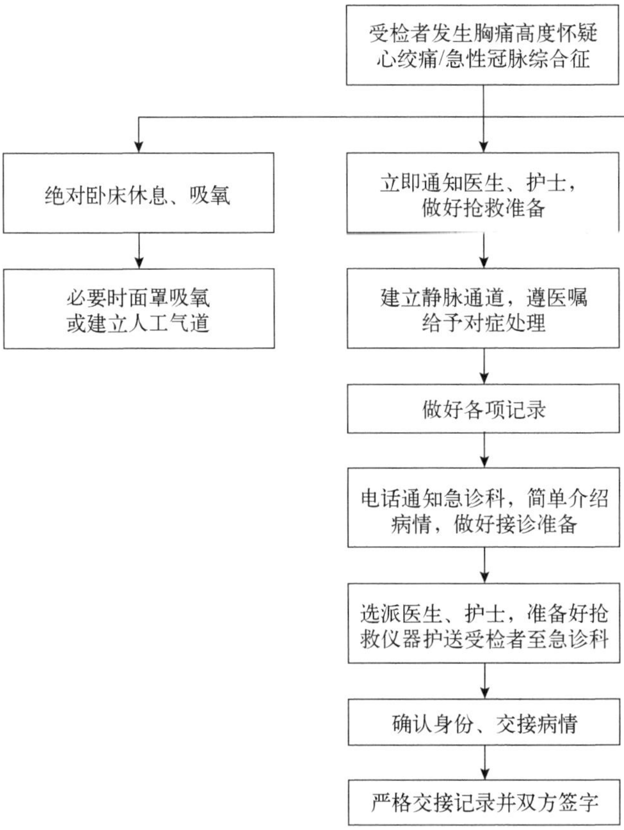

图 7-9　心血管意外（心绞痛 / 急性冠脉综合征）处理流程

（六）心搏骤停处理流程（图 7-10）

（1）发现受检者突发意识丧失，立即确认现场安全，立即评估受检者（意识、颈动脉搏动及呼吸），立即评估受检者（意识、颈动脉搏动及呼吸），同时呼叫就近护士和医生；推抢救车、除颤仪。

（2）立即进行单人心肺复苏。

（3）医生、护士到场，立即做好抢救分工；由副主任级别以上人员负责组织抢救；持续心肺复苏；开放静脉通道，遵医嘱给药。

（4）由医生通知急诊科（或拨打“120”），快速简要介绍病情，并确认急诊（或拨打“120”）做好接诊准备，通知家属和体检单位；并做好其余受检者体检安排协调工作及场地梳理工作。

（5）客观准确记录抢救过程。

（6）如复苏成功；在医生护士陪同下将受检者转至急诊进一步治疗，与急诊医生（或与“120”医生）做好交接工作。

（7）如复苏未成功；需不间断持续 CPR 并转急诊治疗，与急诊医生（或“120”医生）做好交接工作。

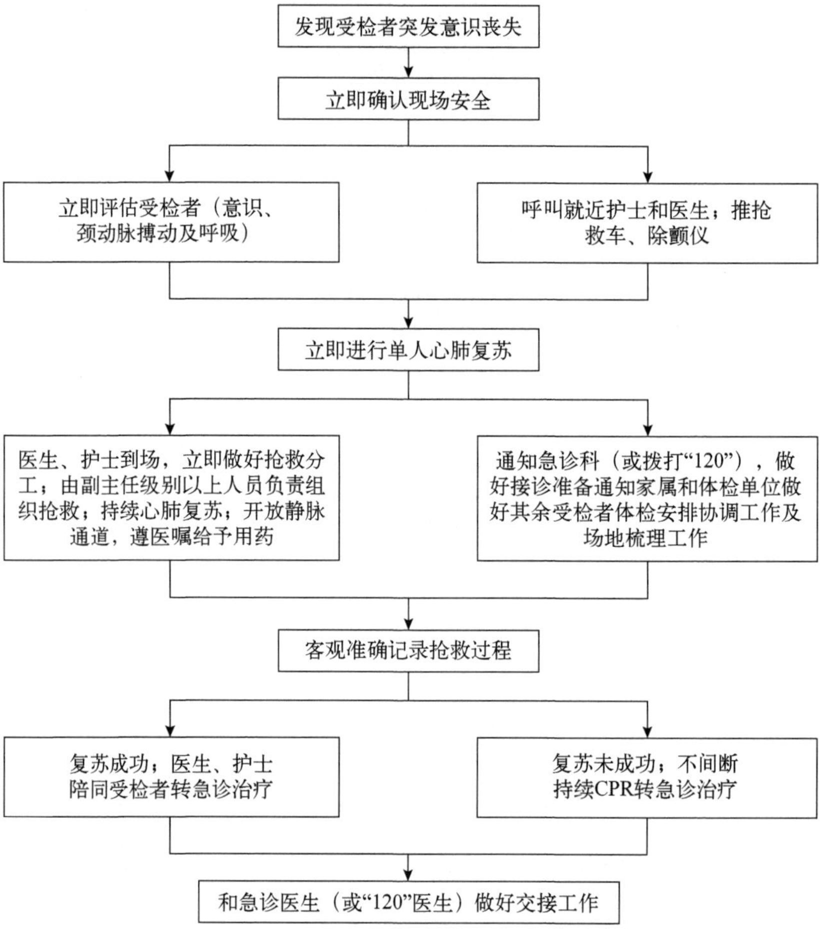

图 7-10　心搏骤停处理流程

（七）跌倒处理流程（图 7-11）

（1）当受检者意外发生跌倒，护士立即到场，立即呼叫医生并通知护士长。

（2）判断受检者意识状态，并测量血糖、血压、脉搏、心率。

（3）医生到场后，检查全身状况和局部受伤情况，有无主诉不适情况，是否适合挪动。

（4）如受检者无不适和外伤，给予解释安抚工作，由工作人员陪同，继续完成体检。

（5）如受检者出现不适，给予急救和应对处理，并向受检者、家属和单位负责人告知病情。

（6）观察病情变化，必要时急诊完善检查，做好病情记录，填写不良事件报告单并上报。

（八）不良事件上报处理流程（图 7-12）

（1）一旦发生不良事件，一定如实上报，并填写不良事件报告，不得瞒报。

（2）一般性质不良事件或安全隐患在 24 小时内上报；严重及特殊事件要立即上报并立即给予补救措施，争取将后果控制到最小。

（3）不良事件报告单要逐项填写，不能漏项。

（4）护士长及时追踪分析原因，提出改进措施并落实，评价效果。

（5）科室设立"不良事件和安全隐患报告"文件夹，将不良事件报告单及追踪评价表妥善存档。

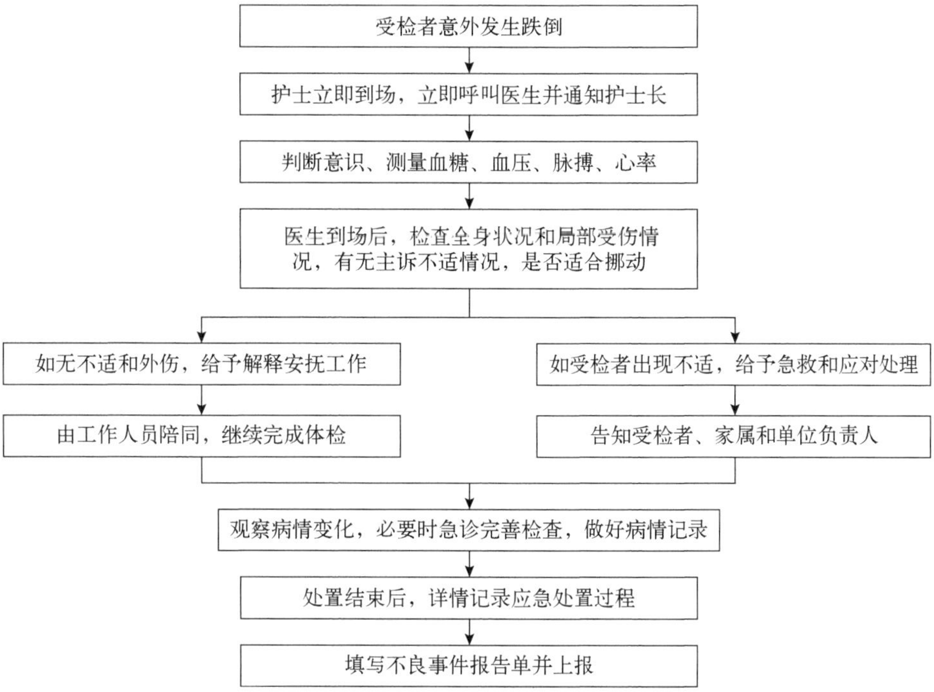

图 7-11　跌倒处理流程

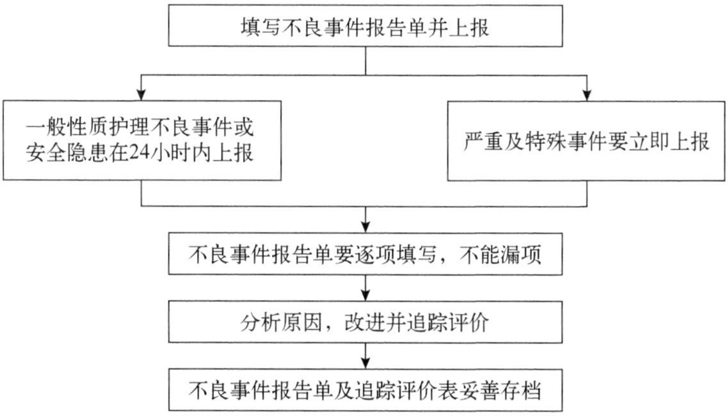

图 7-12　不良事件上报处理流程

（九）体检报告处理流程（图 7-13）

（1）前台回收指引单，进行资料整理及检查结果汇总。

（2）医生进行汇总分析，如发现重要异常结果，则及时与受检者取得联系，告知受检者尽快就诊并可随时领取重要异常结果，归入健康管理随访。

（3）同时进行总检医生审核并书写报告，打印装订后通知受检者领取整体报告并进行报告解读，归入健康管理随访。

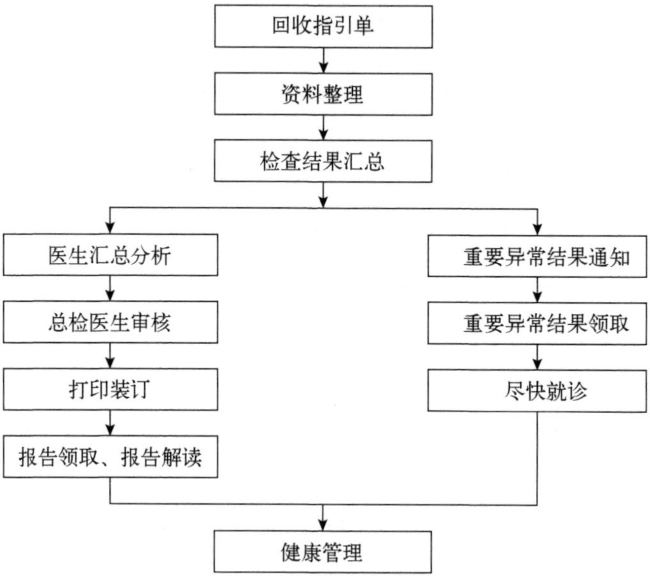

图 7-13　体检报告处理流程

（十）弃检、补检流程（图 7-14）

（1）体检结束后查看是否有未完成项目，未完成项目经受检者确认弃检，需受检者填写弃检告知书并签字，回收指引单。

（2）需要补检时，确定补检项目和补检日期，打印补检单，受检者按照补检日期完成体检。

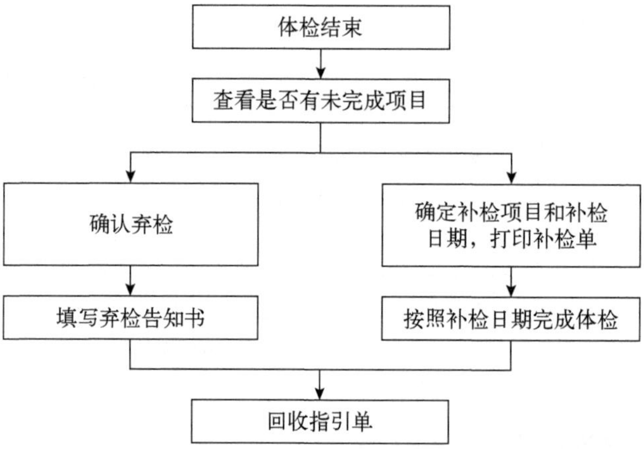

图 7-14　弃检、补检流程

（十一）积案处理流程（图 7-15）

（1）体检数据收集后，积案负责识别，分类处理。未按时补检者需追踪完成补检，并完成数据收集。

（2）体检数据无法回传时需手工录入体检数据；无纸质体检报告结果时需补齐纸质体检报告结果。

（3）如遇体检数据丢失 / 错误，寻找原始数据，核实无误后，手工录入数据；如受检者原始数据无法找回或者存在漏检时，联系受检者进行补检。

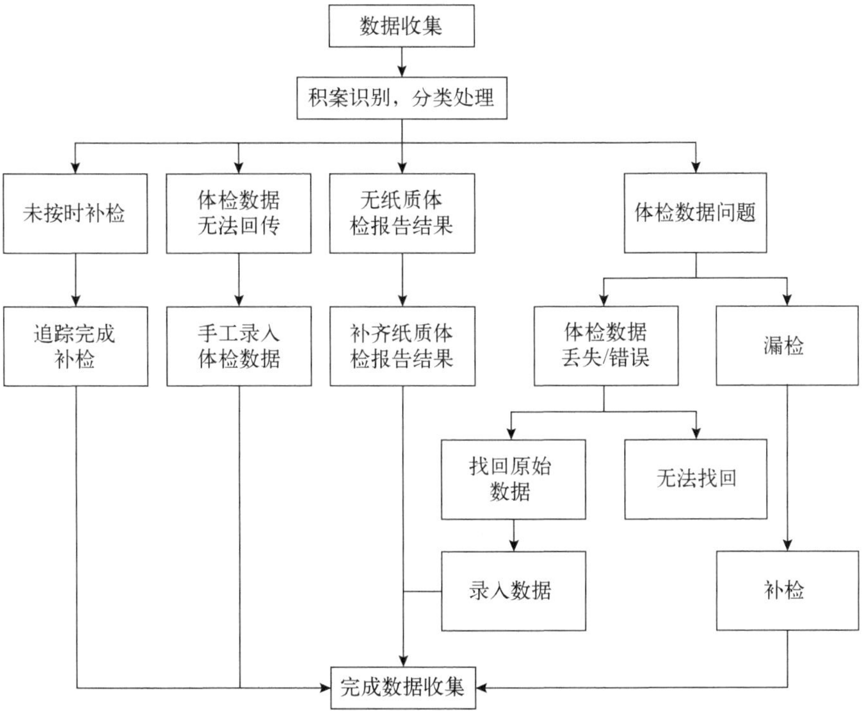

图 7-15 积案处理流程

（十二）重要异常结果处理流程（图 7-16）

（1）发现重要异常结果、需要尽快处理，根据《健康体检重要异常结果专家共识》确定重要程度。

（2）A 类异常结果在体检过程中发现需立即终止体检；并告知受检者本人及其家属，协助联系相关科室、及时转诊进一步处理，做好转诊记录；体检结果回报过程中发现，需 1 小时内通知受检者，本人尽快就近医院就诊，防止就诊过程中发生意外，建议家属陪同就诊，做好记录。

（3）B 类异常结果应 24 小时内受检者，询问相关症状、病史等，综合分析，做好记录；建议及时相应门诊或者专科就诊。

（十三）投诉处理流程（图 7-17）

（1）科室应尊重受检者的意见和建议，不要轻视或忽视客户的投诉。

（2）受检者可以通过电话、邮件、现场等方式向体检中心提出投诉。

（3）接到投诉后，专人负责接待，应及时记录客户的投诉内容、联系方式等信息，并向受检者提出问题表示感谢。

（4）对于能够当场解决的投诉，应立即给予解决；对于不能当场解决的投诉，应告知客户处理流程和预计处理时间。

（5）需在接到投诉后的 5 个工作日内，对投诉事件进行调查，将处理结果反馈给客户。

（6）对于客户不满意的处理结果，可请求上级卫生行政部门协商解决，并再次反馈给客户。

（7）根据投诉事件的调查结果，及时改进体检中心的服务质量，避免类似事件的再次发生。

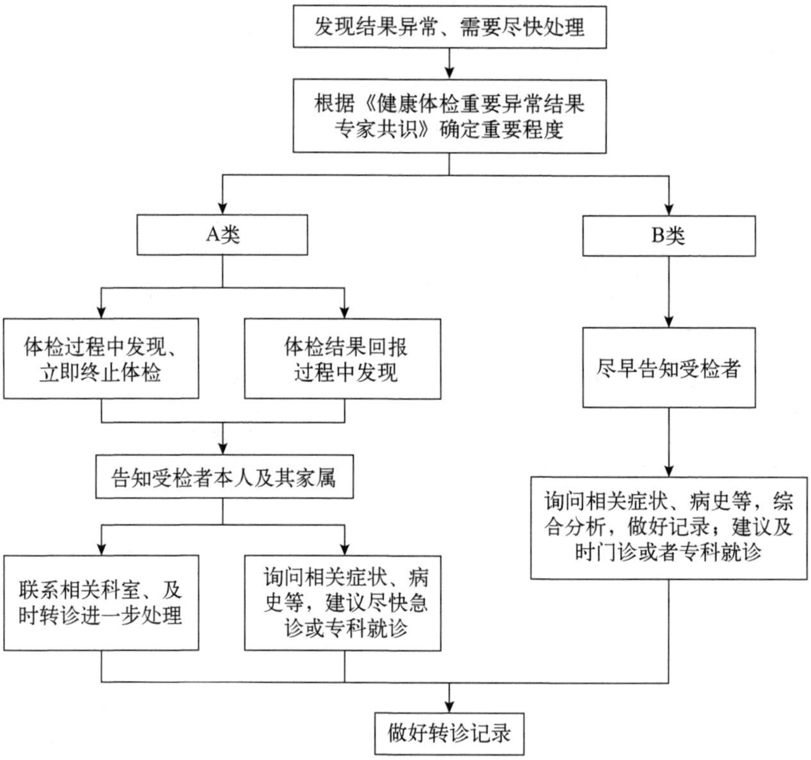

图 7-16　重要异常结果处理流程

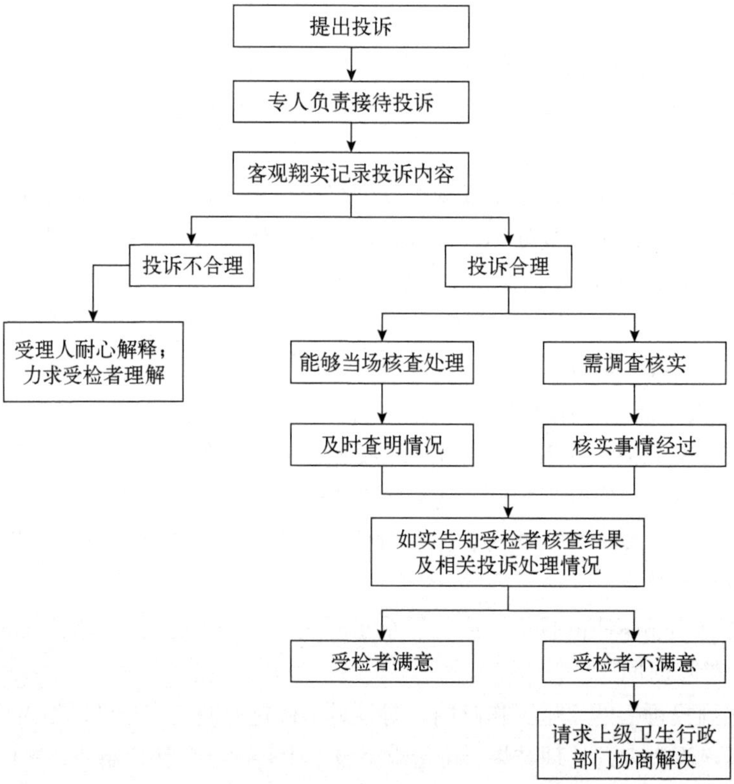

图 7-17　投诉处理流程

三、一般突发事件处理流程

（一）停电处理流程（图 7-18）

（1）遇突发断电，在岗护士通知总务处，联系供电，并通知科室主任、护士长。

（2）查看停电科室，初步排查停电原因。

（3）安抚受检者，做好解释，部分科室人工记录体检结果。

（4）无法体检的项目做好解释工作，分散安排到可以体检的科室，如果停电时间较长，合理安排补检时间。

（5）停电解除后，查看仪器设备是否正常运转，继续完成体检。

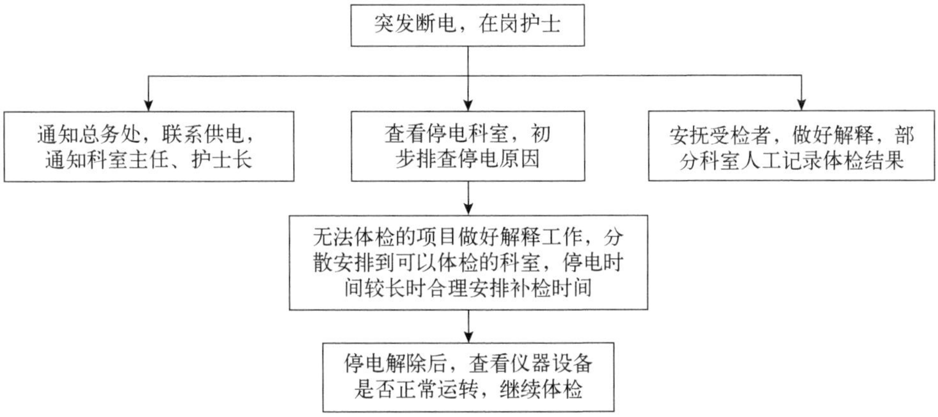

图 7-18　停电处理流程

（二）火灾处理流程（图 7-19）

1. 火灾预防　严格遵守消防安全规定，配备完善消防设施并确保良好状态；加强员工消防安全培训，定期组织消防演练；提醒患者和访客注意消防安全，熟悉逃生路线和消防设施位置。

2. 火灾逃生

（1）掌握正确逃生方法：火灾发生时，用湿毛巾捂住嘴鼻保护自己；沉着、冷静，不慌乱，按照正确逃生方法尽快避险逃生或等待救援；火灾袭来时要迅速逃生，不可乘坐电梯，并立即赶往安全出口。

（2）熟悉逃生路线和消防设施：认识消防标志，了解安全出口和疏散方向；熟悉居住场所逃生路线，清楚灭火器所在位置，会正确使用灭火器。

3. 日常注意事项　不乱接电源，不超负荷用电，不使用不合格电器产品。

（三）高峰客流处理流程（图 7-20）

（1）评估当日体检人数，各科室体检工作量，提前了解体检高峰期的时间节点，做好客流预测。

（2）增加人力、增设体检窗口、调整体检时间、科室分流等多举措并行，提高体检效率，应对体检高峰客流。

（3）加强客服力量，做好沟通，合理解释，必要时可与受检者沟通，另行预约体检。

（4）加强保卫科力量，维护体检现场秩序。发现拥挤、摔倒等意外情况，立即组织人员进行救助。

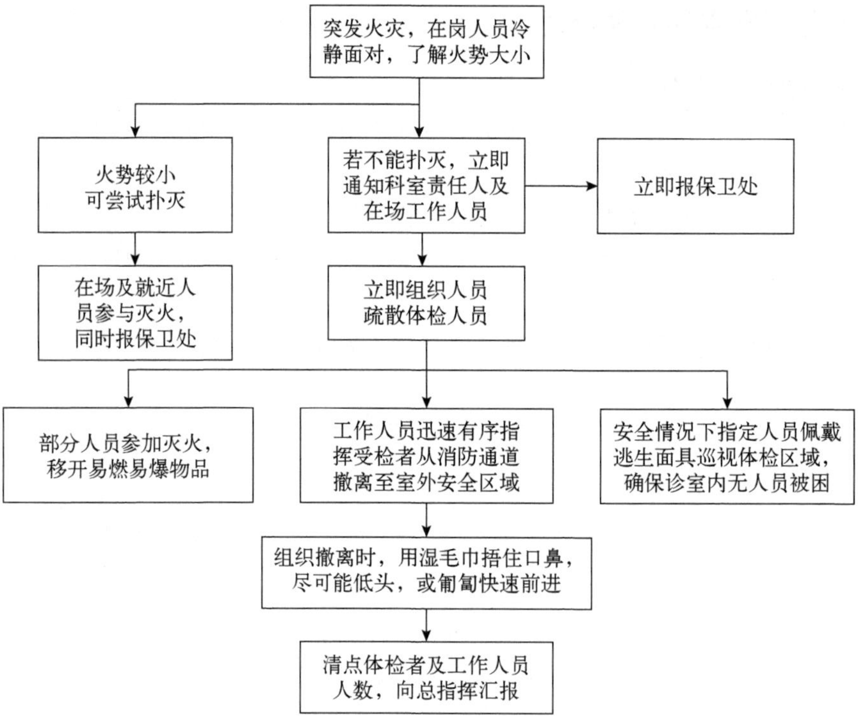

图 7-19　火灾处理流程

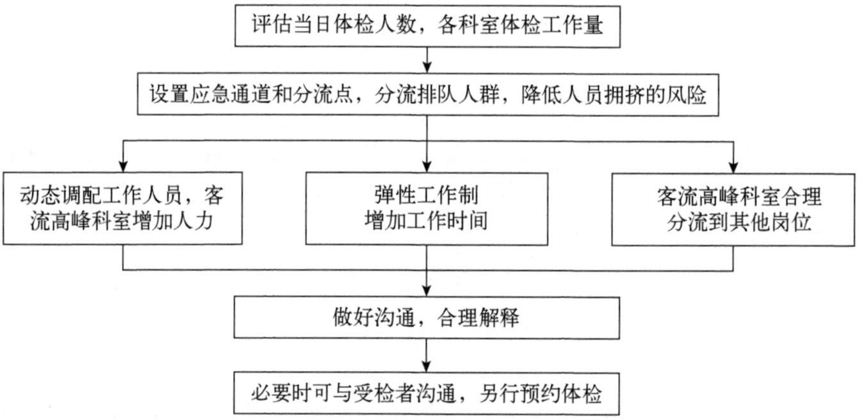

图 7-20　高峰客流处理流程

（四）设备故障处理流程（图 7-21）

（1）发生设备故障需立即通知专业技术人员维修，故障明确可恢复时，可恢复体检。

（2）确认设备故障，需悬挂“故障”的禁用标识，向健康管理机构负责人报告并启动应急预案。

（3）预计 1 小时内能恢复做好解释和疏导，维持秩序；预计 1 小时以上恢复，与受检者沟通必要时延期体检。

（五）泛水突发事件处理流程（图 7-22）

（1）发现泛水时，立即寻找原因，如能自行解决应立即解决。

（2）可自行解决时，立即关闭泛水源头，及时清理泛水、报维修中心维修。
（3）泛水时应立即切断设备电源，预防设备短路。确定水干时才可继续使用设备。
（4）告诫受检者，切不可涉足泛水区域或潮水处，防止跌倒，放置警告牌并疏散体检人员。
（5）保洁员须及时将水清扫干净。

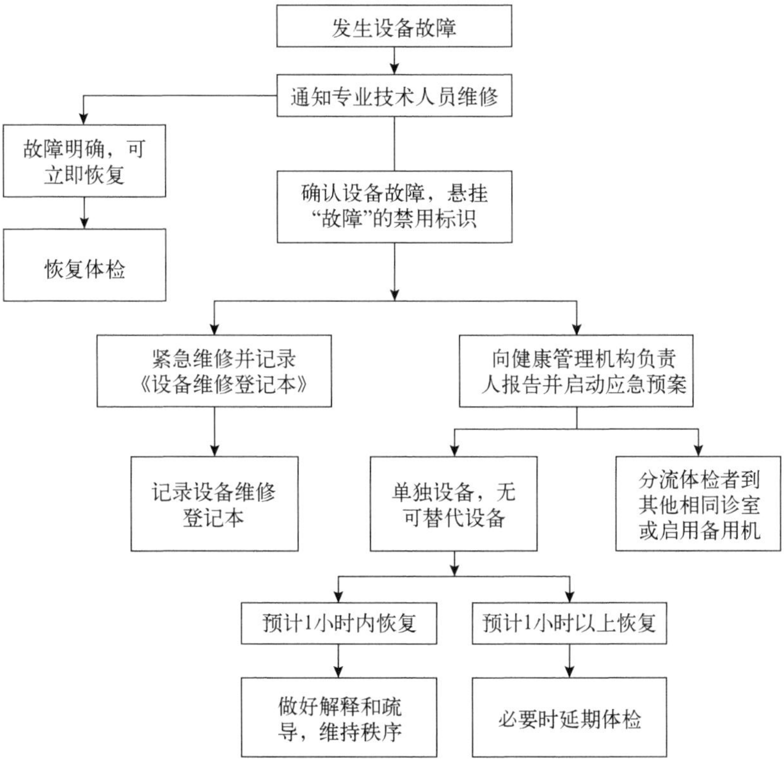

图 7-21　设备故障处理流程

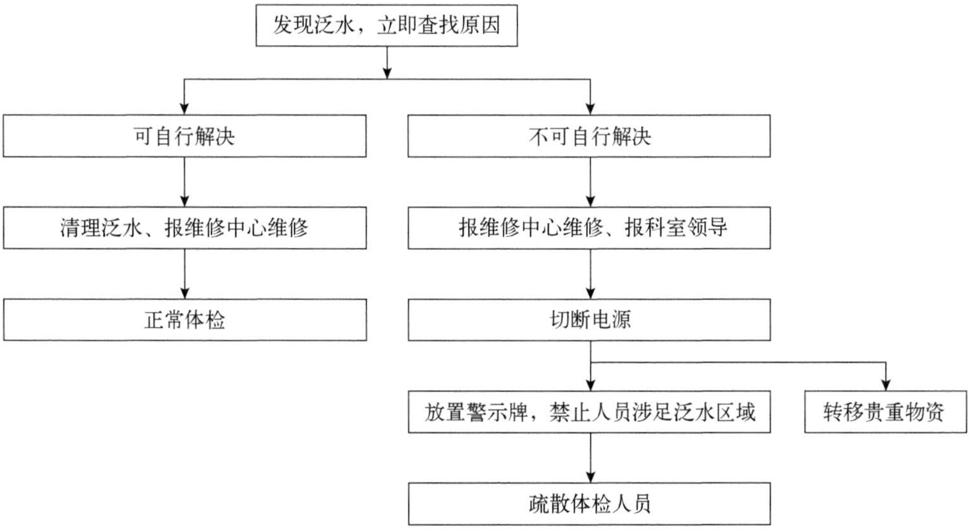

图 7-22　泛水突发事件处理流程

（六）辐射事故处理流程（图 7-23）

（1）出现意外辐射事故，立即切断放射装置电源。

（2）封锁现场，不带出任何可能受辐射污染物品，暂时隔离可能受辐射污染的人员。

（3）立即上报医院，成立应急处理小组，组织专业人员对可能受辐射污染的人员立即采取应急救援措施。

（4）专业技术人员做好防护，进行现场检测，确认现场辐射强度、污染范围和污染程度做好防护措施，彻底清除污染。

（5）组织专业人员，做好防护措施，彻底清除污染，对被辐射人员进行治疗和医学观察。

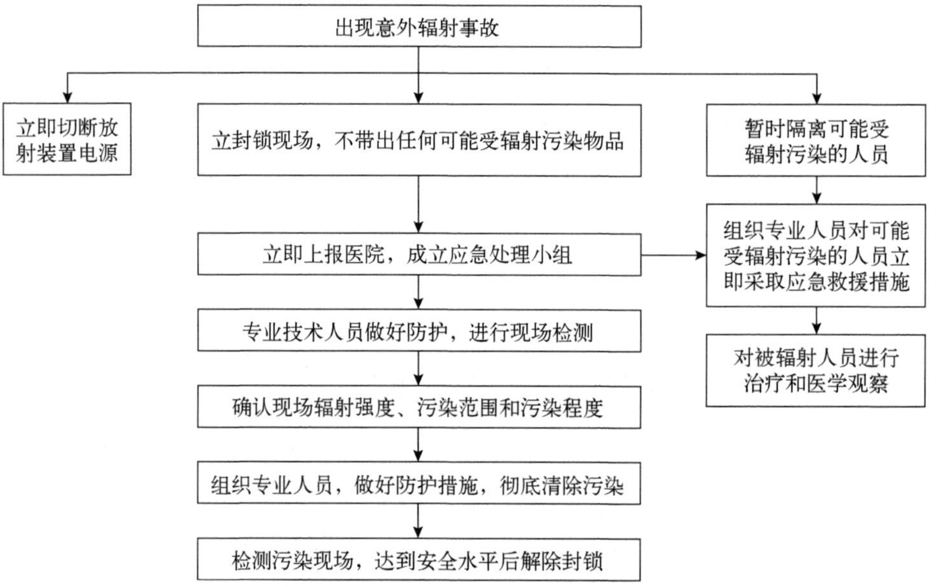

图 7-23　辐射事故处理流程

第六节　健康管理机构护理人力资源管理

人才是组织拥有的重要资源，也是组织的核心竞争力。健康管理机构的护理人力资源管理是确保机构能够提供高质量护理服务的关键环节。它涉及对护理人员的规划、招聘、选拔、培训与开发、绩效管理、薪酬福利管理及职业发展规划等一系列活动。有效的护理人力资源管理能够保障护理服务质量，提高工作效率和效能，促进护理人员的职业发展，提高健康管理机构的运营效率和服务质量，增强机构的竞争力，为公众提供更优质、全面的健康管理服务。

一、护理人力资源配置

（一）护理人力资源配置的概念、原则

1. 概念　护理人力资源配置是以护理服务目标为宗旨，根据护理岗位合理分配护士数量，保证护士、护理岗位、护理服务目标合理匹配的过程。护理人力资源合理配置主要包括以下 3 个方面：①护士的数量与体检总量的匹配；②护士的能力与工作的难易程度的匹配；③护士与护士之间知识、能力、性格等结构的匹配。

2. 配置原则

（1）依法依规配置的原则：健康管理机构在进行护理人力资源配置时要以卫生行政主管部门护理人力配置要求为依据，每个护理机构护理人员数量不能少于 10 名。

（2）基于受检者需求动态调配的原则：护理人力资源配置要以临床护理服务需求为导向，基于受检者的实际需求进行动态调配。科学的护理人力资源配置应通过评估体检人数、体检项目等进行动态、弹性调整。

（3）成本效益的原则：人力资源管理的出发点及最终目的都是实现效益最大化。在护理人力资源配置过程中，管理者要结合实际不断寻求和探索灵活的人力配置方式，重视护士的能级对应及分层次使用，在分析个人能力与岗位要求的基础上实现个体与岗位的最佳组合，充分调动护士工作积极性，高效利用护理人力资源；根据护理工作量的变化及时增减护士数量，由此降低人员成本，提高组织效率。

（4）结构合理的原则：护理单元整体效率不仅受个体因素影响，还直接受到群体结构的影响。护理单元群体结构是指科室不同类型护士的配置及其相互关系。健康管理机构护理管理者在人力资源配置时要综合考虑结构合理化，要求护士在专业结构、知识结构、智能结构、年龄结构、生理结构等方面形成一个优势互补的护理人力群体，有效发挥护理人力的个体和整体价值。

（二）健康管理机构护理人力资源配置方法

1. 比例配置法　这是目前我国常用的医院护理人力资源配置方法之一。但不同于病房通过床位与护士数量的比例（床护比）、护士与受检者数量的比例（护患比）来确定护理人力配置的方法，健康管理机构属于门诊性质，很少按照比例来配置护士，通常采用工作量配置法。

2. 工作量配置法　指根据护士所承担的工作量及完成这些工作量所需要消耗的时间来配置护理人力资源的方法。工时测量法、受检者分类法是国内外常用的工作量配置法。

（1）工时测量法：护理工时测量是国内医院第一种系统测定护理工作量的方法。在进行护理工时测量时，详细列出健康管理机构护理人员所承担的各项工作任务，包括接待受检者、引导体检流程、进行各项检查的护理操作（如采血、量血压等）、解答疑问、整理档案等，测量和记录护理人员完成每项任务所花费的时间。给不同任务设定相应的权重系数，以反映其在整体工作中的重要性和工作量。将每项任务的平均工时乘以相应的工作量（如每天接待的体检人数、进行某项检查的次数等），再乘以权重系数，得到每项任务的总工时，将所有任务的总工时相加，得到健康管理机构 1 天、1 周或 1 个月的总工时需求，将总工时需求除以每个护理人员的可用工时，得到所需的护理人员数量。根据计算结果，合理安排护理人员的班次和工作任务，确保工作的高效完成和服务质量。

（2）受检者分类法：根据体检项目的复杂程度、受检者的年龄、健康状况、是否有特殊需求（如行动不便、语言障碍等）等因素，将受检者分为不同的类别，可以分为普通受检者、中等复杂受检者、高复杂受检者等。对每一类受检者所需的护理时间、护理强度和护理技能进行详细评估，例如，高复杂受检者可能需要更多的时间进行沟通、引导和特殊护理操作，而普通受检者则相对需要较少的护理投入。根据不同类型受检者的数量和各自的护理需求，计算出总的护理工作量，合理安排护理人员在不同区域或岗位工作，以确保各类受检者都能得到适当的护理服务。更重要的是护理管理者要根据实际情况的变化，及时调整护理人员的配置，以保证资源的合理利用和服务质量。

（三）健康管理机构护士调配预案

为了确保健康管理机构在面对突发情况、业务高峰或其他特殊情况时，能够迅速、有效地调配护理人力资源，保证体检工作的顺利进行和服务质量，特制定本预案。本预案适用于健康管理机构在日常工作中出现护理人员短缺、工作量突然增加、突发公共卫生事件等情况下的人力调配。

（1）当出现护理人力短缺或工作量突然增加等情况时，相关岗位负责人应立即向护士长报告。

（2）护士长对情况进行评估，确定所需调配的护理人员数量和专业技能要求，并向科护士长汇报。

（3）科护士长根据汇报情况，制订调配方案，下达调配指令。

（4）按照调配方案，从内部其他科室或岗位调配合适的护理人员，并通知调配人员到岗。

（5）对调配人员进行必要的培训和工作安排，使其尽快熟悉新的工作环境和工作任务。

（6）调配人员到岗后，护理人力调配小组应密切关注其工作情况，及时解决出现的问题。

二、护士层级管理

护士层级设置是医院护理管理中的一项重要制度，旨在根据护士的专业能力、工作经验和职称等因素，对护士进行分层管理，以提高护理服务质量和效率。而健康管理机构和通常的医疗机构存在较大的差别，健康管理机构的工作有着多样化、复杂化的特征，所以对于护理人员的理论知识掌握程度及操作技能水平熟练程度要求较高。层级管理模式是当前较为先进和现代化的管理方式，通过层级管理模式的应用，能够使护理人员更加明确自身的护理职责和工作内容，进而达到护理团队高效管理的目的。各个层级的护理管理人员在对护理工作人员进行相应的指导和管理时，也要做好自身工作的总结和分析，不断优化自身的护理管理工作，使管理工作能够更加科学，不仅如此，对于自身工作能力和效率的提升也有着重要的价值意义，最终使健康管理机构的护理整体质量及水平得到显著的提升。

（一）健康管理机构护士分层设置与竞聘管理

1. *层级设置*　根据健康管理机构的岗位需求，通常将护士分为 N0 ～ N4 不同层级，每个层级都有其特定的任职资格、能力要求和工作职责，N4 级护士担任健康管理机构护士长，其余 3 个层级的护士按照以老带新、梯次突出、优势互补的原则，优化组合成不同护理小组，每个小组各由 1 名 N3 级护士任组长，配以若干名 N0 ～ N3 级护士。通过因人设岗，将合适的人安排在合适的岗位上，达到了人岗相配、人尽其才、才尽其用的目的。

2. *明确各层级护士岗位职责*　在认真落实医院的各项规章制度的同时，健康管理机构先后制定了管理制度、工作流程、岗位责任制等规章制度，对每个层级的护士均有明确的岗位职责。

3. *按层级进行培训*　护士长根据健康管理机构护理工作的实际情况制订出不同层级护理人员的培训计划，并制定科学合理的考核制度（详见本章第五节）。

4. *健康管理机构护士资质竞聘具体实施方案*　健康管理机构护士资质竞聘需按照严格组织程序实施，具体步骤与内容见表 7-1、表 7-2。

表 7-1　健康管理机构护士资质竞聘具体实施步骤

步骤	内容
一、确认竞聘岗位的信息	1. 确定主管层竞聘的详细要求 2. 确认薪酬体系 3. 安排时间、地点并确认报名截止时间 4. 注明报名方式、演讲内容及事项要求
二、报名	1. 明确主管层的层级信息 2. 填写自主意愿申请表
三、资格审查	1. 审查部门：健康管理机构护理组 2. 审查条件、标准 （1）身体健康情况 （2）是否认同健康管理机构护理文化及理念 （3）心态是否积极 （4）稳定性 （5）学历、继续教育背景及专业技术、专业资质 （6）个人简历 （7）其他条件（性别、年龄、婚否、民族等） 3. 报健康管理机构护理组审批 4. 公布候选人名单 5. 提前一天抽签，确定授课、操作考核及竞聘顺序
四、正式竞聘	1. 填写资质确认单，主任签字 2. 正式竞聘答辩，竞聘答辩的评委由科室主任、副主任、科护士长、护士长、外请评委组成
五、操作考核	根据竞聘要求不同考核不同操作内容（包括查体、专科操作、护理常规、基础操作中侧重一项），所得成绩按权重计入总成绩
六、授课评估	按授课评估评分表打分，计算平均分，70 分为及格，所得成绩按权重计入总成绩
七、竞聘程序	（一）提前 20 分钟召开评委会议 1. 介绍竞聘岗位要求 2. 宣布评委纪律 （1）严禁中途离场 （2）评委发言内容保密 （3）公平、公正的评分 3. 评分方法：百分制 （二）召集所有候选人入场 1. 介绍评委及旁听人员 2. 宣布竞聘原则 （1）遵守健康管理机构规章制度，体现中心用人理念，坚持把合适的人放在合适的岗位上 （2）遵循中心的用人原则 1）公平、公正、公开的选拔人才 2）能者上、平者让、庸者下 3）任人唯贤

续表

步骤	内容
	4）不论资排辈 (3）宣布规则 1）演讲时间：8 分钟以内 2）提问时间：2 分钟以内 3）按抽签顺序轮流竞聘演讲 4）演讲和提问结束后，评委对竞聘现场情况进行评分，所得成绩按权重计入总成绩 5）评委进行综合评选，最后由护理组对整个竞聘的情况进行分析，对竞聘者进行点评，说明竞选差距。时间在 30 分钟以内
八、竞聘结果调研	把竞聘的情况和评委意见反馈给每个竞聘者，再次对竞聘者进行考察
九、公布竞聘结果	公布主管层护士任命决定，并对竞聘结果进行为期 2 周的公示

表 7-2　健康管理机构护士资质竞聘述职提纲

个人简介	主要内容：个人简历、工作经历，参加竞聘原因。时间不超过 1 分钟
对竞聘重点岗位的认识	内容主要是：承担重点岗位应具备的基本素质，起到什么作用，职责是什么，本人竞聘此重点岗位的优势和不足。时间不超过 3 分钟
团队建设	主要内容：团队认识、对团队的贡献、对团队的建议（包括人员管理等）
受聘后的工作规划	内容主要是：该岗位现在的状况及可改进的方面，如何改进（具体的措施）。时间不超过 3 分钟
职业发展	阐述本人竞聘后的职业发展方向
竞聘人需陈述的其他内容	此段可由竞聘人自由发挥。时间不超过 1 分钟
评委提问	时间不超过 2 分钟

（二）健康管理机构护士职业发展路径（图 7-24）

1. *专科护士*　注册护士可以通过进一步的学习和培训，成为专科护士。专科护士在特定领域（如健康管理、糖尿病、老年护理、肿瘤护理等）具有深入的知识和技能。

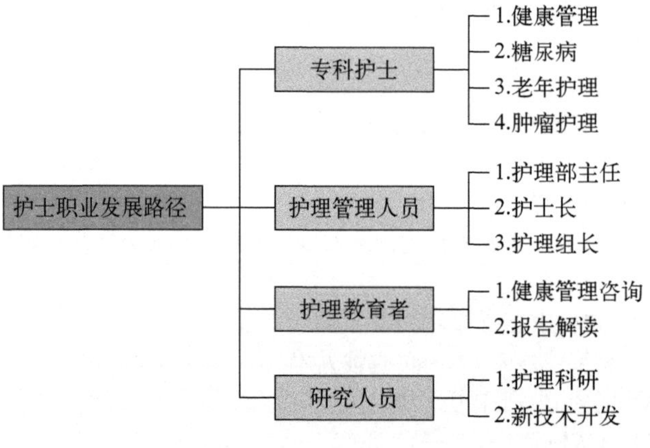

图 7-24　护士职业发展路径

2. *护理管理人员* 有经验的护士可以晋升为护理管理人员，如护士长、护理部主任等。他们负责管理护理团队、制订护理计划、监督护理质量等。

3. *护理教育者* 护士可以选择成为护理教育者，在健康管理机构进行健康管理咨询、报告解读等相关工作。

4. *研究人员* 护士也可以从事护理研究工作，探索护理实践的新方法和新技术，为护理领域的发展作出贡献。

三、护理岗位设置与职责

（一）护理岗位工作总则

（1）在科主任及护士长的领导下，负责开展健康管理机构的各项工作。

（2）严格遵守并执行医院及科室制定的各项规章制度、岗位职责和护理技术操作规程。严格执行查对制度、消毒隔离制度，确保医疗安全，严防医疗事故及院内感染的发生。

（3）具备基本的急救能力，熟练掌握 CPR（心肺复苏术）及常见突发病情的应急处置方法，以保障受检者的生命安全。

（4）协助医师完成各项体检任务，负责健康管理机构各项仪器设备的操作、日常维护及记录工作，并协助受检者正确留取检验标本。

（5）负责受检人员的预约、登记、导诊等工作，确保体检工作流程的顺畅进行。同时，负责接收、整理、归类体检信息，并准确打印和发放体检报告。

（6）协助完成本岗位高危异常结果的汇报、登记工作，并及时协助医生通知受检者高危异常结果，确保受检者得到及时有效的医疗指导。

（7）按照医院规定，开展检后随访工作，确保受检者得到持续的健康管理和指导。

（8）负责体检物品的领取、保管工作，确保体检工作的正常进行。

（9）积极参与受检者的健康管理工作，为受检者提供全面、专业的健康指导。

（10）完成健康管理机构交办的其他指令性工作。

（二）护士长工作职责

（1）在护理部和体检科主任的领导下，全面负责本科室的护理行政管理和护理业务管理工作，确保护理工作的顺利进行，致力于提升护理质量，并加强护理团队建设。

（2）参与健康体检相关规章制度、体检项目和体检流程的制定工作，确保体检工作的规范性和高效性。

（3）负责各类体检的护理工作安排，根据检查项目的工作量，合理调配护士及导检岗位，确保工作有序进行。

（4）定期检查并督促各岗位护理人员严格遵守各项管理、质控规章制度及服务礼仪规程，确保护理工作的规范性和专业性。

（5）严格落实体检环节质控，加强不良事件管理，对体检过程中出现的问题进行及时处理并上报，协调解决并推动持续改进。

（6）配合体检预定部门，做好团队和个人体检的接洽工作，确保体检工作的顺利进行。

（7）加强督导管理，确保受检者信息的安全性和保密性，维护个人隐私权益。

（8）定期进行体检中护理工作的满意度调查，根据反馈及需求及时调整工作流程，提升服务质量和受体者满意度。

（9）负责督查各检查室物品的请领和保管工作，确保物资供应的及时性和准确性。

（10）落实医院感染管理要求，检查督导机构的消毒隔离工作，防止院内感染，确保医疗安全。

（11）负责护理人员业务学习和技能培训的安排，提高护士的业务能力、科研能力、教学能力和服务水平，推动护理团队的整体素质提升。

（12）负责对本部门护理人员工作业绩考评及年度考核，确保护理工作的质量和效率。

（13）负责传达各种会议精神，并贯彻落实，确保相关政策和要求的执行。

（14）积极推动受检者的健康管理工作，为提升公众健康水平贡献力量。

（三）检区护理组长岗工作职责

（1）在健康管理机构科主任及护士长领导下工作，负责所分管检区护理管理工作。

（2）带领、指导、监督所负责检区护士工作，负责每日检区岗位安排、协调。

（3）负责维持检区秩序，确保工作有序进行，无投诉发生。

（4）负责检区项目分流，合理有序的安排检查项目引导工作。

（5）负责巡查检区体检项目结果的录入、审核工作。

（6）负责巡查检区，及时发现、整改问题工作。

（7）负责安排每月检区工作量报表，及时审核，在规定时间内完成。

（8）主动与客人沟通，并收集客人当日体检满意度，发现问题及时反馈、处理。

（9）负责与其他检区项目衔接工作，及时分流体检人员。

（10）按时完成领导交办的特殊事务，科内布置的工作。

（四）仪器设备管理岗工作职责

（1）在科主任领导下，负责科室医疗设备、耗料的采购申请、管理。

（2）调配、保养和维修工作。

（3）建立科室医疗仪器设备总账。专人使用管理，严格执行操作规程。

（4）组织操作科室对医疗设备进行日常的维护和保养保证仪器设备处于良好状态。出现故障，及时报告医院医疗设备科维修，并在仪器使用记录本上记录。

（5）大型、关键医疗设备出现故障需要维修时，及时记录故障现象及时间，报告主任 / 护士长，并填写设备维修联系单，送医疗设备处。

（6）如不能排除故障，由医疗设备处联系厂方或代理商派员检修；检修应陪同维修人员，维修结束，由对方工程师出具检修报告，操作人员须填写科室仪器设备档案维修记录及仪器设备维修单。

（7）每月进行检查，发现问题及时报告处理，及时联系设备年检，并做好记录，保证仪器正常运转与使用。

（8）贵重仪器原则上不外借，如遇有特殊情况，千元以下仪器须报护士长同意，千元以上的仪器须报经科主任批准方可借出。收回时检查无误方可收管。

（9）各种仪器的说明书、线路图等资料，按科技档案要求建立档案。

（五）咨询岗护士工作职责

（1）负责检前准备，协调各检室工作，确保检查系统稳定运行。

（2）承担受检者的接待、引导及登记工作，确保流程顺畅。

（3）合理分流受检者，科学安排体检项目，并提供体检常规知识及注意事项的说明，有效处理各类突发事件。

（4）受检者体检结束，审核体检项目是否都完成，再次确认报告领取方式，落实满意度调查工作。

（5）接待受检者弃项弃检时，问明原因后，根据原因采取相应的解决方案，对于坚持弃检人员应完善告知由受检者本人同意签字并联络前台计算机上执行记录。

（6）根据受检者反馈，及时协调各科工作，适时调整体检流程，满足受检者合理需求，推动服务质量的持续提升。

（7）负责本部门办公用品的领取与及时补充。

（8）及时汇报工作中出现的问题，并提出改进意见。

（六）前台备单岗护士工作职责

（1）在护士长及组长领导下工作，完成前台备单岗工作。

（2）负责清洁整理前台台面，电脑开机准备，进入体检管理系统，备齐用物（如订书机、笔、打印纸、条形码纸等物品）。

（3）每日下午核对次日登记工作所需物品是否齐全，打印机硒鼓是否正常使用状态。做好准备工作。

（4）以最快的速度完成体检登记的同时，确保每位前来登记体检的客人零差率。

（5）在规定时间内完成团检备单、充值卡备卡工作，打印指引单工作。

（6）前台组长根据外联组交至的备单先于沟通，由组长合理分配给前台护士进行备单和打印装订工作。装订完成后再次审核备单情况指引单有无订错或漏订条码等问题并做好签字和备案工作。

（7）进行查对管理，查询客人选项单与指引单项目，信息是否一致。

（8）根据受检者体检凭条找到对应体检单，核对信息无误，正确指导完成补检。

（9）接待受检者弃项弃检时，问明原因后，根据原因采取相应的解决方案，对于坚持弃检人员应完善告知由受检者本人同意并签字。

（10）熟练解答受检者提出的问题，语言简洁、清楚、口齿清晰。

（11）服从上级领导下达的工作任务，协助组长完成前台各项工作。

（12）当班护士及时查看外联联络群消息，及时处理。

（13）每日当班护士下班前在群里发布交班内容。

（14）每日当班护士下班时应整理前台环境，工作使用的印章应收放好。

（15）进行备单和打印装订工作，装订完成后再次审核备单情况指引单有无订错或漏订条码等问题并做好签字和备案工作。

（16）在工作中若发现录入及备单出错及时登记，每月考核按前台考核制度处理。

（七）导检护士工作职责

（1）遵循健康管理机构要求，负责受检者的体检导引，注意隐私保护，热情主动服务，确保受检者安全与满意的服务体验。

（2）为受检者提供初步解答，充当受检者与健康管理机构、检查医师之间的沟通桥梁。

（3）合理安排引导受检者的检查项目，维护体检现场的秩序。

（4）指导受检者正确饮水、进餐时机，避免因进水进食错过检查项目。

（5）在检查前向受检者讲解检查目的和方法，以促进其配合。

（6）时刻关注检区内受检者情况，遇到突发事件及时报告护士长或相关领导。

（7）协助指导受检者正确留取大、小便标本。

（8）发现重要异常结果情况，按《重要异常结果处理流程》处理。

（9）体检结束后提醒受检者检查个人物品，避免遗失。

（10）关注受检者安全，特别关照老年人及行动不便的受检者，协助其进行体检。

（11）维持检验环境干净整洁。体检结束整理负责区域环境卫生。做好空气及物体表面消毒工作。

（12）关注受检者健康状态，适时进行健康科普宣教。

（八）采血室护士工作职责

（1）维持抽血区域及治疗室的整洁与卫生、消毒管理。

（2）负责采血室物资设备准备齐全，确保所需物品在有效期内，不得有过期物品。

（3）严格执行查对制度，核对受检者个人信息及血液检查项目，并询问采血禁忌，确保无误。

（4）遵循无菌操作规程，确保“一人一针，一管一垫一带，一用一消毒”，严格执行医院感染管理制度，防止院内交叉感染。

（5）根据检验项目选择采血管，掌握正确采集顺序。

（6）负责标本的正确交接，并按规定签字确认。

（7）熟练掌握晕血晕针处理流程，确保受检者安全。

（8）提高采血技术、努力做到一次穿刺成功，每日统计穿刺成功率，并进行分析改进。

（9）热情主动服务，适时给予照顾，确保受检者安全与满意的服务体验，同时做好科普宣教。

（10）严格按照《医用废弃物处理办法》分类处理医用垃圾。

（11）配合院感部门定时对采血室空气、消毒剂、工作人员手和物表采样监测。

（九）各跟诊岗位护士工作职责

1. 内科、外科、眼科、耳鼻喉科检查跟诊岗位护士工作职责

（1）负责检前物品准备，确保系统运转正常，维护室内整洁。

（2）维持候检区域秩序，指导受检者按流程进行检查。

（3）仔细核对受检者信息，确保准确无误。

（4）特别关注特殊群体，提供必要照顾和安全保护。

（5）准确记录医生查体描述及结论，经医生确认后在体检系统内提交。

（6）协助医生处理高危异常体征，及时通过体检系统提交、上报。

（7）检后整理诊室，更换床单，妥善处理医疗垃圾。

（8）负责工作量统计，确保数据准确。

2. 妇科跟诊岗位护士工作职责

（1）严格执行妇科检查室规章制度，确保操作规范。

（2）准备体检所需物品，确保一次性物品在有效期内并按顺序使用。

（3）协助做好检前告知，对有顾虑的受检者进行安抚、解释，减轻其紧张情绪。

（4）仔细核对 TCT 或 HPV 收集瓶与申请单的受检者信息，避免差错。

（5）详细了解受检者月经史、妇科疾病史，确保检查适宜性。

（6）严格执行院感制度，防止院内感染发生。

（7）体检结束后进行室内紫外线空气消毒。

（8）与实验科进行标本交接、记录并签字，妥善处理医疗垃圾。

3. 超声跟诊岗位护士工作职责

（1）熟知超声仪器使用方法，检前开机预热，确保系统运转正常。

（2）准备所需物品，保持室内及诊床整洁，对耦合剂进行加温处理。

（3）认真核对受检者信息与检查部位，确保检查准确性。

（4）协助超声医生完成检查报告，注意复述核对，保证记录无误。

（5）对特殊人群优先安排检查，并提供必要帮助。

（6）注意保护受检者隐私，维护其合法权益。

（7）发现高危异常检查结果及时协助医生进行系统上报。

（8）检后开窗通风，关闭机器，整理诊室，进行垃圾分类处理。

（9）建立设备使用台账，按时进行计量检测，确保设备正常运行。

（10）负责工作量统计，为科室管理提供数据支持。

4. 口腔科跟诊岗位护士工作职责

（1）在护士长的领导下进行工作，确保口腔科日常工作的顺利进行。

（2）负责口腔科开诊治疗前后的准备工作，确保诊疗工作的顺利进行。

（3）协助医生进行口腔检查、洗牙等操作，确保诊疗质量。

（4）维护口腔科整洁安静的环境，维持就诊秩序，做好口腔科的卫生宣教工作。

（5）按要求做好口腔科消毒工作，防止院内感染的发生。

（6）认真执行各项规章制度和技术操作常规，严格查对制度，做好交接班工作，防止差错事故的发生。

（7）负责领取保管科内药物，保养口腔治疗椅等口腔科器械及其他物品。

（8）做好口腔科非一次性器械的消毒灭菌及室内空气消毒工作。

（9）一次性检查器械按期效存放，确保使用安全。

5. 放射登记跟诊岗位护士工作职责

（1）保持室内清洁，为受检者提供良好的检查环境。

（2）认真核对受检者信息及检查项目，确保检查准确性。

（3）督促受检者检前摘取或脱掉对射线有影响的饰品或衣物，确保检查安全。

（4）做好受检者的放射防护工作及对不宜放射检查者给予必要提醒，确保受检者安全。

（5）认真填写、核对胶片与胶片袋的信息保持一致性确保检查结果的准确性。

（6）协助医生对高危异常检查结果进行系统上报确保及时处理。

（7）发现有肺结核受检者及时进行室内空气消毒并向疾控中心进行传染病上报防止疾病传播。

（8）保证安全指示灯工作状态正常确保设备安全使用。

（9）负责放射仪器的清洁保养建立设备使用台账按时进行计量检测确保设备正常运行。

（10）负责工作量统计为科室管理提供数据支持。

（十）各辅助检测岗位护士工作职责

1. 眼底摄影岗位护士工作职责

（1）负责检前物品的充分准备，确保室内环境整洁有序。

（2）熟练掌握眼底摄影仪器的性能与使用方法，严格遵循操作程序。

（3）负责仪器的日常维护与保养，确保其正常运行。

（4）精确核对受检者信息，确保无误。

（5）向受检者详细说明检查方法，以获得其有效配合。

（6）确保在眼科检查前完成眼底摄影，为医生提供重要的参考资料。

（7）每位受检者使用后，及时更换颌托纸，防止交叉感染。

2. ^{13}C 尿素呼气试验岗位护士工作职责

（1）检前准备所需物品，如饮水机、水杯等，确保室内环境整洁。

（2）熟知操作规程，准确区分二次采集气体袋的颜色。

（3）仔细核对受检者信息与采集气体袋的标识，确保一致性。

（4）注意询问受检者用药史，特别是 2 周内是否服用抗生素或铋制剂胃药，以及是否空腹。

（5）指导受检者正确采集气体，并关注其适应性。

（6）提醒受检者第二次采集前的注意事项，如禁食禁水、禁止吸烟，并告知采集时间。

（7）具备健康宣教能力，向受检者提供相关信息。

（8）负责工作量的统计与记录。

3. 骨密度岗位护士工作职责

（1）检前确保物品准备充分，并启动系统检查其运行是否正常，维持室内环境整洁。

（2）熟练掌握骨密度检测的操作规程及适用年龄范围。

（3）严格核对受检者信息，确保准确无误。

（4）检测完成后，及时上传受检者的检查报告。

（5）具备向受检者提供健康宣教的专业技能。

（6）承担超声骨密度仪的清洁与日常维护工作。

（7）准确统计工作量，确保数据记录无误。

4. 肺功能检测岗位护士工作职责

（1）检查前准备充分，检查仪器状态，确保正常运行，并保持室内环境整洁。

（2）熟知肺功能检测的操作规程及检查禁忌证。

（3）仔细核对受检者信息，确保无误。

（4）指导受检者正确吹气，并密切关注其反应，如有异常及时处理。

（5）检测结束后，妥善处理医疗垃圾，尤其是一次性吹气管。

（6）定期对肺功能检测仪进行清洁与保养，并按时进行设备的计量检测。

（7）准确统计工作量，确保数据记录无误。

5. 肢体动脉检测岗位护士工作职责

（1）提前启动动脉硬化检测仪，检查仪器状态，确保正常运行，并保持室内环境整洁。

（2）熟练掌握动脉硬化检测的操作规程、机器性能、适用范围及禁忌人群。

（3）严格核对受检者信息，确保正确无误，并准确输入相关信息。

（4）检测后，利用设备自动分析数据生成报告，并通过体检系统上传或打印，向受检者进行必要解释。

（5）具备向受检者提供健康宣教的专业技能。

（6）负责动脉硬化检测仪及袖带的清洁与保养工作。

（7）检测结束后，及时更换床单，确保环境整洁。

6. 人体成分分析岗位护士工作职责

（1）提前检查人体成分分析仪的运行状态，确保正常，并保持室内环境整洁。

（2）熟知人体成分分析的操作规程及禁忌证（如装有心脏起搏器人群、体重在 200kg 及以上人群不宜进行此项检查）。

（3）严格核对受检者信息，确保无误。

（4）提醒受检者在脱鞋站上测量台时注意安全，避免跌倒。

（5）确保每位受检者检测后，对检测仪器的电极板进行消毒处理。

（6）正确输入受检者信息，并指导其进行检测。

（7）具备向受检者提供健康宣教的专业技能。

（8）承担人体成分分析仪的清洁与日常维护工作。

（9）准确统计工作量，确保数据记录无误。

7. 一般检查岗位（视力等）护士工作职责

（1）负责受检者的身高、体重、血压、腰围、臀围及视力的准确测量。

（2）负责检前物品准备，如血压计、听诊器、软尺、遮眼板、消毒用品等，确保测量仪器处于正常状态。

（3）精确核对受检者信息，防止测量或记录错误。

（4）熟练掌握测量方法步骤及注意事项，确保测量结果的准确性。

（5）对异常血压进行复测并记录，对高危异常进行系统上报并报告医生处理。

（6）在视力测量时，确保遮眼板消毒，防止交叉感染。

（7）负责测量仪器的使用与保管，及时申报维修需求，确保不影响体检工作。

8. 心电图室岗位护士工作职责

（1）负责心电图检查所需物品的充分准备。

（2）保持诊室环境整洁，严格执行院感制度，防止院内感染。

（3）负责心电图机的日常维护与使用，确保其正常运行。

（4）正确操作心电图检查，与心电图诊断医生保持良好沟通。

（5）按时完成每日心电图检查任务。

（6）具备初步判读心电图的能力，发现重大异常时及时报告医生并按流程处理。

（7）负责工作量的统计与记录。

（十一）积案处理岗护士工作职责

（1）在护士长及组长领导下工作，完成积案处理岗工作。

（2）每日及时处理所负责的报告积案。

（3）及时提醒医生将各科室体检结果进行录入和审核。

（4）及时将所负责的岗位体检结果进行录入和审核。

（5）检查收回体检表，同时检查体检项目完成情况，确保所有体检项目均已完成。

（6）未完成的报告，需要及时查找原因，确保报告的完整性和及时性。

（7）及时查找报告存在的积案的原因，须将原因进行系统备注。

（8）护士持续跟踪存在积案的报告。

（9）受检者未完成的体检项目而造成的积案，应根据情况通知受检者后续来检。

（10）遇到不能解决的积案，须及时告知组长共同解决。

（十二）体检报告核对岗位护士工作职责

（1）在护士长的领导下，负责体检报告的核对工作。

（2）依次进行检查结果的汇总、主检医生审核后的报告打印，对存在异议的报告返回体检医生处进行核实或修改。

（3）报告打印后，需主检医生签字或盖章的表格类报告须及时交付。

（4）核对报告信息与 CT 条码的基本信息，确保一致无误。

（5）精确核对体检中人工录入部分与体检系统传输结果的一致性。

（6）核对所有检查项目的结果是否齐全，确保无遗漏。

（7）核对系统中各科室检查描述与结论的一致性，以及超声检查截图与阳性体征的一致性。

（8）核对血液及大小便检测结果的完整性。

（9）汇总所有检查报告，包括委托实验室的检查报告，确保无遗漏。

（10）每一项工作环节需明确登记执行者与核对者。

（11）将体检报告按体检号尾数分开并上架，确保有序管理。

（十三）报告组护士工作职责

（1）在护士长及报告组长领导下工作，完成报告室工作。

（2）及时接收护士交接的附单并签字。

（3）按规定完成当天打印的体检报告。

（4）将体检报告按电话、短信、快递、团队方式通知受检者。

（5）及时完成各类表格的填写、盖章。

（6）资料室通知完成的报告，按规定整理、放置相应的位置。

（7）根据受检者提供的姓名、电话、体检号等方式，发放领取报告单，并做好登记。

（8）及时接听受检者电话，为客人答疑解惑，并进行相应的交接。

（9）团队报告掌握的整理和领取方式。

（10）对之前电话通知未接的客人，后续要继续通知和记录。

（11）按时完成上级交代的任务，遇到问题及时反馈。

（12）出现差错、不良事件应及时主动向上级报告，并积极整改。

（十四）随访岗护士工作职责

（1）在护士长领导下工作，协助医生完成受检者随访工作。

（2）受检者信息管理：负责收集、整理体检受检者的健康信息，建立和完善受检者健康档案，确保信息准确、完整；对受检者信息进行分类、归档，以便于后续的随访工作。

（3）随访工作执行：根据体检结果和医生建议，制订个性化的随访计划，确定随访时间、方式和内容。定期对体检受检者进行电话随访，了解受检者的健康状况变化，询问是否有不适症状或疾病进展情况。对于异常体检结果的受检者，重点关注并及时提醒受检者进一步复查或就诊，向受检者解释异常结果的意义和可能的风险。记录随访结果，包括受检者的健康状况、对建议的执行情况等，及时更新受检者健康档案。

（4）健康指导与教育：在随访过程中，为受检者提供健康指导和建议，如饮食调整、运动锻炼、生活方式改善等。解答关于健康问题的咨询，提供专业的护理知识和建议。根据受检者的需求，提供相关的健康宣传资料或推荐参加健康讲座等活动。

（5）沟通协调：与体检医生、其他医护人员保持密切沟通，及时反馈受检者的随访情况和问题，共同制订个性化的健康管理方案。与受体者保持良好的沟通关系，提高受检者的满意度和信任度。如受检者需要进一步就诊或治疗，协助受体者联系相关医疗机构或专家，提供转诊服务。

（6）数据统计与分析：定期对随访数据进行统计分析，如随访率、异常结果复查率等，为改进健康管理机构的服务质量提供依据。总结随访工作中的经验和问题，提出改进措施和建议。

（十五）健康管理岗护士工作职责

1. *体检前服务*　协助受检者进行体检预约，解答受检者关于体检项目、流程等方面的疑问。根据受检者的健康状况和需求，为其推荐合适的体检套餐。

2. *体检中服务*　引导受检者进行体检，确保体检流程顺畅、高效。在体检过程中，为受检者提供专业的护理服务，如测量血压、采血等，根据所了解到的受检者情况进行相应的健康宣教。观察受体者的身体状况，及时发现异常情况并通知医生。

3. *体检后服务*　整理受检者的体检报告，确保报告准确、完整。为受检者解读体检报告，解释各项检查结果的意义，提供健康建议。根据受检者的体检结果，制订个性化的健康管理方案，包括饮食、运动、心理等方面的建议。对需要进一步检查或治疗的受检者，协助其转诊至相关医疗机构，并跟踪后续治疗情况。

4. *健康管理服务*　定期对受检者进行随访，了解受检者的健康状况变化，督促受检者执行健康管理方案。为受检者提供健康咨询服务，解答受检者关于健康问题的疑问。组织开展健康讲座、健康促进活动等，提高受检者的健康意识和自我管理能力。

5. *数据管理与分析*　负责受检者健康档案的管理，确保档案信息安全、完整。对受检者的体检数据和健康管理数据进行统计分析，为机构的服务改进和决策提供依据。

6. *团队协作与沟通*　与医生、营养师、康复师等其他健康管理团队成员密切合作，共同为受检者提供优质的健康管理服务。与受检者保持良好的沟通关系，及时反馈受检者的需求和意见，提高受检者满意度。

第七节　健康管理机构护理培训

培训（training）是给员工传授其完成本职工作所必需的正确思维认知、基本知识和技能的过程。

护理人员培训是护理人力资源管理的重要内容之一，培训的直接目的就是要发展护士的职业能力，提高护士的整体素质，改变护士的价值观、工作态度和工作行为，使护士能够胜任现有的工作岗位而进行的有计划、有组织的教育和训练活动。

健康管理机构护士培训是指针对在健康管理机构工作的护士群体，通过专业知识与技能、健康评估与干预、沟通与人际关系技巧、法律法规与伦理、新技术与信息化应用以及继续教育与职业发展等一系列有计划、有组织的教育和训练活动，以提升护士专业技能、知识水平、服务质量和综合素质，为受检者提供更加全面、专业、高效的健康管理服务。

一、护理管理者培训

健康管理机构护理管理者培训是一项具有重要意义的工作，旨在提升护理管理者的专业素养、管理能力和领导水平，以适应不断变化的健康管理环境和受检者的健康需求。

（一）培训目标

（1）提升护理管理者的专业知识和技能，使其能够有效地管理健康管理机构的护理团队。

（2）增强护理管理者的服务意识和沟通能力，提高受检者满意度。

（3）培养护理管理者的创新思维和问题解决能力，推动健康管理机构的持续发展。

（二）培训计划

1. 培训时间　1个月。

2. 具体安排

第一周：基础理论与认知。

第二周：实践技能与团队建设。

第三周：管理能力提升与创新思维。

第四周：总结与考核。

（三）培训要求

（1）护理管理者必须全程参加培训，不得无故缺席。

（2）积极参与课堂讨论和互动，分享自己的经验和见解。

（3）完成培训作业和考核任务，达到培训要求的标准。

（四）培训内容

1. 第一周

（1）健康体检行业概述与发展趋势。

（2）护理管理基础知识与理论。

（3）法律法规与职业素养。

（4）受检者服务理念与沟通技巧。

2. 第二周

（1）体检护理技能操作规范与实践。

（2）团队建设与协作技巧。

（3）应急处理与安全管理。

（4）信息化管理在体检机构中的应用。

3. 第三周

（1）领导力与决策能力培养。

（2）创新思维与质量管理。

（3）人力资源管理与员工激励。

（4）成本控制与效益提升。

4. 第四周

（1）培训总结与经验分享。

（2）个人发展规划与职业目标设定。

（3）考核与评估。

（五）培训方式

1. 集中授课　邀请专家进行理论知识的讲解和案例分析。

2. 实践操作　安排实际操作课程，让护理管理者亲身体验和掌握护理技能。

3. 小组讨论　组织小组讨论，促进护理管理者之间的交流和合作。

4. 实地参观　安排参观优秀的健康管理机构，学习先进的管理经验和服务模式。

5. 在线学习　提供在线学习资源，方便护理管理者进行自主学习和复习。

（六）培训大纲

1. 健康管理机构护理管理概论

（1）健康管理机构的特点和发展趋势。

（2）护理管理在健康管理机构中的作用和地位。

（3）护理管理者的职责和角色。

2. 护理管理基础知识

（1）管理学原理与方法。

（2）护理质量管理与控制。

（3）人力资源管理与员工激励。

（4）财务管理与成本控制。

3. 健康体检护理技能

（1）体检项目的护理操作规范与流程。

（2）常见疾病的预防与保健知识。

（3）急救技能与应急处理。

（4）信息化管理在体检护理中的应用。

4. 受检者服务与沟通技巧

（1）受检者服务理念与意识培养。

（2）沟通技巧与人际关系处理。

（3）受检者投诉处理与满意度提升。

5. 领导力与团队建设

（1）领导力的培养与提升。

（2）团队建设与协作技巧。

（3）激励机制与员工发展。

（4）决策能力与问题解决。

6. 创新思维与质量管理

（1）创新思维的培养与应用。

（2）质量管理体系与持续改进。

（3）流程优化与效率提升。

（4）风险管理与安全管理。

7. 个人发展与职业规划

（1）自我认知与职业定位。

（2）个人发展规划与目标设定。

（3）职业素养与职业道德提升。

（4）学习能力与终身学习意识培养。

（七）考核方式

1. 理论考试　对培训内容中的理论知识进行考试，检验护理管理者的学习成果。

2. 实践操作考核　对护理技能操作进行考核，确保护理管理者能够熟练掌握体检护理技能。

3. 小组项目汇报　组织小组完成一个与体检机构管理相关的项目，进行汇报和评估，检验团队协作和创新能力。

4. 个人发展规划汇报　要求护理管理者制订个人发展规划，并进行汇报和评估，检验自我认知和职业规划能力。

（八）注意事项

（1）培训前要做好充分的准备工作，包括培训场地的布置、培训资料的准备、培训设备的调试等。

（2）培训过程中要注意安全，特别是在实践操作和实地参观环节，要确保护理管理者的人身安全。

（3）培训讲师要具备丰富的教学经验和专业知识，能够有效地传授培训内容。

（4）培训要注重互动和参与，鼓励护理管理者积极提问和发言，提高培训效果。

（5）培训后要及时进行总结和评估，收集护理管理者的反馈意见，为今后的培训提供参考。

（九）培训架构

1. 培训领导小组　负责培训的整体规划和组织协调。

2. 培训讲师团队　由专家、学者和行业内的资深人士组成，负责培训内容的讲解和指导。

3. 培训辅导人员　协助培训讲师进行教学辅导和实践操作指导。

4. 培训管理团队　负责培训的日常管理和后勤保障工作。

（十）教师资质

（1）具备丰富的健康管理机构护理管理经验，熟悉行业发展趋势和政策法规。

（2）具有较高的专业水平和教学能力，能够有效地传授培训内容。

（3）具备良好的沟通能力和团队协作精神，能够与护理管理者进行有效的互动和交流。

（4）拥有相关的资质证书和培训经验，如护理管理专业学位、教师资格证书等。

二、护士培训

（一）入职护士培训

新护士实行岗前培训和岗位规范化培训制度。岗前培训应当包括相关法律法规、医院规章制度、服务理念、医德医风及医患沟通等内容；新护士需接受全面的医学知识更新，包括但不限于基础护理学、急救护理学、病理学、药理学等专业知识。同时需熟练掌握相关机器操作，如心电图机、除颤仪等。

院级岗前集中培训

（1）培训目标

1）以岗位适用教育为主，尽快适应角色变化，培养良好的工作态度、深厚的工作兴趣和高昂的工作热情，激发护理人员热爱岗位本职工作。

2）尽快熟悉医院环境，根据护理部要求重点做好医德规范、服务理念和规范化技术操作培训。

3）了解医疗卫生相关政策、法规，了解医院的各项规章制度，护理管理体制、科室工作流程、护理质量标准及要求、护理实践规范及职业防护知识等，掌握护理管理核心制度及应急预案。

（2）培训计划：培训时间 14 天。

（3）培训要求：新来院护士必须经过岗前培训方可上岗；护士上岗前参加医院统一的岗前培训，重点学习医院各项规章制度、护士礼仪、规范化护理技术操作等相关内容；岗前集中培训，结束后，护理部将对所学内容组织理论和技术考核，合格者方可上岗。

（4）培训内容

1）介绍医院概况及所在医院的护理理念。

2）学习《医疗事故处理条例》《护士条例》等各项法规。

3）学习护理职业道德和仪表行为，规范教育。

4）学习在整体护理模式下进行护理健康教育、护患沟通技巧。

5）学习护理病历书写规范，了解护理质量控制标准及护理紧急风险预案。

6）学习院内感染、消毒隔离制度、措施及职业防护等护士应知应会的有关内容。

7）组织观看护理技术操作录像，规范护理技术操作。

（5）培训方法

1）由护理部及相关科室进行业务授课，掌握相应的护理核心制度和护理应急预案。

2）授课方法以专题授课、观看录像、技术操作示范和练习、护士礼仪规范练习等形式进行。

（6）培训大纲

1）第一周

①医院概况与文化：介绍医院历史、价值观、使命和愿景，让新护士对医院有整体认知。

②护理规章制度：包括岗位职责、工作流程、考勤制度、奖惩制度等。

③护理职业道德与职业素养：强调护理职业的特殊性，培养责任心、爱心、耐心和同理心。

④基础护理技能：如生命体征测量、静脉穿刺、肌内注射等。

⑤急救知识与技能：心肺复苏、海姆立克急救法等。

2）第二周

①院前急救流程：从接到急救电话到现场处置、转运受检者的全过程。

②常见急症的院前处理：如心脑血管疾病、外伤、中毒等。

③急救设备的使用与维护：除颤仪、心电图机、呼吸机等。

④沟通技巧与团队协作：与受检者及家属、医生、其他医护人员的沟通方法，以及团队合作的重要性。

⑤考核与总结：对新护士进行理论和技能考核，总结培训情况，提出改进建议。

（7）考核方式

1）理论考核：采用笔试的方式，考查新护士对理论知识的掌握程度。

2）技能考核：通过实际操作，考查新护士的护理技能和急救能力。

3）综合评价：结合新护士的平时表现、考核成绩等，进行综合评价。

（8）注意事项

1）安全第一：在培训过程中，要强调安全意识，包括自身安全和受检者安全。

2）理论与实践相结合：注重理论知识的学习，同时通过模拟演练和实际操作，提高新护士的实践能力。

3）个性化培训：根据新护士的不同背景和能力水平，进行个性化的指导和培训。

4）反馈与改进：及时收集新护士的反馈意见，对培训内容和方法进行改进。

5）心理支持：新入职护士可能会面临压力和挑战，要给予心理支持，帮助他们尽快适应工作环境。

（9）培训架构

1）成立培训领导小组，由护理部主任担任组长，负责培训的整体规划和协调。

2）设立培训工作小组，由护理骨干担任成员，具体负责培训的实施和管理。

（10）老师资质

1）专业知识扎实：具备丰富的护理专业知识和临床经验，熟悉院前急救工作流程和规范。

2）教学能力强：能够运用多种教学方法，如讲授、演示、案例分析等，激发新护士的学习兴趣，提高教学效果。

3）沟通能力好：能够与新护士进行有效的沟通和交流，了解他们的需求和困惑，及时给予指导和帮助。

4）团队合作精神：具有良好的团队合作精神，能够与其他培训老师协作配合，共同完成培训任务。

（二）健康管理机构护士上岗前培训

1.培训目标

（1）熟悉健康管理机构的工作环境、工作流程和规章制度。

（2）掌握基本的护理技能和体检相关操作，确保为受检者提供安全、准确的服务。

（3）培养良好的沟通技巧和服务意识，提高受检者满意度。

（4）增强团队合作精神和职业素养。

2.培训计划

（1）培训时间：入职后的前两周为集中培训，之后进行为期 3 个月的实践培训。

（2）具体安排

1）第一周：进行理论知识学习和基础技能培训。

2）第二周：实践操作练习和模拟场景训练。

3）第三至第十二周：在导师指导下进行实际工作中的实践培训。

3.培训要求

（1）新护士必须全程参加培训，不得无故缺席。

（2）认真学习并掌握培训内容，通过相应的考核。

（3）遵守培训期间的纪律和规章制度。

4.培训内容

（1）健康管理机构的介绍

1）组织架构和工作环境。

2）服务理念和团队文化。

（2）护理基础知识和技能

1）生命体征测量。

2）静脉采血技术。
3）常见仪器设备的使用。
（3）体检项目及相关护理
1）各类体检套餐的内容和特点。
2）不同体检项目的护理配合要点。
（4）受检者服务与沟通技巧
1）礼仪规范。
2）有效沟通方法。
3）受检者投诉处理。
（5）感染控制与职业防护
1）消毒隔离知识。
2）职业暴露的预防和处理。
5. 培训方式
（1）集中授课：由资深护士或护士长讲解理论知识。
（2）实践操作演示：在模拟人或模型上进行操作示范。
（3）小组练习：新护士分组进行操作练习，互相指导和纠正。
（4）临床实践：在实际工作环境中，由导师一对一带教。
（5）案例分析和讨论：通过实际案例，提高解决问题的能力。
6. 培训大纲
（1）第一周
1）第一天
①健康管理机构概况介绍。
②护理人员职业道德和行为规范。
2）第二天
①生命体征测量的方法和注意事项。
②实践练习生命体征测量。
3）第三天
①静脉采血的理论知识和操作要点。
②观看静脉采血操作视频。
4）第四天
①静脉采血实践操作练习。
②感染控制基本知识。
5）第五天
①常见体检仪器设备的使用和维护。
②受检者服务礼仪培训。
（2）第二周
1）第一天
①体检项目的分类和流程。
②不同体检项目的护理配合要点。

2）第二天

①模拟体检场景，进行综合操作练习。

②沟通技巧培训。

3）第三天

①受检者投诉处理的原则和方法。

②案例分析与讨论。

4）第四天

①职业防护知识和技能。

②应急情况处理流程。

5）第五天

①培训内容的回顾与总结。

②理论知识考核。

（3）第三至第八周

1）在导师指导下参与实际体检工作，包括接待受检者、协助体检项目、解答疑问等。

2）每周进行一次实践操作考核和总结反馈。

7. 注意事项

（1）培训过程中要注重理论与实践相结合，让新护士尽快熟悉实际工作。

（2）培训导师要耐心指导，及时给予新护士正面反馈和改进建议。

（3）注意培训的进度和质量，根据新护士的学习情况进行适当调整。

8. 培训架构

（1）成立培训工作小组，由护士长担任组长，负责培训的组织和协调。

（2）选拔资深护士作为培训导师，负责新护士的具体带教工作。

9. 教师资质

（1）培训导师应具有丰富的体检机构工作经验，熟练掌握各项护理技能和操作。

（2）具备良好的沟通能力和教学能力，能够有效地传授知识和技能。

（3）工作责任心强，具有团队合作精神和职业素养。

（三）健康管理机构在岗护士分层次培训

开展分层级培训，能够帮助不同层级的护理人员掌握更专业的知识，以及完善个人的职业生涯规划，提升个人核心竞争力。通过分层级培训，能够提升护理管理水平，最大限度地发挥各层级护士的潜力和自身价值。

健康管理机构作为医院重要的服务窗口，其服务质量直接关系到受检者的就医体验和医院的声誉。因此，对健康管理机构护士进行分层管理，有助于提高服务质量，优化护理资源配置。根据护士的工作经验、专业技能、管理能力及工作态度等方面进行评估，护士培训分层级按N0、N1、N2、N3、N4进行培训（图7-25）。每个层级的护士将承担不同的工作任务和职称，以确保工作的高效性和专业性。N0、N1级着重进行基本护理能力培训；N2级着重进行护理重症受检者所需能力的培训；N3级、N4级着重进行整体性护理实践能力和教学能力、科学研究和专科护理能力、管理能力的培训。另外，N3级、N4级护士应掌握本护理学科发展动态，积极参与专科学术活动，积极推广和应用专科护理新成果、新技术、新理论和新方法，并撰写论文，参与护理科研。

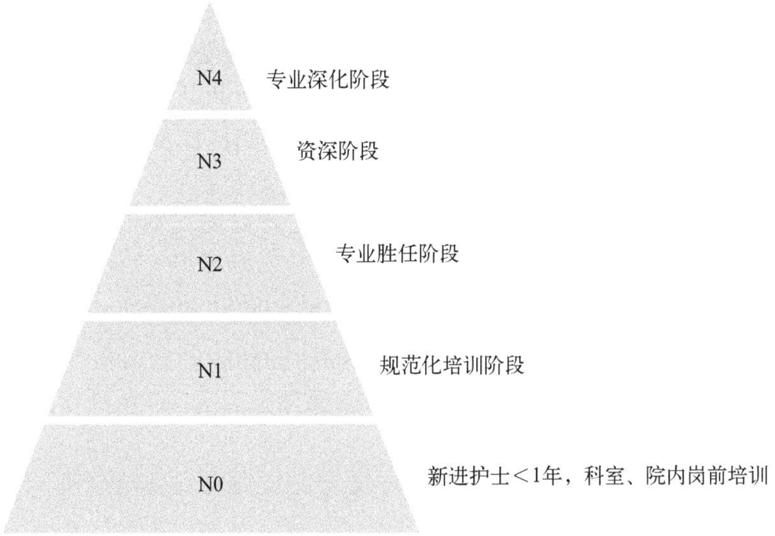

图 7-25　护士临床专业能力进阶制度架构图

培训时长如下。

1. N0 级护士培训计划（工作≤ 1 年）

（1）培训目标：全面提升新护士在健康管理机构的专业知识和技能，达到独立、高效、优质完成工作任务的水平；培养新护士的临床思维能力、问题解决能力和创新能力；强化新护士的职业素养、团队协作精神和沟通能力；帮助新护士熟悉并掌握体检机构的最新技术和服务理念，为个人职业发展打下坚实基础。

（2）培训计划

1）培训时间：从新护士入职 3 个月后开始，持续 1 年，分为 4 个阶段，每个阶段 3 个月。

2）阶段安排

①第一阶段（基础提升阶段）：巩固和深化前 3 个月所学的基础知识和技能，进一步熟悉体检机构的常见工作流程和操作规范。熟悉健康管理机构环境，了解科室工作流程，熟悉各岗位的具体工作及能够合理安排受检者体检，制订自身培训目标。

②第二阶段（专业拓展阶段）：学习和掌握更多的专业知识和技能，如特殊体检项目的护理、体检报告的深度解读等。熟练掌握各岗位工作，能在教学岗位带教组长监督下，独立完成护理操作；认识各项报告及重要指标的意义。

③第三阶段（综合实践阶段）：参与实际工作中的复杂案例和团队项目，提高综合实践能力和团队协作能力。学习多元化专业、操作、技术配合及管理知识，教学岗位带教组长不定期抽查，了解新护士对各岗位问题处理技巧。

（3）培训要求：新护士必须按时参加培训课程和实践活动，完成规定的学习任务；培训期间需认真做好学习笔记，积极参与讨论和交流；遵守培训期间的各项规章制度和操作规范，确保培训安全；每个阶段结束后需进行考核，考核成绩合格方可进入下一阶段培训。

（4）培训内容

1）体检机构的专业知识和技能：①各类体检项目的详细内容和操作要点；②体检设备的使用和维护；③体检报告的生成、解读和咨询服务。

2）临床思维和问题解决能力：①病例分析和讨论；②常见问题的诊断和处理策略。

3）职业素养和沟通能力：①护理伦理和职业道德；②与受检者、医生和同事的有效沟通技巧。

4）团队协作和项目管理：①团队建设和协作训练；②项目管理的基本知识和方法。

5）新技术和服务理念：①行业内的最新技术和发展趋势；②以受检者为中心的服务理念和创新方法。

（5）培训方式

1）课堂讲授：安排内部专业水平高的人员进行集中讲解，通过生动地讲解让新员工快速掌握知识要点。

2）现场演示：在实际的工作场景中，由经验丰富的员工亲自演示操作流程，让新员工有更直观的感受。

3）案例分析：通过实际发生过的案例进行深入分析，探讨问题的产生原因和解决办法，提高新员工的分析和解决问题能力。

4）小组讨论：鼓励新员工分成小组进行互动交流，充分分享各自的观点和经验，激发思维碰撞。

5）模拟演练：模拟真实的工作场景进行实践训练，让新员工在模拟中积累实践经验。

（6）培训大纲

1）第一阶段（基础提升阶段）

①第 1 个月：体检机构常见疾病的护理要点；基础体检设备的操作巩固；服务礼仪和沟通技巧的深化；体检流程的优化与质量控制；常见体检结果的初步分析。

②第 2 个月：团队协作的基础训练；特殊人群的体检护理（如老年人、孕妇等）；应急情况的处理演练；受检者投诉的处理与反馈；自我职业规划的引导。

③第 3 个月：感染控制与职业安全；护理质量评估指标的理解与应用；团队合作项目的实践；阶段考核与总结；个人学习成果汇报与交流。

2）第二阶段（专业拓展阶段）

①第 1 个月：特殊体检项目的护理技能（如胃肠镜检查、心血管功能检测等）；体检报告的深度解读与异常指标分析；跨部门沟通与协作的技巧。

②第 2 个月：医学统计学在体检数据中的应用；科研文献的检索与阅读；团队领导力的培养；新技术在体检中的应用（如人工智能辅助诊断、远程医疗等）；市场调研与服务创新；职业发展规划的调整与指导。

③第 3 个月：法律法规与医疗安全；成本核算与效益分析；团队项目成果展示与评估；阶段考核与总结；专业知识竞赛与交流。

3）第三阶段（综合实践阶段）

①第 1 个月：复杂病例的综合分析与处理；多学科团队协作的实战演练；受检者满意度调查与服务质量改进；风险管理与危机应对；团队绩效管理。

②第 2 个月：科研课题的选题与设计；学术论文的撰写与投稿；行业前沿动态的追踪与研讨；资源整合与优化配置；品牌建设与市场推广；职业素养的全面提升。

③第 3 个月：对外交流与合作；培训效果的评估与反馈；个人职业发展的中期评估；阶段考核与总结；综合实践成果汇报与展示。

4）第四阶段（职业发展阶段）

①第 1 个月：根据个人职业规划进行个性化培训（如管理能力提升、专科护理深造等）；职业发展的困惑与解决方案；行业专家经验分享与交流；领导艺术与团队激励；个人品牌的塑造与推广；职业转型的准备与应对。

②第 2 个月：创新思维与创业精神；行业影响力的建立与拓展；未来职业发展的展望与规划；高端受检者服务与管理；国际前沿理念与技术的引进；个人职业发展的总结与反思。

③第 3 个月：行业标准与质量认证；培训体系的优化与完善；团队文化的传承与创新；最终考核与结业；优秀学员表彰与经验分享。

（7）考核方式

1）理论考核：每月进行一次理论知识测试，占总成绩的 40%。

2）实践考核：观察实际操作表现，占总成绩的 40%。

3）受检者满意度评价：收集受检者对护士服务的反馈，占总成绩的 20%。

（8）注意事项

1）培训内容应根据行业发展和实际工作需求不断更新和完善。

2）注重培训效果的评估和反馈，及时调整培训方法和内容。

3）合理安排培训时间和任务，避免给新护士造成过大的工作压力。

4）鼓励新护士积极参与培训，提供必要的激励措施和支持。

（9）培训架构

1）设立培训领导小组，由体检机构主任担任组长，负责培训的总体决策和指导。

2）成立培训工作小组，由护士长和骨干护士组成，负责培训的具体组织和实施。

3）邀请外部专家和内部资深人员组成培训师资团队，确保培训质量。

（10）教师资质

1）内部培训老师：应具有丰富的体检机构工作经验，中级及以上职称，具备良好的教学能力和沟通能力。

2）外部专家：应在健康体检领域具有较高的知名度和权威性，具有丰富的实践经验和教学经验。

2. N1 级护士培训计划　低年资护士（工作 1 ～ 5 年）。

（1）培训目标

1）巩固和拓展 N1 护士的基础护理知识和技能，使其在健康体检工作中更加熟练和准确。

2）培养 N1 护士对体检受检者的健康评估和指导能力，提升服务质量。

3）增强 N1 护士的团队协作和沟通能力，适应体检机构的工作环境。

（2）培训计划：共 6 个月，每月进行集中培训 2 次，每次 2 小时。

阶段安排：

1）第 1 ～ 2 个月：基础护理技能强化培训。

2）第 3 ～ 4 个月：健康评估与指导能力培训。

3）第 5 ～ 6 个月：综合实践与能力提升。

（3）培训要求

1）参加培训的护士需提前预习培训内容，带着问题参加培训。

2）培训期间认真听讲，积极参与互动和讨论，做好笔记。

3）按时完成课后作业和实践任务，及时向培训老师反馈学习中的问题和困难。

（4）培训内容

1）健康管理机构的工作流程和质量标准。

2）常见疾病的预防、筛查和护理知识。

3）体检受检者的心理特点和沟通技巧。

4）健康体检报告的解读和分析。

5）健康教育和健康促进的方法和策略。

（5）培训方式

1）课堂讲授：由资深护士或医生讲解理论知识。

2）案例分析：通过实际案例讨论，提高解决问题的能力。

3）情景模拟：模拟体检场景，进行实践操作和沟通演练。

4）小组讨论：组织小组讨论，分享经验和见解。

（6）培训大纲

1）第 1 ～ 2 个月：基础护理技能强化。

①静脉采血、尿液标本采集等操作的规范与技巧。

②体检设备的正确使用和维护。

③感染控制和消毒隔离知识。

2）第 3 ～ 4 个月：健康评估与指导能力。

①常见体检项目的意义和结果评估。

②如何根据体检结果为受检者提供个性化的健康建议。

③营养与运动在健康管理中的应用。

3）第 5 ～ 6 个月：综合实践与能力提升。

①参与团队体检项目，实际操作并接受指导。

②受检者投诉处理和服务质量改进。

③培训总结与经验交流。

（7）考核方式

1）理论考核：每月进行一次理论知识测试，占总成绩的 40%。

2）实践考核：观察实际操作表现，占总成绩的 40%。

3）受检者满意度评价：收集受检者对护士服务的反馈，占总成绩的 20%。

（8）注意事项

1）培训内容应根据行业最新标准和机构实际需求及时更新。

2）培训老师要具备丰富的实践经验和教学能力，耐心指导学员。

3）合理安排培训时间，避免影响正常工作。

（9）培训架构

1）设立培训管理小组，由护理部主任担任组长，负责培训的组织和监督。

2）选拔优秀的护士长和高年资护士作为培训老师。

（10）教师资质

1）具有本科及以上学历，主管护师及以上职称。

2）在健康管理机构工作 5 年以上，熟悉体检机构的各项工作。

3）具备良好的沟通能力和教学能力，能够有效传授知识和技能。

3. N2 级护士培训计划　护师、高年资护士（工作 6 ～ 10 年，本科生大于 3 年）。

（1）培训目标

1）提升 N2 级护士在健康管理机构的专业素养和综合能力，能够独立处理较为复杂的护理问题。

2）强化健康管理和健康教育的知识与技能，为体检受检者提供更全面、专业的服务。

3）培养护理质量控制和风险管理意识，确保体检工作的安全和质量。

（2）培训计划

1）培训时长：8 个月，每 2 周进行一次集中培训，每次 2 ～ 3 小时。

2）阶段安排

①第 1 ～ 3 个月：专业知识与技能提升培训。

②第 4 ～ 6 个月：健康管理与教育能力培养。

③第 7 ～ 8 个月：质量控制与风险管理培训及综合考核。

（3）培训要求

1）积极参与培训课程，不得无故缺席。

2）认真完成培训作业和实践任务，包括案例分析、护理计划制订等。

3）在实践中应用所学知识，及时总结经验并与同事分享。

（4）培训内容

1）深度解读健康体检的相关标准和规范。

2）特殊人群（如老年人、孕妇、慢性病受检者等）的体检护理要点。

3）常见慢性病的健康管理方案制订。

4）健康教育的策略与方法创新。

5）护理质量评估指标与方法。

6）风险识别与防范措施。

（5）培训方式

1）专家讲座：邀请业内知名专家进行前沿知识和技术的传授。

2）实践操作演练：在模拟环境或实际工作中进行操作练习。

3）小组合作项目：以小组形式完成特定的健康管理或质量改进项目。

4）在线学习与交流：利用网络平台分享学习资源，进行在线讨论。

（6）培训大纲

1）第 1 ～ 3 个月：专业知识与技能提升。

①健康体检标准与规范的详细解读。

②特殊人群体检的生理特点和护理需求。

③先进体检设备的操作与维护技巧。

2）第 4 ～ 6 个月：健康管理与教育能力培养。

①常见慢性病的全程健康管理模式。

②个性化健康教育方案的设计与实施。

③沟通技巧在健康管理和教育中的应用。

3）第 7 ～ 8 个月：质量控制与风险管理。

①护理质量的关键指标和评估方法。

②风险因素的识别与分析。

③应急事件的处理流程和模拟演练。

（7）考核方式

1）定期考核：每 2 个月进行一次理论知识和实践技能的考核。

2）项目评估：对小组合作项目的成果进行评估。

3）同行评价：同事之间相互评价工作表现和协作能力。

4）受检者反馈：收集体检受检者对护士服务的满意度和意见。

（8）注意事项

1）培训内容要紧密结合实际工作，注重实用性和可操作性。

2）培训老师应及时给予学员反馈和指导，帮助学员不断改进。

3）鼓励学员自主学习和创新，对表现优秀的学员给予表彰和奖励。

（9）培训架构

1）成立培训领导小组，由机构主任担任组长，负责培训的整体规划和资源调配。

2）设立培训导师团队，由具有丰富经验的 N3 及以上护士担任导师，负责具体的培训指导工作。

（10）教师资质

1）具备本科及以上学历，副主任护师及以上职称。

2）在健康体检领域工作 8 年以上，具有丰富的临床和管理经验。

3）获得过相关专业的培训资质认证，具有良好的教学能力和团队合作精神。

4. N3 级护士　主管护师。

（1）培训目标

1）深化 N3 级护士在健康体检领域的专业知识，提升其对疑难病症的护理水平。

2）培养其在健康体检流程优化和质量控制方面的能力，保障服务质量。

3）增强其在护理科研和创新方面的素养，推动健康体检护理工作的发展。

（2）培训计划

1）培训时长：共 9 个月，每周安排 2 小时集中培训，每月安排一次实践指导。

2）阶段安排

①第 1 ～ 3 个月：专业知识深化培训。

②第 4 ～ 6 个月：管理与质量控制能力培养。

③第 7 ～ 9 个月：科研与创新能力提升。

（3）培训要求

1）按时参加培训课程，如有特殊情况需提前请假并事后补学。

2）培训期间积极参与讨论，分享经验和见解。

3）完成规定的作业和实践任务，包括案例分析、质量改进方案等。

（4）培训内容

1）复杂疾病的健康体检策略和护理要点。

2）健康管理机构的服务流程优化方法。

3）护理质量评价指标与数据分析。

4）护理科研选题与研究方法。

5）护理创新思维与实践。

（5）培训方式

1）专家授课：邀请行业内知名专家进行专题讲座。

2）实地参观：参观先进的健康管理机构，学习其管理和服务模式。

3）小组研讨：组织小组对特定问题进行深入研讨，提出解决方案。

4）项目实践：参与实际的质量改进或科研创新项目。

（6）培训大纲

1）第 1 ～ 3 个月：专业知识深化培训。

①心血管、神经等系统复杂疾病的体检护理。

②肿瘤筛查与护理干预。

2）第 4 ～ 6 个月：管理与质量控制能力培养。

①健康管理机构的服务流程瓶颈分析与优化。

②质量控制的关键环节和监控方法。

③受检者投诉处理与服务满意度提升策略。

3）第 7 ～ 9 个月：科研与创新能力提升。

①护理科研课题的申报与立项。

②数据分析方法在护理研究中的应用。

③护理创新项目的策划与实施。

（7）考核方式

1）阶段考试：每 3 个月进行一次理论知识考试。

2）项目成果评估：对参与的项目实践成果进行评估。

3）论文撰写与答辩：要求撰写科研论文并进行答辩。

（8）注意事项

1）培训内容应具有前瞻性和实用性，紧密结合行业发展趋势。

2）注重培养学员的批判性思维和解决实际问题的能力。

3）提供良好的学习环境和资源支持。

（9）培训架构

1）设立培训指导委员会，由机构领导和护理专家组成，负责培训方向的把控。

2）选拔具有丰富经验和教学能力的 N4 级护士或护士长作为培训教师。

（10）教师资质

1）具有副主任护师及以上职称。

2）在健康体检领域有 10 年以上工作经验，具有丰富的临床、管理和教学经验，有成功的科研或管理成果。

3）具备良好的沟通和指导能力，能够激发学员的学习积极性和创新思维。

5. N4 级护士　副主任及主任护师。

（1）培训目标

1）培养 N4 护士成为健康体检领域的专家型护理人才，能够解决复杂的专业问题。

2）提升其在护理管理、质量改进和学科引领方面的能力。

3）增强其在健康管理机构的团队影响力和学术权威性。

（2）培训计划

1）培训时间：为期 1 年，每月集中培训 1 ～ 2 次，每次 2 ～ 3 小时，结合实践操作和自学。

2）具体安排

①第 1 ～ 3 个月：基础理论知识深化。

②第 4 ～ 6 个月：实践技能提升与案例分析。

③第 7 ～ 9 个月：管理与质量改进项目实践。

④第 10 ～ 12 个月：学术研究与成果总结。

（3）培训要求

1）积极参与培训活动，主动分享经验和见解。

2）按时完成培训作业和项目任务，确保质量。

3）在工作中应用所学知识和技能，推动团队发展。

4）定期进行自我评估和反思，不断改进提升。

（4）培训内容

1）健康体检行业的前沿理念和发展趋势。

2）复杂疾病的早期筛查与护理干预策略。

3）护理质量控制与持续改进的方法。

4）护理团队的绩效管理与人才培养。

5）健康管理机构的风险管理与应急预案。

6）护理科研设计与论文撰写技巧。

（5）培训方式

1）专家讲座：邀请业内知名专家授课。

2）案例研讨：分析实际案例，集体讨论解决方案。

3）实践操作演练：模拟实际工作场景进行操作练习。

4）学术沙龙：组织学术交流活动，促进知识共享。

5）在线学习：利用网络平台提供丰富的学习资源。

（6）培训大纲

1）第 1 ～ 3 个月：基础理论知识深化。

①健康体检的新理论与新技术。

②多学科融合在健康体检中的应用。

2）第 4 ～ 6 个月：实践技能提升与案例分析。

①疑难病症的体检护理案例分析。

②先进体检设备的操作与维护技巧。

3）第 7 ～ 9 个月：管理与质量改进项目实践。

①护理团队绩效考核指标的制订与实施。

②质量改进项目的策划与执行。

4）第 10 ～ 12 个月：学术研究与成果总结。

①护理科研课题的选题与申报。

②培训成果的总结与展示。

（7）注意事项

1）培训内容要紧密结合实际工作需求，注重实用性和可操作性。

2）灵活调整培训进度和方式，以适应学员的学习情况和反馈。

3）建立良好的学习氛围，鼓励学员之间相互交流和合作。

（8）培训架构

1）设立培训领导小组，由机构主任担任组长，负责培训的整体规划和资源协调。

2）配备专业的培训师资团队，包括外部专家和内部资深护士。

（9）教师资质

1）在健康体检或相关领域有深厚的学术造诣和丰富的实践经验。

2）具备良好的教学能力和沟通能力，能够有效地传授知识和指导实践。

3）有主持重大科研项目或管理经验者优先。

（四）健康管理专科护士培训方案（2 个月）

1. 培训目标

（1）在短时间内让学员熟悉健康管理的核心流程和关键技能。

（2）培养学员将理论知识迅速应用于实际工作的能力。

（3）提高健康管理专科业务能力，在专科范围内开展对下级护士的理论授课、操作带教、健康管理中的护理配合等护理实践指导工作。

（4）提高护理质量管理能力，能熟练掌握或参与制订专科质控标准，结合专科护理质量指标统计结果，提出持续的质量改进方案，参与科内 PDCA 持续质量改进项目。

（5）掌握常见慢性病健康管理护理计划，牵头参与慢性病健康教育和管理，落实护理计划。

（6）掌握受检者关系管理手法，协助护士长对受检者进行关系维护管理，积极应对突发状况。

（7）积极宣传健康管理专业，撰写健康管理专科相关科普文章。

（8）把握学科发展趋势和动态，积极撰写论文。

2. 培训计划

（1）培训时间：2 个月，周一至周五。

（2）具体安排

8：00 ～ 12：00：健康管理机构实操及现场学习。

14：00 ～ 17：00：理论学习。

3. 培训要求

（1）基本要求

1）学员在实操中严格遵守操作规范和安全要求。

2）认真记录实操中的问题和经验，用于下午的理论学习讨论。

3）按时完成理论学习的作业和任务，积极参与课堂互动。

（2）政治思想

1）热爱护理工作，爱岗敬业，具有奉献精神，尊敬师长，团结互助，诚实守信。

2）具有严谨的工作作风，良好的职业道德。

（3）仪表仪容：培训期间护士着装应整齐规范，须着工作服、工作帽、白色工作鞋，长发需戴发网，短发需齐耳、佩戴工作牌。严禁佩戴耳环、戒指等首饰。

（4）组织纪律

1）上班时间为国家规定工作日。

2）专培护士培训期间不迟到、不早退、不旷课旷工。

3）在岗期间遵守岗位安排，切勿私自离岗、换岗。离岗需告知教学组长，不得未经许可自行离岗。工作时间使用普通话及文明用语，礼貌微笑待人，保持良好的站、坐、行姿。

4）理论授课期间遵守授课安排，切勿迟到、缺席。请假需提前告知教学岗位组长，不得未经许可擅自缺席。授课期间，请勿大声喧哗，将手机调至静音或震动，严于律己，认真听会并做好相关课程笔记。

（5）业务工作

1）坚持以受检者为中心，服务热情、周到、细致。

2）有高度的同情心和责任感，做到眼尖、腿勤、手勤、嘴甜。熟悉体检流程及各岗位工作职责，积极主动，配合教学组长完成各项工作任务。

3）专科护士培训应加强相关法律法规学习，增强法律意识，熟练操作技术，杜绝医疗护理事故的发生。

4）遵守医院及科室的规章制度和操作规程，凡在培训期间出现差错事故，对其造成的后果，按照规定追究当事人的责任，如有违法、违章、违反医院规定、损害科室形象和利益者，将按有关规定进行处理，终止培训，结业考评给予不合格。

5）在岗期间遵守岗位安排，切勿私自离岗、换岗。离岗需告知教学组长，不得未经许可自行离岗。工作时间使用普通话及文明用语，礼貌微笑待人，保持良好的站、坐、行姿。

6）理论授课期间遵守授课安排，切勿迟到、缺席。请假需提前告知教学岗位组长，不得未经许可擅自缺席。授课期间，请勿大声喧哗，将手机调至静音或震动，严于律己，认真听会并做好相关课程笔记。

4. 培训内容

（1）实操及现场学习内容

1）体检项目的实际操作，如采血、量血压、身高体重测量等。

2）学习使用体检设备，如 PWV、眼底照相等，并在指导下进行初步操作。

3）参与受检者体检流程的引导和服务，了解受检者需求和常见问题处理。

4）现场观察并学习专家对体检报告的解读和分析。

5）跟随健康管理师进行受检者的健康咨询和方案制订，学习沟通技巧和个性化服务。

6）参与体检机构的质量控制和感染防控工作，了解相关标准和流程。

（2）理论内容：健康管理的基础理论包括健康的概念、影响健康的因素等。

1）常见疾病的预防和筛查知识。

2）营养与健康、运动与健康的关系及指导方法。

3）心理健康评估与干预的基本理论。

4）从健康管理的基础护理、工作规范、PDCA 护理质量控制、科研、院感防控等方面详细介绍健康管理护理专科工作。

5）各岗位 SOP 精细化管理理论授课并组织专培学员进行专题沙龙讨论和分享。

6）组织专培学员参与每月质控 PDCA 质控管理会议。

7）实践健康管理护理专科能力及操作技能。

5. 培训方式

（1）实操及现场学习方式

1）导师示范：由经验丰富的护士进行操作示范。

2）学员实践：在导师监督下进行实际操作。

3）现场观摩：观察专家和资深人员的工作过程。

4）案例分析：选取一些真实的院感事件、健康教育成功案例和健康体检流程中的典型问题，组织护士们进行案例分析和讨论。通过这种方式，护士可以学习到如何在实际工作中应用所学知识，同时也能够从中发现自身存在的问题和不足，进一步提高自己的工作能力。

5）组织情景模拟演练，模拟体检流程中的各个环节和可能出现的突发情况，这种实战化的培训方式能够有效提高护士们的应急能力和沟通协调能力。

（2）理论方式

1）课堂讲授：由专业教师进行理论知识讲解。

2）小组讨论：针对实际操作中的问题和理论知识进行小组讨论。

3）组织工作坊：让护士们在轻松愉快的氛围中相互学习、交流经验。例如，可以举办健康知识竞赛、体检流程优化讨论会等活动，激发护士们的学习热情和创新思维。

6. 培训大纲

（1）第 1 个月

1）第 1 周

上午：熟悉体检机构环境和工作流程，重点学习基础体检项目的操作规范；现场观摩体检报告解读。

下午：学习健康管理的基本概念和发展历程。

2）第 2 周

上午：进行采血、量血压等实操练习；跟随健康管理师进行受检者咨询。

下午：常见疾病的基础知识和预防策略。

3）第 3 周

上午：参与体检设备的使用学习；参与质量控制工作。

下午：营养与健康的理论知识。

4）第 4 周

上午：在导师指导下进行设备操作和受检者服务；学习感染防控知识。

下午：运动与健康的关系及运动指导方法。

（2）第 2 个月

1）第 1 周

上午：强化体检流程中的各项操作技能；现场学习个性化健康方案制订。

下午：心理健康评估与干预的理论。

2）第 2 周

上午：学习处理体检中的特殊情况和突发事件。

下午：健康管理中的沟通技巧和受检者服务理念。

3）第 3 周

上午：综合实操练习，模拟受检者体检全过程。

下午：健康管理的案例分析和讨论。

4）第 4 周

上午：总结实操经验，进行操作考核。

下午：进行理论知识考试，总结培训内容。

7. 考核方式

（1）实操考核：在培训结束时进行实操技能考核，包括操作的准确性、熟练程度和受检者沟通能力等。

（2）理论考试：通过书面考试评估学员对理论知识的掌握程度。

8. 注意事项

（1）实操过程中要确保学员的安全和受检者的隐私。

（2）理论学习要结合实际操作中的案例，增强理解和记忆。

9. 培训架构

（1）设立培训协调员，负责学员与导师之间的沟通和协调。

（2）邀请体检机构的资深护士、健康管理师和专业教师组成培训团队。

10. 教师资质

（1）实操导师具有 5 年以上体检机构工作经验，熟练掌握各项操作技能。

（2）健康管理师具有丰富的受检者管理经验和专业知识。

（3）理论教师具有相关专业的硕士学位及以上，教学经验丰富。

第八节　健康管理机构护理绩效管理

绩效是工作中员工的工作效果、效率、效益及其相关能力和态度的总和。绩效是一个组织、团队或个人工作效率与效能测量。

绩效管理（performance management）是管理者与被管理者为了达到组织目标共同参与的绩效计划制订、绩效考核评价、绩效结果应用、绩效目标提升的持续循环过程。

护理绩效是指护理服务的投入与产出比，是护理管理的重要组成部分。

护理绩效管理是护理人员在护理工作中所做出的成绩和贡献，是对自己所掌握的理论知识和操作技能实际应用的体现，是个体能力在工作环境中表现出的程度和效果，也是与护理工作息息相关的行为表现及结果。护理绩效管理是组织利用特定的工具和方法对护理人员的工作效果进行考核评价的过程。

在健康管理机构中，绩效管理是一种系统性的管理方法。它以实现机构的战略目标为导向，通过明确绩效目标、制订绩效指标、进行绩效评估、提供绩效反馈及实施绩效激励等一系列活动，对机构内的护理管理者及全体员工的工作表现和工作成果进行有效管理。

一、健康管理机构护理绩效管理的作用

健康管理机构护理绩效管理在提升整体运营效能与服务质量方面发挥着至关重要的作用。首先，它通过明确工作目标和标准，促使护士不断提升自身技能和服务水平，进而发现并改进服务中的不足之处，优化服务流程，从而显著提升服务质量。其次，合理的绩效管理体系为护士提供了奖励与认可，有效激发了其工作积极性，为她们指明了努力的方向和动力。此外，绩

效管理还帮助机构优化人力资源配置，通过评估护士的优劣势，实现工作与岗位的合理分配，同时发掘潜力人员并进行针对性培养。这不仅提升了机构的整体绩效，还确保了工作与机构目标的高度一致，及时解决了运营中的问题，保障了机构的运营效率与效益。再者，护理绩效管理涵盖团队合作指标，鼓励护士之间相互协作，明确了团队成员的角色与责任，显著提高了团队的整体效能。最终，优秀的护理绩效将极大地提升健康管理机构的声誉与形象，吸引更多受检者和人才，为机构保持竞争优势、实现可持续发展奠定了坚实基础。

二、护理绩效的原则

（一）坚持客观公正原则

在实施护士绩效管理的过程中，依据客观事实、具体岗位的职责和数据进行评估，注重关键绩效指标（KPIs），制订清晰、具体、简明、精练且可衡量的绩效标准。在统一标准下衡量，确保对所有人员一视同仁，让每位员工都能感受到公平公正的对待。

（二）标准化原则

首先是指在同一管理者领导下从事同种护理工作的人，应使用同一评价方法或工具进行评价；其次是考核周期应基本相同；再次是重视评价反馈并有效落实；最后是提供正式的评价文字资料，要真实反映各级护理人员工作岗位职称内容，被评价人应在评价结果上签字。

（三）激励原则

绩效评价的目的是通过绩效考评，作为医院人事或管理部门使用、晋升、奖惩和培训 护理人员的依据，促进护理人员的专业发展和职业成长。同时，通过绩效考评结果比较，使护理人员之间拉开差距，对工作出色的护士进行肯定奖励，激励护理人员提升工作表现和绩效；对工作表现不符合组织要求的护士要给予适当批评教育或惩罚，建立危机意识，推动护理人员进行自我改进和提升。

（四）表现和绩效

对工作表现不符合组织要求的护士要给予适当批评教育或惩罚，建立危机意识，推动护理人员进行自我改进和提升。

（五）反馈原则

绩效反馈是护理人力资源管理的一个重要环节，为管理者和下属双方提供了一个双向沟通交流思想的极好机会，尊重护理人员的付出和努力，体现对员工的关怀和尊重。包括 3 个方面的内容：①向护理人员反馈绩效评估结果，使其了解自身的优点和不足，促进改进和成长；②帮助被考核人确定改进工作的目标，推动护理工作持续优化；③提出实现这些目标所采取措施的建议。

（六）坚持按劳分配、多劳多得、优劳优得原则

坚持按岗定酬，根据护士岗位的工作内容、工作的辛苦程度及工作的技术含量制订不同的薪酬标准，严格对护士工作进行综合评价，鼓励他们提升工作质量和效率，以调动护理人员工作的积极性、工作热情，促进医院护理服务质量的不断提高。

三、护理绩效管理的流程

绩效管理是由确定绩效目标、制订绩效计划、绩效实施与监控、绩效评估、绩效反馈与沟通、绩效改进与应用 6 个环节组成。

（一）确定绩效目标

（1）结合健康管理机构的整体战略目标和护理部门的工作重点，明确护理绩效的总体方向。例如，提高受检者满意度、提升护理质量、提高工作效率等。

（2）将总体目标分解为具体的、可衡量的绩效指标。例如，受检者满意度目标可细化为受检者投诉率低于一定比例、受检者服务评价得分达到特定值等；护理质量目标可包括操作规范符合率、体检报告准确性等指标；工作效率目标可以是单位时间内完成的体检人数等。

（二）制订绩效计划

（1）根据绩效目标，确定考核的周期、考核的主体和考核的方法。考核周期可以是月度、季度或年度；考核主体可以包括上级领导、同事、受检者等；考核方法可以有定量考核（如数据统计）和定性考核（如评价打分）等。

（2）为每个护理岗位制订具体的绩效计划，明确工作任务、工作标准和完成时间。例如，采血护士的绩效计划可能包括每日完成的采血数量、采血成功率、服务态度等方面的要求。

（三）绩效实施与监控

（1）护理人员按照绩效计划开展工作，在工作过程中注重记录相关数据和工作表现。

（2）上级领导和相关管理人员对护理人员的绩效实施情况进行定期监控和检查，及时发现问题并给予指导和支持。例如，通过抽查体检报告、观察护理操作、收集受检者反馈等方式，了解护理人员的工作质量和服务态度。

（3）建立沟通机制，护理人员可以随时向上级反馈工作中的困难和问题，上级也可以及时给予回应和解决。

（四）绩效评估

（1）在考核周期结束时，按照预定的考核方法对护理人员的绩效进行评估。评估可以采用自我评价、上级评价、同事评价、受检者评价等多种方式相结合，以确保评估结果的客观公正。

（2）对各项绩效指标进行量化打分或定性评价，综合得出护理人员的绩效评估结果。例如，根据受检者投诉率、操作规范符合率、服务评价得分等指标的实际情况，计算出护理人员的绩效总分。

（五）绩效反馈与沟通

（1）将绩效评估结果及时反馈给护理人员，让他们了解自己的工作表现和绩效水平。反馈内容应包括优点和不足，以及具体的改进建议。

（2）与护理人员进行面对面的沟通，听取他们对绩效评估结果的意见和看法，解答他们的疑问，共同探讨改进绩效的方法和措施。

（3）对于绩效优秀的护理人员，给予表扬和奖励，激励他们继续保持良好的工作状态；对于绩效不佳的护理人员，帮助他们分析原因，制订改进计划，并提供必要的培训和支持。

（六）绩效改进与应用

（1）护理人员根据绩效反馈的结果，制订个人绩效改进计划，并在后续的工作中积极实施。

（2）上级领导和相关管理人员对护理人员的绩效改进情况进行跟踪和督促，确保改进措施的有效落实。

（3）将绩效评估结果应用于薪酬调整、晋升、岗位调整、培训发展等方面，激励护理人员不断提高绩效水平。例如，绩效优秀的护理人员可以获得更高的薪酬、优先晋升的机会等。

四、护理绩效管理方法

护理绩效管理的方法众多，其选择需要紧密围绕几项核心考量：所选策略需精准对接组织的核心目标与评价目的，同时需要激发护士的工作积极性，通过正面引导和激励作用；策略还需要客观、准确地映射护士的工作表现，确保评价的公正性；此外，管理方法的简洁高效与易于操作是实际应用中的关键，以保障执行的顺畅无阻；最后，不可忽视成本效益的权衡，力求在提升绩效的同时，有效控制成本支出。

（一）绩效评价表法

绩效评价表法是护理绩效评价中广泛采用的一种方法。它通过考核主体对考核对象在各个评价指标上的表现进行逐项评估，并最终汇总考核结果。具体操作是根据评价表上所列出的具体指标，对照被评价人的实际工作表现进行判断并记录。这些指标通常包括工作质量、工作数量、知识技能及个人特征相关的指标，如积极性、主动性、适应能力、合作精神等。绩效评价表法具有简单明了、易于理解和操作的优势，其编制和实施过程相对快捷，有效节省了时间。然而，该方法的不足之处在于，考核结果可能受到考核主体个人因素的影响，从而引入了一定的主观性。体检机构在运用绩效评价表法进行护士绩效管理时，主要侧重于对各项服务和工作质量的量化评估和考核。

实例解读：某医院体检机构运用绩效评价表法护士绩效实例（表 7-3）。

表 7-3　绩效评价表

项目	评价指标	评价标准	权重（%）
服务质量评价	体检报告准确率	错误率≤ 0.1%	20
	差错事故发生率	发生率为 0%	15
	传染病漏报表	漏报率为 0%	10
	服务态度评价	客户满意度≥ 90%	15
	环境设施评价	舒适、整洁、安全，评分≥ 90 分	10
运营效率评价	体检流程时间	平均体检时间≤ 2 小时	20
	预防等待时间	客户预约后等待时间≤ 30 分钟	15
	设备利用率	设备平均利用率≥ 80%	15
客户满意度评价	客户满意度评分	客户对体检服务的整体评分≥ 90 分	50
	净推荐值（NPS）	NPS 值≥ 50	30
	投诉处理效率	投诉响应时间≤ 24 小时	20
员工绩效评价	工作量完成情况	完成工作量≥设定目标值	30
	服务质量评价	同事评价、上级评价综合评分≥ 90 分	30
	专业技能考核	考核成绩≥ 90 分	20
	团队协作与沟通能力	部门人员评价综合评分≥ 90 分	20

（二）比较法

比较法是指根据某个单一的特定绩效维度（也可以是整体的工作绩效）排列出被考核者绩

效的优劣顺序，并确定其相应的等级或名次，从而对被考核者进行分类的绩效考核方法。通过比较被考评护士的工作绩效来进行绩效评价，从而确定其工作绩效相对水平和考评排序。比较法属于主观评价。考评过程简便，省时省力，便于操作。但由于比较法是基于整体印象而不是具体的比较因素，很难发现被评价者存在的问题，无法对护士提供建议、反馈和辅导。比较法一般需要与量表法、描述法等结合使用。常用的比较法有排序法、范例对比法、配对比较法和强制分配法等。

（三）描述法

描述法是考核主体用叙述性的文字来描述对护士的工作能力、工作态度、工作业绩、优势和不足、培训需求等方面作出评价的方法。这种方法侧重于描述护士在工作中的突出表现和业绩。描述法由于没有统一的标准，在进行护士之间的评价比较时有一定的难度，使用时可视评价目的和用途结合其他方法。常见的描述法有业绩报告法、关键事件法、能力记录法、工作业绩记录法等。

（四）目标管理法

目标管理法（management by objectives，MBO）是根据考核对象完成工作目标的情况来进行考核的一种绩效考核方式，属于结果导向型的考评方法之一。此法用目标来激励团队成员，有较高的有效性，公平、实用，有利于加强护理人员与护理管理者之间的沟通，可以激发护理人员自我认识、自我控制的能力，缺点在于难以在不同部门、不同员工之间设定统一目标，不利于横向比较。通常包括 4 个要素：明确目标、参与决策、规定期限和反馈绩效。

实例解读：某医院体检机构运用目标管理法的护士绩效实例。

1. 目标设定

（1）明确总体目标：体检机构首先根据医院的总体战略目标和市场需求，设定年度的总体绩效目标，如提高受检者满意度、增加体检人数、提升体检报告准确率等。

（2）分解目标：将总体目标进一步分解到各个科室、岗位和个人，确保每个层级都有明确、可衡量的绩效指标。例如，将增加体检人数的目标分解到市场部，将提升体检报告准确率的目标分解到检验科和报告审核岗位。

（3）制订计划：为每个绩效指标制订详细的实施计划，包括时间节点、责任人和具体的行动步骤。

2. 过程监控

（1）定期跟踪：建立定期跟踪机制，对各项绩效指标的完成情况进行实时监控。通过数据分析、受检者反馈等方式，及时发现问题和偏差。

（2）沟通反馈：定期召开绩效会议，将监控结果向相关科室和个人反馈，共同讨论解决问题的方案。同时，鼓励员工提出改进建议，增强员工的参与感和责任感。

（3）调整优化：根据监控结果和反馈意见，及时调整优化实施计划，确保绩效目标的顺利实现。

3. 结果评估

（1）绩效评估：在年终或项目结束后，对各项绩效指标的完成情况进行全面评估。通过对比实际完成情况与预设目标，分析差异原因，并确定责任归属。

（2）奖惩激励：根据绩效评估结果，对表现优秀的科室和个人给予奖励和表彰，对表现不佳的科室和个人进行辅导和鞭策。通过奖惩机制激发员工的积极性和创造力。

（3）持续改进：总结经验和教训，提炼成功做法和典型案例，为下一轮绩效管理提供借鉴和参考。同时，针对存在的问题和不足，制订改进措施和方案，推动体检机构绩效管理的持续改进和提升。

该体检机构展现出卓越的管理与服务提升能力。不仅设定将受检者满意度提升至 95% 以上的年度目标并制订详细计划，还通过定期满意度调查和内部质量审核进行有效监控。在发现科室沟通问题时，迅速培训指导与调整流程，最终实现 96% 的满意度，达成年度目标。

在增加体检人数方面，这无疑给机构带来更大挑战，包括资源调配、服务效率维持等，但也为其扩大影响力与积累经验提供契机。而提升体检报告准确率更是核心竞争力的关键提升。这可能得益于对各科室服务流程的优化，人员沟通协作的加强，以及内部质量审核对检测环节的严格把控。精准的体检报告能为受检者提供更可靠的健康依据，减少误诊漏诊的风险，增强机构信誉。机构在实现满意度目标的同时，若能持续保障并提升体检人数与报告准确率，将在体检市场中占据更有利地位，为行业树立高质量服务与专业检测的双重标杆，其发展潜力与前景值得期待。

（五）关键绩效指标法

关键绩效指标法（key performance indicator，KPI）是把对绩效的评估简化为一个关键指标的考核，通过对工作中最好或最差事件的关键因素进行分析的方法。KPI 描述的重点是具体的行为，其中蕴含重要的管理原理——“二八”原理，即 80% 的工作绩效是由 20% 的关键行为完成的。因此，绩效评价的重点就是分析和衡量导致 80% 工作绩效的 20% 的关键行为。这种方法的优点是指标简单、标准简明，易于做出评估。缺点是对关键的指标以外的其他内容缺少评估。

实例解读：某医院体检机构运用关键绩效指标法的护士绩效实例。

1. KPI 指标设定

（1）受检者满意度：这是体检机构护士工作绩效的重要指标之一。可以通过问卷调查、电话回访等方式收集受检者对护士服务的满意度评价，如服务态度、专业能力、沟通效果等。设定具体的满意度阈值，$>90\%$ 视为优秀，$80\% \sim 90\%$ 为良好，$<80\%$ 则需要进行改进。

（2）体检流程顺畅度：评估护士在体检过程中是否能够高效、有序地引导受检者完成各项检查，减少等待时间和不必要的环节。可以通过观察体检现场、统计体检完成时间等方式进行评估。

（3）体检结果准确率：确保护士在收集、整理体检结果时准确无误，避免人为因素导致的误差。可以通过抽查体检报告、对比医生诊断等方式进行验证。

（4）护理差错率：记录并统计护士在工作中出现的差错情况，如标本混淆、信息录入错误等。设定合理的差错率上限，并采取相应的措施进行预防和纠正。

（5）健康宣教效果：评估护士在体检过程中向受检者提供的健康宣教内容是否全面、准确，以及受检者对宣教内容的接受程度和反馈情况。可以通过受检者反馈、知识测试等方式进行评估。

2. KPI 应用实例

（1）月度绩效考核：每月对护士进行 KPI 考核，根据各项指标的实际完成情况打分。考核结果作为奖金发放、职位晋升等的重要依据。

（2）持续改进机制：针对考核中发现的问题和不足，制订具体的改进措施和计划。通过培训、辅导、监督等方式帮助护士提升工作绩效和专业技能。

(3) 激励与约束：对于表现优秀的护士给予表彰和奖励，激发其工作积极性和创造力；对于表现不佳的护士进行约谈和指导，帮助其找出问题所在并制订改进方案。

通过以上实例可以看出，KPI 在体检机构护士的应用中发挥着重要作用，有助于提升护士的工作绩效和服务质量，促进体检机构的持续发展。

(六) 360 度反馈

360 度反馈（360-degree feedback）又称“360 度绩效考核法”“多源绩效考核法”或全方位考核法（full-circle appraisal），最早是由英特尔公司先提出并加以实施应用的。该方法是由被评价者本人、上级、同事、下级和服务的受检者从多个角度对被评价者工作业绩进行的全方位衡量并反馈的方法。360 度绩效考核法所提供的绩效反馈比较全面，从不同层次的人员中收集关于护士的绩效信息，由此保证了评价的准确性、客观性和全面性，可以促使护理人员的工作行为与医院整体的战略目标结合在一起，使医院朝着更好的方向发展。

实例解读：某医院体检机构运用 360 度考核法的护士绩效实例。

1. *实行院科核算计算方法* 某体检机构采用 360 度考核法，通过来自上级、同事、下属、受检者等多方评价，对护士进行全面的绩效考核，旨在提升护理服务质量和管理水平。该体检机构将科室奖金与医院绩效考核结果挂钩，再根据科室内部绩效考核方案进行二次分配，确保绩效考核的公平性和激励性。

2. *制度指标* 该指标主要考核护士长对体检科室制度的制订、执行和监督情况。具体内容包括修订体检行政制度、体检工作制度、体检区域管理制度等，定期检查与不定期检查相结合，重点考核护士长的管理能力。

(1) 制度制订：要求护士长依据行业规范、机构发展需求及过往经验反馈，及时修订各类体检制度，确保制度的合理性与先进性，占比 40%。

(2) 制度执行：通过日常巡查、员工反馈及实际工作成果检验，考核护士长对各项制度在科室中的落实情况，确保制度有效推行，占比 40%。

(3) 监督与改进：考察护士长对制度执行偏差的发现、纠正及预防措施的制订能力，保障制度的持续优化，占比 20%。

考核结果将作为科室绩效考核的重要依据之一，占比 20%。

3. *质量、效率指标* 该指标主要考核护理服务的质量、效率和效果。具体内容包括有专门人员负责质量管理工作、定期进行质量检查、及时上报医疗安全不良事件、体检报告及时且完善、健康管理建档。

(1) 质量管控：专门的质量管理人员需制订详细的质量标准与检查流程，定期进行全面质量检查，对发现的问题及时整改追踪，占比 30%。

(2) 效率提升：从体检流程优化、人员合理调配等方面考核护理服务的效率，如缩短体检者排队时间、提高样本处理速度等，确保体检工作高效进行，占比 30%。

(3) 效果评估：以体检报告的准确性、完整性及健康管理建档的规范性和实用性为评估要点，衡量护理服务对体检者健康管理的实际效果，占比 40%。

考核结果将作为科室绩效考核的重要依据之一，占比 60%。

4. *其他指标* 该指标主要考核护士的创新意识、奉献精神和团队协作精神。具体内容包括：奖励护理管理中的“金点子”；支持护理部工作和文化建设，主动支援他科工作；年终护理质量考评前三名的科室，护理部组织的理论、操作考核前三名科室，科研论文及成果等都作为护理部对科室绩效考核中的内容。

（1）创新贡献：鼓励护士提出创新性的护理管理建议或方法，对被采纳的“金点子”给予相应加分，根据创新的影响力和实用性评估，占比 30%。

（2）团队协作与奉献：通过科室间互评、护理部评价及日常工作中的协作表现记录，考核护士在支援他科、参与团队活动等方面的积极性和成效，占比 40%。

（3）专业成长：考量科室在护理理论考核、操作技能竞赛及科研成果产出方面的整体表现，反映科室护士的专业发展水平，占比 30%。

考核结果将作为科室绩效考核的重要依据之一，占比 20%。

5. 具体计算方法

绩效评价每分价值数 = 考评科室奖励总数 / 考评科室综合目标考评总分

护理单元绩效奖金数 = 护理单元综合目标考评总分 × 每分价值数

科室护理部应得奖金数 = 护理岗位补贴 + 护理单元绩效奖

6. 科室二次分配　科室内部绩效考核方案由科室绩效考核小组制订，小组成员包括科室主任、副主任、护士长和相关护理人员。绩效奖金项目分配及权重如下。

（1）职称系数（20%）：根据护士的职称、学历、工作年限等因素进行划分，体现不同岗位的责任和价值。例如：护士长职称系数为 1.3，主管护师职称系数为 1.2，护师职称系数为 1.1，护士职称系数 1.0，聘用护士职称系数根据工作年限分为 0.6 ～ 1.0。

（2）岗位系数（40%）：根据护士的岗位性质和职称进行划分，体现不同岗位的工作强度和技术要求。例如：护士长系数为 1.3，组长系数为 1.2，采血及前台岗位系数为 1.1，导诊护士岗位系数为 1.0。

（3）绩效系数（40%）：根据护士的工作表现和绩效考核结果进行划分，体现护士的工作质量和效率。绩效系数的设定将结合护士的工作量、工作质量、受检者满意度、团队合作等多方面因素，并通过 360 度考核法进行综合评估。按《护理人员岗位绩效考核评分标准》绩效，具体评估方式如下。

1）上级评价（科室主任、护士长）：占比 40%，主要从工作任务完成情况、专业能力、管理能力（针对护士长）等方面评价。

2）同事评价：占比 30%，侧重于团队协作、沟通能力、互助精神等方面的互评。

3）下级评价（如有）：占比 10%，主要反映领导的管理风格、指导能力等对下级的影响。

4）服务对象评价（体检者）：占比 20%，通过满意度调查等方式收集体检者对护士服务态度、专业技能等方面的反馈。

通过以上完善后的 360 度考核法应用，能更全面、客观、公正地对体检科室护理团队进行绩效考核与奖金分配，激励护理人员提升自身综合素质与工作绩效，促进科室整体发展。

（七）平衡计分卡

平衡计分卡（balanced score card，BSC）是 1992 年由美国罗伯特·卡普兰（Robert S. Kaplan）教授和戴维·诺顿（David P. Norton）设计的，是一种全面的绩效考核体系及全新的绩效管理工具，注重的是绩效指标的完善和平衡，适用于以科室为考核单元的团队考评。通过包括财务维度、受检者维度、内部流程管理维度、学习与发展维度 4 个方面来设定适当的目标值，赋予不同的权重，从而形成全面完整的绩效考评体系。

平衡计分卡作为一套平衡计分卡追求均衡发展和可持续发展满足了护理管理的需要。因此将平衡计分卡作为管理工具运用到护理绩效管理中，紧密围绕为受检者服务，改进护理管理机制，提高护理人员的积极性，提升服务质量，有效地激发体检机构护士的进取精神，促进护理管理逐渐规范化、科学化，达到护理服务安全、优质、高效的目标。

平衡计分卡在护理绩效管理中的核心思想是通过财务、受检者、体检质量、护士技能提高4个层面指标间的相互驱动的因果关系展现组织的战略构架，实现绩效考评以促进战略实施。平衡计分卡主要包括4个相互关联的层面，它不仅仅建立在传统的财务量度和绩效评价的基础上，更是依赖于护理组织内部的业务流程、护理组织的学习能力和发展能力及受检者对护理的看法上。所以平衡计分卡的财务、受检者、体检质量、护士技能提高这4个相互关联的层面就组成了平衡计分卡的基本框架。

平衡计分卡以战略目标为核心，强调各个指标的因果联系，将护理、教育和科研融合到医院整个护理管理体系中，而且重视不断地学习和创新，提升了医院护理工作的可持续发展能力。4个维度的综合考量帮助护理部量化医院护理管理指标，能够把医院各个护理单元和不同岗位的护理人员充分调动起来，使护士明确自己的岗位和工作对医院目标的贡献，形成合力，共同实现医院的战略目标。

实例解读：某医院体检机构运用平衡计分法的护士绩效实例。

1. *权重设定原则*　体检机构秉持科学严谨的态度构建护士考核体系，依据各项指标在整体护理工作中的相对关键程度与影响力，为其精心分配不同权重，以全方位、精准地衡量护士的工作效能与专业素养，确保考核结果能够真实反映护士的综合表现，并为绩效评定提供坚实可靠的依据。

2. *考核项目及细分指标权重分布*

（1）财务维度（30%）

1）业务量（20%）

①科室目标任务完成率（10%）：由目标办按季度严格考核科室目标任务达成状况，并将结果精准纳入个人考核范畴。任务完成率达100%者，该项可得满分10分；每降低10%，则相应扣减2分。例如，若完成率仅为80%，则此项得分为6分。

②体检业务价值贡献（10%）：依据分级体检的难度差异，即高级体检、全面体检、基础体检，分别赋予不同分值，如高级体检每份计3分，全面体检每份计2分，基础体检每份计1分。通过精确统计个人参与各类体检的实际数量与对应分值，计算得出此项得分，满分为10分。

2）成本控制（10%）

①体检物品损耗率（5%）：严谨统计个人负责区域内体检物品的损耗情形，若损耗率处于规定标准范围内，则可获满分5分；每超出标准损耗率5%，便扣减1分。例如，规定损耗率为3%，实际损耗率达8%，该项得分即为3分。

②设备维护成本（5%）：因个人操作不当致使医疗器械受损或维修成本增加者，每次扣2分；若设备维护良好，无此类情况发生，则可得5分。

（2）受检者维度（25%）

1）体检报告质量（15%）

①体检报告风险等级（10%）：一般风险报告每份计2分，较大风险报告每份计1分，而重大风险及特大风险报告不仅不得分，每份还将倒扣3分。依据个人出具的体检报告风险等级

实际状况进行累计计分，最高可得 10 分。

②受检者投诉（5%）：一旦因护士责任引发受检者投诉，每次扣 3 分；若在考核期内无任何投诉事件，则可获满分 5 分。

2）服务体验（10%）

①受检者满意度调查（8%）：借助定期开展的受检者满意度调查获取数据，满意度达 90% 及以上者，可得 8 分；每降低 5%，则扣减 2 分。例如，若满意度为 80%，该项得分即为 4 分。

②沟通反馈及时性（2%）：能够迅速且有效地回应受检者的各类疑问与需求，并赢得受检者认可者，可得 2 分；反之，将依据实际情况酌情扣分。

（3）内部流程管理维度（25%）

1）制度执行（15%）

①常规制度遵守（8%）：对于诸如三查八对等关键制度，如有违反，每次扣 3 分；若严格遵守，无任何违反情况，则可获 8 分。

②消毒与安全规范（7%）：消毒监测合格者得 4 分，不合格则每次扣 3 分；分级体检流程执行精准到位者得 3 分，若出现不到位情形，每次扣 2 分。

2）工作效率（10%）

①体检流程衔接（6%）：个人负责的工作环节与上下游环节衔接顺畅，无明显延误或错误，依据日常工作详尽记录与精准评估，表现卓越者可得 6 分；若出现少量问题，将酌情扣分。

②平均体检时长（4%）：个人参与的体检业务平均时长处于标准范围之内者，可得 4 分；每超出标准时长 10%，则扣减 1 分。

（4）学习与发展维度（20%）

1）专业技能提升（12%）

①“三基”考核成绩（4%）：通过定期考核与不定期抽查相结合的方式，统计平均成绩。成绩达 80 分及以上者，可得 4 分；每降低 10 分，则扣减 1 分。

②新技术项目参与（4%）：若主持新技术项目，可得 4 分；作为主要参与者，可得 2 分；若无任何参与经历，则不得分。

③学历与职称晋升（4%）：在考核周期内成功取得更高学历或实现职称晋升者，可得 4 分；若学历与职称无变化，可得 2 分。

2）带教与分享（8%）

①带教工作成效（5%）：所带教人员考核合格率达 90% 及以上者，可得 5 分；每降低 10%，则扣减 2 分；若未参与带教工作，则不得分。

②知识分享与交流（3%）：积极踊跃参与科室内部的业务知识分享活动，依据参与程度与贡献大小进行计分，表现出色者可得 3 分；若参与度较低，将酌情扣分。

3. 考核方法与综合评定　由医院科室质控小组每月依据绩效指标内容，对每位护士的工作绩效展开严格考评。在能力与态度考核方面，采用 360 度考核法，充分融合自评、医生评价、护士同事评价及受检者评价等多维度结果，最终由护士长进行全面综合评定。科室的绩效考评则由医院目标办、人事科、医院感染科、护理部等多部门协同开展，以确保考核的公正性、客观性与权威性。

4. 分值计算与绩效工资挂钩机制　绩效考核分数与绩效工资紧密相连，相互对应。针对不同的绩效考核分数范围，设定了相应的绩效工资系数及考核等级，以此为基准精确发放绩效工资。例如，绩效考核分数为 55 分，对应的绩效工资系数即为 0.2。个人得分在此基础上依据既定规则浮动，每 5 ～ 10 分相应浮动绩效分配系数 0.05 ～ 0.1，下不保底，上不封顶，充分激励护士不断提升工作绩效与专业水平。

思考题

1. 简述管理活动有哪些基本职能？

2. 阐述如何成为一名优秀的护理管理者？

3. 简述健康管理机构常用的护理管理制度。

4. 某三甲医院健康管理机构，护士 20 人，其中职称：主管护师 5 人，护师 5 人，护士 10 人，学历：本科 10 人，大专 10 人，请你为该团队设计一套培训方案及一套绩效管理方案。

（车　颖　谢玉琴　张惠惠　王　蕊　周晓丹）

参考文献

董凌玲，吴洁，2023. 常态化疫情防控下“6S”管理模式在体检机构护理管理工作中的应用 [J]. 江苏卫生事 业管理，34(4): 501-504.

冯云，2015. 护理质量管理在健康管理机构护理工作中的应用效果观察 [J]. 中国卫生标准管理，6(16): 224-225.

国家卫生健康委办公厅，2021. 国家卫生健康委办公厅关于进一步加强医疗机构护理工作的通知 [J]. 中国护理管理，21(1):1-3.

贺玲，杨艳，李艳，等，2023. 健康管理机构护理标准化服务模式的应用效果 [J]. 现代医药卫生，39(4): 701-704.

梁美荣，梁丽荣，吕悦，等，2012. 浅谈医院健康管理机构的内部运营管理 [J]. 吉林医学，33(22): 4924-4925.

刘莉敏，王若楠，杨颖颖，2020. 健康管理一体化服务模式在医院体检机构的应用研究 [J]. 黑龙江中医药，49(5): 103-104.

苏川川，于燕华，杜鹃，2023. 层级管理模式在护理管理中的应用分析 [J]. 临床研究，31(6): 184-186.

唐兰，谭家泽，李娟，2018. PDCA 循环管理法在体检机构护士分层培训中的应用 [J]. 现代医药卫生，34(23): 3.

吴欣娟，王艳梅，2022. 护理管理学 [M]. 5 版 . 北京：人民卫生出版社 .

徐云芳，2021. 层级管理模式在健康管理中心护理管理中的应用价值分析 [J]. 饮食保健，(9): 112.

杨惠麟，2020. 医院体检机构实施“6A”护理管理模式对体检效率和护理质量的影响 [J]. 智慧健康，6(32): 149-150.

张若谷，李凤，梁雪明，等，2018. 信息化在体检健康管理中的重要性 [J]. 世界最新医学信息文摘，18(25): 170, 172.

招顺带，2014. 稳定民营医院护理队伍的管理探索 [J]. 现代医院，14(8): 119-120, 125.

郑婉娜，李湘平，2015. 层级管理模式在体检机构护理管理中的应用 [J]. 海南医学，26(20): 3.

第8章 健康管理机构护理质量控制

学习目标

掌握：健康管理机构护理质量管理的步骤；护理质量持续改进的方法。

熟悉：健康管理机构护理岗位所承担的各项职责及要求；健康管理机构各项管理制度。

应用：健康管理机构质量管理组织架构图，做好组织分工；制订符合本单元的护理质控检查标准，并实施。

控制职能是管理五大基本职能环节中最后一环，护理质量控制是医疗服务领域中至关重要的环节，它直接关系到受检者的医疗体验和健康结局。在健康管理机构，护理工作同样有保障体检流程顺畅、提高受检者满意度及确保体检结果准确可靠的重要作用。因此，在护理工作中，要加强健康管理机构护理质量控制，建立科学、有效的质量控制体系，及时发现和解决护理工作中存在的问题，不断改进和优化护理质量及护理服务。

第一节 概 述

护理质量管理是指按照护理质量形成过程和规律，对构成护理质量的各个要素进行计划、组织、协调和控制，以保证护理服务达到规定的标准和满足服务对象需要的活动过程。护理质量管理要遵循以受检者为中心的原则、预防为主原则、全员参与原则、循证决策原则及持续改进原则。

一、护理质量控制政策与法规

为促进健康体检行业规范有序发展，卫生部（现国家卫生健康委员会）2009年印发了《健康体检管理暂行规定》(卫医政发〔2009〕77号)，对健康管理机构的执业条件和许可、执业规则、监督管理等做出了基本要求。2009年卫生部印发的《健康体检管理暂行规定》和2018年国家卫生健康委员会印发的《健康体检中心基本标准（试行）》对体检场所的面积、专业人员的配置、仪器设置及外出体检时现场标本采集和运送提出了要求。为规范健康管理机构的管理工作，提高健康体检水平，保障医疗质量和医疗安全，国家卫生健康委员会在2018年，根据相关法律法规制定了《健康体检中心管理规范（试行）》。该规范对机构管理、质量管理、安全管理等方面提出了具体要求，其中涉及体检护理质量控制的内容包括卫生专业技术人员配置、内部质量管理体系建立、规章制度落实、检查操作规范、体检报告要求、工作人员培训等。2018年，《关于进一步加强健康体检机构管理促进健康体检行业规范有序发展的通知》(国卫办医函〔2018〕

913 号）再次提出要严把准入门槛、规范健康管理机构设置管理，规范服务行为、加强健康管理机构内部管理等。《北京市健康体检质量控制核心指标（2024 年版）》对卫生技术人员资质达标率、健康问卷完成率、大便标本留取率、腰臀围测量完成率、高危异常结果通知率、重要异常结果随访率给出了明确的定义及计算公式。

随着国家鼓励和规范健康体检行业发展的政策相继出台，体检行业正逐步规范。但整体上，行业专业性的政策法规、条例、专门的规章制度的数量还非常有限。

二、护理质量控制组织架构（图 8–1）

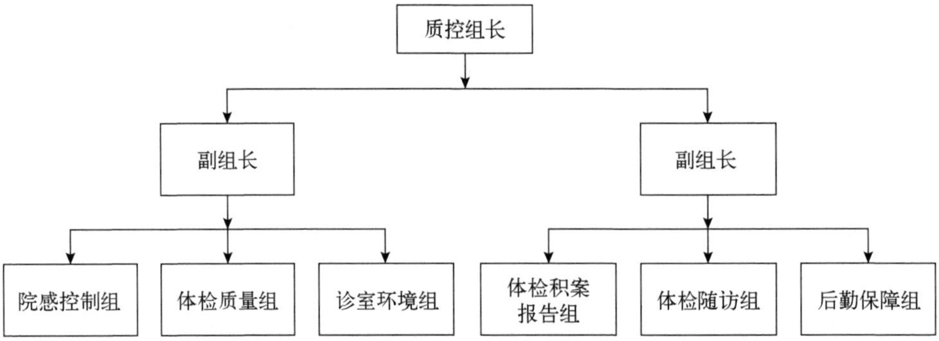

图 8-1　护理质量控制组织架构

（一）质控组长职责

1. *质控计划制订*　负责制订健康管理机构的质控计划，包括确定质控的指标、标准和方法，确保体检项目的准确性和可靠性。

2. *质控流程与质量目标管理*　负责管理和监督健康管理机构的质控流程，确保每个环节符合标准和规范；监管质控目标完成情况，及时制订整改计划与措施，确保各项质控目标高质量完成。

（二）质控副组长职责

1. *质控数据分析*　负责收集、整理和分析体检数据，监测体检项目的执行情况和结果，及时发现和解决问题，提高体检服务的质量和效率。

2. *质控培训与指导*　负责对健康管理机构的医务人员进行质控培训，提高他们的专业技能和质控意识，指导他们按照质控标准和流程进行工作。

3. *质控报告和改进*　负责编制质控报告，汇总分析健康管理机构的质控情况和问题，提出改进措施和建议，推动体检服务的持续改进和优化。

（三）各质控小组成员职责

1. *完成各自承担的业务*　不同的质控小组成员共同构成了一个完整的质控团队，各自承担着不同方面的职责和任务，以确保健康管理机构的质控工作全面、系统地进行，从而提高服务质量、降低风险，并持续改进和优化体检服务。同时，团队成员之间需要密切协作和沟通，共同推动质控工作的有效实施和成效。

2. *持续改进*　负责监督各自负责的工作内容，识别和评估质控过程中的风险和问题，制订并实施风险管理措施和应急预案，协助处理应急事故，做好问题查摆、分析、改进和反馈，并完成相应记录，汇报给上级。

三、护理质量持续改进工具

护理质量持续改进是医疗护理领域中的一个重要概念和实践目标。它指的是通过一系列有计划、有组织、系统的活动，不断评估护理服务的质量，识别存在的问题和不足，采取针对性的措施加以改进，并持续监测和评估改进效果，以实现护理质量的逐步提升。护理质量持续改进有助于提高受检者的就诊体验，减少医疗护理风险，提升护理团队的专业水平和工作效率，增强医疗机构的竞争力和声誉。

护理质量持续改进常用的管理方法有 PDCA 循环、根本原因分析法、追踪法、柏拉图等。

（一）PDCA 循环

PDCA 循环管理是全面质量管理的工作步骤。PDCA 是英文缩写，是按计划、执行、检查、处理 4 个阶段循环不止地进行全面质量管理的程序。全面质量管理是 20 世纪 60 年代出现的科学管理方法。PDCA 循环是美国管理学家戴明首先总结出来的，又称戴明循环（图 8-2）。

PDCA 四个英文字母及其在 PDCA 循环中所代表的含义如下。

P（plan）：计划，确定方针和目标，确定活动计划。

D（do）：执行，实地去做，实现计划中的内容。

C（check）：检查，总结执行计划的结果，注意效果，找出问题。

A（action）：行动，对总结检查的结果进行处理，成功的经验加以肯定并适当推广、标准化；失败的教训加以总结，以免重现，未解决的问题放到下一个 PDCA 循环。

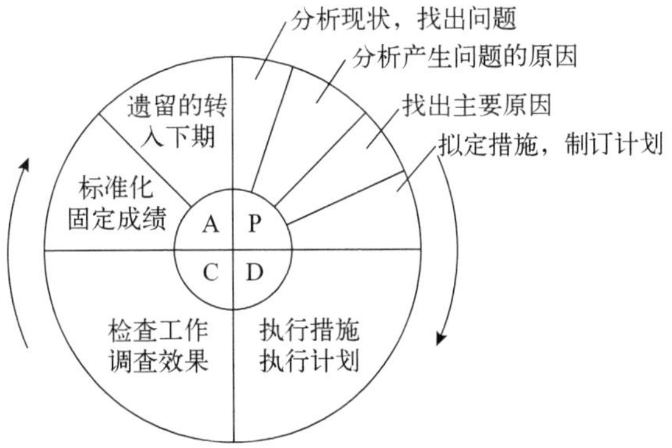

图 8-2　PDCA 的 8 个步骤

姜树强等将 PDCA 循环应用在体检危急值管理工作中，在计划阶段：制订危急值管理制度及报告；制订体检危急值项目；组织各体检临床科室及辅助科室人员开展危急值知识培训。在实施阶段：成立了危急值 PDCA 管理小组，每月定期召开体检质量管理会，主要内容是检查《体检危急值报告制度及流程》执行情况，尤其是检查上月相关工作人员开展危急值报告接收执行记录情况及危急值处置结果。在检查阶段：PDCA 管理小组每年对危急值报告实施情况进行评估，全面检查执行情况，发现问题及时解决。在改进阶段：针对检查中发现的问题，在科室体检质量管理小组会议上，分析讨论危急值报告中存在的问题并及时改进。通过应用 PDCA 循环法及时分析出现的问题，持续改进体检质量与服务，有序规范了体检中的危急值管理，提高医生的诊疗水平，减少医疗纠纷。

（二）根因分析法

根因分析法（root cause analysis，RCA）是一项结构化的问题处理法，用以逐步找出问题的根本原因并加以解决，而不是仅仅关注问题的表征。根因分析是一个系统化的问题处理过程，包括确定和分析问题原因，找出问题解决办法，并制订问题预防措施。在组织管理领域内，根因分析能够帮助利益相关者发现组织问题的症结，并找出根本性的解决方案，常用于医疗不良事件分析。

根因分析法通常包括以下实施步骤。

1. *组建团队*　召集来自不同领域和部门的相关人员，包括直接涉及事件的工作人员、管理人员、专家等。

2. *定义问题*　清晰明确地描述所发生的事件或问题，包括事件的时间、地点、人物、经过和造成的后果。

3. *收集资料*　收集与事件相关的各种信息，如病历记录、护理记录、监控录像、证人证言等。

4. *绘制事件流程*　以时间顺序或操作流程为线索，绘制出事件发生的详细过程图，便于直观地了解事件的发展脉络。

5. *识别直接原因*　通过对事件流程和收集资料的分析，找出导致事件发生的直接因素。

6. *确定根本原因*　对直接原因进行深入分析，探究其背后的潜在因素，找到导致事件发生的根本原因。可以使用鱼骨图、因果图等工具辅助分析。

7. *制订改进措施*　针对确定的根本原因，制订具体、可操作的改进措施和预防方案。

8. *实施改进措施*　将制订的改进措施付诸实践，并确保相关人员了解和执行。

9. *跟踪和评估效果*　对改进措施的实施效果进行跟踪和评估，检查问题是否得到有效解决，有无新的问题出现。

李哲等将根因分析法应用于降低体检科室结果录入差错率，成立 RCA 小组，成员包括中心负责人、医务部主任、护士长、护理主管、报告核对人员等共计 6 人，所有成员均接受 RCA 知识培训。小组成员通过对各科室结果录入错误的汇总分析，发现当月出现录入错误较多依次是彩超、一般检查、眼科、心电图等科室；通过采用“5W1H”法访谈以上科室的当值医生和护士，了解其工作流程是否规范，设备及体检系统操作是否正确。找出直接原因：小组成员根据所收集的资料，通过“头脑风暴法”，运用“鱼骨图”从人员、方法、设备 / 材料、环境等方面展开分析讨论，找出直接原因。确认根本原因：护士培训不到位；工作流程存在缺陷。提出改进建议并实施。①确定体检各岗位非常规事项的处理流程；②对工作流程进行改进，增加科室体检结束后的结果自审环节，以便及时发现错误并纠正。③培训，增加各岗位非常规事项处理流程的培训；针对新护士加强专业知识及岗位实操的培训与考核。④体检设备与体检系统对接，如身高体重仪、肺功能等尽量与体检系统的对接，减少手工录入数值造成的错误。效果评估改进：在改进措施实施期间，RCA 小组运用 PDCA 管理模式，对效果进行不断评估，成功的部分进行固化，未解决的部分继续运用 RCA 分析，找出原因，提出实施方案。通过 RCA 在体检数据质量控制中的应用，减少了录入错误不良事件的发生。

（三）追踪法

追踪法（tracer methodology，TM）又称追踪检查法、追踪方法学，是美国医院认证联合委员会（Joint Commission International，JCI）在医院质量论证中常用的一种方法，是过程质量管理的一种手段，也是新一轮等级医院评审常用的方法。

追踪法一般包括以下实施步骤。

1. *确定追踪目的和重点*　明确为什么要进行追踪及希望通过追踪解决什么问题，例如评估医疗服务质量、受检者安全管理等。确定追踪的重点领域或关键环节。

2. *选择追踪对象*　可以是受检者个案（个案追踪法），也可以是某个医疗系统、流程或项目（系统追踪法）。选择具有代表性和能够反映普遍问题的对象。

3. *制订追踪计划*　规划追踪的路线、时间安排和参与人员的分工。确定需要收集的信息和数据类型。

4. *收集相关资料*　在追踪开始前，收集与追踪对象相关的背景资料，如病历、规章制度、操作流程等。

5. *实地追踪*　按照预定的计划和路线进行实地观察和调查。与相关人员进行交流，了解实际工作情况和存在的问题。

6. *记录和分析*　详细记录追踪过程中发现的情况和问题。对收集到的信息进行分析，找出存在的偏差、漏洞或不合理之处。

7. *识别根本原因*　对于发现的问题，深入探究其根本原因，而不仅仅是表面现象。

8. *制订改进措施*　根据分析结果，制订针对性的改进措施和行动计划。

9. *反馈和沟通*　将追踪结果和改进建议反馈给相关部门和人员。与他们进行沟通，确保对问题和改进措施的理解和认同。

10. *跟进和评估*　对改进措施的执行情况进行跟进和评估，检查问题是否得到有效解决，是否达到预期效果。

钟立等将个案追踪法应用在体检不良事件管理中。①成立体检不良事件追踪小组：医护技团队 4 人组成，具有丰富临床及管理经验。②制订追踪方案：内容包括对体检不良事件全程追踪，确定追踪内容，运用质量管理工具对追踪结果进行根因分析，持续质量改进。科室组织医护技工作人员学习不良事件追踪方案，鼓励上报不良事件，减少漏报。③设置追踪流程：专人专职管理体检不良事件，制订不良事件处理规范流程，严格首问负责制。④追踪内容：人为因素、仪器设备因素、耗材因素、环境因素、规章制度。⑤实施持续质量改进：追踪小组根据分析结果，提出改进方案，将整改措施落实，同时将改进流程固化。⑥观察指标：比较实施前后体检不良事件发生率。体检不良事件发生率 = 当年发生体检不良事件例数 / 当年体检人数。通过个案追踪法，将体检不良事件发生率由 0.13% 降至 0.04%。

（四）柏拉图

柏拉图法又称排列图法、主次因素分析法，是一种根据重要性对问题进行分类和排序的工具，通过图形展示不同因素对问题的影响程度，从而帮助人们确定需要优先解决的关键问题。

追踪法一般包括以下实施步骤。

1. *确定分析对象和收集数据*　明确要分析的问题或现象，比如不良事件、受检者投诉等。收集相关数据，例如记录一段时间内不良事件出现的次数、不同投诉类型的数量等。

2. *数据分类和统计*　将收集到的数据按照不同的类别进行分类。对每个类别的数据进行统计，得出各类别的频数（如不良事件出现的次数）。

3. *计算累计频率*　计算每个类别的频率，即该类别频数占总频数的比例，按照频数从大到小的顺序排列类别，并依次计算累计频率。

4. *绘制柏拉图*　以横坐标表示不同的类别，纵坐标表示频数或频率。绘制柱状图表示各类别的频数，柱子高度代表该类别的频数大小，在柱状图上方绘制折线图表示累计频率。

5. *确定关键问题*　通常，柏拉图中的前几个类别（累计频率达到约 80%）被认为是关键问题，这些问题对整体影响最大，是需要优先解决的关键问题。

6. *制订改进措施*　针对关键问题，深入分析其产生的原因，制订相应的改进措施，集中资源进行解决，以提高整体质量或效率。

7. *评价*　在实施改进措施后，重新收集数据并绘制柏拉图，对比改进前后的情况，评估改进措施的效果。

四、护理质量评价体系

护理质量评价（nursing quality assessment）是通过制订系统的质量评价标准，收集护理质量管理中的各类信息，将收集到的资料与质量评价标准比较并做出判断，从而纠正偏差的过程。在健康管理机构建立护理质量控制评价体系可以提升保证体检质量、规范护理操作流程、及时发现和解决问题、降低风险和纠纷的发生、增强受检者满意度。

（一）以结构质量为导向的评价

以结构质量为导向的评价是以构成护理服务结构质量基本内容的各个方面为导向所进行的评价。护理质量评价的基本内容包括与护理活动相关的组织结构、物质设施、资源和仪器设备及护士的素质等，具体表现如下。

（1）体检护理相关制度、流程、预案是否完善合理，是否落实到位。

（2）体检环境、体检结构布局是否合理，受检者所处环境的质量是否安全、清洁、舒适，温度、湿度等情况。

（3）护士工作安排，人员素质和业务技术水平是否合乎标准，是否选择恰当的护理工作方法，管理者的组织协调是否合理等。

（4）与护理工作相关的器械、设备的使用和维护，器械、设备是否处于正常的工作状态，包括药品、物品基数及保持情况。

（5）护士是否掌握受检者的受检者情况，制订符合受检者个人状况的体检项目，并给予相应的解释。

以结构质量为导向的评价方法有现场检查、考核，问卷调查，查阅资料等。

（二）以过程质量为导向的评价

以过程质量为导向的评价，本质就是以护理流程的设计、实施和改进为导向对护理质量进行评价。护理流程优化是对现有护理工作流程的梳理、完善和改进的一项策略，不仅仅要求护士做正确的事，还包括正确地做事。护理流程优化内容涉及管理优化、服务优化、成本优化、技术优化、质量优化、效率优化等优化指标。医院护理单元正是通过不断发展、完善、优化护理流程，提高护理质量，具体表现如下。

（1）护理管理方面人力配置是否可以发挥最大价值的护理工作效益；排班是否既能满足受检者的需求，又有利于护士健康和护理工作的安全有效执行；护理操作流程是否简化且使得受检者、护士、部门和医院均受益。

（2）护理服务方面接待受检者是否热情；安置是否妥当及时，是否能做到主动沟通。

（3）护理技术方面护理操作及专科护理操作标准是否规范。

（4）成本方面固定物资耗损情况、水电消耗、一次性物品等护理耗材使用情况等。

以过程质量为导向的评价方法主要为现场检查、考核和资料分析，包括定性的评价内容和各种用于定量分析的相关经济指标、护理管理过程评测指标及其指标值。

（三）以结果质量为导向的评价

以结果质量为导向的评价是对受检者最终的护理效果的评价，主要是从受检者的角度进行评价。以结果质量为导向的评价常采用以下指标：健康教育普及率、采血穿刺成功率、护理不良事件发生率、抢救成功率、受检者对护理工作满意度、投诉数量、护患纠纷发生次数等。

以结果质量为导向的评价方法主要为现场检查、考核，问卷调查和资料分析；也可以通过医院信息系统、移动信息平台等提取相关数据。

五、护理质量培训

护理质量教育是确保护理服务质量和提高护理人员专业质量水平的重要保障。

（一）护理质量培训目的

建立健全护理质量教育培训体系，提高护理人员的专业素养和护理质量管理意识，确保健康管理护理服务的安全、高效和人性化。

（二）护理质量培训对象

全体护理人员，包括在职护士、新入职护士、进修护士等。

（三）护理质量培训内容

1. *质量控制的重要性*　强调高质量护理对受检者康复和满意度的影响。讲解质量控制与医疗安全、医院声誉的关系。

2. *质量控制的标准和指标*　详细介绍护理质量的各项标准，如护理操作规范、护理文书书写规范、受检者满意度指标等，解释各项指标的意义和测量方法。

3. *护理差错案例分析*　收集和分享实际发生的护理差错案例。共同分析导致差错的原因，以及如何通过质量控制避免类似事件。

4. *风险管理*　识别护理工作中的潜在风险因素。教授护士风险评估和应对策略。

5. *数据收集与分析*　培训护士如何收集和整理与护理质量相关的数据，简单的数据分析方法，以识别质量问题的趋势和规律。

6. *持续质量改进理念*　介绍持续质量改进的概念和方法，鼓励护士提出改进建议，并参与质量改进项目。

7. *自我评估与反思*　引导护士定期对自己的工作进行自我评估，培养反思习惯，总结经验教训。

8. *团队协作与质量控制*　强调团队成员在质量控制中的相互监督和支持作用，如何通过团队沟通解决质量问题。

9. *法律法规与行业规范*　学习与护理质量相关的法律法规和行业准则，明确违反规定的后果和责任。

10. *成功案例分享*　介绍其他医院或科室在质量控制方面的成功经验和成果。

11. *受检者反馈与处理*　重视受检者的反馈意见，如何收集、分析和处理投诉。将受检者反馈作为质量改进的重要依据。

12. 参与质量检查　组织护士参与质量检查活动，让护士亲身体验检查过程，增强对标准的理解和执行能力。

第二节　健康管理机构护理结构质量管理

结构质量管理涉及健康管理机构的硬件设施、人力资源设置、组织结构及管理体系等方面。确保健康管理机构拥有先进的医疗设备、匹配的人力架构、合理的科室布局及完善的管理制度，是保障体检质量的前提。通过持续投入资源，优化资源配置，健康管理机构能够构建一个高效、有序的工作环境，为高质量的体检服务奠定坚实基础。

一、护理管理质控评价（表 8-1）

（一）评价目的

健康管理机构护理管理质控评价的主要目的是确保体检服务的质量和安全，提升受检者的满意度，促进护理管理的持续改进和优化。通过质控评价，可以发现护理服务中存在的问题和不足，及时采取改进措施，提高护理管理的整体水平。

（二）评价方法

1. 日常监督与定期检查相结合　通过日常护理工作的监督，结合定期的质控检查，全面了解护理管理的实际情况。

2. 定性与定量评价相结合　采用问卷调查、访谈、观察等多种方式收集数据，结合量化指标和质性描述，对护理管理进行全面评价。

3. 内部评价与外部评价相结合　邀请第三方机构或专家进行外部评价，同时结合内部质控小组的评价结果，确保评价的客观性和公正性。

（三）评价周期

评价周期应根据实际情况确定，一般建议每季度进行一次阶段性评价，至少每年进行一次全面的质控评价。同时，可以根据需要进行不定期的专项评价或抽查，以确保护理管理的持续改进和优化。

（四）质量持续改进

1. 问题分析　根据质控评价结果，深入分析护理管理中存在的问题和不足，明确改进方向。

2. 制订措施　针对存在的问题，制订具体的改进措施和计划，明确责任人和完成时间。

3. 实施改进　按照制订的措施和计划，认真组织实施改进工作，确保各项措施得到有效落实。

4. 效果评估　对改进措施的实施效果进行评估，了解改进后的护理管理情况，确保改进效果达到预期目标。

5. 持续改进　将质控评价和质量改进工作纳入常态化管理，形成持续改进的良性循环，不断提升健康管理机构护理管理的整体水平。

表 8-1　护理管理质控评价表

姓名：　　　　　　考核日期：　　　　　　成绩：　　　　　　考核人员：

项目	考核要点	考核内容	分值	扣分	备注
人力资源（6 分）	1. 护理人员人数	1. 至少具备 10 名注册护士	3		
	2. 护理人员执照	2. 护理人员执照随时可以调取，护士有排班，确认在岗	3		
管理制度及流程（15 分）	1. 护理制度	1. 护理制度完整，工作有变更时及时更新，现场查看护士是否按照制度进行工作	5		
	2. 护理流程	2. 护理流程全面 ，工作有变更时及时更新，现场查看护士是否按照流程进行工作	5		
	3. 突发事件应急预案	3. 制订突发事件的应急预案，现场考核护士对预案的熟悉程度	5		
培训考核（12 分）	1. 护理理论培训	1. 科室内定期召开护理业务学习、并有学习记录，一年不少于 12 次	4		
	2. 护理操作培训	2. 制订常用技术操作标准，有培训，有详细考核记录，一年不少于 12 次	4		
	3. 护理礼仪培训	3. 科室内定期组织礼仪培训，并有培训记录，一年不少于 2 次。	4		
设施配备管理（7 分）	1. 一站式体检环境	1. 各专业检查室及体检设备满足受检者体检需求	1		
	2. 体检区域	2. 每个独立的检查室及体检设备满足受检者体检需求	1		
	3. 医疗检查设备	3. 医疗检查设备配置符合国家相关要求	1		
	4. 便民物资完备	4. 设置与体检人数相适应的候检区、用餐区、提供随身物品存放柜、轮椅、饮用水等	1		
	5. 体检标识完备	5. 符合医院急救物品管理要求	1		
	6. 注意事项及特殊项目告知	6. 各体检流程标识指引明显、准确	1		
	7. 有创 / 特殊检查	7. 具备体检注意事项 、特殊项目预约流程、有创知情同意书	1		
信息登记（16 分）	1. 客户实名身份核实	1. 身份信息匹配正确	5		
	2. 电子档案	2. 建立受检者电子健康档案并永久保存	2		
	3. 体检结果	3. 体检结果正确录入	5		
	4. 现场危急值管理	4. 现场高危重要异常结果及时复检及通知	2		
	5. 客户信息安全	5. 现场查看是否有受检者信息泄露的风险	2		
报告管理（9 分）	1. 体检报告整理	1. 体检报告完整，无漏项	3		
	2. 体检报告时间	2. 体检报告出具及时	3		
	3. 体检报告发放	3. 规范入报告柜、准确发放	3		
安全管理（7 分）	1. 警示标识	1. 正确使用各类警示标识	2		
	2. 隐私保护	2. 检查时关门或有遮挡	2		
	3. 抢救药品、物品管理	3. 符合“五定”原则，护士掌握急救物品、药品的使用	3		

续表

项目	考核要点	考核内容	分值	扣分	备注
质量管理（15 分）	1. 质控检查 2. 质控组织架构 3. 客户回访 4. 质量改进	1. 有周期质量管理记录 2. 有以科主任、护长与具备资质的质量控制人员组成的质控小组 3. 有客户回访统计分析与改进记录 4. 有投诉 / 不良事件整改记录，有运用管理工具开展质量管理与持续改进记录	4 3 3 5		
健康管理（9 分）	1. 健康指导 2. 健康教育 3. 检后随访	1. 为客户提供多种形式的健康指导 2. 提供家庭护理相关知识 3. 有检后随访记录	3 3 3		
客户反馈（4 分）	1. 客户回访 2. 满意度调查	1. 人员配备合理，客户回访开展率≥ 60% 2. 客户对护理服务满意度≥ 90%	2 2		
总得分 100 分			扣分		

二、环境管理质控评价（表 8-2）

（一）评价目的

健康管理机构环境质控评价的主要目的在于确保体检环境的安全、整洁、舒适与私密性，为受检者提供一个有利于身心健康检查的良好氛围。通过定期的环境质控评价，能够及时发现并解决环境中存在的问题，降低交叉感染风险，提升受检者的满意度和信任度，进而促进健康管理机构服务质量的全面提升。

（二）评价方法

1. *现场检查*　通过实地查看健康管理机构各区域的环境卫生状况、设施设备的完好情况、标识指引的清晰度等。

2. *问卷调查*　向受检者发放问卷，收集他们对体检环境的主观感受和建议。

（三）评价周期

（1）日常巡查每日进行，确保环境卫生与设施设备的及时维护。

（2）定期全面检查每季度或 6 个月进行一次，对健康管理机构的环境进行全面评估。

（3）空气质量与噪声监测根据实际需要和规定要求，定期进行监测，并记录数据。

（4）问卷调查每年至少进行一次，收集受检者的反馈意见，用于持续改进。

（四）质量持续改进

1. *问题反馈与记录*　建立问题反馈机制，及时记录受检者、员工反馈的问题和意见。

2. *分析原因*　对发现的问题进行深入分析，找出根本原因。

3. *制订改进措施*　针对问题制订具体的改进措施，明确责任人和完成时间。

4. *实施与监督*　按计划实施改进措施，并加强监督，确保措施得到有效执行。

5. *效果评估*　对改进措施的实施效果进行评估，总结经验教训，形成持续改进的良性循环。

表 8-2　健康管理机构环境质控评价表

姓名：　　　　　　评价日期：　　　　　　成绩：　　　　　　考核人员：

项目	评价内容	评价标准	分值	扣分	备注
诊室环境（40 分）	诊室环境整洁卫生与设施设备功能	1. 洗手池清洁，水龙头为非接触式出水，配有擦手纸巾，洗手液、免洗手消液	5		
		2. 保持诊察环境的私密性，诊室内配备窗帘和隔帘	5		
		3. 诊室桌椅、电脑、设备无灰尘	5		
		4. 桌面物品摆放整齐有序	5		
		5. 诊室检查床罩，椅罩干净整洁	5		
		6. 窗台无灰尘	3		
		7. 诊室地面干净	3		
		8. 垃圾桶配置合理	3		
		9. 诊室内不得存放私人物品	2		
		10. 设置仪器设备维修登记本，及时记录并反馈	2		
		11. 各诊室属地化管理，专人负责	2		
物品管理（30 分）	体检设备及物品	1. 诊室内桌椅物品设备不得随意更换，如需要更换请联系设备管理员	5		
		2. 诊室内使用的诊疗物品及时补充，无过期物品	10		
		3. 检查床套每日更换	5		
		4. 血压计袖带每周消毒	10		
公共区域环境（30 分）	公共设施的配置	1. 地面清洁干燥，地面标识完好平整	10		
		2. 公共区域放置快速手消毒液	5		
		3. 桌椅合理有序摆放	10		
		4. 垃圾桶配置合理	5		
总得分 100 分			扣分		

三、仪器管理质控评价（表 8–3）

（一）评价目的

健康管理机构仪器管理的质控评价旨在确保所有医疗设备处于良好的工作状态，满足体检的精准度要求，保障体检结果的准确性和安全性。通过定期评价，能够及时发现并解决仪器使用中的问题，预防因设备故障导致的误诊或漏诊，提升健康管理机构的整体服务质量与信誉。

（二）评价方法

1. *日常巡查*　每日对仪器进行基本的功能检查和外观检查，记录运行情况。

2. *定期校准*　按照设备说明书或国家相关标准，对需校准的仪器进行定期校准，确保测量结果的准确性。

3. *性能验证*　通过模拟测试或实际样本检测，验证仪器的性能是否达标，包括灵敏度、特异性、稳定性等指标。

4. *维护保养*　记录并执行仪器的维护保养计划，包括清洁、润滑、更换易损件等，确保仪器处于最佳工作状态。

5. *档案管理*　建立详细的仪器档案，包括购买日期、型号、序列号、校准记录、维修记录等，便于追溯和管理。

（三）评价周期

（1）日常巡查应每日进行，确保及时发现并处理潜在问题。

（2）定期校准周期根据仪器类型、使用频率及国家相关标准确定，一般为每6个月至一年一次。

（3）性能验证可根据实际情况灵活安排，但至少每年进行一次全面验证。

（4）维护保养计划应根据仪器使用说明书制订，并按计划执行，必要时可增加临时维护。

（5）档案管理应实时更新，确保信息的准确性和完整性。

（四）质量持续改进

（1）建立问题反馈机制，鼓励员工报告仪器使用过程中发现的问题，及时响应并处理。

（2）定期召开仪器管理会议，分析评价结果，总结经验教训，提出改进措施。

（3）加强与设备供应商的联系与合作，获取技术支持和维修服务，提升仪器管理水平。

（4）定期开展仪器操作培训，提升操作人员的专业素养和操作技能，减少人为因素对仪器性能的影响。

（5）引入新技术、新设备，不断优化健康管理机构的设备配置，提升服务质量和效率。

表 8-3　仪器管理质控评价表

姓名：　　　　　　　　评价日期：　　　　　　　　成绩：　　　　　　　　考核人员：

项目	评价内容	评价标准	分值	扣分	备注
仪器科室管理（20分）	采购、验收与管理流程规范性	1. 医疗仪器由科室管理小组提出，必要时联合相关使用临床科室联合申请，经医院装备委员会、论证、同意后，医院公开招标	4		
		2. 仪器到货后由医院设备部门与仪器厂家共同验货，并通知健康管理机构负责收货	4		
		3. 仪器厂家将仪器安装调试后，健康管理机构接收仪器，并粘贴仪器设备固定资产编号	4 4		
		健康管理机构内设置专职或兼职人员负责仪器日常管理工作，详细登记仪器的入库情况，如仪器编号、品牌型号、到科日期	4		
		科室妥善保存新仪器的相关资料，如说明书、操作手册、维修手册和紧急维修联系方式等	4		
仪器使用管理（50分）	仪器设备使用培训与日常管理	1. 新仪器使用前必须进行操作培训，设备公司技术人员负责健康管理机构操作人员的培训内容，如仪器的性能特点、操作流程及注意事项等	5		
		2. 新仪器必须张贴或悬挂清晰明确的操作流程的应急电话	5		
		3. 仪器日常使用有科室指定工作人员负责操作，仪器使用后处于备用状态。管理做到“四定四防”，“四定”指定人管理、定点存放、定期检查和定期维护；“四防”指防尘、防潮、防蚀和防盗	5		
		4. 定期开展仪器使用培训，以便工作人员都能熟悉仪器的使用方法	5		
		5. 建立仪器使用登记本，由使用人记录运行的情况	5		
		6. 仪器设备清洁，性能良好，处于备用状态；电脑、打印机等体检仪器设备开机处于使用状态	5		

续表

项目	评价内容	评价标准	分值	扣分	备注
		7. 仪器设备使用后，按程序关机，做好仪器设备的清洁、消毒及保养工作	5		
		8. 血压计、血糖仪、身高体重测量仪、氧气表等计量仪器定 期计量检测	5		
		9. 紫外线灯每日使用有记录，定时擦拭紫外线灯管及强度检测，累计 1000 小时更换紫外线灯管	5		
		10. 未经科室批准，仪器不得外借	5		
设备使用安全(30 分)	仪器维护保养与报废	1. 医疗仪器均建立使用维修保养登记本，有使用人员记录维修保养的情况	5		
		2. 仪器的日常维护检查由医院设备技术人员负责	5		
		3. 仪器厂家的工程技术维修人员根据维修约定定期做维护保养记录	5		
		4. 维护保养人员及时反馈仪器使用中的注意事项到健康管理机构	5		
		5. 医疗仪器在功能上存在不可逆损害，不能满足使用需要，科室负责人根据医疗仪器的实际状态填报报废申请，由仪器设备维修部门评估后决定报废	5		
		6. 仪器设备维修部门通知人员从科室移走报废仪器，并填写医院仪器报废登记单，科室做好相关记录	5		
总得分 100 分			扣分		

四、服务礼仪质控评价（表 8-4）

（一）评价目的

健康管理机构服务礼仪质控标准的评价目的在于确保每位员工在接待、引导、咨询、检查等各个环节中，均能以专业、礼貌、亲切的态度为受检者提供高质量的服务，从而增强受检者的信任感和满意度，树立健康管理机构良好的品牌形象。通过定期评价，及时发现并纠正服务礼仪中的不足，促进服务质量的持续提升。

（二）评价方法

1. 现场观察　由质控小组对健康管理机构的服务现场进行实地观察，记录员工的服务行为。

2. 模拟体检　通过模拟体检流程，亲身体验服务过程，评估员工的服务态度和技能。

3. 问卷调查　向受检者发放问卷，收集他们对服务礼仪的满意度和建议。

4. 自我评估　鼓励员工进行自我反思，填写服务礼仪自评表，识别自身在服务中的优点与不足。

（三）评价周期

1. 日常监督　通过现场观察和员工自我评估，实现日常服务礼仪的即时监督与反馈。

2. 定期考核　每季度或 6 个月组织一次全面考核，综合评估员工的服务礼仪水平。

3. 不定期抽查　根据实际情况，进行不定期的随机抽查，确保服务礼仪标准的持续执行。

（四）质量持续改进

1. 反馈机制　建立有效的反馈机制，收集受检者、员工及质控小组的意见和建议，及时发现问题。

2. 分析原因　对收集到的问题进行深入分析，找出问题的根源和影响因素。

3. 制订措施　针对问题制订具体的改进措施，明确责任人和完成时间。

4. 培训提升　加强员工服务礼仪培训，提升员工的服务意识和专业技能。

5. 实施与监督　按计划实施改进措施，并加强监督力度，确保措施得到有效执行。

6. 效果评估　对改进措施的实施效果进行评估，总结经验教训，为后续的持续改进提供依据。

7. 激励机制　对表现优秀的员工给予表彰和奖励，激发员工的工作积极性和创造力，形成积极向上的工作氛围。

表 8-4　服务礼仪质控评价表

姓名：　　　　评价日期：　　　　成绩：　　　　考核人员：

项目	评价内容	评价标准	分值	扣分	备注
仪容仪表 （15 分）	统一着装 整洁干净	1. 头发洁净、短发不过肩，长发用隐形发网盘圆整，长发不留头帘	3		
		2. 口罩佩戴时需完全遮住口鼻，忌挂在耳上或露出口鼻；不戴时整齐叠放于口袋，系带不外露	3		
		3. 面部清洁，淡妆得体，仅可佩戴金或银耳钉，指甲长度不超过指尖，不涂指甲油	2		
		4. 工作服统一款式、整齐洁净，衣扣、领扣、袖扣完全扣好，内衬衣领不外露	3		
		5. 胸牌正面佩戴，固定于左胸工作服处	3		
		6. 护理岗位为白色护士鞋，防滑轻软为宜；其他岗位为庄重、轻便、无声响平底鞋；袜子颜色为肉色或白色	1		
工作规范 （30 分）	积极主动 热情周到	1. 按照岗位要求准时到岗、离岗；不随意脱岗	10		
		2. 主动接待，规范操作，耐心解答，正确引导	10		
		3. 禁止在工作区域用餐、看非专业书籍，避免工作期间、会议时聚集聊天、使用手机，及在工作期间当受检者面拨打手机	10		
仪态举止 （25 分）	姿态端正 动作优雅	1. 规范站姿、坐姿、行姿；不靠门框、不趴桌椅、不背手、不叉腰、不环抱、不勾肩搭背	10		
		2. 目光平和、亲切、悦人，面带微笑，精神饱满	10		
		3. 规范手势指引、双手递接，不单指指引	5		
服务沟通 （30 分）	使用礼貌用语 表达清晰准确	1. 主动问候，使用文明用语及尊称	10		
		2. 耐心倾听，语言柔和，通俗易懂	5		
		3. 接打电话响铃不超过三声，自报家门，等对方挂断后再挂	5		
		4. 执行首问负责制，积极处理各类事件，特殊情况第一时间汇报上级，不可随意答复	5		
		5. 遇投诉事件，不可推诿，热情接待，及时汇报上级	5		
总得分 100 分			扣分		

五、健康教育质控评价（表 8-5）

（一）评价目的

健康管理机构健康教育质控标准的评价目的在于确保健康教育活动的科学性、有效性和针对性，提高受检者对健康知识的认知水平，促进其生活方式的积极改变，从而达到预防疾病、促进健康的目的。通过质控标准的实施，可以规范健康教育内容，提升教育质量，增强受检者的健康意识和自我管理能力。

（二）评价方法

1. 内容审查　由专业团队对健康教育材料、课件及讲座内容进行科学性和准确性的审核。

2. 现场观察　观察健康教育活动的组织、实施过程，包括讲师的表现、受检者的参与度等。

3. 问卷调查　设计问卷收集受检者对健康教育内容的理解程度、满意度及行为改变意愿等信息。

4. 效果评估　通过定期随访或健康指标监测，评估健康教育活动的实际效果。

（三）评价周期

1. 日常监控　对教育活动的准备、实施过程进行日常监控，确保活动顺利进行。

2. 月度总结　每月对健康教育活动进行总结，分析活动效果，提出改进建议。

3. 年度评估　每年对全年的健康教育活动进行全面评估，包括内容、形式、效果等方面，形成年度报告。

（四）质量持续改进

1. 内容审查　建立定期内容审查机制，确保教育内容的时效性和准确性。

2. 反馈收集　通过多种渠道收集受检者、讲师及工作人员的反馈意见，及时调整教育内容和方法。

3. 知识准确性　持续关注医学领域的新进展，确保教育内容的前沿性和科学性。

4. 受众接受度　不断优化教育形式，提高受检者的参与度和满意度。

5. 效果评估　建立科学的评估体系，定期评估教育效果，为改进提供依据。

6. 反馈循环　形成闭环反馈机制，将评估结果及时反馈给相关部门和人员，促进持续改进。

7. 内容更新　根据评估结果和受众需求，定期更新健康教育内容。

8. 师资培训　加强讲师队伍的专业培训，提升教学水平和技能。

9. 效果追踪　对受检者进行长期随访，了解其健康状况的变化及健康行为的改善情况，评估健康教育的长期效果。

表 8-5　健康教育质控评价表

姓名：　　　　　　评价日期：　　　　　　成绩：　　　　　　考核人员：

项目	评价内容	评价标准	分值	扣分	备注
教育形式（15 分）	教育形式的专业性与多样性	1. 健康教育内容应基于医学专业知识，科学、准确、无误导性	5		
		2. 健康教育应融入体检工作中，根据工作实际情况及体检项目进行及时的相应的健康教育	5		
		3. 健康教育形式多样，如口头、文字宣传（板报、宣传栏、健康教育单）、视听教材（多媒体、幻灯、投影、录像、广播等）、展览（模型、图片或实物）等	5		

续表

项目	评价内容	评价标准	分值	扣分	备注
教育技巧（20 分）	教育对象的针对性与个性化	1. 根据体检者的具体情况选择宣教内容、宣教形式，可采用讲座、宣传册、视频、互动问答等多种形式，满足不同人群的学习需求 2. 语言清晰、流畅，有良好的语言表达能力和沟通交流技巧 3. 通俗易懂性：教育内容应以通俗易懂的语言和方式进行呈现，避免使用过于专业的术语	10 5 5		
教育内容（65 分）	教育内容的全面性与准确性	1. 检前详细报告体检注意事项，尤其是老年人、孕妇、慢性病受检者 2. 检前详细告知体检者体检项目及意义，检查该体检项目需要提前做好准备 3. 详细介绍体检流程，包括各项检查的顺序、时间、地点等，让体检者对整个体检过程有一个清晰地了解	5 10 5		
		1. 对体检项目进行简单解释，让体检者了解各项检查的意义和目的，检查过程中需要的配合方法，检查后的注意事项 2. 体检中对体检结果进行初步判读，对体检中发现的问题或者出现个体差异时，及时进行有针对性的健康教育	10 10		
		1. 报告解读：根据体检结果，为体检者提供更加详尽的建议，帮助体检者了解自身的健康状况和存在的健康问题 2. 检后有电话随访，并有记录；随访中根据身体状况和生活习惯给出生活方式指导，如调整饮食结构、增加运动量、改善睡眠质量 3. 开展多种形式的健康讲座	10 10 5		
总得分 100 分			扣分		

六、满意度评价

（一）评价目的

随着健康意识的提高，健康管理机构作为健康管理的重要场所，其服务质量与受检者满意度越来越受到关注。了解健康管理机构的服务质量，对于提升受检者满意度、优化服务流程、提高市场竞争力具有重要意义。通过问卷调查的方式，深入了解健康管理机构的服务现状，分析影响受检者满意度的因素，为健康管理机构的服务改进提供科学依据。

（二）方法

采用问卷调查法，通过设计科学合理的问卷，对健康管理机构的受检者进行满意度调查。问卷设计遵循问卷设计的基本原则，包括问题的明确性、问题的无歧义性、问题的全面性、问题的独立性及问题的客观性等。调查内容主要包括以下几个方面：健康管理机构的环境设施、服务态度、专业水平、隐私保护、等候时间等。通过对这些方面的调查，可以全面了解受检者对健康管理机构服务的满意度情况，为后续的数据分析提供基础数据。线上与线下相结合的方式进行问卷发放与回收。线上主要通过电子邮件、社交媒体等方式进行问卷推送；线下则通过现场发放问卷、设立问卷回收箱等方式进行。也可以辅助以访谈法，针对特定受检者或群体进行深入交流，了解他们的需求和期望。

（三）满意度评价指标

根据调查内容，制订具体的满意度评价指标，如服务满意度、环境设施满意度、健康教育满意度等。

（四）结果分析与报告

对调查结果进行深入分析，找出服务中的优点和不足，形成详细的调查报告。报告需包括满意度概况、主要问题及原因、改进建议等部分，为管理层的决策提供有力支持。

（五）整改措施与建议

根据调查结果，制订针对性的整改措施，如加强员工培训、优化服务流程、改善环境设施等。同时，提出具体的改进建议，如定期开展满意度调查、建立受检者反馈机制等，以持续提升服务质量和受检者满意度。

（六）调查机制优化

为确保调查机制的有效性和可持续性，需对其进行不断优化。具体包括定期评估调查效果、调整调查内容和指标、更新调查工具和方法等。同时，加强与其他科室的沟通与协作，共同推进健康管理机构的持续改进与发展。

（七）问卷调查示例（表 8-6）

表 8-6　受检者体检满意度问卷调查

尊敬的受检者： 感谢您参与这次体检满意度问卷调查，通过您留下的宝贵意见及建议，我们将努力提供更加优质、高效的健康管理服务，实现科室与体检者的共同发展。
一、基本信息 姓名：[请填写姓名] 联系方式：[请填写联系电话或邮箱] 体检日期：[请填写体检日期]
二、服务满意度评价
1. 服务态度评价
□ 非常满意　□ 满意　□ 一般　□ 不满意　□ 非常不满意
2. 检查流程便捷性
□ 非常便捷　□ 便捷　□ 一般　□ 不便捷　□ 非常不便捷
3. 环境卫生状况
□ 非常整洁　□ 整洁　□ 一般　□ 不整洁　□ 非常不整洁
4. 医疗设备先进性
□ 非常先进　□ 先进　□ 一般　□ 不先进　□ 非常不先进

续表

5. 专业能力认可度
□非常认可　□认可　□一般　□不认可　□非常不认可
6. 结果准确性满意度
□非常满意　□满意　□一般　□不满意　□非常不满意
7. 隐私保护措施
□非常完善　□完善　□一般　□不完善　□非常不完善
8. 后续服务跟进
□非常及时有效　□及时有效　□一般　□不及时　□非常不及时
三、其他建议与意见 [请在此处填写您对我们健康管理机构的其他建议或意见]

第三节　健康管理机构护理过程质量管理

健康管理机构的过程质量管理是确保体检服务高质量、高效率运行的核心环节，其内容涵盖了体检流程中的每一个环节和细节。这一过程涵盖了从服务沟通、设备使用、人员操作到结果记录等多个方面，其重要性不容忽视。它不仅是确保体检结果准确、提升服务质量的基础，也是增强受检者信任、促进健康管理和持续改进优化的关键。做好健康管理机构的过程质量管理，对于提升体检服务质量、保障受检者安全具有重要意义。健康管理机构应高度重视过程质量管理工作，不断完善质控体系和评价标准，为受检者提供更加优质、高效、安全的体检服务。

一、咨询岗质量评价（表 8-7）

（一）评价目的

确保健康管理机构咨询岗位的服务质量，提升受检者满意度，促进机构内部管理和服务流程的持续优化。

（二）评价方法

1. *内部审核*　由机构内部质控部门定期进行，包括对咨询岗工作记录的检查、服务过程的模拟测试等。

2. *外部评审*　邀请上级科室或行业专家进行评价，以客观视角发现并提出改进建议。

3. *受检者反馈*　通过问卷调查、在线评价等方式收集受检者对咨询岗服务的直接反馈。

（三）评价周期

明确质量评价的周期为每月一次，确保能够及时发现问题并进行改进。在每个周期内，按照规定的评价方法和标准对护士的工作进行全面评价。

（四）质量持续改进

1. *问题分析*　通过对咨询岗各环节评价监测、流程追踪识别关键问题，聚焦根本原因与潜在风险，确保改进方向精准。

2. *制订措施*　依据分析结果制订针对性计划，明确责任分工、资源投入与时间节点，保障可行性。

3. 实施改进 按计划落实优化方案，强化咨询岗过程监控与协调，确保措施有效落地。

4. 效果评估 量化改进前后指标，对比目标达成度，结合反馈验证实效，总结成果与不足。

5. 持续改进 对咨询岗改进的成效进行固化，优化标准流程，建立动态跟踪机制，推动质量提升循环迭代。

表 8-7 咨询岗质控评价表

姓名： 考核日期： 成绩： 考核人员：

项目	评价内容	评价标准	分值	扣分	备注
仪容仪表（9 分）	劳动纪律	1. 热爱本职工作，遵守医务人员服务守则与工作原则，遵守劳动纪律，坚守工作岗位	3		
		2. 服务态度热情礼貌、积极主动、微笑服务	3		
	个人仪表	仪容仪表规范，微笑服务，淡妆上岗	3		
检查过程咨询规范性（56 分）	用物准备	1. 保持负责区域卫生干净整洁	3		
		2. 仪器设备处于备用状态，物品充足，归类放置	3		
	检前接待指引	1. 负责检前准备，确保检查系统稳定运行	5		
		2. 承担受检者的接待、引导及登记工作，确保流程顺畅	5		
		3. 合理分流受检者，科学安排体检项目，并提供体检常规知识及注意事项的说明，有效处理各类突发事件	5		
	检中各项事务处理	1. 接待受检者弃项弃检时，问明原因后，根据原因采取相应的解决方案，对于坚持弃检人员应完善告知由受检者本人同意并签字	10		
		2. 根据受检者反馈，及时协调各科工作，适时调整体检流程，推动服务质量的持续提升	5		
		3. 熟练解答受检者提出的问题，语言简洁、清楚、口齿清晰	5		
		4. 正确告知受检者体检注意事项，并签署知情同意书	5		
	接待沟通技巧	1. 接待投诉时安抚受检者情绪，认真倾听投诉情况，全面了解问题，收集意见，及时上报并做好相关记录	5		
		2. 正确使用标准话术，注意电话礼仪，沟通流畅，正确回答受检者提出的问题	5		
检查后咨询工作（35 分）	体检单回收环节	1. 核查受检者所有体检项目是否完成，是否领取早餐，如有放弃项目，检查记录是否完整	5		
		2. 需补检的项目，正确打印补检凭条，并提醒受检者按照日期及要求及时补检	5		
		3. 及时做好满意度调查	3		
		4. 查对每日体检单是否回收齐全	2		
	报告领取事项告知	1. 根据受检者个人需求选择体检报告形式：电子报告或纸质报告	5		
		2. 电子报告需正确告知受检者体检报告查看日期和方法	5		
		3. 纸质报告需告知受检者领取报告地址和时间，并给予取报告凭条，提醒受检者按要求领取报告。正确操作系统领取报告，录入领取人信息	10		
总得分 100 分			扣分		

二、前台备单岗质量评价（表 8-8）

（一）评价目的

健康管理机构前台备单岗质控标准的评价目的在于确保前台接待人员能够高效、准确、专业地完成各项接待任务，为受检者提供优质的初步服务体验，塑造健康管理机构良好的第一印象。通过定期评价，可以及时发现前台工作中存在的问题，并采取措施加以改进，从而提升整体服务质量和受检者满意度。

（二）评价方法

1. *现场观察*　质控小组通过实地观察前台接待人员的工作状态、服务流程、处理问题的能力等。

2. *模拟测试*　设计模拟场景，测试前台接待人员在应对不同情况时的反应和处理能力。

3. *受检者满意度调查*　通过问卷调查、电话回访等方式收集受检者对前台服务的满意度反馈。

4. *内部审核*　定期检查前台区域的整洁度、设施设备的完好情况、记录文件的准确性等。

（三）评价周期

1. *日常监督*　通过现场观察、内部审核等方式，实现前台工作的日常监督与即时反馈。

2. *定期评价*　每季度或 6 个月组织一次全面评价，综合评估前台岗的整体表现。

3. *不定期抽查*　根据实际情况，进行不定期的随机抽查，确保质控标准的持续执行。

（四）质量持续改进

1. *问题分析*　根据前台备单岗的评价结果，对发现的问题进行深入分析。

2. *制订措施*　针对问题制定具体的改进措施，明确责任人和完成时间，确保措施具有针对性和可操作性。

3. *培训提升*　加强前台接待人员的业务培训和服务礼仪培训，提升他们的业务能力和服务水平。

4. *实施改进*　按计划实施改进措施，并加大监督力度，确保措施得到有效执行。

5. *效果评估*　对改进措施的实施效果进行评估，总结经验教训，为后续的持续改进提供依据。

6. *持续改进*　建立持续改进的良性循环机制，不断优化前台岗的工作流程和质控标准，以适应不断变化的受检者需求和服务要求。

表 8-8　前台备单岗质量评价表

姓名：　　　　　　　考核日期：　　　　　　　成绩：　　　　　　　考核人员：

项目	评价内容	评价标准	分值	扣分	备注
检查前人员及备物齐全（15 分）	劳动纪律	1. 热爱本职工作，遵守医务人员服务守则与工作原则，遵守劳动纪律，坚守工作岗位	3		
		2. 服务态度热情礼貌、积极主动、微笑服务	3		
	个人仪表	仪容仪表规范，微笑服务，淡妆上岗	3		
	用物准备	1. 保持负责区域卫生干净整洁	3		
		2. 仪器设备处于备用状态，物品充足，归类放置	3		

续表

项目	评价内容	评价标准	分值	扣分	备注
检查中工作规范有序（70 分）	体检前台备单工作规范	1. 了解每日体检工作量、体检单位补检人员信息等 2. 正确操作系统，熟练掌握体检打单登记流程 3. 熟悉体检项目内容与金额，准确录入增项、更改项目 4. 严格落实核对制度，实名制体检；并核对受检者项目及条码是否完整准确 5. 正确告知受检者体检注意事项，并签署知情同意书 6. 熟练解答受检者提出的问题，语言简洁、清楚、口齿清晰	10 5 5 10 5 5		
	接听电话及时并作解释	正确使用标准话术，注意电话礼仪，沟通流畅，正确回答受检者提出的问题	10		
	前台备单检中项目处理	1. 根据受检者体检凭条找到对应体检单，核对信息无误，正确指导完成补检 2. 接待受检者弃项弃检时，问明原因后，根据原因采取相应的解决方案，对于坚持弃检人员应完善告知由受检者本人同意并签字，做好系统记录 3. 需补检的项目，正确打印补检凭条，并提醒受检者按照日期及要求及时补检	5 10 5		
台账管理（15 分）	数据录入统计	1. 及时按要求做好前台数据统计工作 2. 完成护理管理相关工作任务	5 10		
总得分 100			扣分		

三、导检岗质量评价（表 8-9）

（一）评价目的

确保导检岗位护士的服务质量，提升体检流程的效率和准确性，保障受检者的体验和健康信息的准确性。

（二）评价方法

定期检查与不定期抽查相结合；通过问卷调查、受检者反馈、同事互评等方式进行；利用数据分析工具对体检数据的准确性和完整性进行评估。

（三）评价周期

建议每季度进行一次全面评价，每月进行一次专项抽查，确保持续监控和及时发现问题。

（四）质量持续改进

1. *问题分析*　导检岗面向所有受检者，及时收集受检者、员工及质控小组的意见和建议，对发现的问题进行深入分析。

2. *制订措施*　针对问题制定具体的改进措施，明确责任人和完成时间，确保措施具有针对性和可操作性。

3. *实施改进*　按计划实施改进措施，并加大监督力度，确保措施得到有效执行。加强导检岗人员业务培训和服务礼仪培训，提升业务能力和服务水平。

4. *效果评估*　对改进措施的实施效果进行评估，总结经验教训，为后续的持续改进提供依据。

5. *持续改进*　建立持续改进的良性循环机制，不断优化导检岗的工作流程和质控标准，以适应不断变化的受检者需求和服务要求。

表 8-9　前台导检岗质量评价表

姓名：　　　　　　　考核日期：　　　　　　　成绩：　　　　　　　考核人员：

项目	评价内容	评价标准	分值	扣分	备注
仪容仪表（15 分）	劳动纪律	1. 热爱本职工作，遵守医务人员服务守则与工作原则，遵守劳动纪律，坚守工作岗位	3		
		2. 服务态度热情礼貌、积极主动、微笑服务	3		
	个人仪表	仪容仪表规范，微笑服务，淡妆上岗	3		
	用物准备	1. 保持负责区域卫生干净整洁	3		
		2. 仪器设备处于备用状态，物品充足，归类放置	3		
检前过程质量（70 分）	主动服务	1. 建立导检护士岗位职责	5		
		2. 热情主动服务，注意隐私保护，确保受检者安全与满意的服务体验	5		
		3. 关注受检者安全，特别关照老年人及行动不便的受检者，协助其进行体检	5		
		4. 关注受检者健康状态，适时进行健康科普宣教	5		
	便民服务	1. 为受检者提供初步解答，充当受检者与健康管理机构、检查医生之间的沟通桥梁	10		
		2. 合理安排引导受检者的检查项目，维护体检现场的秩序	5		
		3. 指导受检者正确饮水、进餐时机，避免因进水进食错过检查项目	5		
		4. 在检查前向受检者讲解检查目的及方法，以促进其配合	5		
		5. 协助指导受检者正确留取大、小便标本	5		
		6. 发现重要异常结果情况，按《重要异常结果处理流程》处理，正确及时	10		
		7. 关注受检者安全，特别关照老年人及行动不便的受检者，协助其进行体检	10		
检后服务质量（15 分）	环境安全服务	1. 体检结束后提醒受检者检查个人物品，避免遗失	5		
		2. 维持检前环境干净整洁。体检结束整理负责区域环境卫生。做好空气及物表消毒工作	10		
总得分 100			扣分		

四、采血岗质量评价（表 8-10）

（一）评价目的

确保采血过程符合规定的质量标准，保障样本的准确性和可靠性，提升健康管理机构的服务质量和受检者满意度。

（二）评价方法与内容

包括但不限于采血人员资质审查、采血操作规范性、样本处理和储存条件、样本标识和记录的准确性，以及采血环境的卫生状况。同时，对采血过程中的潜在风险进行评估，并制订相应的预防措施。

（三）评价周期

建议每季度进行一次全面的质控评价，每月进行一次采血操作的抽查，确保持续符合质控标准。

（四）质量持续改进

1. *问题分析*　通过评价结果梳理采血操作不规范、样本标识错误、环境清洁不达标等问题，从人员培训、流程设计、设备维护等方面深挖根本原因。

2. *制订措施*　针对问题制订专项方案，如开展分层级操作培训、优化样本双核对流程、更新记录模板，明确责任人和完成时限。

3. *实施改进*　组织全员培训考核，修订《采血操作 SOP》，加强日常工作落实，同步更新质控检查表。

4. *效果评估*　每月抽查改进措施落实情况，对比改进前后差错率、样本合格率、受检者满意度等指标，形成数据化评估报告。

5. *持续改进*　将有效措施纳入标准化文件，针对遗留问题启动下一轮持续质量改进，通过季度质量分析会动态调整质控重点，形成螺旋上升的质量管控模式。

表 8-10　采血岗质量评价表

姓名：　　　　　　　　考核日期：　　　　　　　成绩：　　　　　　　考核人员：

项目	评价内容	评价标准	分值	扣分	备注
仪容仪表（15 分）	劳动纪律	1. 热爱本职工作，遵守医务人员服务守则与工作原则，遵守劳动纪律，坚守工作岗位	3		
		2. 服务态度热情礼貌、积极主动、微笑服务	3		
	个人仪表	仪容仪表规范，微笑服务，淡妆上岗	3		
	用物准备	1. 保持负责区域卫生干净整洁	3		
		2. 设备准备齐全，确保所需物品在有效期内，不得有过期物品	3		
检前过程质量（70 分）	主动服务	1. 建立采血岗护士岗位职责	5		
		2. 遵循无菌操作规程，确保“一人一针，一管一垫一带，一用一消毒”，严格执行医院感染管理制度，防止院内交叉感染	10		
		3. 热情主动服务，适时给予照顾，确保受检者安全与满意的服务体验	5		
		4. 执行查对制度，核对受检者个人信息及血液检查项目，并询问采血禁忌，确保无误	5		
		5. 关注受检者健康状态，适时进行健康科普宣教	5		
		6. 采血管选择正确，采集顺序正确	10		

续表

项目	评价内容	评价标准	分值	扣分	备注
	便民服务	1. 负责标本的正确交接，并按规定签字确认	5		
		2. 熟练掌握晕血晕针处理流程，确保受检者安全	10		
		3. 提高采血技术，努力做到一次穿刺成功，每天统计穿刺成功率，并进行分析改进	5		
		4. 严格按照《医用废弃物处理办法》分类处理医用垃圾	5		
		5. 配合院感部门定时对采血室空气、消毒剂、工作人员手和物表采样监测	5		
检后服务质量（15 分）	环境安全服务	1. 体检结束后提醒受检者检查个人物品，避免遗失	5		
		2. 维持检前环境干净整洁。体检结束整理负责区域环境卫生。做好空气及物表消毒工作	10		
总得分 100 分			扣分		

五、跟诊岗质量评价（表 8-11）

（一）评价目的

健康管理机构科室跟诊质控标准的制订旨在确保各科室在体检过程中的操作规范、结果准确、服务优质，从而提升整体体检质量，保障受检者的健康权益。通过定期跟诊质控评价，能够及时发现科室工作中存在的问题与不足，为科室管理和服务优化提供科学依据，推动健康管理机构持续、健康发展。

（二）评价方法

1. *现场观察*　直接观察科室跟诊护士的操作流程。

2. *病历抽查*　随机抽取一定数量的体检报告，检查其完整性、准确性及诊断合理性。

3. *受检者满意度调查*　通过问卷调查或访谈方式，收集受检者对科室服务的满意度及改进建议。

（三）评价周期

科室跟诊质控评价应定期进行，以确保科室工作的持续改进。建议每季度至少进行一次全面评价，同时针对高风险项目或特殊需求，可灵活调整评价周期，进行专项评价或突击检查。

（四）质量持续改进

1. *问题分析*　通过质控评价发现科室存在的问题和不足，对问题进行深入分析，找出根本原因。

2. *制订措施*　针对问题制订具体的改进措施和行动计划。

3. *实施改进*　按照计划执行改进措施，并跟踪实施效果。定期对科室人员进行专业技能和服务意识培训，提升其综合素质。

4. *效果评估*　对改进措施的实施效果进行评估，确保问题得到有效解决。

5. *持续改进*　根据质控评价结果，不断完善科室管理制度和工作流程，将有效的改进措施纳入科室标准和流程，形成长效机制。

表 8-11 跟诊岗质量评价表

姓名： 考核日期： 成绩： 考核人员：

项目	评价内容	评价标准	分值	扣分	备注
仪容仪表（15 分）	劳动纪律	1. 热爱本职工作，遵守医务人员服务守则与工作原则，遵守劳动纪律，坚守工作岗位 2. 服务态度热情礼貌、积极主动、微笑服务	3 3		
	个人仪表	仪容仪表规范，微笑服务，淡妆上岗	3		
	用物准备	1. 保持负责区域卫生干净整洁 2. 设备准备齐全，确保所需物品在有效期内，不得有过期物品	3 3		
检前评估（10 分）	检前评估	1. 评估受检者意识状态、合作程度、完好佩戴口罩 2. 评估受检者是否空腹及憋尿情况，询问既往史	5 5		
跟诊录入（60 分）	跟诊录入	1. 核对导引单信息是否正确（姓名、性别、年龄、检查项目） 2. 协助受检者摆好体位、动作轻柔 3. 正确填写受检者信息 4. 检查中注意保护受检者隐私，做好防护工作 5. 正确录入相关科室检查结果，与医生二次确认，核对信息及检查内容并上传检查结果 6. 协助受检者擦拭皮肤，穿衣 7. 此项目结束后导引单签字，指导受检者进行下一项检查 8. 整理用物，手消毒 9. 了解当日团检与个检项目，数量有问题时及时与前台沟通 10. 核对当日体检人数，确认无误后，登记本签字，整理用物，关闭科室仪器	5 5 5 10 10 5 5 5 5 5		
评价（15 分）	跟诊工作评价内容	1. 操作过程有无沟通 2. 操作熟练、节力 3. 注意事项相关知识	5 5 5		
总得分 100 分			扣分		

六、辅助岗护士质量评价（表 8–12）

（一）评价目的

确保健康管理机构各辅助岗位的工作质量符合标准，通过定期的质控评价，发现并解决存在的问题，提升服务效率和准确性，保障体检结果的可靠性，增强受检者满意度。

（二）评价方法

采用内部审核和外部评审相结合的方式，对辅助岗位的工作流程、操作规范、结果准确性、服务态度等方面进行全面评价。具体包括但不限于工作记录的完整性、设备维护与校准情况、样本处理的规范性、数据录入的准确性、报告出具的及时性等。

（三）评价周期

建议每季度进行一次全面的质控评价，每月进行一次快速检查或抽查，确保持续监控各辅助岗位的工作质量。对于关键岗位或关键环节，可增加评价频次，如每月或每周进行专项评价。

（四）质量持续改进

1. 问题分析　通过质控评价发现科室存在的问题和不足，对问题进行深入分析，找出根本原因。

2. 制订措施　制订改进计划和措施，明确责任人和完成时限。

3. 实施改进　按照计划执行改进措施，并跟踪实施效果。定期对科室人员进行专业技能和服务意识培训，提升其综合素质。

4. 效果评估　对改进措施的实施效果进行评估，确保问题得到有效解决。

5. 持续改进　根据质控评价结果，不断完善科室管理制度和工作流程，将有效的改进措施纳入科室标准和流程，形成长效机制。

表 8-12　辅助岗护士质量评价表

姓名：　　　　考核日期：　　　　成绩：　　　　考核人员：

项目	评价内容	评价标准	分值	扣分	备注
仪容仪表（15 分）	劳动纪律	1. 热爱本职工作，遵守医务人员服务守则与工作原则，遵守劳动纪律，坚守工作岗位 2. 服务态度热情礼貌、积极主动、微笑服务	3 3		
	个人仪表	仪容仪表规范，微笑服务，淡妆上岗	3		
	用物准备	1. 保持负责区域卫生干净整洁 2. 设备准备齐全处于正常使用状态，确保所需物品在有效期内，不得有过期物品	3 3		
操作过程（65 分）	检前评估	1. 评估受检者意识状态、合作程度、完好佩戴口罩 2. 评估受检者是否空腹及憋尿情况，询问既往史	5 5		
	操作流畅	1. 核对导引单信息是否正确（姓名、性别、年龄、照片、检查项目） 2. 协助受检者摆好体位、动作轻柔 3. 正确填写受检者信息 4. 检查中注意保护受检者隐私，做好防护工作 5. 正确录入相关科室检查结果，核对信息及检查内容并上传检查结果 6. 此项目结束后导引单签字，指导受检者进行下一项检查 7. 整理用物，手消毒 8. 发现重要异常情况，按《重要异常结果处理流程》处理，正确及时 9. 所用设备正常使用，定期维护，检测有记录	10 5 5 5 5 5 5 10 5		
评价（20 分）	结果评价	1. 严格按照操作流程 2. 操作过程有无沟通 3. 操作熟练、节力 4. 注意事项相关知识	5 5 5 5		
总得分 100 分			扣分		

第四节 健康管理机构护理结果质量管理

体检后形成大量受检者的健康信息，医务人员借助信息系统对其进行归纳整理，统计分析，完成对体检质量的最终评价。其中护理人员在提高结果质量中起着不可或缺的角色，如在报告管理过程起着重要作用：报告整理、通知、领取；检后对受检者体验满意度回访，对重阳报告的健康回访，都需要护理人员专业知识去落实，以提高整体健康体检质量水平，更好地为受检者提供健康服务。

一、积案处理岗质量评价（表 8-13）

（一）评价目的

确保积案处理岗位的护士能够以高效、规范的标准完成各项工作任务。通过全面、系统的评价，精准找出护士在处理积案过程中存在的薄弱环节与不足之处，进而制订出具有针对性的培训计划和改进方案，提升护士的专业技能和工作水平，提高整体服务质量。此外，评价结果将作为护士个人职业发展的重要参考依据，为其晋升、评优等提供客观公正的支持，同时也可作为激励机制的一部分，激发护士的工作积极性和主动性。

（二）评价方法

1. *日常工作观察* 日常工作观察由报告组长或资深护士负责，实时记录护士在积案处理过程中的工作表现。

2. *定期工作检查* 按照预先制定的检查清单，对护士的工作成果进行全面细致地评估。

3. *通过向内部员工发放问卷或调查* 了解员工对积案处理工作的感受和意见；同时对积案处理的数量、处理时间、准确率等数据进行统计分析，客观反映护士的工作效率和质量。

（三）质量周期

明确质量评价的周期为每月一次，确保能够及时发现问题并进行改进。在每个周期内，按照规定的评价方法和标准对护士的工作进行全面评价，形成详细的评价报告。

（四）持续质量改进

1. *问题分析* 根据质控评价结果，组织相关人员召开专题会议，深入分析护理管理中存在的问题和不足。从人员、流程、制度等多个层面入手，找出问题产生的根源，明确改进方向。例如，若发现积案处理时间过长，需分析是人员不足、流程不合理还是护士技能欠缺等原因导致。

2. *制订措施* 针对分析出的问题，制订具体、可行的改进措施和计划。明确责任人和完成时间，确保各项措施能够得到有效落实。如针对护士技能欠缺的问题，制订详细的培训计划，安排专业人员进行授课和实操指导，规定在一个月内完成培训并进行考核。

3. *实施改进* 按照制订的措施和计划，认真组织实施改进工作。在实施过程中，加强对改进工作的监督和指导，及时发现并解决实施过程中出现的问题，确保各项措施得到有效执行。例如，在培训过程中，定期检查护士的学习进度和掌握情况，及时调整培训内容和方式。

4. *效果评估* 在改进措施实施一段时间后，对改进效果进行评估。通过再次进行评价、收集受检者意见、分析相关数据等方式，了解改进后的护理管理情况，判断改进效果是否达到预期目标。若未达到预期目标，需重新分析问题，调整改进措施，继续实施改进。

5. *持续改进*　将质控评价和质量改进工作纳入常态化管理，形成持续改进的良性循环。定期对改进工作进行总结和反思，不断优化评价方法和改进措施，持续提升健康管理机构护理管理的整体水平。

表 8-13　积案处理岗质量评价表

姓名：　　　　　　　　考核日期：　　　　　　　　成绩：　　　　　　　　考核人员：

项目	评价内容	评价标准	分值	扣分	备注
仪容仪表（15 分）	劳动纪律	1. 热爱本职工作，严格遵守医务人员服务守则与工作原则，自觉遵守劳动纪律，坚守工作岗位，不迟到、不早退、不旷工	3		
		2. 服务态度热情礼貌、积极主动，对受检者做到微笑服务，耐心解答疑问	3		
	个人仪表	仪容仪表规范，保持良好的职业形象，工作期间微笑服务，淡妆上岗，着装整洁统一	3		
	用物准备	1. 保持负责区域卫生干净整洁，无杂物、无污渍	3		
		2. 仪器设备定期检查和维护，处于备用状态，物品充足，归类放置整齐，便于取用	3		
检后报告管理过程质量（65 分）	主动性评估	1. 熟悉并履行完善的积案处理管理职责，明确工作目标和任务	10		
		2. 每日及时处理所负责的报告积案，确保积案不积压	10		
		3. 及时提醒医生将各科室体检结果进行录入和审核，确保报告的及时性	5		
		4. 护士对存在积案的报告进行持续跟踪，及时了解处理进展情况	5		
		5. 遇到不能解决的积案，须及时告知组长，共同研究解决办法	5		
	规范性分析	1. 检查收回体检表时，同时仔细检查体检项目完成情况，确保所有体检项目均已完成	5		
		2. 对未完成的报告，及时查找原因并进行处理，采取有效措施确保报告的完整性和及时性	5		
		3. 体检资料必须如实填写，确保数据、计算、符号、图示等准确无误	10		
		4. 及时查找报告存在积案的原因，并将原因进行系统备注，便于后续查询和分析	5		
		5. 受检者未完成的体检项目而造成的积案，应根据实际情况及时通知受检者后续来检，并做好记录	5		
检后报告管理台账管理（20 分）	数据记录与管理	1. 建立完善的数据台账管理系统，报告领取登记详细、准确，并有统计审核记录，确保数据的可追溯性	10		
		2. 加强对数据的保护和隐私安全管理，采取必要的技术和管理措施，确保受检者信息的安全和保密	10		
总得分 100 分			扣分		

二、检后报告整理岗质量评价（表 8-14）

（一）评价目的

本评价体系以提升检后报告整理质量为核心目标，通过系统性评估，精准识别报告整理流程中存在的规范性、准确性、完整性及隐私保护等维度问题。基于问题导向，制订并落实针对性改进措施，优化报告整理全流程管理，确保体检报告数据真实可靠、格式规范统一、隐私安全可控，最终提升报告的临床参考价值与受检者满意度，夯实体检中心服务质量基础。

（二）评价方法

1. *资料审查法*　定期抽查检后报告样本，对照《健康体检报告管理规范》，核查报告内容的准确性（如数据计算、单位使用）、格式的规范性（如排版、术语一致性）及资料的完整性（如关键项目是否缺失）。

2. *现场巡查法*　通过实地观察报告整理岗工作场景，评估工作人员劳动纪律执行情况（如在岗状态、服务态度）、用物准备规范度（如设备运行状态、物品摆放秩序）及报告保管流程合规性（如存储环境、领取登记制度）。

3. *满意度调查法*　设计《检后报告服务满意度问卷》，从报告准确性、领取便捷性、隐私保护等维度收集受检者反馈，形成量化评价数据。

（三）评价周期

评价周期应根据实际情况确定，如实行“季度常规检查 + 年度综合评估”双周期机制。每季度末开展常规检查，重点关注近期报告整理高频问题；每年 12 月进行年度综合评估，结合全年数据对岗位工作质量进行全面复盘，形成年度质量分析报告。

（四）质量持续改进

1. *问题分析*　通过资料审查、现场巡查及满意度调查等多渠道数据汇总，运用柏拉图分析法识别主要问题（如小数点错位、隐私泄漏风险等），结合根因分析（RCA）追溯问题源头，如制度漏洞、操作培训不足或流程设计缺陷等。

2. *制订措施*　针对存在的核心问题：制订具体的改进计划如制度优化、流程改进、技能培训、技术升级等。

3. *实施改进*　成立改进小组，明确责任分工与时间节点。例如，制度修订需在 1 个月内完成征求意见与发布；培训活动应在方案确认后 2 周内组织实施；技术系统部署需在 3 个月内完成测试与上线。实施过程中建立每日进度追踪表，确保各项措施落地见效。

4. *效果评估*

（1）定量指标：对比改进前后报告错误率（如小数点错位率、单位错误率）、受检者满意度评分等数据。

（2）定性评估：通过座谈会收集工作人员操作反馈，评估流程优化的便捷性与实用性。

5. *持续改进*　根据效果评估结果，对改进措施进行迭代优化。若问题未完全解决，纳入下一轮 PDCA 循环；若成效显著，则将成功经验标准化，形成长效管理机制，推动报告整理质量持续提升。

表 8-14　检后报告整理岗质量评价表

姓名：　　　　考核日期：　　　　成绩：　　　　考核人员：

项目	评价内容	评价标准	分值	扣分	备注
仪容仪表（15 分）	劳动纪律	1. 严格遵守《医务人员服务守则》，无迟到、早退、脱岗现象	3		
		2. 服务态度热情规范，主动使用文明用语，微笑服务贯穿全流程	3		
	个人仪表	着装符合体检中心规范，仪容整洁，淡妆上岗，佩戴清晰工牌	3		
	用物管理	1. 负责区域每天清洁，物品分类标识清晰，无杂物堆积	3		
		2. 仪器设备每天开机检查，状态标识明确，耗材储备量满足 3 天使用需求	3		
检后报告管理过程质量（65 分）	准确性评估	1. 报告数据与原始体检记录一致，无计算错误、符号误用	5		
		2. 关键检测项目（如血常规、生化指标）完整率达 100%，异常值标注规范	5		
		3. 报告无事后篡改痕迹，修改需双人复核并签署日期	10		
	规范性分析	1. 报告格式统一，三级标题编号规范	5		
		2. 封面信息完整（唯一标识编号、姓名、性别、体检日期、机构名称等），打印清晰无污损	5		
	完整性评价	1. 报告包含体检小结、建议及所有检查项目结果，无遗漏	5		
		2. 纸质报告与电子档案同步归档，电子档案保存期限为 15 年	10		
	隐私保护评价	1. 报告密封后交付，封面标注“仅供本人查阅”，代领需提供授权凭证并双签字	5		
		2. 乙肝等敏感项目单独密封，发放前签署《隐私保护知情同意书》	10		
		3. 电子报告传输采用加密系统，发放前获受检者短信确认	5		
台账管理（20 分）	数据记录与安全	1. 建立电子台账系统，报告领取登记包含时间、领取人、联系方式等要素，统计报表准确率 100%	10		
		2. 数据存储符合《中华人民共和国个人信息保护法》，定期备份，无泄露事件发生	10		
总得分 100 分			扣分		

三、重要异常结果管理质量评价（表 8-16）

（一）目的

为规范重要异常结果的管理，以保证重要异常结果及时得到处理，保护受检者生命健康，降低医疗风险。

（二）适用范围

本科室体检工作中所发现的重要异常结果（含传染病），需立即复查、进一步检查、转介临床专科诊治或需密切随访，根据病情变化可能需要进一步检查或医疗干预。

（三）定义及分类

体检中发现具有重要临床意义的异常检查结果，需立即复查、进一步检查或转介临床专科诊治，按照健康体检发现的重要异常结果的危急程度及干预策略，将检后重要异常结果分为 A 类、B 类。① A 类：需要立即进行临床干预，否则将危及生命或导致严重不良后果的异常结果；② B 类：需要临床进一步检查以明确诊断和（或）需要医学治疗的重要异常结果。

（四）重要异常结果筛查流程（图 8-2）

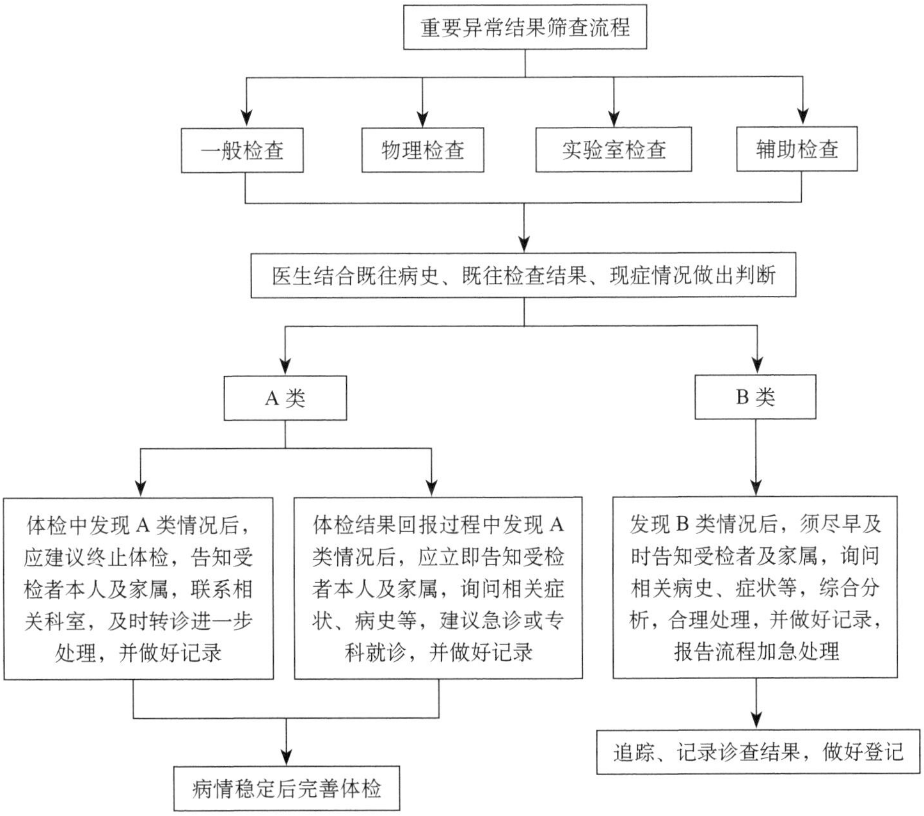

图 8-2　重要异常结果筛查流程

（五）与护理操作相关的常见重要异常结果项目及其标准（见表 8-15）

表 8-15　护理操作相关的常见重要异常结果项目及其标准

类别	项目名称	指标	备注
一般检查（A 类重要异常）	血压	收缩压≥ 180mmHg（1mmHg=0.133kPa）和（或）舒张压≥ 110mmHg，伴急性症状，或安静休息后复测仍达此标准	

续表

类别	项目名称		指标	备注
血糖A类重要异常结果	血糖	低血糖	空腹血糖≤ 2.8mmol/L（无糖尿病史）或≤ 3.9mmol/L（糖尿病史）	
		高血糖	空腹血糖≥ 16.7mmol/L（糖尿病史）；空腹血糖≥ 13.9mmol/L 合并酮体；随机血糖≥ 20mmol/L	
心电图检查（A类重要异常）	疑似急性冠脉综合征		1. 首次发现疑似急性心肌梗死的心电图改变 2. 首次发现疑似各种心肌缺血的心电图改变 3. 再发急性心肌梗死的心电图改变（注意与以往心电图及临床病史比较）	
	严重快速性心律失常		1. 心室扑动、心室颤动 2. 室性心动过速心室率≥ 150 次 / 分，持续时间≥ 30 秒或持续时间不足30 秒伴血流动力学障碍 3. 尖端扭转型室性心动过速，多形性室性心动过速，双向型室性心动过速 4. 各种类型室上性心动过速，心室率≥ 200 次 / 分 5. 心房颤动伴心室预激，最短RR 间期≤ 250 毫秒	
	严重缓慢性心律失常		1. 高度及三度房室传导阻滞，严重心动过缓（平均心室率≤ 35 次 / 分） 2. 长 RR 间期≥ 3.0 秒伴症状；≥ 5.0 秒无症状；窦性停搏或静止	
	其他		1. 提示严重低钾血症心电图表现[QT（U）间期显著延长、出现快速性心律失常，并结合临床实验室检查] 2. 提示严重高钾血症心电图表现（窦室传导并结合临床实验室检查） 3. 疑似急性肺栓塞心电图表现（并结合临床及相关检查） 4. QT 间期延长：QTc ≥ 550 毫秒 5. 显性T 波电交替	

表 8-16　重要异常结果处理岗位质量评价表

姓名：　　　　　　考核日期：　　　　　　成绩：　　　　　　考核人员：

项目	评价内容	评价标准	分值	扣分	备注
仪容仪表（15 分）	劳动纪律	1. 热爱本职工作，遵守医务人员服务守则与工作原则，遵守劳动纪律，坚守工作岗位 2. 服务态度热情礼貌、积极主动、微笑服务	3 3		
	个人仪表	仪容仪表规范，微笑服务，淡妆上岗	3		
	用物准备	1. 保持负责区域卫生干净整洁 2. 仪器设备处于备用状态，物品充足，归类放置	3 3		

续表

项目	评价内容	评价标准	分值	扣分	备注
流程管理（16 分）	异常结果处理流程完整性	1. 是否有明确的异常结果处理流程（SOP） 2. 流程是否覆盖接收、登记、上报、追踪等环节	4 4		
	流程执行规范性	1. 是否按标准流程操作 2. 是否有流程偏离或违规操作记录	4 4		
及时性（13 分）	结果接收与登记时效	异常结果接收后按时完成登记	13		
	结果上报与处理时效	1. 重要异常结果 A 类及时上报 2. 重要异常结果按时处理	4 4		
准确性（13 分）	结果判定准确性	1. 对重要异常结果进行正确分类 2. 不存在遗漏	4 4		
	处理措施准确性	根据结果类型采取对应处理措施	5		
沟通与反馈（19 分）	与客户沟通有效性	1. 清晰解释重要异常结果的临床意义及建议 2. 准确记录回访内容	4 4		
	多学科协作性	及时与相关科室（如检验科、临床科室）沟通协作	4		
	异常结果统计分析	1. 定期汇总分析重要异常结果数据 2. 提出改进建议并反馈至管理层	4 3		
记录与文档管理（24 分）	记录完整性	1. 重要异常结果登记、处理、反馈、追踪记录完整 2. 无缺漏关键信息（如时间、责任人）	4 4		
	文档规范性	1. 记录格式统一 2. 未存在涂改	4 4		
	存档管理	1. 电子 / 纸质档案分类存档 2. 定期备份并确保可追溯性	4 4		
总得分 100 分			扣分		

四、随访岗质量评价（表 8-17）

（一）评价目的

通过定期对检后随访工作进行评价，发现存在的问题和不足，提出改进措施，以提高随访工作的质量和效率，确保受检者得到及时、准确的随访服务，为受检者提供更好的医疗服务。

（二）评价方法

1. *资料查阅*　核查随访记录完整性，检查是否包含随访时间、方式、内容、受检者反馈、异常处理建议等核心要素。

2. *现场观察*　如行为规范评估，应急处理能力等。

3. *问卷调查*　患者满意度调查：每月随机抽取受检者进行电话访谈。

4. *内部反馈调研*　每季度对随访团队开展调查，了解流程痛点。

（三）评价周期

评价周期应根据实际情况确定，如实行“季度常规检查 + 年度综合评估”双周期机制。每季度末开展常规检查，重点关注近期报告整理高频问题；每年 12 月进行年度综合评估，结合全年数据对岗位工作质量进行全面复盘，形成年度质量分析报告。

（四）持续质量改进

1. 问题分析　基于评价结果，明确问题，专项专题进行分析。通过鱼骨图、根因分析法等质量管理工具，对随访记录缺失、异常反馈响应滞后等高频问题进行归因。

2. 制订措施　针对突出问题制订改进方案，明确整改目标、责任科室及完成时限。

3. 实施改进　针对问题制订改进方案，明确整改目标、责任科室及完成时限。

4. 效果评估　每季度对整改措施进行效果验证。如运用统计过程控制图表监测随访及时率、信息完整率等核心指标波动，实现质量改进闭环管理。

5. 持续改进　根据效果评估结果，对改进措施进行迭代优化。若问题未完全解决，纳入下一轮 PDCA 循环；若成效显著，则将成功经验标准化，形成长效管理机制，推动报告整理质量持续提升。

表 8-17　随访岗质量评价表

姓名：　　　　　　　　考核日期：　　　　　　　　成绩：　　　　　　　　考核人员：

项目	评价要点	评价标准	分值	扣分	备注
仪容仪表（15 分）	劳动纪律	1. 热爱本职工作，遵守医务人员服务守则与工作原则，遵守劳动纪律，坚守工作岗位	3		
		2. 服务态度热情礼貌、积极主动、微笑服务	3		
	个人仪表	仪容仪表规范，微笑服务，淡妆上岗	3		
	用物准备	1. 保持负责区域卫生干净整洁	3		
		2. 仪器设备处于备用状态，物品充足，归类放置	3		
检后随访质量（55 分）	数据收集	1. 建立的检后随访记录系统	5		
		2. 记录内容包括随访时间、随访方式、随访内容、受检者反馈等信息	10		
	数据分析	1. 定期收集并整理随访数据	5		
		2. 对收集到的随访数据进行统计和分析	5		
		3. 能通过数据对比和趋势分析，评估随访工作的质量和效果	5		
	访谈调查	1. 定期开展受检者访谈调查	5		
		2. 将受检者反馈作为评价的重要依据，用于改进随访工作	5		
	访谈过程	1. 能及时解决各项突发事件	5		
		2. 接待投诉时安抚受检者情绪，认真倾听投诉情况，全面了解问题，收集意见，及时上报	5		
		3. 正确使用标准话术，注意电话礼仪，沟通流畅，正确回答受检者提出的问题	5		

续表

项目	评价要点	评价标准	分值	扣分	备注
评价（30 分）	评价周期	每季度进行一次检后随访质量评价，确保及时发现问题并进行改进	10		
	持续改进	1. 将评价结果及时反馈 2. 根据评价结果制订相应的改进措施，并跟踪落实效果	10 10		
总得分 100 分			扣分		

五、检后健康管理岗质量评价（表 8-18）

（一）评价目的

随着人们对健康意识的不断提高，健康管理已成为医疗服务体系中不可或缺的一环。为了对检后健康管理服务质量进行全面、系统的评价，本报告从健康评估准确性、随访服务完善性、个性化指导质量、健康教育有效性、风险评估与预防、受检者满意度调查、数据记录与管理、质量持续改进等 8 个方面展开评价。

（二）评价方法

1. *满意度调查*　检后 1 周内通过问卷星或电话随访，询问受检者对健康报告解读、干预建议实用性、护士沟通态度等方面的满意度。

2. *深度访谈*　针对重点人群，每月进行一次面对面沟通，收集改进建议。

3. *数据记录与管理*　核查电子档案完整性（如风险评估报告漏项率≤ 5%）、隐私保护措施（如非授权访问记录为 0）。

4. *健康指标监测*　对比检后 3 个月、6 个月的复查数据，用图表直观展示干预效果。

（三）评价周期

评价周期应根据实际情况确定，一般建议月有跟踪、季度有阶段性评价，至少每年进行一次全面的质控评价。同时，可以根据需要进行不定期的专项评价或抽查，以确保检后健康管理的持续改进和优化。

（四）持续质量改进

1. *问题分析*　根据质控评价结果，深入分析检后健康管理中存在的问题和不足，明确改进方向。

2. *制订措施*　针对存在的问题，制订具体的改进措施和计划，明确责任人和完成时间。

3. *实施改进*　按照制订的措施和计划，认真组织实施改进工作，确保各项措施得到有效落实。

4. *效果评估*　对改进措施的实施效果进行评估，了解改进后的情况，确保改进效果达到预期目标。

5. *持续改进*　将质控评价和质量改进工作纳入常态化管理，形成持续改进的良性循环，不断提升检后健康管理整体水平。

表 8-18　检后健康管理岗质量评价表

姓名：　　　　　　　考核日期：　　　　　　　成绩：　　　　　　　考核人员：

项目	考核要点	考核内容	分值	扣分	备注
仪容仪表（15 分）	劳动纪律	1. 热爱本职工作，遵守医务人员服务守则与工作原则，遵守劳动纪律，坚守工作岗位	3		
		2. 服务态度热情礼貌、积极主动、微笑服务	3		
	个人仪表	仪容仪表规范，微笑服务，淡妆上岗	3		
	用物准备	1. 保持负责区域卫生干净整洁	3		
		2. 仪器设备处于备用状态，物品充足，归类放置	3		
健康管理过程质量（55 分）	健康评估准确性	1. 建立完善的随访制度	5		
		2. 根据受检者的健康状况和需求，制订个性化的随访计划	5		
		3. 通过电话、邮件、短信等多种方式，与受检者保持紧密联系	5		
		4. 及时了解受检者的健康状况，提供必要的医疗建议和支持	5		
	个性化指导质量	1. 根据受检者的健康状况、生活方式和风险因素，制订个性化的健康指导方案	5		
		2. 通过提供专业的健康建议、营养指导、运动计划等，帮助受检者改善生活习惯，提高健康水平	10		
	健康教育有效性	1. 通过多种形式的健康教育活动，向受检者普及健康知识，提高受检者的健康素养	5		
		2. 了解受检者的健康教育需求，不断调整和优化教育内容和方法，确保健康教育的有效性	5		
	风险评估与预防	1. 对受检者进行全面、系统的风险评估，识别出潜在的健康风险，并制订相应的预防措施	5		
		2. 加强对受检者的健康监测和随访，及时发现并处理异常情况，确保受检者的健康安全	5		
健康管理台账管理（30 分）	数据记录与管理	1. 建立完善的数据管理系统，对受检者的健康评估、随访记录、健康指导等信息进行全面、系统地记录和管理	15		
		2. 加强对数据的保护和隐私安全，确保受检者信息的安全和保密	15		
总得分 100 分			扣分		

综上所述，通过以上几点对检后健康管理服务质量进行了全面、系统的评价。将根据评价结果，不断优化服务流程和内容，提高服务质量水平，为广大受检者提供更加优质、 高效的检后健康管理服务。

思考题

1. 简述健康管理机构护理质量管理的步骤。

2. 护理质量管理常用的管理工具有哪些?

3. 什么是护理质量评价体系，分为哪几种形式?

4. 针对“受检者普遍反映体检等候过长”的问题，请运用学到的管理学方法，提出护理持续改进方案。

（车　颖　范　颖　张惠惠　周晓丹）

参考文献

曾国强 , 2000．医院满意度调查中的问题成因及对策 [J]. 中国医院管理 , 12: 30-31.

姜树强 , 秦宇宏 , 苏新 , 等 , 2020 . PDCA 循环在体检危急值管理中的应用 [J]. 空军医学杂志 , 36(5): 452-454.

李葆华 , 王鹏 , 2021 . 健康体检与管理机构护理工作常规 [M]. 北京 : 中国医药科技出版社 .

李静 , 2016 . 健康体检质量控制指南 [J]. 中华健康管理学杂志 , (10): 258-264.

李亚红 , 2022. 基于神秘受检者体验法的连锁医院门诊和健康管理机构服务质量评价体系构建与初步应用 [D]. 北京 : 北京大学医学部 .

李哲 , 田青 , 王昱 , 等 , 2021 . 根本原因分析法降低体检科室结果录入差错率的应用实践 [J]. 健康体检与管理 , 2(2): 168-171.

马旭东 , 2021. 我国医疗质量安全不良事件分类的思考 [J]. 中国卫生质量管理 (6): 46-50.

万文洁 , 孙晓 , 施雁 , 2012 . 护理不良事件原因分析方法的研究现状 [J]. 中华护理杂志 , 47 (6): 565-567.

赵晓辉 , 徐小飞 , 2015 . 护理不良事件的管理现状及进展 [J]. 国际护理学杂志 , (22): 3028-3031.

钟立 , 唐兰 , 陈容 , 等 , 2018 . 个案追踪法在体检不良事件管理中的应用 [J]. 中华健康管理学杂志 , 12(3): 259-261.

《中华健康管理学杂志》编辑委员会 , 中华医学会健康管理学分会 , 2016 . 健康体检质量控制指南 [J]. 中华健康管理学杂志 , 10(4): 258-264.

第 9 章　健康管理机构医院感染管理

学习目标

了解：感控专职人员的专业技能。

熟悉：解决临床实践中的感染控制实际问题的流程方法。

掌握：落实医院感染预防与控制过程中的关键点和要求。

第一节　健康管理机构医院感染管理制度

一、组织架构及各级岗位职责

（一）组织架构

1. 一级管理组织　为感染管理委员会。感染管理委员会下设主任委员和副主任委员。主任委员统筹和协调医院感染管理与整体医疗和护理管理工作，一般由院长或者分管医疗工作的副院长担任。副主任委员应具备专业的医院感染管理与防控知识，负责委员会工作任务的落实。

2. 二级管理组织　为感染管理科。医院感染管理是一个涉及管理学和多学科相互交叉渗透的综合学科，人员配置应满足其管理和专业的双重职能要求。

3. 三级管理组织　为感染管理小组，成员包括科主任和护士长、感染监控医师和感染监控护士。

（二）各级岗位职责

1. 一级管理组织

（1）认真贯彻医院感染管理方面的法律法规及技术规范、标准，制定本医院预防和控制医院感染的规章制度、医院感染诊断标准并监督实施。

（2）根据预防医院感染和卫生学要求，对本院的建筑设计、重点科室建设的基本标准、基本设施和工作流程进行审查并提出意见。

（3）研究并确定本医院的医院感染管理工作计划，并对计划的实施进行考核和评价。

（4）研究并确定本医院的医院感染重点部门、重点环节、重点流程、危险因素及采取的干预措施，明确各有关部门、人员在预防和控制医院感染工作中的责任。

（5）研究并制订本医院发生医院感染暴发及出现不明原因传染性疾病或者特殊病原体感染病例等事件时的控制预案。

（6）根据本医院病原体特点和耐药现状，配合药事管理委员会提出合理使用抗菌药物的指导意见。

（7）建立会议制度，定期研究、协调和解决有关医院感染管理方面的问题。

2. 二级管理组织

（1）对有关预防和控制医院感染管理规章制度的落实情况进行检查和指导。

（2）对医院感染及其相关危险因素进行监测、分析和反馈，针对问题提出控制措施并指导实施。

（3）对医院感染发生状况进行调查、统计分析，并向医院感染管理委员会或者医疗机构负责人报告。

（4）对医院的清洁、消毒灭菌与隔离、无菌操作技术、医疗废物管理等工作提供指导。

（5）对传染病的医院感染控制工作提供指导。

（6）对医务人员有关预防医院感染的职业卫生安全防护工作提供指导。

（7）对医院感染暴发事件进行报告和调查分析，提出控制措施并协调、组织有关部门进行处理。

（8）对医务人员进行预防和控制医院感染的培训工作。

（9）参与抗菌药物临床应用的管理工作，对消毒药械和一次性使用医疗器械、器具的相关证件进行审核。

（10）组织开展医院感染预防与控制方面的科研工作。

3. 三级管理组织

（1）科主任、护士长的岗位职责

1）依据国家、地区、医院相关医院感染管理规定，结合健康管理机构医院感染管理特点，负责制定医院感染管理制度，并组织实施。

2）定期督查二级管理小组工作。

3）每季度召开一次医院感染管理小组会议，讨论日常医院感染监控及消毒隔离落实情况，提出整改措施。如遇紧急突发事件随时召开会议，解决问题。

4）每年至少参加一次省级或省级以上的医院感染管理继续教育培训班。

（2）感染监控医生、感染监控护士的岗位职责

1）在科主任和护士长的指导下开展感染管理工作。

2）参与制定、落实医院感染管理制度。

3）负责拟定医院感染管理年度工作计划、总结。

4）定期督查各诊室的感染控制工作。

5）负责传染病及突发公共卫生事件上报、处置、消毒隔离措施等工作的具体落实。

6）协助开展医院感染管理监测效果评价工作，整理并记录结果，发现异常及时上报。

7）负责填写医院感染管理登记本。

8）负责医务人员、客户医院感染预防控制知识宣教。

9）负责本机构工作人员的医院感染知识培训和考核，对象包括全体工作人员、工勤人员。每季度组织医院感染管理相关知识培训及考核。

二、医务人员和患者管理制度

（一）标准预防

1. 手卫生　手卫生是医院感染控制的基石。根据 WHO 的推荐，手卫生是预防医院感染最

有效、最经济的方法之一。

（1）手卫生的定义：手卫生包括医务人员在诊疗活动中，通过洗手、卫生手消毒或外科手消毒等措施，去除手部皮肤上的暂居菌和常居菌，预防医院感染的传播。手卫生能够显著降低医院感染率，保护患者和医务人员的安全。

（2）手卫生的时机：接触患者前；清洁 / 无菌操作前；体液暴露风险后；接触患者后；接触患者周围环境后。

（3）手卫生的方法

1）洗手：是指医务人员使用皂液和流水洗手，去除手部皮肤表面皮屑、污垢及部分致病菌的过程。

2）卫生手消毒：是指医务人员用速干手消毒剂揉搓双手，以减少手部暂居菌的过程。

3）外科手消毒：是指外科手术前医务人员用肥皂（皂液）和流动水洗手，再用外科手消毒剂清除或者杀灭手部暂居菌和减少常居菌的过程。使用的外科手消毒剂具有持续抗菌活性。

（4）手卫生设施的要求

1）使用流动水，水质标准应达到微生物指标，即未检出总大肠菌群、耐热大肠菌群、大肠埃希菌，菌落总数＜ 100CFU/ml，水温以 20℃左右为宜。

2）应设置专用的流动水洗手设施，重点部门应配备非手触式水龙头。洗手池应防喷溅，洗手池与治疗物品准备台面、清洁物品放置台面距离宜＞ 1m。

3）洗手液和速干手消毒剂的选择应考虑产品的刺激性、香味及护肤效果。直接使用原液，不得稀释，出液器宜使用一次性包装，不应中途添加。速干手消毒剂应放置在方便医务人员拿取的位置。

4）纸巾是首选干手方法，使用时宜轻拍而不要擦拭，存放位置应避免溅湿或污染。

2. 职业防护

（1）血源性传播疾病

1）锐器伤

①锐器伤的预防：最有效的方法是减少锐器的使用，使用无针系统或带防刺伤装置的锐器，联合开展员工教育和操作行为的控制，包括禁止双手回套针帽、及时处置锐器、规范处理针头、免用手传递技术、合理使用锐器盒、使用合适的个人防护用品等，可以降低 90% 以上的锐器伤。

②应急处理：发生锐器伤后应立即用肥皂和水进行冲洗，可用消毒液进行消毒并包扎伤口。禁止挤压或吸吮伤口局部。

③发生锐器伤后的报告：应立即报告感染管理科，以便获得进一步的应急处理，包括采取应急措施预防感染人类免疫缺陷病毒（HIV）、乙型肝炎病毒（HBV）等。报告内容包括锐器伤发生的时间、地点、经过、暴露部位、损伤程度、暴露源种类、紧急处理方法等。

2）黏膜暴露

①黏膜暴露的预防：佩戴防护眼镜、口罩、面罩等。

②应急处理：用清水反复冲洗被污染的口腔、鼻腔黏膜或污染的皮肤；用干净的清水、生理盐水或无菌洗液冲洗被污染的眼睛。

③暴露后的报告：应立即报告医院感染管理科，以便获得进一步的应急处理。报告内容包括黏膜暴露发生的时间、地点、经过、暴露的部位、暴露源的种类、紧急处理的方法等。

（2）空气传播性疾病：空气传播是指带有病原微生物的飞沫核（直径＜ 5μm），长时间大范围地悬浮在空气中导致的疾病传播。常见的需要空气隔离的病原体有结核分枝杆菌、麻疹病毒、水痘 - 带状疱疹病毒。

1）患者安置：建立预诊分检制度，及时发现并隔离，尽早将患者安置在隔离间，并尽快转送至有条件收治呼吸道传染病的医疗机构，并注意转运过程中医务人员的防护。患者应全程佩戴医用外科口罩，定期更换。严格空气消毒。医务人员在进入安置感染结核、天花的患者隔离间时应戴经过认证的 N95 口罩或更高级别的呼吸防护器。

2）医务人员的防护

①正确使用个人防护用品。应严格按照区域流程，在不同的区域，穿戴不同的防护用品，离开时按要求摘脱，并正确处理使用后物品。

②进入确诊或可疑传染病患者房间时，应戴帽子、医用防护口罩；进行可能产生喷溅的诊疗操作时，应戴防护目镜或防护面罩，穿防护服；当接触患者及其血液、体液、分泌物、排泄物等物质时，应戴手套。

（3）飞沫传播性疾病：飞沫隔离是预防确诊或疑似患者通过咳嗽、打喷嚏、说话产生的呼吸道飞沫核（直径＞ 5μm），近距离范围（1m）内传播病原体导致的传播，但这些飞沫不能长时间保持活性在空气中悬浮很久。常见的需要飞沫隔离的病原体有 SARS 病毒、禽流感病毒、百日咳鲍特菌、流感病毒、腺病毒、鼻病毒、脑膜炎双球菌及 A 群链球菌等。

1）患者安置：尽早隔离，并将患者安置在单人隔离间。如条件有限，可将相同感染源的患者安置在同一隔离间。患者应戴外科口罩，并定期更换，限制客户活动范围。隔离间应加强通风，转运时，医护人员应注意防护。

2）医务人员的防护：同空气传播性疾病。

（4）接触传播性疾病：接触传播是指病原体通过手、媒介物直接或间接接触导致的传播。常见接触传播性疾病有肠道感染、多重耐药菌感染、皮肤感染等。接触隔离是预防直接或间接接触患者或患者周围环境导致的病原体传播。适用于多重耐药菌感染或定植患者，大量伤口分泌物、大小便失禁患者或其他排泄物引起较大环境污染和微生物传播风险潜在增加时。

1）患者安置：患者应安置在单人隔离间，当条件受限时，可将感染相同病原体的患者安置在同一隔离间，并最大限度降低直接接触的机会。限制客户活动范围。转运时，应采取有效措施，减少对其他患者、医护人员和环境表面的污染。

2）医务人员的保护：正确使用个人防护用品。进入隔离房间前，应戴手套，手上有伤口时应戴双层手套，并穿隔离衣；接触甲类传染病患者应穿防护服。离开隔离房间前，应脱去隔离衣或防护服，摘除手套，并洗手和（或）手消毒。

3. 呼吸卫生 / 咳嗽礼仪　呼吸卫生 / 咳嗽礼仪是医院感染控制的重要组成部分，是通过控制源头以预防呼吸道疾病病原体传播的综合性措施。

（1）适用对象：所有具有呼吸道症状和体征者，包括医务人员和患者。

（2）具体内容

1）咳嗽或打喷嚏时使用纸巾手帕或肘内侧遮掩口鼻，使用后的纸巾应丢进垃圾桶。

2）尽量佩戴口罩，否则应尽可能与他人保持 1m 以上的间距。

3）双手接触呼吸道分泌物后应做手卫生。

（3）实施方法

1）向医务人员和患者强调限制呼吸道气溶胶和分泌物对于预防呼吸道疾病传播的重要性，

并向具有呼吸道症状或体征者宣传呼吸卫生 / 咳嗽礼仪。

2）在人口稠密场所应提供必要的卫生设施，洗手设备、速干手消毒剂、非手接触开启式垃圾桶等。

3）在呼吸道感染性疾病暴发或流行季节，应为具有呼吸道症状和体征者提供口罩，并鼓励其与他人保持 1m 以上的距离。

4. 患者安置

（1）患者的常规管理

1）控制当日体检总人数，严格实行线上预约制度，预约后方能参加体检。

2）全面实行分时段预约体检，合理分配体检人数比例，控制各时段人流量。

3）各区巡回人员在岗在位，及时疏导客户，建议保持 1m 以上社交安全距离，防止潜在感染风险。大厅及诊间外设立“诊间一人一检，请保持安全社交距离”的立牌标识，采用 1m 线地标等方式强化管理。

4）加强患者宣教，建议规范佩戴口罩，鼓励在手卫生时机内执行手卫生，鼓励监督、提醒医务人员规范执行手卫生。

（2）疑似具有传播疾病风险患者的管理

1）建议具有传播疾病风险（如有不可控制的分泌物、排泄物、疑有呼吸道或消化道病毒感染）患者建议专科就诊，延迟体检。

2）安置具有传播疾病风险患者时应遵循以下原则

①知晓已知或怀疑具有传播疾病风险患者的传播途径。

②确认传播的危险因素。

③评估具有传播疾病风险患者接触其他客户及工作人员后，导致不良预后的危险因素。

④机构需设立单独安置具有传播疾病风险患者的诊室。

⑤可用同一诊室安置相同传染途径的传染源（如分类安置相同感染途径的患者）。

5. 安全注射　安全注射是医院感染控制中的关键环节，它涉及使用无菌技术进行注射，以防止病原体的传播和交叉感染。

（1）定义：安全注射是指对接受注射者无危害，对实施操作的医务人员不暴露于可避免的风险，且注射产生的医疗废物不对环境和他人造成危害的临床注射活动，包括使用无菌注射器和针头，以及正确的注射方法，合理的废弃物处理。

（2）措施要点：详细内容参见本章第一节二（二）1.（3）医务人员行为控制措施。

（二）医务人员的职业暴露

1. 医务人员职业暴露及预防措施

（1）定义：医务人员职业暴露是指医务人员在从事医疗护理等相关活动过程中，因接触感染性病原体，可能导致感染，从而损害健康或危及生命的一类职业风险。

（2）管理控制措施

1）根据国家相关法规文件和临床指南及国内外最近研究进展，结合机构实际情况制定预防医务人员职业暴露指南，并及时更新。

2）医务人员定期参加职业安全相关培训，增强安全意识。

3）操作场所的光线充足，防护用品常规存储，手卫生设施安置便利，工作台布置合理。

4）管理者合理分配工作人员，做到能级对应，高低年资医务人员协调配合，根据岗位任务、所需业务技术水平、实际工作量及自身情况科学配置工作人员。

（3）医务人员行为控制措施

1）合理使用锐器盒

①选择大小合适的锐器盒，正确组装，使用锐器时均需准备锐器盒。

②使用锐器盒时应置于顺手的位置，盒盖低于操作者视平面，操作者与锐器盒之间无遮挡物，锐器盒开口严禁对人，严禁开盖使用，用后立即关闭盖口。

③锐器盒内容物达到其容量 3/4 时应关闭盖口停止使用，并统一存放于指定场所，严禁清空后重复使用。

2）规范处理针头

①使用具有防刺伤设计的穿刺锐器，如套管针、蝶翼针等。

②不要徒手弯曲、折断或拔除针头。

③不要剪断与针头相连的导管。

④必须回套针帽时，必须单手操作或使用持针器等固定针帽。

（4）个人防护用品及其使用

1）操作场所内应配备充足并在有效期内的个人防护用品。

2）常见个人防护用品使用条件及使用方法如下。

①口罩：一般诊疗活动，均应佩戴外科口罩；接触罹患呼吸道传染病的客户时，应酌情佩戴更高级别防护口罩。

②护目镜和防护面罩：在进行抽血，咽部检查等操作，可能发生客户血液、体液、内容物等喷溅时；近距离接触罹患经飞沫传播的传染病的客户时。

③手套：接触客户的血液、体液、分泌物、排泄物及污染物品时，应戴清洁手套。

④帽子：进行无菌操作等时，进入污染环境或洁净环境前，均应佩戴一次性帽子。帽子被污染时应立即更换。一次性帽子应一次性使用；布制帽子应保持清洁，每次或每天更换与清洁。

⑤隔离衣：接触经接触传播的感染性疾病患者时；可能受到患者血液、体液、分泌物、排泄物喷溅时。

⑥防护服，防水鞋套：接触甲类或按甲类传染病管理的传染病患者时；接触经空气传播或飞沫传播的传染病患者，可能受到患者血液、体液、分泌物、排泄物喷溅时。在社会层面发生公共卫生关注的传染病时，参照当时的规范或指南要求使用。一次性使用防护用品均应一次性使用，受到明显污染时应及时更换。

⑦个人防护用品的穿戴和脱卸流程，详见图 9-1。

（5）工作场所提醒

1）设立内部提醒机制，在保护客户隐私的前提下，及时将高危客户的情况告知所有医务人员，增强医务人员防护意识，并执行相应防护措施。

2）由高年资医务人员带领或指导新入职或低年资的医务人员，帮助后者在工作中形成职业安全意识，避免危害职业安全的行为。

(6) 疫苗接种：医务人员需进行 3 针乙肝疫苗的完全接种，并在接种后监测其 HBsAb 水平，确保已产生具有保护效价的抗体。

2. 血源性职业暴露处理流程

（1）血液、体液暴露部位紧急处理

1）皮肤暴露后，应立即以肥皂和清水反复冲洗。

2）黏膜暴露后，应立即用大量清水或生理盐水 / 无菌水反复冲洗 5 分钟以上。如暴露部位为眼表，可使用洗眼器进行冲洗，佩戴角膜塑形镜者应先摘除眼镜。

（2）锐器伤紧急处理：遭遇锐器伤后，应立即从近心端向远心端挤压伤口，尽可能挤出损伤处的血液，禁止吸吮伤口或进行伤口局部的挤压。再用肥皂水、流动水或生理盐水 / 无菌水反复冲洗。冲洗后，使用 75% 乙醇或 0.5% 碘伏进行消毒，并根据具体情况决定是否包扎伤口。

（3）紧急处理后，发生职业暴露的医务人员应立即追溯暴露源客户血源性疾病（如 HIV、HBV、HCV、梅毒等）患病情况，以便登记备案及进行暴露后标准预防。

（4）将职业暴露情况和暴露源情况及时汇报科主任或护士长，填写《血源性病原体职业暴露上报表》，由科室负责人签字后，至感染办公室进行详细登记备案，并根据情况做出处理建议。

3. 医务人员职业暴露后预防标准操作规程

（1）在锐器伤后应尽早做 HIV 抗体、乙肝“两对半”、HCV 抗体等基础水平检查，最好在

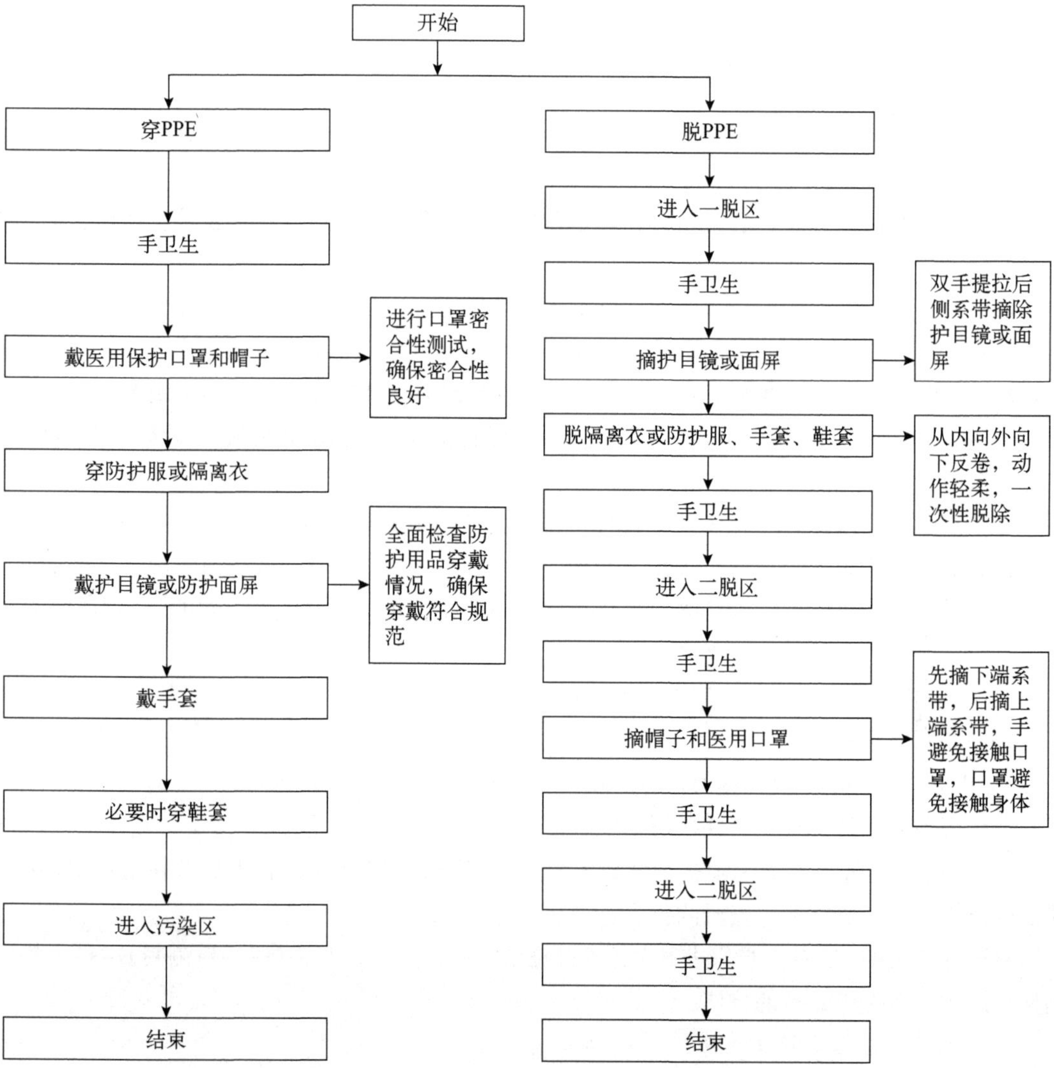

图 9-1　个人防护用品的穿戴和脱卸流程

72 小时内进行。

（2）当可疑暴露于乙型肝炎病毒 HBV 感染血液、体液时，而受伤医务人员 HBsAg（－）或 Anti-HBs（－），应在 24 小时内注射乙肝免疫球蛋白，并尽早注射乙肝疫苗（最好不超过 7 天），1 个月、6 个月后再注射 1 次，刺伤后 6 个月、一年监测 GPT、乙肝"两对半"。如果受伤医务人员 HBsAg（+）或 Anti-HBs（+）或 Anti-HBc（+），则不需注射疫苗或 HBIG。

（3）当可疑暴露于丙型肝炎病毒（HCV）感染血液、体液时，不仅暴露后尽快做 HCV 抗体检查，暴露 3 个月后需再检测 HCV 抗体和肝功能。

（4）当可疑暴露于人类免疫缺陷病毒（HIV）感染血液、体液时，除即刻抽血检测 HIV，还应尽早进行预防用药，最好在 4 小时内进行，最迟不得超过 24 小时；即使超过 24 小时，也应当实施预防性用药。一般采用二联或三联药物（即基本用药程序和强化用药程序）预防治疗，连续用药 28 天，第 4 周、第 8 周、 第 12 周及 6 个月时对艾滋病病毒抗体进行随访检测，并医学观察 1 年。

（三）传染病管理制度

1. 报告病种

（1）法定传染病。甲类传染病（2 种）：鼠疫、霍乱。乙类传染病（28 种）：新型冠状病毒感染、传染性非典型肺炎、艾滋病、病毒性肝炎、脊髓灰质炎、人感染高致病性禽流感、人感染 H7N9 禽流感、麻疹、流行性出血热、狂犬病、流行性乙型脑炎、登革热、猴痘、炭疽、细菌性痢疾和阿米巴性痢疾、肺结核、伤寒和副伤寒、流行性脑脊髓膜炎、百日咳、白喉、新生儿破伤风、猩红热、布鲁氏菌病、淋病、梅毒、钩端螺旋体病、血吸虫病、疟疾。丙类传染病（11 种）：流行性感冒，流行性腮腺炎，风疹，急性出血性结膜炎，麻风病，流行性和地方性斑疹伤寒，黑热病，包虫病，丝虫病，手足口病，除霍乱、细菌性和阿米巴性痢疾、伤寒和副伤寒以外的感染性腹泻病。

（2）根据国家或者地方政府要求其他须上报的传染病，包括 15 周岁以下急性迟缓性麻痹（AFP）患儿、非淋菌性尿道炎、尖锐湿疣、生殖器疱疹、软下疳、性病性淋巴肉芽肿、水痘、生殖道沙眼衣原体感染、恙虫病、森林脑炎、结核性胸膜炎、人感染猪链球菌、人粒细胞无形体病、不明原因肺炎。其中，AFP 包括脊髓灰质炎、吉兰 - 巴雷综合征、横贯性脊髓炎、多神经病、神经根炎、外伤性神经炎、单神经炎、神经丛炎、周期性麻痹、肌病、急性多发性肌炎、肉毒中毒、四肢瘫、截瘫和单瘫、短暂性肢体麻痹等。

2. 报告时限　临床发现甲类传染病及乙类传染病中的肺炭疽、传染性非典型肺炎、脊髓灰质炎、人感染高致病性禽流感应立即上报感染管理科（最迟不得超过 2 小时），发现其余乙类、丙类传染病及其他按规定需上报的传染病应在 24 小时内报至感染管理科。另外按照规定，15 周岁以下儿童经初步诊断为 AFP（急性迟缓性麻痹）时应立即报告感染管理科。

3. 上报要求

（1）发现须上报的传染病后（包括疑似病例，但艾滋病或 HIV 抗体阳性疑似病例除外），应按照要求认真逐项填写传染病报告卡，由科室传染病内审员（一般为副高以上职称的人员）审核签字后及时报至感染管理科，同时科室做好登记。

（2）诊断要准确，依据要充足。如不能将"大三阳"或"小三阳"患者诊断为"乙肝"，不能将初筛实验室报告 HIV 阳性患者诊断为"HIV 携带者"或"艾滋病"等。

（3）传染病报告应以本机构检查结果与诊断为依据，即使患者自述在外院已报卡，到本机构经初次诊断为法定传染病后仍需报卡。

（4）慢性传染病的报告应遵循以下原则：医生在做出乙肝、丙肝、肺结核、艾滋病、血吸虫病等慢性传染病诊断时，如确定该病例曾经在本院做出诊断并被报告过，则本年度可不再进行报告；如对该病例的报告情况不清楚，或在同年内多次接诊的该类病例（包括复发病例），则仅对首次就诊进行一次报告，再次就诊且诊断结果未发生变更时则可不再进行报告。

（5）肺结核及疑似肺结核病例除填报传染病报告卡以外还须填报三联转诊单。

（6）检验科、放射科应建立与传染病相关的阳性结果登记本，发现与传染病相关的异常检验结果后应及时与开单医生或所在科室联系，并做好反馈记录。

（7）发现错报时应及时填写订正卡片，发现漏报应立即补报。

（8）患者同时患两种或两种以上传染病时应分别报卡。

（9）机构传染病报告卡及登记本应保持整洁，并由专人保管（按照国家规定所有相关资料必须保存 3 年以备检查）。

（10）节假日及晚夜班期间临床可将传染病报告卡及登记本报至总值班处，由总值班人员负责签收并在规定时限内电话通知感染管理科负责传染病报告专职人员报卡，交班时将传染病登记本和卡片一并交至医务处。

4.《中华人民共和国传染病报告卡》及填报注意事项

中华人民共和国传染病报告卡

卡片编号：________________报卡类别：1. 初次报告　2. 订正报告

姓名 *：___________（患儿家长姓名：___________）
有效证件号 *：　　　　　　　　　　　　　　性别 *：　男　女
出生日期 *：_____年___月___日（如出生日期不详，实足年龄：___年龄单位：___岁___月___天）
工作单位（学校）：______________________________　联系电话：___________
患者属于 *：　本县区　本市其他县区　本省其他地市　外省　港澳台　外籍
现住址（详填）*：_________省_________市_________县（区）_________乡（镇、街道）________村_________（门牌号）
人群分类 *：
幼托儿童、散居儿童、学生（大中小学）、教师、保育员及保姆、餐饮食品业、商业服务、医务人员、工人、民工、农民、牧民、渔（船）民、干部职员、离退人员、家务及待业、其他（______）、不详
病例分类 *：（1）疑似病例、临床诊断病例、确诊病例、病原携带者
（2）急性、慢性（乙型肝炎 *、血吸虫病 *、丙型肝炎）
发病日期 *：________年___月___日
诊断时间 *：________年___月___日___时
死亡日期：_________年___月___日

甲类传染病 *：
鼠疫、霍乱

乙类传染病 *：
传染性非典型肺炎、艾滋病（艾滋病患者、HIV）、病毒性肝炎（甲型、乙型、丙型、丁型、戊型、未分型）、脊髓灰质炎、人感染高致病性禽流感、麻疹、流行性出血热、狂犬病、流行性乙型脑炎、登革热、炭疽（肺炭疽、皮肤炭疽、未分型）、痢疾（细菌性、阿米巴性）、肺结核（利福平耐药、涂阳、仅培阳、菌阴、未痰检）、伤寒（伤寒、副伤寒）、流行性脑脊髓膜炎、百日咳、白喉、新生儿破伤风、猩红热、布鲁氏菌病、淋病、梅毒（Ⅰ期、Ⅱ期、Ⅲ期、胎传、隐性）、钩端螺旋体病、血吸虫病、疟疾（间日疟、恶性疟、未分型）、人感染 H7N9 禽流感

丙类传染病 *： 流行性感冒、流行性腮腺炎、风疹、急性出血性结膜炎、麻风病、流行性和地方性斑疹伤寒、黑热病、包虫病、丝虫病，除霍乱、细菌性和阿米巴性痢疾、伤寒和副伤寒以外的感染性腹泻病、手足口病
其他法定管理以及重点监测传染病：
订正病名：________________　退卡原因：__________ 报告单位：________________　联系电话：__________ 填卡医生 *：________________　填卡日期 *：____年__月__日
备注：

（1）报卡类别：初诊病例及初诊死亡的病例直接标识“初次报告”。对已填报过卡片的传染病患者，在订正诊断或发生死亡时，必须再次填报，标识“订正报告”。

（2）患者姓名：填写患者的真实姓名。

（3）家长姓名：14 岁以下患儿必须填写患者家长姓名。

（4）身份证号：应尽可能填写。

（5）出生日期：应详细填写出生年月日（公历）。实足年龄 / 年龄单位：只选择填写其中一项。出生日期不详时才填写实际年龄并选择年龄单位。≥ 1 个月、不满 1 周岁的，按月龄填写，年龄单位选择“月”；不满 1 个月的只填写日龄，年龄单位选择“日”。

（6）工作单位：填写患者发病时所在工作单位的名称（含农民工）；学生（托幼儿童）详填发病时所在学校（托幼机构）及班级名称；无“工作单位”者填写“无”。

（7）联系电话：填写可与患者保持联系的电话号码，以便追踪、核实和随访。

（8）患者属于：用于标识患者常住地址（居住时间≥ 6 个月）与报告单位的相对位置，在相应的类别前画“√”。

（9）现住地址：指病例发病时实际居住的地址，可以是家庭地址，也可以是寄宿地址或宾馆、旅店。应尽量详细填写到村民组（门牌号）。病例如有一处以上住址时，应填写患病期间能随访到的住址。

（10）职业：在相应的职业名前画“√”。选择职业的目的是在卡片汇总时发现传染病可能的高发职业，以便管理。若患者的职业同时符合卡中一种以上职业时，选择原则为：①选择主要职业；②选择与该病发生和传播关系较密切的职业，如食品厂工人、熟食店售货员都应填写餐饮食品业，而不填工人或商业服务。

未列入本卡的职业须填写在“其他”项中，如警察、飞行员、军人等。有些特殊人群如劳教人员、和尚、道士和乞丐等，虽不属职业，也可填写在“其他”项中。个体经营者应根据其经营活动的行业，选择相应的职业。

（11）病例分类：传染病报告病例分为疑似病例、临床诊断病例、实验室确诊病例、病原携带者 4 类。

需报告病原携带者的病种包括霍乱、脊髓灰质炎、艾滋病及国家卫生健康委员会规定的其他传染病。

急性、慢性病例（乙型肝炎和血吸虫病填写）。

（12）发病日期：填写患者在本次就诊疾病开始出现症状的日期。不明确时，填就诊日期。病原携带者填写初次检出日期或就诊日期。

（13）诊断日期：初次报告时，填写初诊的日期。订正报告时，如由疑似病例订正为确诊病例、一种传染病订正为另一种传染病、传染病的一个病种订正为另一个病种（如肺结核由“未痰检”订正为“菌阳”时），填写确诊的日期；同一病种由临床诊断订正为实验室确诊，仍填写初诊的日期。诊断日期不得早于发病日期。

（14）死亡日期：因法定传染病死亡时填写。

（15）疾病名称：在做出诊断的病名前画“√”。

（16）其他法定管理及重点监测传染病：指国家卫生健康委员会决定列入乙类、丙类传染病管理的其他传染病，省级人民政府决定按照乙类、丙类管理的其他地方性传染病，其他爆发、流行或原因不明的传染病，填写该病种名称。

（17）订正病名：填写订正前所报告的疾病名称。

（18）退卡原因：因报告卡填写不合格需退卡时，填写其原因。

（19）报告单位：填写报出传染病报告卡的单位（具体到科室）。

（20）报告医生：做出诊断的医生签名。

（21）科室内审员：科室负责人或指定的副主任以上医师、有较多临床经验人员。

（22）填卡日期：填报本卡的日期。

（23）备注：填写以上各项内容不能涵盖且需特别注明的信息，如说明传染途径、传染病病例（含疑似病例及病原携带者）订正为其他疾病的病名等。

注意：“＊”部分为必填项目，其他项目请尽量完善。字迹务必工整清楚，便于辨认。

举例：肺结核患者接诊、转诊、报告流程见图 9-2。

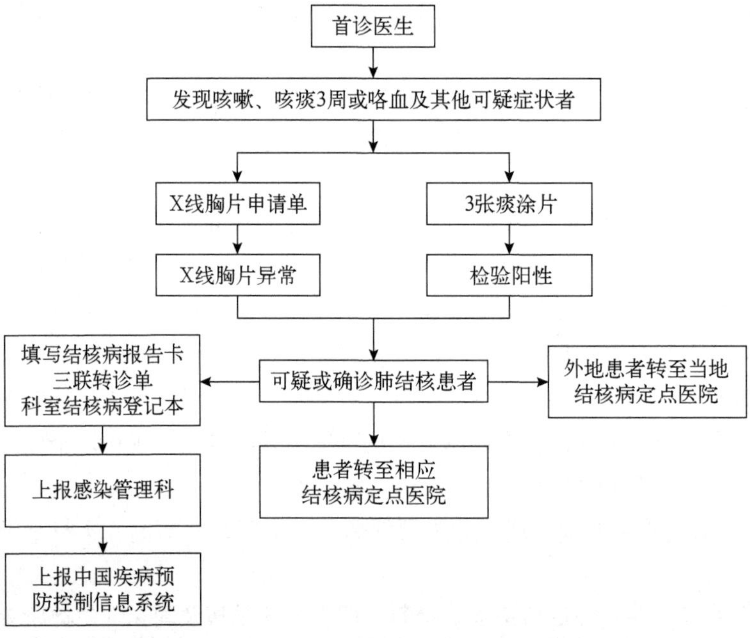

图 9-2　肺结核患者接诊、转诊、报告流程

三、环境清洁消毒管理制度

（一）物体表面清洁与消毒

1. *一般物体表面清洁与消毒*　一般需要卫生清洁的表面，根据手的接触频率可分为：手低频率接触表面（简称低频接触表面），包括天花板和诊间墙面等；手高频率接触表面（简称高频接触表面），包括门把手、桌面、床栏、扶手、灯开关、挂帘边缘等（表 9-1）。

表 9-1　一般物体表面清洁与消毒方法

范围	消毒对象	日常清洁	消毒	频次	备注
一般物体与表面	床单元（床、床头柜、椅子等）	日常清水加清洁剂清洁	一次性消毒湿巾或含有效氯 500mg/L 含氯消毒液擦拭消毒	1. 每日清洁一次 2. 污染时随时清洁消毒	感染高风险部门每日清洁消毒
	电脑、电话、键盘、触摸屏	湿式清洁	1. 一次性消毒湿巾 2. 屏障保护膜	1 次 / 日	建议感染高风险部门 4 ～ 6 小时擦拭一次
	共用洁具（水龙头、水池、坐便器）	清水或加清洁剂湿式清洁	一次性消毒湿巾或含有效氯 500mg/L 含氯消毒液擦拭	1. 1 次 / 日 2. 污染时随时消毒擦拭	
	公共诊疗区域的物表（电梯扶手、门、桌、椅子、门把手、电源开关）	清水或加清洁剂湿式清洁	一次性消毒湿巾或含有效氯 500mg/L 含氯消毒液擦拭	1. 1 次 / 日 2. 污染时随时消毒擦拭	

（1）床头柜、办公桌子、门把手等的清洁和消毒

1）诊室门把手、灯开关和厕所的环境表面属于高频接触表面，每日应使用 500mg/L 含氯消毒液进行清洁消毒至少 1 次，确保其物表平均菌落数低于 10CFU/cm^2。

2）实施单元化清洁，及时更换清洁用具，尽可能使用一次性消毒湿巾。在终末清洁与随时清洁时，患者邻近区域内的所有环境物表作为一个独立统一的区域被指定为一个清洁单元。清洁用具（如拖把、抹布、水桶等）、清洁剂和消毒剂应按单元使用，使用后的清洁用具须清洁消毒后方可再次使用，清洁剂和消毒剂则应更换。

（2）织物的清洁和消毒

1）织物包括窗帘、隔帘等，合理使用清洁的窗帘和隔帘可以预防交叉感染的发生。

2）隔帘、窗帘至少每季度清洗消毒一次，被污染时应由专业人士进行更换，并立即送至洗涤中心进行清洗消毒。

3）未被污染的织物应与医院其他科室有明显污染的织物或特殊感染的患者织物分开洗涤，已被污染的织物应按污染程度分批或分机洗涤。

4）机构工作人员的工作服应定期更换，在污染或破损时应及时更换。需按照污染程度进行分类收集，避免交叉感染。并由医院统一送至指定的消毒地点进行专业清洗和消毒，消毒地

点应符合相关卫生标准，设备设施齐全，操作规范。消毒处理后的工作服储存需保持清洁、干燥、通风良好，防止二次污染。

（3）污染物体表面的清洁和消毒

1）覆盖消毒：当物体表面被血液、体液、排泄物污染时，可使用被消毒剂浸润的吸附材料覆盖在污染物上。作用时间30分钟，之后将包裹污染物的覆盖物按感染性医疗废物进行处置。

2）被血液或其他感染物污染的物体表面的消毒方法：进行消毒操作前，应穿戴合适的个人防护用品，并针对病原体选择经卫生行政部门批准的有针对性的消毒剂。如物体表面无孔，且仅被少量血液或其他潜在感染物（< 10ml）污染，可选用 1 ∶ 100 稀释的含氯消毒剂溶液（浓度为 5.25% ～ 6.15% 的含氯消毒剂溶液 1 ∶ 100 稀释，有效氯浓度为 525 ～ 615mg/L）。如有大量（> 10ml）血液或其他潜在感染物溅洒出，清洁前可先用 1 ∶ 10 稀释的含氯消毒剂溶液进行消毒（浓度为 5.25% ～ 6.15% 的含氯消毒剂溶液 1 ∶ 10 稀释，有效氯浓度为 5250 ～ 6150mg/L），再用 1 ∶ 100 稀释的含氯消毒剂溶液进行去污后的终末消毒（有效氯浓度为 525 ～ 615mg/L）。如溅洒物含有大量的血液或体液，可先用一次性吸附材料去除污染物，放置入黄色垃圾桶，按照感染性废弃物进行处置。

（4）床单元的清洁和消毒

1）床单元包括检查床、一次性床套、床栏、扶手等。检查床应湿式清扫，根据“一床一巾一消毒”的原则，用 500mg/L 含氯消毒液常规每日对床面、床栏、扶手进行擦拭消毒，遇污染时应立即进行清洁消毒。

2）床上用品如患者服、被单、枕套等，应使用热力清洗，即洗衣机 70℃洗涤 25 分钟，一人一用一更换，遇污染时及时更换。枕芯、棉褥、床垫等，可使用床单元消毒器消毒 30 分钟，之后暴晒 6 小时或紫外线照射 30 ～ 60 分钟。

3）一次性床套或无菌治疗巾等接触客户的消耗品，应确保一人一换。

2. **仪器设备清洁与消毒**　仪器设备的表面是需要清洁与消毒的部位，如 CT 机、X 线摄片机、骨密度仪、身高体重秤、听诊器、体温仪等物体表面，超声诊断仪的探头或手柄等（表 9-2）。这些仪器通常与健康无破损的皮肤相接触，所以一般被认为是低度危险性物品。

（1）仪器表面清洁与消毒的原则

1）仪器使用后需立即清洁与消毒。重复使用者可以在使用间歇期进行清洁或消毒。

2）低度危险性仪器与设备可采用低水平消毒。即使用 70% ～ 90% 含醇消毒剂或一次性消毒湿巾对小面积仪器表面进行消毒。

3）大面积的仪器表面可以根据器械保养说明书，选用适宜的消毒剂。

4）特殊的仪器表面推荐采用屏障保护性覆盖。

（2）屏障保护性覆盖

1）适用范围

①诊疗过程中，被戴着手套的手频繁触摸的部位。

②可能被血液或体液污染的表面。

③难以清洗的表面如电脑键盘。

2）方法

①使用有防水功能的纸、铝箔、塑料等覆盖物作为有效的物理隔离屏障，如牙科综合治疗椅上控制开关、灯把手、治疗台拉手等部位覆盖一次性塑料薄膜，工作台上放置一次性塑料衬垫

表 9-2　仪器设备清洁与消毒

范围	消毒对象	清洁	消毒与灭菌	频次	备注
仪器设备	接触皮肤 B 超探头	柔软纸巾擦拭	一次性消毒湿巾		按厂家说明书要求
	阴式 B 超探头	柔软纸巾擦拭	一次性消毒湿巾	一人一用一消毒或隔离膜	按厂家说明书要求
	超声设备（超声诊断仪）机体	湿式擦拭	1. 一次性消毒纸巾 2.75% 乙醇	接触患者肢体部分一用一消毒，屏幕每日 1 次，机体部分每周 1 ～ 2 次	按厂家说明书要求
	放射设备（X 线摄片机、CT 机）	湿式擦拭	1. 一次性消毒纸巾 2.75% 乙醇	接触患者肢体部分一用一消毒（或更换一次性垫巾），不接触患者部分每周 1 ～ 2 次	按厂家说明书要求
	X 线射线骨密度检测仪（Prodigy Advance）、超声骨密度仪（CM-200）、动脉硬化检查血压脉搏检查装置（BP-203RPE Ⅲ 型）、内脏脂肪测量装置（HDS-2000）、糖尿病风险早期检测系统	湿式擦拭	1. 一次性消毒纸巾 2.75% 乙醇	接触患者肢体部分一用一消毒，不接触患者部分每周 1 ～ 2 次	按厂家说明书要求
	除颤仪、心电图	湿式擦拭	1. 一次性消毒纸巾 2.75% 乙醇	直接接触患者部分立即清洁消毒，不直接接触部分每周 1 ～ 2 次	按厂家说明书要求
	监护仪表面	湿式擦拭	1. 一次性消毒纸巾 2.75% 乙醇	1 次 / 日	建议感染高风险部门 4 ～ 6 小时擦拭一次
	身高体重秤	湿式擦拭	1. 一次性消毒纸巾 2.75% 乙醇	直接接触患者部分立即清洁消毒，不直接接触部分每周 1 ～ 2 次	
	血压计袖带、听诊器、叩诊锤	袖带清洗、晾干	1. 血压计、听诊器用 75% 乙醇或含有效氯 500mg/L 含氯消毒剂擦拭 2. 血压计袖带可浸泡于含有效氯 500mg/L 含氯消毒液中 30 分钟，清洗干净备用	1. 血压计、袖带、听诊器每周清洁一次 2. 有污染时消毒剂浸泡消毒处理	1. 日常保持清洁 2. 多重耐药菌、传染病患者专人专用
	体温仪	保持清洁	体温仪外表 75% 乙醇擦拭	耳温仪的耳温套专人专用	

纸，三用枪工作头、治疗椅上所有操作连接软管（高速、低速手机的软管、气枪、水枪、强弱吸唾管等）使用一次性塑料护套，一人一用一更换，上午诊疗结束后进行终末清洁消毒；难清洗的电脑键盘可以匹配相应的塑料防水键盘膜。

②覆盖物在医务人员脱下手套前就直接丢弃，在治疗下一个患者前应换上新的覆盖物。

（二）空气清洁与消毒（表 9-3）

（1）大多数空气污染不严重的诊疗场所，应至少每日上、下午各进行自然通风一次，每次时长不少于 30 分钟。通风时应门窗同时打开，形成对流。如果自然通风不良，可在诊疗结束后使用动态空气消毒器消毒 30 分钟，或使用紫外线灯照射 30 分钟代替。

（2）对于口腔检查室、肺功能检查室、呼气实验室等有潜在污染可能的体检场所，可结合机械送风 / 排风；对于侵入性检查室，如胃肠镜室，每日至少空气消毒一次。

（3）集中空调通风系统的新风必须为室外新鲜空气，在空气 / 飞沫传播疾病流行期间，应根据防控需要关闭回风。

（4）紫外线消毒适用于各类环境物体表面，如墙面、桌面等，以及空气消毒，可每日诊疗结束后照射一次，时长不少于 30 分钟。

表 9-3　空气清洁与消毒

范围	消毒对象	日常清洁	消毒	频次	备注
空气清洁与消毒	空气	1. 开窗通风 2. 自然通风不良时，使用机械通风	动态空气消毒器消毒30 分钟	每日上、下午开窗通风2次，每次 30 分钟	
	1.空调净化设备、出、回风口 2. 空调通风系统风口	湿式清洁		1. 出、回风口 1 次 / 周 2. 空调系统风口 1 次 / 月	1. 过滤网每周清洗或更换一次，更换时应先消毒后更换 2. 定期更换过滤器

（三）地面清洁与消毒（表 9-4）

1. 地面清洁与消毒原则

（1）不应使用高水平消毒剂进行地面消毒及在机构内常规喷洒消毒。

（2）消毒剂应现配现用。

（3）实施清洁单元化，湿式打扫，避免扬尘。及时更换清洁用具，包括拖把、抹布和洗涤液。

2. 单元化清洁

（1）单元化清洁概念：单元化清洁，即将某一工作区域按相对独立空间，如诊室、诊区，分为若干单元，每一单元内的地面及其他环境物表作为一个独立区域进行清洁。完成一个单元的清洁消毒后，所使用过的清洁用具应消毒后方可再次使用，使用后的清洁剂 / 消毒剂应更换。

（2）单元化清洁原则

1）清洁剂 / 消毒剂现用现配，一用一更换。

2）清洁用具（拖把、抹布、水桶等）在进行下一个清洁单元时应进行彻底清洁或消毒。

3）清洁用具与拖把头和抹布等清洁用具应及时清洁或消毒，预防交叉污染。推荐采用热力消毒，干燥备用。

3. 清洁工具

（1）清洁工具包括抹布、拖把等。抹布、拖把推荐使用超细纤维材料。拖把要使用可脱卸式拖把头。

（2）清洁工具应按照工作区域的划分，用明显的标识区别，分区使用。

（3）抹布、拖把头用清洁剂清洗后，首选热力消毒，湿热 90℃，5 分钟。如果无法热力消毒，可用 500mg/L 含氯消毒剂浸泡 30 分钟，清水洗净。消毒后，所有的抹布、拖把头烘干，干燥保存待用。

表 9-4　地面清洁和消毒

范围	消毒对象	清洁	消毒与灭菌	频次	备注
地面及清洁用具的清洁和消毒	地面	1. 湿式清扫 2. 清水或加清洁剂湿式清洁	用含有效氯 500mg/L 消毒液擦拭	1. 每日 2 次以上 2. 污染时随时消毒	1. 每 3 间诊间或间隔 60 分钟时更换清水和拖把头 2. 严禁“二次浸泡”清洁剂 / 消毒剂
	抹布	流动水清洗	1. 在含有效氯 500mg/L 消毒液中浸泡30分钟，清水冲洗，晾干备用 2. 采取机械清洗、热力消毒、机械干燥、装箱备用	1. 一床一巾 2. 洁污区域之间应更换 3. 擦拭两个不同物体表面或布巾变脏时应更换	1. 严禁“二次浸泡”清洁剂 / 消毒剂 2. 布巾擦拭时按照“S”形走势、八面法，勿重复擦拭已清洁区域
	地巾（拖把头）	流动水清洗	1. 在含有效氯 500mg/L 消毒液中浸泡30分钟，清水冲洗，晾干备用 2. 采取机械清洗、热力消毒、机械干燥、装箱备用	每 3 间病房或间隔 60 分钟时更换清水和拖把头	严禁“二次浸泡”清洁剂 / 消毒剂

四、诊疗器械 / 物品消毒管理制度

（一）可重复使用诊疗器械 / 物品消毒管理制度

可重复使用诊疗器械 / 物品的清洁 / 清洗、消毒灭菌过程中均存在暴露风险。因此，需要根据器械 / 物品的感染风险分级，选择适宜的清洁 / 清洗、消毒灭菌方法。工作人员亦应遵循标准预防的原则，采取相应的防护措施。可重复使用器械 / 物品在使用后置于封闭容器后送至中央供应室，遵循先清洗、后消毒的处理程序进行集中回收处理（表 9-5）。

1. 清洁和清洗　即使用冲洗、洗涤等方法清除诊疗器械、器具和物品表面有机物、无机物和可见污染物的过程，包括机械清洗、手工清洗。机械清洗适用于大部分常规器械的清洗；手工清洗适用于精密、复杂器械的清洗和有机物污染较重器械的初步处理。

2. 消毒　即杀灭传播媒介上病原微生物，使其达到无害化的处理。消毒方法首选机械热力消毒，也可采用 70% ～ 80% 乙醇、酸性氧化电位水或有卫生行政部门批件的消毒药械进行消毒。

表 9-5　可重复使用诊疗器械 / 物品消毒管理

范围	消毒对象	清洁	消毒与灭菌	频次	备注
可重复使用诊疗器械及物品	氧气湿化器	流动水冲洗、晾干	浸泡于含有效氯 500mg/L 消毒液中 30 分钟，流动水冲洗，晾干备用	1. 一人一用一消毒 2. 湿化液每天更换 3. 使用中湿化瓶每周更换两次，消毒后未使用湿化瓶有效期 14 天 4. 一次性吸氧装置至少一周更换一次	1. 干燥保存 2. 湿化水必须为无菌用水
	简易呼吸器	流动水冲洗、晾干	1. 用含有效氯 500mg/L 消毒液擦拭消毒 2. 作用时间 30 分钟，流动水彻底漂洗干净，无菌巾擦干，不应自然晾干	一人一用一消毒	1. 清洗时可拆卸，部分充分拆卸 2. 浸泡消毒前将面罩内气体抽出，以免不能完全浸没于液面下
	鼻扩张器、开口器、舌钳	流动水冲洗、晾干	送 CSSD 压力蒸汽灭菌或低温等离子灭菌	一人一用一消毒	
	体温表	流动水清洗、擦干	浸泡于含有效氯 500mg/L 消毒液中 30 分钟，清水冲净擦干备用	一人一用一消毒	1. 专人专用的体温计，用后清洁干燥保存 2. 消毒液现用现配，24 小时更换，每日监测消毒液浓度并记录
	吸引器、吸引瓶	流动水冲洗、晾干	浸泡于含有效氯 500mg/L 消毒液中 30 分钟，流动水冲净，晾干	1 次 / 日	一用一消毒，不用时干燥保存
	止血带	流动水冲洗、晾干	浸泡于含有效氯 500mg/L 消毒液中 30 分钟，清洗干燥备用	1. 一人一用一清洁 2. 有污染时消毒	多重耐药菌、传染病患者专人专用
	重复使用器械、器具（无菌罐）	流动水冲洗干净	高压蒸汽灭菌	每周一换	送供应室集中处理
	硬镜（喉镜、鼻镜等）	用含有清洗液的湿巾或湿纱布擦拭干净	1. 首选机械湿热消毒 2.75% 乙醇	一人一用一清洁	1. 光学目镜宜单独手工清洗，不应采用超声波清洗 2. 金属类内镜干燥温度宜为 70 ～ 90℃
	输液架	清水湿式擦拭	用含有效氯 500mg/L 消毒液擦拭	有污染时及时清洁	

（二）一次性使用诊疗器械 / 物品消毒管理制度

（1）应严格按产品保管说明对一次性无菌医疗器材进行保管。物品应存放于阴凉干燥、通风良好的物架上，距地面＞ 20cm，距天花板＞ 50cm；距墙壁＞ 5cm。

（2）严禁擅自使用或试用未经医院批准的一次性无菌医疗器械器材。使用前要检查：小包装密封性，穿刺针有无锈斑、污渍，输液器、注射器内有无杂质和污渍，衔接部有无漏气现象，凡有质量问题的产品停止使用。不得使用包装已破损、标识不清、不洁净、过期或已淘汰的一次性无菌医疗器械器材。发现不合格的一次性无菌医疗器械器材或质量可疑产品时，应立即停止使用、封存，及时报告医学工程处、感染管理办公室，不得擅自做退货、换货处理，并及时上报所在地区药品监督管理部门。

（3）对使用过的一次性无菌医疗器械器材，必须按《医疗废物管理条例》毁损处理，禁止重复使用和回流市场。应根据自身产生医疗废物的种类和数量准备相应的包装容器，并根据国家有关规定，设立独立的医疗废物临时存放点。盛装医疗垃圾的容器不得重复使用，垃圾桶定期清洁消毒，发生严重污染时应及时消毒清洗，以防对人群和环境造成二次污染。

（4）使用时若发生热原反应、感染或严重不良反应事件时，应立即按以下办法逐级上报。

1）登记：发生时间、客户姓名、年龄、诊断、临床表现、结果或进展。

2）留样：反应过程中可疑的物品、药液及相关因素和环节尽可能保持完整，以配合后期处理。

3）记录：一次性无菌医疗器械器材的生产单位、生产日期、批号、供货单位及供货日期。

4）报告：及时报告医疗机构感染管理办公室、药剂科、医学工程处和医务处，如发生严重不良反应事件，应在事件发生后 24 小时内，由医学工程处报告所在地区药品监督管理部门和卫生行政部门。

五、医疗废物管理制度

（一）医疗废物定义及分类

医疗废物是指医疗卫生机构在医疗、预防、保健及其他活动中产生的具有直接或间接感染性、毒性及其他危害性的废物。根据国家卫生健康委员会发布的《医疗废物分类目录（2021 年版）》，医疗废物可分为感染性、损伤性、病理性、药物性和化学性 5 类。

1. **感染性医疗废物**　携带病原微生物具有引发感染性疾病传播危险的医疗废物。

2. **病理性医疗废物**　诊疗过程中产生的人体废弃物和医学实验动物尸体等。

3. **损伤性医疗废物**　能够刺伤或者割伤人体的废弃的医用锐器。

4. **药物性医疗废物**　过期、淘汰、变质或者被污染的废弃的药品。

5. **化学性医疗废物**　具有毒性、腐蚀性、易燃易爆性的废弃的化学物品。

（二）医疗废物的处置要求

1. **锐器的处置**　每个可能产生锐器的诊室、治疗室、每辆治疗车、均应配备由医疗机构统一采购的锐器盒。医护人员使用完锐器后应立即将其丢弃其中。为防止锐器长时间暴露在空气中进而滋生细菌和致病微生物，锐器盒被打开后的使用有效期为 24 小时。当锐器的体积已达到锐器盒容积的 3/4 时，须及时关闭并停止使用该锐器盒。锐器盒表面应有符合国家标准的明显警示标识。

2. **水银的处置**　水银体温计破碎时，应立即疏散室内人员。之后立即开窗，确保空气流通。

此时可使用宽胶带或湿润棉签轻轻地将物表或地面上的水银珠粘起，放入密封的塑料袋或玻璃瓶中。不可使用抹布或吸尘器，避免水银被打散成更小的颗粒。将收集水银的容器密封好，表面醒目粘贴“有害化学废物”标签，转运至废物暂存间，之后交给专业的危险废物处理机构进行处置。切勿将水银随意丢弃或倒入下水道。使用浸润清洁剂的抹布或海绵擦拭污染区域，清洁时必须佩戴手套和口罩。确保所有水银都已收集并清理干净后，使用汞测量仪或试纸检测室内空气中汞含量。处理结束后，应多洗手，并清洗与水银接触的衣物。如伤口接触水银，应至医院相关科室就诊，以防中毒。

3. *医疗废物的处置*　医疗机构应统一采购专门用于存放医疗废物的黄色包装袋，当医疗废物的体积达到包装袋容积的3/4时，应立即用“鹅颈结”或一次性锁扣等密封袋口，以防被再次打开。此包装袋表面应有符合国家标准的明显警示标识，且禁止用于存放生活垃圾。

4. *诊疗区医疗废物暂时存放间*　医疗机构内每一个诊疗区均应单独设置暂时存放该区域产生的医疗废物的存放间，其与清洁区如诊室、检查室、治疗室、办公室、值班室等分开。暂存间内应设有存放不同种类医疗废物的收集容器。暂存间房门应始终保持关闭上锁状态。

（三）医疗废物院内暂存规范

（1）医疗机构内医疗废物存放点应远离医疗区、膳食区、人员活动区和生活垃圾存放点，且方便医疗废物运送人员及车辆的出入。

（2）医疗废物存放点应设有明显的医疗废物警示标识和“禁止吸烟、饮食”的警示标识，日常处于严密封闭状态，设施门必须上锁，并设有专门管理人员。

（3）存放点应避开阳光直射，有良好的照明设备和通风条件，墙壁和地面易于清洁和消毒，地基高度应足以确保设施内不受雨水冲击或浸泡，地面和1m高的墙裙须进行防渗处理，地面有良好的排水性能，并具备防鼠、防蚊蝇、防蟑螂、防盗、防儿童接触的安全措施。如需暂时储存病理性废物，应当具备低温储存或者防腐条件。医疗废物暂时储存的时间不得超过2天。

（4）医疗废物的暂时储存设施、设备应当定期清洁和消毒，运送工具需每日进行清洁和消毒。

（四）医疗废物院内转运规范

1. *准备工作*

（1）运送人员须经过专业培训，了解各类医疗废物的危害和注意点。运送过程中，须做好个人防护，包括口罩、工作服、塑胶手套，必要时穿防水围裙、护目镜或面罩。

（2）医院统一采购符合标准的转运箱。使用前需检查箱体完整，箱盖扣紧密封。箱体表面贴中文标签，内容包括医疗废物来源科室、产生日期、类别及特别说明等。

（3）转运车应专车专用，不能用于其他目的，也不能用其他推车转运医疗废物。转运车的大小和高低应便于转运箱的安全装卸和平稳运输，同时易于清洗和排水。车上应配备意外洒落处理工具箱，内含警示标志、未用过的包装袋、锐器盒、手套、紧急联系电话、处理流程图等。

2. *转运操作注意点*　转运时应确保包装袋完整且有效密封，外表面若有污染，应加装一层包装并再次封口。搬运包装袋时只能抓握袋的颈部，禁止用手托袋底。包装袋放入转运箱内后，禁止用手进行挤压。转运任务须按照规定时间和指定路线，使用专用转运车运送，防撒防漏。一旦发生意外洒落，立即执行意外洒落处理规程。

3. *医疗废物意外洒落处理规程*

（1）如果包装袋或锐器盒仅仅从箱内落到地上，包装袋和锐器盒完整未破裂，医疗废物和锐器未洒出，运送人员可在戴手套的情况下，抓住包装袋颈部或锐器盒手提部位，放回转运箱内。再将转运箱加盖扣紧，有效封闭，继续运送。

（2）如果包装袋和锐器盒破裂，袋内的医疗废物和锐器洒落在地上，须立即报告主管部门和科室负责人，条件允许的情况下，请求派人到现场支援处理。建立警戒范围，竖立警示标志或口头警告，防止对路过人群造成损害。运送人员需使用清扫工具将医疗废物装入袋中，严禁直接用手捡废弃物入袋。如果地面、墙面和其他物体表面被洒落的医疗废物上的血液、体液等污染时，必须进行清洁和消毒工作。采用 5000mg/L 的含氯消毒剂消毒 30 分钟后再用清水擦拭和拖地。完成以上操作后才可解除现场警戒，并将用过的清扫工具进行充分清洁和消毒。

（五）医疗废物交接管理

1. *医疗废物产生科室与医疗废物收集人员的交接*　移交时须填写交接记录单，内容包括部门、交接时间、医疗废物种类、数量或重量、交接人员签名。记录单须保存 3 年以上。

2. *医疗废物暂存点与医疗废物处置单位的交接*　移交时须填写《危险废物转移联单》，双方签字并加盖单位公章。联单须保存 5 年以上。

六、医疗机构污水处理管理制度

（一）处理原则

（1）严禁将医疗机构污水和污物随意弃置排入下水道。

（2）对医疗机构污水产生、处理、排放的全过程应进行有效控制。

1）源头处理：在污水发生源头处进行严格控制和分离，医疗机构内生活污水与病区污水分别收集，减少产生量。

2）就地处理：为防止医疗机构污水输送过程中的污染与危害，必须在医疗机构就地处理。

3）平衡处理：处理过程中，既要有效去除污水中的有毒有害物质，又要注意减少消毒副产物的产生，控制处理后出水中过高的余氯，保护生态环境。

4）隔离处理：医疗机构污水处理设施应与其他建筑物保持距离，并设隔离带和围墙（不低于 2.5m）。

5）方便处理：污水处理站应具备便利的交通、运输和水电条件，便于污水和污泥的储运和排放。

（二）医疗机构污水消毒技术

医疗机构污水消毒常用的消毒工艺有氯消毒（如氯气、次氯酸钠）、氧化剂消毒（如臭、氧化氯、过氧乙酸）、辐射消毒（如紫外线、γ 射线）。

1. *液氯消毒*　是医疗机构污水消毒最常用的方式。氯消毒价格低，能有效杀死污水中的细菌和病毒，并具有持续消毒作用，余氯浓度易于测定和保持。但氯气有毒，腐蚀性强，运输、管理有一定的危险性。

2. *次氯酸钠消毒*　利用次氯酸钠作为消毒剂，其溶解于水后产生的次氯酸对水中的病原菌具有良好的杀灭效果。

3. *二氧化氯消毒*　二氧化氯作为强化氧化剂，杀菌力强，消毒作用不受水质酸碱度的影响，作用快而持久，安全无毒，对环境无污染，而且具有脱色、除味的优点。

4. *臭氧消毒*　臭氧具有特殊的刺激性臭味，是国际公认的绿色环保型杀菌消毒剂。臭氧在水中产生氧化自由基，对各种致病微生物有极强的杀灭作用。

5. 紫外线消毒　消毒使用的紫外线是短波紫外线，波长范围在 200 ～ 275nm，杀菌作用最强的波段是 250 ～ 270nm，可以使细胞组织中的 DNA 结构受到破坏而失去活性，从而杀灭细菌、病毒及其他致病体。紫外线杀菌速度快，效果好，不产生任何二次污染，属于国际上新一代的消毒技术。但要求水中悬浮物浓度较低，具有良好的透光性。

（三）医疗机构污水排放要求

（1）医疗机构污水排放标准如下：

1）连续 3 次取样检验（每次 500ml），不得检出肠道致病菌、肠道病毒或结核分枝杆菌。

2）大肠埃希菌数量不得大于 500 个 /L。

3）采用液氯法消毒时：综合医院污水及含肠道致病菌污水的消毒时间须大于 1 小时，余氯含量达到 4 ～ 5mg/L；含结核菌污水的消毒时间须大于 1.5 小时，余氯含量达到 6 ～ 8mg/L。

（2）污水构筑物中的污泥须经过无害化处理，排放标准如下：

1）蛔虫虫卵死亡率＞ 95%。

2）粪便大肠埃希菌值≥ 10^{-2}。

3）采样 10g 污泥抽检，不得检出肠道致病菌或结核分枝杆菌。

（3）当对污泥采用高温堆肥进行无害化处理时，肥温须大于 50℃，并持续 5 天以上。

（4）不具备上下水道设备或集中式污水处理构筑物的医疗机构，必须对具有传染性的粪便单独进行消毒和其他无害化处理。

（5）医疗机构污水经消毒和无害化处理后，其所含的污染物质和有害物质含量均应符合现行的标准要求。

第二节　健康管理机构感染管理监测质量评价

一、手卫生依从性监测效果质量评价

（1）观察员应具有临床、护理工作经验，经过医院感染管理培训，理解手卫生指征，正确识别手卫生时机等。观察时不能影响正常诊疗工作，注意保护客户隐私。不可在特殊情况，如紧急会诊或抢救时，进行手卫生依从性监测。

（2）监测对象通常为直接接触客户的医务人员。每个观察期内，须对每个观察单位（如医生、护士、医技人员等）监测 200 个以上手卫生时机。每次观察时间在 10 ～ 30 分钟，最好能观察到医务人员在执行某一连续的医疗操作的全过程。一名观察人员的监测对象同一时间内不宜超过 3 人。

（3）针对监测目的，提前设计好相应的监测表，并明确监测对象。观察员只能记录看见的手卫生行为，记录为阴性（未执行）或阳性（执行）。一次手卫生时机可对应不止一个手卫生指征，当存在多个手卫生指征时，应全部记录，但“接触患者后”和“接触患者周围环境后”不同时选择。同时观察手卫生的依从性和正确性。

（4）可以计算整体手卫生依从度和正确率，也可以分科室、分病区、分人群、分指征来计算。计算方法为：

手卫生依从度（%）= 手卫生实际执行次数 / 应执行手卫生次数 ×100%

手卫生正确率（%）= 正确实施手卫生次数 / 实际实施手卫生次数 ×100%

当某次手卫生行为与手卫生指征无关时，不应将其纳入记录数据中。

二、医务人员手消毒效果监测质量评价

（一）采样时机

日常监测，在行手卫生后、接触客户或从事医疗活动前采样；当怀疑医院感染暴发与医务人员手卫生有关时，应在工作中随机采样。

（二）采样方法

采样者须先行洗手或卫生手消毒，用酒精灯外焰烧灼采样管口，用无菌棉拭子蘸取含有中和剂的无菌洗脱液或生理盐水。客户行卫生手消毒或外科手消毒后，双手五指并拢，采样者用浸湿的棉拭子在客户一手指曲面从指根到指尖往返涂擦两次，一只手涂擦面积约 $30cm^2$，涂擦过程中转动棉拭子，同法对另一只手采样。用酒精灯外焰烧灼采样管口，用无菌剪刀剪去棉拭子接触采样者手部的部分后，将棉拭子头投入采样试管内，烧灼采样管口和试管塞后塞上管塞送检。

（三）检测方法

把采样管充分振荡后，取不同稀释倍数的洗脱液 1ml 接种到 40 ～ 45℃的融化营养琼脂培养基内，置于 36℃ ±1℃恒温箱培养 48 小时，计数菌落数，必要时分离致病性微生物。

（四）结果统计

医务人员手菌落总数（CFU/cm^2）= 平板每皿菌落数 × 采样液稀释倍数 /60

三、物体表面微生物污染监测效果质量评价

（一）采样时机

（1）常规监测，在消毒后采样；怀疑医院感染暴发、进行医院感染暴发调查或工作中怀疑物体表面被污染时，应随机采样。

（2）常规监测时可不进行致病性微生物检测，疑似医院感染爆发、进行医院感染爆发调查或工作中怀疑物体表面被微生物污染时，应进行目标微生物的检测。

（二）采样方法

填写采样申请单后，采样者行洗手或卫生手消毒，用酒精灯外焰烧灼采样管口，用棉拭子蘸取中和剂或生理盐水，再将 5cm×5cm 的灭菌标准规格板放在被检物体表面，用棉拭子在规格板内横竖往返均匀涂擦各 5 次。酒精灯外焰再次烧灼采样管口，用无菌剪刀剪去棉拭子手接触部分后将棉拭子投入采样管中，烧灼采样管口和试管塞后塞上管塞，洗手或卫生手消毒后送检。

（三）检测方法

把采样管充分振荡后，取不同稀释倍数的洗脱液 1ml 接种到 40 ～ 45℃的融化营养琼脂培养基内，置于 36℃ ±1℃恒温箱培养 48 小时，计数菌落数，必要时分离致病性微生物。

（四）结果统计

规则物体表面：细菌菌落总数（CFU/cm^2）= 平均每皿菌落数 × 稀释倍数 / 采样面积（cm^2）

不规则物体表面的结果计算，用 CFU/ 件表示。

（五）结果判断

健康管理中心属于Ⅲ、Ⅳ类环境，物体表面细菌菌落总数＜ $10CFU/cm^2$。

四、空气消毒效果监测质量评价

（一）采样时机

常规监测，在房间消毒或规定的通风换气后、从事医疗活动前采样；怀疑医院感染爆发与空气污染有关时，随机采样。

（二）准备工作

测量待测房间面积大小，先行关闭门、窗，在无人走动的情况下，静止 10 分钟。培养皿室温放置 30 分钟。

（三）采样（沉降法）及检测方法

采样者着工作服，佩戴口罩帽子，进行手卫生或卫生手消毒。根据待测房间面积大小先行布点（图 9-3），采样高度为距地面 0.8 ～ 1.5m，从内向外逐个打开培养皿，将盖子平移并扣放于培养皿边缘，严禁手、头等从打开的培养皿上方经过。暴露规定时间后，从外向内逐个盖上盖子。标记培养皿，填写检测申请单，将培养皿放入转运箱送检，置于 36℃ ±1℃恒温箱培养 48 小时，计数菌落数。

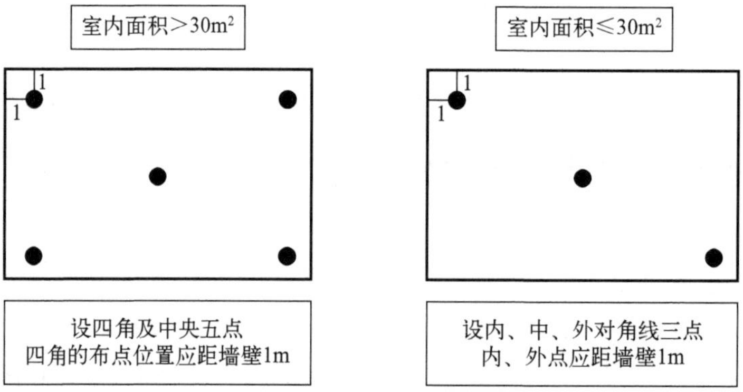

图 9-3　采样（沉降法）及检测方法

（四）结果判断

健康管理中心属于Ⅲ类和Ⅳ类环境，空气中的细菌菌落总数≤ 4CFU/（5 分钟 • 9mm 直径的培养皿），必要时可分离致病性微生物。

五、使用中消毒剂染菌量监测效果质量评价

（一）采样方法

填写检测申请单，打印电子条码后，采样者进行洗手或卫生手消毒，用酒精灯外焰烧灼采样管口。用无菌吸管吸取使用中的消毒剂 1ml，注入含有 9ml 相应中和剂的采样管内，注意不要触碰管口。再次用酒精灯外焰烧灼采样管口和管塞后盖上管塞。将消毒剂与中和剂充分混匀，贴上电子条码，连同申请单一起及时送检。

（二）检测方法

用无菌吸管吸取一定稀释比例的混合液 1ml，接种到 40 ～ 45℃的融化营养琼脂培养基内，于 36℃ ±1℃恒温箱内培养 72 小时，计数菌落数。

（三）染菌量计算方法

消毒液染菌量（CFU/ml）= 平均每皿菌落数 ×10× 稀释倍数

（四）判定标准

（1）使用中灭菌用消毒液：无菌生长。

（2）使用中皮肤黏膜消毒液染菌量＜ 10CFU/ml，不得检出致病性微生物。

（3）其他使用中消毒液染菌量：＜ 100CFU/ml，不得检出致病性微生物。

（五）中和剂

在微生物杀灭试验中，中和剂是用于消除试验微生物与消毒剂的混悬液中及微生物表面上残留的消毒剂，使其失去对微生物的抑制和杀灭作用的试剂。中和剂的选择和使用对于确保试验结果的准确性至关重要，通常选择标准如下。

（1）醇类与酚类消毒剂用普通营养肉汤中和。

（2）含氯消毒剂、含碘消毒剂和过氧化物消毒剂用含 0.1% 硫代硫酸钠中和剂。

（3）氯己定、季铵盐类消毒剂用含 0.3% 聚山梨酯（吐温）80 和 0.3% 卵磷脂中和剂。

（4）醛类消毒剂用含 0.3% 甘氨酸中和剂。

（5）含有表面活性剂的各种复方消毒剂可在中和剂中加入聚山梨酯（吐温）80% ～ 3%，也可使用经该消毒剂消毒效果检测的中和剂鉴定试验确定的中和剂。

六、紫外线灯辐照强度监测效果质量评价

（一）检测方法

用酒精清洁紫外线灯管后，将挂钩和托盘安装好（图 9-4）。医务人员做好个人防护，开启紫外线灯 5 分钟。如使用仪器检测，则将测定波长为 253.7nm 的紫外线辐照计探头置于托盘上，待读数稳定后读取仪表读数，该数值即为紫外线灯的辐射照度值；如使用指示卡检测，则将指示卡置于托盘上，有图案一面朝向灯管，照射 1 分钟后关闭灯管，观察指示卡色块的颜色，并将其与标准色块比较，读出照射强度并记录。

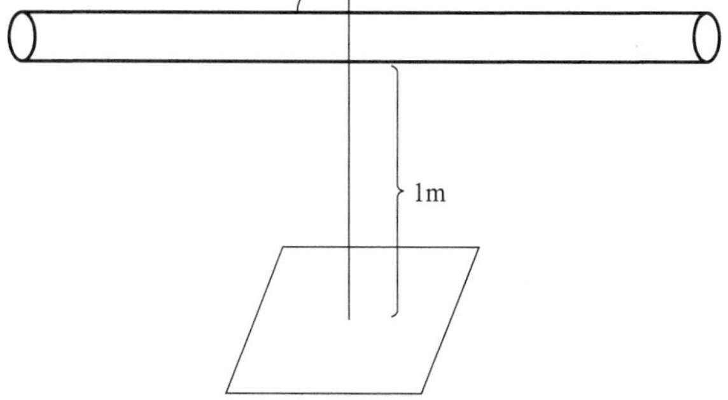

图 9-4　紫外线灯辐照强度监测效果结果判断

（二）结果判断

（1）普通 30W 直管型紫外线灯，新灯管辐照强度≥ 100μW/cm^2 为合格；高强度 30W 直管型紫外线灯，新灯管辐照强度≥ 180μW/cm^2 为合格。使用中紫外线灯的辐照强度≥ 70μW/cm^2 为合格。

（2）使用指示卡检测后，应分别与 90μW/cm² 和 70μW/cm² 色块比较。

第三节　健康管理机构医院感染爆发的管理和处理

一、医院感染爆发管理

（一）医院感染爆发的定义

医院感染爆发是指在医疗机构或其科室的患者中，短时间内发生 3 例以上同种同源感染病例的现象。若在短时间内出现 3 例以上临床症候群相似、怀疑有共同感染源的感染病例；或者 3 例以上怀疑有共同感染源或感染途径的感染病例现象，则被称为疑似医院感染爆发。

（二）医院感染爆发报告程序

（1）健康管理机构发现医院感染散发病例时，应 24 小时报告机构感染管理部门。发现以下情形时，应立即电话报告感染管理部门。

1）特殊病原体或者新发病原体的医院感染。

2）聚集性或注射部位感染时。

3）由于医院感染导致客户出现人身损害后果。

4）短期内发生临床症状相似并怀疑有共同感染源，或怀疑有共同感染源或感染途径的 2 例及以上医院感染。

5）发生传染病的医院感染。

6）临床使用的消毒药械和一次性使用医疗器械、器具出现异常。

7）发生不明原因肺炎病例。

8）发生可能造成重大公共影响或者严重后果的医院感染事件。

（2）机构感染管理部门接到报告后应尽快赶赴现场进行确认，初步确认存在爆发后，应立即向分管院领导或值班院领导汇报，成立应急指挥部，对爆发事件进行评估，根据评估结果督促落实应急处理措施并评估应急处理的效果。经应急领导小组批准后，由医院感染管理部门按照爆发事件的分级要求实行分类上报。

（三）医院感染爆发干预与效果评价

1. 干预措施

（1）首选干预措施

1）不同客户间接触传播的疾病，应隔离客户，屏障预防措施。

2）手接触传播的疾病，应倡导正确的手卫生（如洗手方法、卫生手消毒、正确选择佩戴手套）。

3）空气源性传染病，应隔离客户、保障通风。

4）水源性传染病，应检查水源供应和所有的液体容器。

5）食源性传染病，应去除可疑的食物。

6）血源性传染病，应执行标准预防，防止针刺伤。

（2）其他干预措施

1）控制病原体源，去除污染源，如污染的食物。

2）远离暴露源，如防止蚊子叮咬。

3）灭活或中和病原体，如消毒或过滤污染的水源。

4）阻断传播，如对传播的环境条件进行消毒，通过驱虫剂来控制蚊子或带菌者的传播，提高个人卫生等。

5）控制或改变机体对暴露源的反应，采用免疫易感人群、化学药物预防等措施。

2. 干预效果评价　若病例停止再发，或发病率恢复到流行水平，则干预效果良好。若病例发生率没有改变，则需重新进行病例的评估。同时应利用感染爆发的机会，评估其他可能导致潜在感染爆发的医疗行为。

二、常见医院感染爆发处理

（一）流感样疾病

1. 易感人群　人群致病无选择性，而重症患者和死亡者多见于 65 岁以上老年人，以及因身体状况而有流感并发症高危因素的任何年龄段人群。多数小流行中，流感病毒 A 型相关的并发症和（或）死亡，多发生于老年人、免疫缺陷者和儿童患者。

2. 流感样病例的定义

（1）流感样病例：新发或加重的咳嗽和发热，伴以下症状中的一种或多种：咽痛、关节痛肌肉痛、流鼻涕、头痛、衰竭。体温＞ 38℃或因人而异的发热，老年人体温常＜ 38℃。

（2）流感样病例爆发：指一个地区或单位 1 周内出现 2 例或 2 例以上的流感样病例。

3. 流感样疾病爆发的具体处理

（1）初步防护措施：①标准预防；②飞沫预防；③接触患者前、后彻底清洁双手；④穿工作服、戴手套；⑤配有面部防护的外科等级面罩；⑥取下防护措施后清洁双手。

（2）科室封闭：感染预防控制小组与临床科室协调决定暂时封闭的科室。

（3）患者管理：伴有呼吸系统症状的患者必须隔离，飞沫隔离从发病日起至少 5 天，或直至症状消失。

（4）医务人员管理

1）无症状医务人员的工作限制：一旦确定爆发，应立即限制无症状工作者工作。未经疫苗接种人员不能在爆发区工作，直至宣布爆发结束，除非未接种人员按规定接受抗病毒治疗，且抗病毒治疗持续至爆发结束；在爆发区工作的未接种人员，应时刻关注流感的症状和体征，特别是在接受抗病毒预防的最初 2 天，一旦出现症状，立即停止相关工作。经确认的流感爆发期内，未接种人员或爆发开始 2 周内接种者，如果在爆发区工作必须接受抗病毒治疗。

2）有症状医疗工作者的工作限制：所有有症状员工必须在发病后停止工作至少 5 天甚至更长时间，直至症状消失。

3）鼻咽拭子标本采集及运输：样本对流感样疾病爆发管理策略具有直接影响作用。对新出现症状者（72 小时内）或遵照医嘱进行标本采集。标本应尽快送往实验室。

（二）消化系统医院感染

1. 流行病学　消化系统感染常为感染性胃肠道疾病或称胃肠炎，可散发或集中爆发。症状包括恶心、呕吐、腹泻和（或）腹痛，伴肌痛、头痛、低热和精神萎靡。传播途径主要为粪 - 口途径或呕吐物 - 口途径，也存在污染物（物体或环境表面）或飞沫传播。常见的致病细菌和病毒包括难辨梭状芽孢杆菌、弧菌（霍乱）、沙门菌、志贺菌、金黄色葡萄球菌、隐孢子虫、轮状病毒和其他肠道病毒。

2. 消化系统感染爆发的具体处理

（1）常规操作和预防措施：①接触任何患者前后彻底洗手；②穿隔离衣，戴手套；③附加护目镜的外科手术级口罩或面罩；④脱去使用后的防护服装时可能会发生污染，应正确洗手。

注意：如果有喷溅的腹泻和呕吐需穿着防水隔离衣。

（2）患者管理：提醒患者洗手，限制患者活动，转运至专科治疗。

（3）医务人员管理

1）爆发区域医务人员：一旦出现症状，应立即停止相关工作。所有有症状的医务人员必须在症状消失至少 2 天或更长时间，才能返回工作岗位。一旦返回，必须在接触患者前后加强洗手。

2）非直接接触患者的工作人员：处理食物或饮料的工作人员应在接触或处理前洗手，在爆发区域准备或发放食物的工作人员有症状即应离开工作岗位。

（4）房间日常清洁消毒：爆发期间，除常规清洁消毒外，必须采取强化清洁消毒强度，应特别注意彻底清洁那些被频繁接触到的区域，尤其是水平台面和洗手间。

（5）粪便标本采集：在爆发期间检验粪便标本对于明确病因是很有价值的。最好在出现症状的 24 ～ 48 小时，留取有胃肠道症状患者的粪便标本。

第四节 健康管理机构感染管理培训及考核制度

一、培训及考核目的

使健康管理中心医务人员及工作人员理解与落实医院感染防控相关法律法规和执行标准，掌握手卫生、消毒、隔离、职业防护等基本知识技能，增强预防意识，在履行医疗职责的同时做好对患者及自身的防护，有效预防和控制医院感染的发生，保障患者和医护人员健康。

二、培训及考核对象

健康管理中心所有医务人员，包括临床医生、护理人员、医技人员，工勤人员（保洁工人、运送工人、后勤人员等）。执行侵入性、密切接触性检查的诊室为院感重点诊室。

三、培训及考核方式

（一）培训方式

（1）制作医院感染主题的 PPT，定期集中授课，全体员工必须参加学习。

（2）利用工作联络群向各科室成员发放、转发有关预防、控制医院感染的学习材料（包括优质的院感相关知识文章、网络视频及学术论文等）。

（3）将医院感染控制相关知识制作成图文并茂、简单易记的宣传册，发给医务人员。

（4）针对特定主题（如近期社会面爆发的传染病、特定科室已发生的传染病等）进行专题培训。

（5）请医疗机构感染控制专职人员来科室进行沟通座谈。

（6）定期进行模拟操作演练，对暴露出来的问题立即进行现场指导纠正。

（7）对科室保洁工人、运送工人、后勤人员进行院感培训，熟悉并理解国家医疗废物分类管理、环境物表消毒等相关知识和操作流程。

（8）由医院感染控制专职人员对新员工（如规培生、进修生、实习生等）等进行集中岗前培训，考试合格方可上岗。

（二）考核方式

1. 集中授课随堂考核　集中授课时，以随机方式抽人回答问题，并记录以作为平时参考成绩。

2. 现场技能操作考核　结合理论知识和现场实践进行考核，发现不足之处立即现场指导纠正，若有考核不合格者，继续培训直到合格。

3. 书面考试　定期从感染控制学科题库中随机抽取若干试题进行线上或线下考试，全员必须参加，不及格者补考，再次不及格者予以绩效和年度评优惩罚。

四、培训及考核内容

（1）医院感染管理相关的法律法规、规章制度、执行标准等及其最新研究进展。

（2）预防和控制医院感染的目的和意义。

（3）导致医院感染的常见疾病的发病机制、临床表现、诊断标准、治疗方法与预防措施。

（4）职业安全与个人防护，要求诊疗活动中能规范执行个人防护，发生职业暴露时的处理流程和暴露后预防措施。

（5）标准预防与手卫生，在医疗活动中保持较高的手卫生依从性。

（6）医疗废物管理，包括正确进行医疗废物的分类，熟悉各类医疗废物的处理要求，发生洒落时能正确处理。

（7）仪器、物表、医疗器械、空气等消毒、灭菌知识。

（8）医疗机构内各科室部门医院感染的特点、管理要点及控制措施。

（9）医院感染流行、爆发流行的预防与控制。

思考题

1. 手卫生的 5 个时机分别是什么？
2. 医务人员职业暴露的定义是什么？
3. 锐器伤的处理措施是什么？
4. 仪器表面清洁与消毒的原则是什么？
5. 医务人员手消毒效果监测采样方法是什么？

（刁庆庆　韩洁珣　周晓丹）

参考文献

常宇琨，章志丹，2023.《丙型肝炎防治指南（2022 版）》更新解读 [J]. 新发传染病电子杂志，8(6):89-92.

胡国庆，段亚波，2013. GB15982—2012《医院消毒卫生标准》内容解读（一）[J]. 中国消毒学杂志，30(7):649-652.

胡国庆，段亚波，2013. 医院消毒卫生标准 (GB15982—2012) 内容解读（二）[J]. 中国消毒学杂志，30(8):752-757.

贾会学，彭雪儿，姚希，等，2019.《医院隔离技术规范 WS/T 311—2009》实施情况调查报告 [J]. 中国感染控制杂志，18(5):422-429.

姜帅，余淑苑，陈国敏，等，2021.《公共场所集中空调通风系统卫生规范》实施情况调查 [J]. 环境卫生学杂志，11(6):529-536.

李春燕，2017. 美国 INS2016 版《输液治疗实践标准》要点解读 [J]. 中国护理管理，17(2):150-153.

李六亿，巩玉秀，张流波，2017. 经空气传播疾病医院感染预防与控制规范 WS/T 511—2016[J]. 中国感染控制杂志，16(5):490-492.

李六亿，姚希，2017.《经空气传播疾病医院感染预防与控制规范》释义 [J]. 中华医院感染学杂志，27(16):3608-3611.

梁建生，许慧琼，2017.《医院医用织物洗涤消毒技术规范》释义 [J]. 中华医院感染学杂志，27(15):3377-3381.

刘运喜，刘丽娟，索继江，等，2011. 一起老年病区诺如病毒医院感染暴发的调查 [J]. 中华医院感染学杂志，21(6):1136-1138.

聂凤华，2019. 提升医院感染预防与控制能力探析 [J]. 世界最新医学信息文摘，19(6): 255-256.

沈银忠，2025. 中国艾滋病诊疗指南（2024 版）[J]. 中国病毒病杂志，15(1):4-32.

王力红，赵霞，张京利，2017.《重症监护病房医院感染预防与控制规范》解读 [J]. 中华医院感染学杂志，27(15):3361-3365, 3391.

徐虹，倪晓平，2017.WS/T 512-2016《医疗机构环境表面清洁与消毒管理规范》重点解读 [J]. 中国消毒学杂志，34(4):356-359.

姚希，张冰丽，巩玉秀，等，2019.《医院空气净化管理规范 WS/T 368—2012》实施情况调查 [J]. 中国感染控制杂志，18(11):1032-1037.

殷丽，姚勇，孙建初，等，2011. 快速生长型分枝杆菌性角膜炎的暴发与控制 [J]. 中华眼视光学与视觉科学杂志，13(2):148-151.

张静，张波，倪晓平，2018.《医疗机构环境表面清洁与消毒管理规范》实施解疑 [J]. 中华医院感染学杂志，28(3):473-476.

钟振锋，荣丽娟，侯铁英，2017.《医院感染暴发控制指南》解读 [J]. 中华医院感染学杂志，27(16):3616-3619, 3634.

Boyce JM, Pittet D, 2002. Healthcare infection control practices advisory committee. society for healthcare epidemiology of america. association for professionals in infection control. infectious diseases society of america. hand hygiene task force. guideline for hand hygiene in health-care settings: recommendations of the healthcare infection control practices advisory committee and the HICPAC/SHEA/APIC/IDSA hand hygiene task force[J]. Infect Control Hosp Epidemiol, 23(12 Suppl):S3-S40.

Cohen SH, Gerding DN, Johnson S, et al, 2010. Clinical practice guidelines for clostridium difficile infection in adults: 2010 update by the society for healthcare epidemiology of America (SHEA) and the infectious diseases society of america (IDSA)[J]. Infect Control Hosp Epidemiol, 31(5):431-455.

Deterding K, Wiegand J, Grüner N, et al, 2009. The German Hep-Net acute hepatitis C cohort: impact of viral and host factors on the initial presentation of acute hepatitis C virus infection[J]. Z Gastroenterol, 47(6):531-540.

Griffith DE, Aksamit T, Brown-Elliott BA, et al, 2007. An official ATS/IDSA statement: diagnosis, treatment, and prevention of nontuberculous mycobacterial diseases [published correction appears in Am J Respir Crit Care Med, 175(7):744-745.

Loveday HP, Wilson JA, Pratt RJ, et al, 2014. Epic3: national evidence-based guidelines for preventing healthcare-associated infections in NHS hospitals in england[J]. J Hosp Infect, 86 :S1-S70.

MacCannell T, Umscheid CA, Agarwal RK, et al, 2011. Guideline for the prevention and control of norovirus gastroenteritis outbreaks in healthcare settings[J]. Infect Control Hosp Epidemiol, 32(10):939-969.

Omata M, Kanda T, Yu ML, et al, 2012. APASL consensus statements and management algorithms for hepatitis C virus infection[J]. Hepatol Int, 6(2):409-435.

Sehulster L, Chinn RY, CDC HICPAC, 2003. Guidelines for environmental infection control in health-care facilities. Recommendations of CDC and the Healthcare Infection Control Practices Advisory Committee (HICPAC)[J]. MMWR Recomm Rep, 52(RR-10):1-42.

Siegel JD, Rhinehart E, Jackson M, et al, 2007. Health care infection control practices advisory committee. 2007 guideline for isolation precautions: preventing transmission of infectious agents in health care settings[J]. Am J Infect Control, 35(10 Suppl 2):S65-S164.

Siegel JD, Rhinehart E, Jackson M, et al, 2007. Healthcare infection control practices advisory committee. management of multidrug-resistant organisms in health care settings, 2006[J]. Am J Infect Control, 35(10 Suppl 2):S165-S193.

Sydnor ER, Perl TM, 2011. Hospital epidemiology and infection control in acute-care settings[J]. Clin Microbiol Rev, 24(1):141-173.

Tschudin-Sutter S, Rotter ML, Frei R, et al, 2017. Simplifying the WHO 'how to hand rub' technique: three steps are as effective as six-results from an experimental randomized crossover trial[J]. Clin Microbiol Infect, 23(6):409.e1-409, e4.

第 10 章　人际沟通与客户关系管理

学习目标

了解：健康管理中心受检者沟通的途径。

熟悉：人际沟通在健康管理机构中的应用。

掌握：护士非语言沟通的形式；岗位规范用语。

第一节　人际沟通的概述

一、人际沟通的概念

沟通（communication）作为一个社会心理学术语，存在狭义与广义之分。狭义的沟通特指以信息符号为媒介，实现人与人之间信息、思想及感情的交流。而广义的沟通则涵盖了人类社会的全部交流活动，不仅包括信息、情感及思想的沟通，还包括个体间相互作用的全部社会行为，以及通过各种大众传播媒体进行的沟通。本书所探讨的沟通特指人际沟通（interpersonal communication），即人与人之间通过语言和非语言行为，进行信息、思想及感情传递的过程。

二、人际沟通的分类

（一）语言沟通

1. 护理人员应具备的语言修养　受检者进入健康管理机构后接触最多的医务人员通常是护士，好的语言可以使受检者产生积极的情绪反应，而不良的语言则可能使受检者产生不良情绪，影响医疗和护理正常进行。口头语言是护士与受检者沟通的重要工具，受检者会从护士的语言修养来评价护士。语言修养水平的高低是护士综合素质的外在表现。因此，护理人员必须重视口头语言在临床工作中的意义，掌握与受检者沟通的技巧，加强自身的语言修养，提高语言艺术。

（1）礼貌性：在交谈过程中多使用礼貌用语。对受检者选择恰当的称呼，往往是良好沟通关系的起点，容易获得受检者的好感与体谅。护理人员应主动加强礼貌用语的学习，避免因工作繁忙未使用礼貌用语而导致的护患矛盾。俗语说："良言一句三冬暖，恶语伤人六月寒"，护士的一声怒吼、一句叫唤，都会打击受检者的自尊心，并对受检者的心理造成伤害，从而对护理人员产生不信任甚至排斥心理。在护理工作中要尊重受检者，在工作中做到受检者进入机构时有迎送声，进行治疗时有称呼声，操作失误或增加受检者痛苦时有道歉声，受检者合作时有致谢声，让受检者从沟通中获得被尊重、被关怀的满足感。在临床护理工作中，护患关系的好坏及受检者对护理服务态度的评价往往与护士能否正确使用礼貌性语言有关。

（2）规范性

1）词汇通俗：在向受检者解释、交代问题或进行健康宣教时，应尽量使用通俗易懂的语言，避免使用医学专业术语和缩略语，引起受检者的误解。交谈时应根据受检者的文化水平和认知水平，用受检者能够理解的口头语言进行沟通。例如：

受检者：“输血是否有感染风险？”

护士：“就像花 2 元钱买彩票可以中 500 万，概率有，但很小。”

又如：

受检者：“为什么心电图、彩超、造影都要做？只做一个不行吗？”

护士：“如果心脏是个房子，彩超是看房子有多大，漏不漏水；心电图是看电路通不通；造影是检查水管堵不堵，管子里锈成什么样。这三个检查缺一不可。”

护士采用这样的方式，会给受检者留下较深刻的印象，有利于受检者的正确理解。

2）语义准确：语义是指语言的意思，是语言所要表达的内容。同一个词语对于不同文化背景和知识结构的人而言产生的意思可能有所不同。护士在与受检者交谈时，要准确表达自己的观点和看法，向受检者传递正确的信息，避免产生误会，影响检查和护理工作。例如：护士为受检者做检前指导时，只简单地说了一句：“明天早上做检查，今天晚上八点以后就别吃饭、别喝水了。”结果第二天早晨护士发现受检者早上吃了一碗面条，家属很冤枉地说：“面条不是饭。我听了护士的话，没给他吃米饭呀！”

3）语音清晰：口头语言沟通依靠语音实现其社会功能。护士在工作中应自觉使用普通话，正确发音、咬字清楚。做到让受检者听得清，听得懂。此外，还应该尽可能地学习掌握医院所在地的本地方言，以便与部分听不懂普通话的受检者沟通交流。

4）语法规范：口头语言一般比较随意，但仍要注意符合语法规则，避免不规范的省略。例如：受检者检查结束，询问护士检查是否完成，护士随口回答说：“你完了。”引起受检者不悦。

5）语调适宜：语调是对口头语言的补充。同样一句话，用不同的语调表达可以产生不同的含义。例如：当护士向受检者道歉说“对不起”时，采用不同的语调会让受检者有不一样的感受，可能是真诚的道歉，也可能是表面的敷衍。

6）语速恰当：在和受检者交流时应注意控制护理人员讲话的速度。过快、过慢或忽快忽慢的语速都会影响和受检者的沟通效果。讲话过慢，受检者会注意力不集中；讲话过快，受检者可能听不清护士所讲的内容或漏听。在讲话时，护士应根据受检者的年龄、疾病严重程度、认知水平，以及谈话内容适度调整自己的语速。

（3）科学性：护士在交谈过程中所说的每一句话都要有科学依据，确保内容正确且积极，不能任意夸大或歪曲事实。在回答受检者的问题时，更要讲究语言的科学性，要认真分析，实事求是，对疾病的解释和判断要有根据。语言要严谨，切不可不懂装懂、信口开河地答复受检者。例如：做动态心电图的受检者拆机的时候，护士发现部分电极片滑脱并贴在错误的位置，马上告诉受检者：您的电极片滑脱了，您的报告估计不准确，可能要重新做一次。受检者表示太麻烦不愿意重新做，请求退费。医生在解析机器结果时发现电极片滑脱并不影响出具报告，但此时受检者已经不相信医院说辞，强烈要求退费。这说明了护士在与受检者交谈过程中，并未取得严谨的结论就随意给受检者许诺，导致了纠纷产生。

（4）情感性：语言沟通的过程就是情感交流的过程，传情达意的过程。没有情感的语言是不具有感染力的语言。护士在与受检者沟通的过程中，使用热情、温暖的语言，通过语音、语调、语速的变化，并配合恰当的肢体语言，给受检者以尊重、理解、支持与鼓励，从而和受检者产生情感上的共鸣，建立良好的信任关系。

(5) 委婉性：根据谈话目的和情境的不同，护士往往采用不同的表达方式。当需要传递坏消息时，应注意使用委婉含蓄的方式进行表述。例如：体检当天业务量大，彩超要排到很迟，护士说“非常抱歉，今天彩超无号了，预约最快也要一周以后，您看这样，我看您大老远来，我给您今天最后加一个号，但是要等到比较晚，您看可以吗？”护患沟通中适当地使用这样的语言，可以在一定程度上减少护患纠纷发生。

2. 交谈技巧　交谈是护士为受检者服务及与同行沟通的一种重要手段和基本功，是交谈成功的条件，除了取决于护士与受检者、同行之间良好的关系之外，还取决于是否恰当运用各种交谈技巧，而交谈技巧与沟通的关系是密不可分的。这里主要介绍几个常用的交谈技巧。

(1) 开场技巧：在任何一个人际关系中，交往的第一印象是最重要的，护患之间也不例外。受检者对护士的第一印象深深地影响每一次交谈的结果。护士应有礼貌地称呼对方，介绍自己；应向受检者说明本次会谈的目的和大致需要的时间；告诉受检者交谈中收集资料的目的，并且可以在交谈中随时提问和澄清疑问。年轻的护士，经常感觉找不到合适的话题、开场白缺乏艺术性，从而不愿意与受检者交流。自然的交谈可以根据不同情况采取下列方式。

1) 问候式：如“您今天感觉怎么样？”“昨晚睡得好吗？”“营养餐合口味吗？”。

2) 关心式：如“这两天天凉了，您外出遛弯时添件衣服。”“您这样坐着，舒服吗？我帮您把椅子拿近一点吧。”

3) 夸赞式：如“您今天看起来气色真不错。”“您看起来好年轻。”“您身材可真不错，身高体重指标都正常。”

4) 言他式：如“这衣服真漂亮，您家人给您买的吧？”“看什么视频这么着迷？”“您也看这部电视剧，我也看过呢。”

这些开场白的技巧既可以使受检者感受到护士的关心，又可以使受检者放松、消除紧张和戒备的心理，此时便可以很自然地转入主题。

(2) 共情技巧

1) 共情的含义：共情（empathy）即感情进入的过程，又称同理心、同感心、共感、换位思考，是从他人的角度感受、理解他人的感情，并且把这种理解传达给当事人的一种沟通交流方式。共情是分享他人的感情，而不是表达自我的感情，也不是同情、怜悯他人。是站在当事人的角度和位置上，客观地理解当事人的内心感受，也就是将心比心、设身处地地去感受、体谅他人。在护患交谈过程中，为深入了解受检者、准确掌握受检者的信息，护士应从受检者的角度理解、体验其真情实感。

2) 共情的表达方式

①直接给予确认：对他人传递的信息给予直接肯定。如“你说的很对。”“是的，这个问题很重要。”“我同意你对这个问题的看法。”

②表达理解支持：努力使对方感到自己被接受。如“我想，我明白你的意思。”“你取得的进步给我留下了很深的印象。”

③表达积极情感：对他人做出肯定的、非评判性的情感反应。如“我很高兴你告诉我这一切。”“你所说的使我想要进一步了解这个问题。”

（3）反应技巧

1）交谈中的反应（reflecting）：是指倾听信息后所引出的意见、态度或行动。要使交谈成功，不仅要有良好的倾听技巧，而且在交谈者陈述完他所说的问题之后，要抓住主要问题，做出正确反应。若对方讲了很多，而自己没有反应，那么对方是会失望的。

2）不正确的反应形式：在护患沟通过程中，欠妥的反应有如下几种。

①过于抽象、一般的回答：如“你讲的我都仔细听了，我们再和医生研究研究。”或“你放心，体检报告这些箭头不要紧，没什么关系。”

②过于直率和不适当的坦诚：如“你的结节看来很大，不一定很好，你要有思想准备。”“你这个问题目前医学上没办法，你准备准备吧。”

③过于肯定，未留余地：如“你的检查很快就能做完。”“你这么年轻，体检结果一定不会有什么问题的。”

④过于超前、过分的反应：如当受检者向护士诉说其对身体状况的担心时，护士在彼此还不了解的情况下说：“你来到体检中心，我们就是你的亲人。”“您就是我的长辈，我就是您的女儿。”这些话对于一个陌生的受检者来说，不会起到好的作用。

类似这些反应，都不利于护患信任关系的建立。比较理想的反应应该是：既不乱许愿，也不要泄气，要使受检者感到安慰、有希望、不丧失信心。如“今天听了你的情况，我们对你的健康状况和需求有了初步了解，你不要着急，体检后根据结果我们一定尽最大的努力帮助你进行健康管理。”或说：“你的超声号码比较迟，但你放心，我们会将所有检查做完才结束体检的。”一般来说，这样的反应可使受检者情绪稳定下来。

3. 接打电话技巧

（1）拨打电话基本要求

1）时间选择：上班的前 30 分钟不打，午休不打。非紧急情况一定要给领导打电话必须在 21：00 前。

2）必须简明扼要说清楚事情关键，需要协调的问题。

3）对话用礼貌用语。

4）结束时注意，领导先挂电话，先打电话的人先挂电话。

打电话公式：问候＋确认＋报名＋确认（方便）＋内容＋再见。

（2）接听电话基本要求

1）铃响快接，一般不超过 3 声。

2）问好，报名（报单位、姓名）。

3）姿势端正，笑脸说话，调高字清，倾听礼答，分清主次（主动权是对方）。

4）礼告结束，后挂轻放。接电话人不能先挂电话。

例：

叮铃铃，叮铃铃。

护士 1：您好，这里是 ××× 医院健康管理中心，请问有什么可以帮助您？

护士 2：你好，这里是护理部。我找一下王护士长。

护士 1：好的，护理部要找王护士长，王护士长现在去查房了，不在科室，我通知她让她给您回电话好吗？

护士 2：好的，请让她打护理部电话 8625××××，谢谢。

护士 1：好的，跟你核对一下电话号码是 8625××××。

护士 2：是的。

护士 1：好的，已经记下了，您还有什么事需要转告吗？

护士 2：没有了，谢谢，再见！

护士 1：不客气，再见！（等对方挂电话后再轻轻放下电话）

（二）非语言沟通

1. *非语言沟通的形式*　非语言沟通的表现形式多种多样且应用广泛，与护理关系密切，护士通过自身良好的非语言沟通向受检者传递关怀、理解和支持的信息。因此，注重非语言沟通是提升护理服务、改善护士与受检者关系的必要条件。

（1）仪容仪表：得体的仪表服饰会给人留下良好的第一印象，而良好的第一印象对人们以后发展交往关系和深化沟通内容都会产生一定的影响。仪表、服饰又是人们社会地位、文化修养、经济状况、精神面貌和审美情趣的外在体现。护理拥有自身独特的艺术美，这种美则是通过护士的形象来实现的。因此，护士的仪表举止、言语服饰、精神面貌等都能引发受检者的思想活动，对受检者的体检满意度也会起到一定的作用。护理人员仪表服饰的要求如下。

1）干净整洁：护理人员的仪表应当整齐清洁。护理人员应养成良好的卫生习惯，勤洗澡、洗头、洗手、刷牙、剪指甲等，经常去除眼角、耳、鼻等处的分泌物，无异味。工作服应洁白、干净且合体，衣领、衣边、腰带需平展，不穿深色内衣，内衣不外露。穿平跟或小坡跟白鞋且能防滑，肉色或白色袜子，袜口不外露。不可染各种奇怪颜色的头发。

2）端庄简约：护理人员应注重自身的仪表服饰、言谈举止。仪表应以端庄、典雅为美，服饰应简练、朴素且实用，不需在仪表服饰上大做文章，不可戴夸张的首饰，给受检者稳重、平静之感。

（2）面部表情：人们的面部表情千变万化，在人际沟通中，面部表情最能直观地展示出人们的心理状态及变化过程，常可清楚地表达喜怒哀乐，也能感染别人。面部表情一般是随意的，经过训练后能够被有意识地控制面部表情肌，所以面部表情与真实的内心情况并不一定完全一致。在人们的各种面部表情中，护士最常用的是微笑和目光接触。

1）微笑：微笑被称为是人类最美的表情。它是一种最常用、最自然、最有利于人际交往的面部表情。既是护士良好形象的礼貌表示，也是对受检者关怀、尊重的象征。护士的微笑应自然得体、亲切祥和，且应发自于内心，展现真情，体现关爱，表达关怀。在微笑中构建愉快的、安全的、值得信赖的氛围。而发自内心的微笑应具备以下几个特点：①自然。发自内心的微笑应是神情、心情、语言与笑容的和谐一致，不真诚、不自然的笑容不仅不能打动对方，反而会引起对方的反感，更不可使用做作、刻板及僵硬的笑容。②真诚。真诚的微笑是内心真情的流露，可反映人们较高的修养和待人的真诚，才能真正打动对方的心。③适度。微笑应当适度，时间的长短、微笑的对象、目的要因实际情境而定。一度微笑嘴角微上扬，用于前台接待、导检岗位；二度微笑露出上排牙齿，适用于与受检者交谈时；三度微笑露出上下排牙齿，适用于亲密好友之间轻松谈话。④适宜。微笑应得体、适宜，不是任何场合都可以应用。如受检者因疾病正在忍受身心的痛苦，这时护士不宜微笑，所以微笑与受检者的心情、处境应相适宜。

2）目光接触：医护的第一眼神是“友善”，展现的是平和、关爱。眼睛是心灵的窗户，人们通过眼神来传递信息，目光即眼神。它能传递其他非语言行为难以表达的细腻、精妙的情感。双方的眼睛相互注视是眼神接触最主要的形式，而不同的眼神、注视的角度、视线的部位和注视的时间长短都会传递出不同的信息，目光往往很难被有意识的控制。

护患目光沟通时，应注意以下几点：①注视角度。沟通过程中，最适宜的角度是平视，以表达对交谈对象的尊重和双方的平等。仰视对方表示服从和任人摆布；俯视是有意保持自身的尊严，表示权威感和优越感；而斜视多为一种鄙夷。②注视部位。注视对方的位置不同不仅说明注视者的态度不同，也说明双方社会关系的不同。护患目光交流是工作中常用的社交型注视，护士应把目光停留在对方两眼到唇心的倒三角形区域。额头部分正三角形部位为公务型注视。唇部以下为亲密型注视，在夫妻和伴侣之间使用，且要注意适当。③注视时间。护士注视受检者的时间应不少于全部谈话时间的 30%，但也不要超过全部时间的 60%。如果对方是异性，每次目光的对视要少于 10 秒，长时间且目不转睛地注视对方是不礼貌的表现。

注视的忌讳：除非是病情诊断需要，否则不要注视受检者头顶、胸部、腹部、大腿等区域；避免上下反复打量；不允许斜视、眼角余光方式看受检者及其家属；不允许盛气凌人地俯视受检者及其家属。

（3）姿势和体态：中国从古到今都非常重视人的姿态，自古就有“立如松，坐如钟，卧如弓，行如风”的说法。沟通中的姿势和体态也是一个人精神面貌、素质修养的具体展示，人们称之为“身体语言”。护士的姿势和体态作为一种无声的语言，成为护理活动中重要的沟通方式之一。端庄稳重的举止、自然得体的风度、优美大方的姿态充分体现了护士良好的素质和职业特点，给人们塑造了“白衣天使”的形象。良好的姿态，也可唤起受检者的美感，从而增进受检者的信任感，使受检者更好地配合治疗及护理，早日康复出院。掌握和运用护士的姿态语言，在护理工作中非常重要。姿态语言主要包括致意礼、手势礼和身势礼 4 种。

1）致意礼

①点头致意：头部向下微微一点，面带微笑，问候对方；点头时，脖子以下的部位不动，目视对方，点头的速度要适中；适合医务各岗位向受检者的致意或同事之间一天多次见面的致意；前台、导医在认同受检者传递的信息时，在对受检者的做法表示肯定时，要积极用点头方式进行应答。

②欠身致意：坐姿状态或站姿时，身体稍微前倾或者臀部稍稍离座，目光注视对方，同时问候。适用于医生及医技岗位接诊时行的礼节。

③鞠躬致意：立正，目视对方，面带微笑问候并上身前倾，前倾时，眼睛跟着往下看，自己的脚前方约 1.5m，男士双手贴于身体两侧裤线处，女士双手下垂，放在腹前，适用于护士岗位，鞠躬 15°或 30°。

2）手势礼

①手势基本规范：四肢并拢，拇指微张开，掌心向斜上方，手与手臂成一条直线，大小臂之间成 130°。

②手势礼分为 3 种类型

A. 原地指路：当受检者问路时，眼睛看向路的方向，同时使用手势礼指引，说“请往这边走”。

B. 伴随引路：走在受检者左前方两三步（主陪人员与来宾并排走），侧转 30°向着受检者的角度走，用左手示意方向，要配合受检者的行走速度，保持微笑和倾听的姿态，途中注意提早提醒受检者到达的地点。上下楼梯时，尊者先上后下，女士先上后下，回廊行走时，内侧为尊。若是老人，则并排搀扶。

C. 近距离提示：当需要受检者在文件上签字时，运用手势礼，指向签字的位置，说“请在这里签字”。

3）身势礼：身势语是人际沟通中人们最熟悉的非语言形式，它反映了一个人的修养和形象。随着人们交往进展的加深、谈话内容的变化、双方关系的改变及交谈内容的兴趣，身体的姿势也会随之发生改变。护士应正确使用站、坐、蹲、走等姿势，充分体现出“白衣天使”的风采。

①站姿：护士的站姿应端庄、稳重且挺拔，显示出一种亭亭玉立的静态美。头平、颈直、肩夹、背挺、收颌、收腹和夹腿，双手自然下垂或相叠放于下腹部，足跟并拢、足尖分开近45°，身体挺直且稳。站姿禁忌：全身不够端正；双腿叉开过大；双足随意乱动；随意倚靠他物。

②坐姿：入座时，身体背对座位，如距其较远，可将右足后移半步，待腿部接触座位边缘后，双手抚平护士服裙摆，轻轻坐于椅面的前 1/2 ～ 3/4 处。上身端直，微向前倾，双膝合并，手自然放于双膝上，两腿并拢放中间或偏向一侧，目光注视前方或交谈对象，体现出护士娴静、端庄的姿态。坐姿禁忌：东倒西歪、懒散松懈、双腿抖动、两膝分开、始终深坐、手搭椅背。

③蹲姿：一足在前，另一足在后，上身挺直，单手或双手压住护士服裙摆紧贴于大腿后部，双腿分开约半步前脚脚掌完全着地，小腿基本垂直于地面，足后跟抬起，臀部重心向下，从正面拾取物品，不要做弯腰、撅臀、俯首等不雅姿势。

④走姿：护士步态应体现轻快、自然、优雅之美，也反映出护士的精神风貌。身体挺立，两腿有节奏地交替向前迈步，并在一条等宽的直线上；两臂在身体两侧自然摆动，摆幅适宜；步态轻盈，步速稍快。走姿禁忌：瞻前顾后、声响过大、八字步态、体不正直。

4）开关门礼仪

告知：快到办公室、会议室或检查室前告知，“这里是 ××× 办公室 / 检查室”。

敲门：先敲门，得到允许后进入。敲门应一重二轻，类似“招财猫”手势。

开门：若是外开的门，请客人先进；若是内开的门，自己先进，拉住门，再请客人进入。

关门：最好是反手关门，反手开门，始终面向客人。

（4）人际空间和人际距离：每个人都有一个心理上的个体空间，是个人为自己划分的心理领地，一旦被人触犯，会使人产生极不舒服的感觉，我们称之为“界域”。界域又称为空间效应、人际空间。由美国人类学家爱德华・霍尔提出，指导人们如何利用和理解人际沟通过程中的空间和距离。界域语虽在人际交往中看不到，但却是实际存在的来表现双方关系的无声语言。

1）人际空间：爱德华・霍尔曾说过：“空间也会说话”，他通过研究人和动物的生活领域发现，每个人都会有自己独有空间的需求，并表现为空间距离和个人隐私两个方面。当个人空间被他人侵犯时，人们的心理压力会增加，生活质量会降低。在医院中，受检者离开他们的私密个人空间，在一个陌生的环境而且与陌生的人共用生活空间，会使之产生对个人空间的丧失感和失控感，进而造成受检者产生一系列的心理变化。作为护士，虽不能完全去除产生这一问题的原因，但可以采取有效的措施减轻受检者的心理负担，如遮挡屏风，使受检者拥有自己的个人空间，以受检者的喜好摆放床边物品等。

2）人际距离：当人们处于不同的空间距离中，就会有不同的感觉，从而产生不同的反应。霍尔将人际距离分为 4 个层次，即亲密距离、个人距离、社交距离和公共距离。亲密距离多见于夫妻、恋人、父母和子女，以及极亲密的朋友之间。在护理工作中需要进入这个距离时，应与受检者进行解释，以免造成受检者的紧张和不安，比如进行腰腹围测量及彩超检查时。个人距离是人们在沟通时稍有分寸感，可以友好沟通的距离，一般为 50cm 左右，熟人和朋友可以在一定空间内沟通，适合低声交流个人或秘密信息。个人距离是护患交流的理想选择，既保持亲近又避免过度亲密导致的紧张，多用于熟人、朋友、同事之间。社交距离一般为 1.2 ～ 3.7m，有助于庄重交往。在这种距离下，人们通常说话响亮自然，使用正常声音，适合传达公开正式的信息。如果受检者为异性或敏感受检者，采用这种距离可减轻对方的紧张情绪。公共距离是一种大众性、群体性的沟通方式，一般距离为 3.7m 以上，用于发表演讲或讲课，声音超出正常范围，需要使用扩音设备，适用于演讲、上课、做报告等，此距离不适合个人交谈。

人际距离虽反映了人们关系的疏密程度，但在实际运用中，护士还需根据交往对象、交际场合、交际内容而进行适当调整。

2. 护患非语言沟通的禁忌

（1）不正确的目光投射方式

1）盯视：目不转睛地注视某人或某地，表示挑衅、出神，不宜多用。

2）斜视：人们常说的不正眼看人，表示对对方的反感、轻蔑，无丝毫的兴趣。例如：对对方反感至极，甚至连眼皮都不抬一下。护士忌用。

3）他视：谈话时，眼睛却看着别处，注意力不集中，表示不友好和对人的不尊重。

4）虚视：瞳孔变小，眼裂变小，眼神不集中，表示失意、疑虑、胆怯等。护士如是这样的眼神，则会让受检者认为其无能，产生不信任感。

（2）不雅的笑

1）假笑：给人虚情假意、不真实、不坦诚的感觉，是交往的禁忌。

2）冷笑：讽刺、愤怒、不满、无可奈何、不以为然的笑，非常容易使人产生敌意。

3）窃笑：偷偷地笑。

4）怪笑：阴阳怪气的笑。

5）奸笑：奸诈的笑，大多“笑里藏刀”，是不受欢迎的。

6）狞笑：面容凶恶的笑，表示愤怒、惊恐。

7）媚笑：虽是发自内心，但有一定的功利性，有意拉近与对方的距离，在一般关系的异性之间给人以轻浮的印象。

8）怯笑：胆怯或羞涩的笑。笑时会用手遮住嘴，不敢正视对方的眼睛，面色红润。给人不自信之感。

（3）手势语的禁忌

1）不注意场合：在正式庄严的场合和轻松随意的场合，举止行为是截然不同的，一旦不注意，都会给别人留下不礼貌、不稳重、没有教养的印象。

2）不注意频率和幅度：手势过多、过大易给人留下缺乏涵养、不够文雅的印象，过少过小又会让人觉得不够自信，小气、拘谨。

3）不讲究分寸：使用手势应当把握分寸、掌握使用的度，不宜误用和滥用。

4）不恰当的触摸：如发怒的受检者、异性之间的触摸等，应慎用。

三、人际沟通的技巧

（一）主动式倾听的技巧

1. 不要打断对方　人都有喜欢自己发言的倾向，所以在沟通的时候一定要记住：别让你的舌头抢先于你的思考。当别人谈兴正浓的时候，不要轻易打断别人的话，这是一种不礼貌的行为。如果有特殊的情况，不得不打断对方谈话时，那么在说完后，一定要帮助对方恢复被打断的思路。

2. 巧用身体语言　一名好的听众，积极回应很重要。建议多使用目光接触，眼睛要注视对方，但是一定不要用眼睛直接盯住对方的眼睛，这样往往会让人感觉咄咄逼人。最佳的方法是用眼睛注视对方的鼻尖或前额，这样能让对方觉得你的眼神比较柔和。同时表示赞许性的点头和恰当的面部表情。在倾听过程中，一定要给予说话者一个恰当的示意。即使是一个点头、一个微笑或其他的一个动作都可以，这不仅表示你在听，而且表示你在很用心地听，这是对说话人的理解和尊重，能让对方感受到你的肯定和鼓励。

3. 积极专注聆听　倾听的时候，不要想别的事情，眼睛要看着对方，随时注意对方谈话的重点，在对方谈兴正浓的时候，要用点头示意或打手势的方式鼓励对方说下去，在条件允许的情况下，做好笔记是表明自己在积极倾听的重要动作，让说话者知道自己在用心倾听。如果真的没有时间，或有别的原因不能听别人谈话，就直接提出来："对不起，我很想听你的看法，但是今天还有两件事情必须马上处理。"一般情况下，都能得到对方的谅解。如果你心里想着其他事，心不在焉地去听别人说话，对方会认为你是在敷衍，反而会对你心存不满。

4. 适时做出反应

（1）鼓励：此技巧包括点头、张开手。运用"嗯"等肯定性短语，以及重复说话者话中的关键词等。

（2）澄清：倾听者在说话者发出模棱两可的信息后向说话者提出问题的反应。可以用"你的意思是……"或"你是说……"这样的问句提问，然后重复说话者的信息。

（3）释义：将说话者诉说信息中与情境、事件、人物和想法有关的内容进行重新解释，目的是帮助说话者注意自己信息的内容。

（4）情感反映：是指对说话者的感受或信息中的情感内容重新加以解释，目的是鼓励说话者更多地倾诉他的感受，帮助其意识到自己的情感、认识和管理情绪。

（5）归纳总结：是将信息的不同内容或多个不同信息联系起来，并重新编排，目的是把信息的多个元素连接在一起，确定一个共同的主题或模式，清除多余的陈述，回顾整个过程。

（二）开放式提问

开放式提问的概念　开放式提问是指提出比较概括、广泛、范围较大的问题，对回答的内容限制不严格，给对方以充分自由发挥的余地。这样的提问比较宽松、不唐突，也非常得体。

开放式提问分一般开放式提问和特殊开放式提问两种形式。

（1）一般开放式提问

护士："请问您平时有什么不舒服吗？"

受检者："我感觉胃不太舒服，想检查一下。"

（2）特殊开放式提问

护士："请您告诉我：有关您胃不舒服方面的其他情况，好吗？"

受检者："我经常吃了饭肚子就痛，没什么胃口。"

（3）开放式提问所传递的信息：开放式提问得到的答案是多样的，是没有限制的，是没有框架的，可以让对方自由发挥的。旨在引导对方说出自己的感觉、认识、态度和想法。适用于了解对方真实的情况。

（4）开放式提问的技巧：开放式提问不限制问题的答案，根据回答者自己的喜好，围绕谈话主题自由发挥，畅所欲言，有助于提问者根据谈话的内容了解更多更有效的信息。那么开放式提问技巧有哪些呢？

1）“什么”

例如：“您遇上了什么麻烦？”“您对我们有什么建议？”“您还有什么不同的想法？”

2）“哪些”

例如；“您觉得我们科室的哪些工作做得让您非常满意？”“您觉得我们还有哪些地方的服务可以改进的呢？”

3）“怎（么）样”或“如何”

例如：“您平常都是怎样（如何）处理这些问题的？”“我们怎样做，才能满足您的要求？“您希望这件事怎样解决？”

4）“为什么”

例如：“为什么您没有早点来医院体检？”“为什么您会选择我们医院体检呢？”

（三）沉默

1. 沉默的概念　沉默（sience）指交谈时倾听者对讲话者在一定时间内既不用语言（包括口头、书面语言）表示，也不用行为表示的一种交谈技巧。它是一种超越语言的沟通方式，能起到无声胜有声的作用。沉默既可以表达接受、关注和同情，也可以表达委婉的否认和拒绝。

2. 沉默的技巧

（1）运用沉默技巧的时机：沉默在谈话中具有特殊的作用，要想进行有效倾听，使谈话更好地进行下去，有时候必须保持沉默。护患交谈中适宜地运用沉默，它的最佳时间又如何选择呢？

1）受检者情绪激动时：当受检者愤怒的时候，护士应当保持沉默，给受检者一定的时间让其宣泄。此时护士可以轻轻地握住受检者的手或扶住其肩部，真诚地面对受检者，给受检者以同情、支持和理解。

2）受检者思考和回忆时：对护士提出的问题，受检者一时不知道应如何回答或忘记了如何回答，需要一定时间进行思考或回忆时，护士不要催促受检者，应当给予一定的时间让其思考或回忆。

3）对受检者的意见有异议时：对受检者的某些意见或建议有异议时，护士可运用沉默技巧，表示对受检者意见的不认同。

（2）打破沉默的方法：尽管沉默有一定的积极作用，但是如果滥用沉默技巧，长时间保持沉默，会使对方感到压抑、难以琢磨，使谈话难以进行下去，甚至会影响护患关系。因此，护患交谈中，不能长时间保持沉默，护士应在适当的时候以适当的方式和话语打破沉默。

1）转移话题：当刚才的话题不宜再进行下去时，护士可转移话题，如“来，先喝点水。”“要不要给家里人打个电话？”

2）接续话题：当受检者说到一半突然停下来时，护士可以说，“后来呢？”“还有吗？”“您刚才说……，您接着往下说。”

3）引导话题：“刚才谈的这个问题给您带来了多大的困扰，您能说一说吗？”

4）其他方式：“您看起来很安静，能否告诉我您现在在想什么吗？”

第二节　人际沟通在健康管理机构的应用

健康管理机构作为人们广泛关注健康，审视健康行为的主要载体，面对的受检者更加复杂化、多样化加大了医护人员沟通的难度，因此，如何做好受检者在体检过程中的有效沟通是健康管理机构必须重视的环节，也是医护人员的必修课和基本功。

一、护士与受检者的沟通

（一）培养良好的沟通意识

健康管理机构的受检者大部分是来自机关企事业单位和部分对健康重视的个体人群，他们几乎都是健康人，对服务的要求和期望值高于一般来院就医者。因此，在服务的过程中首先要树立受检者至上的思想，有为受检者服务的强烈愿望，把受检者看成自己的衣食父母、朋友，充分满足和尊重他们的需求，从意识上奠定良好的沟通基础。行动上对待每一位受检者都要热情、彬彬有礼。要信奉“受检者不一定永远是正确的，但永远应该得到尊重”的理念。

（二）应用优质沟通技巧

语言技巧

（1）尊重受检者：使用礼貌用语，做到“请”字当前，“您”字必讲。例如：受检者到体检中心时，话术：尊敬的 [受检者称呼]，您好！非常欢迎您来到我们这里进行体检。从您踏入我们体检中心的那一刻起，您就是我们最尊贵的客人。我们深知您选择我们，是对我们的信任，我们也定会全力以赴，为您提供最专业、最优质的体检服务。在整个体检过程中，如果您有任何疑问或者需要帮助的地方，随时跟我们说，我们会第一时间为您解答和处理。您的健康是我们最关心的事情，我们会像对待家人一样对待您，用心呵护您的体检之旅。

（2）直白易懂：沟通语言直白易懂，语速适当，减少过于专业化语言。便于受检者理解，提高沟通效率。例如：“您好呀！欢迎您来做体检。咱今天来这儿呢，就是为了检查一下身体是不是棒棒的。一会儿呢，您会一项一项地做检查。比如量量血压，就是看看您的血液对血管的压力大不大；抽个血呢，能知道您身体里的一些情况，像有没有贫血呀，血糖高不高之类的。做 B 超呢，就像是给您身体里面照个相，看看各个器官长得好不好。我会带着您一项一项地做，您不用着急，有什么不明白的随时问我。咱就慢慢把这些检查都做完，这样您也能清楚地知道自己的身体状况啦。”

（3）安慰性语言：使用安慰性语言，提高受检者体检的信心，形成安全感、信赖感。给予受检者心理支持，增强受检者对体检的信任。例如：“您好！体检其实并不可怕哦。就像平时做一些小检查一样，很快就会过去的。我们这里的环境很舒适，医生也都很温柔耐心。您只要放松心情，配合我们的检查就好啦。我相信您的身体肯定没什么大问题，这次体检只是一个让您更安心的过程。”从受检者可能存在的紧张情绪入手，强调体检的目的是为其负责，突出医生、设备的专业性和环境的舒适性，同时表明自己会陪伴受检者，给予他们心理支持，增强其对体检的信任和信心，让他们放心大胆地进行体检。

（4）保护隐私：严格遵守医疗制度，尊重受检者隐私，对于敏感话题注意语言的含蓄性、委婉性。避免增加受检者心理负担，保护受检者的个人权益。例如：当询问受检者是否有某些私密的疾病史时，可以这样说：“我们在了解您的身体情况时，可能会涉及一些比较个人化的方面。您可以放心地和我们交流，我们会以最恰当的方式处理这些信息，绝对不会让您感到不舒服或者有压力。”首先明确主题是保护受检者隐私及权益，从遵守医疗制度、保密隐私、委婉沟通、避免心理负担和保障权益几个方面展开表述，通过直接向受检者承诺及举例说明的方式，让受检者感受到其隐私会得到切实保护。

（5）针对性沟通：首先根据年龄、性别、家庭背景、社会地位 4 个方面进行分类阐述。对于不同年龄，考虑到各年龄段人群的特点和常见问题进行话术设计；针对不同性别，突出男性和女性各自常见的健康关注点；根据家庭背景的不同，从经济负担和高端服务等角度出发制定话术；对于不同社会地位，围绕上班族的时间需求和领导阶层的重要性等方面展开沟通话术。例如：针对中年受检者：“您好，大哥 / 大姐。人到中年，身体就像一台运转了很久的机器，需要好好检修一下啦。这次体检项目很全面，可以帮您了解自己的身体状况，为家庭和事业保驾护航。咱们这个年龄段可能会面临一些心血管、内分泌方面的问题，通过体检可以早做预防。”

（6）语言艺术：首先表达对受检者不满的理解，承诺尽力解决问题以稳定受检者的情绪。接着通过具体场景举例，如等待时间长和对检查项目有疑虑，分别给出相应的话术，展现积极解决问题的态度和方法，从而达到运用语言艺术化解不满、维护良好医患关系的目的。例如：“尊敬的受检者，非常抱歉让您有了不好的体验。我能理解您现在的心情，换做是谁遇到这种情况可能都会有些不满。请您先别生气，咱们一起看看问题出在哪里，我一定会尽我最大的努力为您解决。您放心，我们非常重视每一位受检者的感受，一定会给您一个满意的答复。”

（三）运用“三心”体现沟通

1. *体检前与单位的沟通要“耐心”* 因单位负责人大多不是医务人员，对医学知识了解不多，我们在接待时要详细介绍体检套餐中各检查项目的意义，根据体检经费情况，结合单位职工的基本情况、工作特点等，共同商讨体检内容，确定体检时间，分批次进行体检，同时告知体检流程，体检注意事项，签订体检协议等。体检前一天再次沟通，提醒体检单位按时有序查体，保证体检工作顺利进行。

2. *体检中与受检者的沟通要“细心”* 体检过程中服务人员对受检者的关爱不仅限于语言交流，还要通过细致的服务来体现，如冬季抽血完毕及时为受检者披上外衣，以防感冒和物品丢失；做超声检查时提供耦合剂加热装置；遇到老年人及行动不便者主动搀扶或送上轮椅等，无声地交流传递着关爱的信息，听到受检者的疑问主动解释，遇到特殊需求根据情况及时解决，予以满足。使受检者在轻松愉快的氛围中完成体检工作。

3. *体检后与受检者的沟通要“爱心”* 每一位受检者完成体检后都想及早了解自己的体检信息，我们要在发现阳性结果的第一时间通知受检者，同时注意保护受检者的隐私，及时预约专家会诊，需复诊或进一步检查时要尽快安排时间并专人陪同。查体结束为团体受检者进行健康讲座及体检咨询等，并提醒受检者按时复诊异常结果，动态观察身体状况，给予健康指导。

二、医护沟通

（一）医护关系

医护关系（doctor-nurse relationship）是指医生与护士之间在医疗和护理实践中因分工合作而形成的一种工作性质的人际关系。医生与护士的工作性质不同，医生负责受检者的诊断，护士要严格执行医嘱，这是医护关系的主要工作内容。因医疗机构及临床科室的不同、受检者病情的差异，以及医护人员构成的差异，医护关系的类型、内容和合作方式也有较大的差异。

（二）医护沟通的常见问题及策略

1. 医护沟通的常见问题　医务人员中的各种人际关系受到各专业的影响。由于专业角色不同，价值观念也不同，便会出现理解方面的问题，从而影响人际关系。

（1）角色认识偏差：社会上对护士的认识，并没有随着护理学科发展而转变，还停留在传统观念“打针、发药”的最基本阶段。目前的护理工作，已经从初级护理发展到了高级护理阶段，参与到了健康教育、康复、咨询、心理护理，甚至抢救生命的全面发展阶段，成为一个具有综合知识的专业角色。

（2）自身素质不够：护士自身的素质低会影响医生对其的认可程度。例如：一位护士在专科干了多年的专科护理，但对该专科的认识却没有明显提高，此时，医生会对护士的能力产生怀疑，影响医生对护士的信任。因此，护士想要取得别人的信任与认可，提高其自身素质很重要。

2. 医护关系的沟通策略

（1）真诚合作、互相配合：医生和护士在医院为受检者服务时，只有分工不同，没有高低之分。医生的正确诊断与护士的优质护理相配合是取得最佳医疗效果的保证。医护双方的关系是相互尊重、相互支持、真诚合作的关系。该合作的实现，需要医生和护士双方面的磨合，相互理解，减少抱怨和指责，在工作中真诚合作，共同为医疗安全负责。

（2）关心体贴、互相理解：医护双方要充分认识对方的作用，承认对方的独立性和重要性，支持对方工作。护士要尊重医生，主动协助医生，对医疗工作提出合理的意见，认真执行医嘱；医生也要理解护士的辛勤劳动，尊重护士，重视护士提供的受检者信息，及时调整治疗方案。

（3）互相监督、建立友谊：任何一种医疗差错都可能给受检者带来痛苦和灾难。因此，医护之间应该监督对方的医疗行为，以便及时发现和预防，减少医疗差错的发生。一旦发生医疗差错，要做到不隐瞒、不包庇，要给予及时纠正，将损失减少到最小。

三、护际沟通

护际关系（nurse-nurse relationship）即护士与护士之间的相互关系。护理工作是整个医疗卫生工作的重要组成部分，集科学性、技术性、服务性、风险性于一体。随着社会的发展，人们对护理提出了更高的要求，护理工作上的任何疏忽和失误都会给单位、受检者和自己带来难以弥补的危害。而护士作为医疗机构的重要组成人员，其相互之间的团体协作就显得尤为重要。

护际沟通的常见问题及策略如下。

1. 护际沟通的常见问题

（1）护理工作需要护士之间的相互配合：护理工作不仅要求护士能“独唱”，还要善于“大合唱”，需要互相配合，护士之间关系不融洽，就会造成工作的被动，心理压力亦会越来越大。长期的焦虑、抑郁就会形成情绪障碍，甚至引起心理紧张等一系列身心疾病，不利于护理工作的顺利进行。

（2）护士的情绪会对护理工作造成影响：由于护理队伍本身大多为女性，女性的弱点或多或少会对护理工作有所影响，需要加以克服。女性多的地方容易出现小集体现象。再加上传统观念的影响，护士们下班后需要忙家务，照顾小孩，孝敬老人。作为职业女性她们实际上面临着事业与家庭的双重压力，有的可能会将自己的负面情绪带到工作中，导致对受检者态度欠佳、解释工作不到位。

（3）护理领导者与护士之间沟通、协调不够对护理工作的影响：由于种种原因，造成护理工作分配不均，护理人才不能脱颖而出。有些护士非常敬业，希望能在护理工作中发挥自己的才干。护理工作是一门以实践为主的工作，要求我们既要有知识，又要有技巧；既要懂管理，又要实干；还要跟上时代步伐，不断创新。

2. 对策与改进措施

（1）加强护士的道德修养：树立正确的人生观、价值观，在重视护理操作技能的同时，重视人格基础、文化修养和职业道德水平。

（2）护理领导者主动关心护士：作为护士长，首先要严于律己、以身作则、一视同仁、平易近人、耐心热情。对下级护士要“多用情，少用权”，关心体贴，以理服人。而普通护士，要体谅护士长的难处，尊重领导，服从管理。女性在社会中处于弱势，而护理工作大多数是由女性构成的，由于其职业的特殊性、医疗纠纷的增多、心理压力的加大，有时也是容易受到伤害的弱势群体。如果护理管理者不能出面保护，那么会使护士心灵受到打击，护理工作亦不能顺利进行。

（3）提升护士自身形象：在工作中，护士应注重心理学、人际关系学、美学等人文科学的学习，塑造一个良好的护士形象。护理工作充满职业应激，工作中的人际冲突已成为护士的主要应激源。护士需通过职业性调整来缓解职业应激，使自己能够对此做出良好的适应，更好地为工作服务，满足人们对美的追求和向往。

四、护士与领导沟通

如果下属能跟领导进行有效沟通，建立并保持良好的上下级关系，对自己工作的顺利开展及事业的成功都具有重要的意义。

（一）沟通前准备

首先，要了解领导的习惯、性格、爱好和工作风格，投其所好，沟通的成功率会大大提高；其次，要事先了解领导的情绪状态，领导工作不繁忙、心情比较好时是沟通的好时机。必要时，根据沟通话题，与领导预约时间和场合沟通。

（二）沟通技巧

1. 尊重领导，讲究礼仪　作为下属，不论领导资历深浅，都应当尊重领导，服从领导安排，维护领导威信和自尊心。特别在公开场合，即使与领导的意见不一致，应寻求妥善的表达方式。与领导交谈时，应注重礼仪，言谈举止要大方得体。当领导讲话时，要专心听讲，眼睛注视领导，表情真诚，并适时地点头表示认同与受教，必要时做记录。

2. 认真观察，谨言慎行　与领导沟通时，应认真观察领导的反应和肢体语言，若感觉领导对这个话题不愿意多交流，就要适时打住，另寻合适的时机与方式。由于领导事务繁忙，沟通应简洁明了，直奔主题，注意措辞，将重要的事情放在最前面说，必要时可附纸质摘要。

3. 实事求是，不卑不亢　与领导沟通应采取不卑不亢的态度，不能低声下气、一味附和，当表示不同意意见时，要大胆说出。只要是从工作出发、实事求是，领导一般是会考虑的。切记，不要谈论同事之间的矛盾和是非。

五、护士与各科室沟通

（一）健康管理机构与各科室协调沟通的意义

1. 与检验科的沟通　体检受检者的血液标本一般由健康管理机构的护士进行采集，由检验科对标本进行检验分析，采血样本的质量、送检的及时度都会对血液检查结果造成直接影响。所以护士需要和检验科就检验标本、结果等问题时刻保持有效沟通。

2. 与影像科的沟通　常规放射学、CT、磁共振成像、超声学、核医学、影像学等都是影像科研究的范畴。影像科主要由放射科、CT/磁共振成像室、超声室组成。虽然每个科室都有科主任对科室人员进行合理安排，但由于体检中存在的不确定性，工作量变化较大。这就需要健康管理机构与各科主任进行沟通，根据情况统筹安排体检单位。同时，临时增加的特殊检查，如上消化道检查、各种增强 CT 等，更需要两者之间随时保持联系，以确保工作的顺利进行。

3. 与临床各病区的沟通　临床各病区和健康管理部门有着紧密联系，比如医教部安排的内、外、眼、耳鼻喉及口腔科医生的安排，需要及时有效沟通。

4. 与后勤科的沟通　后勤科是医疗管理中不可缺少的重要组成部分，涉及面广，水、电、气、物资、绿化、仪器设备维护、基建等都属于后勤范畴，后勤工作贯穿我们工作的每一个环节，是一切工作完成的重要保障和基础。从科室布置到检查维修，从物资领用到车辆调度，每项工作都需与后勤科相关负责人及时沟通，协调解决，确保工作顺利进行。

（二）健康管理机构与各科室协调沟通存在的问题与分析

1. 本位思考模式、想当然的思维模式

（1）以“我”为中心，站在自己的立场，先自己后对方为了维护自身或部门利益，站在自己的立场上看待问题，从而忽略问题的本质。发生矛盾冲突后，主观上首先认为是其他部门、科室存在问题，而忽略自查自纠，推卸自身或本部门责任。由于这样的心理，导致不能准确找到问题根源，拖延问题解决时间，将问题复杂化、扩大化。

（2）“应该化”思维模式沟通时，过于自我，总认为对方“应该”知道自己的意图，想我所想，知我所知，“应该”知道事情的解决方案，结果就忽视了沟通目的的阐明及信息的交流，导致对方不能准确领会意图。在出现问题后，又认为对方“应该”及时发现明白问题所在，“应该”及时妥善解决，加深双方的误解和矛盾。

2. 沟通不及时，语言表达不当

（1）沟通不及时：小矛盾引起大纠纷在沟通过程中，由于各种原因，导致不能及时发现问题或发现问题后未能及时沟通，抱着忽略、观望、事不关己的态度，用“惰性”心理来回避存在的问题。随着时间的推移，双方误解加大，不满情绪积蓄过多，从而引发大矛盾，导致裂痕出现。

（2）语言沟通不当：过于急躁、淡漠、命令、游说的口气，会减少亲切感，拉开彼此距离，让人感觉到不真诚；在对方阐述的过程中，随意打断对方的说话，急于阐述自己的观点，这些不良的沟通习惯，都会对沟通造成影响。

（3）情绪影响沟通效果：如果员工长时间处于高强度情绪劳动状态，其损耗的能量得不到及时补充，将会导致情感冷漠、情感枯竭等不良状态。健康体检有一定的季节性，每年 7 月份后体检业务量较大，在长期满负荷工作、休息过少、身心疲惫的情况下，大家情绪受到影响，出现烦躁、消极、淡漠等不良情绪。当出现问题时，因自我压力感加大，情绪更加恶化，给沟通带来不利影响。

（三）健康管理机构与各科室沟通的技巧

1. 定期召开协调会议，提供交流平台

（1）召开相关部门间协调沟通会议：健康管理机构许多工作都需要与医院其他部门协作完

成，由于各自立场不同，往往容易引发矛盾冲突，给工作带来不便。因此，可在全院定期召开各部门协调会议，主要由院办公室、护理部、营养科、医教部、后勤科等各部门负责人参加，共同协商解决工作中存在的问题，在纵观全局的前提下，合作与协作，消除误解，和谐发展，目标一致，较好地完成工作任务。

（2）制订并实施健康管理机构主任交班制：在健康管理机构，每日进行主任交班制度，由医务科、护理部、影像科、信息科和各临床科主任及护士长等成员参加，一方面对当日体检情况进行总结汇报，分析出现问题并研究对策；另一方面，汇报第二天的体检人数及各科室具体工作量，做好提前安排，尤其是在工作量较大的情况下，及时安排好各科工作任务，以确保体检工作正常有序进行。

（3）主动沟通，促进和谐：健康管理机构护士长在加强本科室日常管理的情况下，应善于发现在工作中与各科室、部门存在的问题，分析问题原因所在，随时、主动与各科室负责人进行沟通联系，将问题与矛盾扼杀在萌芽状态。

2. 建立健全交接班制度

（1）建立中心内部交接班制度：由当日值班护士将各班工作中出现或尚未解决的问题及时记录交班，人人知晓。交班本由专人负责，定期汇总归纳，监督遗留问题后续解决情况，避免因疏忽造成差错发生。

（2）建立各科室间的交接班制度做好电话记录，登记来电情况，如何人何时何事来电；设立检验交接单，交代各单位及个人检查项目、人数等情况；设立体检咨询记录本，注明各体检单位及个人体检报告处理方式，并及时告知相关疗区；设立维修本，由后勤科每日 2 次进行巡回检查维修。

3. 端正态度，掌握沟通技巧

（1）摆正自己的位置，放低姿态：医院是一个大家庭，由于工作岗位不同，文化程度和社会背景也存在一定差距。我们要充分认识医务和其他部门之间平等、互助的合作关系，摆正自己的位置，放低姿态，做到谦虚谨慎，学会尊重和宽容。形成一个信任、和谐的工作氛围。

（2）提高语言表达能力：语言是一门艺术，在沟通过程中，要做到思路清晰、层次分明、言之有序，准确说出所要表达的意思，避免言语含糊、表达不清，要把实情说得透彻，坦率真诚，不要藏真说假，做到有一说一、有二说二。同时，重视倾听的重要性，耐心、认真，不随意打断对方讲话。

健康管理机构的工作纷乱繁杂，只有加强多部门之间的协调沟通，提高环节医疗服务质量，才能确保各项工作有序进行，真正做到健康管理机构“服务无缝隙、流程无缺陷”，给体检客人带来更为优质的服务。

六、岗位规范用语

规范健康体检岗位用语旨在通过标准化、清晰且富有温度的语言服务，提升专业信任度与沟通效率，保障医疗信息传递的准确性，同时缓解客户焦虑、优化体验，最终实现服务标准化与人性化的平衡，降低操作风险，塑造专业形象。

【案例】采血岗位规范用语

护士：您好，女士 / 先生，请坐，请问您叫什么名字？

受检者：× ×。

护士：您早上有吃东西或喝水吗？

受检者：没有。

护士：您有晕针晕血史吗？

受检者：没有。

护士：好的，请您稍等，我们准备采血。

护士扫描采血管：×× 女士 / 先生，您今天想抽哪一只手呢？

受检者：右手。

护士：请您将手放在垫子上，我看一下血管好吗？

护士：您手握拳。这根血管弹性好，我给您抽这根血管好吗？您的检查约需要采集 **ml 血液。

受检者：好的。

护士按照静脉采血规范进行采血操作。

护士：我再与您核对一下您的姓名，请问您叫什么名字？

受检者：***。

护士：好的，您不要紧张，您有什么不舒服吗？

受检者：没有。

护士：×× 女士 / 先生，抽血已经完成了，您可以松拳了，请您沿着血管的方向按压棉签 3 ～ 5 分钟，不要揉搓，按压后将棉签放入黄色垃圾袋，感谢您的配合。

受检者：好的。

护士：×× 女士 / 先生，接下来您可以去做呼气试验项目的检查，在等候检查过程中请不要喝水。（在总指引单上签字并画钩）

七、岗位禁语

（一）避免使用消极否定性语言

1.“不可能”“你错了”　这类绝对化的否定言辞容易让受检者感到被质疑或冒犯，应改为询问式的表述，如“请允许我再确认一下，可能是这样的……”

2.“这很正常，没什么大不了的”　对于受检者担忧的问题，此类轻描淡写的回答可能无法有效缓解其焦虑，应改为共情并给予合理解释，如“我能理解您的担忧，不过根据我们的检查结果，这种情况是……”

（二）禁止使用不礼貌或侮辱性语言

1. 任何形式的辱骂、嘲笑或讽刺性言语　如“你怎么这么胖 / 瘦？”“这么简单都不懂？”等，这些言辞会严重伤害受检者的自尊心，应完全避免。

2. 不耐烦的催促　“快点，后面还有人等着呢！”此类话语会增加受检者的紧张感，应改为温和提醒，如“请您稍作准备，我们下一个项目很快开始。”

（三）避免模糊不清或误导性表述

1.“可能 / 也许吧”　这类含糊其辞的回答无法给受检者明确的指导，应尽量根据专业知识给出清晰解答或说明需要进一步检查。

2. 夸大病情或治疗效果　为了安慰受检者而夸大病情的可控性或治疗效果，可能导致受检者误解，应基于事实客观描述。

（四）注意保护受检者隐私

1. 直接询问或泄露敏感信息　在未经受检者同意的情况下，不得询问或讨论其隐私信息，如妇科检查时说“都结过婚了还怕什么痛”等。

2. 在公共场合大声讨论受检者病情　应确保在私密环境中与受检者交流，并尊重其隐私，避免引起不必要的尴尬或恐慌。

第三节　健康管理机构人际沟通实训

一、护士交谈能力训练

（一）初始期

1. 交谈内容要点

（1）了解受检者情况，前期可以通过查看预约记录、排队单或向其他相关人员了解情况。

（2）向受检者介绍自己及自己所负责的护理工作范围。

（3）告诉受检者本次谈话的目的及持续时间。

（4）保证受检者在身体、心理、环境上的隐私得到尊重和保护。

（5）检视自己的情绪，预估潜在的沟通障碍。

2. 交谈示例

王女士，36 岁，白领，已婚。夫妻感情和睦，有一个 8 个月大的儿子，今天洗澡时无意发现左乳外上侧内部有一粒豆状大小硬物，无其他不适感觉，自我怀疑为乳腺癌。爱人陪同来体格检查。在等待开单时情绪不佳，略显焦虑，在大厅走来走去。

王女士：“你们这怎么回事，没人管了吗？开单等了这么久，到底是不是有人在插队？”

护士：“女士，您好。我是导检护士，您可以叫我小吴。有什么问题，您可以随时跟我反映。”

王女士：看了一眼护士，“我现在就想知道怎么开单，我等了很久了。”

护士：接过王女士手上的排队条：“好的，王女士，您的开单号是 32 号，就是下一位，3 号窗口，您跟我来，我领您到房间门口等待。”

王女士：跟着护士到 3 号房间门口。

护士：站在女士旁边，温和地说：“您今天来有什么特别需要检查的项目吗？有什么我可以帮忙的呢？”

王女士：看着护士，皱着眉头说，“我左乳上有个肿物，想要专门检查一下，不知道是不是得了癌症。我儿子才刚刚 8 个月，还在哺乳期，就算以后可以喂奶粉，我这身体怎么照顾他，说不定什么时候人就没了呢！”

护士：保持沉默，注视着王女士。

王女士：“去年我一个朋友得了肝癌，不到 3 个月，就没了，生命太脆弱了。”

护士：“乳房肿物有很多可能，不一定就是癌症的啊，很大部分是乳腺增生结节，或者是良性的纤维瘤呢。”

王女士：点点头：“是啊，我也知道，就是有点担心。”

护士：“就算是癌症，也不一定都会死的。”

王女士："得了癌症还不死吗，你们护士就是安慰我，我心里有数，其实我并不是十分怕死，关键是我死了，我孩子怎么办？从小没妈的孩子太可怜了。"

护士："癌症种类很多，治疗方式和预后也都不一样，肝癌和乳腺癌预后区别很大的！"

王女士："是吗？肝癌和乳腺癌预后不一样，没人告诉我这个事！"

护士：带领王女士开单"是啊，不过您还是等检查结果出来再做打算，也许只是普通的纤维瘤呢！"

王女士："谢谢你！"

（二）工作期

1. 交谈内容要点

（1）深入了解受检者的主要问题，表达愿意协助受检者减轻各种紧张或不适。

（2）评估受检者的需要及对自己的信任感，采取合适的方式接近受检者的心理。

（3）适当向受检者表示关怀，同时也要限制受检者不适当的行为，并且让受检者了解到，当其行为失当时，护士将会介入处理。

（4）综合运用各种沟通技巧，尤其是倾听、提问及反应。

（5）工作期间的交谈要以受检者为主体，护士可以承担引导的责任。

（6）深入交谈过程中一定要注意充分利用非语言沟通的优势，体现对受检者的接纳和尊重，从而积极推动护患关系向纵深方向发展。

2. 交谈示例

乳腺彩超检查结束：

王女士：靠在候诊椅上，默默流泪。

护士：在王女士身边蹲下，轻轻递上纸巾，"您怎么哭了。"

王女士："刚医生检查完告诉我就是乳腺癌。为什么偏偏是我，我孩子还那么小！"

护士：保持沉默，注视着王女士。

王女士：深深叹了一口气，转过身，擦拭了一下眼睛。

护士："医生怎么跟您说的？"

王女士："他认为现在还是早期，应该尽早做手术。"

护士："那您打算怎么办？"

王女士："我知道我应该尽快做决定，可是……"

护士：起身，给曲女士倒了一杯水。

王女士："手术会不会有危险？我问的都是废话，手术当然都有风险，可我也没别的选择，大夫说如果不手术，我活不过 3 年。"低头一直擦拭着眼泪。

护士：依然保持沉默。

王女士："我不想死，我儿子才 8 个月，他将来怎么办？"哭出声音。

护士："我也是一个妈妈，我明白您的感受。"轻轻拍王女士后背。

几分钟后，受检者情绪有所平复。

王女士："不好意思，我失控了。"

护士："没关系，如果是我，也会这样的。"

王女士："谢谢你，我感觉好多了。我想手术肯定是要做的，但我……"

护士："这样吧，我带您去病房见见您的专科医生，让他跟您解释一下手术的过程和预后。"

王女士："太谢谢你了，能不能等我爱人来了一起解释。"

护士："当然可以。"

（三）结束期

1. 交谈内容要点

（1）护士和受检者可以彼此表达情绪感受，分享经验及感觉。

（2）预见后续可能出现的问题，协商解决方案。

（3）受检者可能会出现过度依赖、沮丧、退缩等行为，此时应鼓励受检者及时表达自己。

（4）成功地结束护患关系，有助于受检者日后勇敢、乐观地应对检查、治疗与康复。

2. 交谈示例

手术前王女士来取体检报告：

护士："早啊，王女士！"

王女士：情绪平稳。"早，我明天就要做手术了。"

护士："看来，您不太紧张，精神状态比前几天好多了呢！"

王女士："还可以，我想通了，为了我儿子我也得挺过去，呵，还是有点担心的。"

护士："很高兴您的情绪这么平稳，这对您的手术有很大好处。"

王女士："谢谢你，小吴护士，这几天没有你的耐心开导，我不会这么快就想通的。你放心，手术后我一定会努力配合医生治疗，尽快好起来！只有我好了，孩子才能长久地享受母爱，为了我儿子，我也要坚强。"

护士："真高兴您能这么说，体检复查有什么需要的您随时联系我。希望您早日康复！"

对于以上沟通案例，可以在临床实训时进行考核，护士交谈能力自我表现评价标准见表 10-1。

表 10-1　护士交谈能力表现评价标准

实训表　护士交谈能力表现评价标准	得分			
评价内容	4	3	2	1
恰当地进行自我介绍	4	3	2	1
恰当而有礼貌地称呼对方	4	3	2	1
能运用微笑以助沟通	4	3	2	1
能运用表情和眼神以助沟通	4	3	2	1
在与受检者交谈前能调整自己的情绪，保持镇静	4	3	2	1
能运用倾听技巧	4	3	2	1
能运用核实（重复、澄清）技巧	4	3	2	1
能运用提问技巧	4	3	2	1
能运用阐释技巧	4	3	2	1
能运用申辩技巧	4	3	2	1
能运用沉默技巧	4	3	2	1
鼓励对方提问和对自己的工作提出反馈意见	4	3	2	1
乐意接受对方积极的反馈意见	4	3	2	1
交谈沟通时尊重对方隐私	4	3	2	1

续表

实训表　护士交谈能力表现评价标准	得分			
能对自己缺点和不周之处表示歉意	4	3	2	1
能恰当地运用触摸技巧以助沟通	4	3	2	1
注重衣着修饰，符合专业化标准	4	3	2	1
乐于为受检者、家属、同事提供帮助	4	3	2	1
善于反思自己，提醒自己要不断学习	4	3	2	1
能对专业性正式交谈做好完整记录	4	3	2	1
总分				
说明：每条标准后面的“4、3、2、1”为等级分，“4”为优秀、“3”为良好、“2”为合格、“1”为不合格。可根据自己的实际情况在合适的等级分上画“√”。最后将每项得分相加，即可得出自我表现评价的总得分。35 分及以下为不及格，应努力提高；36 ～ 60 分者为及格，但水平一般；61 ～ 70 分为良好；71 ～ 80 分为优秀，表示交谈能力较强。				

二、沟通技巧训练

（一）冲突处理技巧

（1）保持冷静，适当呼吸。

（2）耐心倾听。

（3）鼓励对方说出不满，表示同情心。

（4）恶言听而不闻，适当运用肢体语言。

（5）不要说“是”或“不是”。

（6）以缓和的语气请对方慢慢表达，表示会尽力协助。

（7）了解对方的真实需要，尝试提供帮助，巧妙地拒绝不合理的要求。

（8）及时取得他人的协助。

（9）交谈时不要直视对方的眼睛，最好看着对方的眉心。

（二）冲突处理案例情景演练

案例 1：

受检者抽完血后，到采血室大喊，“你护士技术这么差，刚抽完血，我手淤青了一大块，是不是把我血管捅破了，你们要赔偿！”

护士马上上前：“阿姨，您不要激动，有什么问题慢慢和我说，我姓王，您可以叫我小王，我来为您解决。”

受检者：“刚才那个护士抽血在我血管里捅来捅去，好久才找到血管，现在我手这里淤青了一大块，你们护士有没有培训？技术这么差！”

护士：“阿姨，您不要激动，一会血压高了伤身体，您跟我来，我们坐下来慢慢说，好吗？”

护士扶着受检者，带到独立休息区坐下。

护士：“阿姨，我看看您的血管，是呀，淤青了一大块呢。”

受检者：“就是啊，刚才那个护士一直找不到血管。”

护士微微点头，耐心倾听，轻轻抚摸受检者的背部，语气缓和地说：“阿姨，我听明白了，刚才护士没有顺利为您采血，我真诚地向您道歉，真是很抱歉，由于护士技术的问题，给您带来了麻烦，今后我们一定加强培训，提高护理技术。请问您，刚采完血，护士有没有教您如何按压血管呢？”

受检者：“有啊，她和我说按压棉签头 3 分钟，我急着做下个项目，也不知道有没有 3 分钟。”

护士笑着说：“阿姨，抽血后按压的位置和时间都非常重要，如果时间不够或者位置不正确，就会导致局部出血造成淤青的，您急着做下一项检查，时间没有够，所以淤青啦！”

受检者：“原来是这样啊，我以为是护士找不到血管……真是不好意思啊！”

护士：“没关系的，阿姨，您也不要过度担心，淤青会慢慢吸收，您回家后用切薄的马铃薯片贴在淤青的地方，就会加速消散。”

受检者：“好的。”

护士：“您的血管不好找，下次您再来体检的时候提醒护士一下，我们安排资历深的护士为您采血。”

受检者：“好的，谢谢你呀王护士。”

护士：“不客气阿姨，您还有什么项目没有完成，我来给您安排一下吧。”

护士全程带领受检者进行接下来项目的检查。

案例 2：

女受检者体检结束，现场投诉，护士在指引做彩超时，未提示是男医生进行检查，检查项目有乳腺彩超，受检者认为护士未注意保障受检者隐私，不理会护士的解释，要求上级领导出面。

护士长看过指引单，对受检者说：“李女士您好，我是健康管理中心护士长，我姓陈。”

李女士：“陈护士长，你们护士怎么教的？让我的彩超给男医生做，你们注重隐私了吗？我要去投诉你们！”

护士长：“李女士，您别激动，请您跟我来，我们移步到贵宾室坐下，您慢慢说，好吗？”

两人移步到贵宾室。

护士长仔细看了受检者的指引单：“刚才您做超声检查前，护士有预先提示您是男医生操作，问您是否愿意吗？”

李女士：“没有，护士直接指引我进房间了。我看到是男医生，也不好说什么，我还有做乳腺彩超呢！我觉得这样很不合适！”

护士长点点头，微笑着说：“李女士，如果我没猜错的话，您应该是一位老师吧？”

李女士：“是的，我是 ×× 大学老师。”

护士长：“所以我看您的谈吐和气质，说话的条理性，就像一名资深教师。李老师，确实，护士可能因为今天体检人数比较多，所以忽略了受检者隐私保护这一块，给您带来了不便，真是非常不好意思，我替护士的疏忽给您道歉，希望得到您的谅解。”

李女士：“护士长，我不需要你的道歉，我要刚才那位护士给我道歉。”

护士长叫来当班护士小丽，说：“小丽，今天确实由于工作的疏忽，让李老师感到不舒服了，我们给李老师道个歉，下次我们一定要注意保护客人的隐私，做好检查前的提醒。”

护士小丽：“好的护士长。李老师，真的非常抱歉，今天由于工作太忙，疏忽了，给您带来了麻烦和不好的体验，我在这真诚地向您表示歉意，我今后在工作中一定注意，也同时感谢您的提醒！”

李女士：“嗯，下次可要注意了。”

护士长笑着说：“李老师，今天确实很不好意思，您看看，您还有什么诉求，我们可以解决的，我尽量为您服务到位！”

李女士：“好的，护士长，谢谢你。是这样的，我心脏经常感觉不舒服，想再做个心脏彩超检查看看有没有什么问题”

护士长：“没有问题，我这就为您安排一位经验丰富的主任检查，这样，因为女性年纪大后骨质流失容易造成骨质疏松，我同时再赠送您一项骨密度检查，您想要自己做，或者是给家里老人做，都可以，您随时来找我，您看可以吗？”

李女士：“那就太感谢你了护士长！”

护士长陪李女士进行后续检查，后交代好领取报告等注意事项，送李女士离开。

第四节　健康管理机构客户关系管理

一、客户沟通管理

（一）客户沟通概述

健康管理中心客户沟通就是中心通过与客户建立信息交流与交换的桥梁或纽带，加深与客户的感情，从而赢得客户满意与客户忠诚所采取的行动。有效的客户沟通，有助于拉近中心与客户的距离，有利于巩固、提升和发展与客户的关系。

（二）客户沟通的内容

健康管理中心客户沟通的内容主要是信息沟通、情感沟通、理念沟通、意见沟通，有时还要有政策沟通。

1. 信息沟通　就是中心把产品或服务的信息传递给客户，也包括客户将其需求或者要求的信息反映给中心。

2. 情感沟通　主要是指中心主动采取相关措施，加强与客户的情感交流，加深客户对中心的感情依恋。

3. 理念沟通　主要是指中心主动向客户征求意见，或者客户主动将对中心的意见（包括投诉）反映给中心的行为。

4. 政策沟通　主要指中心把有关的政策、规定、制度等向客户传达、宣传时所采取的行动。

（三）客户沟通的途径

1. 通过专职或兼职人员与客户沟通　健康管理中心设有客户管理组，由专职或兼职人员向客户介绍中心及体检项目或者服务的信息，为客户选择适合的体检套餐，预约体检时间并提供相应的体检接待服务，及时答复和解决客户提出的问题，并对客户进行主动询问和典型调查，了解客户的意见及客户对投诉处理的意见和改进措施等。

2. 通过活动与客户沟通　通过举办活动可以让目标客户放松心情，从而增强沟通的效果。

如通过座谈会的形式，定期把客户请来进行直接的面对面的沟通，让每个客户畅所欲言，或者发放意见征询表，向他们征求对中心的投诉和意见。这种敞开心扉的交流，可使中心与客户的沟通不存在障碍。此外，通过定期或不定期地对客户进行拜访，与客户进行面对面的沟通，也可以收集他们的意见，倾听他们的想法，并消除中心与客户的隔阂。

另外，邀请客户联谊也是加深与客户感情的好方式，如一个可携带配偶出席的节日晚会将增进中心与客户的情感。联谊活动有多种形式，如宴会、娱乐活动、健身活动、参观考察等。

联谊的目的是拉近与客户的距离，与客户建立一种朋友式的关系。

此外，通过开展公益活动也可以达到很好的沟通效果。例如，中心可以积极开展社区服务和慈善公益主题活动，如开展“慈善体检”“走进社会福利院”等公益活动，从而树立了良好的公益形象。

3.通过热线电话及呼叫中心与客户沟通　目前已有不少健康管理中心设立了免费热线电话，客户只要拨通热线电话，就可以免费与中心进行沟通，得到有关答复或者服务，从而为客户提要求、提建议、发牢骚敞开大门。

客户拨打的电话接入呼叫中心后，就能收到呼叫中心任务提示音，按照呼叫中心的语音提示，就能接入数据库获得所需的信息服务，并可进行存储、转发、查询、交换等处理，还可以通过呼叫中心完成交易。呼叫中心根据其工作方式和工作内容的不同还有很多别名，这些别名都是力图去概括和反映其特色，常见的有客户服务中心、客户关怀中心、客户联系中心、客户接触中心、客户支持中心、多媒体接入中心、客户关系中心、电话销售中心、信息处理中心等。

4.通过新媒体与客户沟通　新媒体时代，信息传播更加碎片化，信息传播速度更快，发布范围更广。一些手机视频等能够很迅速地将一些新闻媒体事件借助微信、微博、QQ、抖音等新的传播平台迅速传播，引起广泛关注，甚至成为人人都在关注的重大事件，传播性、宣传性、针对性更强，而且这些信息的发布者会根据受众及自己的喜好和需求，提供具有较强针对性的信息内容，弥补了传统媒体在信息传播方面的滞后性等不足，以更加简单的认识渠道和沟通方式打破了忙碌生活状态下都市人群的交流壁垒。

例如，微信公众平台可以向关注它的客户发送信息，这种信息可以是服务资讯、产品促销，也可以是热点新闻、天气预报等，甚至可以与客户在平台进行互动，完成包括咨询、客服等相关功能。通过微信公众平台，中心可以方便地设置调查页面并且可以随时调整调查内容，客户则可以很方便地通过手机对服务进行评价，就可以在第一时间获得关于服务质量的反馈，清楚了解服务的哪个环节存在问题，哪些服务人员存在问题，以便及时纠正。例如一些餐厅在菜单上标注官方微信二维码，使顾客关注之后，可以对餐厅菜品进行评价，经营者则可以向这些顾客推送餐厅促销信息，为顾客提供就餐指导。健康管理机构则可以将评价二维码粘贴在每一个岗位上，每一项检查结束后都让客户搜二维码进行评价，这样长期的线上与线下交流，可使经营者与客户建立良好的关系。另外，微信公众平台还可以对客户投诉进行处理，中心可以在微信公众平台设立投诉箱、意见箱，并要求相关负责人对所有投诉内容给予足够重视，并且针对错误的地方公开向客户道歉，并进行事后跟踪。

中心还可通过微信公众号、视频号、抖音等移动互联网应用推送营销软文、优惠信息、健康科普等，这样做一是向潜在客户进行信息推送吸引新客户，二是向老客户推送信息维护与老客户的关系。在软文方面，中心可根据最新发生的新鲜事、节日等热点来撰写软文，借助这些热点来撰写健康科普文章，以提高客户的满意度。

5.通过广告与客户沟通　广告形式多样，传播范围广，可对目标客户、潜在客户和现实客户进行解释、说明、说服、提醒等，是中心与客户沟通的一种重要途径。

通过广告与客户沟通的优点是：迅速及时，能够准确无误地刊登或安排播放的时间，并可全面控制信息内容，能让信息在客户心中留下深刻的印象。

通过广告与客户沟通的缺点是：单向沟通，公众信任度较低，易引起客户逆反心理。这就要求中心的广告要减少功利的色彩，多做一些公关广告和公益广告，才能够博得客户的好感。

6. *通过宣传与客户沟通*　通过公共宣传如广播、电视等新闻机构与客户沟通的优点是：可以增加信息的可信度，因为它是一个与获利无关的评论，比较可靠；另外，公共宣传还可使中心欲与客户沟通的信息得到免费曝光的机会，从而降低中心的宣传成本。

机构还可通过内部刊物发布机构的政策与信息，及时将机构的变化信息传递给客户。当然，这里的信息包括新项目新技术的开发信息、体检项目的意义和作用、项目价格的变动信息，新制订的对客户的奖励政策及促销活动的开展等。

二、客户忠诚管理

引例：某品牌在官方网站建立了该品牌社区，将有共同爱好、共同价值观的粉丝进行聚拢，通过同城会、粉丝节等不断深化社区的活力与磁场，并在该品牌社区平台引导粉丝进行内容创造，与核心的粉丝用户建立良好的互动关系，通过一系列的优惠措施及尊崇体验带给核心粉丝更高的溢价。该品牌还通过微信平台对粉丝遇到的产品售后问题进行维护，以解决产品设计缺陷可能产生的粉丝流失问题。同时，某品牌在各大媒体社交工具上都保持零距离贴近顾客，包括该品牌手机的创始人在内的公司高层管理者每天都会亲自做一系列的客服工作，耐心解答用户部分提问。总之，某品牌通过构建稳固的粉丝群，打造集群社区，得到了粉丝的认同与追随。

启示：某品牌通过该品牌社区、同城会、粉丝节等，与粉丝建立良好的互动关系，使粉丝有了归属感，感到自己被重视、被尊重，因而提高了对该品牌的忠诚度。

（一）客户忠诚含义

客户忠诚是指客户一再重复购买，而不是偶尔重复购买同一企业的产品或者服务的行为，不会因市场的变化和竞争性营销力量的影响产生转移。

（二）如何实现客户忠诚

1. *努力实现客户完全满意*　客户越满意，忠诚的可能性就越大，而且只有最高等级的满意才能实现最高等级的忠诚。可见，健康管理中心应当追求让客户满意，甚至完全满意。

例如，施乐公司在进行顾客满意度的评估中发现，不仅满意与再购买意愿相关，而且完全满意的顾客的再购率是满意客户的 6 倍。为了追求客户完全满意，施乐公司承诺在顾客购买后 3 年内，如果有任何不满意，公司保证为其更换相同或类似的产品，一切费用由公司承担，这样就确保了相当多的客户愿意持续忠诚于施乐。

2. *增强客户的信任与感情*

(1) 增强客户的信任：客户满意度产生客户信任。长期的客户信任有利于客户忠诚的形成。因此，要持续不断地增强客户对健康管理中心的信任，这样才能获得客户对健康管理中心的忠诚。有些企业试图通过“搞关系”“走后门”来“摘定”客户，但事实上，客户清楚，“走关系”“走后门”都带有赤裸裸的目的性。所以“搞关系”“走后门”无法获得客户信任，无法获得长期而稳定的客户关系，随时存在土崩瓦解的可能。那么，怎样才能增加客户的信任呢？第一，要牢牢树立“客户至上”的观念，想客户之所想，急客户之所急，解客户之所难，帮客户之所需，所提供的产品与服务确实能够满足客户需要。第二，要提供广泛并值得信赖的信息（包括广告）。当客户认识到这些信息是值得信赖并可接受时，中心与客户之间的信任就会逐步产生并得到强化。第三，要针对客户可能遇到的风险，提出保证或承诺并切实履行，以减少他们的顾虑，从而赢得他们的信任。第四，要尊重和保护客户的隐私，使客户有安全感，进而产生信赖感。第五，要认真处理客户投诉，如果中心能够及时、妥善地处理客户投诉，就能够赢得客户的信任。

（2）增强客户的感情：中心在与客户建立关系之后，还要努力寻找交易之外的关系。如加强与客户的感情交流和感情投资，这样才能巩固和强化客户的关系。那么如何增强客户对中心的情感呢？

1）积极沟通，密切交往：中心应当积极地与客户进行定期或不定期的沟通，了解他们的想法和意见，并邀请他们到中心的各项决策中，让客户觉得自己很受重视。

2）超越期待，雪中送炭：沃尔顿常对员工说："让我们以友善、热情对待顾客，就像在家里相待客人一样，让他们感觉到我们时刻都在关心他们的需要。"

生活中我们常说"将心比心，以心换心"。中心与客户之间特别需要这种理解与关心。

当中心对处于危困之中的客户"雪中送炭"，那么。很可能为自己培养了未来的忠诚客户。

如今，客户对服务的要求越来越高，尤其是老客户和一些身份地位较高的客户，他们不希望每次体检都要重复做一些相同的事情，如回答"什么药物过敏""有什么慢性病""有没有吸烟"等这样的老问题，因为这会使老客户感到自己是中心的陌生人，心中自然不快。如果中心能够做到对老客户的基本信息、个人喜好、基本病情都记得一清二楚，那么就会使老客户有在家的感觉，也就能够提升老客户的满意度和忠诚度。

新加坡东方大酒店实施了一项"超级服务"计划，就是服务人员要尽可能地满足客户的需要，不管是否属于分内的事。有一天，酒店咖啡厅来了四位客人，他们一边喝咖啡，一边拿着文件在认真地商谈问题，但咖啡厅的人越来越多，嘈杂的人声使得这四位客人只好大声说话。受过"超级服务"训练后的服务员，觉察到这一点，马上向客房部打电话。询问是否有空的客房可以借给这四位客人临时一用，客房部立即答应提供一间，当这四位客人被请到这间免费的客房并知道这是为了让他们有一个不受干扰的商谈环境时，他们对这么好的"超级服务"感到难以置信。事后他们在感谢信中写道："我们除了永远成为您的忠实顾客之外，我们所属的公司以及海外的来宾，将永远为您做广告宣传。"

总之，中心只有通过对客户的理解，体贴及人性化，真心付出，以诚相待，才能增强客户的信任与情感，才能与客户建立长期友好的关系。

（3）建立客户组织：建立客户组织，可使中心与客户的关系正式化、稳固化，使客户感到自己有价值受欢迎被重视而产生归属感。客户组织还使企业与客户之间由短期关系变成长期关系，由松散关系变成紧密关系，由偶然关系变成必然关系，因而有利于企业与客户建立超出交易关系之外的关系。

例如，中心可以根据体检客户检后结果进行分类，根据不同疾病的患病风险加入相对应的企业社群（如企业微信），群里有专业医生、护士及管理员，定期为客户推送相关健康管理知识，解答客户提问，组织线下见面交流会等。还可以定期为客户寄发健康管理信息相关资料，并听取他们的意见，从而牢牢地拴住一大批忠诚的客户。

（4）加强业务联系，提高不可（易）替代性。

1）加强业务联系：加强业务联系是指渗透到客户的业务中间，使双方形成战略联盟与紧密合作的关系。假如中心能够向客户提供更多、更宽、更深的服务，如为客户单位提供员工健康信息数据库建设、健康小屋搭建、健康门诊服务、营养食堂建设等方面的帮助，就能与客户建立紧密的联系从而促进客户忠诚。

2）提高不可（易）替代性：假如中心凭借自身的人才、经验、技术、专利、秘方、品牌、资源、历史、文化、关系、背景等为客户提供独特的、不可（易）替代的产品或服务，就能够增强客户对企业的依赖性，从而实现客户忠诚。

（5）以自己的忠诚换取客户的忠诚：中心不应当忽视自己对客户的忠诚，而应当以自己对客户的忠诚换取客户的忠诚。

在新冠疫情爆发期间，许多健康管理中心承担起核酸采样的工作，到相关客户单位进行上门核酸采样。危难时刻见真情，这些同舟共济、共渡难关的做法密切了双方关系。客户无疑会投桃报李，以自己的忠诚作为回报。

（6）加强员工忠诚的管理：一方面，只有满意的、忠诚的员工才能愉快地、熟练地提供令客户满意的服务，从而忠诚。另一方面，员工的流失会影响客户的忠诚。为此，中心一方面要通过培养员工的忠诚实现客户的忠诚，另一方面要通过制度避免员工流失造成客户的流失。

1）通过培养员工的忠诚实现客户的忠诚

①寻找优秀的员工并加强培训：中心应寻找那些特质，有潜力，价值观与企业的制度、战略和文化相一致，才识兼备、技术娴熟、工作能力强的员工。此外，中心应培训员工树立“以客户为中心”“客户至上”的理念，使每位员工认识到他们的工作如何影响客户和其他部门的人员，最终影响客户的忠诚和企业的生存，并给予相关知识和技能的培训与指导。

②建立有效的激励制度：首先，中心要尊重员工的合理要求，充分满足员工的需要，在员工个人发展上舍得投资，及时解决员工遇到的问题，从而不断提高员工的满意度。其次，中心要充分授权，要赋予员工充分的权利和灵活性，从而使员工感到自己受重视、被信任，进而增强其责任心和使命感，激发其解决生产、服务等各环节问题的创造性和主动性，使每个员工都群策群力、同心同德，共同想办法赢得客户忠诚。最后，要建立有助于促使员工努力留住客户的奖酬制度。

③不轻易更换为客户服务的员工：熟悉就会亲切，如果一个员工在服务客户的岗位上待的时间长了，不仅可以了解客户的兴趣与需求，而且能够给客户带来亲切与温暖。

例如：一家法国咖啡饼屋连锁店的经理加里•阿伦森（Gary Aronson）只雇用愿意每周工作 50 ～ 60 小时的人（这一行业中每位员工平均每周的工作时间是 40 小时），他为此对员工多工作的 10 ～ 20 小时付了加班工资，为的是希望每天光顾的大部分顾客能够见到同一张面孔。正是这样，该店的许多服务员能够记住 100 多位老顾客的名字和喜好，因此该店的顾客“回头率”非常高。

2）通过制度避免员工的流失造成客户的流失：虽然熟悉的员工能给客户带来亲切感，但是，成也萧何，败也萧何——客户熟悉的员工的离职可能会造成客户的流失。为此，企业可通过扩大客户与企业接触面的制度，减少客户对企业员工个人的依赖，途径如下。

①轮换制度：即每隔一段时间更换与客户联系的员工，这样当某个员工离职时，能保证仍有客户熟知的员工为之服务。例如，麦肯锡公司就采用了咨询师轮岗制，公司每次会派不同的咨询师同客户接触和谈判，从而保证客户与公司多位咨询师接触，并把新咨询师同客户的接触当作从不同视角发现问题的机会，因此，客户也不会对咨询师轮换导致的服务质量产生疑问。在这种咨询师轮岗的情况下，如果一个咨询师离职，客户还可以与公司的其他咨询师继续合作，而不会产生客户流失现象。但是，员工轮换不宜过于频繁，因为如果客户还没来得及与员工建立良好的合作关系，这个员工就被调离，客户会怀疑企业到底是否能够为他提供连续的服务。

②以客户服务小组代替“单兵作战”：由于团队的作用，单个员工对客户的影响被削弱，这降低了员工流失导致客户流失的可能性。服务小组可采取多种形式，如客户服务小组的成员

可以由跨部门的人员组成，也可以由同一部门不同级别的人员组成。当然，中心要确保每个成员输出信息的一致性，自相矛盾的信息或缺乏团队精神都会让客户怀疑服务小组能否胜任他们的角色。

③通过数据库在中心内部实现客户资源的共享：中心要把各个员工所掌握的客户信息在中心内部共享，同时建立知识共享的中心文化，为员工创建一种开放的工作环境，并组织开展一些交流活动，如员工经验交流会等，让他们可以自由沟通、分享信息，从而在中心内部共享客户资源。这样，就不会出现由于某一员工的离开造成客户流失的情况，任何员工都能在其他员工的基础上发展与客户的关系。

思考题

1. 如何运用沟通技巧处理体检过程中遇到的问题？
2. 如何最大程度发挥护理人员在客户关系维护中的作用？

（魏剑婷　周晓丹）

参考文献

卞玉，李红英，杨少玉，等，2012. 健康体检中沟通技巧的应用 [J]. 中国误诊学杂志，12(12):2937.

高西美，梁济乐 2010. 健康体检服务的有效沟通 [J]. 齐鲁护理杂志，16(16):28.

龚瑜，2011. 沟通在解决体检工作中矛盾的应用 [J]. 当代护士 (专科版), (1): 185-186.

韩丽蓉，2017. 沟通技巧在健康体检护理中的应用分析 [J]. 青海医药杂志，47(3):43-44.

卡米拉·艾沙，2020. 探讨细节护理在健康体检中心护理服务中的应用效果 [J]. 湖南中医药大学学报，10(S01): 197-199.

李乐乐，武爱萍，2015. 沟通方法在体检静脉采血护理中的作用 [J]. 中华肿瘤防治杂志，(B11): 317-318.

李巧燕，王慧，2018. 细节护理在健康体检中心护理服务中的应用研究 [J]. 中外医学研究，16(26): 127-128.

史静，2021. 沟通技巧在健康体检护理中的应用分析 [J]. 黑龙江中医药，50(2): 297-298.

苏朝晖，2020. 客户关系管理 [M]. 北京：人民邮电出版社.

谢培豪，2019. 人际沟通 [M]. 北京：科学出版社.

杨华，罗霞，姚晓琴，2016. 流程化沟通在健康体检 VIP 导检过程中的应用 [J]. 齐鲁护理杂志，22(19): 2-103.

张艳，王银，2011. 健康体检中老年人群的护理沟通 [J]. 解放军护理杂志，28(20):60-61.

赵媛，刘倩男，孙春华，2022. 护患沟通技巧模式护理在健康体检中的应用 [J]. 齐鲁护理杂志，28(14): 101-103.

曾妍妍，黄雪娟，王义涛，等，2022. 基于细节护理的强化沟通技巧在健康体检中的应用及对睡眠的影响 [J]. 世界睡眠医学杂志，9(12):2424-2427.

Julia Balzer Riley, 2010. 护理人际沟通 [M]. 隋树杰，徐宏，译. 北京：人民卫生出版社.

第 11 章　健康管理机构信息管理与应用

学习目标

了解：健康信息管理系统的意义及应用前景。

熟悉：健康信息管理的组织架构、健康管理平台应用。

掌握：健康信息管理定义、基本制度、种类和应急预案措施。

第一节　健康信息管理概述

一、健康信息管理的定义

健康信息管理（health information management，HIM）是指对健康信息资源的管理，是通过系统性的方法，收集、整理、分析、利用健康管理对象相关的健康信息、与疾病相关的信息、以健康寿命为核心的各类信息活动要素的集合，最终以信息化、共享化为基础支撑技术，为健康管理对象的健康风险评估、预期诊断与预后判断提供连续性、一体化健康教育等健康管理服务。

二、健康信息管理的意义

（一）提高健康信息质量，提升医疗卫生机构管理绩效

通过整合不同类型的健康信息，解决“数字鸿沟”及“信息贫困”问题，提高健康信息采集、组织、规划、资源配置和存储等各项活动的效率，提升健康信息质量，实现健康信息管理标准化、信息化、数据化、可视化、智能化、智慧化及数智化，优化健康管理和业务流程，缩短受检者诊疗周期，节约医疗成本，有利于提高临床决策能力和医疗机构管理绩效。

（二）提高健康服务内涵，提升社会满意度

通过健康档案管理汇聚收集、整理和分析个人的健康数据，包括生理指标、疾病历史、生活习惯等，个体能够更有效地获取、正确理解与应用健康信息，更好地享受健康信息产品及服务带来的收益，有助于在日常生活中做出更加科学合理的健康决策，如调整饮食结构、增强体育锻炼、优化作息时间等，从而全面提升生活品质。同时，健康信息管理还有助于提升医疗服务的便捷性和效率，如支持远程诊疗和在线咨询等数智化服务模式。

（三）提高公众健康水平，增强应对公共卫生事件的能力

通过对大规模人群的健康数据进行统计和分析，可以揭示疾病的流行趋势、地域分布及影响因素等重要信息，为政府制定针对性的公共卫生政策和措施提供科学依据。同时，在应对公

共卫生事件时，健康信息管理能够迅速监测和评估事件的影响范围及程度，为政府决策提供及时、准确、有力的信息支持，同时也为科学研究提供了宝贵的数据资源，有助于推动医学研究的深入发展。

（四）推动健康产业发展，确立健康信息资源在卫生医疗行业中的战略地位

随着社会对健康需求的不断增长，健康产业已成为一个新的经济增长点。2018 年世界卫生大会达成数字健康决议（WHA71.7），指导全球各成员国建设自己的互操作和集成化国家健康信息系统，能够为健康产业提供强大的数据支持和技术保障，推动健康服务的创新升级。健康信息管理系统，为我国进一步落实 WHO 提出的《数字健康全球战略 2020—2024》提供了坚实的技术保障和有力支撑。

三、健康信息管理的原则

（一）统筹规划、集约发展

打破数据壁垒，加强信息化建设统筹，集约化信息基础设施，深化、整合、规范信息数据，构建全民健康信息化体系。

（二）业务创新、优化服务

借助智慧化信息方式，优化服务模式，提升服务效率。发展推广便捷高效的卫生健康服务，缩小“数字鸿沟”，让更多人享受到优质医疗资源。

（三）促进融合、推进创新

拥抱新技术，促进数据融合和业务协同，构建开放数据生态系统。创新数据供给，挖掘数据价值，推动行业创新和转型升级。

（四）规范有序、保障安全

加强网络安全管理，防范化解风险，确保健康信息安全。加强平台经济治理，规范资本参与，促进公平竞争，为健康信息化建设提供坚实保障。

四、健康信息种类

健康信息是源于对健康数据的组织和分析，及时分类整理使用相关健康信息的数据有助于更好地管理和利用这些信息，成为绝大多数人查询和使用的重要信息。

健康信息种类可以从多个维度和角度进行。

（一）按健康信息数据来源分类

1. *健康调查问卷*　通过问卷收集的个人健康信息，如医疗史、家族史、饮食习惯、运动习惯等。

2. *体检和化验数据*　通过身体检查和化验获得的生理指标，如血压、血糖、血脂、尿检等。

3. *健康监测设备数据*　使用健康监测设备实时收集的个人生命体征信息，如血糖、心率、运动量、睡眠质量等。

4. *专题健康或者疾病调查记录*　通过开设脂肪肝专病门诊、糖尿病专病门诊、心血管专病门诊、运动代谢门诊等对慢性病客户信息进行收集。按健康信息内容性质分类如下。

（1）个人社会基本属性：如民族、年龄、性别、职业、地区、受教育程度等人口统计学特征。

（2）健康兴趣、需求与使用数据：与健康相关的生活习惯、健康感知、危险感知等。

（3）健康保险与体检信息：如每年的例行体检结果、健康保险状况等。

（二）按健康信息覆盖范围分类

1. 个人健康信息　包括个人的健康记录、生活习惯、健康档案、健康信息的实验研究结果等。

2. 公众健康信息　大数据环境下健康信息不仅包括医学信息、身体健康信息，主要针对企业、学校、社区等群体进行健康指导、分析其健康危险因素、疾病流行情况等。

（三）按健康信息表现形式分类

1. 体检机构电子档案　以电子化方式记录客户体检信息，将其当前的健康信息逐渐整理，呈现完整及时的系统分析。

2. 居民健康档案　是以居民个人健康为核心，贯穿全生命周期、包含健康相关因素的信息记录。

3. 健康统计信息　对数据和信息进行定期收集和更新，充分调动社会医疗资源，制订切实可行的健康管理计划。

第二节　健康管理机构信息管理

健康管理机构借助信息化工具和系统性方法，在信息收集、处理、存储、传输、共享等各个环节的行为，确保受检者健康信息的安全性、隐私性、完整性和合规性，提升健康服务质量。

一、信息管理规定

健康管理机构信息管理规定的建立与实施，旨在构建一个安全、合规、高效的健康管理信息平台，为受检者提供更加优质的服务体验。为了规范健康管理机构的信息管理工作，促进健康管理服务的信息化、智能化发展，提升健康管理质量和效率，依据《中华人民共和国网络安全法》《中华人民共和国数据安全法》《中华人民共和国个人信息保护法》《医疗机构管理条例》等相关法律法规，以及《国务院关于促进和规范健康医疗大数据应用发展的指导意见》《国务院办公厅关于促进“互联网＋医疗健康”发展的意见》等文件精神，制定健康体检电子档案管理制度，以展示信息档案的收集与整理、使用与管理、归档与销毁、检查与监督的管理。健康体检电子档案管理制度示例如下。

健康体检电子档案管理制度

为加强健康体检电子档案的管理，提高健康体检工作的效率和质量，保障公民个人健康信息安全，依据《中华人民共和国数据安全法》《中华人民共和国个人信息保护法》等相关法律法规，以及《国务院关于促进和规范健康医疗大数据应用发展的指导意见》等文件精神，制定本制度。

第一条 本制度适用于本机构内部所有涉及健康体检电子档案的管理活动，包括但不限于电子档案的收集、整理、使用、管理、归档及销毁等各个环节。

第二条 健康体检电子档案是指以电子形式存储的健康体检信息，包括受检者基本身份资料（如姓名、身份证号、手机号、体检唯一识别号等）、影像资料（如体检照片等）、体检报告、检查数据、体检结果、健康评估、诊疗建议等。

第三条 信息档案的管理原则

（一）依法管理，确保档案的完整、准确、安全。

（二）规范操作，提高档案管理的效率和水平。

（三）资源共享，促进健康体检信息与检验、影像、超声、心电图等系统的交流与合作。

第四条 信息档案的收集

（一）完整性：确保收集的电子档案全面覆盖体检全过程的信息，无遗漏。

（二）准确性：收集的信息需真实反映体检实际情况，数据准确无误。

（三）及时性：体检结束后，及时收集并录入电子档案，保证档案信息的时效性。

第五条 信息档案的整理

（一）分类明确：依据体检对象类别、体检项目类型及时间等因素，对电子档案进行科学分类。

（二）命名规范：采用统一的命名规则对电子档案进行命名，以便于检索和管理。

（三）定期备份：建立定期备份机制，确保电子档案在多个存储介质上的安全保存，防范数据丢失风险。

第六条 信息档案的使用

（一）保密性：严格限制电子档案的访问权限，未经授权不得擅自查阅、复制或泄露。

（二）真实性：在使用电子档案时，需确保其内容的真实性与准确性，不得篡改数据。

（三）完整性：在传递或展示电子档案时，保持其完整性，不遗漏任何重要信息。

第七条 信息档案的管理

（一）安全防护：建立全面的安全防护体系，包括防火墙、入侵检测、数据加密等措施，防止电子档案被非法访问、篡改或泄露。

（二）权限控制：实施严格的权限管理制度，明确各级人员的系统访问权限，确保电子档案的安全访问。

（三）定期审查：定期对电子档案进行审查，确保档案的合规性和准确性，及时发现并纠正问题。

第八条 信息档案的归档

（一）规范整理：按照归档标准和流程，对电子档案进行有序整理、分类和编号。

（二）安全存储：将整理好的电子档案安全存储至指定的电子档案库中，确保电子档案保存时间不少于 15 年。

（三）审核确认：归档前，需对电子档案进行必要的审核、签字及盖章确认，确保归档程序的合法性和规范性。

第九条 信息档案的销毁

（一）鉴定审批：按照既定程序，对需销毁的电子档案进行鉴定和审批，确保销毁的合理性。

（二）安全销毁：在销毁过程中，应采取有效措施确保电子档案内容的彻底删除，防止信息泄露。

（三）记录存档：对销毁的电子档案进行记录，并保存销毁凭证，以备查考。

第十条 信息档案检查监督

（一）本健康管理机构质控部门每季度对健康体检信息管理系统进行检查，发现问题及时纠正。

（二）必要时，可邀请第三方专业机构对机构的信息管理情况进行检查，以客观评价信息管理水平。

（三）对于违反本制度的行为，依据机构内部规定进行处理，包括但不限于警告、罚款、解除劳动合同等，情节严重的将依法追究法律责任。

第十一条 附则

（一）本制度的解释权归本单位档案管理部门所有。

（二）本制度自发布之日起正式施行。

（三）本健康管理机构其他与健康体检电子档案管理相关的活动，可参照本制度执行，确保管理的一致性和规范性。

二、信息管理组织架构及职责

（一）信息管理组织架构（图 11-1）

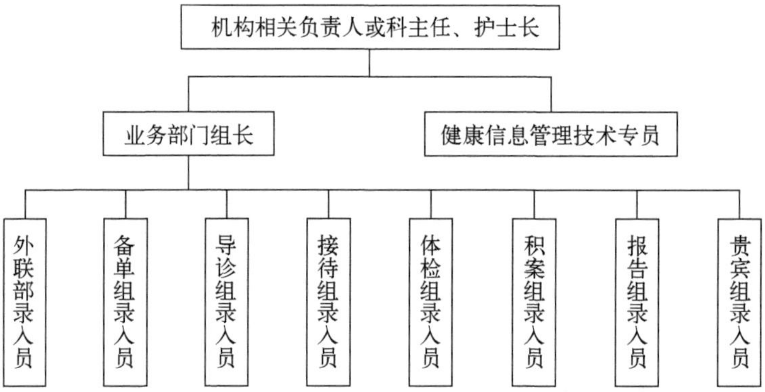

图 11-1　信息管理组织架构

（二）健康信息管理分级及管理

根据健康信息管理职责分为 3 级管理，具体职责如下。

1. 一级健康信息管理及岗位职责

（1）一级健康信息管理为机构相关负责人或科主任、护士长。

（2）依据国家、地区、医院相关健康信息管理规定，牵头制定并实施健康管理机构的健康信息管理政策与制度，明确健康信息收集、存储、使用的流程和标准，保障健康信息的合法性和规范性。

（3）定期督查二级管理工作。

（4）每月召开一次健康信息管理小组会议，对现有的健康信息安全、健康数据进行分析讨论，结合数据分析结果，提出优化与整改措施。如遇紧急突发事件随时召开会议，解决问题。

2. 二级健康信息管理及岗位职责

（1）二级健康信息管理成员为业务部门组长和健康信息管理技术专员。

（2）业务部门组长指导并监督三级健康信息管理成员（岗位录入员）的工作。

（3）业务部门组长应明确各录入员职责，提升团队计算机操作和信息技术水平。

（4）业务部门组长应督促准确录入数据，建立核对流程，减少错误。

（5）健康信息管理技术专员应具备信息技术相关领域学历背景，具有网络管理、系统维护、数据库管理、安全策略实施等方面实践经验，拥有信息技术行业认证。

（6）健康信息管理技术专员应实施健康体检数据的安全管理工作。

（7）健康信息管理技术专员负责健康信息数据库的日常维护和管理，协调各部门之间的信息共享和数据交换工作，确保数据的规范性和一致性。

（8）健康信息管理技术专员关注健康信息管理领域的最新发展动态和趋势，根据业务需求，持续优化和提升健康信息数据库的结构与性能。

（9）健康信息管理技术专员对健康信息管理系统的使用人员进行权限管理，确保只有授权人员能访问相关数据。

（10）健康信息管理技术专员提供技术支持，及时处理各类健康信息突发事件，定期开展健康信息管理培训服务。

3. 三级健康信息管理及岗位职责

（1）三级健康信息管理成员为各岗位录入员，各岗位录入员承担三级健康信息管理责任。

（2）各岗位健康信息录入员应具备基本的计算机操作能力，能够运用信息技术手段提高工作效率。

（3）严格遵守健康信息安全保密制度，不得泄露、滥用或非法使用健康体检数据。

（4）准确无误地输入健康信息数据，并进行核对和校验，确保数据的准确性和可靠性。及时处理数据输入过程中发现的异常和错误，并报告给相关负责人。

（5）根据业务需要，提供健康信息的查询服务，并确保查询结果的准确性和及时性。

三、健康信息应用过程管理

健康信息应用过程管理包括受检者个人信息的收集、分类、整理、存储、保密、查询、审查、更新、借阅、归还、销毁及检查与监督等内容。

（一）数据收集与分类

1. 数据收集　健康管理机构在每位受检者首次到来时，应根据受检者提供的信息建立个人健康档案，包括个人基本信息既往病史、家族病史、生活习惯等。

2. 信息分类　根据受检者的特点和需要，健康管理机构将档案进行分类，可按照体检日期、病症分类等进行归类管理，确保档案的有序性和便捷性。

（二）信息整理与存储

1. 信息整理　健康管理机构负责对受检者档案进行整理和归档，包括对档案材料的清理、装订和编目等工作，确保档案的完整性和准确性。

2. 档案存储　健康管理机构建立档案存储系统，可以采用电子健康档案信息库，确保档案的安全和可靠性。电子档案应备份并设有权限管理措施，保存时间不少于 15 年。

（三）信息保密与查询

1. 档案保密　健康管理机构对受检者的个人信息和隐私进行保护，建立严格的保密制度，只允许授权人员查阅和使用档案：禁止未经授权的档案外泄。

2. 档案查询　授权人员可依据工作需要，通过合法渠道进行档案查询，确保授权人员可以便捷地获取需要的档案信息，提高工作效率和准确性。

（四）档案审查与更新

1. *档案审查* 健康管理机构定期对档案进行审查，确保档案的准确性和时效性，记录受检者的健康状况和治疗情况，发现问题及时纠正。

2. *档案更新* 健康管理机构应及时更新受检者档案，包括个人信息的变更、病症诊疗的记录和检查结果等，确保档案信息的完整、连续和准确。

（五）档案借阅与归还

1. *档案借阅* 健康管理机构建立档案借阅和归还制度，授权人员需要借阅档案时，应提出申请并说明理由，经审批后方可借阅档案。

2. *档案归还* 借阅人员在使用完毕后，应及时归还档案，记录归还日期和状态，确保档案的使用和归还有记录可查。

（六）档案销毁

健康管理机构按照相关规定，对过期或不需要保留电子档案的彻底删除，确保受检者信息的安全。

（七）检查与监督

1. *检查* 健康管理机构应建立信息系统质量评价机制，定期评估系统稳定性、安全性、易用性和功能性，以确保信息系统的有效运行和满足用户需求。

2. *监督* 健康管理机构应定期对信息管理活动进行监督，以确保各项制度得到有效实施。

四、信息系统异常应急预案

当出现信息系统故障，启动健康管理机构网络与系统故障应急预案；当出现数据泄露，启动健康管理机构数据泄露应急预案。

（一）网络与系统故障应急预案

1. *故障分类*

（1）一类故障：包括健康管理机构服务器无法正常运作、整体网络瘫痪及突发服务器停电。

（2）二类故障：主要包括区域网络或硬件故障，以及除体检主系统外的其他单一软件瘫痪（如医保系统、检验系统、开单取号和各检查室排队软件故障）。

（3）三类故障：指单一电脑终端故障。

2. *应对措施* 当发现计算机无法登录、数据无法保存或无法访问网络时，应立即通知健康信息管理技术专员，技术专员检查后需反馈故障信息。若故障原因清晰且能够即刻恢复，就应当迅速排除故障；若原因不明、情况严峻并且短期内难以排除，则应立即向健康管理机构相关负责人汇报并启动应急预案。在负责人指导下，技术专员负责协调并修复故障。各岗位工作人员需向受检者做好解释安抚工作，确保体检业务正常运行。

各类故障处理原则如下。

（1）一类故障

1）立即上报健康管理机构相关负责人，由健康信息管理技术专员负责跟进协调，各岗位工作人员需耐心向受检者解释沟通，维持现场秩序。

2）服务器突发停电时，应立即关闭服务器并通知后勤保障人员上报并协调解决，等待电力供应恢复正常后重新启动服务器。

（2）二类故障

1）由健康信息管理技术专员集中解决，各岗位工作人员引导受检者至其他检查室。

2）除体检主系统外的其他单一软件瘫痪。医保系统：通知开单医生暂停医保开单，等待故障解决；排号系统：转入人工排号，进行人工叫号；检验系统：暂停布管，健康信息管理技术专员与检验科沟通，等待系统恢复；干部体检系统：部分项目可手工记录，待系统恢复后再补录至系统。

（3）三类故障：由健康信息管理技术专员集中解决。

3. 处理流程（图 11-2）

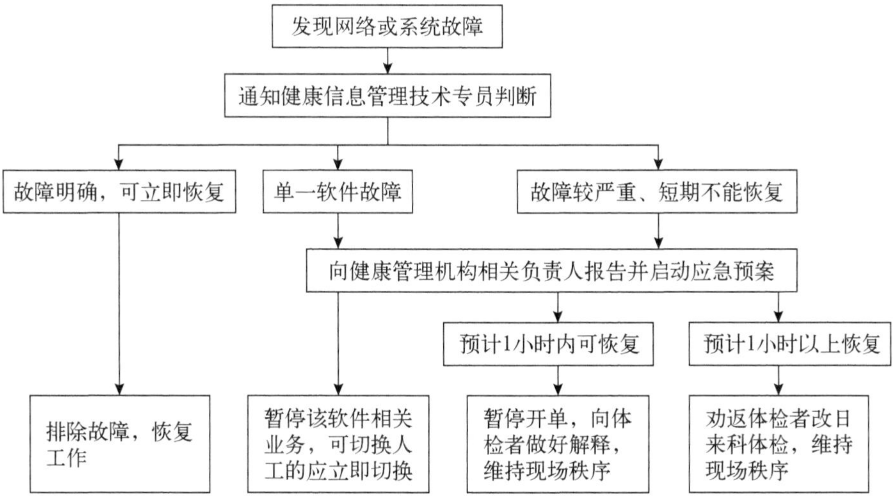

图 11-2　发现网络或系统故障处理流程

（二）数据泄露应急预案

1. 泄露途径分类

（1）外部泄露

1）供应链泄露：包括自身供应链（如检验系统、支付系统）和第三方供应商（如 IT 服务提供商、数据分析公司等）的泄露风险。

2）互联网敏感信息泄露：通过搜索引擎、公开代码仓库、网盘、社交网络等渠道泄露。

3）互联网应用系统泄露：如 VPN 系统、邮件系统等存在漏洞被恶意攻击者利用。

（2）内部泄露

1）内部人员窃密：如员工非法获取数据并转售。

2）终端木马窃取：内部终端被植入木马导致数据被窃取。

3）基础支撑平台泄露：如数据库、缓存系统等被攻击。

4）内部应用系统泄露：攻击者利用系统漏洞获取数据。

2. 应对措施　在面对数据泄露事件时，健康管理机构的健康信息管理技术专员快速响应与处置机制，以最大限度地减少数据泄露带来的损失与风险。健康管理机构应建立健全的数据泄露应急预案，明确责任分工，加强日常管理和培训，提升数据安全意识，以有效应对数据泄露事件，保护个人及机构信息安全。

（1）数据外部泄露防范

1）加强供应链和第三方供应商的数据访问控制，完善审计措施。

2）做好互联网应用服务的安全配置，避免违规内容被搜索引擎收录。

3）互联网应用系统上线前进行全面渗透测试，避免存在安全漏洞。

（2）数据内部泄露防范

1）对业务系统运营人员和运维研发人员实施严格的访问控制，最小化权限分配。

2）建立终端准入机制，部署杀毒和终端管控软件。

3）加强员工安全意识培训，培养良好的终端使用习惯。

4）内部应用系统交付前进行全面软件测试和渗透测试，避免存在隐藏漏洞。

3. 处理流程（图 11-3）

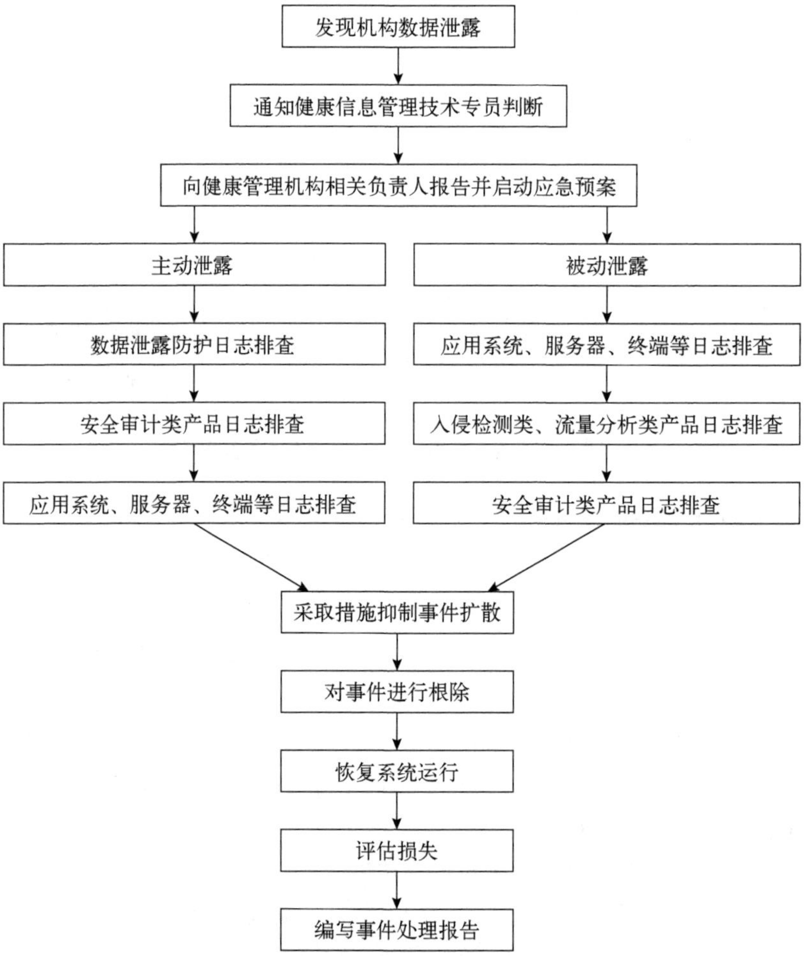

图 11-3 发现机构数据泄露处理流程

五、健康信息系统实践

以福建省某健康管理机构体检系统为例，介绍健康管理信息系统实践应用及健康信息系统质量评价（图 11-4）。

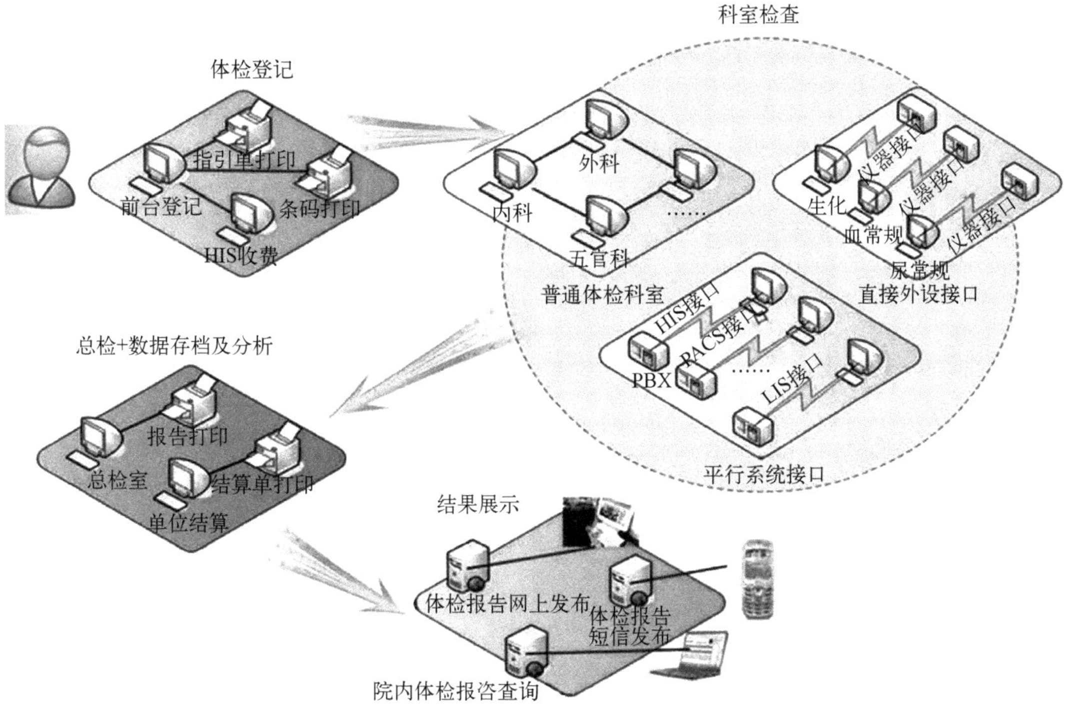

图 11-4　福建省某健康管理机构体检系统拓扑图

（一）健康管理机构体检系统日常应用实践

体检系统是集预约管理、项目选择、数据采集、报告生成、健康评估、档案管理、统计分析及在线咨询服务于一体的综合信息平台。

1. 用户管理模块

（1）账号注册与登录：支持用户通过手机号、邮箱等方式注册并登录系统。

（2）个人信息管理：允许用户编辑和完善个人基本信息，如姓名、性别、年龄、联系方式、既往病史等。

（3）权限管理：根据用户角色（如普通受检者、企业员工、医生等）分配不同权限，确保数据访问的安全性。

2. 预约管理模块

（1）体检套餐选择：提供多种体检套餐供用户选择，套餐内容可根据性别、年龄、健康状况等因素定制。

（2）时间预约：用户可在线选择体检日期和时间段，系统自动分配资源并生成预约单。

（3）预约变更与取消：支持用户在线修改或取消预约，减少不必要的资源浪费。

3. 项目执行与数据采集模块

（1）导检服务：通过系统引导用户按顺序完成体检项目，减少等待时间。

（2）数据录入：支持人工录入、设备自动上传等多种方式收集体检数据，如身高体重、血液检测、影像学检查等。

（3）质量控制：对数据采集的进程进行监察，确保数据的精确性和完整性。

4. 报告生成与解读模块

（1）自动生成报告：根据采集的数据，系统自动生成体检报告，包含各项指标数值、异常提示及建议。

（2）报告解读：提供详细的报告解读服务，帮助用户理解体检结果，必要时行多学科会诊。

（3）对比分析：支持 3 年历史体检报告对比，展示健康指标变化趋势。

5. 健康评估与管理模块

（1）风险评估：基于体检数据，运用健康风险评估模型，评估用户的健康状况和潜在疾病风险。

（2）健康建议：根据评估结果，为用户提供个性化的健康改善建议，包括饮食、运动、生活习惯等方面。

（3）健康管理计划：支持用户制订并跟踪健康管理计划，促进健康习惯的养成。

6. 档案管理模块

（1）电子档案管理：实现体检报告的电子化存储，方便用户随时查阅和下载。

（2）隐私保护：严格遵守医疗数据保护法规，确保用户信息的安全性和隐私性。

7. 统计分析模块

（1）数据分析：对体检数据进行深度挖掘，分析疾病分布、流行趋势等，为医疗决策提供支持。

（2）报表生成：根据分析结果，自动生成各类统计报表，如体检人数统计、疾病分布图等。

8. 在线咨询与服务模块

（1）医生咨询：提供在线咨询功能，用户可直接与医生进行文字、语音或视频交流。

（2）健康资讯：发布最新的健康资讯、疾病预防等知识内容，提升用户健康意识。

（3）客服支持：全天候在线客服，解答用户关于体检系统使用、体检安排等方面的问题。

（二）健康信息系统质量评价

1. 评价目的　健康信息系统评价制度是指对健康信息系统进行全面、系统的质量评价，保障信息系统的高效运作并满足用户需求，确保该系统能为用户提供高效、便捷、安全的服务。

2. 系统功能评价

（1）健康体检信息管理系统：健康管理机构应逐步建立和完善体检信息系统，对体检结果实现电子化管理，健康体检报告应使用规范的医学名词术语以便于数据储存、统计和分析。

（2）电子健康信息：以电子检查结果的规范储存为基础，建立个人电子健康档案，电子健康信息须有备份并永久保存。

评价方法包括数据收集、数据分析、访谈调查等，评价标准包括信息系统的稳定性、安全性、易用性、功能性等方面。

3. 评价周期　评价周期为每季度一次，评价结果及时反馈给相关部门和人员，并根据评价结果制订相应的改进措施。

4. 评价标准　详见表 11-1。

表 11-1　健康信息系统质量评分表

质控人员：		质控方式：			质控日期：	
考核项目及标准		考核内容	评分（分）	得分	原因分析	责任人
及时评价系统稳定性（10 分）	故障频率	及时发现并跟踪系统故障	5			
	故障恢复时间	各岗位操作人员及时发现故障，简单自行处理恢复时间不超过 15 分钟，不能处理的立即联系健康信息管理技术专员	5			
系统安全性（15 分）	数据完整性	及时发现数据传输和存储过程中的问题	5			
	防止数据泄露	是否定期检查信息系统的安全措施，防止敏感信息泄露	5			
	抵御黑客攻击	检查系统具备抵御常见黑客攻击的能力	5			
系统易用性（15 分）	用户界面友好性	维护日常系统界面简洁、直观，易于操作	5			
	操作便捷性	及时观察各项操作是否便捷，能提高工作效率	5			
	用户培训和支持	督促健康信息管理技术专员提供及时、有效的机构工作人员培训和技术支持	5			
系统功能性（15 分）	系统功能满足需求程度	观察系统功能是否能够满足业务需求，提高工作质量和效率	5			
	功能的准确性和可靠性	观察系统功能准确可靠，避免出现错误和故障	5			
	系统的可扩展性	及时发现系统具备良好的可扩展性，能够满足未来业务发展的需求	5			
数据收集（10 分）	系统运行数据	观察收集系统的运行日志、性能指标等数据是否丢失或不完整	5			
	用户反馈数据	收集体检者和机构工作人员对系统的使用体验、问题反馈等数据	5			
数据分析（10 分）	系统故障分析	观察是否分析系统故障的原因、频率和影响范围	5			
	用户反馈分析	观察体检者和机构工作人员反馈数据，了解体检者和机构工作人员对系统易用性和功能性的满意度，找出存在的问题和改进的方向	5			
访谈调查（5 分）	与相关人员访谈	了解体检者和机构工作人员对系统的看法和需求，收集改进建议	5			

续表

考评项目及标准		考试内容	评分（分）	得分	原因分析	责任人
评价结果反馈（10分）	及时反馈评价结果	跟踪信息部门，对收到系统的运行情况和存在的问题时效性，是否及时响应	10			
改进措施实施（10分）	制订改进措施	根据评价结果，与相关部门和人员共同制订改进措施，明确责任人和时间节点	5			
	定期跟踪	评估改进措施的有效性，及时调整和完善改进措施	5			
总得分						

第三节　健康信息系统现状与展望

随着信息技术的飞速发展和医疗需求的日益增长，健康信息系统在医疗领域的应用日益广泛，其重要性和潜力也日益凸显。健康信息系统不仅提升了医疗服务的效率和质量，还为医疗科研、健康管理和疾病预防等提供了新的工具和手段。展望未来，健康信息系统的应用前景将更加广阔，其发展趋势和应用领域也将不断拓展。

一、健康信息系统的定义与现状

我国健康信息发展与发达国家相比虽较晚，但发展的速度比较快。为了提高健康管理水平，很多健康管理机构在信息化方面已做大量投入，取得了一定效果，但存在一些问题，如规范化、标准化的问题。体检管理软件大部分是由各医院在自身实际需求基础上独立存在，大都是独立运行，各个平台和标准不一致，在信息编码、内容结构、数据报表等方面缺乏统一的规范，导致信息无法进行传达、交流和共享，造成信息资源的浪费且无法充分发挥出信息技术的优越性。其次健康管理信息化作为一种新的医学服务模式各方面建设还不够成熟，对以健康档案和电子病历为基础的健康管理信息平台的构建和远程会诊及双向转诊、远程监护、远程急救和远程教育等功能的实现还需要进一步开展探索，需要国家和社会各方面加大投入。目前，健康信息系统已经在健康档案管理、慢性病受检者管理、智能养老、健康云平台等多个领域得到了广泛应用，并取得了显著成效。

（一）智能健康档案管理系统

随着国家大力推广互联网 +，互联网应用已经深入到社会各个领域，我国医疗卫生行业也进入了大数据时代，人们的病历从纸质变为医疗电子设备中可随时检索的信息。

1. *智能健康管理系统概念*　智能健康管理系统是新时代信息技术发展、健康服务要求提升的必然产物。是依托大数据、云计算、物联网、人工智能等技术立足完整的电子居民健康档案和电子病历的数据库，为居民和卫生机构提供集数据采集、存储、管理、评估、预警和干预于一体的综合性系统，通过现代信息技术的运用，从而提供更高水平的公共卫生和医疗服务。

2. *智能健康档案管理系统的意义及作用*　系统支持多种健康数据采集方式，包括但不限于智能设备自动采集、用户手动输入、医院体检报告导入等。采集的健康数据包括但不限于身高、体重、血压、血糖、心率等生命体征信息，以及用户的运动、饮食、睡眠等生活习惯数据。通过自动化的信息录入和检索功能，极大地提高了医疗工作效率，减少纸质档案翻阅和查找的时间，从而更快速地做出诊断和治疗决策。系统还能自动完成数据汇总和统计分析，能够将所有健康信息集中存储和管理，包括病历、检查报告、用药记录等。这种集中管理方式对个体来说不仅方便医生随时查看和了解受检者的病情，确保医疗过程的连续性和完整性，为医疗管理和决策提供有力支持。从国家层面统筹建立健康体检数据应用体系，对健康体检数据进行整合分析，也是为“健康中国 2030”提供强有力的保障。

3. 智能健康档案管理体系模块　智能健康档案管理体系的主要功能模块有健康档案、健康体检、健康监测（可穿戴传感医疗设备）、健康评估、健康干预（非药物）和健康指导。

（1）健康档案：健康档案是智能健康档案管理系统的核心模块，健康档案与健康管理系统的广泛应用结合，是建立健全基本医疗卫生制度的重要保障，也是医疗卫生系统信息化的重要内容。电子健康档案其主要内容为个人基本信息和主要卫生服务记录。

1）个人基本信息：一般情况、姓名、性别、出生日期、出生地、国籍、身份证号码、家庭住址、联系电话、文化程度、婚姻状况、从事职业等。

2）个人基本健康信息：血型、过敏史、既往病历史、家族史、遗传疾病史、亲属健康史等。

3）社会保障信息：医疗保险类别、医疗费用支付方式。

4）建档信息：建档日期、建档管理机构等。

（2）健康档案信息来源：卫生服务过程中的各种服务记录；健康体检记录；专题健康或疾病调查记录。

（3）智能健康档案的管理：受检者填写问卷，由健康管理信息采集者上传到健康管理平台，注册个人账号；协助受检者填写个人资料，建立完整的健康管理档案；根据受检者的健康档案，进行专业化综合性健康评估，明确受检者相关的危险因素，实现健康信息动态管理。

（二）慢性病受检者健康信息智能管理系统

“全面推进健康中国建设”已成为一项重要的国家战略，随着我国经济发展水平的不断提高及居民生活行为方式的改变，以高血压、糖尿病和慢性呼吸系统疾病等为主要代表的慢性非传染性疾病的患病率也随之逐年升高。

1. 慢性病受检者健康信息智能管理系统的应用前景　2021 年 3 月发布的《中华人民共和国国民经济和社会发展第十四个五年规划和 2035 年远景目标纲要》指出，坚持预防为主的方针，要强化慢性病预防、早期筛查和综合干预，构建强大的公共卫生体系，筑牢国家公共卫生防护之网，为人民提供覆盖全方位全生命期的健康服务。

2. 慢性病受检者健康信息智能管理系统的总目标　疾病管理是健康管理的主要内容之一，对患有特定疾病的个体或群体连续性的健康状况与生活质量的关注是疾病管理的特点，因此该系统的总目标是为完成慢性病受检者群的电子建档和动态跟踪，实现慢性病管理网络化、智能化和集成化，提高卫生系统各部门间信息共享，为慢性病防治、诊断、随访提供数据支持。

3. 智能管理系统实现的主要功能　该系统是一个多交互的平台，包括以医疗源数据和资源层为基础，以知识库的构建和维护为核心，基于微服务架构灵活组合各业务功能，再通过系统管理达到多功能，全方位对慢病的管理和监督。慢性病智能管理系统的功能主要有健康档案的管理、人群分类、疾病管理。

(1)健康风险评估：为受检者长期诊疗提供翔实的数据支持。此功能用于维护慢性病受检者个人健康档案，收集慢性病信息，最终方便用户对本地区居民个人健康档案统筹查询及统计相关结果。健康危险因素信息采集方法主要有健康体检信息、健康问卷信息、健康档案信息。问卷是健康风险评估进行信息收集的重要手段，根据评估的目标不同，设置不同的信息记录表，根据健康体检的结果生成个人健康信息档案。建立受检者健康档案后，对受检者进行专业化综合性健康评估，使用健康管理平台对受检者群进行有效管理，分析受检者各种健康体检评估及体检结果，确定慢性病预防，监测重点人群等目标。

(2)人群分类——慢性病健康促进服务管理：可将居民分为患受检者群、高危人群、一般人群，形成“一般人群健康教育—高危人群疾病筛查—受检者规范化诊疗—长期随访管理”的工作闭环，按疾病危险程度对高危人群可以每 3 个月随访一次，患受检者群每 6 个月随访一次，一般人群为每年一次，每次随访都进行信息的及时记录及完善，真正实现对慢病的全流程管理，提升人群的健康水平。

(3)开展慢性病健康管理：针对不同疾病的分类维护及管理，如对患有高血压、糖尿病、冠心病、脑卒中受检者的信息维护，根据管理者的权限、级别可对管辖范围内的慢性病受检者信息进行管理和维护。

移动可穿戴设备：常见的健康可穿戴设备种类有智能手环，智能眼镜、智能跑鞋、便携式血压计、通过对步数、步行距离、睡眠监测、卧床时间实时监测心率、呼吸和血压，计算能量消耗，该设备的应用可协助慢性病受检者进行实时的数据采集、健康指标，节省受检者就医成本。定期的健康知识推送，食谱的推荐，实现慢性病受检者的自我管理。利用人工智能、数字医疗等技术的创新使得医务人员能够为更多慢性病受检者及重点人群定期、定性地通过网络平台与慢性病受检者进行电话、上门跟踪维护，指导受检者调整饮食、促进健康，也为慢性病综合防控平台的建设提供了更多创新思路。

(三)智能健康养老平台

随着社会的发展和老龄化趋势的加剧，养老问题已经成为我国面临的一大社会问题。人们在物质条件满足的同时，观念也在不断改变，传统的家庭式养老和机构式养老在实际生活需求中日显弊端，智能居家或社区养老正逐步被人们所接受。智能健康养老平台是一个集成了通信技术、互联网、大数据及云计算等先进技术，其目标是为老年人带来全方位、个性化、智能化、精准化的养老服务，以此来满足老年人在健康、生活及精神方面的需求。

1. *养老健康管理数据监测与管理* 平台利用智能设备，移动穿戴设备等实时监测老年人的心率、血压、血糖等健康指标，并将数据上传到云端进行分析和管理。医生或护理人员可以通过平台远程监测老年人的健康状况，及时发现异常情况并进行干预。

2. *养老健康平台个性化健康服务* 根据老年人的健康数据和需求，平台可以提供个性化的健康建议和指导，包括饮食调整、运动计划等。同时平台还可以提供健康咨询服务，解答老年人在健康方面的疑问和困惑。

3. *智能社区养老生活照料服务* 平台可以整合各种生活照料服务资源，如送餐、送药、购物等，社区周边医疗、保健、家政、康复护理、心理照护等便民服务平台的入驻可为老年人提供便捷的生活服务。通过智能调度系统，平台可以确保服务的及时性和准确性，提高老年人的生活质量。

（四）健康云平台

随着互联网、云计算、大数据等技术的快速发展，医疗健康服务行业正步入信息化时代，健康云平台是指利用互联网、云计算、物联网等相关技术开发的用户健康服务平台，整合医疗机构、受检者、医疗设备等多方面的资源，通过数据共享、信息互通、协同合作等方式，为医疗大数据存储与分析、医疗健康领域提供全方位强有力的保障。

目前涵盖的主要功能包括医疗云健康信息平台、远程医疗服务、医疗协同合作、家庭智能医生等。不仅提高医疗服务的便捷性和可及性，促进医疗资源的优化配置，更是满足人们对于健康管理的全周期服务需求。

1. *医疗云健康信息平台*　该平台主要用于整合各种信息，如电子病历、电子处方、医疗影像等，从而实现完整的电子健康档案系统，并存储在云端，方便后期的诊断及辅助医疗等。

2. *数据云端化*　各种数据实现互通共享，跨区域合作，构建大型医疗信息共享平台。

二、健康信息系统的应用展望

《“健康中国2030”规划纲要》指出，全面构建起统一且权威、相互联通的人口健康信息平台，推进基于移动互联网的健康服务应用发展，开创互联网健康医疗服务的崭新模式，发展健康体检、咨询等，规范“互联网＋”健康服务，持续推进覆盖全生命周期的健康管理服务发展。健康信息系统的应用展望十分广阔，将在智能化医疗决策支持、远程医疗与健康管理、精准医疗与个性化治疗、医疗资源优化与共享以及科研与教育支持等方面发挥更加重要的作用。

（一）智能化医疗决策支持

随着人工智能技术的不断发展，健康信息系统将能够更好地辅助医生进行医疗决策。通过大数据分析和机器学习算法，系统能够根据受检者的病史、体检结果、基因信息等数据，为医生提供个性化的治疗方案和预测疾病发展趋势，从而提高医疗决策的准确性和效率。

（二）远程医疗与健康管理

借助互联网和移动通信技术，健康信息系统将能够实现远程医疗服务和健康管理。受检者可以通过手机、电脑等终端设备与医生进行在线咨询、诊疗和随访，无须亲自前往医院即可获得专业的医疗服务。同时，系统还能对受检者的健康状况进行实时监测和预警，及时发现并处理潜在的健康问题。

（三）精准医疗与个性化治疗

健康信息系统将推动精准医疗和个性化治疗的发展。通过对受检者的基因、蛋白质等生物标志物进行分析，系统能够为受检者提供针对性的治疗方案和药物选择，提高治疗效果并减少不必要的医疗干预。这将使得医疗服务更加个性化和高效。

（四）医疗资源优化与共享

健康信息系统将促进医疗资源的优化和共享。通过系统整合和分析各地区的医疗资源分布和使用情况，政府部门和医疗机构可以更好地进行资源配置和调度，确保医疗资源的均衡分布和有效利用。同时，系统还能促进医疗机构之间的信息共享和协作，提高整体医疗服务水平。

（五）科研与教育支持

健康信息系统将为医疗科研和教育提供强大的支持。通过系统收集和分析大量的医疗数据，科研人员可以更加深入地研究疾病的发病机制和治疗方法，推动医学科学的进步。同时，系统还能为医学教育提供丰富的教学资源和模拟实验环境，帮助学生更好地理解和掌握医学知识。

思考题

1. 健康信息管理应遵循什么原则?
2. 健康信息保存是多长时间?
3. 健康管理机构发现信息系统网络或系统故障应如何处理?

（刁庆庆　黄　林　罗淑娟　周晓丹）

参考文献

曹锦丹, 2023. 公众健康信息学 [M]. 北京：人民卫生出版社.
崔祥瑞, 2024.01.09. 基于数字化医疗档案管理的智能健康监护系统 [P]. 中国专利：CN117373677A
董建成, 2010. 医学信息学概论 [M]. 北京：人民卫生出版社.
郭清, 2023. 健康管理学 [M]. 北京：人民卫生出版社.
胡德华, 2023. 公众健康信息学 [M]. 北京：人民卫生出版社.
黄至辉, 2022. 健康信息学 [M]. 长春：吉林大学出版社.
吉萍, 祝丹娜, 谢杨晓虹, 等, 2022. 健康医疗数据的科研共享应用思考 [J]. 医学与哲学, 43(1): 5-8.
李春艳, 2020. 健康管理与健康促进 [M]. 武汉：武汉大学出版社.
李继平, 2022. 护理信息管理 [M]. 北京：人民卫生出版社.
李鹏, 汤志杰, 2021. 大数据下慢性病受检者健康档案管理系统的实现 [J]. 微型电脑应用, 37(10): 57- 59.
廖粤生, 宋欧, 罗卫东, 等, 2023. 健康中国背景下我国慢性病管理模式发展的价值意蕴、现实困境与优化路径, 42(5): 54-57.
林琳, 毛凡, 童绥俊, 等, 2022. 基层慢病管理系统的应用现状与建设方向探讨 [J]. 中国卫生信息管理杂志, 19(6): 785-791.
刘章锁, 2019. 医院信息系统 [M]. 北京：人民卫生出版社.
梅挺, 2020. 健康信息管理 [M]. 北京：人民卫生出版社.
沈东平. 牟雪菲. 李俊伟, 等, 2019. 基于“互联网 + 医疗”的慢病随访管理平台的设计与应用 [J]. 中国数字医学, 14(5): 49-51.
宋雅男, 肖杨, 2022. 大数据视角下互联网健康管理产业分析 [J]. 经济研究导刊, (25): 37-39.
谭清立, 张军港, 2020. 大数据在健康管理领域中的应用探讨 [J]. 健康研究, 40(1): 25-27.
王丽敏. 王临虹, 2016. 加强慢性病健康管理有效改善血压和血糖控制效果 [J]. 中华流行病学杂志, 37(9): 1187-1190.
王陇德, 2019. 健康管理师 [M]. 北京：人民卫生出版社.
王培玉, 2012. 健康管理学 [M]. 北京：北京大学医学出版社.
徐晓玲, 路宝川, 韩红波, 2014. 信息化在体检健康管理中的重要性 [J]. 中国基层医药, (z1): 57-58.
姚军, 2019. 健康管理职导论 [M]. 北京：人民卫生出版社.
张敏, 左雨佳, 孟如芳, 2024. 以高血压、糖尿病为切入点利用信息化构建全链条慢性病管理模式 [J]. 中国农村卫生, 16(4): 56-59
郑伟, 韩笑, 吕有吉, 2022. 中国人口慢性病的总体状况与群体差异 [J]. 社会科学辑刊, (3): 139-149, 209
朱伟杰, 2021. 智能健康管理平台建设及展望 [J]. 科技风, (12): 7-8.

第12章　护理科研

学习目标

了解：健康管理护理科研思维。

熟悉：论文撰写的格式及注意事项；论文投稿的流程及常见问题。

掌握：文献查阅与护理研究常用方法；论文撰写的要求。

第一节　概　　述

护理科研是促进护理学科发展、促进护理质量提升的科学有效的途径。

一、护理科研的概念

护理科研是通过系统的科学探究，解释护理现象的本质，探索护理活动的规律，产生新的护理理论知识，解决临床护理实践、护理管理、护理教育等领域中存在的问题，为护理决策提供可靠而有价值的证据，以指导护理实践的系统过程。

二、护理科研的内容

护理科研的主要内容涵盖了护理实践中的多个方面，主要包括临床护理研究、护理教育研究、护理管理研究、护理体验研究、护理伦理和法律研究、跨学科研究和基础护理研究。

三、健康管理护理科研的现状

在当今社会，健康管理护理科研的重要性日益凸显。随着人们对健康需求的不断提升及医疗技术的飞速发展，健康服务质量的优化成了关键议题。健康管理护理科研通过运用科学的方法，对护理学领域内与健康管理相关的未知事物展开反复探索、系统观察，并进行有目的的资料收集与严谨分析，为提升健康服务质量、改善护理实践、促进人们的健康水平提供了坚实的理论与实践支撑。

一方面，有助于拓展健康管理护理的知识边界，比如探索新的护理技术、方法在不同健康状况人群中的应用效果，以及挖掘更贴合患者身心需求的护理模式等；另一方面，能够助力培养专业的护理科研人才，优化护理资源配置，提高护理工作效率和质量，进而更好地应对日益增长的健康服务需求和复杂多样的健康问题。然而，目前健康管理护理科研在发展过程中面临着诸多现状与挑战，其整体的发展态势、存在的问题及未来的走向都值得深入剖析。

（一）国外健康管理护理科研发展现状

国外在健康管理护理科研方面起步较早，积累了许多领先的理念、模式及取得了突出的成果，值得我国借鉴学习。

在科研成果方面：部分国家在特定护理科研领域成果突出。比如澳大利亚，在远程健康管理护理技术研发与应用上走在前列，借助互联网、可穿戴设备等信息技术手段，实现了护理人员对患者健康状况的远程实时监测。患者在家中佩戴的智能手环、血压计等设备能够将健康数据实时传输到健康管理平台，护理人员可以根据这些数据及时给予相应的护理指导和建议，即便患者身处偏远地区也能享受到专业、及时的健康管理护理服务，这一成果在应对人口分散、老龄化等健康管理挑战中发挥了重要作用。

此外，国外还非常注重跨学科合作开展健康管理护理科研。像日本，将医学、工学、社会学等多学科知识融合，在研发智能化护理设备、构建老年人健康管理护理社会支持体系等方面取得了诸多创新性成果，为提升健康管理护理的科学性和有效性提供了有力支撑。

（二）国内健康管理护理科研发展现状

近年来，健康管理护理专业在全人群、全周期的疾病预防、健康促进、诊疗康复、照护关怀等工作中发挥了专业作用，护理服务内涵不断发展，与人民群众健康需求密切对接，是推进健康中国建设的重要力量，对实现全民健康管理和可持续发展起到了核心作用。随着健康管理理念逐渐兴起，健康管理护理科研迎来了新的发展契机。当前，健康管理护理科研主要领域涉及慢性病管理护理、心理健康护理、老年健康护理及康复护理等多个维度，针对不同人群特点和健康问题展开了诸多深入且有效的探索。

政策支持方面：政府高度重视，出台了《“健康中国 2030”规划纲要》等政策，为健康管理护理科研提供了政策支持和发展方向，设立了一些专项科研基金，鼓励针对健康管理中的护理问题开展深入研究，比如老年人健康管理中的护理模式、慢性病患者的长期护理策略等；另一方面，高校护理专业不断优化课程设置，加强对护理科研能力的培养，为健康管理护理科研输送了更多专业人才。许多高校和科研机构设立了相关专业和研究中心，如中南大学湘雅护理学院的护理学湖南省重点实验室等，培养了一批专业人才，形成了结构合理的科研梯队，为健康管理护理科研提供了人才保障。

研究内容方面：近年来，我国健康管理护理科研更是呈现出蓬勃发展的态势，研究领域不断拓展，不仅关注疾病护理，还涉及健康促进、心理护理、康复护理等多个维度在健康管理中的应用，并且积极借鉴国外先进经验，与国际同行开展交流合作，努力缩小差距，提升我国健康管理护理科研的整体水平。

1. *健康风险评估工具的开发应用*　健康管理护理科研人员注重开发不同人群的健康风险评估工具，通过收集个体的生活方式、家族病史、生理指标等信息，运用统计学方法和数据挖掘技术，预测疾病发生的风险，如针对糖尿病、心血管疾病等慢性病的风险评估工具。此外，注重对慢性病管理与健康促进：探索生活方式干预、营养指导等手段对慢性病的预防效果，以及如何提高公众的健康素养，促进健康行为的改变，如研究运动、饮食干预对高血压患者血压控制的影响，开展健康教育项目提高居民的健康意识和自我保健能力。

2. *信息技术的应用*　借助人工智能、大数据、物联网等技术，实现健康数据的实时监测、分析和管理，为个体提供个性化的健康管理方案，如利用可穿戴设备监测生命体征数据，通过移动应用程序为用户提供健康建议和提醒 .

3. *护理质量控制与评价*　构建健康管理护理基本技术质量控制与评价指标体系，规范健康管理护理服务实践、培训和考核，提高护理质量和服务水平，如制订健康体检、健康咨询、健康干预等环节的质量标准和评价方法。不断有学者就“护理 + 健康管理”护士岗位胜任力、体检中心专科护士核心能力等方面开展研究促进健康管理护理的规范化发展。

4. *特殊人群的健康管理*　关注老年人、儿童、孕产妇等特殊人群的健康管理需求，开展针对性的研究，如研究老年痴呆患者的护理模式和康复干预措施，探索儿童肥胖的预防和干预策略，提高特殊人群的健康水平和生活质量。

（三）健康管理护理科研面临的问题与挑战

1. *人才短缺与能力局限*　当前，健康管理护理科研领域面临着较为突出的人才短缺与能力局限问题。在人才数量方面，尽管近年来我国护理队伍在不断壮大，据国家卫生健康委员会2024年5月发布的信息，截至2023年底，全国注册护士总量达到563万人，具有大专以上学历的护士超过80%。但真正投身于健康管理护理科研工作的专业人才占比仍相对较少。尤其是在基层医疗机构、偏远地区及农村，不仅护士数量相对不足，具备科研能力和意愿的护理人才更是匮乏，难以满足日益增长的健康管理护理科研需求。

从专业知识结构来看，许多护理人员存在不足。部分护理人员的第一学历多为中专，虽然后续通过自学考试、成人或在职函授教育等形式取得了高等学历，但由于没有经过系统的科研知识培训，在科研所需的基础知识方面较为薄弱，比如对开展科研工作的基本方法、科研选题、科研设计、科研计划的制订、文献检索、科研资料的收集与统计学处理及成果奖的申报等环节，了解程度有限，实际操作起来更是困难重重，想开展科研工作却常常不知从何处入手。

在科研技能上，护理人员的科研设计能力普遍较弱。例如在进行科研项目时，难以科学合理地规划研究步骤、选择合适的研究方法及准确地设置对照组等，这就导致研究结果的科学性和可靠性受到影响。而且，对于一些新的科研技术和手段，如信息化技术在健康管理护理科研中的应用，很多护理人员掌握程度不够，不能很好地借助这些新技术来提升科研效率和质量。同时，部分护理人员缺乏科研自信心，认为护理工作平凡、单纯，很难找到合适的项目做课题，觉得科研是少数高精尖人才的事，自己不可能取得高水平科研成果，进而对护理科研产生神秘感，存在畏难情绪，这种心态也在一定程度上制约了护理科研人才能力的提升和数量的扩充。

2. *科研资金投入不足*　健康管理护理科研在资金投入方面面临着严峻的挑战，资金不足成为制约其进一步发展的重要因素之一。

在资金来源方面，渠道相对有限。政府部门虽有一定的科研经费支持，但大多倾向于基础医学研究等领域，针对健康管理护理科研项目专门设立的资金项目较少。而对于医院自身来说，往往也更侧重于将资金投入到医疗设备更新、临床科室建设等方面，分配给护理科研的经费占比较小。并且，来自企业、社会团体及个人等社会力量的捐赠赞助也不多，缺乏完善的引导机制鼓励这些主体对健康管理护理科研进行资助。

从投入额度来看，远远难以满足科研实际需求。开展健康管理护理科研，无论是进行实验研究、数据收集与分析，还是科研成果的转化推广等环节，都需要充足的资金支持。像一些涉及长期跟踪观察的慢性病健康管理护理科研项目，需要耗费大量人力、物力及时间成本，但有限的资金使得科研工作在样本量选取、研究周期设定等方面不得不进行压缩，影响了研究的深度和广度，导致很多有价值的科研想法难以付诸实践，高质量的科研成果产出也受到限制。

3. *科研与临床实践衔接问题*　健康管理护理科研成果在向临床健康管理护理工作转化应用

的过程中，存在着诸多阻碍因素，导致两者衔接不够顺畅。

一方面，科研成果的适用性存在问题。部分科研项目在开展过程中，更多地关注理论层面的探索，缺乏对临床实际工作场景和需求的充分考量，使得研究成果在实际应用时面临困难。例如一些新的护理技术或干预模式，虽然在实验室或小范围试验中取得了较好效果，但由于没有充分考虑到不同地区、不同患者群体的差异，以及临床一线护理人员的操作便利性等因素，在推广应用到更广泛的临床实践中时，出现“水土不服”的情况，难以达到预期的效果。

另一方面，科研成果的传播和推广渠道不够畅通。目前，护理研究成果的传播多局限于学术会议、专业期刊等传统方式，很多一线护理人员难以及时、全面地了解到最新的科研成果，导致一些有价值的成果无法被快速应用到临床工作中。而且，医疗机构内部对于科研成果转化的重视程度和推动力度不够，缺乏有效的组织协调机制，使得科研部门与临床各部门之间缺乏紧密沟通与协作，科研成果往往停留在论文发表、课题结题等阶段，不能真正落地转化为实际的护理服务改进措施，从而无法有效提高临床健康管理护理工作的质量和效率。

当前我国健康管理护理科研起步晚、发展慢、人才缺乏、成果较单一。当前健康管理护理科研面临的挑战是护理研究者与临床护士的需求差异和成果应用的困难。护士对护理科研的误解和认识不足，存在科研理解的误区。护士在科研能力、资源获取和成果应用方面的不足，存在科研能力薄弱，科研技能与经验的缺乏。在人民日益增长的健康需求的推动下，健康管理护理将迎头赶上，稳步前进，持续推动科研的发展。

展望未来发展趋势，跨学科融合趋势越发明显，与医学、心理学、信息技术等学科的交叉融合不断催生新机遇；智能化与信息化应用前景广阔，大数据、人工智能等技术助力提升科研效率和质量；个性化护理研究成为重要方向，旨在贴合个体实际情况制订更精准有效的护理方案。

第二节　健康管理护理科研工作

健康管理护理科研工作是推动健康管理护理学科高质量发展的重要手段。健康管理的护理人员需要培养科学的思维，积极探索健康管理护理活动的规律，解决护理实践中的问题，加强护理实践的科学性、系统性和有效性，更好地提供、维护和促进生命全周期、健康全过程的护理服务。

一、护理科研的选题

爱因斯坦曾说过，提出一个问题往往比解决一个问题更重要，尤其对于科研工作者来说，确立创新新颖的科研课题是有难度的。科研选题是科学研究的起点，它直接关系着研究的方向、目标和成果。

科研选题就是形成、选择和确立所要研究和解决的课题。选题主要有以下几个来源。

（一）指令性或指导性选题

1. **指令性选题**　是指各级政府主管部门考虑到国家或该地区医药卫生事业中迫切需要解决的问题，指令有关单位必须完成某一针对性很强的任务。

2. **指导性选题**　是指国家有关部门根据医药卫生科学技术的发展需要，制订若干科研范围或项目，采取公开招标方式落实计划，如国家自然科学基金项目、科技部专项计划等。例如中华护理学会每年颁布相关的研究课题供护理研究者招标竞投。

（二）自选课题

自选课题的来源包括护理工作实践、护理理论、护理学术信息、科研研究热点及研究方法、统计分析方法的创新等。

如何发现和选择研究问题往往是临床医护人员的难题，医学科研的选题多从临床实践中发现问题，从实际工作中选题也最理想。多开动大脑思考，多提问自己几个问题，比如我感到最烦恼的临床问题是什么（亟待解决的问题）？我感到最困难的问题是什么（困难问题）？我最感兴趣的话题是什么（兴趣点）？我获得成功的方法是什么？下面通过介绍一些文献内容，根据其提出研究的背景，分析如何选题。

【例1】题目：对健康管理机构高血压前期受检者应用“互联网＋健康管理”护理模式的效果探讨

作者分享了采用“互联网＋健康管理”护理模式对健康管理机构高血压前期受检者血压控制、遵医嘱依从性、睡眠和生活质量有效改善的成果分享。

【例2】题目：健康管理护理基本技术质量控制与评价指标体系的构建

作者查阅文献发现当前健康管理学科相关质控体系尚不完善，虽然多位学者已在健康管理的技术规范、医疗质量等方面进行质控探索，但在健康管理护理基本技术方面仍处于空白。因此确立本研究题目，采用三维质量评价模型应用于健康管理护理基本技术中，构建有效、客观、可操作的健康管理护理基本技术质量控制与评价指标体系。

二、常用护理研究方法

（一）实验性研究

实验性研究是护理研究中用于确定因果关系的重要方法。通过对研究对象进行随机分组，施加不同的干预措施，并比较其效果，能够明确特定护理干预与受检者健康结果之间的直接关联。

（二）观察性研究

1. *队列研究* 通过追踪具有特定暴露因素的人群，观察其在一段时间内的健康变化，有助于揭示潜在的危险因素和保护因素。

2. *病例对照研究* 以患有特定疾病的受检者和未患病的对照人群为研究对象，回顾性分析过去的暴露情况，对于探索疾病的病因和相关护理因素具有重要意义。

（三）质性研究

1. *现象学研究* 旨在描述个体对特定现象的体验和感知，为理解受检者的内心世界和护理需求提供深入的洞察。

2. *扎根理论研究* 通过对原始资料的不断分析和归纳，构建新的理论框架，有助于发现护理实践中的潜在规律和问题解决策略。

（四）调查研究

通过问卷调查、访谈等方式收集大量数据，了解受检者的健康状况、护理满意度、健康行为等方面的信息，为制订护理政策和干预措施提供依据。

三、研究方案的实施

开展护理科研项目研究方案的实施需要以下几个关键步骤。

（一）组建研究团队

招募具备相关专业知识和技能的护理人员，包括研究者、数据收集员、数据分析员等。明确团队成员的职责和分工，确保工作高效有序进行，同时培训团队成员，使其掌握研究方案内容和步骤。

（二）培训团队成员

对参与研究的人员进行全面培训，使其熟悉研究方案的具体内容、研究方法、数据收集和处理流程等。强调研究的伦理原则和注意事项，确保研究过程符合规范。

（三）准备研究资源

确保所需的设备、材料、经费等资源到位。建立有效的数据管理系统，用于存储和整理收集到的数据。

（四）按照计划招募研究对象

严格依据纳入和排除标准筛选合适的研究对象。向研究对象充分解释研究的目的、方法、可能的风险和收益，获取其知情同意。

（五）严格执行数据收集

资料收集是科研过程中的重要环节，资料收集的质量直接影响到研究结果的准确性和可靠性。数据收集员按照预定的方法和工具准确收集数据，确保数据的真实性和完整性。建立质量控制机制，定期检查数据收集的准确性和规范性。

（六）过程质量控制

研究者定期评估研究进展情况，与团队成员沟通，及时解决出现的问题。对比实际进展与计划，如有偏差，及时调整研究策略和步骤。对研究过程中可能出现的意外情况，如研究对象退出、数据丢失等，制订应急预案。详细记录突发情况的发生、处理过程和结果。

（七）定期总结汇报

定期对研究阶段成果进行总结，形成报告。向相关部门和资助方汇报研究进展和存在的问题。研究结束后对收集的数据进行全面整理和分析。按照伦理要求对研究对象进行后续跟踪和关怀。

通过以上步骤的精心组织和实施，可以有效保障护理科研项目研究方案的顺利进行，提高研究质量和成果的可靠性。

四、科研数据的处理

科研中数据的处理和统计分析是研究得出结论的步骤之一，统计方法的正确应用是获得正确科研结果的前提。

一般来讲，统计分析方法的选用要在了解收集的数据类型和研究目的基础上，结合统计方法的应用原则与适用条件，这样才能选择合适的统计方法进行数据分析。同时，应结合专业知识与资料的实际情况，灵活准确地运用统计分析方法。

五、护理论文的撰写

科研论文的撰写是科学研究的重要环节，是对研究成果的总结归纳，是传播科学知识和交流学术思想的重要途径。护理论文的写作应遵循科学性、专业性、准确性、规范性和创新性等原则。

由于护理研究领域、研究对象、研究方法等的不同，护理论文也有不同的分类方法，通常按照论文体裁可分为科研论文（论著），文献综述，经验交流，新技术、新方法，护理评论等类型；按论文写作的目的可分为学术性论文和学位论文。一般护理科研论文基本结构包括六部分：①题目；②署名；③摘要；④关键词；⑤正文（包括引言、材料与方法、结果、讨论、结论）；致谢（酌情）；⑥参考文献等。

（一）题目

题目是科研论文的点睛之笔。是决定读者是否有兴趣读下去的关键。科研论文的题目应具备简洁、凝练、新颖等特征。既可体现论文的整体设计特点，又可突出研究的核心内容和创新性。一般中文题目以20个汉字以内为宜，切忌冗长繁杂。论文的题目撰写可参考PICOS原则，即涵盖研究对象（participant，P）、干预措施（intervention，I）、对照人群/措施（control，C）、结局指标（outcome，O）、研究设计（study design，S）等内容。

示例：题目为“家庭参与式尊严疗法（I）对血液肿瘤患者及其家庭照顾者（P）心理健康和家庭功能（O）的影响：一项随机对照研究”。

（二）署名

署名是指论文的出处，来源何处、何人，包括单位署名和作者署名。论文署名的意义一方面是对作者论文著作权的申明，另一方面也担任对论文学术和法律的责任。所以署名必须真实、可靠、实事求是。单位署名一般是作者进行科研工作、论文写作时所在的单位，数量一般不超过3个，单位署名在文章发表前有变动的，可相应更新。署名作者一般是参与研究课题选定及研究设计者；课题研究的执行者；参与论文撰写、修改者；能够对论文作全面解释和答辩，并能够对论文内容承担全部责任者。作者署名应体现作者的实际贡献和责任。作者署名要用真实名字，并写明工作单位、通信地址、电子邮箱等联系方式。

（三）摘要

摘要是科研论文的高度浓缩和概括，是读者获取论文核心内容最直接的方式。学术论文摘要主要包括两大类型，即结构式和非结构式摘要。大多数中英文期刊要求研究者撰写结构式摘要，包括研究目的、方法、结果、结论4个要素。结构式摘要应精练简洁，具有自明性，字数一般控制在200～300字，外文摘要一般控制在200～300个词。摘要非结构式摘要虽无明确的框架规定，研究者同样需要阐述清楚研究背景、目的、方法、结果和结论等核心内容。不是所有的论文都需要写摘要，比如工作经验总结、个案护理、技术革新等护理科技文稿可以不写摘要。

（四）关键词

关键词是从文稿中提取出来的最重要、最关键、最具有代表性的词汇、词组或短语。一般论文要求列出3～10个关键词。关键词一般从论文内容、范围、题目、摘要、前言和结论等方面提炼、筛选，能够反映全文的核心内容，主要用于数据库收录和文献检索。医学期刊中关键词的选定，尽量参照美国国立医学图书馆编辑的最新版《医学索引》（Index Medicus，IM）中的《医学主题词表》（MeSH）及中国科学技术情报研究所和北京图书馆主编、科学出版社出版的《汉语主题词表》进行选词。英文关键词应与中文关键词相一致。

（五）正文

论文的正文主要回答以下几个方面的问题：①你的研究问题是什么？②你是如何解决这个问题的？③通过研究发现了什么？④你所得出的结论是什么？以上问题是科研论文正文核心阐述的内容。

1. 前言　前言是正文的开场白，起到抛砖引玉的作用。主要介绍研究的背景资料，交代国内外研究现状和存在的问题，阐释清楚开展什么研究，为什么开展。做到在内容上应论点明确、论据充实，在逻辑上应重点突出、层层推进。前言的书写要求语言自然、简洁、概括和准确，字数一般控制在 300 ～ 500 字，避免过于简单或冗长繁杂，尽量避免出现自我评价和“国内首创”“填补国内空白”等描述。

2. 材料与方法　方法是护理论文的重要组成部分，也是科研论文严谨性和科学性的体现。撰写该部分内容的关键是保证研究实施过程的可重复性，说明研究所用的材料、研究对象、研究方法和步骤。向读者解答具体是“怎么做”的。护理研究多以临床研究为主，常写成“对象与方法”“临床资料”“一般资料”，也可写成“资料与方法”等。

（1）资料

1）一般资料：临床研究应说明受检者的性别、年龄、民族、职业、婚姻状况及与研究对象有关的其他资料；若为实验研究，则应说明研究对象的性别、年龄、体重、营养与健康状况等。

2）临床资料：介绍受检者的总例数、主要症状和体征、实验室检查结果、病例选择标准、观察项目及诊断标准，有时还要说明治疗情况及其疗效等。值得注意的是，在罗列资料时，应依据论证的问题有选择地描述，不必将所有资料一一列出。如研究的内容与年龄无关，就不必描述年龄及其分组等材料。资料还要提出纳入标准和排除标准；进行实验研究时一定要交代受检者是否知情同意。

3）资料来源：临床研究应说明病例收集于何时、何地、诊断及治疗标准等；临床实验药品、试剂也应说明剂型、种类、产地或生产厂家、品种、规格、批号等。

（2）方法

1）实验研究：要详细说明所用实验方法的来源、操作方法及其操作步骤、记录方式等。如为作者亲自设计的新方法，则应说明其设计原理和注意事项等。

2）临床研究：主要是指临床设计，包括病例选择和对照组的确定、分组方法、观察与分析指标、干预方法及有关说明等。要告诉读者该文的结果是怎样获得的，使别人按照这个办法也能获得同样的结果。对于已普遍通用的实验、观察方法，一般只需要简单提及名称即可。对于前人虽已发表，但尚未普遍采用的方法可做简短的、必要的叙述。首次向国内介绍的方法应更详细一些，并须注明文献出处。对于前人方法有改进者应着重介绍改进部分。对于作者本人建立的新方法除涉及保密部分外，要做较详细的、具体的描述，以保证其可重复性。

3）统计学方法：说明本文有关数据的统计学处理方法，使读者能通过原始资料核实报告结果。

3. 结果　结果是展现研究成果的核心部分。该部分撰写应实事求是、数据准确、逻辑严谨、层次清晰，研究结果一般用文、图、表三者表达。

4. 讨论　讨论是论文的中心部分，对研究结果进行理论阐述。内容包括就本论文选题、方法结果等方面的可靠性做出探讨，指出其优缺点和存在的问题。指出结果和结论的理论和实际意义。说明本文结果的特点。必须说明文章中的结果与他人研究结果的异同，以及其国内外研究进展并与之联系概况，是否有新发现、新发明等本研究资料的独特之处。研究过程中遇到的问题，与其他学者观点的异同及其因果关系。

讨论不能偏离结果而泛泛而谈，应实事求是充分论证；讨论问题以 3 个为宜；讨论中用词严谨、规范，避免重复赘述。

5. 结论　结论是对主题论述的总结，是对整篇文章内容的高度凝练和概括，是对研究价值的整体凝练。与讨论部分相比，结论是对文章核心内容和重要发现的再次升华，一般可以总结性地给出研究的主要发现，进一步简单阐述研究成果的临床推广和应用前景。需要注意的是，结论不是对结果的重复性描述，应是基于结果的凝练和升华，是研究价值的高度体现。

（六）参考文献

参考文献是一篇论文的必要组成部分，主要作用是指导论文立题，旁证论文的观点，指明信息来源。参考文献的引用需要注意：①准确引用。引用能准确表达文中观点的原始研究，选择最重要、关键且与论文主题密切相关的文献。②新颖性。尽量引用 5 年内发表的文献。③权威性。尽量引用高质量期刊文献，引用学术权威性高和影响力强的核心期刊文献。④格式规范。根据投稿期刊要求规范撰写参考文献的格式。

参考文献的著录格式，各期刊都有明确的要求。通常有两种格式：国际通用的温哥华式和国家标准 GB/T 7714—2005《信息与文献　参考文献著录规则》。一般应包括作者姓名、文题、杂志名、卷（期）、页码、出版年份等项。准确引用：引用能准确表达文中观点的原始研究，选择最重要、关键且与论文主题密切相关的文献。下面介绍几种常用参考文献著录格式。

国家标准 GB/T 7714—2005 参考文献的著录格式标准及其范例：

1. 图书

[序号] . 主要作者 . 书名 [M]. 其他责任者 . 版次（第一版不标注）. 出版地：出版者，出版年：起止页码 .

[1] 杨艳杰 , 曹枫林 . 护理学研究方法 [M]. 2 版 . 北京 : 人民卫生出版社 , 2017.

2. 期刊

[序号] . 主要作者 . 篇名 [J]. 期刊名，出版年份，卷次（期号）：起止页码 .

[1] 胡荣 , 王春凤 . 随机对照研究护理论文的撰写要点及常见问题分析 [J]. 中华护理杂志 , 2024, 59(3): 271-275.

温哥华式参考文献的著录格式：

温哥华格式（Vncouver style ofreferencing）的参考文献著录格式，一般作者姓写全称名为缩写；文献的作者不超过 3 位，应全部列出，超过 3 位者，列出前三位，后面加“et al”，姓名间用逗号分开。期刊名通常用标准的缩写。

1. 图书

[序号] . 主要作者 . 书名 [M]. 出版地：出版者，出版年 .

[1] Simons NE, Enzies B, Matthews M. A ShortCouse inSoil amd Rock Slope Engineering[M]. London: Thomas TelfordPublishing, 2001.

2. 期刊

[序号] . 主要作者 . 篇名 [J]. 期刊名，出版年份，卷次（期号）：起止页码 .

[1] Chibber PK, Majumdar SK. Foreign ownership and profitability: Property rights, control, and the performance of firms in Indian industry [J]. Journal of Law & Economics, 1999, 42(1): 209-238.

六、护理论文投稿流程及退稿原因

（一）护理论文投稿流程

1. 选择期刊　根据稿件的质量和内容，选择适合投稿的护理专业期刊。可以参考期刊的投稿要求、审稿周期、影响因子等信息，以确定是否符合投稿要求。

2. 撰写稿件　按照选定期刊的格式要求撰写稿件，注意语言表达的准确性和清晰度。遵循学术规范，确保文章的科学性和可靠性。

3. 投稿　投稿的方式有多样，包括官方系统投稿、官方邮件投稿、通过邮寄方式投稿、前往编辑部投稿，目前使用最多的是官方系统在线投稿。进入期刊的官方网站，完成注册和登录操作，按照网站指引完成在线投稿。在投稿过程中，确保所有材料齐全，并按照要求填写相关信息。

4. 等待审稿　稿件提交后，期刊编辑会对稿件进行初步审查。如果符合要求，会送交专家进行审稿。审稿周期的长短取决于期刊的审稿程序和审稿专家的反馈速度。

5. 根据审稿意见修改稿件　根据审稿专家的意见和建议，对稿件进行修改和完善。修改后再次提交给期刊编辑，等待再次审稿。

6. 接受或拒绝　经过多次审稿和修改后，期刊编辑会根据审稿专家的意见决定是否接受或拒绝稿件。如果稿件被接受，编辑会与您联系，提供版权协议和相关费用事宜。

7. 支付费用和校对稿件　在稿件被接受后，您需要按照期刊的要求支付相关费用，如发表费、彩图费等。费用支付后，期刊会将最终稿件送交排版和校对。

8. 最终出版　经过排版、校对和编辑的严格审查后，您的护理稿件将被最终出版。您可以在期刊官方网站上查看和下载自己的文章。

（二）常见退稿原因

（1）不符合期刊报道范围。

（2）选题无新意。

（3）科学性欠佳，数据不可信，研究背景、思路、目标方法等表述不清楚。

（4）文本重复率较高，超过了30%，存在学术不端。

（5）参考文献少且陈旧，不能全面反映国际、国内的相关研究进展。

（6）讨论缺乏深度，分析空泛。

（7）论文格式不规范，逻辑性差，层次不清晰等。

（8）违背伦理原则。

七、新技术新项目申报

在医疗领域不断发展的今天，护士在健康管理中起到至关重要的作用，肩负着保障受检者健康、促进疾病预防和康复的重要使命。为了更好地履行这一职责，健康管理科护士积极引入新技术、开展新项目，为受检者提供更加优质、高效的护理服务。

（一）新技术新项目的定义

定义：新技术和新项目是指在本医疗机构范围内首次应用于临床的诊断和治疗技术。主要包括但不限于以下：

（1）首次应用于临床诊断（含检查、检验项目）方法及治疗技术，主要包括各种操作性诊疗技术和技术手段，比如各类创新性手术方案、治疗方案。

（2）常规开展的诊疗技术的新应用，疾病的诊治新标准、新规范，主要指申请者主导建立的各种疾病诊疗方案、程序和规范。

（3）其他可能对人体健康产生影响的新的侵入性的诊断和治疗等。新购置的仪器设备或试剂盒不能列为新技术和新项目，但是在原功能上有所研发者可作为新技术和新项目。

（二）如何申报新技术新项目

健康管理科护士申报新技术新项目可以从以下几个步骤进行。

1. 确定申报项目

（1）关注行业动态：护士应密切关注医疗行业的最新发展趋势，了解新技术、新方法在健康管理领域的应用。可以通过参加学术会议、阅读专业期刊、浏览医疗网站等方式，获取相关信息。

（2）结合实际需求：从健康管理的工作实际出发，分析当前存在的问题和不足，寻找可以通过新技术新项目来解决的痛点。例如，提高受检者的健康管理效果、优化工作流程、提升服务质量等。

（3）团队讨论：与同事们进行充分的讨论，分享各自的想法和经验，共同确定具有可行性和创新性的申报项目。可以邀请医生、营养师、康复师等多学科人员参与讨论，以获取更广泛的视角和建议。

2. 项目调研与可行性分析

（1）文献检索：对申报项目进行全面的文献检索，了解国内外相关研究的现状和进展。分析该项目的科学性、创新性和实用性，为项目的申报提供理论支持。

（2）市场调研：了解该项目在市场上的应用情况和需求，评估其潜在的经济效益和社会效益。可以通过走访其他医疗机构、与企业合作、进行受检者需求调查等方式，获取市场信息。

（3）技术可行性分析：对项目所需的技术条件、设备设施、人员资质等进行分析，评估项目的技术可行性。如果需要引进新的技术或设备，应提前了解其性能、价格、维护成本等方面的情况。

（4）风险评估：对项目实施过程中可能面临的风险进行评估，制订相应的风险应对措施。例如技术风险、安全风险、法律风险等。

3. 撰写申报材料

（1）项目名称：项目名称应简洁明了，能够准确反映项目的核心内容和创新点。

（2）项目背景：介绍项目的提出背景、目的和意义，说明该项目对健康管理科工作的重要性和必要性。

（3）项目内容：详细描述项目的具体内容、技术路线、操作方法等。可以结合图表、流程图等形式，使内容更加直观易懂。

（4）预期效果：分析项目实施后的预期效果，包括对受检者健康管理效果的提升、工作效率的提高、经济效益和社会效益的增加等。可以提供具体的数据和指标进行说明。

（5）项目进度安排：制订项目的实施计划和进度安排，明确各个阶段的工作任务和时间节点。

（6）项目预算：列出项目所需的经费预算，包括设备购置、人员培训、材料费用等。应说明预算的合理性和必要性。

（7）项目团队：介绍项目团队的成员组成、专业背景、资质证书等。应突出团队的专业能力和创新能力。

4. 申报与审批

（1）提交申报材料：将撰写好的申报材料按照医院的要求进行整理和装订，提交给相关部门进行申报。申报材料应包括纸质版和电子版，以便审核和存档。

（2）专家评审：医院将组织专家对申报项目进行评审，评审内容包括项目的科学性、创新性、实用性、可行性等方面。护士应根据专家的评审意见，对申报材料进行修改和完善。

（3）审批立项：经过专家评审和医院领导审批后，符合条件的项目将被立项。护士应按照项目的进度安排，积极推进项目的实施。

5. 项目实施与管理

（1）组建项目团队：根据项目的需要，组建由护士、医生、营养师、康复师等多学科人员组成的项目团队。明确团队成员的职责和分工，确保项目的顺利实施。

（2）开展培训与学习：对项目团队成员进行相关技术和知识的培训，提高团队成员的专业水平和操作能力。可以邀请专家进行授课、组织内部培训、参加外部培训等方式进行。

（3）项目实施与监控：按照项目的进度安排，认真组织实施项目。在项目实施过程中，应加强对项目的监控和管理，及时发现和解决问题。可以通过定期召开项目进展汇报会、进行质量检查等方式，确保项目的质量和进度。

（4）项目总结与评估：项目实施完成后，应及时对项目进行总结和评估。分析项目的实施效果、存在的问题和不足，提出改进措施和建议。同时，应将项目的成果进行推广和应用，为健康管理的工作提供借鉴和参考。

健康管理机构护士新技术新项目的应用和开展，为受检者提供了更加优质、高效的护理服务，也为健康管理行业的发展注入了新的活力。在未来的工作中，健康管理机构的护士将继续积极探索新技术、开展新项目，不断提高护理服务质量，为受检者的健康保驾护航。

八、护理科研管理

护理科研管理是对护理领域科学研究活动进行计划、组织、领导和控制的过程。以下是其主要方面。

（一）科研计划管理

1. 明确研究方向　根据护理学科发展趋势、临床需求及社会热点问题，确定重点研究领域，如慢性病护理、老年护理、心理护理等。结合医院或健康管理机构的发展战略，制订长期和短期的科研规划。

2. 项目申报与审批　组织护理人员积极申报各级各类科研项目，包括国家级、省部级、地市级等。建立严格的项目审批制度，对申报项目的创新性、可行性、科学性进行评估。

（二）科研组织管理

1. 组建科研团队　根据研究项目的需求，选拔具有不同专业背景和技能的护理人员组成科研团队。

明确团队成员的职责分工，确保各尽其能。

2. 提供资源支持　为科研项目提供必要的经费、设备、场地等资源支持。协调与其他部门的关系，确保科研工作顺利进行。

（三）科研过程管理

1. *进度监控* 制订详细的项目进度计划，定期检查项目进展情况。对进度滞后的项目及时进行督促和调整，确保项目按时完成。

2. *质量控制* 建立严格的科研质量管理制度，对研究数据的收集、整理、分析等环节进行质量控制。组织专家对项目进行中期评估和结题验收，确保研究成果的质量。

（四）科研成果管理

1. *成果推广* 积极推广优秀的护理科研成果，通过学术交流、培训、发表论文等方式，提高成果的应用价值。与临床部门合作，将科研成果转化为实际的护理服务，提高护理质量。

2. *知识产权保护* 加强对护理科研成果的知识产权保护，及时申请专利、著作权等。对侵犯知识产权的行为进行打击，维护科研人员的合法权益。

总之，护理科研管理对于提高护理学科水平、促进护理事业发展具有重要意义。通过科学的管理方法，可以有效地组织和协调护理科研活动，提高科研效率和质量，为护理实践提供有力的支持。

第三节 护理科研项目撰写方法

撰写护理科研项目是护理科研工作的重要环节，它不仅要求研究者具备扎实的专业知识和研究能力，还需要掌握科学的撰写方法和技巧。一个高质量的护理科研项目不仅能够清晰地表达研究的目的、方法、结果和结论，还能够为护理实践提供有价值的指导和依据。

一、项目名称

项目名称是课题内容的终极凝练，从总体角度，用简明、精确的词语反映项目的主要内容和研究者所要强调的观点。选取一个恰当而准确的项目名称：多关注目前护理学的发展及医疗改革状况，特别注意新名词的变化，采用已有的新名词确定一个新颖而又恰当的项目名称。书写前可先拟多个，经反复思考推敲后再确定。注意题目要少于25个汉字；项目名称的确定需要准确、规范、简洁，使其真正反映研究内容、方法、水平、创新点；另要醒目，要使文字精湛传神，引人入胜。

示例1：健康管理护理基本技术质量控制与评价指标体系的构建（国家自然科学基金72074225）。

示例2：多元化情景模拟在健康管理护理教学中的应用（虚拟仿真实践教学平台数字化资源建设及临床护理实践的应用研究2022XJGZ06）。

二、选题依据

选题依据是科研项目中非常重要的环节，因为它为项目提供了合理的背景和理由，以证明该项目的重要性和必要性。在课题申报书上，选题依据的撰写要求是“国内外相关研究的学术史梳理及研究动态，本课题相对于已有研究的独到学术价值和应用价值等”。选题依据主要围绕两方面内容撰写：一是文献综述，二是选题价值分析。

（一）文献综述

在文献综述部分，你需要阐述与研究课题相关的国内外研究现状，可显示你的研究填补了知识空白或为领域提供了新的见解。讨论已有研究中的主要发现和挑战，以及你的研究如何有助于解决这些问题。

（二）选题价值分析

在这一部分，撰写课题研究的学术价值和应用价值，印证课题研究是有价值的、为什么要做、必须还要做。强调你的研究对护理实践、受检者护理、医疗政策或护理教育的重要性，重点突出与已有研究相对比的特殊性。

三、研究目的和目标

课题研究的目标就是课题最后要达到的具体目的，要解决哪些具体问题。一要明确、具体解决什么问题，不能笼统；二要最终不说或者少说过程；三是目标要紧扣课题，具体明了、精准精练。

四、研究的意义

课题研究的意义要以实践应用的论述为主论证，分析应做到理论与实践相结合、宏观与微观相结合，但作为健康管理护理的研究，更应侧重从微观和实践的角度分析，指出护理实践中存在的具体问题，突出解决这些问题的实际作用，从而体现研究的现实意义；以发展理论的论述为辅论证，健康管理护理科研也应当对护理理论的应用和发展发挥作用，因此研究者也应该从某种理论或理念的操作性不足的角度说明该研究的理论贡献价值。

五、研究的内容

确定研究课题后，首要任务是将大问题分解为逻辑连贯的小问题，构成研究具体内容。这一过程要求明确的问题导向，确保各小问题既独立又能相互关联，形成体系。通过层次分明、标题清晰的方式逐一展示主要研究问题，有助于评审者准确把握研究框架与思路。

六、研究的思路与方法

课题项目书思路方法的撰写要求是“本课题研究的基本思路、具体研究方法、研究计划及其可行性等”。基本思路是申报者证明假设的路线设计，属于方法论层面的考虑，即主要关注方法的选择，申报者应依据内容的需要选择恰当的方法。

关于具体的研究方法，首先应明确具体研究方法属于操作性层面的考虑，即申报者要关注操作技术，依据技术路线设计具体的做法。具体研究方法应依据目标和内容的需要而选择，依据解决问题的需要而改造，如果选择多种方法相结合，要考虑好各方法之间的相互关系和顺序。申报者应当将如何做到叙述清楚，要根据实际地研究改造方法，改造时应注意遵循所选方法的基本规范。

七、研究的步骤

研究的步骤是说明研究的先后进展顺序，一般包括准备阶段、实施阶段、阶段成果阶段和结题阶段。每个阶段需清晰界定研究任务与预期成果。通过绘制研究技术路线图，直观展示各阶段的推进逻辑与成果指标。

八、研究基础和工作条件

即已取得的相关研究成果（论文、著作等）；课题负责人和主要成员曾完成哪些重要研究课题；科研成果的社会影响和评价。

工作条件方面，主要阐述科研课题顺利开展的组织保证、制度保证、经费保证、技术保证，即课题组人员的学术背景和人员结构（职务、专业、年龄），研究时间、经费、设备、资料等条件。

九、经费预算

经费预算是课题申请书中的组成部分，关系着课题能否申报成功。在经费申请环节，一般按照数据表中规定的经费额度进行填写。

一项护理课题研究的经费包括以下几方面的内容：图书资料费，购买图书、订阅有关期刊、杂志档案、文献等的费用；印刷、出版费用等；调研差旅费，外出参观学习、考察等费用。各种会议费：开题论证会、研讨会、成果鉴定会、专家评审会等费用；专家咨询、报告费；仪器、设备购置费：购置课题研究所需的仪器、设备及文具纸张等费用；劳务费：包括用于研究人员的特殊津贴或奖励费等。课题研究经费预算根据课题研究中可能所需要计算总支出。

十、文献

课题论证的撰写是基于检索、阅读、引用前人研究结果的基础的，需要在课题项目书中详细罗列参考文献。文献是指与本课题相关的主要参考文献。需要注意的是文献列举需与文中实际引用严格匹配，非引用文献不纳入。要做到文献资料具有权威性，标注规范完整，从而反映出真实的科学依据，体现严肃的科学态度，同时也是为了指明引用资料出处，便于检索。文献还需要注意时效性原则，体现研究的前沿性，尽量选择近5年的文献。

思考题

1. 如何进行科研选题？
2. 常见的护理研究方法有哪些？
3. 如何正确有效地投稿？

（蔡丽华 周晓丹）

参考文献

胡荣，王春凤，2024. 随机对照研究护理论文的撰写要点及常见问题分析 [J]. 中华护理杂志，59(3): 271-275.

胡雁，2017. 护理研究 [M]. 5版. 北京：人民卫生出版社.

李霞，2022. 对健康管理机构高血压前期受检者应用“互联网 + 健康管理”护理模式的效果探讨 [J]. 实用医学研究，4(6): 35-37.

李小妹, 周凯娜, 2023. 护理研究 : 建立循证实践 [M]. 7 版 . 北京 : 人民卫生出版社 .
秦春香, 王颖, 李茜, 等, 2024. 健康管理护理基本技术质量控制与评价指标体系的构建 [J]. 中国护理管理, 24(4): 495-500.
杨艳杰, 曹枫林, 2017. 护理学研究方法 [M]. 2 版 . 北京 : 人民卫生出版社 .
袁华, 2020. 护理科研及论文写作指导 [M]. 沈阳 : 辽宁科学技术出版社 .
周云仙, 王艳波, 陈晋, 2017. 护理质性研究 : 理论与案例 [M]. 杭州 : 浙江大学出版社 .

第 13 章　健康管理伦理与职业道德

学习目标

了解：健康管理的伦理规范及健康管理对医院和健康管理人员的伦理影响。

熟悉：道德和职业道德的基本概念和基本要素，明确健康管理中服务对象及健康管理人员的权利和义务。

掌握：健康管理道德和伦理的概念和内涵，以及伦理原则在健康管理实践中的应用。

第一节　概　　述

一、道德的概念

“道德（morality）”一词起源于拉丁语的“Mores”，意为风俗和习惯。道德，作为一种社会意识形态，是人们共同生活及其行为的准则和规范。它往往代表着社会的正面价值取向，起到判断行为正当与否的作用。人类的道德观念是受到后天一定的生产关系和社会舆论的影响而逐渐形成的。按照马克思主义的观点，道德并非无本之木、无源之水，它是在一定的社会经济基础之上产生的社会意识，是人类特有的精神生活的一部分。道德通过善恶评价的方式，调整人与人之间的关系，以及个人与社会之间的关系。它作为一套行为原则和规范的总和，主要依赖于人们的内心信念、传统习惯和社会舆论来维持。

道德在社会生活中扮演着至关重要的角色，其功能多样且相辅相成。首先，道德具有调节功能，通过评价等方式协调人际关系，维护社会秩序的稳定。其次，道德的评价功能使我们能判断善恶，认清社会现实，从而指导个人行为。再者，道德的认识功能引导我们认识自己的社会角色和责任，选择正确的行为和生活方向。同时，道德的教育功能通过示范、激励等手段，培养我们的道德观念和品质，塑造理想人格。最后，道德的平衡功能帮助我们平衡社会关系，引导我们从全局和长远利益出发，维护人与自然的和谐。在现代社会，道德功能的发挥与其他社会因素紧密相连，共同推动社会的健康发展。

二、职业道德的概念和基本要素

（一）职业道德的概念

职业道德（professional morality）也称行业道德，是社会道德体系的核心组成部分，体现了从事特定职业的人们在其职业活动中应当遵循的道德规范和行为准则。职业道德是在长期从事某一职业过程中形成的，旨在指导从业人员在职业行为中做出正确判断和决策的道德规范总和。它不仅是从业人员在职业活动中应遵循的行为规范，同时也是他们对社会、对公众所应承担的道德责任和义务。职业道德的遵循有助于维护职业声誉，增强职业信誉，促进职业活动的健康发展，是社会道德在某一特定职业中的具体体现和深化。

（二）职业道德的基本要素

职业道德的基本要素主要包括职业理想、职业态度、职业责任、职业技能、职业纪律、职业良心、职业荣誉、职业作风这几个方面，它们相互关联、相互影响共同构成了职业道德的核心体系，指导和规范着从业者的职业行为。

1. *职业理想* 是指从业者对符合自己意愿的职业工作种类及所要达到的成就的追求和向往。它体现了从业者的职业目标和追求，是驱动个人职业发展的内在动力。

2. *职业态度* 是从业者对所从事职业的评价和表现出的行为倾向。职业态度影响从业者的行为选择和职业行为表现，是职业成功的关键因素之一。

3. *职业责任* 职业责任要求从业者认识到自己的职业行为对社会和公众的影响，并承担相应的道德和法律责任。

4. *职业技能* 指从业者完成本职工作，承担职业责任所必须具备的科学文化知识、专业技术能力。职业技能是从业者胜任职业工作的基础，是职业道德实现的重要保证。

5. *职业纪律* 是调整从业者与他人、单位、社会以及职业生活中局部与全局关系的重要形式。职业纪律要求从业者遵守职业行为规范，维护职业活动的秩序和公正。

6. *职业良心* 是人们在履行义务过程中形成的道德责任感、向善的意念和自我评价能力。职业良心是从业者职业道德的核心，它要求从业者自觉遵守职业道德规范，保持良好的职业操守。

7. *职业荣誉* 指从业者因自己的职业行为符合职业道德规范而获得的社会评价和尊重。职业荣誉是职业道德追求的目标之一，它激励从业者不断提升自己的职业道德水平。

8. *职业作风* 指从业人员在其职业活动中表现出来的，体现其职业特点的态度和风格。职业作风是职业道德的外在表现，它体现了从业者的职业形象和精神风貌。

三、伦理和伦理学

（一）伦理

伦理（ethic）是指导人类行为的原则和准则，它关注人与人之间的关系，以及个人与社会之间的道德联系。伦理不仅涵盖道德层面，还是一种自律性的道德素养，旨在帮助人们辨别对与错，指导人们的行为。“伦”字本义指辈分和亲属关系，而在“伦理”中，“伦”则特指人伦，即人与人之间复杂而微妙的关系网络。而“理”字，在这里指的是人伦之理，即基于血缘和亲属关系之上的礼仪规范和行为准则，进一步泛指人们处理人与人、人与社会关系时应遵循的道德规范和原则。

现代意义上的伦理具有更广泛的含义。首先，它是一套处理人与人之间关系的准则，这些准则基于公平、正义、尊重和责任等原则，是人类社会特有的行为规范。其次，伦理也是一种道德理论，它研究道德的本质、起源、发展和作用，探讨如何协调人与人之间的关系，以实现社会的和谐与进步。因此，伦理不仅是个人行为的指南，也是社会文明进步的基石。它要求我们在处理人际关系时，既要考虑自己的利益，也要尊重他人的权益，以实现共赢和可持续发展。

（二）伦理学

伦理学，作为哲学的分支学科，专注于道德原则、价值观和行为的探索。它致力于将道德思想观点系统化、理论化，以人类道德问题为研究对象，探究人类行为的合理性、如何做出正确决策，以及界定“好”与“坏”的行为标准。伦理学可分为规范性伦理学和描述性伦理学两大领域，前者关注行为准则的制定和道德困境的应对，后者则分析人类行为的社会、历史和文化因素。

道德和利益的关系问题是伦理学的基本问题。究其原因，主要在于以下几点：首先，道德并非无源之水、无本之木，而是从错综复杂的利益关系中提炼而出。道德的核心，正是调整与平衡各种利益关系。当个人利益与公共利益发生矛盾冲突时，道德便成为指导我们行动的客观准则。不同社会的利益关系千差万别，因此也孕育出了各具特色的道德体系。其次，道德原则在社会生活中的实际应用及其影响力，均取决于其对社会整体利益的体现程度。一个道德原则能否深入人心、广泛践行，关键在于它能否真正代表并维护社会整体利益。再者，一个人对待利益的态度，往往是其道德水准的直观体现。个人利益与社会利益的关系，是道德和利益关系的关键所在。这种关系不仅决定了道德体系的基本原则和适用范围，更决定了道德活动的方向和标准。因此，不同道德原则在面对利益抉择时所展现的道德境界，也各不相同。综上所述，道德和利益的关系始终是伦理学研究的重中之重。它贯穿伦理学的发展历程之中，是我们理解道德本质、构建道德体系的重要基石。

第二节　健康管理道德和伦理

一、健康管理道德

健康管理道德(health management morality)是社会道德在健康管理实践领域中的具体体现，是健康管理专业人员在健康管理领域内处理各种道德关系的职业意识和行为规范。它涵盖了健康评估、疾病预防、健康促进、疾病管理及健康教育与咨询等多个方面，要求健康管理专业人员以高度的道德责任感，恪守职业道德，尊重和维护受检者的权益，保障健康服务的公正、公平和高效。

在健康管理实践中，健康管理道德体现在以下几个方面。①尊重受检者自主权：健康管理专业人员应尊重受检者的自主权，尊重受检者的选择，避免对受检者进行不必要的干预或强制。②保护受检者隐私：健康管理专业人员应严格保护受检者的隐私，不得泄露受检者的个人信息和健康状况，确保受检者的隐私权得到保障。③提供公正服务：健康管理专业人员应确保提供的健康管理服务公正、公平，不受任何个人或团体的影响，确保所有受检者都能获得高质量的健康管理服务。④遵循专业规范：健康管理专业人员应遵循健康管理领域的专业规范和标准，确保服务质量和安全性，不断提高自身的专业素养和技能水平。⑤承担社会责任：健康管理专业人员应承担起社会责任，积极参与公共卫生事业，推动健康知识的普及和传播，为提高全民健康水平贡献自己的力量。总之，健康管理道德是健康管理专业人员必须遵循的职业道德准则，它要求健康管理专业人员以高度的道德责任感，恪守职业道德，为受检者提供高质量、公正、公平的健康管理服务。

二、健康管理伦理与伦理学

（一）健康管理伦理

健康管理伦理是一个综合性的概念，它涉及个人、团体及国家在健康管理过程中所应遵循的行为准则和规范。这些准则和规范旨在确保健康管理活动的科学性、公正性、公平性和人道性，同时强调个人、团体、国家对公众健康所承担的道德责任。具体来说，健康管理伦理涵盖了健康管理的各个方面，包括但不限于健康体检、健康干预、跟踪回访、宣扬健康道德等。在健康管理中，个人、医护人员、医疗机构、政府等各方都扮演着重要角色，并需要遵循相应的伦理原则和规范。

（二）健康管理伦理学

健康管理伦理学是关注健康管理过程中涉及的道德问题、行为准则和伦理原则的科学。它强调在健康管理中应遵守的行为准则和规范，以及个人、团体、国家对公共健康所承担的道德责任。作为医学伦理学的重要分支，健康管理伦理学致力于在维护人们健康权益的同时，促进健康服务的公平性和质量。在健康管理伦理学中，基本原则和伦理规范构成了其核心概念。它要求以人为本、以健康为中心，尊重个人的尊严和权利，提供个性化的健康管理服务。同时，强调公平合理，确保每个人平等享有健康保健服务和资源。保守秘密也是健康管理伦理学的重要原则之一，要求严格保护服务对象的隐私和健康信息。此外，健康管理伦理学还鼓励健康管理提供者积极履行责任，提高服务质量和效率。

为了实现这些原则和规范，健康管理伦理学要求健康管理提供者和服务对象共同遵守伦理规范。提供者应以人为本、文明管理，尊重个性、保护隐私，并加强自身修养和专业水平。服务对象则应重视权利、履行义务，配合管理、体现主体，并彰显责任、实现健康。通过双方的共同努力，形成良好的互动关系，共同促进健康管理的健康发展，保障人们的健康权益。

三、健康管理中的伦理原则

健康管理的伦理原则受到医学伦理学基本原则和应用原则的引导，是这些原则在健康管理实践中的具体体现。这些伦理要求贯穿于健康管理的各个环节，以确保服务的专业性、公正性和人性化。具体来说，健康管理的伦理要求包括以下几个方面。

（一）以人为本、以健康为中心

健康管理提供者应始终将服务对象的健康和需求放在首位，尊重其意愿和选择。在健康管理过程中，提供者应正确判断并及时处理服务对象的健康问题，确保为其提供个性化的、科学的健康服务。

（二）保护健康服务对象的隐私

健康管理过程中，体检医护人员可能会接触到服务对象的身高、体重、个人史、职业史、身体缺陷、疾病史、家庭状况等敏感信息。因此，健康管理人员必须严格保守服务对象的隐私，未经授权不得向任何第三方透露相关信息。

（三）坚持公平、合理的原则

健康管理的最终目标是提高全民健康水平，因此，健康管理服务不应局限于特定人群。无论社会地位、经济状况如何，所有服务对象都应有权平等享有健康管理服务，共享健康资源。此外，还应形成服务与被服务的双向互动关系，确保服务满足实际需求，并合理制订定公开收费标准，考虑服务对象的经济能力。

（四）避免过度诊疗原则

健康管理服务提供者应关注服务对象的实际需求和经济承受能力，避免为增加经济效益而任意增加体检项目或重复检查。以减轻服务对象的经济和心理负担，提高健康管理服务的满意度和效果。

（五）有利和主体原则

健康管理服务提供者应始终维护服务对象的利益，努力使其利益最大化。在健康干预过程中，提供者还应帮助服务对象树立并提高健康意识水平，使其能够主动参与到健康管理过程中来，从而提高健康管理的整体效果。

四、健康管理对医院的伦理影响

（一）健康教育可丰富医院管理的伦理内涵

医院管理的核心使命在于悉心守护和增进每一位人民群众的身心健康。健康教育作为一种全民参与的教育形式，它聚焦于健康，致力于传播实用的保健知识。这种教育不仅深入人心，影响我们的价值观念，还帮助我们树立正确的健康意识，提升自我保健的能力，并引导我们形成健康的生活方式。通过消除潜在的健康风险，预防疾病的发生，健康教育在推动健康事业中发挥着不可替代的作用。医院通过实施健康教育，不仅彰显了医学追求的价值，还进一步丰富了医院管理的伦理内涵，从而切实保障了人民群众的切身利益。

（二）提高医护人员的综合素质

健康管理对健康管理人员的职业素养提出了很高的要求。他们不仅需要具备坚实的医学专业知识，还需要涉猎广泛，熟悉社会心理学、伦理学、康复医学、流行病学及预防医学等领域的知识。医院实施健康管理，正是为这些专业人员提供了一个学习和实践的舞台，促使他们不断充实自己的多学科知识体系，提升医学综合素质。只有这样，他们才能更加娴熟地传授健康知识，精准地运用诊疗方法，为公众提供高质量的健康管理服务。

（三）创建良好的医患关系

受检者求医时，会因为疾病的折磨产生不良情绪。如果医护人员能够适时开展健康宣教，进行医患沟通，多听受检者询问，多向受检者介绍病情、治疗效果、用药和检查目的，并就治疗方案及费用和受检者进行交流、沟通，及时掌握受检者的心理和对疾病的认知度，保证受检者的知情权和选择权，这样不仅可以传播医学科普知识，还可以结合实际病例指导受检者预防疾病；既可以满足受检者需求，又拉近了医患之间的情感距离，提高受检者对医护人员的信任度从而降低医疗纠纷的发生率，有效提高和促进医疗护理质量和服务水平，创建良好的医患关系。

五、健康管理对健康管理人员的伦理影响

（一）隐私保护与信息安全

健康管理过程中，保护受检者的隐私和信息安全至关重要。健康管理人员应严格遵守相关的隐私法律法规，确保收集和处理的所有个人健康数据（包括病历、体检结果、基因信息等）都得到妥善保护。在提供服务时，他们应仅限于工作需要获取和使用信息，并严禁滥用或泄露任何敏感数据。这种严格的隐私保护体现了健康管理行业的职业道德，保障了受检者的合法权益。

（二）专业伦理与职业操守

健康管理人员在履行职责时，必须遵循专业伦理和职业操守。他们应提供准确、完整和可靠的信息，避免误导或隐瞒重要信息。同时，他们应尊重受检者的自主权和隐私权，避免发展亲密或不恰当的关系，并严禁任何形式的性骚扰或滥用权力。健康管理人员还应保持专业和客观的态度，不断提升自身能力和技能，以确保服务的质量和效率。这些专业伦理和职业操守要求不仅是对受检者的尊重，也是健康管理人员自身职业发展的基石。

（三）公平与包容性服务

健康管理人员在提供健康管理服务时，应考虑到不同地区、不同人群的需求差异，确保每个人都能享受到公平和包容性的服务。他们应积极收集受检者的反馈和建议，并根据需要进行改进。此外，健康管理人员还应尊重受检者个人信仰、文化差异和多样性，提供无偏见的服务。这种公平和包容性的服务理念有助于建立和谐的医患关系，提升受检者的满意度和忠诚度，同时也体现了健康管理人员对社会责任的担当。

第三节　健康管理伦理规范及权利、义务

一、健康管理的伦理规范

健康管理的伦理规范是指在健康管理实践中，健康管理人员与服务对象双方应共同遵守的行为准则，是医学伦理学的丰富和发展。健康管理的伦理规范旨在规范健康管理人员和服务对象的双方行为，但因为服务提供者的主导地位，因此提供者是主要道德责任方，服务对象是次要的责任方。

健康管理人员应遵守的规范包括：以人为本、文明管理；增进责任、积极主动；尊重个性、保护隐私；加强修养、提高水平；健全机制、规范制度；有效评价、完善监督；服务社会、保障健康。从健康管理的各个环节看，强化健康管理机构及相关服务人员的伦理观念，开展人性化的健康管理服务，有利于健康管理机构及人员与健康管理对象的沟通，提高健康管理效果。就服务对象而言，应遵守的规范包括：与时俱进、科学理念；重视权利、履行义务；配合管理、体现主体；彰显责任、实现健康。健康管理提供者和服务对象共同遵守的规范包括：双方平等、互相尊重；尊重法律、实践规范；相互信任、相互依托；良好合作、健康和谐。

二、健康管理中服务对象的权利和义务

（一）服务对象的权利

1. *服务对象享有的核心权力包括*　①平等享受医疗的权利：无论受检者的社会地位、经济状况、年龄、性别或健康状况如何，他们都有权平等地获得所需的医疗服务。这意味着医疗机构和健康管理提供者不应因任何非医疗因素而拒绝或歧视受检者。②获得信息的权利：受检者有权了解其健康状况、诊断结果、治疗方案、药物使用、预期疗效以及可能的风险和副作用等医疗信息。这些信息对于受检者做出自主决策至关重要。③自主同意的权利：在涉及受检者身体和健康的医疗行为（如检查、治疗等）之前，受检者有权在充分了解相关信息的基础上，自主决定是否接受该医疗行为。医疗机构和健康管理提供者应尊重受检者的自主决策权。④要求保护隐私的权利：受检者的医疗信息和个人隐私应受到严格保护。医疗机构和健康管理提供者

应采取有效措施，确保受检者的隐私不被泄露或滥用。⑤因疾病免除一定社会责任和义务的权利：在受检者因病无法履行某些社会责任和义务时，他们有权得到社会的理解和支持，并免除或减少相应的责任和义务。⑥监督针对自己的医疗措施实施的权利：受检者有权对自己的医疗措施实施过程进行监督，以确保医疗服务的质量和安全。

2. *健康管理中服务对象享有的权利* ①平等的健康保健权：服务对象有权平等地获得健康管理提供者提供的健康保健服务，不受任何非医疗因素的歧视。②知晓健康管理相关措施及进程的权利：服务对象有权了解健康管理提供者为其制订的健康管理计划、措施及其实施进程，以便更好地配合和参与健康管理过程。③保护自身正当利益的权利：服务对象有权在健康管理过程中保护自己的正当利益，如要求获得合理的医疗服务、提出异议或投诉等。④保护秘密和隐私的权利：服务对象在健康管理过程中提供的个人信息和隐私应受到严格保护，健康管理提供者应采取有效措施确保这些信息不被泄露或滥用。⑤要求赔偿健康损害的权利：如果服务对象因健康管理提供者的过失或疏忽而遭受健康损害，他们有权要求相应的赔偿。

（二）服务对象的义务

1. *积极配合治疗的义务* 服务对象在健康管理过程中，应当充分尊重健康管理提供者的专业判断和劳动成果，积极、主动地配合治疗工作。这包括按照健康管理计划的要求进行身体检查、参与健康讲座、按时服药、遵守饮食和运动建议等。通过积极配合，服务对象能够更好地实现健康管理的目标。

2. *提供真实健康信息的义务在健康管理过程中，服务对象需要提供真实、完整的个人健康信息* 这些信息是健康管理提供者制订准确健康管理计划的基础。服务对象应如实反映自己的健康状况、病史、用药情况等，以便健康管理提供者能够为其制订更合适的健康管理方案。

3. *恢复和保持健康的义务* 服务对象应积极治疗，按照健康管理提供者的建议，努力恢复和保持健康状态。这包括按照计划进行锻炼、调整饮食习惯、改善生活方式等。服务对象应增强自我健康管理意识，学会自我监测健康状况，及时发现并处理健康问题。

4. *承担相关费用的义务* 根据国情和相关规定，服务对象在健康管理过程中需要承担相应的费用，包括检查费、药品费、健康咨询费等。服务对象应按时支付相关费用，确保健康管理工作的顺利进行。

5. *遵守健康管理规定的义务* 服务对象在健康管理过程中，应遵守健康管理提供者制定的相关规定和制度。这包括按时参加健康管理活动、遵守健康管理场所的秩序等。通过遵守规定，服务对象能够更好地融入健康管理过程中，提高健康管理的效果。

6. *维护个人健康信息和法律道德规范的义务* 服务对象应妥善保管个人健康信息，避免信息泄露或被他人滥用。同时，服务对象在健康管理过程中应遵守相关法律法规和道德规范，不得从事任何违法或不道德的行为。通过维护个人健康信息和遵守法律道德规范，服务对象能够保护自己的合法权益，促进健康管理工作的健康发展。

三、健康管理人员的权利和义务

（一）健康管理人员的权利

健康管理人员的权利涵盖了维护服务对象健康、提供健康服务、干涉不良健康行为、拒绝不当要求、要求服务对象配合、获取必要信息、研究和开发新技术及评估健康管理成效等方面。这些权利的行使旨在确保健康管理服务的专业性和有效性，同时保障服务对象的权益。具体来说健康管理人员的权利主要包括以下几个方面。

1. 维护服务对象健康的权利　健康管理人员的首要任务是确保服务对象的健康得到维护。他们有权制订和执行旨在预防、改善或恢复服务对象健康的计划。

2. 为服务对象提供健康服务的权利　健康管理人员有权根据服务对象的健康状况和需求，提供个性化的健康咨询、指导、评估等服务。

3. 恰当地使用干涉权　在健康管理过程中，当服务对象的健康行为或习惯可能对健康造成不良影响时，健康管理人员有权进行适当的干涉，以帮助他们建立更健康的生活方式。

4. 拒绝权　如果服务对象的行为或要求与健康管理人员的专业判断或道德标准相违背，健康管理人员有权拒绝提供服务或建议。

5. 要求服务对象配合的权利　健康管理人员有权要求服务对象按照健康管理计划的要求进行配合，如按时服药、参与健康讲座、进行身体检查等。

6. 获得必要信息的权利　为了更好地为服务对象提供健康管理服务，健康管理人员有权获取服务对象的健康信息、病史、用药情况等必要信息。

7. 研究和开发新技术的权利　健康管理人员有权进行健康管理技术的研究与开发，以提高健康管理的效率和质量。

8. 评估健康管理成效的权利　健康管理人员有权对健康管理计划的执行情况进行评估，以了解服务对象的健康状况是否得到改善，并根据评估结果调整健康管理计划。

（二）健康管理人员的义务

健康管理人员的义务主要包括以下几个方面，这些义务旨在确保他们能够以专业、负责的态度为服务对象提供健康管理服务。

1. 对服务对象的义务　①为服务对象提供健康保健服务的义务：健康管理人员需根据服务对象的健康状况和需求，提供专业的健康咨询、指导、评估等服务，帮助他们建立健康的生活方式，预防疾病的发生。②为服务对象解除痛苦的义务：当服务对象出现健康问题或疾病时，健康管理人员应积极采取措施，为他们提供必要的治疗和支持，以减轻他们的痛苦和不适。③对服务对象进行宣传教育的义务：健康管理人员有责任向服务对象宣传健康知识，提高他们的健康意识和自我保健能力，帮助他们建立正确的健康观念和行为习惯。④为服务对象保守秘密、保护隐私的义务：在健康管理过程中，健康管理人员应严格保守服务对象的个人隐私和健康信息，确保这些信息不被泄露或滥用。⑤满足服务对象正当需求的义务：健康管理人员应尊重服务对象的意愿和需求，在合法、合理的范围内，尽力满足他们的需求，提供个性化的健康管理服务。

2. 对社会的义务　①面向全社会、全人类的预防保健义务：健康管理人员应积极参与公共卫生事业，通过宣传、教育、监测等手段，提高全社会的健康水平，预防和控制疾病的发生和传播。②提高社会人群生命质量的义务：健康管理人员应通过专业的健康管理服务，帮助人们改善生活方式，提高生命质量，减轻疾病对社会的负担。③推进健康事业发展的义务：健康管理人员应积极参与健康事业的发展，推动健康管理技术的创新和应用，提高健康管理的效率和质量，为社会的健康事业做出贡献。

总结来说，健康管理人员的义务涵盖了为服务对象提供健康保健服务、解除痛苦、宣传教育、保守秘密和满足需求等方面，以及对社会承担预防保健、提高生命质量和推进健康事业发展的责任。这些义务的履行有助于确保健康管理服务的专业性和有效性，同时保障服务对象的权益和社会的健康福祉。

思考题

● 案例背景

某大型健康管理中心，致力于为市民提供全方位的健康管理服务，包括健康咨询、体检、疾病预防与康复指导等。近年来，随着业务的发展，中心面临着越来越多的伦理与道德挑战。

● 案例描述

例如：中心在处理受检者健康信息时，因内部管理制度不严，导致部分受检者隐私信息外泄，引发受检者不满和信任危机。此外，中心与某药品供应商建立了长期合作关系，但供应商提供的药品价格高于市场价，且存在疗效不明确的问题。中心在向受检者推荐药品时，面临利益与责任的冲突。另外，为提高业绩，部分健康管理人员存在过度推荐检查和治疗的情况，导致受检者花费不必要的费用，甚至受到不必要的身体伤害。

● 案例思考题

结合该案例，请谈谈道德是什么？伦理是什么？该案例中健康管理过程中存在的伦理与道德问题有哪些？如何在健康管理工作中避免产生道德问题？

（林　榕　周晓丹）

参考文献

郭清 , 2015. 健康管理学 [M]. 北京 : 人民卫生出版社 .
胡春梅 , 尚武 , 唐世琪 , 2013. 健康管理带来的伦理学思考 [J]. 中华健康管理学杂志 , 7(2): 141-142.
李小妹 , 2021. 护理学导论 [M]. 5 版 . 人民卫生出版社 .
王陇德 , 2019. 健康管理师基础知识 [M]. 2 版 . 北京 : 人民卫生出版社 .
肖渊茗 , 陈志恒 , 朱小玲 , 2011. 健康管理的相关伦理理念思考 [J]. 中华健康管理学杂志 , 5(3): 1.
赵一鸣 , 2016. 基于体检数据的临床研究伦理辩护和伦理管理 [J]. 中华健康管理学杂志 , (2): 3.

第 14 章　健康体检与管理政策法规制度

学习目标

了解：卫生法律法规的概念及作用；违法执业护士管理的法律责任；健康管理护理科研中的部分法律问题。

熟悉：健康体检与管理相关卫生法律法规的渊源；护士执业资格考试法律制度及护士执业注册管理法律制度；关于健康体检中放射检查法律问题。

掌握：护士的权利与义务；医疗事故的预防与分级；关于健康体检中乙肝项目检测的法律规范；体检中发现重要异常结果处理的法律问题；健康管理专科护士的职责。

应用：具有学习和运用健康体检与管理相关法律法规知识的自觉性、主动性意识。

第一节　健康体检与管理相关卫生法律法规概述

一、卫生法律法规的概念

卫生法律法规是调整卫生社会关系的法律规范的总称，是指由国家制定或认可，为了保障人民健康，预防和控制疾病，规范医疗卫生服务活动，保障医疗卫生安全，并通过国家强制力保证实施的具有法律效力的规范性文件。这些法律法规涵盖了医疗卫生领域的各个方面，为医疗卫生事业的发展提供了重要的法律保障。我们通常说的卫生法指的是卫生法律法规，它不仅包括宪法、刑法、民法和行政法律中用于调整卫生领域的法律规范，还包括卫生行政法规、地方性卫生法规以及卫生规章、卫生决定与卫生办法等。

二、卫生法律法规的作用

卫生法律法规是保障公民健康、维护社会稳定、推动医疗卫生事业发展的重要基石。它不仅规范了医疗卫生行业的行为准则，也确保了公共卫生安全，促进了国际交流与合作。以下从多个方面探讨卫生法律法规的主要作用。

（一）明确岗位职责

卫生法律法规为医疗卫生工作者、卫生行政部门及其他相关机构和人员明确了各自的职责和权利。它详细规定了医疗服务的提供、管理、监督等各个环节的责任主体，确保了医疗卫生服务的专业性和规范性。

（二）保障公民健康

卫生法律法规旨在保护公民的健康权益，通过规定医疗服务的标准和质量，防止医疗事故的发生，保障公众的生命安全。同时，它还规定了公共卫生防控措施，如传染病防治、疫苗接种等，以维护公共卫生安全。

（三）促进国际交流

在全球化背景下，卫生法律法规为国际卫生合作与交流提供了法律依据。通过与国际卫生组织和其他国家的合作，共同应对全球性卫生挑战，如跨国传染病防控等。

（四）推动科学进步

卫生法律法规鼓励医学研究和科技创新，保护知识产权，推动医疗卫生技术的不断进步。它规定了科研活动的规范和伦理要求，确保研究成果的可靠性和安全性。

（五）保护个人权益

卫生法律法规尊重和保护个人的隐私权、知情权、自主权等合法权益。它规定了医疗信息的保密和公开制度，保障受检者在接受医疗服务过程中的合法权益不受侵犯。

（六）规范行业行为

卫生法律法规对医疗卫生行业的行为进行了全面规范，防止不正当竞争和非法行医行为的发生。它规定了医疗机构的设立条件、诊疗规范、药品管理等方面的内容，确保医疗卫生行业的健康发展。

（七）促进社会和谐

卫生法律法规的实施有助于缓解社会矛盾和冲突，促进社会和谐稳定。通过规范医疗服务行为、保障公民健康权益等措施，减少因医疗卫生问题引发的社会矛盾和纠纷。

（八）维护公众权益

卫生法律法规的最终目的是维护公众的健康权益。它通过制定和执行相关法律法规和政策措施，确保公众能够享受到安全、有效、便捷的医疗卫生服务，提升国民整体健康水平。

三、健康管理与体检相关卫生法律法规的渊源

（一）宪法

宪法作为国家的根本大法，是所有法律法规的基础，具有最高的法律效力。《中华人民共和国宪法》第二十一条明确指出国家发展医疗卫生事业，发展现代医药和我国传统医药，开展群众性的卫生活动，保护人民健康。

（二）卫生法律

卫生法律是由全国人民代表大会及其常务委员会制定的针对卫生领域专门问题的法律，是卫生领域最基本的法律渊源。例如《中华人民共和国基本医疗卫生与健康促进法》《中华人民共和国传染病防治法》《中华人民共和国民法典》等，都是直接调整卫生社会关系的法律。

（三）行政法规

行政法规是由国务院制定的规范性文件，是卫生法律法规体系中的重要组成部分。行政法规在宪法和法律的基础上，对卫生领域的具体问题进行规定，具有普遍的约束力。例如《护士条例》《医疗事故处理条例》等，都是重要的行政法规。

（四）部门规章与卫生标准与规范

部门规章是由国务院各部门制定的规范性文件，这些规章在宪法、法律、行政法规和地方性法规的基础上，对卫生领域的具体问题进行详细规定，是卫生法律法规体系中的重要补充。

由国务院卫生部门制定关于健康体检相关的部门规章文件有《健康体检管理暂行规定》《健康体检中心基本标准（试行）》《健康体检中心管理规范（试行）》《关于进一步加强健康体检中心管理促进健康体检行业规范有序发展的通知》《卫生部办公厅关于加强乙肝项目检测管理工作的通知》《卫生部办公厅关于规范健康体检应用放射检查技术的通知》，同时它们也属于卫生标准与规范。卫生标准与规范是卫生领域的技术性规定，这些标准与规范是卫生领域各项工作的重要依据，对于保障公民健康、促进医疗卫生事业发展具有重要意义。

（五）其他

地方性法规是由省、自治区、直辖市的人民代表大会及其常务委员会制定的，针对本行政区域内卫生问题的规范性文件。自治条例与单行条例是由民族自治地方的人民代表大会制定的规范性文件。法律解释是指对法律条文的具体含义和适用范围的解释和说明。此外，国际条约也是卫生法律法规的重要渊源之一。

四、卫生法律责任

卫生法律责任根据引起责任的卫生管理、服务行为的性质和危害程度为标准可分为民事责任、行政责任和刑事责任。

（一）民事责任

民事责任是指卫生健康机构、卫生健康工作人员或从事与卫生健康事业有关的机构，违反法律规定，侵害公民的健康权利，应向受害人承担民事责任。民事责任的特点有：①主要是财产责任；②一方当事人对另一方的责任；③补偿当事人的损失；④法律允许的条件下，民事责任可以由当事人协商解决。

《中华人民共和国民法典》规定，承担民事责任的方式主要有：①停止侵害；②排除妨碍；③消除危险；④返还财产；⑤恢复原状；⑥修理、重作、更换；⑦继续履行；⑧赔偿损失；⑨支付违约金；⑩消除影响、恢复名誉；⑪赔礼道歉。卫生法所涉及的民事责任主要以补偿赔偿、精神赔偿为主要形式。

（二）行政责任

卫生行政责任是指卫生法律关系主体违反卫生行政法律规范，但尚未构成犯罪时，所应承担的法律后果。我国卫生法规定的行政责任包括行政处分和行政处罚两种形式。

卫生行政处分是指卫生行政机关或企事业单位依据行政隶属关系，对有违法、违纪或失职行为的人员给予的行政制裁。主要有警告、记过、记大过、降级、撤职、开除。

卫生行政处罚是指卫生行政机关对违反了卫生法律法规的行政相对人所实施的行政制裁。主要有警告，罚款，没收违法所得，没收非法财物，责令停产、停业，暂扣或者吊销执照等。

（三）刑事责任

卫生刑事责任是指卫生法律关系主体违反法律规定，实施了侵犯卫生管理秩序及公民生命健康权的犯罪行为所应承担的法律后果。犯罪是指触犯《中华人民共和国刑法》依法应受刑罚处罚的行为。

刑事责任的承担方式主要是刑罚。依照《中华人民共和国刑法》的规定，刑罚包括主刑和附加刑两种。

第二节 护士管理基本法律法规

一、护理法律法规的概念

护理法律法规是一个具有广泛涵盖面的综合性概念。它不仅直接涉及规范护理工作的法律条文，还广泛覆盖了与护理活动密切相关的各类法律法规。这一系列法律规范的主要目的是调整护理活动过程中所形成的复杂多样的社会关系，其适用范围广泛，包括但不限于护理人员与受检者之间的法律关系、护理人员与医疗机构之间的权责关系、护理人员内部的协作与管理关系、护理人员与医师、医技人员及后勤人员之间的协作关系，以及护理人员因提供护理服务而与社会各界产生的各类法律关系。简而言之，护理法律法规构成了规范并保障护理活动有序进行，有效维护各方合法权益的重要法律基石。

二、我国护理立法概况

我国护理法律法规的起源可追溯至 1840 年鸦片战争前后，随着西方医疗护理技术的引入，我国现代护理事业逐渐萌芽并发展。1888 年，福州护士学校的创立，标志着我国护理教育的正式起步。随后，在 1934 年，国民政府教育部成立了护士教育专门委员会，将护士教育纳入国家教育体系之中。为规范护士执业与管理，国民政府分别于 1936 年和 1943 年颁布了《护士暂行规则》与《助产士法》，初步奠定了我国护理行业法制化的基石。

中华人民共和国成立后，卫生部于 1952 年发布了《医士、药剂士、助产士、护士、牙科技士的暂行条例》，并在 1970 年提出了《关于加强护理工作的意见》。然而，受限于当时的历史条件，护士考试、注册及执业管理制度尚未健全，护理队伍的整体素质提升面临重重挑战，进而对医疗护理质量造成了一定制约。

自党的十一届三中全会召开以来，我国医疗卫生事业蓬勃发展，民主法制建设也深入推进，护理工作的法制化管理日益受到社会各界的重视。1982 年，卫生部在医政司内设立城市护理处，标志着护理管理向专业化、法制化方向迈出了坚实步伐。1993 年 3 月，卫生部颁布了《中华人民共和国护士管理办法》，并于次年 1 月 1 日正式实施，为护士执业管理奠定了坚实的法律基础。1995 年 6 月，我国首次护士执业考试的顺利举行，标志着护士执业考试和注册制度的正式确立。

为进一步保障护士的合法权益，规范护理行为，促进护理事业的健康发展，保障医疗安全和人体健康，国务院于 2008 年 1 月 31 日发布了《护士条例》，并于同年 5 月 12 日起正式实施。《护士条例》从立法层面明确了护士的权利与义务，并详细规定了各级政府、相关部门和医疗卫生机构在维护护士权益、改善工作条件、保障待遇、提升素质、规范技术行为等方面的责任，标志着我国护士执业管理步入了法制化的新阶段。同时，卫生部也于 2008 年 5 月 4 日通过了《护士执业注册管理办法》，对护士的执业注册和管理进行了详尽的规定。

护理工作作为医疗卫生工作的重要组成部分，还受到我国多项医疗卫生法律法规的约束与保障。如《医疗机构管理条例》《医疗废物处理条例》《中华人民共和国献血法》《医疗机构临床用血管理办法（试行）》《中华人民共和国传染病防治法》《医疗事故处理条例》和《中华人民共和国侵权责任法》等法律法规中，均包含与护理相关的法律制度规定。此外，《民法通则》和《中华人民共和国刑法》等法律中，也涉及护理相关的法律责任条款。

经过长期的发展与完善，我国护理立法已构建起一套相对完备的法律法规体系，为护理工作的规范化、法制化提供了强有力的保障。展望未来，随着护理事业的持续进步和社会需求的不断变化，护理法律法规体系将进一步完善，以更好地满足人民群众日益增长的健康需求。

三、护士执业资格考试法律制度

护士执业资格考试旨在全面评估申请护士执业资格者是否掌握必要的护理专业知识及工作能力。此考试由国家卫生健康委员会精心规划与组织，以确保考试内容的广泛覆盖与紧跟行业前沿。仅当考生在该考试中取得合格成绩后，方有资格申请进行护士执业注册。

（一）考试申请条件

凡在中等职业学校、高等学校完成国务院教育主管部门和卫生主管部门所规定的普通全日制三年以上护理、助产专业课程学习，包括在教学、综合医院完成 8 个月以上护理临床实习，并取得相应学历证书者，均有资格申请参加护士执业资格考试。

（二）考试内容

护士执业资格考试严格遵循国家统一的考试制度，确保考试内容的公正性和一致性。该考试采用统一的考试大纲作为命题依据，通过统一命题和制定统一的合格标准，确保考试的公平性和规范性。考试原则上每年举办一次，具体的考试日期将在考试前 3 个月通过官方渠道向社会公众明确公布，以便考生提前做好相应的准备。考试内容涵盖专业实务和实践能力两个核心科目，考生必须在同一次考试中成功通过这两个科目，方能达到合格标准。这一要求旨在全面评估考生的专业素养和实际操作能力。为了进一步加强对考生实践能力的考核，考试原则上采用“人机对话”的考试形式进行。这种考试方式不仅提高了考试的效率和准确性，还能更好地模拟实际工作场景，从而更全面地评估考生的实践能力和应变能力。

（三）考试申请程序

申请参与护士执业资格考试的考生，务必遵循公告中明确的时间范围完成报名流程，并需提交如下必要材料：①护士执业资格考试报名申请表；②身份证明文件；③近 6 个月内拍摄的二寸免冠正面半身照片 3 张；④个人毕业证书；⑤报考所需的其他相关材料。

对于在校应届毕业生，除上述材料外，还需额外提交由所在学校开具的应届毕业生毕业证明，并需前往学校所在地的指定考点进行报名。学校方面可为应届毕业生提供集体报名的便利服务，以简化报名流程。对于非应届毕业生，其报名地点则可选择为人事档案所在地，以便相关机构进行资格审核。

四、护士执业注册管理法律制度

护士执业注册管理法律制度，作为保障护士专业资质和执业规范的重要体系，在我国法律体系中占据重要地位。具体而言，《护士条例》与《护士执业注册管理办法》两部法规，对护士执业注册管理的各个环节进行了详尽且明确的规范。依据上述法规，护士唯有通过严格的执业注册程序，并成功获取《护士执业证书》后，方具备在指定执业地点开展护理工作的合法资格。反之，任何未经执业注册、未持有有效《护士执业证书》的个人，均被严格禁止参与涉及诊疗技术规范范畴内的任何护理活动，以确保医疗服务的专业性与安全性。

（一）执业注册管理部门

护士执业注册的管理职责主要由各级卫生行政部门承担。具体而言，全国范围内的护士执业注册监督管理工作由国务院卫生主管部门（例如国家卫生健康委员会）统筹负责。而在省、自治区、直辖市层面，人民政府的卫生行政部门则作为护士执业注册的主管单位，专门负责各自行政区域内护士执业注册的全面管理工作。这些行政部门的核心任务包括严格审核护士提交的执业注册申请，依据规定颁发《护士执业证书》，并持续对护士的执业活动进行规范、严谨的监督管理，以确保医疗护理工作的质量与安全。

（二）护士执业注册基本条件

根据《护士条例》及《护士执业注册管理办法》的规定，申请护士执业注册，应当具备以下基本条件。

1. *民事行为能力*　申请人必须具备完全民事行为能力，能够自主进行法律行为并承担相应的法律后果。

2. *教育背景*　申请人需在中等职业学校或高等学校完成由国家教育和卫生健康行政部门所规定的普通全日制三年及以上的护理、助产专业课程学习。此外，还需在教学医院或综合医院完成至少 8 个月的护理临床实习，并顺利取得相应的学历证书。

3. *资格认证*　申请人必须通过国家护士执业资格考试，并成功取得《中华人民共和国护士资格证书》，以证明其具备从事护理工作的专业知识与技能。

4. *健康状况*　申请人必须符合国务院卫生主管部门所规定的健康标准。这包括无精神病史、无色盲、色弱、双耳听力障碍等健康问题，且不得患有任何可能影响其履行护理职责的疾病、残疾或功能障碍。

（三）执业注册申办程序

1. *首次执业注册*　护士执业注册申请，应当自通过护士执业资格考试之日起三年内提出，并提交下列材料：①护士执业注册申请审核表；②申请人身份证明；③申请人学历证书及专业学习中的临床实习证明；④护士执业资格考试成绩合格证明；⑤省、自治区、直辖市人民政府卫生行政部门指定的医疗机构出具的申请人 6 个月内健康体检证明；⑥医疗卫生机构拟聘用的相关材料。

2. *逾期注册*　自通过护士执业资格考试之日起超过三年内逾期提出申请的，除提交上述材料外，还应当提交在省、自治区、直辖市人民政府卫生行政部门规定的教学、综合医院接受 3 个月临床护理培训并考核合格的证明。

3. *延续注册*　护士执业注册的有效期限为 5 年。当护士执业注册的有效期即将届满，且该护士希望继续从事护理工作时，其应在有效期满前 30 日内，向原注册部门正式提出延续注册的申请。护士在申请延续注册时，需按照要求提交以下必要材料：①护士延续注册申请审核表；②申请人的《护士执业证书》；③省、自治区、直辖市人民政府卫生行政部门指定的医疗机构出具的申请人 6 个月内健康体检证明。此外，存在以下任一情形的，将不予进行延续注册：①不符合国务院卫生主管部门规定的健康标准的；②被处暂停执业活动处罚期限未满的。

4. *重新注册*　自护士吊销《护士执业证书》的处罚之日起满两年，或护士执业注册的有效期届满后未进行延续注册的，若计划于医疗卫生机构中从事执业活动，必须重新申请注册。重新申请注册时，需严格遵循首次执业注册所规定的材料提交要求；对于中断护理执业活动超过 3 年的情况，申请人还需额外提供在省、自治区、直辖市人民政府卫生行政部门所指定的教学、综合医院完成为期 3 个月的临床护理培训，并通过考核后获得的合格证明。

5. *变更注册*　在履行卫生行政部门交办或批准的任务，以及承担医疗卫生机构职责的护理活动（涵盖经医疗卫生机构正式核准的进修、学术交流等）之外，护士于其执业注册的有效期限内，若需变更执业地点或其他注册相关信息，必须依规办理变更注册手续，并向拟执业地的注册主管部门进行正式报告。办理此变更时，需提交以下必备材料：①护士变更注册申请审核表；②申请人的《护士执业证书》。

注册部门在接收变更注册申请后，需在7个工作日内完成变更手续的办理。对于护士跨省、自治区、直辖市变更执业地点的情形，接受报告的注册部门还需负责向其原执业地的注册部门进行通报。为进一步优化流程，省、自治区、直辖市人民政府的卫生行政部门将充分利用护士执业注册信息系统，为护士的变更注册提供更为便捷的服务。

6. *注销注册与撤销注册*　护士在完成执业注册后，若发生以下任一情形，原注册部门将负责办理其执业注册的注销手续：①注册有效期届满未延续注册；②受吊销《护士执业证书》处罚；③护士死亡或者丧失民事行为能力。

对于护士执业注册申请人，若其在申请过程中隐瞒关键情况或提交虚假材料，卫生行政部门将不予受理其注册申请，或不予颁发护士执业证书，并视情节给予警告处分。若该申请人已成功注册，则相关部门将依法撤销其已获得的护士执业注册。

7. *香港、澳门特别行政区及台湾地区人员注册*　对于在香港、澳门特别行政区及台湾地区在内地完成护理、助产专业学习的个人，若其符合《护士执业注册管理办法》中的相关规定，则有权申请护士执业注册。

8. *其他规定*　医疗卫生机构有权为本机构所聘用的护士统一办理护士执业注册及延续注册的申请手续。卫生行政部门应在接受申请之日起的21个工作日内，对申请人提交的所有材料进行严格审查。经审查确认符合要求的，将予以注册，并颁发《护士执业证书》；若经审查发现不符合既定条件的，将不予注册，并以书面形式明确说明拒绝注册的具体原因。

在卫生行政部门执行护士执业注册的过程中，若发生以下情形之一，其上级卫生行政部门或监察机关将有权责令其进行整改，并对直接负责的主管人员及其他直接责任人依法采取行政处分措施：①对未达到护士执业注册标准的人员错误地准予了执业注册；②对符合护士执业注册条件的人员无故拒绝给予执业注册。

五、护士执业权利与义务

（一）护士的权利

护士执业权利，系指依据相关法律法规正式注册的护士，在其专业执业活动中，所依法享有的各项权益。依据《护士条例》之明文规定，我国护士在执业过程中，具体享有以下权利。

（1）享有按照国家相关规定获取工资报酬、享受福利待遇及参与社会保险之权利。任何单位或个人均不得无故克扣护士工资，亦不得擅自降低或取消其福利待遇。

（2）享有获得与其所从事护理工作相匹配的卫生防护与医疗保健服务之权利。

（3）享有依据国家相关规定，根据其业务能力与学术水平，获得相应专业技术职务及职称之权利。

（4）享有参与专业培训、从事学术研究与交流，以及参加行业协会与专业学术团体之权利。

（5）享有获取疾病诊疗、护理相关信息之权利，以及其他与履行护理职责密切相关的各项权利。同时，护士亦有权对医疗卫生机构及卫生主管部门的工作提出宝贵意见与建议。

此外，依据《护士条例》之明确规定，国务院相关部门、县级以上地方人民政府及其各职能部门，以及乡（镇）人民政府均负有责任，需采取有效措施以优化护士工作环境，确保护士的福利待遇，并致力于护士队伍的强化建设，从而推动护理事业的稳步健康发展。针对在护理领域展现卓越贡献的护士，国务院相关部门将授予其全国卫生系统先进工作者荣誉称号或颁发白求恩奖章，此类受表彰、奖励的护士将享受与省部级劳动模范、先进工作者同等的待遇；而对于长期坚守护理岗位的护士，则将颁发荣誉证书以示表彰。县级以上地方人民政府及其相关部门亦需依照各自行政区域内省、自治区、直辖市人民政府所制定的相关规定，对做出突出贡献的护士给予相应的表彰与奖励。

（二）护士的义务

护士执业义务是护士在执业过程中必须严格遵守的责任范畴。根据《护士条例》的明确规定，我国护士在执业过程中需履行以下义务。

（1）护士在执业时，必须严格遵守国家法律、法规、规章及诊疗技术规范的各项规定，确保执业行为的合法性和规范性。

（2）在执业活动中，护士一旦发现受检者病情危急，应当立即通知医生并迅速展开救治行动。在紧急情况下，为挽救垂危受检者的生命，护士有权并应当先行实施必要的紧急救护措施。

（3）护士若发现医嘱违反法律、法规、规章或诊疗技术规范的情形，应及时向开具医嘱的医生提出质疑。若情况必要，护士还应向该医生所在科室的负责人或医疗卫生机构中负责医疗服务管理的人员进行报告，以确保医嘱的合法性和安全性。

（4）护士在执业过程中，应始终秉持尊重、关心、爱护受检者的原则，积极维护受检者的合法权益，并严格保护受检者的个人隐私信息，避免泄露或滥用。

（5）此外，护士还承担着参与公共卫生和疾病预防控制工作的重要职责。在面临自然灾害、公共卫生事件等严重威胁公众生命健康的突发事件时，护士应服从县级以上人民政府卫生主管部门或所在医疗卫生机构的安排，参与医疗救护工作，为保障公众健康贡献自己的力量。

六、违法执业护士管理的法律责任

（一）卫生主管部门的法律责任

卫生主管部门的工作人员若未严格遵循《护士条例》的规定履行其职责，在护士监督管理工作中存在滥用职权、徇私舞弊之行为，或展现出其他失职、渎职之情形，将依法予以相应处分；若其行为已构成犯罪，则将依法追究其刑事责任。

（二）医疗卫生机构的法律责任

医疗卫生机构若存在以下情况之一，将由县级以上地方人民政府卫生主管部门，根据职责分工，责令其限期进行整改，并给予警告处分。具体情形包括：①违反本条例规定，护士配备数量低于国务院卫生主管部门所规定的标准；②允许未取得护士执业证书的人员，或未依照本条例规定办理执业地点变更手续、延续执业注册有效期的护士，在本机构从事诊疗技术规范所规定的护理活动。

若在规定期限内未进行整改，将依据国务院卫生主管部门所规定的护士配备标准，结合该医疗卫生机构内合法执业的护士数量，对其诊疗科目进行核减，或暂停其执业活动，暂停期限为 6 个月以上 1 年以下。若该医疗卫生机构为国家举办，且存在上述情形之一且情节严重，还将依法对负有责任的主管人员及其他直接责任人员给予相应处分。

医疗卫生机构若存在以下任一情形，将依据相关法律法规及行政条例予以相应处罚；若此类情形发生于国家举办的医疗卫生机构，且情节严重，则还需依法对负有直接责任的主管人员及其他相关人员实施处分措施：①未执行国家有关工资、福利待遇等规定的；②对在本机构从事护理工作的护士，未按照国家有关规定足额缴纳社会保险费用的；③未为护士提供卫生防护用品，或者未采取有效的卫生防护措施、医疗保健措施的；④对在艰苦边远地区工作，或者从事直接接触有毒有害物质、有感染传染病危险工作的护士，未按照国家有关规定给予津贴的。

医疗卫生机构若存在以下任一情形，将由县级以上地方人民政府卫生主管部门，根据各自职责范围，责令其限期进行整改，并给予相应警告处理：①未制订并实施本机构护士在职培训计划，或未确保护士获得必要的培训机会；②未严格遵循《护士条例》的相关规定，履行对护士的管理职责。

（三）护士的法律责任

护士在履行职责时，必须严格遵守法律规定，如在执业活动中造成医疗事故的，应依据医疗事故处理的相关法规承担相应的法律责任。医疗事故根据受检者所受人身损害的严重程度，被明确划分为 4 个等级。①一级医疗事故：涉及受检者死亡或重度残疾；②二级医疗事故：涵盖受检者中度残疾或器官组织严重功能障碍；③三级医疗事故：指受检者轻度残疾或器官组织一般功能障碍；④四级医疗事故：包括其他造成受检者明显人身损害的情形。此外，以下情形被严格界定为不属于医疗事故范畴：①在紧急情况下为抢救垂危受检者生命而采取紧急医学措施造成不良后果的；②在医疗活动中由于受检者病情异常或者受检者体质特殊而发生医疗意外的；③在现有医学科学技术条件下，发生无法预料或者不能防范的不良后果的；④无过错输血感染造成不良后果的；⑤因患方原因延误诊疗导致不良后果的；⑥因不可抗力造成不良后果的。

对于护士在执业活动中出现的以下违规行为，县级以上地方人民政府卫生主管部门将依据职责分工，采取责令改正、给予警告的处罚措施；情节严重者，将暂停其执业活动 6 个月至 1 年，甚至由原发证部门吊销其护士执业证书。若护士的执业证书被吊销，自吊销之日起两年内，将不得申请执业注册。

具体情形包括：①发现受检者病情危急时，未立即通知医生；②发现医嘱违反法律、法规、规章或诊疗技术规范的规定，未按要求提出或报告；③泄露受检者隐私信息；④在自然灾害、公共卫生事件等严重威胁公众生命健康的突发事件中，拒绝服从安排参与医疗救护工作。

（四）侵犯护士合法权利的法律责任

护士的人格尊严与人身安全应受到严格保护，不容侵犯，全社会成员均应对护士表示尊重。对于任何扰乱医疗秩序、阻碍护士依法履行职业职责、侮辱、威胁、殴打护士，或采取其他方式侵犯护士合法权益的行为，公安机关将严格依照《中华人民共和国治安管理处罚法》的相关规定进行处罚。若此类行为构成犯罪，则必须依法追究其刑事责任，以维护医疗秩序的正常运行及护士的合法权益。

第三节 健康体检机构建设与运行相关的法律法规

近年来，随着人民群众健康意识的不断提高，健康体检与管理服务的需求呈现迅猛增长态势，推动我国健康体检与管理服务业迅速崛起。在此背景下，诸多体检服务机构，涵盖医院、门诊部及社区卫生服务中心等，积极响应市场需求，为人民群众提供了丰富多样、层次分明的健康体检与管理服务。为进一步推动健康管理服务行业的健康发展，并有效规范健康体检机构的设立与执业行为，我国已相继出台了一系列政策文件，包括《健康体检管理暂行规定》《健康体检中心管理规范（试行）》《健康体检中心基本标准（试行）》及《关于进一步加强健康体检机构管理促进健康体检行业规范有序发展的通知》等。这些政策文件旨在明确健康体检的执业条件与规则，从而建立健全健康体检管理体系，并清晰界定健康体检机构的工作职责，以促进整个行业的规范、有序发展。

一、医疗机构内部的体检中心和体检科室执业条件

依据《健康体检管理暂行规定》的定义，健康体检是指通过医学手段和方法对受检者进行身体检查，了解受检者健康状况、早期发现疾病线索和健康隐患的诊疗行为。具备下列条件的医疗机构，可以申请开展健康体检：

（一）场地条件

须配备有相对独立的体检及候检区域，总建筑面积不得低于 $400m^2$，且每个独立检查室的使用面积需确保不少于 $6m^2$。

（二）科目设置

注册的医疗服务项目中，必须涵盖内科、外科、妇产科、眼科、耳鼻咽喉科、口腔科、医学影像科及医学检验科等必要科目。

（三）人员配置

（1）至少具有 2 名具有内科或外科副高以上专业技术职务任职资格的执业医师，每个临床检查科室至少具有 1 名中级以上专业技术职务任职资格的执业医师。

（2）至少具有 10 名注册护士。

（3）至少具有 2 名具有内科或外科副高以上专业技术职务任职资格的执业医师，每个临床检查科室至少具有 1 名中级以上专业技术职务任职资格的执业医师。

（4）具有满足健康体检需要的其他卫生技术人员。

（四）设备标准

必须配备符合健康体检所需标准与要求的各类仪器设备。

医疗机构向核发其《医疗机构执业许可证》的卫生行政部门申请开展健康体检，该卫生行政部门应当按照执业条件的规定对申请开展健康体检的医疗机构进行审核和评估，具备条件的允许其开展健康体检，并在《医疗机构执业许可证》副本备注栏中予以登记。

二、独立设置的健康体检中心建设要求

《健康体检中心基本标准（试行）》已于 2018 年正式发布并付诸实施。该标准针对独立设置的健康体检中心（不包括医疗机构内部的体检中心和体检科室等）的设立条件与要求，进行了详尽且全面的规定与约束。其目的在于明确此类机构的独立性和专业性，规范健康体检市场的运行秩序，促进服务质量的提升与效率的增强，并切实保障公众的健康权益。

这些措施的实施，对于推动健康体检行业的健康发展具有积极的意义。它们将促使健康体检机构不断提升自身的专业能力和服务水平，以提供更加优质、便捷的体检服务给广大公众。具体而言，该标准涵盖了以下几个关键方面。

（一）诊疗科目

体检中心应至少设立内科、外科、妇产科（含妇科专业）、眼科、耳鼻咽喉科、口腔科、

医学检验科及医学影像科等诊疗科目。

（二）科室设置

需包含内科、外科、妇科、眼科、耳鼻喉科、口腔科、检验科、放射科、超声科、心电图室等多个临床及医技科室，并设立质量与安全管理、健康管理、医院感染管理、体检资料管理、信息、设备、消毒供应室等管理部门。

（三）人员配置

（1）至少配备2名具有内、外科副高级及以上职称的执业医师，需经设区的市级以上卫生健康行政部门培训考核合格，负责审核并签署健康体检报告；每个临床及医技检查科室至少应有1名中级及以上职称的执业医师。

（2）护士人数不少于10名，其中至少有5名具有主管护师及以上专业技术职务任职资格。

（3）医技人员需具备相应专业技术职务任职资格及岗位任职资格。

（4）质量安全管理、健康管理、医院感染管理、体检资料管理、信息、设备、消毒供应室等部门应当配备满足健康体检需要的相应人员。

（四）基本设施

（1）体检中心应具备独立的体检及候检区域，建筑总面积不低于400m^2，医疗用房面积占比不少于75%。各检查科室应独立设置，每检查室净使用面积不得小于6m^2。

（2）建筑设计需符合国家无障碍设计标准，同时满足消防、安全保卫、应急疏散等要求。

（3）体检区域应配备空气调节设备，确保适宜温度和良好通风。各物理检查科室及辅助仪器检查项目应独立设置，并配备规范、清晰、醒目的标识导向系统。

（4）设置医疗废物暂存处，实行医疗废物分类管理。

（5）健康体检中心的建设还需符合国家现行的相关标准和规范。

（五）分区布局

1. *候检与咨询区*　空间相对开放，设置独立，标识明确，并有专人负责。

2. *体检区*　应能完成相关健康体检项目，建议按性别分区。

3. *辅助功能区*　集中供电、供水、消毒供应室等。

4. *管理区*　包括质量与安全、医院感染、设备、体检资料、信息化等管理部门。

（六）基本设备

1. *常规设备*　需配备符合健康体检项目要求的仪器设备，如测量尺、身高体重计、血压计、裂隙灯、显微镜、血细胞分析计数仪、尿液分析检测仪、全自动或半自动生化仪、十二导联同步心电图机、X线机（DR）、彩色多普勒超声诊断仪等。

2. *急救设备*　至少配备全导联心电图机、心脏除颤仪、简易呼吸器、负压吸引器、气管插管设备、供氧设备、抢救车及急救药品。

3. *信息化设备*　配置具备信息报送、传输和自动化办公功能的网络计算机等设备，配备与功能相适应的信息管理系统，信息化建设符合国家和所在区域相关要求。

三、独立设置的健康体检中心管理要求

为进一步强化独立设置的健康体检中心的管理体系，提升健康体检服务的品质与效率，并确保医疗过程的安全与质量，国家卫生健康委员会依据《中华人民共和国执业医师法》《医疗机构管理条例》《护士条例》及《健康体检管理暂行规定》等法律法规，于2018年正式颁布了《健

康体检中心管理规范（试行）》。

（一）机构管理

健康体检中心应建立健全并严格执行一系列管理规章制度，包括但不限于受检者隐私保护制度、健康体检操作查对制度、健康体检科室间会诊制度、健康体检报告管理制度、疑难健康体检报告讨论制度、健康体检高危异常检查结果登记追访制度、健康体检医院感染管理制度、健康体检传染病报告制度、设施与设备管理制度、医务人员职业安全防护管理制度、医疗废物处置管理制度、受检者抢救与转诊制度、停电停水等突发事件的应急预案以及消防制度。

健康体检中心应遵循国家颁布或认可的技术规范及操作规程，明确界定各岗位职责，并重点加强消防、安全保卫、应急疏散及医院感染防控等关键环节的管理，以确保健康体检服务的安全性与有效性。服务范围需严格遵循登记机关核准的诊疗科目，除急救抢救外，原则上不得涉足临床治疗工作。健康体检中心的负责人应承担起医疗质量安全管理的首要职责，并设立专门的医疗质量安全管理部门，由具备副高级及以上专业技术职务任职资格的执业医师担任管理人员，以确保管理工作的专业性和有效性。该部门需积极参与各级健康体检质控中心的各项活动，并接受卫生健康行政部门或质控中心的质量管理与控制指导。同时，需全面加强内部质量、安全、服务、技术、财务、治安及后勤保障等方面的管理，以符合相关法规与规定的要求。

（二）质量管理

健康体检中心应依据以下要求开展质量管理工作。

（1）卫生专业技术人员的配置需符合《健康体检中心基本标准（试行）》的相关规定。

（2）构建并维护有效的内部质量管理体系，制订明确的质量目标，并定期进行检查与评估。

（3）对医疗质量安全的重点环节及高危因素进行持续监测、分析与反馈，及时提出并落实控制措施。

（4）强化规章制度的执行力度，完善培训、执行、分析及改进的记录体系。

（5）各项健康体格检查均需严格遵循相关技术规范、标准及操作规程。

（6）健康体检项目应科学划分为基础体检项目与备选体检项目，以便受检者在专业医生指导下选择适宜的体检方案。

（7）健康体检报告的编制应确保客观、准确、完整，规范使用医学术语，并包含在本机构体检的唯一标识、受检者基本信息、疾病史、家族史等关键信息，同时接受质控管理部门的定期抽检，抽检量不低于 3%。

（8）制订并落实工作人员培训计划，并进行考核，使工作人员具备与本职工作相关的专业知识和技能。建立技术人员专业知识更新、专业技能维持与培养的医学继续教育制度和记录。

（9）在医疗设备、医疗耗材、放射防护用品、消毒药械及医疗用品的使用与管理方面，应严格遵守相关规定。

（三）安全管理

健康体检中心需具备应急处理能力，制订并完善各类应急处置预案（如晕针、针刺伤、低血糖、跌倒、心搏骤停、停水、停电、信息系统故障等），并定期组织应急处理能力培训与演练活动。并应与就近具有救治能力的医院签订急危重症受检者处理与转诊协议，保障受检者的安全。在信息安全管理方面，应严格遵守国家相关法规要求，确保受检者信息资料的备份保存及隐私保护工作的有效性。同时，还需按照国家有关法规做好消防安全管理，配备必要的安全设备和个人防护用品，并确保工作人员能够正确使用这些设备。

在医院感染预防与控制工作方面，健康体检中心应建立并落实相关规章制度和工作规范体系；科学设置工作流程以降低医院感染风险；建筑布局应遵循环境卫生学和感染控制原则以实现布局合理、分区明确、标识清楚的目标；严格执行医疗器械、器具的消毒技术规范以确保其达到相应的消毒或灭菌水平；医务人员的手卫生应遵循《医务人员手卫生规范》要求执行；按照《医疗废物管理条例》及有关规定对医疗废物进行分类和处理。

四、健康体检项目的制订要求

健康体检项目目录的制订应当遵循严谨、稳重、理性、官方的原则。医疗机构需严格依据卫生部发布的《健康体检基本项目目录》来制订本单位的具体《健康体检项目目录》，并确保该目录已向登记机关进行了正式备案。对于不设床位或床位数量在 99 张以下的医疗机构，还需额外向登记机关的上一级卫生行政部门进行备案。

此外，《健康体检基本项目专家共识（2022）》明确提出了体检项目的推荐原则，即体检项目的设置需严格遵循科学性与适宜性的整体原则，并采用了“1+X”的体检项目设计体系框架。

“1”代表基本体检项目，这是建立个人健康管理档案的必备内容，也是开展体检服务、形成健康体检报告的基础。基本体检项目包括但不限于健康体检自测问卷、体格检查（涵盖身高、体重、腰围、血压、脉搏、内科、外科、眼科、耳鼻咽喉科、口腔科、妇科等项目）、实验室检查（如血常规、尿常规、粪便常规、肝功能、肾功能、血脂、血糖、尿酸、甲状腺功能、宫颈脱落细胞检查等）及辅助检查（主要包括心电图检查、放射检查和超声检查三个部分）。其中，检前问卷评估可作为设计个性化体检项目的重要数据参考。

“X”则代表专项体检项目，这些项目主要针对存在不同慢病风险的个体进行筛查。健康管理（体检）机构在确保完成基本项目目录的前提下，应根据所在地区的实际情况及机构自身的人员、技术设备等条件，选择性地开展专项体检项目。专项体检项目应重点针对我国高发的慢性病进行筛查，特别是与心脑血管疾病、糖尿病、部分恶性肿瘤等相关的风险筛查项目。在推荐专项体检项目时，可结合相应的风险评估工具对人群进行风险分层，以便更有针对性地推荐适宜的技术和筛查频率。

医疗机构在开展健康体检时，必须严格遵循《健康体检项目目录》的相关规定，严禁采用尚未确立明确临床诊疗指南和技术操作规程的医疗技术。同时，医疗机构不得以营利为目的对受检者进行不必要的重复检查，亦不得通过诱导手段增加检查项目。

五、健康体检报告的有关规定

医疗机构在完成健康体检后，应向受检者出具正式的健康体检报告。该报告需严格遵循病历书写的基本规范，内容应全面且详尽，包括但不限于受检者的基本个人信息、详尽的体格检查记录、实验室及医学影像学的检查报告、所有阳性体征及异常情况的详细记录、对受检者整体健康状况的准确描述，以及基于检查结果的专业建议等。此外，健康体检报告的出具与管理，还需参照门诊病历管理的相关规章制度执行。对于健康体检中的各项检查结果，应由具备相应专业资质的执业医师负责记录并亲笔签名，以示负责。医疗机构应指定具有内科或外科副主任医师及以上专业技术职务任职资格的医生，对健康体检报告进行细致的审核，并在确认无误后签署。值得注意的是，负责签署健康体检报告的医生，必须事先经过设区的市级以上人民政府卫生行政部门的系统培训，并通过严格的考核，以确保其具备相应的专业素养和业务能力。

六、外出健康体检的规定

外出健康体检，系指医疗机构在其执业地址范围以外所组织并实施的专项健康检查服务。此类活动严格限定于医疗机构在登记机关所赋予的行政区域内进行。在执行外出健康体检时，医疗机构必须严格依据《健康体检项目目录》的规定操作，同时，体检场所亦需满足特定的条件：需设有相对独立的健康检查专区及候检区域，整体建筑面积不得低于 $400m^2$，且各独立检查室的使用面积至少达到 $6m^2$。针对涉及血液及体液样本采集的室间，其环境标准需达到《医院消毒卫生标准》中明确的Ⅲ类环境要求，确保室内光线充足且环境宁静。对于包含医学影像学诊断及实验室检验的体检项目，则需严格把控检查质量，并确保满足放射防护及生物安全的管理规范。

在实施此类活动之前，医疗机构需与邀请单位签订正式的健康体检协议书，以明确体检的具体时间、地点、参与人数、体检项目及其流程、派遣的医护人员及所配置的仪器设备等基本信息，并清晰界定协议双方各自应承担的法律责任。

为确保外出健康体检的合法性与规范性，医疗机构需至少提前 20 个工作日向登记机关进行备案，并提交以下备案材料：①外出健康体检的详细情况说明，涵盖邀请单位的基本信息、受检者人数、体检地点及其基本情况、体检现场的全面概况等；②医疗机构与邀请单位共同签署的健康体检协议书；③关于体检现场样本采集、运送等流程符合相关规定及要求的书面陈述；④体检现场的清洁、消毒措施及体检后医疗废弃物的处理方案；⑤医疗机构执业许可证副本的复印件。

七、相关的法律责任

依据《医疗机构管理条例》第二十三条，任何单位或个人，若未获取《医疗机构执业许可证》或未进行必要的备案，均严禁从事任何形式的诊疗活动。针对无许可证擅自进行健康体检的单位或个人，将依据《中华人民共和国基本医疗卫生与健康促进法》的相关规定进行处罚。对于诊所未经备案即开展执业活动的行为，县级以上人民政府卫生行政部门将依法责令其改正，没收其违法所得，并处以不超过 3 万元的罚款；若拒不改正，将进一步责令其停止执业活动。

根据《医疗机构管理条例》第二十六条的规定，医疗机构必须严格遵循核准登记或备案的诊疗科目范围开展诊疗活动。对于超出备案《健康体检项目目录》范围进行健康体检的行为，县级以上人民政府卫生行政部门将发出警告，责令其改正，并没收违法所得，同时可根据情节严重程度处以 1 万元至 10 万元的罚款；对于情节严重者，将吊销其《医疗机构执业许可证》或责令其停止执业活动。

此外，《医疗机构管理条例》第二十七条明确指出，医疗机构不得聘用非卫生技术人员从事医疗卫生技术工作。对于违反此规定的医疗机构，县级以上人民政府卫生行政部门将责令其限期改正，并可处以 1 万元至 10 万元的罚款；对于情节严重者，将吊销其《医疗机构执业许可证》或责令其停止执业活动。

针对医疗机构出具虚假或伪造健康体检结果的行为，县级以上人民政府卫生行政部门将发出警告；若该行为造成危害后果，将处以 1 万元至 10 万元的罚款；同时，对于直接责任人，将由其所在单位或上级机关依法给予相应的行政处分。

第四节　法律法规在健康体检与管理中的应用

在健康体检与管理的实践流程中，法律法规的应用具有广泛且深刻的影响力，其涵盖范围跨越了多个至关重要的领域。为了更加精准地探讨这一核心议题，本节将选取部分问题进行阐述。

一、关于健康体检中乙肝项目检测的法律规范

为进一步深入贯彻《关于进一步规范入学和就业体检项目维护乙肝表面抗原携带者入学和就业权利的通知》的核心精神，卫生主管部门于 2020 年 3 月 17 发布了《卫生部办公厅关于加强乙肝项目检测管理工作的通知》，已明确相关法律要求和操作规范，但仍有一些企业和单位在招聘时变换手法，变相强迫应聘者进行乙肝项目检测，甚至侵犯应聘者的隐私权。为切实维护乙肝表面抗原携带者权利，进一步规范乙肝项目检测，2011 年 1 月 30 日再次发布《卫生部办公厅关于进一步规范乙肝项目检测的通知》。该通知明确指出：

（1）各级各类医疗机构在就业体检中，无论受检者是否自愿，一律不得提供乙肝项目检测服务。

（2）对非就业体检，受检者本人主动要求进行乙肝项目检测的，医疗机构除应当妥善保存好受检者签署的知情同意书外，还应当制发独立于常规体检报告的乙肝项目检测结果报告。

（3）各级各类医疗机构出具的就业体检报告或者其他体检报告，无论体检费用是由受检者本人承担还是由受检者所在单位承担，一律由受检者本人或受检者指定的人员领取，体检报告应当完全密封，并在显著位置注明本体检报告仅限受检者本人拆阅。

二、关于健康体检中放射检查的法律问题

为了确保健康体检中受检者的受照剂量得到有效控制，并切实维护其健康权益，卫生部（现国家卫生健康委员会）根据《医疗机构管理条例》《健康体检管理暂行规定》及《放射诊疗管理规定》等相关法律法规，特发布了《卫生部办公厅关于规范健康体检应用放射检查技术的通知》。

该通知明确指出，放射检查必须遵循正当性与防护最优化原则。在保证诊断影像质量达标的前提下，务必竭尽所能降低受检者的受照剂量，并对高风险放射检查技术的使用实施严格管控。在制定健康体检项目目录时，需依据不同人群特征，科学合理地规划放射检查项目，并明确规定将放射检查排除在儿童及婴幼儿健康体检范畴之外。

在实施放射检查之前，体检方案或体检表中必须清晰、明确地告知受检者检查的具体目的及可能存在的风险。同时，对检查频次和受照剂量实行严格把控，原则上，每年健康体检中的放射检查次数应不超过一次。推荐优先采用普通 X 线摄影和计算机 X 线摄影（CR）进行检查；在条件允许的地区，则建议采用数字 X 线摄影（DR）作为替代方案，以进一步提升检查效率与质量。

此外，严禁直接采用荧光屏透视方式进行检查；除非有明确证据表明存在疾病风险，否则不宜轻易使用计算机断层扫描（CT）装置、正电子发射断层显像（PET）装置、单光子发射计算机断层显像（SPE/CT）装置及 SPECT/CT 等高端检查手段。

为确保受检者的安全与健康，医疗机构需为其提供必要的放射防护用品，并对非投照部位

采取有效防护措施。对于育龄妇女进行腹部或骨盆 X 线检查时，必须事先确认其是否妊娠，严禁对孕妇进行此类检查。在检查过程中，除受检者本人外，严禁其他人员逗留在机房内；若受检者需要扶携或近身护理，则应对相关人员采取相应的防护措施。

三、关于健康体检替检的部分法律问题

健康体检替检，即代替他人完成健康体检的非法行为，是一种严重违反诚信、欺诈及涉嫌非法经营的行为。此等行为不仅违背了社会基本道德准则，更可能构成对公共卫生安全的潜在威胁。例如，携带传染病的个体通过替检手段获取健康证后，若从事直接面向受检者的服务工作，极易导致疾病传播，危害公众健康。

此外，替检行为还破坏了市场竞争的公平性，对那些严格遵守规则、诚信参与体检的求职者构成了不正当竞争，损害了其合法权益。

依据《中华人民共和国民法典》及《中华人民共和国劳动法》等相关法律法规，替检行为一旦查实，替检者与被替检者均需承担相应的法律责任。包括但不限于：取消体检资格，已获取的体检报告视为无效；可能因欺诈行为而承担刑事责任，受到法律的严厉制裁；在求职、入学或从事特定职业时，因欺诈行为导致的合同或协议无效，进而面临经济损失及信用记录的损害。

因此，健康体检机构应高度重视此类问题，建立健全的体检流程，强化身份验证与监控措施，确保体检的真实性与准确性，从根本上杜绝替检行为的发生。

四、关于体检中发现重要异常结果处理的部分法律问题

在健康体检过程中发现重要异常结果，其后续的处理流程不仅要求医学领域的专业评估与精确诊断，还紧密关联到法律责任与合规性要求，必须采取严谨态度予以应对。根据《中华人民共和国民法典》《中华人民共和国医师法》及《护士条例》的相关条款，医务人员在体检过程中发现受检者存在重要异常结果，有向受检者或其法定代理人告知病情、提供专业医学指导、推荐合适转诊路径的责任与义务。在紧急情况下，还需迅速采取必要的急救措施，以保障受检者的生命安全。此外，《健康体检中心管理规范（试行）》也明确规定，独立设置的健康体检中心必须与周边具备救治条件的医疗机构建立急危重症受检者的处理与转诊协议，确保在紧急情况下能够迅速、有效地进行受检者的转移和救治工作。若医务人员及医疗机构未能严格遵循上述规定，导致受检者权益受到损害，将依法承担相应的法律责任。

五、受检者的隐私保护与数据安全

在健康体检与管理全过程中，所收集的个人身份信息及身体健康数据等，均明确界定为个人隐私领域的内容。因此，各医疗机构需严格恪守国家相关法律法规的约束，坚决维护受检者的个人隐私权益，确保其隐私信息不被非法泄露。具体而言，医疗机构在未经受检者明确同意的前提下，严禁将体检结果用于除医疗诊断以外的任何其他目的。同时，为进一步加强数据保护，医疗机构必须实施一系列周密的安全措施，以保障体检数据在存储与传输过程中的绝对安全，有效防范数据遗失、被盗取或遭遇其他形式的非法利用。

此外，医疗机构还应建立健全的数据备份与恢复机制，以确保在极端情况下，如数据丢失或损坏，能够迅速、准确地恢复体检数据，从而保障医疗服务的连续性和数据的完整性。

六、关于健康管理护理科研中的部分法律问题

护理科研的法律框架，是构建于国家相关法律法规、行业规范及伦理准则的稳固基石之上。这些法律条文不仅为科研活动设定了明确的行为边界，还详细界定了科研人员的权责范畴，以及违规行为的法律后果。具体而言，《中华人民共和国著作权法》作为知识产权保护的重要法律，为护理科研成果的权益提供了坚实的法律保障；而《医疗机构管理条例》则进一步细化了医疗机构及其人员在科研活动中的资质要求与操作规范。

在护理科研的具体实践中，知情同意与隐私保护是不可或缺的原则。当研究涉及人体试验或敏感信息的收集时，科研人员必须秉持高度的责任感与透明度，向受试者详尽阐述研究的目的、方法、潜在风险与预期益处，并征得其明确的书面同意。同时，建立健全的隐私保护机制，确保受试者个人信息的安全无虞，是维护科研伦理与法律尊严的必然要求。一项国际研究表明，未能充分尊重知情同意原则或妥善保护隐私的科研项目，其成果往往难以获得社会的广泛认可，甚至可能引发严重的法律纠纷。

科研成果的权属与利用问题，同样受到法律的严格规范。根据《中华人民共和国著作权法》等相关法律法规的规定，科研成果的著作权原则上归属于其创作者——科研人员。然而，在科研过程中可能涉及合作单位、资助机构等利益相关者，也可能依法享有相应的权利。因此，在科研成果的发表、转让、许可使用等环节中，必须明确界定各方的权益边界，确保科研活动的顺利进行与科研成果的合法利用，避免不必要的法律纠纷。

对于科研不端行为，法律更是予以了严厉的制裁。数据造假、剽窃他人成果等不端行为，不仅严重违背了科研诚信的基本原则，还可能触犯国家法律。近年来，国内外对于科研不端行为的打击力度持续加大，相关法律法规不断完善。例如，《科研诚信案件调查处理规则（试行）》等文件的出台，为科研不端行为的认定、调查与处罚提供了明确的指导。一旦科研人员被查实存在不端行为，将面临撤销项目、追回资金、禁止申请科研项目等一系列严厉处罚，甚至可能承担刑事责任。这充分体现了法律对于维护科研诚信与促进科研事业健康发展的坚定决心。

思考题

1. 青青，现年 21 岁，身体健康状况良好。在完成初中学业后，她选择暂停学业并居家待业 1 年。随后，她积极投身于学习，报名参加了某大学网络远程教育的护理专业课程，并经过为期 3 年的刻苦学习，成功获得了护理专业的专科学历证书。在毕业前夕，青青还在当地一家二甲医院完成了为期 10 个月的临床实习工作。

问题：青青是否具备报名参加护士执业资格考试的资格？青青怎样才能成为一名真正的护士？

2. 在一次本单位职工体检过程中，体检机构护士小红发现本单位的小兰患有病毒性乙型肝炎。护士小红就把小兰患有乙型肝炎的事情告诉了其他同事，此举导致信息迅速传播，引发公众对小青的误解与避讳，严重影响了小青的个人生活及工作环境，致使其精神压力剧增，多次产生自杀念头，幸得及时救助。

问题：①护士小红的行为是否违反了《护士条例》的相关规定？②护士小红应当承担怎样的法律责任？

思考题

3. 老王前往某独立健康体检中心进行其年度身体检查。在等待进行心脏彩超项目的过程中，他接到了来自该健康体检中心的电话通知。电话中指出：他的心电图检查结果显示可能存在急性心肌梗死，并要求他立即停止当前所有检查项目，并前往该市指定的某三甲医院进行进一步诊疗。老王随即遵从指示，离开健康体检中心，前往指定的医院。然而，在前往医院的途中，老王突发心搏骤停，遗憾的是，最终未能成功获救。

问题探讨：该健康体检中心对老王死亡有无过错，应如何改正？

（洪国灿）

参考文献

《中华人民共和国宪法》（1982 年 12 月 4 日第五届全国人民代表大会第五次会议通过 1982 年 12 月 4 日全国人民代表大会公告公布施行。2018 年 3 月 11 日第十三届全国人民代表大会第一次会议通过的《中华人民共和国宪法修正案》修正）

《医疗事故处理条例》（2002 年 2 月 20 日国务院第 55 次常务会议通过，2002 年 9 月 1 日起施行。）

《护士条例》（2008 年 1 月 23 日国务院第 206 次常务会议通过，2008 年 5 月 12 日起施行。）

《健康体检管理暂行规定》（卫医政发〔2009〕77 号，2009 年 9 月 1 日起施行）

《卫生部办公厅关于加强乙肝项目检测管理工作的通知》（卫办医政发〔2010〕38 号，2010 年 3 月 17 日发布）

《护士执业资格考试办法》（中华人民共和国卫生部 中华人民共和国人力资源和社会保障部令（第 74 号），2010 年 7 月 1 日起施行）

《卫生部办公厅关于进一步规范乙肝项目检测的通知》（卫办政法发〔2011〕14 号，2011 年 1 月 30 日）

《卫生部办公厅关于规范健康体检应用放射检查技术的通知》（卫办监督发〔2012〕148 号，2012 年 12 月 12 日发布）

《医疗机构管理条例》（1994 年 2 月 26 日中华人民共和国国务院令第 149 号发布，根据 2016 年 2 月 6 日《国务院关于修改部分行政法规的决定》修订）

《健康体检中心管理规范（试行）》（国卫医发 201811 号，2018 年 5 月 17 日发布）

《健康体检中心基本标准（试行）》（国卫医发 201811 号，2018 年 5 月 17 日发布）

《关于进一步加强健康体检机构管理促进健康体检行业规范有序发展的通知》（国卫办医函〔2018〕913 号，2018 年 10 月 19 日发布）

《科研诚信案件调查处理规则（试行）》（国科发监〔2019〕323 号，2019 年 9 月 25 日发布实施）

《中华人民共和国基本医疗卫生与健康促进法》（2019 年 12 月 28 日第十三届全国人民代表大会常务委员会第十五次会议通过，2020 年 6 月 1 日起施行。）

《中华人民共和国著作权法》（1990 年 9 月 7 日第七届全国人民代表大会常务委员会第十五次会议通过，根据 2020 年 11 月 11 日第十三届全国人民代表大会常务委员会第二十三次会议《关于修改〈中华人民共和国著作权法〉的决定》第三次修正）

《中华人民共和国民法典》（2020 年 5 月 28 日第十三届全国人民代表大会第三次会议通过，2021 年 1 月 1 日起施行。）

《护士执业注册管理办法》（2008 年 5 月 6 日卫生部令第 59 号公布；根据 2021 年 1 月 8 日《国家卫生健康委关于修改和废止〈母婴保健专项技术服务许可及人员资格管理办法〉等 3 件部门规章的决定》修订）

《中华人民共和国执业医师法》（2021 年 8 月 20 日第十三届全国人民代表大会常务委员会第三十次会议通过，2022 年 3 月 1 日起施行）

法律出版社法规中心, 2024. 中华人民共和国医疗法律法规全书 [M]. 北京：法律出版社.
李洪峰, 2018. 护理法律法规 [M]. 郑州：郑州大学出版社.
李顺见, 李洪生, 2022. 卫生法律法规 [M].4 版. 北京：人民卫生出版社.
中华医学会健康管理学分会,《中华健康管理学杂志》编辑委员会, 2023. 健康体检基本项目专家共识(2022) [J]. 中华健康管理学杂, 17(9): 649-660.
庄淑梅, 2016. 卫生法律法规 [M]. 北京：人民卫生出版社.

第15章　中医健康管理护理

学习目标

了解：常见慢性病中医护理方案。

熟悉：常用穴位及临床应用 、中药的应用。

掌握：中医健康管理护理基本内容、基本技术。

第一节　中医健康管理概述

一、中医健康管理概念

中医健康管理是以中医状态学理论为依据，通过健康信息采集、状态辨识、状态调整、健康数据管理等基本技术对人体的健康状态进行分析、辨识、干预等，从而对人体健康进行有效的管理。中医健康管理的体系涵盖了预约、建档、信息采集、状态辨识、风险预警、调整干预、评价反馈全过程，并形成一个闭环。

二、中医健康管理原则

中医健康管理是在中医学理论指导下对人体健康进行管理，应当遵循《素问·上古天真论》强调的"法于阴阳，和于术数，食饮有节，起居有常，不妄作劳"总的原则。中医学认为，人是以五脏为中心，通过经络沟通四肢百骸、表里内外，由于人体受到自然与社会环境等多重因素影响，所以不同阶段的人会呈现不同的状态。人的整个生命过程都处在维持自身及自身与外部环境的协调统一与动态平衡中，开展中医健康管理在总的原则指导下，还应当遵循以人为本、防治并重、全程管理等基本原则。

（一）以人为本

人是健康管理的对象。《素问·宝命全形论》指出："天覆地载，万物悉备，莫贵于人"。强调人的重要地位，现代医学模式下，在生命观、健康观、医德观等方面都体现出"以人为本"的思想。当前人民日益增长的美好生活需要，对健康提出了更高的要求。人作为健康管理的主体，要发挥好中医药在健康管理中的优势，一方面要把人放在天地之间，另一方面要把人放在社会中。

1. *人本于天地*　人的状态是时间与空间的统一。不同时期，人的阴阳状态有差别，少年时稚阴稚阳、壮年时壮阴壮阳、老年时衰阴衰阳；不同年龄，人的生理特点有差异，《黄帝内经》中，女子和男子分别以7年与8年作为生长周期，划分出各个阶段不同的生理与病理特点，说明人的状态因时而异。例如，北方人相较于南方人偏高大、壮实；常年生活在东部平原地区的人去往西部高原，容易出现头痛、失眠、食欲缺乏、疲倦、呼吸困难等高原反应，说明人的状态因地而异。

2. *人本于社会* 人的状态具有社会属性。工作性质的不同会导致状态的差异，从事如接触粉尘、石棉等特殊工作的人群容易引发相关职业病；城市人群享受的人均医疗服务资源往往优于农村人群；因为社会地位的改变，人的情志也能导致状态发生改变，正如《素问·阴阳应象大论》中有“怒伤肝”“喜伤心”等记载。人的健康状态始终受社会因素的影响。制订中医健康管理方案应当遵循以人为本的基本原则，把人放在天地之间和社会之中，从整体动态变化的视角综合考虑，根据不同个体的实际健康水平、经济状况、生活状态等进行个性化定制。

（二）防治并重

中医健康管理着眼于健康而非疾病，符合国家卫生健康委员会关于医疗卫生关口前移、重心下移的战略布局。中医健康管理发端源于“治未病”思想，防治并重，强调预防。《素问·四气 调神大论》指出：“圣人不治已病治未病，不治已乱治未乱。”中医“治未病”思想运用在中医健康管理中，主要体现在养生保健、疾病治疗与疾病康复等方面。

1. *养生保健* 养生保健是指在中医健康管理总的原则指导下，运用起居饮食、导引吐纳、四时调摄等方法，以期达到健康、长寿的目的。如何发挥好以自助为主的中医健康管理模式，这需要在健康教育促进的同时，结合众多的养生保健方法，例如时辰养生、运动、音乐、食疗、药茶、艾灸、耳穴、拔罐、足浴等，针对特定人群开展推广。养生保健在此过程中才能更好地发挥未病先防、强健身体、助力全民健康的作用。正如朱丹溪在《格致余论》中所言：“已病而后治，所以为医家之法，未病而先治，所以明摄生之理。”

2. *疾病治疗* 疾病治疗往往需要占用大量的医疗卫生资源，中医健康管理在疾病治疗过程中遵循辨证论治，整体把握疾病的动态发展趋势，注重“治病必求于本”，强调“先安未受邪之地”，有利于防止病情迁延不愈和疾病复发与加重的同时进一步节约医疗成本。“本”者阴阳也，《素问·阴阳应象大论》有云：“阴阳者，天地之道也，万物之纲纪，变化之父母，生杀之本始，神明之府也，治病必求于本。”知悉疾病根本，方有治疗大法。“寒者热之”“热者寒之”“虚则补之”“实则泻之”正是基于此确立的治疗之法。

3. *疾病康复* 疾病“愈后”阶段，此时人体经过正邪交争，脏腑气血尚未恢复正常，运用中医健康管理积极开展调摄防护，以达脏腑气血和合、恢复机体健康、避免疾病复发的目的。疾病的康复不仅仅是身体的康复，更是心理、社会及经济能力的全面康复。中医健康管理强调以人为中心，三观并用，依据三观信息进行状态把握，从微观、中观、宏观三个层面达到状态的和谐统一符合疾病康复的要求。

（三）全程管理

中医健康管理关注生长壮老已的生命全过程，区别于大多数医疗卫生机构关注的疾病阶段。多数人出现疾病后才去医院，医疗卫生机构的工作重心落在解决受检者疾病上，使治病的医生成为孙思邈眼中的“下工”。在中医状态学理论指导下，依据疾病发生、发展的不同阶段，将健康状态分为未病状态、欲病状态、已病状态与病后状态，4 种状态涵盖临床前、临床中、临床后，充分发挥“上工治未病”的作用，实现对每一个时期的监管，是维护生命全周期的基本体现。随着大数据与智能互联时代序幕的拉开，中医健康管理充分利用物联网、云计算、移动互联网等信息技术手段，使健康管理师与被管理者之间没有界限，全程管理得以实现。孕育胎儿开始，通过中医健康管理系统可以对其建立档案，在预产期准备接生事宜，无论经历婴幼儿时期、青少年时期，还是中老年时期，中医健康管理可以进行全程式的、连续的健康监测与维护。

三、中国特色中医健康管理模式

在“健康中国”上升为国家战略的今天，建立以“治未病”为基础的中医健康管理模式，即在中医“治未病”思想的指导下，充分发掘中医药特色理论和技术并结合现代科技，对人群或个人的健康状态进行全面监测、评估、干预与追踪具有重要意义，而形成规范合理的健康管理模式是关键。

（一）健康信息采集

首先，应对个人健康信息进行规范化采集，建立健康档案。记录个人信息，包括生活、工作、饮食习惯、既往疾病等在内的基础情况，并在中医基础理论指导下，利用中医现代设备如脉诊仪、舌诊仪、面诊仪、电子鼻等采集四诊等相关资料，其中可穿戴式设备记录的数据具备实时、动态的特点，亦可纳入健康信息范围，并根据中医健康问卷，对个人症状、体征等情况进行分析。同时，相关理化指标也作为评估健康的一部分。目前，随着互联网技术的飞速发展，通过智能云平台可实现健康数据在不同终端的共享，因而在手机应用软件、社区卫生中心、健康管理机构、医院等处，都可供其读取并操作，从而满足了不同人群多样化的需求。

（二）健康状态辨识

状态是健康认知的逻辑起点，无论“健康”或是疾病都是在内、外因素的作用下，人体阴阳、脏腑、气血的不同状态。健康状态是对生命过程中不同阶段生命特征的概括，从整体上可分为未病态、欲病态、已病态。健康状态虽然是变化的，但它可以通过客观采集到的表征参数反映内在的健康状态。这些参数分为宏观、中观、微观状态参数，借助现代参数和量表技术，并与数学建模相结合，可实现对数据的集中整合与分类处理。根据证素辨证原理，采用符合中医思维的算法模型提取相应的状态要素，可以实现对不同层次的状态辨识。目前，已逐步研制出体质辨识、气血津液辨识、经络辨识、脏腑辨识、五运六气辨识等多种健康状态辨识方法，此外还可根据体质、居住地、季节等相关信息为服务者提供健康状态风险预警。

（三）个性化健康干预

根据健康状态辨识以及健康风险评估的结果，在中医“治未病”理论指导下，为每个对象制订个性化干预方案，因人而异地进行分类干预。针对未病态人群，主要以自我养生保健方式为主进行健康干预，如起居调养、药膳食疗、情志调养、运动调养等，并于手机 APP 即可完成相应的咨询与健康信息的获取；针对欲病态人群以中医药“治未病”为主，如针灸、推拿、中药等中医技术，并结合养生保健，以社区医院、健康管理机构、治未病门诊进行进一步咨询与健康干预；针对已病态人群采用中西医结合治疗，并根据病情轻重推荐医院专科就诊，同时辅助养生保健方法。

（四）疗效评估与动态跟踪

健康状态分为未病、欲病与已病态，涵盖于生命体整个健康、疾病发生发展的全过程。因而，基于健康状态的“治未病”健康管理是一个长期、动态、循环的过程，构建对健康状态的动态跟踪反馈模型可更有效地实现对状态的干预。评估干预是否有效，首先在记录具体执行情况后，依据平台回访信息定期进行效果评价，重复对健康状态进行评估，并对干预前后健康状态的变化做出统计分析，评价出现的问题并改进相应的方案。此外，许多慢性疾病的自然进程是多种健康危险因素作用的长期积累、叠加、协同过程，在动态追踪中可对这些健康危险因素进行长期、全面、动态监测，从而达到“治未病”的目的。

完整的健康管理包括了对受检者检前、检中、检后全方位的关注，检后保健、预警，随访，健康管理是现代健康体检的更高层次。一家专业的中医健康管理中心，配备有中西医的全科医师、保健师、健康管理师、营养学专家等包括多方面健康医疗知识的专家团队，可针对受检者的不同症状给出个性化建议及治疗方案，对健康人群（未病）、欲病人群进行中医调养与保健，对慢性病、疾病受检者等人群进行中医治疗与调养。另外，还可根据服务人群的年龄和职业不同特点设计若干套有针对性的体检套餐，经西医体检后，再由名中医借助健康状态辨识系统给予“望、闻、问、切”中医体检。综合体检结束后，再根据体检结果，进行风险预测，在每份体检表上附上独具特色的中西医结合健康指导，不但突出 中医“治未病”理念，还强化了西医“早发现、早治疗”的服务理念，给受检者最好的建议。并且，由于健康状态辨识系统具有的疗效评价特点，使得中医调理有了疗效依据。

第二节　中医健康管理护理概述

中医健康管理护理是将中医护理的基本理论与中医健康管理理论相结合，通过运用中医健康管理手段收集信息，根据对个体或群体的健康状态全面分析、评估的结果，提供针对性、个性化的中医健康管理护理方案。

中医健康管理护理基本内容

（一）生活起居护理

生活起居护理，是指护理人员针对人群不同的健康状态分别给予环境上的特殊安排和生活上的合理照料。其目的在于促进机体阴阳平衡，恢复和保养正气，增强机体抵御外邪的能力，为疾病的治疗和康复创造良好的条件。

1. 顺应自然，平衡阴阳　中医学非常重视“天人相应”，认为人与自然界是一个统一的整体，自然界的各种变化，都会影响到人的生命活动，使之发生相应的变化。因此，顺应四时阴阳变化的自然规律，是生活起居不可违背的基本法则之一。

（1）按季节不同进行护理：自然界有春、夏、秋、冬四季变化，人的生理活动也会相应改变。善于养生者，就要使机体与四季变化相适应，保持人与自然环境的协调统一，以祛病延年。在进行护理时要做到春防风、夏防暑、长夏防湿、秋防燥、冬防寒，即在春季护理中，要防止人体内阳气过分消耗，对慢性阳虚者，抓紧春季时间用食物或药物补益阳气，以防止风邪侵袭。夏季白天当阴居避暑，夜间不贪凉夜露，以防多汗伤津或感受寒凉之邪，并应适当饮用生津止渴的降温饮料。此时体内阳气若无过多损耗，有所储备，则到秋冬就能抵御寒邪侵扰，预防秋冬发生腹泻、咳喘等证。在秋冬时节，护理上应注意防寒保暖，保护机体阴津藏而不泄，对慢性阴虚津亏者，借此季节以食物或药物来填补阴津，使阴津蓄积，才能预防春夏阳亢之时对阴津的耗散。一般除冬季外，可在晨起阳光温煦不烈时行日光浴，通过皮肤与寒冷空气经常接触，适当锻炼皮肤（以不受凉为宜），可提高卫气的防御能力，有利于疾病康复。另外，有些疾病易在季节交替时复发或加重，故此时应加强对生活起居各方面的调护。

（2）依昼夜晨昏变化进行护理：一日之中有昼夜晨昏的变化，而人体的生理活动也会随之改变。随着昼夜晨昏阶段的不同，人体阳气呈现朝盛夕衰的变化规律。欲病态机体阴阳失去平衡，自身调节能力减弱，对昼夜的变化反应更加敏感，夜半阳气潜伏于内，邪气活动更加猖獗，容易引发疾病。所以，对一些欲病人群应加强夜间观察，以防止出现意外情况。

2. 优化环境，促进康复

（1）居住环境应安静整洁：安静整洁的环境，能使人们心情愉快，身体舒适，睡眠充足，食欲旺盛，有利于健康。同时室内的陈设要简单、实用、清洁，室内要定期消毒，保持地面、床、卫生洁具等的清洁卫生。

（2）室内宜经常通风：室内要经常通风换气，才能使人神清气爽，肺气宣通，气血通畅。室内每日通风次数和每次持续时间应根据季节和室内的空气状况而定，但每天至少应通风 1 ～ 2 次。夏季天气炎热，易感暑热，一般宜在上午 8 ～ 10 时通风换气，保持凉爽。冬季气候寒冷，可短时间轮流开窗通风换气。通风时避免对流风直接吹到身上，对身体虚弱或已感受寒邪者，要在通风时穿好衣服或盖好被子，避免寒邪侵犯。对刚服用解表发汗药者，暂时不宜开窗通风，待汗出热退后，先给穿衣盖被后再行通风，注意勿汗出当风，以免重感风寒之邪而加重。

（3）居住环境温度、湿度要适宜：温度以 18 ～ 20℃为宜。应根据每个个体的具体情况分别给予不同的调护，如感受风寒或年老体弱、阳虚者，可在向阳的房间，室温宜高；感受暑热、青壮年、阴虚或实热证者，可在阴面房间，室温宜低。

居住环境的相对湿度以 50% ～ 60% 为宜。对感受燥邪等的阴虚者，室内湿度宜偏高，可在地面洒水或应用加湿器等；对感受湿邪的阳虚者，室内湿度宜偏低，可经常开窗通风，降低湿度。

（4）居室光线要适宜：应根据时间和状态的不同，及时调节室内光线。感受风寒风湿及阳虚里寒证者，室内光线宜充足；感受暑热之邪的热证、阴虚证、肝阳上亢、肝风内动者，室内光线宜稍暗；有眼疾者，室内宜用深色窗帘，避免对眼睛的刺激。

3. 起居有常，活动适度　起居有常指起卧作息和日常生活中的各方面要有一定的规律，并合乎自然界和人体的生理常度。应按照“春夏养阳，秋冬养阴”的原则来调摄，与自然界阴阳消长变化规律相适应。个体的作息制度也应因寒暑而异，春夏季生活起居可顺时提前 1 小时，并延长午休时间，秋冬季恢复到正常作息时间。因此在护理宣教时，要督促按时起居，养成有规律的睡眠习惯，每天睡眠时间不可过长，也不要过短。

（二）情志护理

情志护理是以中医基础理论为指导，以良好的护患关系为桥梁，应用科学的护理方法，改善和消除人们的不良情绪状态，从而达到预防和治疗疾病目的的一种治疗方法。

七情即喜、怒、忧、思、悲、恐、惊。在正常情况下，七情仅是人的精神活动的外在表现，并不成为致病因素，但长期的、过度的精神刺激，则可引起人体的阴阳失调，气血紊乱，经络脏腑功能失常而发生疾病，同时人的精神状态对健康状况的发展和变化也有很大的影响。

1. 情志护理的原则

（1）诚挚体贴：受检者在检查过程中常会产生各种心理反应，如高血压者易激动、担心肿瘤者会有恐惧心理、慢性病有依赖心理及自我意识等。护士应具有爱心，体贴，视受检者如亲人，“见彼苦恼，若已有之”，以仁爱之心爱护受检者。

（2）一视同仁：对来院人员没有贫富贵贱之别。

（3）因人施护

1）体质差异：人的体质有阴阳不同，情志刺激反应也不同，“太阴之人，多阴无阳”，精神多抑郁；“少阴之人，多阴少阳”，多忧愁悲伤，郁郁寡欢。即“多阳者多喜，多阴者多怒”。

2）性格差异：性格开朗乐观之人，遇事心气平静而自安，故不易患病。性格抑郁之人，心胸狭窄，感情脆弱，情绪易波动，易酿成疾病。

3）年龄差异

①儿童：脏腑娇嫩，气血未充，中枢神经系统未发育完善，易受惊，恐致病。

②成年人：气血方刚，又处于复杂的环境中，多易为怒致病。

③老年人：常有孤独感，多易为忧郁、悲伤、思虑致病。

4）性别差异：男性属阳，以气为主；女性属阴，以血为先，女性一般比男性更易情志为患，多因忧郁、悲哀而致病。因此，护理人员必须认真了解来院人员的个性特征，因人而异，有的放矢，对不同的人群，采取不同的情志护理。

2. 情志护理的方法

（1）说理开导法：针对不同的症结，做到有的放矢，动之以情，晓之以理，喻之以例，明之以法，从而达到改变身心状态的目的。

（2）释疑解惑法：指根据来院人员存在的心理疑虑，通过一定的方法，解除其对事物的误解、疑惑，去掉思想包袱。

（3）移情易性法：通过一定的方法和措施转移或改变情绪和注意力，以解脱不良情绪的方法。如“取乐琴书，颐养神性”“运动移情”“升华超脱法”。

（4）发泄解郁法：指通过发泄、哭诉等方式，将忧郁、悲伤等不良情绪宣泄出来达到释情开怀、身心舒畅的目的。

（5）以情胜情法：指以一种情志抑制另一种情志，以淡化或消除不良情绪、保持良好的精神状态的一种方法。“怒伤：以忧胜之，以恐解之”“喜伤：以恐胜之，以怒解之”“忧伤：以喜胜之，以思解之”“思伤：以怒胜之，以喜解之”“恐伤：以思胜之，以忧解之”“惊伤：以忧胜之，以恐解之”“悲伤：以恐胜之，以怒解之”。

（6）暗示疗法：指运用语言、情绪、行为、举止等给暗示，从而使其解除精神负担，如常说的“望梅止渴”。

（7）顺情从欲法：适用于由情志不遂所引起的不满心理，尽量满足来院人员之所求。

3. 预防七情致病的方法

（1）保持乐观情绪：乐观的情绪可使营卫流通，气血和畅，生机旺盛，从而身心健康。“笑一笑十年少”，应用热情的服务让来院人员精神愉快，烦恼和忧愁减少。

（2）避免七情过极：七情喜、怒、忧、思、悲、恐、惊，超过人体本身的正常生理活动范围，则成为内伤致病主要致病因之一。

（三）饮食护理

饮食护理是在中医基础理论的指导下，根据人群的不同状态需要，给予适宜的饮食，达到防治疾病的一种方法。

1. 饮食的性味与功效　具有寒、热、温、凉之性，辛、甘、酸、苦、咸之味。

（1）清补类食物：一般具有寒凉性质，有时也以泻实性食物祛除实证，清胃热，通利二便，加强消化吸收，推陈而致新，以泻中求补。如鸭、鹅、龟、蚌肉、鸡蛋、鸭蛋、豆腐、粳米、高粱米、陈仓米、小米、小麦、薏苡仁、绿豆、赤小豆、各种豆芽、梨、甘蔗、莲子、海带、菠菜、白菜、冰糖等。这类食物常用于热性病证的调护，具有清补的功效。

（2）温补类食物：一般具有温热性质，温补法是应用温热食物进行补益的方法，适用于阳虚或气阳亏损，如肢冷、畏寒、乏力、疲倦、小便清长而频或水肿等症受检者，也常作为普通人的冬令进补食物，如羊肉、狗肉、鸡、鸽、鲤鱼、鲫鱼、糯米、黄米、小麦、桂圆肉、锅巴、荔枝、花生、胡萝卜、茄子、红糖等。这类食物常用于寒性病证的调护，具有温中、补阳、散寒等功效。

（3）平补类食物：所谓“平”，是指这类食物既没有寒之偏性，也没有热之偏性，其性质较平和，多指粮食、水果、蔬菜，部分禽、蛋、肉、乳类，如牛奶、猪肉、黑鱼、蚕蛹、蚕豆、扁豆、芝麻、山药、香菇、黄花菜、黑木耳、竹笋等。这类食物常用于各种疾病的恢复期，具有补益、和中等功效，一般人也可食用。

（4）辛散类食物：一般具有辛温或辛热的性味，常用于风寒表证、阴寒证，如生姜、香菜、大蒜等。

（5）清热类食物：一般具有苦寒、甘寒性味，常用于实热证的调护，具有清热、泻火、解毒等功效，如苦瓜、芥菜、绿茶等。

2. 饮食调护的原则　食物有气味之偏，病有阴阳之偏盛，故饮食调护必须遵循以下原则。

（1）三因制宜，灵活选食：三因制宜，即因时、因地、因人不同而采用适宜的饮食，达到治病防病的目的。因为时有春、夏、秋、冬四季之不同。

1）因时制宜：春季宜食用辛凉疏散的食物；夏季气候炎热、阳热偏盛，应多食寒凉、滋润属性的食物；秋季宜食用平补或温补的食物，以散寒扶正；冬季气候寒冷，阴寒偏盛，应多食温热属性的食物。

2）因地制宜：东南地区气温偏高，湿气重，宜食清淡、渗湿食物；西北地区气温偏低，燥气盛，宜食温热、生津、润燥食物。

3）因人制宜：儿童身体娇嫩，宜用性平、易消化食物。老年人气血、阴阳虚弱，宜进补气助阳或养血滋阴之品。体质偏寒者，宜食热性食物；体质偏热者，宜食凉性食物，忌热性食物以及辛辣烟酒等；体质过敏的人，不宜吃海鲜腥发之物。

（2）审证就因，协调配食：致病的原因错综复杂，要做到合理调配饮食，必须审证求因。如便秘一证，因有气虚、津亏、燥实之不同，其治疗应有补气、生津、泻下之异，食疗处方也不尽相同，如气虚便秘宜用胡桃粥，津亏便秘宜用鸭梨粥，燥实便秘宜用牵牛子粥等。

3. 饮食调护基本要求　①饮食宜有节；②饮食宜随和；③饮食宜卫生；④饮食宜清淡；⑤合理烹制。

4. 饮食宜忌　食物和药物都有四气五味之性，故在功效主治上亦有协同和相悖的不同，一般在服药期间，凡属生冷、油腻、腥臭及不易消化、刺激性的食物，均应避免为宜。

5. 常见病证的饮食宜忌

（1）外感热证：宜食清淡食物，如面条、米粥、新鲜蔬菜水果等。高热伤津，可饮梨汁、藕汁、鲜芦根汁或西瓜汁，忌食油腻、煎炸、辛辣之品，以防伤阴动火，损伤脾胃。

（2）高血压、冠心病：宜食清淡低盐，富含维生素 B、维生素 C 及豆制品类食物。油脂以植物油如玉米油、豆油为宜。山楂、洋葱、大蒜有降脂作用，芹菜有降压作用，可以经常食用，应少食细粮、甜食、肉类，饮食勿过饱。忌食高脂、高胆固醇食物，忌烟酒。

（3）脾胃病：宜食易消化、富有营养食物，以定时、定量、不偏食为原则，而各种胃病饮食又有所不同，急性胃炎发作期必须禁食或予流食；慢性胃炎宜予易消化，富含维生素食物；

胃酸缺乏者可吃些醋制食品；胃下垂受检者需食易消化而高营养食品，量不宜多；十二指肠溃疡受检者则要少食多餐，忌食辛辣、香燥、煎炸之品及寒冷硬固食物。

（4）肠道病：宜食少渣、少纤维、少油脂、易消化食物，并少食多餐，逐步加量。慢性肠炎、菌痢受检者可多吃大蒜、马齿苋，忌食生冷、荤腥、辛辣、刺激性食物。

（5）水肿病：宜食低盐、高蛋白饮食，适当选择鱼、瘦肉、蛋类、豆类、新鲜蔬菜和水果，如冬瓜、西瓜、赤小豆。若有氮质血症或尿毒症者，应限制蛋白入量。忌食油腻、辛辣刺激食物，忌烟酒。

（6）疮疡皮肤病：宜清淡饮食，多食蔬菜水果及富含维生素食物，忌食鱼虾、蟹、猪头肉等食物。

（7）肝病：宜食乳类、蛋类、鱼类及瘦肉，适当摄入食糖、葡萄糖、蜂蜜等食物，多食蔬菜及维生素 B、维生素 C，肝性脑病应限制蛋白及盐的摄入，忌食辣椒、酒类刺激性食物，以及黄豆、土豆、白薯等易胀气食物。

（8）消渴：应根据病情、体重、体力活动情况制订出一套合理的食谱，蛋白、脂肪、糖有适当的比例。受检者应按规定量进食。有饥饿感者可食蔬菜、瘦肉，或略加豆制品。

（9）老年便秘和腹泻：便秘受检者宜食纤维素多的食物，如韭菜、芹菜、卷心菜、竹笋、粗粮及水果等，并多喝水，以刺激肠蠕动，促进排便。腹泻受检者宜食易消化的食物及少渣食物，少食纤维素多的食物。

6. 辅助治疗作用的常用食物介绍

（1）有降脂、降压、防止血管硬化作用的食物：如海藻、紫菜、山楂、黑木耳、香菇、大蒜、洋葱、茶叶、荷叶、莲心、芹菜、海蜇、蜂蜜等。

（2）有解毒作用的食物：生姜、醋可解鱼蟹之毒；茶叶、白扁豆可解药物毒；山羊血、空心菜可解蕈类中毒；绿豆、蜂蜜解百毒。

（3）有降糖止渴作用的食物：如猪胰、马乳、山药、豌豆、茭白、苦瓜、洋葱、黄鳝。

（4）有清热解毒作用的食物：如西瓜、冬瓜、黄瓜、苦瓜、绿豆等。

（5）有祛湿利尿作用的食物：如西瓜皮、冬瓜皮、茯苓、绿豆、赤小豆、玉米须、葫芦、鲤鱼、鲫鱼等。

（6）有强健脾胃作用的食物：如山药、生姜、乌梅、鸡内金、麦芽、陈皮、花椒、茴香、醋、山楂等。

（7）有清咽利喉作用的食物：如青果、乌梅、苦瓜、凉薯等。

（8）有润肠通便作用的食物：如核桃仁、芝麻、松子、柏子仁、香蕉、蜂蜜等。

（9）有镇咳祛痰作用的食物：如花生内衣、黄花菜、木耳、莲蓬、藕节炭、丝瓜络炭、海螵蛸等。

（10）有补益作用的食物：如饴糖、大枣、花生、莲子、山药等可补脾胃；桂圆、大枣、桑葚、荔枝等可补血；鱼肚、甲鱼、木耳等可补阴；羊肉、乌龟肉、胡桃、海参、虾等可补阳；动物肝脏能补肝明目。

（11）有透疹作用的食物：如香菇、胡萝卜、黄花鱼、鲜鲫鱼、鲜虾等。

（12）有止泻作用的食物：如大蒜、马齿苋可用于热性泄泻；焦山楂、焦麦芽、焦谷芽、炒陈皮等用于伤食泻；薏苡仁、莲子、炒山药等用于脾虚泄泻。

（13）有驱虫作用的食物：如槟榔、使君子、乌梅、大蒜、南瓜子等。

（14）有催乳作用的食物：如鲫鱼、猪蹄、鱼头、生南瓜子等。

（15）有预防感冒作用的食物：如醋、大蒜、葱、生姜、淡豆豉、白菜头等。

第三节　常用穴位及临床应用

一、腧穴定位法

在临床上，治疗效果与取穴位置是否正确，有着密切的关系。为了定准腧穴，必须掌握定位方法（分部、部位起止点、常用骨度、度法列表表示）。

（一）常用骨度分寸定位（表 15-1）

表 15-1　常用骨度分寸定位

分部	部位起止点	常用骨度	度量法
头部	前发际至后发际	12 寸	直寸
	耳后两乳突之间	9 寸	横寸
胸腹部	天突至歧骨（胸剑联合）	9 寸	直寸
	歧骨（胸剑联合）至脐中	8 寸	直寸
	脐中至耻骨联合上缘	5 寸	直寸
	双乳之间	8 寸	横寸
上肢部	腋前皱襞至肘横纹	9 寸	直寸
	肘横纹至腕横纹	12 寸	直寸

（二）自然标志取穴法

根据人体自然标志而定取穴位的方法称“自然标志定位法”。人体自然标志有两种：一种是不受人体活动影响而固定不移的标志，如五官、指（趾）甲、乳头、脐等，称为固定标志；另一种是需要采取相应的动作姿势才会出现的标志，包括皮肤的皱襞，肌肉部的凹陷，肌腱的显露以及某些关节间隙等，称为活动标志。自然标志定位法是临床常用的取穴方法，如两乳中间取膻中，握拳在掌后横纹头取后溪等。

（三）手指同身寸取穴法

以手指为标准来定取穴位的方法称为“手指同身寸取穴法”。因个人手指的长度和宽度与其他部位有着一定的比例，所以可用受检者本人的手指来测量定穴，医者应根据受检者高矮胖瘦作出伸缩，也可用自己的手指来测定穴位。本法种类很多，各有一定的适应范围。

1. 中指同身寸　是以受检者的中指中节屈曲时内侧两端纹头之间作为 1 寸，可用于四肢部取穴的直寸和背部取穴的横寸。

2. 拇指同身寸　是以拇指指关节的横度作为 1 寸，亦适用于四肢部的直寸取穴。

3. 横指同身寸　又名“一夫法”，是令受检者将示指、中指、环指和小指并拢，以中指中节横纹处为准，4 指横量作为 3 寸。

（四）简便取穴法

简便取穴法是临床一种简便易行的方法。如垂手中指端取风市，两手虎口自然平直交叉，在食指端到达处取列缺等。

二、常用穴位的取穴与主治（表 15-2）

表 15-2　常用穴位的取穴与主治

穴名	取穴方法	主治	针法	归经	备注
列缺	桡骨茎突上方，腕横纹上 1.5 寸，即两手虎口交叉，示指指尖下所指稍凹陷处	头痛、颈项强痛、咳嗽、哮喘、面神经麻痹	向上方斜刺 0.5 ～ 1 寸	手太阴肺经	肺经络穴、八脉交会穴之一
鱼际	第一掌骨中点桡侧赤白肉际处	咳嗽、哮喘、咯血、咽喉肿痛、发热	直刺 0.5 ～ 1 寸	手太阴肺经	肺经荥穴
少商	拇指桡侧距指甲角 1 分许	咳嗽、咽喉肿痛、中风、昏迷	直刺 1 分或点刺出血	手太阴肺经	肺经井穴
合谷	拇、示两指张开，以另一手拇指关节横纹放在虎口边缘上，拇指指尖到达之处；亦即第一掌骨结合部与虎口边缘连线之中点，稍偏示指侧处	头痛、牙痛、鼻炎、咽喉肿痛、耳聋、眼病、面神经麻痹、外感发热、上肢关节痛、偏瘫、滞产、神经衰弱	直刺或斜刺 0.5 ～ 1 寸	手阳明大肠经	大肠经原穴，孕妇不宜针
曲池	曲肘成 90°，肘横纹桡侧头稍外方（肘横纹外端与肱骨外上髁连线的中点）	上肢关节痛、麻痹、偏瘫、肩背痛、咽喉肿痛、发热、高血压、甲状腺肿大、荨麻疹	直刺 1 ～ 1.5 寸，或透刺少海	手阳明大肠经	大肠经合穴
颊车	下颌角前上方约1横指，当咬紧牙齿时，咬肌隆起处	牙痛、腮腺炎、面神经麻痹	直刺或斜刺 0.5 ～ 1 寸	足阳明胃经	
迎香	鼻翼外缘中点旁，当鼻唇沟中	鼻塞、鼻炎、鼻旁窦炎、面神经麻痹	向鼻根部斜刺 0.5 ～ 1 寸	手阳明大肠经	不宜灸
天枢	脐中旁开 2 寸	急慢性肠炎、痢疾、便秘、肠麻痹	直刺 0.8 ～ 1.2 寸	足阳明胃经	大肠经募穴，孕妇不宜灸
足三里	外膝眼下 3 寸，胫骨外侧约 1 横指处	胃炎、溃疡病、腹泻、腹胀、便秘、消化不良、高血压、偏瘫、癫狂、神经衰弱、强壮保健	直刺 1 ～ 2.5 寸	足阳明胃经	胃经合穴，胃下合穴
丰隆	外踝上 8 寸，相当外膝眼与外踝尖连线的中点，胫骨前缘外开 2 横指，胫、腓骨之间	咳嗽痰多、偏瘫、咽喉肿痛、精神病	直刺 1 ～ 1.5 寸	足阳明胃经	胃经络穴

续表

穴名	取穴方法	主治	针法	归经	备注
血海	正坐屈膝，髌骨内侧端上 2 寸，股四头肌内侧头的隆起处	月经不调、功能失调性子宫出血、荨麻疹	直刺或稍向上斜刺 1 ～ 1.2 寸	足太阴脾经	
三阴交	内踝尖上 3 寸，胫骨内侧缘后方	月经不调、痛经、白带多、崩漏、遗精、阳痿、早泄、盆腔炎、遗尿、腹痛、消化不良、偏瘫、神经衰弱、湿疹、荨麻疹	直刺 1 ～ 1.5 寸	足太阴脾经	孕妇禁针，肝、脾、肾三经会穴
阴陵泉	屈膝，胫骨内侧髁后下方凹陷处	腹痛、水肿、小便不利、遗尿、遗精、月经不调	直刺 1.5 ～ 2 寸	足太阴脾经	脾经合穴
公孙	足内侧，第一趾骨基底之前下缘处赤白肉际	胃痛、消化不良、呕吐、腹泻、痛经	直刺 0.5 ～ 1 寸	足太阴脾经	脾经络穴，八脉交穴之一，通于冲脉
神门	仰掌、腕横纹尺侧端稍上方凹陷处	多梦、失眠、心慌、癔病	直刺或斜刺 0.3 ～ 0.5 寸	手少阴心经	心经输（原）穴
少冲	小指桡侧，距甲角 1 分许	心悸、胸痛、中风昏迷	直刺 1 分或点刺出血	手少阴心经	心经井穴
少泽	小指尺侧，距甲角 1 分许	头痛、眼痛、乳腺炎、乳汁不足	直刺 1 分或点刺出血	手太阳小肠经	小肠经井穴
后溪	半握拳，第五掌骨小头后方掌横纹头，赤白肉际	肩背痛、头颈痛、聋哑、肋间神经痛、腰痛、癫狂	直刺或向上斜刺 0.6 ～ 1.5 寸	手太阳小肠经	小肠经输穴，八脉交会穴之一，通于督脉
攒竹	眉头内侧陷凹处	头痛、流泪、目赤肿痛、视物不清、角膜白斑、面瘫	沿眉弓向外侧横刺 0.3 ～ 0.6 寸	足太阳膀胱经	禁灸
承山	用力伸足，在小腿后面正中出现“人”字的凹陷处即是本穴，如“人”字不显，可循委中穴与昆仑穴连线的中点处	腓肠肌痉挛、腰背痛、腿痛、瘫痪、脱肛、痔	直刺 0.5 ～ 1.5 寸	足太阳膀胱经	
昆仑	外踝尖与跟腱连线中点	脚跟痛、下肢瘫痪、坐骨神经痛、腰背痛、头项强痛	直刺 0.5 ～ 1 寸或透刺太溪穴	足太阳膀胱经	

续表

穴名	取穴方法	主治	针法	归经	备注
至阴	足小趾外侧距甲角 1 分许	胎位不正、难产	直刺 1 分，胎位不正用灸法	足太阳膀胱经	膀胱经井穴
涌泉	足底（不包括足趾）前、中 1/3 交界处，当第二、三趾关节后方，足趾跖屈时呈凹陷处	头颈痛、小儿抽搐、昏迷、中暑、脑出血、癔病、癫痫	直刺 0.5 ～ 1 寸	足少阴肾经	肾经井穴
太溪	内踝尖与跟腱连线的中点	肾炎、膀胱炎、遗尿、月经不调、下肢瘫痪	直刺 0.6 ～ 1 寸，或透刺昆仑穴	足少阴肾经	肾经输（原）穴
间使	内关穴上 1 寸、两筋之间（掌长肌腱与桡侧腕屈肌腱之间）	心悸、头痛、目眩、耳鸣、耳聋、胃痛、呕吐、热病、疟疾、癫痫、臂痛	直刺 0.5 ～ 1 寸	手厥阴心包经	心包经穴
内关	腕横纹正中直上 2 寸，两筋之间	胸胁痛、胃痛、心悸、呃逆、恶心、呕吐、哮喘、咽喉肿痛、癔病、失眠	直刺 0.5 ～ 1 寸，或透刺外关穴	手厥阴心包经	心包经络穴，八脉交会穴之一，通阴维脉
中冲	中指指尖中央，距指甲约 1 分许	心绞痛、头痛、休克、耳鸣	直刺 1 分，或点刺出血	手厥阴心包经	心包经井穴
外关	腕背横纹正中 2 寸，两骨之间	上肢关节痛、麻痹、偏瘫、耳聋、耳鸣、落枕	直刺 0.5 ～ 1 寸	手少阳三焦经	三焦经络穴，八脉交会穴一，通阳维脉
支沟	外关穴上 1 寸	肩臂酸痛、便秘、耳聋、耳鸣	直刺 0.5 ～ 1 寸	手少阳三焦经	三焦经经穴
环跳	骶管裂孔与股骨大转子最凸点连线的外 1/3 与内 2/3 交界处	腰腿痛、坐骨神经痛、下肢麻痹、瘫痪	直刺 2 ～ 3 寸	足少阳胆经	—
风市	直立、两手自然下垂于大腿外侧，中指指尖所到之处	下肢关节痛、下肢麻痹、瘫痪、坐骨神经痛	直刺 1 ～ 2 寸	足少阳胆经	—
阳陵泉	屈膝，小腿外侧，腓骨小头前下方凹陷处	膝关节痛、坐骨神经痛、偏瘫、胸肋痛、胆囊炎	直刺 1 ～ 1.5 寸或透刺阴陵泉穴	足少阳胆经	胆经合穴，八会穴之筋会

续表

穴名	取穴方法	主治	针法	归经	备注
悬钟（绝骨）	外踝尖直上 3 寸，腓骨后缘	膝及踝关节痛、肋痛、落枕、半身不遂	直刺 0.5 ～ 1 寸，或透三阴交穴	足少阳胆经	八会穴之一，八会穴之髓会
行间	足趾背第一、二间缝纹端后方赤白肉际处	头痛、目眩、目赤肿痛、头顶痛、青光眼、月经过多、小儿惊风、肋间神经痛、盗汗	斜刺 0.5 ～ 1 寸	足厥阴肝经	肝经荥穴
太冲	足背第一、二跖骨结合部之前凹陷处	头顶痛、目眩、高血压、崩漏、闭经、乳腺炎、面瘫	直刺 0.5 ～ 1 寸	足厥阴肝经	肝经输（原）穴
命门	第二腰椎棘突下凹陷处	腰痛、遗尿、阳痿、遗精、白带增多、子宫内膜炎、附件炎、头痛、耳鸣	稍向斜刺 0.5 ～ 0.8 寸	督脉	—
大椎	第七颈椎棘突下凹陷处	热病、外感、疟疾、项强、背痛、支气管炎、哮喘、精神病	稍向斜刺 0.5 ～ 0.8 寸	督脉	—
百会	后发际正中直上 7 寸，相当头顶正中线与两耳尖连线之交点处	头痛、头晕、脱肛、子宫脱垂、中风不语、精神病	稍向前或向后横刺 0.5 ～ 1 寸或透四神聪	督脉	—
素	鼻之尖端	鼻炎、鼻衄、鼻疖、休克	向上斜刺 0.3 ～ 0.5 寸	督脉	—
人中	人中沟中、上 1/3 交界处	休克、虚脱、中暑、昏迷、癔病、急性腰扭伤	向上斜刺 0.3 ～ 0.5 寸	督脉	—
中极	前正中线脐下 4 寸	泌尿生殖系疾病（同关元穴）	直刺 0.5 ～ 1.5 寸	任脉	膀胱经募穴
关元	前正中线脐下 3 寸	腹痛、腹泻、痢疾、月经不调、痛经、白带增多、盆腔炎、阳痿、遗精、遗尿、尿闭、尿频、尿痛、蛔虫病、强壮保健	直刺 1 ～ 1.5 寸	任脉	小肠经募穴 —
神阙（脐中）	脐之正中	慢性肠炎、慢性痢疾、水肿、腹痛、脱肛	灸	任脉	禁针

续表

穴名	取穴方法	主治	针法	归经	备注
中脘	前正中线脐上 4 寸	胃炎、溃疡病、腹胀、呕吐、腹泻、便秘、消化不良、高血压、神经衰弱、精神病	直刺 0.5 ～ 1.5 寸，或透刺下脘、鸠尾、梁门等穴	任脉	胃经募穴，八会穴之一，八会之腑会
膻中	前正中线平第四肋间（两乳之间）	咳嗽、哮喘、胸闷、胸痛、乳腺炎、肋间神经痛	向下斜刺，或左右横刺 0.5 ～ 1 寸，向乳根方向透刺可治乳部疾病；向上透刺华盖穴，对哮喘有效	任脉	心包经募穴，八会穴之一，八会之气会
印堂	两眉头连线之中点	前头痛、眩晕、鼻病、眼病、高血压、小儿惊风、失眠	平刺 0.3 ～ 0.5 寸	经外奇穴	—
十宣	两手十指尖端，距指甲约 1 分许	用于急救，如昏迷、中暑、小儿惊风、病、癫痫发作	点刺出血	经外奇穴	—
落枕	手背第二、三掌骨间掌指关节后约 5 分处	落枕、肩臂痛、胃痛、咽喉痛	直刺或斜刺 0.5 ～ 1 寸	经外奇穴	—
阑尾	足三里穴下 2 寸压痛点	急、慢性阑尾炎，抬腿无力，偏瘫	直刺 1 ～ 1.5 寸	经外奇穴	—
胆囊点	阳陵泉穴下 2 寸压痛点	急、慢性胆囊炎，胆石症，胆道蛔虫症	直刺 2 ～ 3 寸	经外奇穴	—

三、常见病症选穴

（一）选穴歌诀

肚腹三里留，腰背委中求，面口合谷收，

头项寻列缺，胸胁内关谋，疼痛取阿是。

（二）急救穴

人中、十宣、百会、神阙、膻中、涌泉。

（三）常见病症选穴

1. 肩背部疼痛　肩井、天宗、大椎。

2. 胃脘痛　足三里、中脘、内关。

3. 痛经　三阴交、足三里、阴陵泉、关元。

4. 发热　大椎、曲池、风池。

5. 头痛　百会、风池、太阳、合谷、列缺。

6. 胸痹　少冲、中府、孔最、膻中。

7. 失眠　神门、三阴交、太冲、照海。

8. 腹痛　①胆囊痛：阳陵泉、胆囊点、胆囊；②阑尾痛：阑尾、足三里、阑尾点；③术后肠粘连：天枢、足三里。

9. 腹胀　足三里、阴陵泉、三阴交、脾俞、三焦俞。

10. 呕吐　内关、中脘、胃俞。

11. 癃闭　关元、气海、中极。

12. 腰痛　肾俞、委中、昆仑、阿是穴。

13. 肛门手术止痛　次髎、长强、足三里、合谷、腰阳关。

第四节　中医健康管理护理技术

一、灸法

（一）隔物灸技术

隔物灸也称间接灸、间隔灸，是利用药物等材料将艾炷和穴位皮肤间隔开，借间隔物的药力和艾炷的特性发挥协同作用，达到治疗虚寒性疾病的一种操作方法，属于艾灸技术范畴。

1. 适用范围

（1）隔姜灸：适用于缓解因寒凉所致的呕吐、腹泻、腹痛及肢体麻木酸痛、痿软无力等症状。

（2）隔蒜灸：适用于缓解急性化脓性疾病，如痈、疖等所致的肌肤浅表部位红、肿、热、痛等症状。

（3）隔盐灸：适用于缓解急性虚寒性腹痛、腰酸、吐泻、小便不利等症状。

2. 评估

（1）病室环境及温度。

（2）主要症状、既往史及是否妊娠。

（3）有无出血病史或出血倾向，有无哮喘病史或艾绒过敏史。

（4）受检者对热及气味的耐受程度。

（5）施灸部位皮肤情况。

3. 告知

（1）施灸过程中出现头昏、眼花、恶心、颜面苍白、心慌出汗等不适症状，应及时告知护士。

（2）施灸后如出现轻微咽喉干燥、大便秘结、失眠等症状，无须特殊处理。

（3）个别受检者艾灸后局部皮肤可能出现小水疱，无须处理，可自行吸收；如水疱较大，应遵医嘱处理。

（4）灸后注意保暖，饮食宜清淡。

4. 用物准备　艾炷、治疗盘、间隔物、打火机、镊子、弯盘（广口瓶）、纱布，必要时准备浴巾、屏风。

5. 基本操作方法（图 15-1）

（1）核对医嘱，评估受检者；嘱受检者排空二便，做好解释。

（2）备齐用物，携至床旁。

（3）协助受检者取合理、舒适体位。

（4）遵照医嘱确定施灸部位，充分暴露施灸部位，注意保护隐私及保暖。

（5）在施灸部位放置间隔物，点燃艾炷，进行施灸。

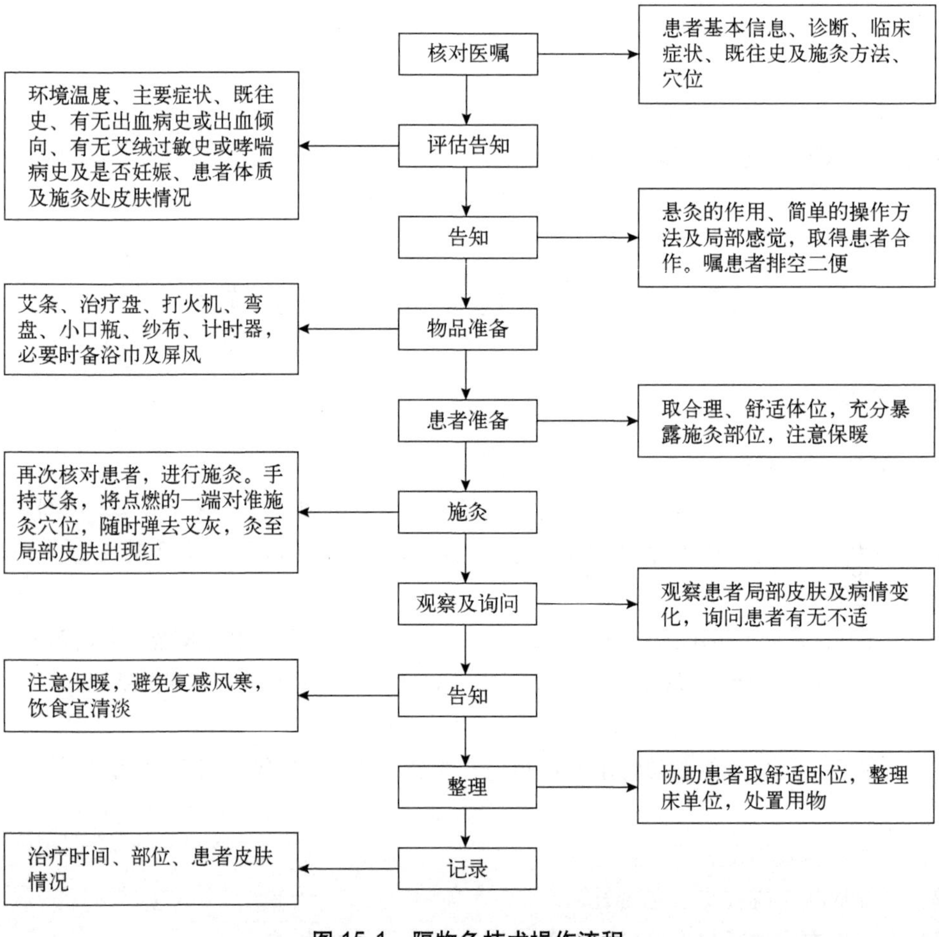

图 15-1　隔物灸技术操作流程

（6）常用施灸方法

1）隔姜灸：选取直径 2 ～ 3cm、厚 0.2 ～ 0.3cm 的姜片，在其上用针点刺小孔若干，放在施灸部位上。将艾炷放置在姜片上，从顶端点燃艾炷，待燃尽时再接续一个艾炷，一般灸 5 ～ 10 壮。

2）隔蒜灸：用厚度 0.2 ～ 0.3cm 的蒜片，在其上用针点刺小孔若干，放于施灸部位。将艾炷放置在蒜片上，从顶端点燃艾炷，待燃尽时再接续一个艾炷，一般灸 5 ～ 7 壮。

3）隔盐灸：用于神阙穴灸。用干燥的食盐填平脐，上放艾炷，从顶端点燃艾炷，待燃尽时再接续一个艾炷，一般灸 3 ～ 9 壮。

（7）施灸过程中询问受检者有无不适。

（8）观察皮肤情况，如有艾灰，用纱布清洁局部皮肤；协助受检者穿衣，取舒适卧位。

（9）开窗通风，注意保暖，避免对流风。

6. 注意事项

（1）大血管处、孕妇腹部和腰骶部、有出血倾向者不宜施灸。

（2）一般情况下，施灸顺序为自上而下，先头身，后四肢。

（3）防止艾灰脱落烧伤皮肤或衣物。

（4）注意皮肤情况，对糖尿病、肢体感觉障碍的受检者，需谨慎控制施灸强度，防止烧伤。

（5）施灸后局部出现小水疱，无须处理，可自行吸收；如水疱较大，可用无菌注射器抽出疱液，并以无菌纱布覆盖。可用紫草油或湿润烧伤膏外涂。

隔物灸技术操作考核评分标准见表 15-3。

表 15-3　隔物灸技术操作考核评分标准

姓名：　　　　　考核人员：　　　　　考核日期：　　　　　成绩：

项目	操作要点	考核要点	分值	扣分	备注
仪表（4 分）	1. 仪表端庄、戴表 2. 洗手，戴口罩	着装整洁、戴表 符合要求	2 2		
操作前准备（3 分）	物品准备：艾条、治疗盘、打火机、弯盘、小口瓶、纱布、计时器，必要时备浴巾及屏风 间隔物制作要求： ①隔姜：用直径 2 ～ 3cm、厚 0.2 ～ 0.3cm 的姜片，在其上用针点刺小孔若干 ②隔蒜：用厚 0.2 ～ 0.3cm 的蒜片，在其上用针点刺小孔若干 ③隔盐：用干燥食盐 ④隔附子饼：用直径 2cm、厚 0.2 ～ 0.5cm，在其上用针点刺小孔若干	备齐并检查用物	3		
操作流程（71 分）	1. 患者：临床症状、既往史、是否妊娠、有无出血性疾病；施灸部位皮肤情况，对热及气味的耐受程度 环境：病室整洁、光线明亮，防止对流风	评估情况	9		

续表

项目	操作要点	考核要点	分值	扣分	备注
	2. 核对解释：核对医嘱，核对患者，解释作用、操作方法、局部感受，取得患者配合	核对准确	5		
	3. 协助患者取舒适体位	摆放体位	2		
	4. 暴露施灸部位皮肤，注意保暖，保护隐私。再次核对医嘱	充分暴露部位，保暖，保护隐私	5		
	5. 确定施灸部位，将间隔物放于穴位上	穴位准确	8		
	6. 将艾炷放于间隔物上点燃，待燃尽时用镊子夹取续接一个艾炷	方法正确	12		
	7. 询问患者感受	询问患者感受	4		
	8. 观察施灸部位皮肤	观察皮肤	5		
	9. 施灸结束，清洁局部皮肤	清洁皮肤	3		
	10. 协助患者取舒适体位，整理床单位	安置体位，整理床单位	4		
	11. 施灸后再次观察患者局部皮肤变化，询问施灸后的感受	施灸后观察患者局部皮肤，询问感受	6		
	12. 告知相关注意事项，酌情开窗通风	交代注意事项	6		
	13. 洗手，再次核对	三查七对	2		
操作后处置（6 分）	1. 用物按《医疗机构消毒技术规范》处理	按规定处置用物	2		
	2. 洗手、记录	洗手，记录完全	4		
理论（16 分）	1. 评价：流程合理、技术熟练、局部皮肤无损伤、询问患者感受		6		
	2. 隔物灸的禁忌证	掌握全面，回答正确	5		
	3. 隔物灸的注意事项		5		
总分（100 分）		总扣分			

（二）悬灸技术

悬灸是采用点燃的艾条悬于选定的穴位或病痛部位上，通过艾条的温热之性和药力作用刺激穴位或病痛部位，达到温经散寒、扶阳固脱、消瘀散结、防治疾病的一种操作方法，属于艾灸技术范畴。

1. 适用范围　适用于各种慢性虚寒性疾病及寒湿所致的疼痛，如胃脘痛、腰背酸痛、四肢凉痛、月经寒痛等，以及中气不足所致的急性腹痛、吐泻、四肢不温等症状。

2. 评估

（1）病室环境及温度。

（2）主要症状、既往史及是否妊娠。

（3）有无出血病史或出血倾向，有无哮喘病史或艾绒过敏史。

（4）受检者对热及气味的耐受程度。

（5）施灸部位皮肤情况。

3. 告知

(1) 施灸过程中出现头昏、眼花、恶心、颜面苍白、心慌出汗等不适症状，应及时告知护士。

（2）个别受检者在治疗过程中艾灸部位可能会出现小水疱，无须处理，可自行吸收；如水疱较大，应遵医嘱处理。

（3）灸后注意保暖，饮食宜清淡。

4. 物品准备　艾条、治疗盘、打火机、弯盘、广口瓶、纱布，必要时备浴巾、屏风、计时器。

5. 基本操作方法（图 15-2）

（1）核对医嘱，评估受检者，做好解释。

（2）备齐用物，携用物至床旁。

（3）协助受检者取合理、舒适体位。

（4）遵照医嘱确定施灸部位，充分暴露施灸部位，注意保护隐私及保暖。

（5）点燃艾条，进行施灸。

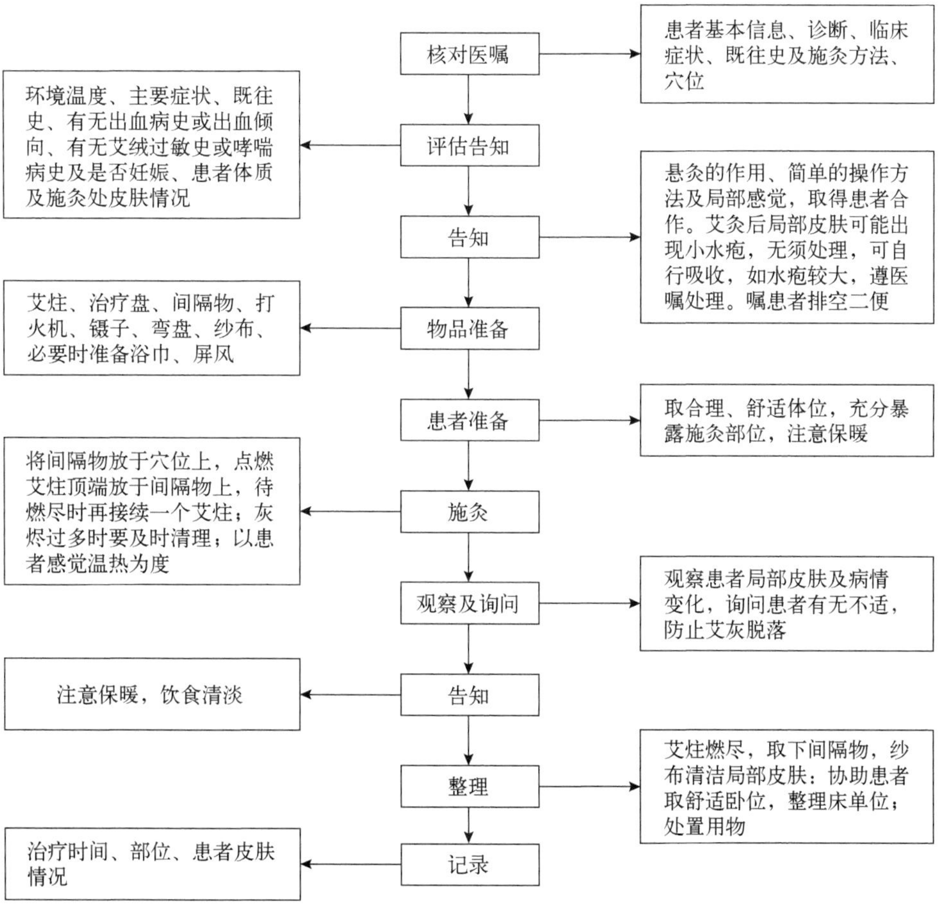

图 15-2　悬灸技术操作流程

（6）常用施灸方法

1）温和灸：将点燃的艾条对准施灸部位，距离皮肤 2 ～ 3cm，使受检者局部有温热感为宜，每处灸 10 ～ 15 分钟，至皮肤出现红晕为度。

2）雀啄灸：将点燃的艾条对准施灸部位 2 ～ 3cm，一上一下进行施灸，如此反复，一般每穴灸 10 ～ 15 分钟，至皮肤出现红晕为度。

3）回旋灸：将点燃的艾条悬于施灸部位上方约2cm处，反复旋转，移动范围约3cm，每处灸10～15分钟，至皮肤出现红晕为度。

（7）及时将艾灰弹入弯盘，防止灼伤皮肤。

（8）施灸结束，立即将艾条插入广口瓶，熄灭艾火。

（9）施灸过程中询问受检者有无不适；观察受检者皮肤情况，如有艾灰，用纱布清洁；协助受检者穿衣，取舒适卧位。

（10）酌情开窗通风，注意保暖，避免吹对流风。

6. 注意事项

（1）大血管处，孕妇腹部和腰骶部，皮肤感染、溃疡、瘢痕处，有出血倾向者不宜施灸。空腹或餐后1小时左右不宜施灸。

（2）一般情况下，施灸顺序为自上而下，先头身，后四肢。

（3）施灸时防止艾灰脱落烧伤皮肤或衣物。

（4）注意观察皮肤情况，对糖尿病、肢体麻木及感觉迟钝的受检者，尤应注意防止烧伤。

（5）如局部出现小水疱，无须处理，可自行吸收；若水疱较大，可用无菌注射器抽吸疱液，并用无菌纱布覆盖。

悬灸技术操作考核评分标准见表15-4。

表15-4 悬灸技术操作考核评分标准

姓名： 考核人员： 考核日期： 成绩：

项目	操作要点	考核要点	分值	扣分	备注
仪表（4分）	1. 仪表端庄、戴表	着装整洁、戴表	2		
	2. 洗手，戴口罩	符合要求	2		
操作前准备（5分）	物品准备：艾炷、治疗盘、间隔物、打火机、镊子、弯盘、纱布、必要时准备浴巾、屏风	备齐并检查用物	5		
操作中流程（70分）	1. 患者：临床症状、既往史、是否妊娠、有无出血性疾病；施灸部位皮肤情况，对热及气味的耐受程度 环境：病室整洁、光线明亮，避免对流风	评估情况	8		
	2. 核对解释：核对医嘱，核对患者，解释作用、操作方法、局部感受，取得患者配合	核对准确	5		
	3. 协助患者取舒适体位	摆放体位	2		
	4. 暴露施灸部位皮肤，注意保暖，保护隐私。再次核对医嘱	充分暴露部位，保暖，保护隐私	5		
	5. 确定施灸部位	施灸部位准确	8		
	6. 点燃艾条，将点燃的一端对准施灸穴位	艾条与皮肤的距离符合要求	4		
	7. 选择3种手法，方法正确	手法正确	12		
	8. 随时弹去艾灰，灸至局部皮肤出现红晕	观察皮肤	6		
	9. 观察施灸部位皮肤，询问患者感受，以患者温热感受调整施灸距离	清洁皮肤	4		

续表

项目	操作要点	考核要点	分值	扣分	备注
	10. 灸后艾条放入小口瓶中彻底熄灭，清洁局部皮肤 11. 协助患者取舒适体位，整理床单位。 12. 观察患者局部皮肤，询问患者感受。 13. 告知相关注意事项，酌情开窗通风 14. 洗手，再次核对	 安置体位，整理床单位 观察皮肤，询问感受 交代注意事项 三查七对	4 4 6 2		
操作后处置（6 分）	1. 用物按《医疗机构消毒技术规范》处理 2. 洗手、记录	按规定处置用物 洗手，记录完全	2 4		
理论（16 分）	1. 评价：流程合理、技术熟练、局部皮肤无损伤、询问患者感受 2. 悬灸的禁忌证 3. 悬灸的注意事项以及 3 种操作手法	 掌握全面，回答正确	6 5 5		
总分（100 分）		总扣分			

二、拔罐法

拔罐技术是以罐为工具，利用燃烧、抽吸、蒸汽等方法形成罐内负压，使罐吸附于腧穴或相应体表部位，使局部皮肤充血或瘀血，达到温通经络、祛风散寒、消肿止痛、吸毒排脓等防治疾病的中医外治技术，包括留罐法、闪罐法及走罐法。

（一）适用范围

适用于头痛、腰背痛、颈肩痛、失眠及风寒型感冒所致的咳嗽等症状，以及疮疡、毒蛇咬伤的急救排毒。

（二）评估

（1）病室环境及温度。

（2）主要症状、既往史、凝血功能、是否妊娠或月经期。

（3）受检者体质及对疼痛的耐受程度。

（4）拔罐部位的皮肤情况。

（5）对拔罐操作的接受程度。

（三）告知

（1）拔罐的作用、操作方法。留罐时间一般为 10 ～ 15 分钟，应考虑个体差异，儿童酌情递减。

（2）由于罐内空气负压吸引的作用，局部皮肤会出现与罐口相当大小的紫红色瘀斑，此为正常表现，数日方可消除。治疗中如果出现不适，应及时通知护士。

（3）拔罐过程中如出现小水疱，不必处理，可自行吸收；如水疱较大，护士会做相应处理。

（4）拔罐后可饮一杯温开水。夏季拔罐部位忌风扇或空调直吹。

（四）用物准备

治疗盘、罐数个（包括玻璃罐、陶罐、竹罐、抽气罐等）、润滑剂、止血钳、95% 乙醇棉球、打火机、广口瓶、清洁纱布或自备毛巾，必要时备屏风、毛毯。

（五）基本操作方法（以玻璃罐为例）（图 15-3）

（1）核对医嘱，根据拔罐部位选择火罐的大小及数量。检查罐口周围是否光滑，有无缺损裂痕。排空二便，做好解释。

（2）备齐用物，携至床旁。

（3）协助受检者取合理、舒适体位。

（4）充分暴露拔罐部位，注意保护隐私及保暖。

（5）以玻璃罐为例，使用闪火法、投火法或贴棉法将罐体吸附在选定部位上。

（6）观察罐体吸附情况和皮肤颜色，询问有无不适感。

（7）起罐时，左手轻按罐具，向左倾斜，右手示指或拇指按住罐口右侧皮肤，使罐口与皮肤之间形成空隙，空气进入罐内，顺势将罐取下。不可强行上提或旋转提拔。

（8）操作完毕，协助受检者整理衣着，安置舒适体位，整理床单位。

（9）常用拔罐方法

1）闪罐：以闪火法或抽气法使罐吸附于皮肤后，立即拔起，反复吸拔数次，直至皮肤潮红、发热的拔罐方法。本法以皮肤潮红、充血或瘀血为度。适用于感冒、皮肤麻木、面部病证、中风后遗症或虚弱病证。

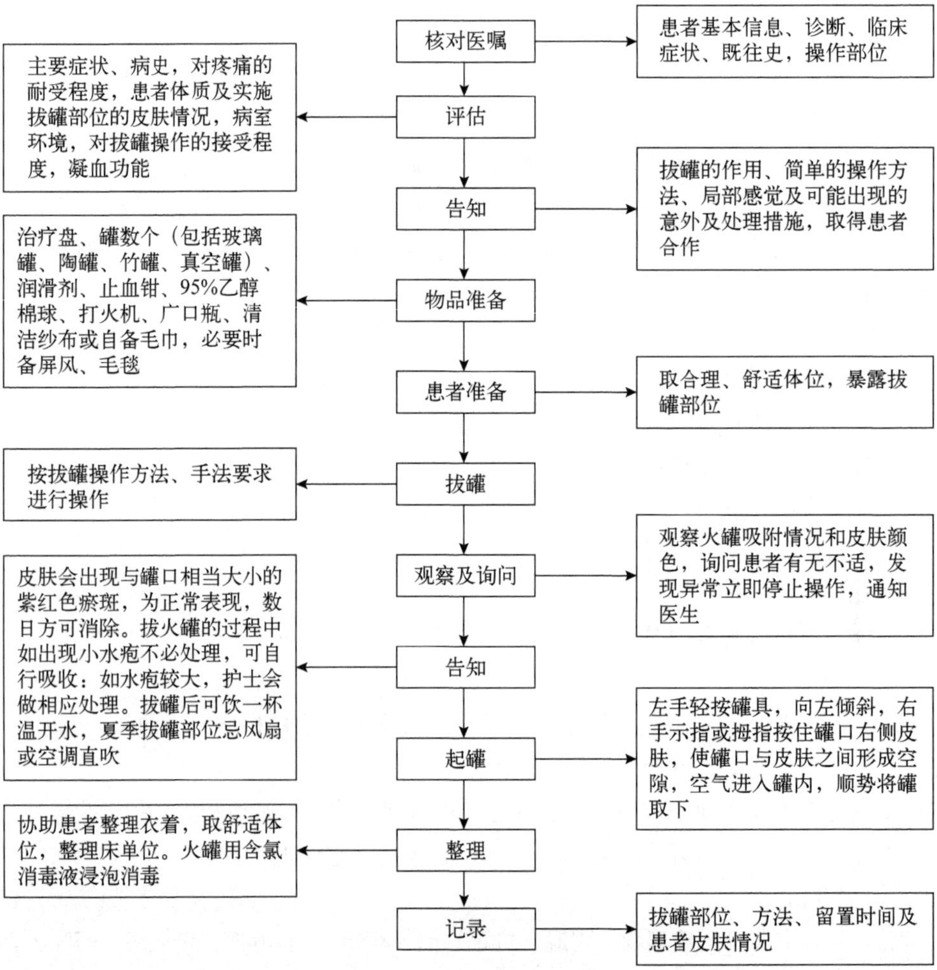

图 15-3　拔罐技术操作流程

2）走罐：又称推罐，先在罐口或吸拔部位上涂一层润滑剂，将罐吸拔于皮肤上，再以手握住罐底，稍倾斜罐体，前后推拉，或做环形旋转运动，如此反复数次，至皮肤潮红、深红或起瘀点为止。适用于急性热病或深部组织气血滞引起的疼痛、外感风寒、神经痛、风湿痹痛及较大范围的疼痛等。

3）留罐：又称坐罐，即火罐吸拔在应拔部位后留置 10 ～ 15 分钟。适用于临床大部分病证。

（10）其他拔罐方法

1）煮罐法：一般使用竹罐，将竹罐倒置在沸水或药液中，煮沸 1 ～ 2 分钟，用镊子夹住罐底，提出后用毛巾吸去表面水分，趁热按在皮肤上 30 秒左右，令其吸牢。

2）抽气罐法：将抽气罐置于选定部位上，抽出空气，使其产生负压而吸附于体表。

（六）注意事项

（1）凝血功能障碍、严重消瘦、水肿受检者及孕妇的腹部和腰骶部等不宜拔罐。

（2）拔罐时要选择适当体位和肌肉丰满的部位，骨骼凹凸不平及毛发较多的部位均不适宜。

（3）面部、儿童、年老体弱者拔罐时的吸附力不宜过大。

（4）拔罐时要根据不同部位选择大小适宜的罐，并检查罐口周围是否光滑、罐体有无裂痕。

（5）拔罐和留罐中要注意观察受检者的反应，如有不适感，应立即起罐；严重者可让受检者平卧，保暖并饮热水或糖水，还可揉内关、合谷、太阳、足三里等穴。

（6）起罐后，皮肤会出现与罐口相当大小的紫红色瘀斑，为正常表现，数日方可消除；如出现小水疱，不必处理，可自行吸收；如水疱较大，消毒局部皮肤后，用注射器吸出液体，覆盖消毒敷料。

（7）嘱受检者保持体位相对固定；保证罐口光滑无破损；操作中防止点燃后乙醇下滴烫伤皮肤；点燃乙醇棉球后，切勿较长时间停留于罐口及罐内，以免将火罐烧热烫伤皮肤。拔罐过程中注意防火。

（8）闪罐：操作手法纯熟，动作轻、快、准；至少选择 3 个口径相同的火罐轮换使用，以免罐口烧热烫伤皮肤。

（9）走罐：选用口径较大、罐壁较厚且光滑的玻璃罐；施术部位应面积宽大、肌肉丰厚，如胸背部、腰部、腹部、大腿部等。

（10）留罐：儿童拔罐力量不宜过大，时间不宜过长；若在肌肉薄弱处或吸附力较强时，则留罐时间不宜过长。

拔罐技术操作考核评分标准见表 15-5。

表 15-5　拔罐技术操作考核评分标准

姓名：　　　　　　考核人员：　　　　　　考核日期：　　　　　　成绩：

项目	操作要点	考核要点	分值	扣分	备注
仪表 （4 分）	1. 仪表端庄、戴表 2. 洗手，戴口罩	着装整洁、戴表 符合要求	2 2		
操作前准备 （5 分）	物品准备：治疗盘、罐数个（包括玻璃罐、陶罐、竹罐、真空罐）、润滑剂、止血钳、95% 乙醇棉球、打火机、广口瓶、清洁纱布或自备毛巾，必要时备屏风、毛毯	备齐并检查用物	5		

续表

项目	操作要点	考核要点	分值	扣分	备注
操作中流程（70 分）	1. 患者：临床症状、既往史、凝血功能、是否妊娠或月经期；拔罐部位皮肤情况，对疼痛的耐受程度 环境：病室整洁、保护隐私，注意保暖，避免对流风	评估情况	10		
	2. 核对解释：核对医嘱，核对患者，解释作用、操作方法、局部感受，取得患者配合	核对准确	5		
	3. 协助患者取舒适体位，充分暴露拔罐部位	摆放体位	4		
	4. 再次核对医嘱	核对准确	3		
	5. 用止血钳夹住干湿度适宜的乙醇棉球，点燃，勿烧罐口，稳、准、快速将罐吸附于相应的部位上	棉球湿度适宜，部位准确，吸附牢固，动作娴熟	10		
	6. 灭火动作规范	灭火动作规范	6		
	7. 询问患者感受：舒适度、疼痛情况	询问患者感受	2		
	8. 观察皮肤：红紫程度，有无水疱、破溃	观察皮肤情况	6		
	9. 告知相关注意事项	交代注意事项	4		
	10. 协助患者取舒适体位，整理床单位	安置体位，整理床单位	4		
	11. 洗手，再次核对，记录时间	七步洗手法，三查七对	4		
	12. 一手扶罐具，另一手手指按住罐口皮肤	方法正确	4		
	13. 观察并清洁皮肤，有水疱或破溃及时处理	观察并清洁皮肤	4		
	14. 协助患者取舒适体位，整理床单位	安置体位，整理床单位	4		
操作后处置（5 分）	1. 用物按《医疗机构消毒技术规范》处理	按规定处置用物	2		
	2. 洗手、记录	洗手，记录完全	3		
理论（15 分）	1. 评价：流程合理、技术熟练、局部皮肤无损伤、询问患者感受	掌握全面，回答正确	5		
	2. 拔罐的禁忌证		5		
	3. 拔罐的注意事项		5		
总分（100 分）		总扣分			

三、穴位按摩法

经穴推拿技术是以按法、点法、推法、叩击法等手法作用于经络腧穴，以达到减轻疼痛、调节胃肠功能、温经通络等作用的一种操作方法。

（一）适用范围

适用于各种急、慢性疾病所致的痛证，如头痛、肩颈痛、腰腿痛、痛经，以及失眠、便秘等症状。

（二）评估

（1）病室环境，保护受检者隐私。

（2）受检者的主要症状、既往史、是否妊娠或处于月经期。

（3）推拿部位皮肤情况。

（4）受检者对疼痛的耐受程度。

（三）告知

（1）推拿时及推拿后局部可能出现酸痛的感觉，如有不适及时告知护士。

（2）推拿前后局部注意保暖，可喝温开水。

（四）用物准备

治疗巾，必要时备纱布块、介质、屏风。

（五）基本操作方法（图 15-4）

（1）核对医嘱，评估受检者，做好解释，调节室温。腰腹部推拿时嘱受检者排空二便。

（2）备齐用物，携至床旁。

（3）协助受检者取合理、舒适体位。

（4）遵医嘱确定腧穴部位、选用适宜的推拿手法及强度。

（5）推拿时间一般宜在饭后 1 ～ 2 小时进行。每个穴位施术 1 ～ 2 分钟，以局部穴位透热为度。

（6）操作过程中询问受检者的感受；若有不适，应及时调整手法或停止操作，以防发生意外。

（7）常见疾病的推拿部位和穴位

1）头面部：取上印堂、太阳、头维、攒竹、上睛明、鱼腰、丝竹空、四白等穴。

2）颈项部：取风池、风府、肩井、天柱、大椎等穴。

3）胸腹部：取天突、膻中、中脘、下脘、气海、关元、天枢等穴。

4）腰背部：取肺俞、肾俞、心俞、膈俞、夹脊穴、大肠俞、命门、腰阳关等穴。

5）肩部及上肢部：取肩髃、肩贞、手三里、天宗、曲池、极泉、小海、内关、合谷等穴。

6）臀部及下肢部：取环跳、巨髎、风市、委中、昆仑、足三里、阳陵泉、梁丘、血海、膝眼等穴。

（8）常用的推拿手法

1）点法：用指端或屈曲的指间关节部着力于施术部位，持续进行点压的手法，称为点法。此法包括有拇指端点法、屈拇指点法和屈示指点法等，临床常用拇指端点法。

①拇指端点法：手握空拳，拇指伸直并紧靠于示指中节，以拇指端着力于施术部位或穴位上，前臂与拇指主动发力，进行持续点压；亦可采用拇指按法的手法形态，用拇指指端进行持续点压。

②屈拇指点法：屈拇指，以拇指指间关节桡侧着力于施术部位或穴位，拇指指端抵于示指中节桡侧缘以助力，前臂与拇指主动施力，进行持续点压。

③屈示指点法：屈示指，其他手指相握，以示指第一指间关节突起部着力于施术部位或穴位上，拇指末节尺侧缘紧压示指指甲部以助力，前臂与示指主动施力，进行持续点压。

2）揉法：用拇指、示指或掌根部以一定力按压于施术部位，带动皮下组织做环形运动的手法。

①拇指揉法：以拇指螺纹面置于施术部位上，其余四指置于相对或合适的位置上以助力，腕关节微屈或伸直，拇指主动做环形运动，带动皮肤和皮下组织，每分钟操作 120 ～ 160 次。

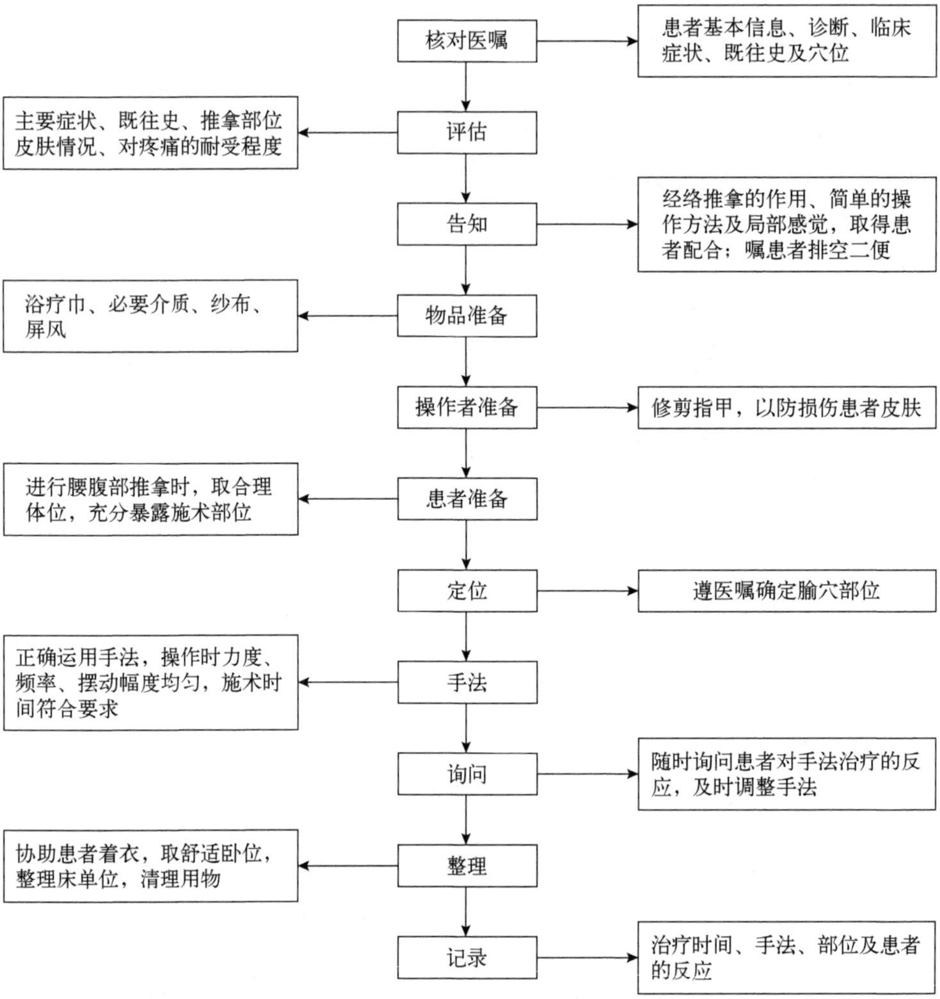

图 15-4　经穴推拿技术操作流程

②中指揉法：中指指间关节伸直，掌指关节微屈，以中指螺纹面着力于施术部位上，前臂做主动运动，通过腕关节使中指螺纹面在施术部位上做轻柔灵活的小幅度环形运动，带动皮肤和皮下组织，每分钟操作 120 ～ 160 次。为加强揉法的力量，可用示指螺纹面搭于中指远侧指间关节背侧进行操作，也可用环指螺纹面搭于中指远侧指尖关节背侧进行操作。

③掌根揉法：肘关节微屈，腕关节放松并略背伸，手指自然弯曲，以掌根部着力于施术部位上，前臂做主动运动，带动腕掌做小幅度的环形运动，使带动皮肤和皮下组织，每分钟操作 120 ～ 160 次。

在临床治疗的实际运用中，上述这些基本操作方法可以单独使用或联合运用，也可以选用其他推拿手法，如按法、点法、弹拨法、叩击法、拿法、掐法等，视具体情况而定。

3）叩击法：用手的特定部位或用特制的器械，在治疗部位上反复叩击的一种手法，称为叩击法。各种叩击法操作时，用力应果断、快速，击打后将术手立即抬起，叩击的时间要短暂。击打时，手腕既要保持一定的姿势，又要放松，以一种有控制的弹性力进行叩击，使手法既有一定的力度，又感觉缓和舒适。切忌用暴力打击，以免造成不必要的损伤。

（9）操作结束后协助受检者着衣，安置舒适卧位，整理床单位。

（六）注意事项

（1）肿瘤或感染受检者、女性经期腰腹部应慎用。妊娠期腰腹部禁用经穴推拿技术。

（2）操作前应修剪指甲，以防损伤受检者皮肤。

（3）操作时用力要适度。

（4）操作过程中，注意保暖、保护受检者隐私。

（5）使用叩击法时，有严重心血管疾病受检者禁用，心脏搭桥术后受检者慎用。

经穴推拿技术操作考核评分标准见表 15-6。

表 15-6　经穴推拿技术操作考核评分标准

姓名：　　　　　　考核人员：　　　　　　考核日期：　　　　　　成绩：

项目	操作要点	考核要点	分值	扣分	备注
仪表（4 分）	1. 仪表端庄、戴表 2. 洗手，戴口罩	着装整洁、戴表 符合要求	2 2		
操作前准备（4 分）	1. 物品准备：浴疗巾、必要介质、纱布、屏风 2. 操作者：修剪指甲，避免损伤患者皮肤	备齐并检查用物 修剪指甲	2 2		
操作流程（70 分）	1. 患者：临床症状、既往史、是否妊娠、是否处于月经期；推拿部位皮肤情况，对疼痛的耐受程度 环境：病室整洁、光线明亮	评估情况	8		
	2. 核对解释：核对医嘱，核对患者，解释作用、操作方法、局部感受，取得患者配合	核对准确	6		
	3. 告知患者：推拿时及推拿后局部可能出现酸痛的感觉，如有不适及时告知护士；推拿前后局部注意保暖，可喝温开水	告知注意事项	4		
	4. 患者：取舒适体位，充分暴露按摩部位，注意保护隐私	摆放体位	2		
	5. 再次核对医嘱	核对准确	2		
	6. 遵医嘱确定经络走向与腧穴部位	动作娴熟、穴位准确	10		
	7. 正确选择点、揉、按等手法	手法正确	10		
	8. 力量及摆动幅度要均匀	力量及摆动幅度均匀	10		
	9. 摆动频率均匀，时间符合要求	符合要求	10		
	10. 操作中询问患者对手法治疗的感受，及时调整手法及力度	询问患者感受，及时调整手法及力度	6		
	11. 洗手，再次核对	洗手，核对	2		
操作后处置（6 分）	1. 用物按《医疗机构消毒技术规范》处理 2. 洗手、记录	按规定处置用物 洗手，记录完全	2 4		
理论（16 分）	1. 评价：流程合理、技术熟练、局部皮肤无损伤、询问患者感受 2. 经穴推拿的常用推拿手法 3. 经穴推拿的注意事项	掌握全面，回答正确	6 5 5		
总分（100 分）		总扣分			

四、刮痧法

刮痧技术是在中医经络腧穴理论指导下，应用边缘钝滑的器具，如牛角类、砭石类等刮板或匙，蘸上刮痧油、水或润滑剂等介质，在体表一定部位反复刮动，使局部出现瘀斑，通过其疏通腠理、祛邪外出、疏通经络、调和营卫、和谐脏腑的功能，达到防治疾病的一种中医外治技术。

（一）适用范围

适用于外感病证所致的症状，如高热头痛、恶心呕吐、腹痛腹泻等；以及各类骨关节病引起的疼痛，如腰腿痛、肩关节疼痛等。

（二）评估

（1）病室环境，室温适宜。

（2）主要症状，既往史，是否有出血性疾病，是否妊娠或月经期。

（3）受检者的体质及对疼痛的耐受程度。

（4）刮痧部位皮肤情况。

（三）告知

（1）刮痧的作用、简单的操作方法及局部感觉。

（2）刮痧部位的皮肤可有轻微疼痛、灼热感，过程中如有不适应及时告知护士。

（3）刮痧部位出现红紫色痧点或瘀斑为正常表现，数日可消除。

（4）刮痧结束后最好饮用一杯温水，不宜即刻食用生冷食物，出痧后 30 分钟内不宜洗冷水澡。

（5）冬季应避免感受风寒；夏季应避免风扇、空调直吹刮痧部位。

（四）用物准备

治疗盘、刮痧板（牛角类、砭石类等刮板或匙）、介质（刮痧油、清水、润肤乳等）、毛巾、卷纸，必要时备浴巾、屏风等物。

（五）基本操作方法（图 15-5）

（1）核对医嘱，评估受检者，遵照医嘱确定刮癌部位，排空二便，做好解释。

（2）检查刮具边缘有无缺损；备齐用物，携至床旁。

（3）协助受检者取合理体位，暴露刮痧部位，注意保护隐私及保暖。

（4）用刮痧板蘸取适量介质涂抹于刮痧部位。

（5）单手握板，将刮痧板放置掌心，用拇指、示指和中指夹住刮痧板，环指、小指紧贴刮痧板边角，从三个角度固定刮痧板。刮痧时利用指力和腕力调整刮痧板角度，使刮痧板与皮肤之间的夹角约为 45°，以肘关节为轴心，前臂做有规律的移动。

（6）刮痧顺序一般为先头面后手足，先腰背后胸腹，先上肢后下肢，先内侧后外侧，逐步按顺序刮痧。

（7）刮痧时用力要均匀，由轻到重，以受检者能耐受为度；单一方向，不要来回刮。一般刮至皮肤出现红紫为度，或出现粟粒状、丘疹样斑点，或条索状斑块等，并伴有局部热感或轻微疼痛。对一些不易出痧或出痧较小的受检者，不可强求出痧。

（8）观察病情及局部皮肤颜色变化，询问受检者有无不适，调节手法力度。

（9）每个部位一般刮 20 ～ 30 次，局部刮痧一般 5 ～ 10 分钟。

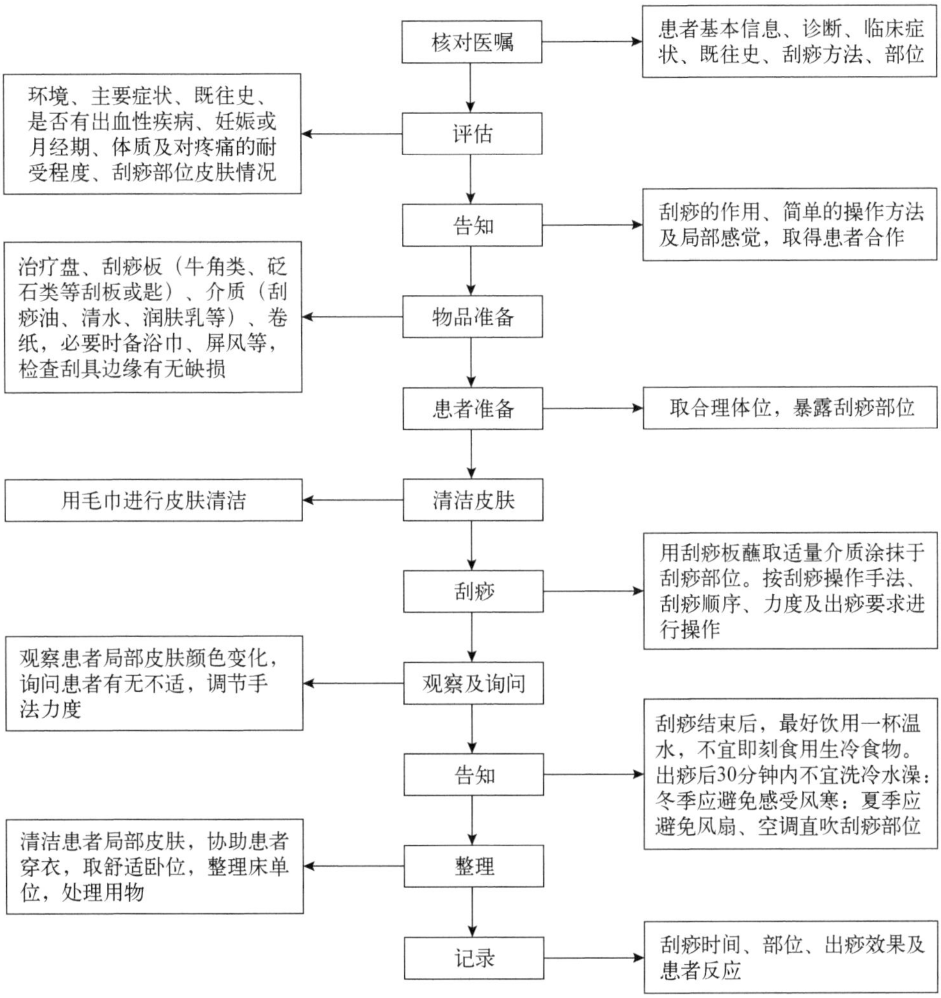

图 15-5　刮痧技术操作流程

（10）刮痧完毕，清洁局部皮肤，协助受检者穿衣，安置舒适体位，整理床单位。

（六）注意事项

（1）操作前应了解病情，特别注意某些疾病受检者不宜进行刮痧术，如严重心血管疾病、肝肾功能不全、出血性疾病、感染性疾病、极度虚弱、皮肤疖肿包块、皮肤过敏者等。

（2）空腹及饱食后不宜进行刮痧术。

（3）急性扭挫伤、皮肤出现肿胀破溃者不宜进行刮痧术。

（4）刮痧不配合者，如醉酒、精神分裂症、抽搐者不宜进行刮痧术。

（5）孕妇的腹部、腰骶部不宜进行刮痧术。

（6）刮痧过程中若出现头晕、目眩、心慌、出冷汗、面色苍白、恶心欲吐，甚至神昏仆倒等晕刮现象，应立即停止刮痧，取平卧位，并立刻通知医生，配合处理。

（七）常用刮痧手法

1. 轻刮法　刮痧板接触皮肤下压刮拭的力量小，被刮者无疼痛及其他不适感。轻刮后皮肤仅出现微红，无瘀斑。此法宜用于老年体弱者、疼痛敏感部位及虚证的受检者。

2. 重刮法　刮痧板接触皮肤下压刮拭的力量较大，以受检者能耐受为度。此法宜用于腰背部脊柱两侧、下肢软组织较丰厚处、青壮年体质较强者及实证、热证、痛症受检者。

3. 快刮法　刮拭的频率在每分钟 30 次以上。此法宜用于体质强壮者，主要用于刮拭背部、四肢，以及辨证属急性病证、外感病症的受检者。

4. 慢刮法　刮拭的频率在每分钟 30 次以下。此法主要用于刮拭头面部、胸部、下肢内侧等部位，以及辨证属内科病证、体虚的慢性病受检者。

5. 直线刮法　又称直板刮法，是指用刮痧板在人体体表进行有一定长度的直线刮拭。此法宜用于身体比较平坦的部位，如背部、胸腹部、四肢部。

6. 弧线刮法　刮拭方向呈弧线形，刮拭后体表出现弧线形痧痕，操作时刮痧方向多循肌肉走行或根据骨骼结构的特点而定。此法宜用于胸背部肋间隙、肩关节和膝关节周围等部位。

7. 摩擦法　将刮痧板与皮肤直接紧贴，或隔衣、布进行有规律的旋转移动，或直线式往返移动，使皮肤产生热感。此法宜用于麻木、发亮或绵绵隐痛的部位，如肩胛内侧、腰部和腹部；也可用于刮痧前，使受检者放松。

8. 梳刮法　使用刮痧板或刮痧梳从前额发际处，即双侧大阳穴处向后发际处做有规律的单向刮拭，如梳头状。此法宜用于头痛、头晕、疲劳、失眠和精神紧张等病证。

9. 点压法（点穴法）　用刮痧板的边角直接点压腧穴，力量逐渐加重，以受检者能耐受为度，保持数秒后快速抬起，重复操作 5 ～ 10 次。此法宜用于肌肉丰厚处的腧穴，或刮痧力量不能深达，或不宜直接刮痧的骨关节凹陷处，如环跳穴、委中穴、犊鼻穴、水沟穴和背部棘突之间等。

10. 按揉法　刮痧板在腧穴处做点压按揉，点压后做往返或顺逆旋转运动。操作时刮痧板应紧贴皮肤，不滑动，每分钟按揉 50 ～ 100 次。此法宜用于太阳、曲池、足三里、内关、太冲、涌泉、三阴交等穴。

11. 角刮法　使用角形刮痧板或让刮痧板的棱角接触皮肤，与体表成 45° 角，自上而下或由内向外刮拭。此法宜用于四肢关节、脊柱两侧、骨骼之间和肩关节周围，如风池、内关、合谷、中府等穴。

12. 边刮法　用刮痧板的长条棱边进行刮拭。此法宜用于面积较大的部位，如腹部、背部和下肢部等。

刮痧术操作考核评分标准见表 15-7。

表 15-7　刮痧术操作考核评分标准

姓名：　　　　考核人员：　　　　考核日期：　　　　成绩：

项目	操作要点	考核要点	分值	扣分	备注
仪表 （4 分）	1. 仪表端庄、戴表 2. 洗手，戴口罩	着装整洁、戴表 符合要求	2 2		
操作前准备 （4 分）	物品准备：治疗盘、刮痧板（牛角类、砭石类等刮板或匙）、介质（刮痧油、清水、润肤乳等）、卷纸，必要时备浴巾、屏风等，检查刮具边缘有无缺损	备齐并检查用物	4		

续表

项目	操作要点	考核要点	分值	扣分	备注
操作流程（70 分）	1. 患者：临床症状、既往史、是否有出血性疾病、是否妊娠或月经期；刮痧部位皮肤情况，对疼痛的耐受程度 环境：病室整洁，保护隐私，注意保暖，避免对流风	评估情况	10		
	2. 核对解释：核对医嘱，核对患者解释作用、简单的操作方法、局部感受，取得患者配合	核对准确	6		
	3. 协助患者取舒适体位，暴露刮痧部位	摆放体位	2		
	4. 再次核对医嘱	核对准确	2		
	5. 刮痧板蘸取适量介质涂抹于刮痧部位	方法正确，部位准确	6		
	6. 拇指、示指和中指夹住刮板，环指、小指紧贴刮板边角，从三个角度固定，刮板与皮肤之间夹角约 45°	方法正确	4		
	7. 刮痧顺序：先头面后手足，先腰背后胸腹，先上肢后下肢，先内侧后外侧	刮痧顺序正确	4		
	8. 用力均匀，由轻到重，以患者能耐受为度，单一方向，不要来回刮	方法正确	10		
	9. 观察皮肤出痧情况，询问患者感受，调节手法力度	观察皮肤，询问患者感受，调整手法力度	8		
	10. 每部位刮 20～30 次，局部刮痧 5～10 分钟，至局部出现红紫色痧点或瘀斑，不可强求出痧	刮痧方法正确	4		
	11. 告知相关注意事项	告知注意事项	4		
	12. 清洁皮肤	清洁皮肤	2		
	13. 协助患者取舒适体位，整理床单位	安置体位，整理床单位	4		
	14. 洗手，再次核对	洗手，核对	4		
操作后处置（6 分）	1. 用物按《医疗机构消毒技术规范》处理	按规定处置用物	2		
	2. 洗手、记录	洗手，记录完全	4		
理论（16 分）	1. 评价：流程合理、技术熟练、局部皮肤无损伤、询问患者感受	掌握全面，回答正确	6		
	2. 刮痧的禁忌证		5		
	3. 刮痧的注意事项		5		
总分（100 分）		总扣分			

五、穴位贴敷

穴位敷贴技术是将药物制成一定剂型，敷贴于人体穴位，通过刺激穴位，激发经气，达到通经活络、清热解毒、活血化瘀、消肿止痛、行气消痞、扶正强身作用的一种操作方法。

（一）适用范围

适用于恶性肿瘤、各种疮疡及跌打损伤等引起的疼痛；消化系统疾病引起的腹胀、腹泻、便秘；呼吸系统疾病引起的咳喘等症状。

（二）评估

（1）病室环境，温度适宜。

（2）主要症状、既往史、药物及敷料过敏史、是否妊娠。

（3）敷药部位的皮肤情况。

（三）告知

（1）出现皮肤微红为正常现象，若出现皮肤瘙痒、丘疹、水疱等，应立即告知护士。

（2）穴位敷贴时间一般为 6 ～ 8 小时，可根据病情、年龄、药物、季节调整时间，小儿酌减。

（3）若出现敷料松动或脱落，及时告知护士。

（4）局部贴药后可出现药物颜色、油渍等污染衣物。

（四）用物准备

治疗盘、棉纸或薄胶纸、遵医嘱配制的药物、压舌板、无菌棉垫或纱布、胶布或绷带、0.9% 生理盐水棉球，必要时备屏风、毛毯。

（五）基本操作方法（图 15-6）

（1）核对医嘱，评估受检者，做好解释，注意保暖。

（2）备齐用物，携至床旁。

（3）根据敷药部位，协助受检者取适宜的体位，充分暴露患处，必要时用屏风遮挡受检者。

（4）更换敷料，用 0.9% 生理盐水或温水擦拭皮肤上的药渍，观察创面状况及敷药效果。

（5）根据敷药面积，取大小合适的绵纸或薄胶纸。用压舌板将所需药物均匀地涂抹于绵纸或薄胶纸上，厚薄适中。

（6）将药物敷贴于穴位上，做好固定。为避免药物受热溢出污染衣物，可加敷料或棉垫覆盖，并用胶布或绷带固定，松紧适宜。

（7）温度以受检者可耐受为宜。

（8）观察受检者局部皮肤，询问有无不适感。

（9）操作完毕后擦净局部皮肤，协助受检者着衣，安排舒适体位。

（六）注意事项

（1）孕妇的脐部、腹部、腰骶部及某些敏感穴位，如合谷、三阴交等处不宜敷贴，以免局部刺激引起流产。

（2）药物应均匀地涂抹于绵纸中央，厚薄一般以 0.2 ～ 0.5cm 为宜，覆盖敷料大小适宜。

（3）敷贴部位应交替使用，不宜单个部位连续敷贴。

（4）除拔毒膏外，患处有红肿及溃烂时不宜敷贴药物，以免发生化脓性感染。

（5）对于残留在皮肤上的药物不宜采用肥皂或刺激性物品擦洗。

（6）使用敷药后，如出现红疹、瘙痒、水疱等过敏现象，应暂停使用，报告医生，配合处理。

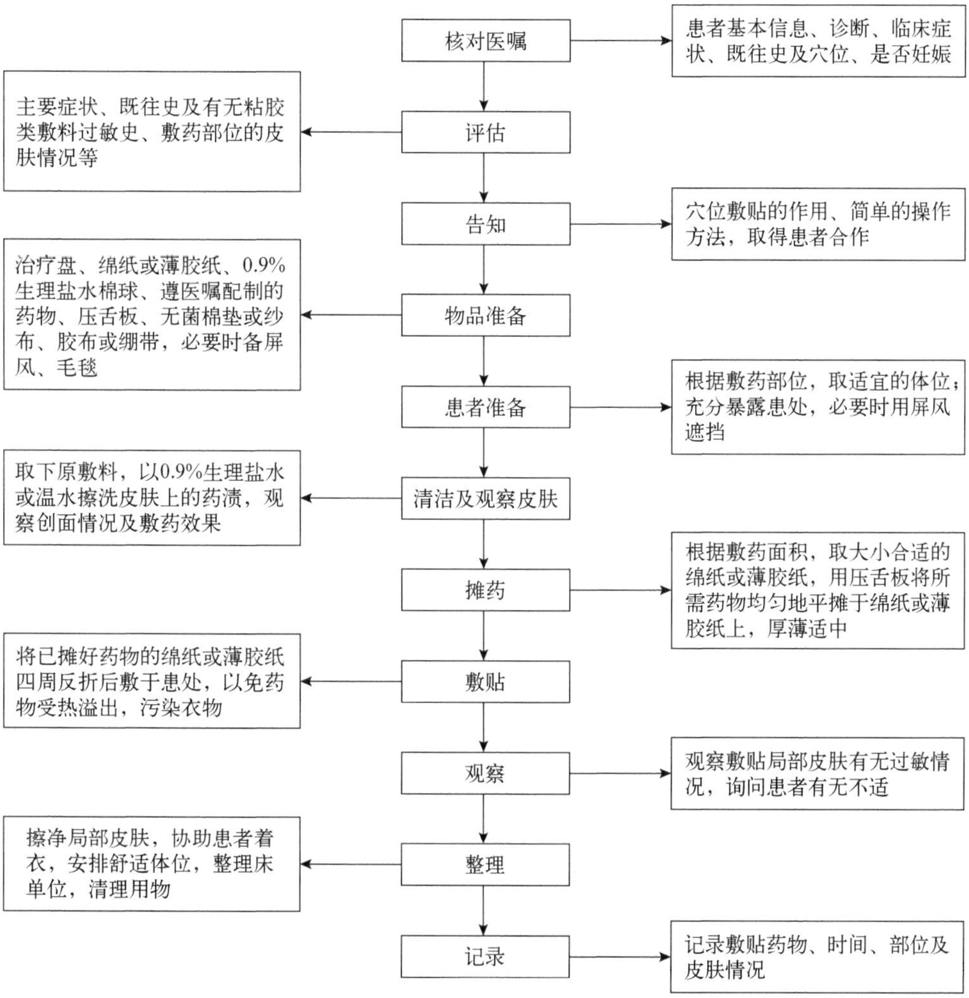

图 15-6　穴位贴敷技术操作流程

穴位贴敷技术操作考核评分标准见表 15-8。

表 15-8　穴位贴敷技术操作考核评分标准

姓名：　　　　　　考核人员：　　　　　　考核日期：　　　　　　成绩：

项目	操作要点	考核要点	分值	扣分	备注
仪表 （4 分）	1. 仪表端庄、戴表 2. 洗手，戴口罩	着装整洁、戴表 符合要求	2 2		
操作前准备 （4 分）	物品准备：治疗盘、绵纸或薄胶纸、0.9%生理盐水棉球、遵医嘱配制的药物、压舌板、无菌棉垫或纱布、胶布或绷带，必要时备屏风、毛毯	备齐并检查用物	4		

续表

项目	操作要点	考核要点	分值	扣分	备注
操作流程（70分）	1. 患者：临床症状、既往史、药物及敷料过敏史、是否妊娠；敷药部位皮肤情况 环境：病室整洁、光线明亮	评估情况	7		
	2. 核对解释：核对医嘱，核对患者，解释作用、简单的操作方法、敷贴时间，取得患者配合	核对准确	6		
	3. 协助患者取舒适体位	摆放体位	2		
	4. 充分暴露治疗部位，保暖，保护隐私	暴露部位	6		
	5. 再次核对医嘱	核对准确	2		
	6. 清洁局部皮肤，观察局部皮肤情况	清洁皮肤、观察皮肤	4		
	7. 根据敷药面积，取大小合适的绵纸或薄胶纸，将所需药物均匀地平摊于绵纸或薄胶纸上，厚薄适中	敷料大小合适，摊药面积合适	12		
	8. 将药物敷贴于穴位或患处，避免药物溢出污染衣物	穴位准确	10		
	9. 使用敷料或棉垫覆盖，固定牢固	固定牢固	4		
	10. 询问患者有无不适	询问患者	1		
	11. 告知注意事项	交代注意事项	2		
	12. 协助患者取舒适体位，整理床单位	安置体位，整理床单位	4		
	13. 洗手，再次核对	洗手，核对	2		
	14. 取下敷药，清洁皮肤	清洁皮肤	2		
	15. 观察局部皮肤，询问患者有无不适	观察皮肤，询问患者	4		
	16. 洗手，再次核对	洗手，核对	2		
操作后处置（6分）	1. 用物按《医疗机构消毒技术规范》处理	按规定处置用物	2		
	2. 洗手、记录	洗手，记录完全	4		
理论（16分）	1. 评价：流程合理、技术熟练、局部皮肤无损伤、询问患者感受	掌握全面，回答正确	6		
	2. 穴位贴敷的适用范围		5		
	3. 穴位贴敷的注意事项		5		
总分（100分）		总扣分			

六、耳穴贴压法

耳穴贴压法是采用王不留行籽、莱菔子等丸状物贴压于耳郭上的穴位或反应点，通过其疏通经络、调整脏腑气血功能、促进机体的阴阳平衡，达到防治疾病、改善症状的一种操作方法，属于耳针技术范畴。

（一）适用范围

适用于减轻各种疾病及术后所致的疼痛、失眠、焦虑、眩晕、便秘、腹泻等症状。

（二）评估

（1）受检者的主要症状、既往史、是否妊娠。

（2）受检者对疼痛的耐受程度。

（3）受检者有无对胶布、药物等的过敏情况。

（4）耳部皮肤情况。

（三）告知

（1）耳穴贴压的局部感觉，如热、麻、胀、痛等，如有不适及时通知护士。

（2）每日自行按压 3 ～ 5 次，每次每穴 1 ～ 2 分钟。

（3）耳穴药贴脱落后，应通知护士。

（四）物品准备

治疗盘、王不留行籽或莱菔子等丸状物、胶布、75% 乙醇、棉签、探棒、止血钳或镊子、弯盘、污物碗，必要时可备耳穴模型。

（五）基本操作方法（图 15-7）

（1）核对医嘱，评估受检者，做好解释。

（2）备齐用物，携至床旁。

（3）协助受检者取合理、舒适体位。

（4）遵照医嘱，探查耳穴敏感点，确定贴压部位。

（5）用 75% 乙醇自上而下、由内到外、从前到后消毒耳部皮肤。

（6）选用质硬而光滑的王不留行籽或莱菔子等丸状物黏附在 0.7cm × 0.7cm 大小的胶布中央，用止血钳或镊子夹住贴于选好的耳穴处，并给予适当按压（揉），使受检者有热、麻、胀、痛的感觉，即“得气”。

（7）观察受检者局部皮肤，询问有无不适感。

（8）常用按压手法

1）对压法：用示指和拇指的指腹置于受检者耳郭的正面和背面，相对按压，至出现热、麻、胀、痛等感觉即可。示指和拇指可边压边左右移动，或做圆形移动，一旦找到敏感点，则持续对压 20 ～ 30 秒。对内脏痉挛性疼痛、躯体疼痛有较好的镇痛作用。

2）直压法：用指尖垂直按压耳穴至受检者产生胀痛感，持续按压 20 ～ 30 秒，间隔少许后重复按压，每次按压 3 ～ 5 分钟。

3）点压法：用指尖一压一松地按压耳穴，每次间隔 0.5 秒。本法以受检者感到胀而略沉重刺痛为宜，用力不宜过重。一般每次每穴可按压 27 次，可视病情轻重增减。

（9）操作完毕，安排舒适体位，整理床单位。

（六）注意事项

（1）耳郭局部有炎症、冻疮或表面皮肤有破溃者及有习惯性流产史的孕妇不宜施行。

（2）每次选择一侧耳穴贴压，双侧耳穴轮流使用。夏季易出汗，留置时间为 1 ～ 3 天；冬季留置 3 ～ 7 天。

（3）观察受检者耳部皮肤情况，留置期间应防止胶布脱落或污染；对普通胶布过敏者，可改用脱敏胶布。

（4）若受检者侧卧位时耳部感觉不适，可适当调整。

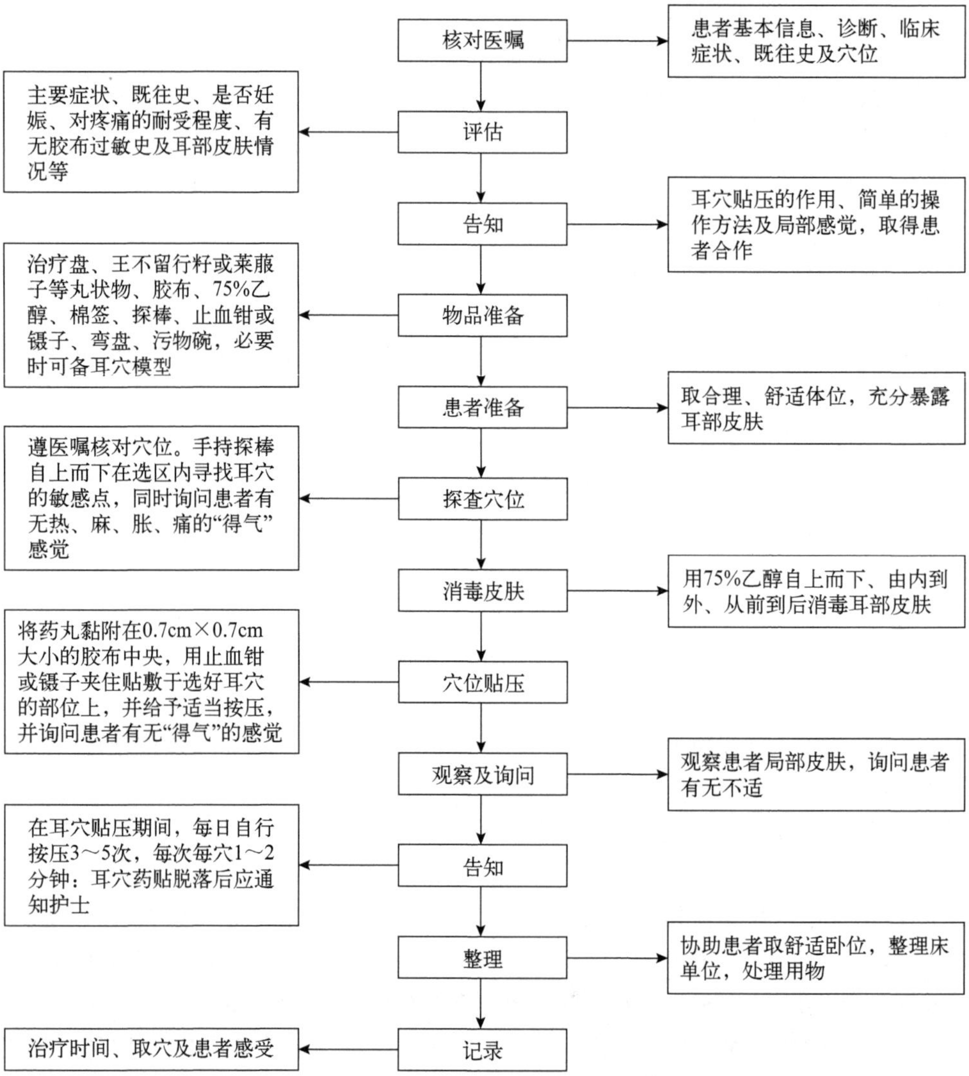

图 15-7　耳穴贴压技术操作流程

耳穴贴压技术操作考核评分标准见表 15-9。

表 15-9　耳穴贴压技术操作考核评分标准

姓名：　　　　　　　考核人员：　　　　　　　考核日期：　　　　　　　成绩：

项目	操作要点	考核要点	分值	扣分	备注
仪表 （4 分）	1. 仪表端庄、戴表 2. 洗手，戴口罩	着装整洁、戴表 符合要求	2 2		
操作前准备 （4 分）	物品准备：治疗盘、王不留行籽或莱菔子等丸状物、胶布、75% 乙醇、棉签、探棒、止血钳或镊子、弯盘、污物碗，必要时可备耳穴模型，必要时准备屏风	备齐并检查用物	4		

续表

项目	操作要点	考核要点	分值	扣分	备注
操作流程（70 分）	1. 患者：临床症状、既往史、是否妊娠；耳部皮肤情况、对疼痛耐受程度 环境：病室整洁、光线明亮	评估情况	7		
	2. 核对解释：核对医嘱，核对患者，解释作用、操作方法、局部感受，取得患者配合	核对准确	5		
	3. 协助患者取舒适体位	摆放体位	2		
	4. 暴露耳部皮肤	暴露皮肤	2		
	5. 再次核对医嘱	核对准确	2		
	6. 持探棒由上而下寻找敏感点	方法正确	6		
	7. 消毒方法：使用 75% 乙醇自上而下、由内向外、从前到后消毒皮肤，待干	方法正确	6		
	8. 用止血钳或镊子夹住药贴，贴敷于选好的穴位上	穴位准确	10		
	9. 按压力度适宜，询问患者感受	按压力度适宜，询问患者感受	8		
	10. 观察局部皮肤有无红肿、过敏或贴敷不牢固	观察皮肤	6		
	11. 告知相关注意事项：按压发、疼痛难忍或药贴脱落时应及时通知护士	交代注意事项	4		
	12. 协助患者取舒适体位，整理床单位	安置体位，整理床单位	4		
	13. 洗手，再次核对	洗手，核对	2		
	14. 用止血钳或镊子夹住胶布一角取下敷药，清洁皮肤	方法正确	2		
	15. 观察、清洁皮肤	观察、清洁皮肤	2		
	16. 洗手，再次核对	洗手，核对	2		
操作后处置（6 分）	1. 用物按《医疗机构消毒技术规范》处理	按规定处置用物	2		
	2. 洗手、记录	洗手，记录完全	4		
理论（16 分）	1. 评价：流程合理、技术熟练、局部皮肤无损伤、询问患者感受	掌握全面，回答正确	6		
	2. 穴位贴敷的适用范围		5		
	3. 穴位贴敷的注意事项		5		
总分（100 分）		总扣分			

七、中药湿敷法

中药湿热敷技术是将中药煎汤或用其他溶媒浸泡，根据治疗需要选择常温或加热，然后将用中药浸泡过的敷料敷于患处，通过疏通气机、调节气血、平衡阴阳，达到疏通腠理、清热解毒、消肿止痛的一种操作方法。

（一）适用范围

适用于软组织损伤，骨折愈合后肢体功能障碍，肩、颈、腰腿痛，膝关节痛，类风湿关节炎，强直性脊柱炎等。

（二）评估

（1）病室环境，温度适宜。

（2）主要症状、既往史及药物过敏史。

（3）受检者对热的耐受程度。

（4）局部皮肤情况。

（三）告知

（1）湿热敷时间为 20 ～ 30 分钟。

（2）如皮肤感觉不适，如过热、瘙痒等，及时告知护士。

（3）中药可致皮肤着色，数日后可自行消退。

（四）用物准备

热敷技术。

治疗盘、药液、敷料、水温计、镊子 2 把、纱布，必要时备中单、屏风等。

（五）基本操作方法（图 15-8）

（1）核对医嘱，评估受检者，做好解释。

（2）备齐用物，携至床旁。协助受检者取合理体位，暴露湿热敷部位。

（3）测试药液温度，将敷料浸于 38 ～ 43℃药液中，然后将敷料拧至不滴水，敷于患处。

（4）及时更换敷料或喷淋药液于敷料上，以保持湿度及温度；观察受检者皮肤反应，询问受检者的感受。

（5）操作完毕，清洁皮肤，协助受检者取舒适体位。

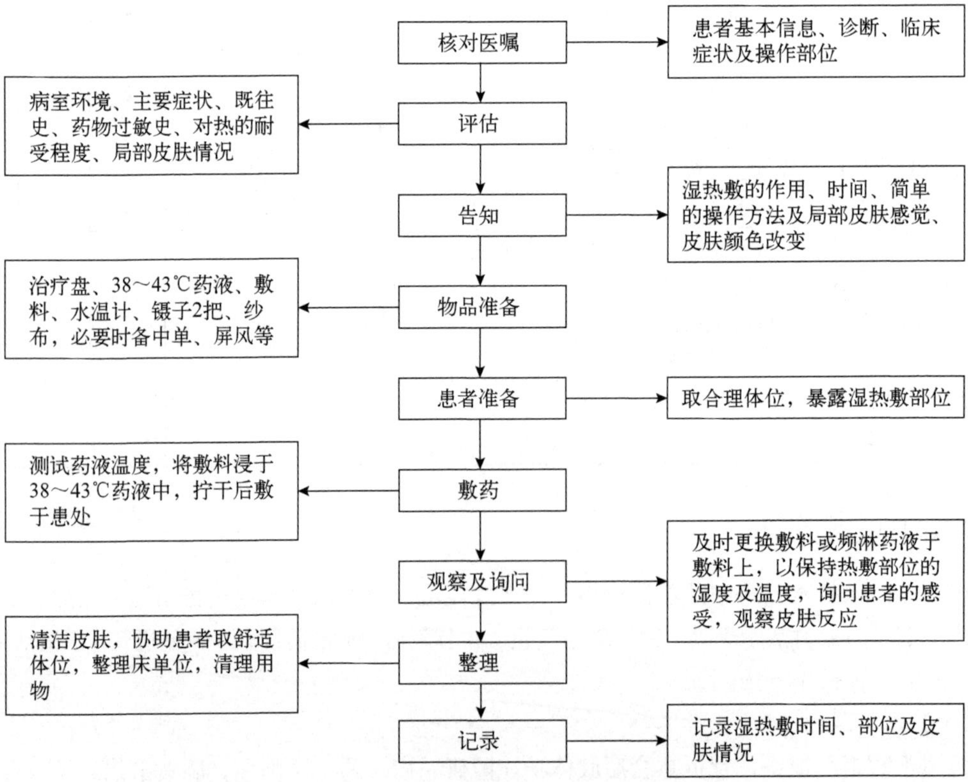

图 15-8 中医湿热敷技术操作流程

（六）注意事项

（1）外伤后患处有伤口或有皮肤急性传染病等受检者忌用中药湿热敷技术。

（2）湿敷液应现配现用，注意药液温度，防止烫伤。

（3）治疗过程中观察局部皮肤反应，如出现水疱、痒痛或破溃等症状时，应立即停止治疗，并报告医生。

（4）注意保护受检者隐私并保暖。

中医湿热敷技术操作考核评分标准见表 15-10。

表 15-10　中医湿热敷技术操作考核评分标准

姓名：　　　　考核人员：　　　　考核日期：　　　　成绩：

项目	操作要点	考核要点	分值	扣分	备注
仪表 （4 分）	1. 仪表端庄、戴表 2. 洗手，戴口罩	着装整洁、戴表 符合要求	2 2		
操作前准备 （4 分）	物品准备：治疗盘、38 ～ 43℃药液、敷料、水温计、镊子 2 把、纱布，必要时备中单、屏风等	备齐并检查用物	4		
操作流程 （70 分）	1. 患者：主要症状、既往史、过敏史、是否妊娠；患者对热耐受程度、局部皮肤情况 环境：病室整洁、光线明亮、温度适宜	评估情况	7		
	2. 核对解释：核对医嘱，核对患者，解释目的、操作方法、局部感受，取得患者配合。	核对准确	6		
	3. 协助患者取舒适体位，暴露湿热敷部位，注意保暖和保护患者隐私	摆放体位	3		
	4. 再次核对医嘱	核对准确	2		
	5. 测试药液温度，将敷料浸于 38 ～ 43℃药液中，拧干后敷于患处	药液温度适宜	12		
	6. 及时更换敷料或喷淋药液于敷料上，保持热敷部位的湿度及温度，持续 20 ～ 30 分钟	及时更换，保持温湿度	6		
	7. 询问患者感受，注意保暖，保护患者隐私	询问患者感受，保暖，保护隐私	8		
	8. 观察局部皮肤	观察皮肤	4		
	9. 告知相关注意事项：局部皮肤出现水疱、痒痛或破溃及时通知护士；中药可致皮肤着色，数日后可自行消退	交代注意事项	6		
	10. 洗手，再次核对	洗手，核对	4		
	11. 撤除敷料，观察、清洁皮肤	撤除敷料，观察、清洁皮肤	6		
	12. 协助患者取舒适体位，整理床单位	安置体位，整理床单位	4		
	13. 洗手，再次核对	洗手，核对	2		
操作后处置 （6 分）	1. 用物按《医疗机构消毒技术规范》处理 2. 洗手、记录	按规定处置用物 洗手，记录完全	2 4		

续表

项目	操作要点	考核要点	分值	扣分	备注
理论（16 分）	1. 评价：流程合理、技术熟练、局部皮肤无损伤、询问患者感受 2. 穴位贴敷的适用范围 3. 穴位贴敷的注意事项	掌握全面，回答正确	6 5 5		
总分（100 分）		总扣分			

第五节　中药的应用

一、中药的煎煮方法

1. *煎煮用具*　煎煮中药最好用砂锅，或陶瓷、搪瓷锅，因为它们的理化性质稳定，不容易与所煎中药的某些化学成分发生反应，可以保证煮出中药的质量，绝对不能用铁质锅具。锅具的大小应该比所煎中药的量与加水量的总和稍大一些。

2. *煮前浸泡*　中药煎煮前应先浸泡，将一剂中药放入锅中，加入清水。用水量以浸泡时间长短、药物的吸水性、煎煮时间长短和所需煎取的药量而定，一般水没过药物 1 ～ 3cm。加水太少会限制中药有效成分的溶出，水太多则煎煮时间太长。浸泡时间，中药质地轻的可时间短些，质地重的则应时间长些，一般为 20 ～ 30 分钟。外用熏洗的中药，加水量遵医嘱，一般 3000 ～ 5000ml。

3. *煎煮方法*　浸泡好的中药放在炉火上煎煮（火源最好能调节火力大小）。煎煮过程中应经常翻动，防止糊锅底。煎煮时间一般 15 ～ 30 分钟，当汤液煎至所需量（一般 150 ～ 200ml）时关火，当时就把药液滗出，这是第一煎。锅内再加清水，加入量是第一液的 1/2 ～ 2/3，煎煮 10 ～ 15 分钟，滗出，为第二煎。再将一、二煎药混合后遵医嘱分服。每次煎好后要立即滗出药渣，以免药物吃进药液（回吸）。

4. *煎煮火力*　煎中药时火力大小很重要。文火煎药即用小火慢煎，适合于煎熬滋补调养的药物；武火煎药即大火急煎，常用于煎煮发汗治外感的药物。医生没有特别嘱咐的，一般采用先大火煮开后改用中火或小火煎煮。

5. *煎煮时间*　中药煎煮的时间不是千篇一律的，治疗外感病的药物，气味芳香的药物，或质地较轻的茎、叶、花类药物，煎煮时间宜短，第一煎 10 ～ 15 分钟，第二煎 5 ～ 10 分钟即可，煎煮时应加锅盖；滋补类药、质地较坚硬的贝壳类、种子类、木质类药物，煎的时间长些，一般煎 20 ～ 30 分钟；某些有毒性的中药，为了避免不良反应，也需要煎煮时间长些（40 ～ 60 分钟），例如乌头、附子等药有时需煎 2 小时，以减其毒。煎煮时间从煮沸开始计。

二、煎药时常用的特殊处理

（一）先煎

先煎，即延长煎煮时间 10 ～ 15 分钟。

1. *有效成分不宜煎出的矿物、贝壳类等*　如磁石、牡蛎等。

2. 须久煎去毒的药物　如附子、川乌等有毒药物。

3. 治疗特殊需要的药物　如大黄久煎泻下力缓，欲减其泻下力应先煎。

（二）后下

后下，即缩短煎煮时间。

1. 有效成分因煎煮易挥散而不耐久煎的药物　如薄荷、白豆蔻等入煎应后下，待其他药将煎成时再投入煎沸数分钟即可。

2. 有效成分因煎煮易破坏而不耐久煎的药物　如大黄、番泻叶久煎则泻下力缓，故欲泻下当后下或开水泡服。

（三）包煎

1. 花粉、细小种子及细分类药物应包煎　因其易漂浮在水面，不利煎煮，如蒲黄、葶苈子、滑石粉等。

2. 含淀粉、黏液质较多的药物应包煎　因其易粘锅糊化、焦化，如车前子等。

3. 绒毛类药物应包煎　因其难以滤净，混入药液则刺激咽喉，如旋覆花等。

（四）另煎

（1）少数价格昂贵的药物须另煎，以免煎出有效成分被其他药物的饮片吸附，如人参、西洋参等。

（2）根据临床治疗需要也可另煎。

（五）烊化

烊化，即溶化或熔化。胶类药物容易黏附于其他药材及锅底，应先行烊化，再与其他药汁兑服，如阿胶及鹿角胶等。

（六）冲服

（1）有些入水即化的药或原为汁液性的药，宜用煎好的其他药液或开水冲服，如芒硝、竹沥水、蜂蜜等。

（2）有些不但价格昂贵，而且有效成分难溶于水或易被破坏的药物，宜于研粉冲服，如牛黄、羚羊角（代）、琥珀等。

（七）煎汤代水

一般体积庞大吸水量较大的药物，如灶心土、丝瓜络等先宜与水煎煮，将所得药汁去渣后再煎他药。

三、服药方法

（一）给药方法

口服是中医临床主要给药方法。口服给药的效果不但受剂型等因素影响，还受服药时间、次数及冷热所影响。

（二）服药时间

应根据胃肠状况、病情需要及药物特性来确定。

1. 空腹服　峻下逐水药、攻积导滞药、驱虫药宜空腹服。

2. 饭前服　补虚药宜饭前服。

3. 饭后服　消食健胃药或对胃肠有刺激的药物宜饭后服。

4. 睡前服　安神药应在睡前 30 分钟至 1 小时服；涩精止遗药宜在临睡前服；缓下剂宜在

睡前服。

5. *定时服*　截疟药应在疟发前 2 小时服。

6. *不拘时服*　病情急险时，则不拘时服，以便力挽狂澜。

（三）服药次数

（1）一般疾病多采用每日 1 剂，每剂分 2 ～ 3 服。病情急重者，可每隔 4 小时给药一次，昼夜不停。病情轻缓者，可以间日服或煎汤代茶饮。

（2）应用发汗药、泻下药时如药力较强，一般以得汗下为度，不必尽剂。

（3）呕吐受检者宜小量频服。

（四）服药冷热

1. *一般汤药*　多宜温服。

2. *丸、散等固体剂*　除特别规定外，一般宜用温开水送服。

四、服药时的饮食禁忌

（一）含义

服药时的饮食禁忌，即指服药期间对某些食物的禁忌，简称食忌，俗称忌口。

（二）内容

在服药期间，一般应忌食生冷、辛热、油腻、腥膻、黏滑及有刺激性的食物，以免引起消化不良，肠胃刺激，或助热、助升散，以及敛邪等不良作用。具体应用时，须根据不同病情和治疗需要区别对待。

第六节　常见慢性病中医健康管理护理方案

一、正常高值血压人群

高血压在中医中并没有直接的对应病名，但中医可以根据高血压导致的症状，如眩晕、头痛等，进行辨证施护。以下是对高血压中医健康管理护理的详细阐述。

（一）中医对高血压的认识

中医学认为高血压的发生与情志、饮食、体质等因素有关，强调整体观念和辨证论治。高血压属于中医学“眩晕”“头痛”等范畴，与肝、肾、心等脏腑功能失调有关。情志失调、长期精神紧张、愤怒、抑郁等情绪变化导致肝气郁结，气机不畅，进而引起血压升高。饮食不节，如过食肥甘厚味、辛辣等刺激性食物，导致脾胃湿热，痰浊内生，阻碍气机，引起血压异常。体质虚弱，如年老体衰或先天禀赋不足，导致肝肾阴虚，阴阳失调，也会引发高血压。正常高值血压是常见亚健康状态，该类人群继发心脑血管疾病的危险性远高于正常血压人群。实施早期中医健康管理，干预生活方式，阻止向高血压发展是必要的预防措施。

（二）正常高值血压人群中医健康管理护理全流程

1. *建库（健康状态辨识）*　管理对象纳入标准。符合《2018 年中国高血压防治指南（修订版）》制订的血压诊断标准中正常高值 [SBP 120 ～ 139mmHg 和（或）DBP 80 ～ 89mmHg] 人群。

可通过调查问卷、中医体质辨识、中医证素辨识及健康体检等方法获得正常高值血压者的全面健康信息。

（1）问卷调查：护士指导受检者完成《中医体质问卷调查表》，主要包括现病史、既往史、家族史、饮食运动生活方式及精神压力等，同时结合高血压健康状态问卷调查表及评估表，收集相关数据。

（2）中医体检

1）体质辨识：医师采用“中医体质分类判定标准”，进行体质辨识。

2）证素辨识：医师采用证素辨识系统，对高血压病之人进行中医证候辨证。

3）健康体检：医师除详细询问其性别、职业等一般项目外，还必须检查包括但不限于以下项目：血压情况、心率、BMI、腰臀围、血常规、血脂、血糖、肝肾功能、血液流变学、尿常规、心脏彩超、脑 CT、MRI 检查等。

2. 知己（健康状态评估）　医师根据以上方法收集的数据综合分析受检者中医体质状态，进而指导护士进行个性化中医健康管理护理方案的制订。

3. 中医健康管理护理方案的制订　根据受检者中医体质状态，制订个体化的中医健康管理护理方案，包括饮食养生、情志调摄、运动起居、五音摄生、药物调节、中医护理适宜技术 6 个方面。

（1）饮食养生

1）低盐低脂：正常高值血压患者应避免高盐、高脂食物，如咸菜、咸蛋、腌制品等，以减少钠盐的摄入，降低血压。

2）多吃新鲜蔬果：如绿豆、冬瓜、苦瓜、芹菜、韭菜、西蓝花等，这些食物有助于清热解毒，对于肝阳上亢、风热内扰等因素引起的高血压有一定的辅助改善作用。

3）适量摄入五谷杂粮：如燕麦、糙米等，这些食物富含膳食纤维，有助于控制体重，降低血压。

4）其他建议：多吃富含钾的食物，如香蕉、土豆、茄子、海带、紫菜等；多吃富含维生素 C 的食物，如西红柿、橘子、柚子、山楂等；多吃富含钙的食物，如牛奶、奶酪、虾皮等；多吃富含镁的食物，如芝麻、松子、胡桃等。同时，应控制总热量摄入，保持适当的体重，避免过度肥胖。

（2）情志调摄

1）保持乐观的心态：积极面对生活中的挑战和压力，与亲朋好友交流，分享心情，获得支持和理解。

2）学会放松：通过冥想、深呼吸等方式放松身心，缓解焦虑和紧张情绪。

（3）运动起居

1）温和运动：如散步、练八段锦、打太极拳等，这些运动能够改善体内气血运行的情况，有助于锻炼身体、控制体重，从而在一定程度上调节血压。

2）避免剧烈运动：高血压患者应避免剧烈运动，以免导致血压升高，引发危险。

（4）五音摄生

1）肝阳上亢者：音乐处方推荐《渔舟唱晚》《平湖秋月》《汉宫秋月》等调式乐曲鲜明肃劲、振奋人心，曲调雄壮或悲壮内敛的曲目，可以平复急躁，修养身心。

2）阴阳两虚者：音乐处方推荐《百鸟朝凤》《春江花月夜》《阳关三叠》《平沙落雁》等欢快明亮的曲目，可促进心脉节律，畅调气机。

3）痰浊中阻者：音乐处方推荐《花好月圆》《喜洋洋》《雨打芭蕉》等庄严中和、宽宏醇厚的曲目，可助脾健运、安宁心神。

4）肝肾阴虚者：音乐处方推荐《梅花三弄》《二泉映月》《牧歌》等清新淳朴的曲目，曲调悠扬宁静，可补肝肾。

（5）药物调节

1）中成药：如牛黄降压丸、罗布麻降压片、清脑降压片等，这些药物通常能够起到平肝潜阳、活血、通络、止痛等作用，有助于缓解血压高引起的头痛、头晕等症状。

2）中药方剂：根据患者的具体病情，中医可能会开具一些中药方剂，如七子汤、杜仲肾气汤、天麻钩藤饮、镇肝熄风汤等，以滋养肝肾、平肝潜阳、调和气血等方式来调理血压。

（6）中医护理适宜技术

1）针灸治疗：常用的主穴包括风池、太冲、百会、合谷、曲池、三阴交、四神聪、太阳穴等。根据患者的具体病情，医生会选择相应的配穴进行针灸，如肝火亢盛配行间、曲泉；阴虚阳亢配肾俞、肝俞等。通过针刺或艾条燃烧产生的热量刺激局部，进而发挥息风醒脑、宁心安神、明目聪耳、通络止痛等作用，有助于改善头痛、耳鸣、头晕等症状。

2）推拿按摩：常用的穴位包括百会、太阳、曲池穴等。推拿按摩这些穴位通常可以起到息风醒脑、通络止痛等作用，有助于缓解血压高所致的不适症状，如眩晕、头痛等。

拔罐：通过拔罐特定的部位，如背部、腰部等，可以调节血压。

以痰湿质为例，具体方案如下：①饮食宜选用冬瓜、薏苡仁、山楂等健脾助运、祛湿化痰的食物，少食肥、甜、油、黏、腻之品。茶饮方：山楂乌梅饮。②保持心境平和，忌大喜大悲。③居住环境宜干燥，忌潮湿。穿衣面料宜选棉、麻、丝等透气散湿材质，保持宽松。早睡早起，枕头不宜过高。坚持锻炼，适合快走、慢跑、游泳等运动项目，强度循序渐进。避免在阴雨季节、天气湿冷的气候条件下运动。④适合听宫调式乐曲如《春江花月夜》。⑤中医护理技术可采用指揉足三里、丰隆穴，每穴按揉 2 ～ 3 分钟，每日 1 ～ 2 次。

4. 中医健康管理护理方案的实施

（1）护士创建个人中医健康管理档案。

（2）护士负责现场对受检者进行中医健康管理方案的具体指导，受检者根据干预计划自我管理、调整，自测血压值，记录饮食运动日志。开始干预后第 3、7、30 天护士问卷回访，收集受检者答卷跟踪方案实施效果。护士每月收集受检者数据，分析健康状况变化及执行偏离情况，反馈给医生予以调整。如遇异常预警，医生及时电话联系受检者。受检者可以进行电话咨询及在线问诊，医护方在线问诊及答疑。

5. 疗效评估与动态跟踪　护士统计干预 3、6、9、12 个月肱动脉血压，重复对健康状态进行评估，向医生进行反馈，并对干预前后健康状态的变化做出统计分析，评估护理干预是否有效，评价出现的问题与改进相应的方案。

综上所述，正常高值血压中医健康管理护理全流程包括中医健康状态辨识、健康状态评估、中医健康管理护理方案的制订、中医健康管理护理方案的实施、疗效评估与动态跟踪等步骤。通过全面的中医健康管理护理干预，可以有效控制血压水平，提高生活质量。

二、糖尿病前期人群的中医健康管理护理

糖尿病前期属于中医学“脾瘅”“食郁”等范畴。

脾瘅与糖尿病前期的相关性描述最早见于《素问・奇病论》有关“脾瘅”的描述指出多食

肥甘厚味发为本病，并说明“脾瘅”是“消渴病”发展的前期阶段，为糖尿病前期的中医证型之一，多由过食“肥美”所致。患者往往形体肥胖，多痰多湿，多滞多浊，或夹以热，或兼郁虚。

另外，临床上也可见少数形体偏瘦的糖尿病前期患者，基于上述中医对脾瘅的认识，此类患者多由禀赋异常所致，应归属于中医学“消瘅”范畴，《灵枢·五变》曰：“五脏皆柔弱者，善病消瘅”“此人薄皮肤而且坚固以深者，长冲直肠，其心刚，刚则多怒，怒则气上逆，胸中蓄积，血气逆留，腹皮充肌，血脉不行，转而为热，热则消肌肤”，消瘅是糖尿病前期的另一种证型，多由情志不遂引起，与现代人工作压力大、精神抑郁、性情急躁有关。患者多为形体较瘦弱，多虚多郁。

“食郁”属于中医学郁证范畴，为气、血、痰、火、食、湿六部证之一，最先提出此病名的是元代医家朱丹溪，他在《丹溪心法》中首创“六郁”之名，提出食郁这个概念，主症见脘腹胀满不适，食后加重，伴嗳气反酸，纳少便秘或便溏。

（1）将入选干预人群标准定为空腹血糖（FPG）≥ 5.6 ～ 7.0mmol/L 或餐后 2 小时血糖 7.8 ～ 11.1mmol/L。

（2）对干预人群进行问卷调查，创建个人档案。护士负责指导受检者登记个人基础信息，了解其锻炼、吸烟、饮酒等生活行为方式状况。包括性别、年龄、血压、身高、体脂、腹围、体重指数、血脂、血糖、暴露史、既往史、过敏史、生活习惯、重要健康事件等，创建个人中医健康管理档案。

（3）中医体检

1）体质辨识：采用“中医体质分类判定标准”，进行体质辨识。

2）证素辨识：采用证素辨识系统，进行中医证候辨证。

3）健康体检：详细询问其性别、职业等一般项目外，还必须包括以下项目：血糖、餐后 2 小时血糖、糖化血红蛋白、糖耐量试验、血压情况、眼底检查、BMI、腰臀围、血常规、血脂、肝肾功能、尿常规、皮肤状况等。

（一）中医健康状态评估

医生根据以上方法收集的数据综合分析评估受检者中医体质状态，进而指导个性化中医健康管理护理方案的制订。

（二）中医健康管理护理方案的制订

根据受检者中医体质状态，制订个体化中医健康管理护理方案，针对不同个体采取多种调养方法，调动人体自然平衡能力，配以食疗、药疗培补元气，调理脏腑，提高人体抗病愈疾的能力。具体干预措施包括饮食养生、中医护理适宜技术、运动指导、生活起居、情志调摄、药物调节 6 个方面。

1. 饮食养生　少食肥甘厚味、煎炸烧烤及膨化食品和碳酸饮料，饮食以清淡为主，适当食用粗粮，多食绿色蔬菜。

（1）谨和五味，节制饮食：即饮食清淡，不过食辛辣、生冷、肥甘，并做到：①限制“膏粱厚味”“戒一切煎炒炙爆、酒酣糖酱、燥热之物，恐燥血也；戒一切生时果时蔬，恐伤脾也。”（《医学入门》李梴）。②提倡不偏食，选择和搭配好食谱，饮食多样化，主食多进杂粮，配以蔬菜水果。③控制食量，宜少食节食，减轻体重。④禁止吸烟，适度饮酒，提倡饮茶。

（2）功能性进补：多食山楂、海藻、紫菜可降压、降脂和助消化；多食木耳、菌类可防治衰老；肥胖易上火之人，可多食苦瓜、萝卜、冬瓜、莲心泡茶饮，清心降火减肥。

（3）药膳疗法：根据“热者寒之，寒者热之，实者泻之，虚者补之”的原则辨证施食。①体热者清之以凉，如绿豆、百合、蒲公英、苦瓜等；②体虚者补之以味，如山药薏米粥健脾降糖；③体实者予之以清化消导，如薏苡仁、山楂、萝卜、槟榔等。

附食疗方：

（1）二豆荞麦粥

原料：黄豆、黑豆各 50g，荞麦仁 300g，核桃仁、花生仁各 65g，大枣 25g。

制法：将上述原料用清水泡半天，放入压力锅中煮，可加少许盐，也可放少许姜和瘦猪肉。每日 2 次，中晚餐各 1 小碗（吃渣喝汤）。

（2）山药薏苡仁粥

原料：山药 60g，薏苡仁 30g。

制法：将山药、薏苡仁共入锅中，加适量水煮成粥。作为主餐食用。

（3）葛根粥

原料：葛根、粳米。

制法：1 份葛根，2 份粳米，如常法同煮粥。早、晚分餐食用。

2. 中医护理适宜技术

（1）耳穴贴压：根据病情需要可选择皮质下、内分泌、糖尿病点、脾、胰、三焦等穴。

（2）艾灸：取足三里、关元、气海等穴；或穴位敷贴肾俞、脾俞、足三里，以调节脏腑气血功能。

（3）穴位按摩：取足三里、阳陵泉、三阴交、涌泉等穴。视物模糊者可按摩睛明、四白、丝竹空等穴以辅助通络明目。

（4）养生功法：腰膝酸软者可练习八段锦“两手攀足固肾腰”动作。

（5）刮痧：刮背部足太阳膀胱经循行部位，采用直线刮法，从风门到肾俞，每侧 20 ～ 30 次。腹部刮气海至关元穴，每次 20 ～ 30 下。刮上肢：取坐位，用左手抬起患者的上肢，右手握刮痧板，使用刮痧板的角刮拭前臂外侧手阳明大肠经的循行区域，从肘横纹的曲池刮至手腕部；然后用刮痧板的边刮拭大小鱼际，每一部位刮拭 10 ～ 20 次即可；之后用刮痧板的角点压按揉合谷穴 3 ～ 5 次。刮下肢：主要刮拭小腿足阳明胃经循行区域。患者取坐位，屈腿，用刮痧板的角沿着小腿从足三里刮到外踝上的丰隆穴，每侧刮 20 ～ 30 次即可，然后用刮痧板的角点压按揉足阳明胃经的足三里穴、足太阴脾经的三阴交、足少阴肾经的太溪穴、足厥阴肝经的太冲穴，每穴点压按揉 5 ～ 10 次。

3. 运动指导

（1）根据体质选择合适的有氧运动方式，如太极拳、气功、八段锦、五禽戏、散步、快走、慢跑、游泳等。运动项目的选择要与受检者的年龄、病情、经济状况、文化背景及体质相适应。每周进行 2 次轻度或中度阻力性肌肉运动。

（2）运动选择在饭后 1 小时（第一口饭计时）左右，运动频率和时间为每周至少 150 分钟，如每周运动 5 天，每次 30 分钟，运动后脉搏宜控制在（170 －年龄）次 / 分左右，以周身发热、微微出汗、精神愉悦为宜。

4. 生活起居

（1）环境温、湿度适宜，顺应四时及时增减衣物。

（2）起居有常，戒烟限酒。

(3) 保持眼、口腔、会阴部、皮肤等清洁卫生。

5. 情志调摄 调节情志，首先要心胸开阔、乐观豁达；要保持平静的心态，不以物喜，不以己悲，清心寡欲，有益健康长寿。忌多愁善感、思虑过度，遇事不慌，无所惊恐。在闲暇、业余时间，通过各种情趣高雅，动静相参的娱乐活动，怡养心志，舒畅情怀，可以克服禀赋、年龄及文化教育背景对情志活动的不良影响，进而达到调节情志的目的。此外，体疗还可与意疗相结合。气功、瑜伽等都可在舒缓运动中起到静情导志的作用。

6. 药物调节 阴虚燥热者可用六味地黄丸加减；气阴两虚者可用生脉散合六味地黄丸加减；阴阳两虚型可金匮肾气丸加减；血瘀脉络型用桃红四物汤加减。

皮肤瘙痒者可予以清热燥湿洗剂，如苦参、苍术、黄柏、白花蛇舌草、连翘等煎汤外洗，亦可涂尿素软膏防止皮肤干燥。

中药药枕：遵医嘱将菊花、决明子、荞麦皮、绿豆皮、葛根碎片、白术等装成药枕，通过药物的发散作用达到清肝明目之功效。

（三）疗效评估与动态跟踪

1. 指导干预对象学会自我规范监测血糖、血压、体重、腰围、臀围等，养成良好的记录习惯。

2. 每 3 个月检查一次糖化血红蛋白、心电图；每 6 个月检查一次肝肾功能、血脂、尿微量蛋白等。

3. 每年至少筛查一次眼底及外周血管、周围神经病变等。

护士可采用问卷调查的方式收集干预后的数据，并对干预前后健康状态的变化做出统计分析，评估护理干预是否有效，评价出现的问题与及时调整改进相应的护理方案。

思考题

1. 如何将中医健康管理护理知识更好地与体检工作融合？
2. 尝试制订其他慢性病的中医健康管理护理方案。

（魏剑婷 周晓丹）

参考文献

黄人健，贾明艳，吴永浩，2000. 社区护士培训教程 [M]. 北京：中央广播电视大学出版社.
李灿东，陈启亮，闵莉，2019. 中医健康管理的原则与效果评价 [J]. 中华中医药杂志，34(7): 3107-3109.
刘桂圆，张开金，杨菊，等，2016. 中医元素健康管理在高血压糖尿病的管理中的效果 [J]. 中国老年学杂志，36(9): 2095-2097.
刘炜丽，常少琼，时光，2020. 浅探中医五音疗法干预高血压的应用与研究 [J]. 现代医学与健康研究，(3): 157-160.
彭霞，彭锦绣，刘倩，等，2021. 正常高值血压人群的互联网 + 中医健康管理 [J]. 护理学杂志，36(4): 43-45.
仝小林，2009. 糖尿病中医防治指南解读 [M]. 北京：中国中医药出版社.
夏淑洁，李灿东，2019. 基于"治未病"理论的中国特色健康管理模式探讨 [J]. 中医药导报，25(6): 15-17, 23.
杨金生，张丽，2011. 亚健康刮痧调理 [M]. 北京：中国中医药出版社.
于鸿玲，1997. 中医基础理论知识分册 [M]. 北京：中国中医药出版社：9.
中华中医药学会，2006. 中医护理常规技术操作规程 [M]. 北京：中国中医药出版社：10
朱霓虹，2020. 社区老年高血压受检者实施中医健康管理的效果分析 [J]. 中国卫生产业，17(5): 55-56, 59.

第四篇　技术规范与个案管理

第16章　健康管理护理技术规范

学习目标

掌握：基础护理技术操作流程；体检中心常用专科技术。

熟悉：护理技术操作注意事项及医生配合技术。

应用：将护理技术操作应用到工作中，并根据本科室工作进行适当调整，形成更加合理、适用于本科室操作流程。

第一节　基础护理技术

一、静脉采血操作技术

【目的】

为受检者采集、留取静脉血标本。

【操作步骤】

（一）操作前准备

1. 护士准备　仪表端庄，衣帽整洁，洗手，戴口罩。

2. 用物准备　处置车，治疗盘，碘伏，无菌棉签，采血针，真空采血管，放置采血管的容器，止血带，治疗巾，无菌手套，胶布，笔、体检指引单，化验单，锐器盒，医用 / 生活垃圾桶。

3. 受检者　局部皮肤、血管情况及配合程度。

4. 环境　清洁，光线明亮，适宜操作。

5. 备齐用物　体检指引单，采血管，检查采血针，在采血管上写清或粘贴受检者姓名。

（二）操作中流程

（1）核对解释：核对受检者，告知目的，以取得合作，询问既往史有无晕针、晕血。

（2）协助受检者取舒适体位，铺治疗巾。

（3）于注射部位上方 6cm 处扎止血带，评估血管。

（4）按静脉穿刺消毒、嘱受检者握拳，见回血再进针 0.5 ～ 1cm，固定采血针。

（5）按顺序采集血液。

（6）嘱受检者松拳，松止血带，拔出采血针。

（7）指导受检者用干棉签按压穿刺点 3 ～ 5 分钟。

（三）操作后整理

（1）再次查对，交代注意事项。

（2）整理用物按规定处置。

（3）洗手，记录，送检血标本。

【注意事项】

（1）若受检者正在进行静脉输液、输血，不宜在同侧手臂采血。

（2）需要抗凝的血标本，应将血液与抗凝剂混匀。

（3）静脉血标本包括全血标本、血清标本和血培养标本。

（4）全血标本：需加抗凝剂。用作红细胞沉降率、血常规及血液中某些物质含量，如血氨血糖、尿素氮、尿酸、肌酐、肌酸等。

（5）血清标本：需普通干燥试管。用于血清酶、脂类、电解质和肝功能等的测定。

（6）血培养标本：需培养容器。查找血液中的病原菌。

（7）按标本类型运用合适的负压采血管。生化检测为红色或黄色：全血标本为紫色；凝血测定为蓝色；红细胞沉降率为黑色。

（8）静脉穿刺时，先进针，后插真空管，以防负压丢失，真空管位置应低于穿刺部位。

二、身高、体重测量技术

【目的】

（1）可以判断人的生长发育情况和体型变化。

（2）可以判断人体的胖瘦情况。

【操作步骤】

（一）身高测量技术

1. 操作前准备

（1）身高测量仪应放在坚硬平坦的地面，秤脚无异物，未放在砖缝中。

（2）使用前应检查电源线及接口是否牢固，连接处是否紧密。

2. 操作中流程

（1）受检者先脱掉鞋子，站立在身高测量仪上。

（2）背靠测量尺站直。保持头、臀、足三点一线，即头顶、屁股和足跟在一条直线上。

（3）头顶最高点对应的测量仪上高度就是实际身高。

（4）准确记录数值，一般用厘米表示更为精确。

3. 操作后整理　每季度校准一次，并做好记录。

（二）体重测量技术

1. 操作前准备　以电子体重称为例。

（1）电子秤应放在坚硬平坦的地面，秤脚无异物，未放在砖缝中。

（2）使用前应检查电源线及接口是否牢固，连接处是否紧密。

2. 操作中流程

（1）受检者应该被告知在早上起床后进行体重测量。排空大小便，并保持空腹，穿尽量少的衣服。

（2）打开电源开关，按下“启动”按键，显示屏上显示 0.0，进入工作状态。

（3）受检者穿薄衣服、赤足，全身放松。记录以千克（kg）为单位，精确到小数点后一位。测量误差不得超过 0.1kg。

（4）准确记录数值。

3. 操作后整理　每季度校准一次，并做好记录。

【注意事项】

（1）首先，测量身高和体重的时间最好是在早晨起床后，因为此时身体没有进食和排泄的影响，能够获得更为准确的数据。其次，为了确保数据的准确性，可以多次进行测量并取平均值。

（2）测量体重时需要使用一个准确的体重秤。在选择体重秤时，应注意其精度和准确性。在测量之前，应确保秤的显示为零，并且平稳放置在坚实的平面上。脱掉鞋子和厚重的外衣，保持身体的平衡，双足均匀分散站立在秤上。在测量过程中，应保持身体放松，避免摇晃或移动，以免影响测量结果的准确性。待秤稳定后，记录下体重数值。

三、血压测量技术

【目的】

（1）了解血液循环情况，判断高血压或低血压等疾病。

（2）正常血压范围对健康至关重要：提供重要的临床参考意见。

（3）诊断与治疗心血管疾病：准确测量血压有助于早期诊断和治疗。

【操作步骤】

（一）臂式电子血压计

（1）受检者采取坐姿，并露出手臂，注意手臂要与心脏保持同一水平的高度。

（2）操作者将臂式电子血压计的袖带从受检者腕部穿入并推至肘关节上 2cm 处，同时将袖带绑紧，松紧度以能活动 1 ～ 2 根手指为宜。

（3）打开臂式电子血压计开关，开始测量。

（4）测量时可看到臂式电子血压计屏幕数字变换，待数字停止变换后读取数值即可。

（5）血压计应每日擦拭消毒，袖带每日更换。

（二）水银血压计

（1）受检者采取坐姿，高度与上述一致。

（2）取出水银血压计，并将袖带置于肘关节上 2cm 处绑紧。

（3）将听诊器的探头放在肱动脉搏动处。

（4）使用球囊进行打气，并观察数值是否有变化。当放气过程中听到第一声搏动时，即为收缩压，搏动声消失时的数值即为舒张压。

（5）注意测量血压前需静坐休息 10 ～ 15 分钟，以免影响测量数值。此外，测量血压时应每次测量 2 ～ 3 次，测量间隔时间为 5 分钟左右，然后取平均值，以确保结果的准确。

【注意事项】

（1）测血压前避免吸烟，禁止饮用酒、咖啡等刺激性饮品，否则可导致机体兴奋，机体血压增高，影响检测结果。

（2）测量前与测量期间需保持安静，不可大声地说话，测量前禁止剧烈运动，测量时不可随意活动，否则会导致血压波动，影响检测结果的准确性。

（3）测血压时需要将手臂裸露并伸直，使其心脏同一水平，使血压计的袖带下缘在肘窝上 2 ～ 3cm 处，袖带与手臂间需间隔 2 横指，若位置过高、过低，或袖带过紧过松，均可导致测量结果与实际血压水平不符。

(4) 若血压测量结果与日常存在较大差距，可再次测量，两次测量需存在一定的时间间隔，测量时需保持体位、测量部位统一，避免影响结果。

四、血糖测量技术

【目的】

(1) 监测受检者的血糖水平，评估代谢指标，为进一步治疗提供依据，防止低血糖症，控制疾病。

(2) 受检者在突发（低血糖、晕针、晕血等）情况下，简单快捷地监测血糖，及时提供信息，有效地处理。

【操作步骤】

（一）操作前准备

(1) 护士准备：衣帽整洁。

(2) 用物准备：血糖仪、一次性采血针、试纸、安尔碘、75% 乙醇、棉签。

(3) 评估受检者局部皮肤情况。

（二）操作中流程

(1) 携用物至受检者处，核对受检者，向受检者解释目的。

(2) 确认受检者是否符合空腹或者餐后 2 小时血糖测定的要求。

(3) 协助或指导受检者用肥皂和温水洗手。为了促进指尖血液循环，护士从受检者手腕向指尖部按摩 2 ～ 3 次。

(4) 血糖仪开机，对比血糖仪屏幕中的代码与试瓶上的代码是否相符。

(5) 从试纸瓶中取出试纸，将试纸尖端插入血糖仪试纸支撑区的底部，然后盖好瓶盖。

(6) 常规消毒采血手指，采血针紧靠在受检者指尖的一侧刺入，每次选取不同的采血点，以防止出现局部肿痛，将采血针弃于锐器盒内。

(7) 用棉签拭去第一滴血，将第二滴血滴入试纸区的测试区，使测试区完全变成红色，不可反复滴入血液，否则会导致测量结果不准确。

(8) 当血糖仪显示出监测结果，才能取出并丢弃试纸。

(9) 再次核对受检者，帮助受检者取舒适卧位。

（三）操作后整理

(1) 关闭血糖仪，整理用物洗手并记录。

(2) 指导受检者：穿刺后按压至不出血为止。

【注意事项】

(1) 测血糖前确认血糖仪上号码与试纸号码一致。

(2) 确认受检者手指乙醇干透后实施采血。

(3) 滴血量应使试纸测试区完全变成红色。

(4) 避免试纸发生污染。

五、吸氧操作技术

【目的】

(1) 提高血氧含量及动脉血氧饱和度，纠正机体因缺氧引起的各种症状。

（2）受检者在突发病情变化的情况下，缓解受检者缺氧状态，维持生命体征。

【操作步骤】

（一）操作前准备

（1）护士准备：仪表端庄，衣帽整洁，洗手，戴口罩，语言得体，动作规范。

（2）用物准备：一次性吸氧管，供氧系统氧气吸入装置 1 套，弯盘，小药杯（冷开水），棉签，用氧记录单，治疗碗内盛无菌蒸馏水，洗手液，医疗及生活垃圾桶。

（3）环境准备：安全、舒适、符合用氧操作的环境。

（4）评估受检者意识，身体情况，合作程度，取得配合。

（5）评估受检者鼻腔情况。

（二）操作中流程

（1）携用物至床旁，核对受检者，做好解释，协助受检者取舒适体位。

（2）观察用氧环境，取下墙壁氧气上活塞，用湿棉签擦拭气源接头内尘土。

（3）接湿化瓶，向湿化瓶内注入蒸馏水 1/2 ～ 2/3，并将湿化瓶拧紧。

（4）氧气吸入器插入气源接头前必须关闭流量调节阀。

（5）将氧气吸入器进气插头插入与其配套的医用气源接头内，当听到“咔嚓”声响，说明接头已锁住。

（6）清洁双侧鼻腔，观察鼻腔情况。

（7）检查一次性吸氧管密封效果及有效日期，将带鼻塞的塑料管连接在出口接头上。

（8）根据病情调节流量，成人轻度缺氧或小儿 1 ～ 2L/min：中度缺氧 2 ～ 4L/min：严重缺氧者 4 ～ 6L/min。调节至所需流量后，将吸氧连接管鼻塞置入治疗碗中，检查其是否通畅。

（9）将鼻塞置入受检者鼻腔内，固定好鼻导管。

（10）记录用氧开始时间及流量。

（11）协助受检者取舒适体位，做好交代，整理用物，洗手，做好记录。

（12）告知受检者不要自行摘除鼻塞或者调节氧流量。

（13）告知受检者如感到鼻咽部干燥不适或者胸闷憋气时，应当及时通知医护人员，告知受检者有关用氧安全的知识。

（14）用氧过程中密切观察缺氧改善情况（口述）。

（15）停吸氧时，先将吸氧鼻塞取下，再关闭流量开关。

（16）记录停氧时间。

（三）操作后整理

（1）卸下湿化瓶及吸氧装置，盖好墙壁氧气活塞，整理用物，洗手。

（2）正确处理吸氧用物。

【注意事项】

（1）严格遵守操作规程，切实做好“四防”（防火、防油、防热、防震）。氧气筒放置阴凉处，距离明火 5m 以上，有暖气时 1m 以上。

（2）持续吸氧的受检者，应当保持管道通畅，必要时进行更换，观察、评估受检者吸氧效果。

（3）受检者吸氧过程中，需要调节氧流量时，应当先将受检者鼻导管取下，调节好氧流量后，再与受检者连接。停止吸氧时，先取下鼻导管，再关流量表。即带气插，带气拔。

（4）氧气筒内的氧气不可用尽，压力表指针在 5kg/cm（0.5MPa）时即不可再用，以防再次充氧引起爆炸。

(5) 对未用完或已用尽的氧气筒，应分别悬挂“满”或“空”的标志。

六、心肺复苏操作技术

【目的】

受检者在发生心搏骤停的危急情况下，通过心肺复苏术促进建立受检者的循环呼吸功能。

【操作步骤】

(一) 操作前准备

1. 护士准备　衣帽整洁。

2. 用物准备并检查　简易呼吸气囊。

(二) 操作中流程

(1) 发现受检者，疏散人群。

(2) 评估环境，观察周围环境，确定安全。

(3) 判断意识，拍打受检者双肩，分别对双耳呼叫，呼叫声响有效。

(4)“受检者无意识”，呼救，“请帮忙拨打急救电话，取就近AED”，看呼救时间。

(5) 判断自主呼吸和脉搏，眼睛观察受检者胸廓，同时喉结旁开2横指，检查颈动脉搏动(判断时间5～10秒，“1001、1002、1003、1004、 1005、1006、1007”)。

(6) 无自主呼吸、颈动脉无搏动，立即胸外按压。

(7) 摆放体位，为受检者摆放复苏体位“头、颈、躯干呈一直线”。

(8) 施救者与受检者体位正确(在右侧)。

(9) 胸外按压(2个循环)，暴露胸廓，松开裤带，按压定位准确一手掌根放在胸骨上，中指大致平乳头，双臂夹紧绷直，自身重力不依靠胸廓上，垂直均匀下压，按压深度5～6cm按压频率100～120次/分(节律均匀) 每次按压后胸壁完全回弹(掌根不离开胸壁)，按压期间始终观察受检者面色，连续不间断按压30次。

(10) 开放气道，观察口鼻腔有无分泌物、义齿，压额抬颏法充分开放气道。

(11) 人工呼吸，以“EC”或“OK”手法固定面罩，方法正确，无漏气，每次送气时间持续1秒，连续通气两次 (通气有效：见胸廓隆起)。

(12) 5个循环，同法再完成3个循环。

(13) 复检：①判断颈动脉搏动是否恢复，同时判断自主呼吸是否恢复；②判断时间5～10秒；③看复苏成功时间。

(三) 操作后整理

洗手，整理用物。

【注意事项】

(1) 心搏骤停的典型临床表现：“意识丧失，大动脉搏动消失，自主呼吸停止”的三联征，其他包括：双侧瞳孔散大固定，可伴短暂抽搐和二便失禁等。

(2) 判断颈动脉搏动：用右手的中指和示指从气管正中环状软骨划向近侧颈动脉搏动处。

(3) 人工呼吸送气不宜太快，送气量不宜过大，每次吹气量700～1100ml，频率8～10次/分，以免引起受检者胃部胀气，

(4) 持续2分钟高质量CPR：以心脏按压：人工呼吸=30 ：2比例进行，操作5个循环(心

脏按压开始，送气结束）。

（5）心肺复苏成功的主要指征：可触及颈动脉搏动，说明上肢收缩压恢复至 60mmHg 以上，自主心跳恢复；胸廓有起伏，自主呼吸恢复。

（6）胸外按压同时观察受检者的反应及面色的改变。

七、心电监护操作技术

【目的】

（1）在突发病情变化的情况下，动态性观察和记录受检者的心功能状态。

（2）通过心功能示波及时发现心脏电生理工作情况，识别和确诊各种致命性心律失常以便及时有效地给予治疗和抢救。

【操作步骤】

（一）操作前准备

（1）护士准备：仪表端庄、衣帽整洁、修剪指甲、语言得体、动作规范。

（2）评估受检者：受检者病情，意识，治疗情况，心理状态及合作程度，是否愿意配合，胸部电极片安放位置的皮肤情况，是否有乙醇过敏史和电极片过敏史，心脏起搏器置入史。

（3）评估周围环境。

（4）用物准备：心电监护仪一台，连线一根，托盘一个，75% 乙醇，棉签，纱布一块，导电凝胶，电极片 5 ～ 7 个，弯盘一个，地线一条，需要时备电源插板。

（5）检查用物：监护仪外观清洁、干燥，无破损、无导联线裸露情况。开机后，监护信号正常。氧饱和度探头有光源、血压袖带可正常充气。检查电源与机器电压是否相符，以及机器各结构性能是否良好。

（二）操作中流程

（1）携用物至床旁，使用 PDA 核对受检者信息或是两种以上的口头核对。

（2）受检者做好解释，受检者取合适体位，解开衣扣。

（3）开机：接通电源线路，开机预热，使心电监护仪处于备用状态。

（4）电极片安放部位用乙醇（若是乙醇过敏，改用 0.9% 生理盐水）擦拭，再用软细纱布擦拭，然后待干，有胸毛者要剃除，以减少干扰。

（5）连接电极：将电极片连接至监护仪导联线上，按照仪器标识贴于受检者胸部合适位置（RA—右锁骨中线与第二肋交点，LA—左锁骨中线与第二肋交点，RL—右腋前线肋缘处，LL—左腋前线肋缘处，V—胸骨左缘第四肋间），电极安放部位要避开伤口，手术区域，肌肉活动处，骨突部位，保证电极与皮肤的紧密连接，避开腹部和胸前检查及紧急除颤区域。

（6）血压、氧饱和度连接要求，并按照医嘱设置测量模式 / 频率。

（7）参数设置：①正确设置监护导联；②调整振幅；③设置报警上下限，包括心率、血压、呼吸、血氧饱和度等，报警范围一般为当前值的 ±10% ～ 20%，根据受检者实际监测数值和病情个性化设置，并根据医嘱设置血压测定方式和间隔时间；④设置报警音量。

（8）评价：①心房与心室频率是否一致；②心跳节律是否规整；③有无 P 波存在；④ P 波与 QRS 波有无关系；⑤ QRS-T 波群是否正常；⑥心电图示波形出现明显异常时须及时采取措施。

（9）报警设置，报警处于“ON”状态。

（三）操作后整理

（1）整理用物，询问受检者感受，整理床单位，洗手，记录。

（2）指导监护的注意事项，使用期间定时巡视、及时记录。

（3）停止心电监护时，先向受检者说明，取得配合。①关闭心电监护仪再切断电源；②取下袖带，血氧探头，电极片，妥善放置各导线，保持整齐；③擦去电极凝胶，为受检者取舒适的体位，整理床单位；④监护仪及相关附件用酒精纱布擦拭，整理心电导联线，血压袖带，血氧饱和度探头；⑤洗手，记录。

【注意事项】

（1）根据受检者病情，协助受检者取平卧位或半卧位。

（2）密切观察心电图波形，及时处理干扰和电极脱落。定期观察受检者粘贴电极片处的皮肤，定时更换电极片位置。观察受检者局部皮肤及指（趾）甲情况，定时更换传感器位置。

（3）正确设定报警界限，不能关闭报警声音。

（4）对躁动的受检者，应当固定好电极和导线，避免电极脱位及导线打折缠绕。

（5）下列情况可以影响监测结果：休克、体温过低、使用血管活性药物及贫血等，周围环境光照太强、电磁干扰及涂抹甲油等也可能影响监测结果。

（6）停机时，先向受检者说明，取得合作后关机，断开电源。

八、吸痰操作技术

【目的】

（1）清除受检者呼吸道分泌物，保持呼吸道通畅。

（2）防止窒息和吸入性肺炎等并发症。

（3）改善肺通气，促进呼吸功能。

【操作步骤】

（一）操作前准备

（1）护士准备：仪表端庄、衣帽整洁、动作规范。

（2）用物准备：负压吸引器、听诊器、75% 乙醇、棉签、一次性吸痰管 2 根、生理盐水 2 瓶、治疗巾，手电筒、必要时备压舌板或口咽通气。

（3）评估受检者：了解受检者的意识、生命体征、吸氧流量及受检者呼吸道分泌物的部位。

（4）检查用物，检查用物及吸引装置，调节负压（成人 0.04 ～ 0.05MPa）。

（二）操作中流程

（1）核对受检者，做好解释，必要时听诊肺部，帮助受检者取合适体位，检查受检者口鼻腔黏膜，有活动义齿者取下，铺治疗巾于受检者胸前，调高氧流量。

（2）打开两瓶生理盐水，吸鼻腔、口腔的液体应分开使用。

（3）按无菌原则取出吸痰管，连接吸引器，润滑冲洗吸痰管。

（4）插管深度适宜，吸痰时轻轻左右旋转吸痰管上提吸痰，同时观察痰液的颜色、性状、质量，一次使用一根吸痰管，吸痰前、中、后应观察受检者的生命体征。

（5）插入吸痰管时不带负压，以免损伤黏膜，每次吸痰时间不超过 15 秒。

（6）对昏迷受检者可以用压舌板或口咽通气管帮助其张口，吸痰方法同清醒受检者，吸痰毕，取出压舌板或口咽通气管。

（7）清洁受检者口鼻，检查口鼻腔黏膜，帮助受检者恢复舒适体位，必要时听诊肺部，待受检者生命体征平稳后将氧流量调回原先的氧流量。

（三）操作后整理

（1）指导受检者：对受检者进行正确指导和良好沟通。

（2）整理用物及床单位，洗手，记录。

【注意事项】

（1）按照无菌操作原则，插管动作轻柔、敏捷。

（2）吸痰前后应当给予高流量吸氧，吸痰时间不超过 15 秒，如果痰液较多，需要再次吸引，应间隔 3 ～ 5 分钟，受检者耐受后再进行。一根吸痰管只能使用一次。

（3）如受检者痰稠，可以配合翻身叩背、雾化吸入；受检者发生缺氧的症状如发绀、心率下降等症状时，应当立即停止吸痰，休息后再吸。

（4）观察受检者痰液性状、颜色、量。

九、密闭式静脉输液技术

【目的】

在突发病情变化的情况下，为受检者补充水分及电解质，纠正水、电解质紊乱和酸碱失衡，增加循环血量，改善微循环，维持血压。

【操作步骤】

（一）操作前准备

（1）护士准备：衣帽整洁、洗手、戴口罩。

（2）用物准备：输液标签、治疗盘、一次性输液器、20ml 注射器、生理盐水、药物、治疗巾、棉签、弯盘、止血带、胶布、必要时备瓶套、安尔碘、75% 乙醇、砂轮、必要时备夹板、绷带、洗手液、锐器盒、医疗及生活垃圾桶。

（3）评估环境符合无菌操作职业防护要求。

（4）评估受检者年龄、病情、意识状态、合作程度、心肺功能，询问过敏史。

（5）评估受检者穿刺部位的皮肤、血管末梢情况、用药目的及性质。

（二）操作中流程

（1）核对医嘱，检查用物，根据医嘱按无菌原则配药并在溶液瓶上注明签字，套上瓶套，再次消毒瓶口，将输液器插入瓶塞至针头根部，关紧调节器（软包装、输液器查对一挤、二照、三倒转、四复照）。

（2）携用物至床旁，核对受检者信息。

（3）选择穿刺部位，协助受检者取舒适卧位。

（4）核对受检者，将输液瓶倒挂于输液架上，排尽管内空气至乳头（第一次排气不得排出液体），检查管内有无空气。

（5）备胶布，在穿刺部位下方铺治疗巾，穿刺点上 6cm 处扎上止血带，以穿刺点为中心消毒皮肤，范围＞ 5cm × 5cm，待干。

（6）排尽管内空气，检查管内有无气泡，再次核对受检者，嘱受检者握拳进行穿刺，见回血将针头再沿静脉进针少许，松开止血带，嘱受检者松拳，打开调节器，询问受检者感受，无不适再以胶布固定，根据受检者的病情、年龄、药物性质调节滴速。

（7）再次核对受检者，取下治疗巾和止血带，协助受检者取舒适卧位，整理床单位，并向受检者交代注意事项。

（三）操作后整理

（1）整理用物，洗手后做记录、签名等。

（2）加强巡视，观察受检者情况及有无输液反应。

（3）告知受检者输液中注意事项及指导要点。

【注意事项】

（1）对需要长期输液的受检者，要注意保护和有计划地合理使用静脉。一般从远端小静脉开始，可酌情使用留置针。

（2）输液时排尽空气，及时更换输液瓶，输液完毕后及时拔针，防止空气进入血管形成空气栓塞。

（3）根据受检者年龄、病情、药物性质调节滴速。一般成人 40 ～ 60 滴 / 分，小儿 20 ～ 40 滴 / 分，对年老、体弱、婴幼儿、心肺疾病及输入高渗盐水、含钾药物、升压药（如多巴胺）时速度宜慢；对严重脱水（急性胃肠炎）、心肺功能良好者速度可适当加快。

（4）注意加强巡视，密切观察受检者有无输液及药物反应，一旦发生输液反应及时处理；及时处理输液故障，保持输液流畅、滴速适宜；告知受检者及其家属不可随意调节滴数，注意保护输液部位，如有异常及时呼叫。

（5）根据病情需要，合理安排好输液顺序，注意配伍禁忌。

（6）连续输液 24 小时更换输液器一次。防止交叉感染，应做到“一人一巾一带”。

（7）确保针头在血管内方可输入药液，以免造成组织损害如甘露醇、去甲肾上腺素、钙剂等。

十、静脉留置针穿刺技术

【目的】

（1）保护静脉，减少因反复穿刺造成的痛苦和血管损伤。

（2）保持静脉通道通畅，利于抢救和治疗。

【操作步骤】

（一）操作前准备

（1）护士准备：仪表端庄、衣帽整洁、修剪指甲、语言得体、动作规范。

（2）用品准备：治疗盘、碘伏、无菌棉签、弯盘、操作药物（溶液）、输液器、注射器、静脉留置针、肝素帽、透明贴膜（瓶套）、止血带、治疗巾、胶布、砂轮（启瓶器）、医嘱卡、输液标签、洗手液、锐器盒、生活 / 医用垃圾桶、回收止血带盒。

（3）评估受检者的局部皮肤及血管情况。

（4）环境：安静、整洁，空气清新，适宜操作。

（5）打开污物桶盖，洗手，戴口罩。

（二）操作中流程

（1）备齐用物，根据医嘱及输液卡，填写输液瓶贴，倒贴输液瓶上（勿贴瓶签上），核对药液标签（药名、浓度、剂量）；检查药液质量（变质、变色、浑浊、沉淀、过期或安瓿有无裂痕现象）。

（2）套瓶套，启瓶盖（检查及注明消毒物品棉签、碘伏开启时间），消毒瓶盖至瓶颈部（2 次），根据医嘱加入药物，检查输液器包装有无破损，是否漏气及过期，打开输液器，插输液器针头插入瓶塞至根部，输液器袋套在药瓶上。

（3）携物至床旁，核对受检者信息，解释目的等，询问受检者是否需要大小便，取得合作，准备输液贴。

（4）关闭调节器，旋紧头皮针连接处；将输液瓶挂于输液架上，展开输液管；先将茂菲滴管倒置，抬高滴管下输液管；打开调节器，使液体流入滴管内，当达到 1/2 ～ 2/3 满时，迅速倒转滴管，使液体缓缓下降；待液体流入头皮针管内即可关闭调节器，检查输液管内无气泡，将输液管放置妥当（首次排气原则是不滴出药液）。

（5）检查并打开留置针，将输液器上的针头插入留置针的肝素帽内，将留置针内的气体排尽，关闭调节器。

（6）选择弹性好、粗直的静脉，扎止血带。

（7）常规消毒穿刺部位皮肤，待干，备透明贴膜（注明日期、时间）。

（8）再次核对，取下针套，旋转松动外套管，再次排气。

（9）嘱受检者握拳，绷紧皮肤，固定血管，持针翼以 15° ～ 30° 角进针，见回血后压低针柄角度继续进针 0.2cm。

（10）左手持 Y 形接口，右手后撤针芯约 0.5cm，持针柄将针芯与外套管一起全部送入静脉内，撤出针芯、放于锐器盒中。

（11）松止血带，嘱松拳，松开调节器，用透明贴膜固定。

（12）调节滴速，取出止血带和治疗巾。

（三）操作后整理

（1）再次核对。

（2）整理床单位，协助受检者取舒适体位，告知受检者输入的药物、注意事项等。

（3）整理用物。

（4）洗手，记录（巡视观察，及时换液）。

（5）封管：①拔出头皮针，消毒肝素帽；②用注射器抽取 5 ～ 10ml 肝素稀释液或生理盐水，刺入肝素帽，边推药边退针的正压封管方法，至针头完全退出为止（用可来福接头替代肝素帽，可不用封管）。

【注意事项】

（1）严格无菌操作。

（2）静脉套管针保留时间可参照使用说明，一般可保留 3 ～ 5 天，最多不超过 7 天。

（3）每次输液前后应当检查受检者穿刺部位及静脉走向有无红、肿，询问受检者有关情况，发现异常时及时拔除导管，给予处理。

十一、肌内注射操作技术

【目的】

（1）用于不宜或不能口服或静脉注射给药时，较皮下注射更迅速产生疗效。

（2）在突发病情变化的情况下，通过肌内注射使用药物起到药效快、吸收快的效果。

【操作步骤】

（一）操作前准备

（1）护士准备：衣帽整洁、修剪指甲、仪表端庄、语言得体、动作规范。

（2）用物准备：治疗盘内放 2 ～ 5ml 一次性注射器，安尔碘、75% 乙醇、无菌棉签、砂轮、起瓶器、弯盘、无菌治疗巾或无菌垫、注射药物、注射卡。

（3）评估受检者局部皮肤情况、过敏史。

（4）洗手、戴口罩。

（二）操作中流程

（1）核对医嘱及药物，在治疗盘内放无菌巾或无菌垫，注明使用时间。

（2）将安瓿尖端药液弹下，用乙醇无菌棉签消毒安瓿颈及砂轮，在安瓿颈部用砂轮划一锯痕，再次消毒，折断安瓿。

（3）取一次性注射器及针头，并衔接紧密，用正确方法抽吸药液，抽毕排气，套上安瓿放于治疗巾或无菌垫内。

（4）携用物至受检者床旁，核对受检者，向受检者解释注射的药物及作用，为受检者进行遮挡。

（5）选择注射部位（臀大肌、臀中肌、臀小肌、股外侧肌、上臂三角肌）。

（6）协助受检者取合适体位（如臀大肌注射取侧卧位，上腿伸直，下腿稍弯曲；也可取俯卧位，足尖相对，足跟分开），暴露注射部位，使肌肉放松。

（7）常规消毒皮肤，待干，消毒面积不少于 5cm × 5cm。

（8）做注射前的查对，排尽注射器内空气。

（9）左手拇指与示指绷紧皮肤，小指与环指处夹一干无菌棉签。

（10）右手持注射器，以中指固定针栓，垂直快速刺入，进针深度为针梗长度的 2/3（消瘦者及小儿酌减）。

（11）松开左手，抽动活塞，右手固定针头，无回血时，缓慢注入药液。

（三）操作后整理

（1）注射完毕，左手用干无菌棉签按压针眼处，右手快速拔针，再按压进针点至不出血。再次核对受检者。

（2）协助受检者整理衣被，取适当卧位。

（3）分类清理用物，操作后洗手并记录。

（4）指导受检者：①告知受检者注射时勿紧张，肌肉放松，使药液顺利进入肌组织，利于药液的吸收；②告知受检者所注射的药物及注意事项。

【注意事项】

（1）由于臀大肌毗邻坐骨神经，故注射时要确定好位置，避免损伤。对 2 岁以下小儿不宜选大肌注射，因臀大肌尚未发育完善，注射时有损伤坐骨神经的危险，一般常选臀中肌、臀小肌注射。

（2）注射时切勿将针梗全部刺入，以防针梗从根部折断。

（3）选择合适的注射部位，避免刺伤血管和神经，抽吸无回血时方可注射。

（4）需要两种以上药物同时注射时注意配伍禁忌。对经常注射的受检者，应当更换注射部位。

十二、手卫生操作技术

【目的】

确保操作者在为受检者进行护理操作前后，手得到彻底清洗，去除手部污垢、皮屑及残存细菌。

【操作步骤】

（一）操作前准备

（1）评估与准备：将要进行或完成的操作项目（手无可见污染物时，可用速干手消毒剂消毒双手代替洗手）。

（2）操作场所是否具备洗手条件及洗手设施是否齐全（病区应设流动水洗手池，开关为感应式、肘式或脚踏式；洗水池旁配备液体肥皂、清洁干毛巾（或纸巾、感应式热吹风机）。

（3）环境是否清洁宽敞。

（4）用物：洗手池设备、10% 肥皂液、毛巾（纸巾或暖风吹手设备）。

（二）操作中流程

（1）衣袖上推到腕上约 20cm，取下手上饰物、手表。

（2）流动水使双手充分浸湿。

（3）七步洗手法：取适量（不少于 3ml）速干手消毒液或皂液于掌心，均匀涂满整个手部皮肤。

（4）揉搓方法：①内。掌心相对，手指并拢，相互揉搓。②外。掌心对手背，手指交叉沿指缝相互揉搓，交换进行。③夹。掌心相对，手指交叉相互揉搓。④弓。弯曲手指使关节在另一手掌心旋转揉搓，交换进行。⑤大。大拇指在掌中旋转揉搓，交换进行。⑥立。指尖在掌心中旋转揉搓，交换进行。⑦腕。必要时旋转揉搓腕部。

（5）揉搓时间不少于 15 秒。

（6）洗手范围：从指尖到手腕上 10cm。

（7）彻底冲净。

（三）操作后整理

（1）擦手：清洁干毛巾或纸巾将手擦干。

（2）感应式热吹风机吹干双手

（3）取适量护手液护肤。

【注意事项】

（1）从上到下冲洗，让污水从前臂流至手指尖，防微生物污染手臂。

（2）防止水溅到衣服和地面。

（3）冲洗至皂液洗净为止。

（4）擦手毛巾要一用一消毒。

第二节　专科护理操作技术

一、腰围、臀围测量技术

【目的】

腰围臀围是衡量身体脂肪分布和健康状况的重要指标，它可以直观地反映一个人的体型和身体健康状况。

【操作步骤】

（一）操作前准备

（1）护士准备：着装整齐，洗手、戴口罩。

（2）没有弹性、长为 2m、最小刻度为 1mm 的软尺一条。

（3）黑色签字笔一支。

（二）操作中流程

1. 信息核对与准备　核对受检者信息，确保准确无误后，请受检者于餐后 4 ～ 5 小时、空腹状态下排空膀胱，除去腰带，卷起上衣至露出腹部，保持身体直立，双臂自然下垂，双足分开 25 ～ 30cm。

2. 标记测量点　在双侧髂前上棘与第十二肋下缘垂直连线的中点，或平静呼吸状态下脐上 1cm 处，或腰部最狭窄处，用黑色签字笔做好标记。

3. 腰围测量　测试者站在受试者前侧或后侧，双手持软尺按标记点水平围绕腹部一周。在受试者第二次呼气末时轻轻收紧软尺，读取并精确记录腰围长度至毫米。

4. 臀围测量　请受试者排空膀胱，脱下裤子至完全露出臀部，双腿并拢直立。测试者站在受试者背侧，双手持软尺环绕耻骨联合处及臀大肌最凸处一周，轻轻收紧后读取并精确记录臀围长度至毫米。空腹或餐后 4 ～ 5 小时，排空膀胱、除去腰带。

【注意事项】

（1）请确保受检者在规定时间内完成准备。

（2）测试者需注意站位正确，确保软尺平整不扭曲。

（3）读取数值时，确保双眼目光与软尺保持水平。

二、动脉硬化检测护理技术

【目的】

动脉硬化检测旨在作为亚临床血管病变的重要评估手段，有助于筛选早期干预目标人群。

【操作步骤】

（一）操作前准备

1. 护士准备　着装整齐，洗手、戴口罩。

2. 仪器与物品准备　确保四肢动脉仪器、电脑、扫码枪等准备齐全，功能正常。同时准备速干手消剂、75% 乙醇等物品。

（二）操作中流程

1. 核对信息并引导　主动接过指引单，核对受检者信息后，引导其脱掉厚重衣物，只留一件薄衣，并将袜子脱至露出足跟，平卧于诊床。

2. 测量准备　告知受检者测量中勿移动身体，暂时不要说话，保持放松。

3. 袖带与软管放置　将袖带正确裹在上臂，注意松紧适宜。同时，正确选择并放置左踝袖带和右踝袖带。

4. 扫描与录入信息　扫描指引单上的体检编号，并在检测仪上输入相关信息，开始检测。

5. 结果保存与核对　检测结束后，核对结果无误后保存并上传图片。

（三）操作后整理

（1）整理用物，使用速干手消剂消毒双手。

（2）关闭检测系统、仪器及电脑，用清水擦拭仪器并记录。

【注意事项】

（1）检查室内温度，确保在 22 ～ 25℃。

（2）请受检者配合，避免吸烟等行为。

（3）测量前确保受检者休息 5 分钟以上，并保持仰卧姿势。

（4）对于初次体验下肢血压测量的受检者，需说明测量方法以缓解其紧张情绪。

（5）强调测量中请勿移动身体，并暂时不要说话。

三、^{13}C- 尿素呼气试验操作技术

【目的】

^{13}C- 尿素呼气试验旨在准确判断胃内是否存在幽门螺杆菌感染，它是一种非侵入性检测方法，具有安全、经济、便捷、无辐射、高准确性及可重复性等特点。

【操作步骤】

（一）操作前准备

（1）护士应着装整洁，洗手并佩戴口罩。

（2）准备必要的设备：^{13}C- 尿素呼气试验检测仪、电脑、扫码枪、打印机等。

（3）准备物品：包括 0 分钟采集试管、30 分钟采集试管、^{13}C- 尿素呼气试验诊断试剂盒或检测胶囊、温开水、速干手消剂、医用垃圾桶、生活垃圾桶等。

（4）确保所有无菌物品均在有效期内，仪器配备齐全且功能正常，处于备用状态。

（5）开启 ^{13}C- 尿素呼气试验检测仪及电脑，登录检测软件，进行设备预热和校正。

（二）操作中流程

（1）主动迎接受检者，核对姓名、ID 号等信息。

（2）向受检者解释检查目的、注意事项及禁忌证。

（3）输入受检者基本信息，并指导其按照正确姿势呼气，采集 0 分钟呼气样品。

（4）请受检者口服温开水稀释的 ^{13}C- 尿素呼气试验诊断试剂或检测胶囊，并记录再次采集时间。

（5）告知受检者于 30 分钟后再次收集样品，期间不得吸烟、饮食、饮水及剧烈运动。

（6）按照 0 分钟收集呼气方法再次收集 30 分钟呼气样品。

（三）操作后整理

（1）在检测软件中录入受检者信息，并按照顺序进行样品检测，自动打印报告。

（2）将样品放置在对应位置，选定软件界面上的对应样品进行检测。

（3）整理用物，按医用垃圾分类处理。

（4）使用速干手消剂消毒双手。

（5）结束体检后，退出检测软件，关闭电脑，并对仪器进行清洁消毒和记录。

【注意事项】

（1）受检者需在检查前禁食水 2 小时以上。

（2）收集气体，呼气时注意平缓正常呼吸，勿憋气、倒吸气。

（3）呼气完成后，尽快检测，如未能及时检测，可将集气袋放置在阴凉处保存，常温下可保存 1 周。

（4）为避免影响检测结果，确保受检者在 1 个月内未使用广谱抗生素及铋剂，1 周内未服用胃抑酸保胃及胃动力药。

（5）幽门螺杆菌感染者，药物治疗后需停药 1 个月以上方可再次进行检测。

（6）存在上消化道急性出血（1 周内）或胃部分切除术等情况的受检者，可能会造成结果假阴性，检查前应告知医生。

四、肺功能检测护理技术

【目的】

肺功能仪是一种常用的医疗设备，用于测量和评估呼吸道功能，帮助医生诊断和监测肺部疾病。

【操作步骤】

（一）操作前准备

（1）护士准备：着装整齐，洗手，戴口罩。

（2）仪器准备：电脑、扫码枪、肺功能仪配备齐全功能正常，处于备用状态等。

（3）物品准备：准备好所需的测试材料和器械，如流量计、面罩或口咬片等。

（4）所有无菌物品均在有效期内。

（5）打开肺功能仪检测仪器开关，打开电脑，进入体检系统，输入账号及密码，界面处于准备开始状态。

（6）确保测试环境安静、干净，并保持适当的温度和湿度。

（二）操作中流程

（1）主动接过指引单，对受检者说："您好"。

（2）在测试前，将受检者的基本信息录入肺功能仪，包括姓名、年龄、性别、身高、体重等。核对录入信息的准确性，避免因信息错误导致测试结果的偏差。

告知受检者测试目的、方法和可能的不适症状。保持舒适的坐姿或立姿，并确保正常呼吸。受检者测量中勿移动身体，暂时不要说话；不要紧张。

（3）操作步骤

1）将流量计连接到肺功能仪，并校正零点和灵敏度。

2）按照设备说明书的指示，正确放置面罩或口咬片，并确保其与受检者的口鼻密封良好。根据受检者的需要，选择适当的测试方法。

①肺通气功能检查，让患者接上咬口先平静呼吸，几个呼吸周期后指导受检者将患者将气缓慢吐出来，吐到不能再吐为止，至少持续 3 秒；让患者用力、快速吸饱气到肺总量位而不能停顿；

马上开始以最大能力、最快速度用力呼气；最后深吸一口气或回到平静呼吸；让患者离开咬口等待检查结果，根据结果分析，测量结果保存并打印，便于后续分析。

②肺弥散功能检查，让患者接上咬口先平静呼吸，几个呼吸周期后指导受检者将患者将气缓慢吐出来，吐到不能再吐为止，至少持续 3 秒；让患者用力、快速吸饱气到肺总量位而不能停顿；吸到最高点屏气，护士数数，听到 0，马上开始以最大能力、最快速度用力呼气；最后深吸一口气或回到平静呼吸；让患者离开伤口等待检查结果，根据结果分析，测量结果保存并打印，便于后续分析。

③肺最大通气功能检查，让患者接上咬口用力吸用力吐，最快速度的呼吸 12 秒；让患者离开咬口等待检查结果，根据结果分析，测量结果保存并打印，便于后续分析。

3）同时监测受检者的心率、血氧饱和度等指标，以评估测试的可靠性和受检者的耐受性。

4）在完成每项测试后，仔细记录测试结果和观察到的任何异常现象。

（4）数据分析

1）将测试数据导入电脑或专门的数据分析软件中，以得到详细的呼吸功能曲线和指标。

2）分析和比较受检者的测试结果与正常值或基准值，以评估其肺功能的健康状况。

（5）检测结束，自动生成并保存图片，显示图片上传成功。

（6）核对无误后，在该项目前画“√”，并盖人名章。

（三）操作后整理

（1）退出检测系统、智能分诊系统及体检系统，关闭检测仪器及电脑。

（2）完成测试后，设备彻底清洁和消毒，一次性口含嘴扔黄色垃圾袋内，每日做完最后一个受检者后，进行终末消毒。

（3）终末消毒：肺功能可写管路先流动水冲洗后，放入多酶洗液内浸泡 5 分钟，后放入清水内，左右晃动清洗膜上的酶后，放含有效氯 1000mg/L 的消毒液内浸泡 30 分钟后，放入更换后的清水内，左右晃动清洗膜上的消毒液，晾干备用。

（4）做好手卫生消毒，并记录仪器使用、消毒情况。

【注意事项】

（1）有禁忌证者不做该项检查，检查室的温度保持在 22 ～ 25℃。

（2）具体操作细节应根据实际使用的肺功能仪型号和品牌，结合其操作手册和相关行业标准进行完善。

（3）为确保受检者安全和测试结果准确性，操作人员应接受专业培训。

（4）操作人员应熟悉设备的使用方法，并严格遵循操作规程。

（5）在整个测试过程中，要与受检者积极沟通，确保其理解和配合，并根据需要进行专业解释和指导。

（6）定期对仪器进行维护和保养。

五、人体成分分析仪操作技术

【目的】

通过节段性生物电阻抗值来判定身体的健康状态。

【操作步骤】

（一）操作前准备

（1）护士准备：着装整齐，洗手、戴口罩。

（2）仪器准备：人体代谢动态检测分析仪、电脑、扫码枪。

（3）物品准备：速干手消剂、消毒纸巾、垫巾纸、置物筐、医用垃圾桶、生活垃圾桶。

（4）所有无菌物品均在有效期内，仪器配备齐全功能正常，处于备用状态。

（5）打开主机及电脑，进入体检系统，输入账号及密码，点击“图片上传程序”登录。

（二）操作中流程

（1）接过指引单，主动问好。

（2）核对受检者信息，询问受检者是否进食，体内是否有心脏起搏器或金属钢板、是否怀孕，查看肢体是否健全。

（3）告知受检者脱去外衣，将手机、钥匙、磁卡等物品放入置物框内，并脱去鞋袜。

（4）录入个人信息：ID（可选）、年龄、身高、性别。

（5）指导受检者徒手、赤足站立在底座上，足跟部对准矩形电极，保持静止状态直至称重完成。

（6）指导受检者双手握住手柄，手臂自然伸直并向身体两侧微张，拇指对准椭圆电极，其余四指充分接触掌部电极。点击“开始测量”键开始测量。

（7）嘱受检者保持放松、静止状态约 1 分 30 秒，测试过程中不要说话、移动。

（8）检测结束，在报告界面点击“打印”，扫描体检人员条码或者手动将受检者体检编号输入到“图片上传程序”的对话框中，对话框显示图片上传成功。

（9）核对无误后，在该项目前画“√”，并盖人名章。

（三）操作后整理

（1）消毒纸巾擦拭电极，更换垫纸，用速干手消剂消毒双手。

（2）体检结束，退出检测系统及体检系统，关闭检测仪器及电脑。

（3）仪器清洁消毒并记录。

【注意事项】

（1）开机过程中，底座上严禁站人或放置物体。

（2）关机时先关主机，后关外围设备。

（3）如测试者因皮肤干燥或角质层较厚而无法测试时，可用湿纸巾湿润足部、手部皮肤或电极后再测试。

六、骨密度测量护理技术

【目的】

为准确评估骨质中钙流失的状况，旨在引导受检者及时调整不良生活方式，并在必要时引导其就医治疗。

【操作步骤】

（一）操作前准备

（1）护士应着装整洁，执行标准的洗手流程，并佩戴口罩。

（2）准备所需设备：超声骨密度仪、电脑、打印机，确保设备正常运行。

（3）准备相关物品：耦合剂、棉签、速干手消剂、一次性垫巾、打印纸、医用垃圾桶、生活垃圾桶，并确认所有无菌物品均在有效期内。

（4）启动骨密度检测仪，打开电脑及打印机，输入相应账号及密码进入骨强度检测界面。

（二）操作中流程

（1）主动接待受检者，引导其就座，并核对相关信息。

（2）询问受检者测试部位皮肤是否完好，并详细说明检查的目的和流程。

（3）在系统中选择“单部位”测量类型，新建受检者档案，准确录入相关信息。

（4）指导受检者采取正确体位，根据测量部位（手部或足部）的不同，采取相应的测量方法，确保测量的准确性。

（5）完成测量后，打印并保存检测报告，再次核对信息无误后，进行报告解读，并给予受检者相应的健康建议。

（6）提醒受检者使用一次性垫巾清洁检查部位的耦合剂，确保卫生。

（7）核对所有信息后，在相应位置盖章确认。

（三）操作后整理

（1）按照医用垃圾分类标准整理用物，确保环境整洁。

（2）使用速干手消剂进行双手消毒。

（3）退出检测系统，关闭检测仪器、电脑及打印机。

（4）对仪器进行清洁消毒并记录，确保下次使用时的正常运行。

【注意事项】

（1）工作环境应避免放置大功率设备，以防仪器受干扰。

（2）工作环境应保持干燥通风，确保仪器正常运行。

（3）每天使用软布擦拭仪器，保持清洁，避免物品坠落损坏屏幕，连接线避免扭曲。

（4）定期进行仪器校正，确保测量结果的准确性。在校正过程中，如出现异常情况，应及时拨打售后电话进行处理。

七、心电图操作护理技术

【目的】

为受检者捕捉体检时心脏生物电活动的变化。

【操作步骤】

（一）操作前准备

（1）护士准备：着装整齐，洗手，戴口罩。

（2）仪器准备：心电图机、电脑、扫码枪。

（3）物品准备：生理盐水、棉球、75% 乙醇或乙醇棉片、镊子罐、止血钳、棉球罐、生理盐水罐、医疗垃圾桶、速干手消剂、心电图纸。

（4）所有无菌物品均在有效期内，仪器配备齐全功能正常，处于备用状态。

（5）打开心电图机及电脑，进入心电图系统，输入账号及密码，登录“心电信息平台”，点击“静息检查站”。

（二）操作中流程

（1）主动接过指引单，对受检者说：“您好”。

（2）核对受检者信息，告知受检者不脱鞋，上床平卧，暴露双足足踝、双手手腕及前胸。

（3）协助受检者取平卧位，活动者需安静休息 3 ～ 5 分钟。

（4）用 75% 乙醇棉球或乙醇棉片擦拭身体接触电极的部位（乙醇过敏者使用生理盐水擦拭），连接各导联线，屏幕出现 12 导联波形。

（5）待波形稳定后，点击“ECG”按钮，波形固定留图。

（6）点击心电图机右上侧“保存”键，心电图存档并上传至电脑的“心电系统”。

（7）“心电系统”出现心电图形后，点击“上传”键，保存至“心电分析系统”。

（8）核对无误后，在该项目前画“✓”，并盖人名章。

（三）操作后整理

（1）整理用物，用速干手消剂消毒双手。

（2）体检结束，退出心电系统及信息平台，关闭检查仪器及电脑。

（3）每日体检结束后仪器清洁消毒并记录。

【注意事项】

（1）如对上传图形不满意，单击“关闭”，选择受检者姓名信息栏双击，使之颜色变红后，重复操作中的（5）、（6）、（7）步骤。

（2）数据上传至“心电系统”后，仔细核对心电数据，保证与心电图机的数据一致。

（3）导联位置准确：左手（LA），右手（RA），左足（LL），右足（RL）。乙醇棉片擦拭受检者胸部，胸导吸球分别位于：（红）V_1，右侧第四肋间，（黄）V_2，左侧第四肋间，（绿）V_3，V_2 和 V_4 连线中点，（棕）V_4，左锁骨中线与第五肋间交点，（黑）V_5，左腋前线 V_4 同一水平，（紫）V_6，左腋中线 V_4 同一水平。

（4）如有需要留取纸质心电图并标注姓名。

思考题

1. 哪些检查前需测量身高、体重、腰围、臀围等？
2. 进行幽门螺杆菌检测前，需了解受检者哪些适应证？
3. 什么情况下要进行手卫生？

（范　颖　全冬妮　车　颖　周晓丹）

参考文献

丁淑贞，2011. 临床护理工作规范管理流程手册 [M]. 北京：人民卫生出版社.

黄金，李乐之，2020. 常用临床护理技术操作并发症的预防及处理 [M]. 北京：人民卫生出版社.

李葆华，王鹏，2021. 健康体检与管理机构护理工作常规 [M]. 北京：中国医药科技出版社.

刘玉萍，关华，唐怀蓉，2021. 健康管理专科护士规范化培训教材 [M]. 北京：中国纺织出版社有限公司.

中华医学会健康管理学分会，《中华健康管理学杂志》编辑委员会，中华医学会消化病学分会幽门螺杆菌学组，2021. 体检人群 ^{13}C 尿素呼气试验技术规范专家共识 [J]. 中华健康管理学杂志，15(1): 14-19.

第 17 章　健康管理护理决策

学习目标

了解：健康管理护理中的沟通协作。

熟悉：检前信息采集的内容。

掌握：常见慢性病的健康管理护理路径。

第一节　健康管理护理路径

随着我国人口老龄化进程加快、生活方式的改变及环境污染等因素的影响，慢性病的发病率和死亡率逐年快速增长，不仅严重威胁我国居民健康，而且影响社会经济发展。因此，健康干预慢性病是实现慢性病防治“未病先防，既病防变”的重要措施，健康管理护士是健康管理的重要力量。慢性病健康管理护理强调以受检者为中心，通过对患者进行全面的评估，制订个性化的管理方案，包括饮食、运动、药物治疗、心理支持等方面，为受检者提供连续、系统的健康管理服务。

健康管理护士在健康管理护理实践中应根据受检者的具体情况及健康管理护理路径开展个性化健康管理护理，从而在提高受检者生活质量、降低并发症风险、减轻家庭和社会负担等方面发挥积极的作用。

一、信息采集

检前信息采集是健康体检过程中的重要环节，具有多方面的意义和作用。

（一）检前信息采集的目的

（1）全面了解受检者的健康状况和基本信息，如年龄、性别、职业、家族病史等，这些信息有助于评估潜在的健康风险。

（2）通过采集既往病史、现病史、用药情况等，为体检项目的选择提供依据，确保体检的针对性和有效性。

（3）有助于提前发现可能影响体检结果的因素，如近期的特殊饮食、剧烈运动等。

（二）检前信息采集的内容

受检者个人健康信息包括基础问卷、常见慢性病风险筛查问卷及躯体活动能力筛查问卷。

基础问卷涵盖人口学特征、个人史、躯体症状、生活方式、睡眠等维度。主要内容如下：①人口学特征：年龄、性别、婚育史、受教育程度、职业和居住地等；②个人史：包括家族史、既往病史，还需关注年限（如患病、服药年数）和类别（如手术部位、药物类别）；③躯体症状：

包括身体上出现的各种感觉或异常现象如头晕、疼痛、胸闷、咳嗽、恶心、腹胀、出血、大小便异常等；④生活方式：包括饮食、吸烟、饮酒和运动，还需关注年限（如吸烟、饮酒年限）、频率（如运动频率）、数量（如饮酒量、吸烟量）和类型（如饮食、运动类型）；⑤睡眠状况：如睡眠时长、质量和影响因素。

常见慢性病风险筛查问卷主要包括心脑血管疾病风险筛查问卷、恶性肿瘤风险筛查问卷、慢性阻塞性肺疾病风险筛查问卷、代谢相关疾病风险筛查问卷。

躯体活动能力筛查问卷包括 PAR-Q 问卷、受检者疾病史和运动习惯等信息采集。

二、个性化体检方案设计

根据体检者的实际情况，在《健康体检项目专家共识（2022）》的基础上参照《成人个体化健康体检项目推荐专家共识》针对性地制订个体化的健康体检项目。具体检查项目类别可结合各健康体检与管理机构服务能力制订，须参考各种疾病筛查最新的指南、标准、规范或共识等指导性文件。

检查结果的准确性与健康管理护理密切相关，检中健康管理护士应协助体检方案中各项体检项目的顺利完成。检中应注意按照规范做好体检项目的相关检查，并注意质量控制，准确及时出具分科体检检查报告，保证体检项目检查结果的准确性。

三、疾病风险评估

疾病风险评估是指通过对受检者的身体、心理、社会、文化等方面的综合评估，确定受检者的健康状况和健康管理需求，为制订个性化的健康管理护理计划提供依据。检后护理评估是健康管理中的一个关键环节，对于保障个体的健康具有重要意义。

（一）疾病风险评估的目的

检后疾病风险评估的主要目的在于根据体检结果，全面分析个体的健康状况，识别潜在的健康风险，为制订个性化的健康管理计划和干预措施提供依据。

（二）疾病风险的内容

疾病风险的内容包括身体评估、心理评估、社会评估和文化评估等方面，通过对这些方面的评估，可以全面了解受检者的健康状况和健康管理需求，为制订个性化的健康管理计划提供依据。首先是对体检报告的详细解读，包括各项生理指标、影像学检查结果、实验室检查数据等。其次，评估个体的生活方式，如饮食、运动、睡眠、心理状态等对健康的影响。再者，考虑个体的家族病史、既往病史和现病史，判断疾病的发展趋势和可能的并发症。

四、制订健康管理目标及计划

与健康管理服务对象进行有效沟通的基础上，充分尊重其意愿，了解其健康需求、生活条件、社会支持力度等联合多学科共同制订符合实际需要且切实可行的健康管理目标，从而制订详细的健康管理干预计划。

通过疾病风险评估，可以明确个人或者人群存在的主要健康问题及其危险因素，对评估的结果进行仔细地分析和判断，识别可改变危险因素和不可改变危险因素，按照健康管理计划，准确、规范地执行干预措施，包括饮食、营养、运动、戒烟限酒、心理、药物、自我监测、并发症干预等内容。密切观察受检者的反应和健康状况。与受检者及其家属保持良好沟通，取得其配合和信任。

五、效果监测与评价

监测和评价的主要内容如下。

（一）目标达成情况评估

对照预先设定的健康管理目标，检查受检者的健康状况是否达到预期的改善。例如，对于高血压受检者，健康管理目标可能是将血压控制在一定范围内，通过测量血压来评估目标是否达成。

（二）症状和体征改善评估

观察受检者的症状（如疼痛、疲乏等）是否减轻或消失，体征（如伤口愈合、水肿消退等）是否有所好转。

（三）生理指标监测

定期检测受检者的生理指标，如血糖、血脂、尿酸等，以评价其健康状况的变化。

（四）心理和社会功能评估

运用心理评估量表或观察受检者的情绪状态、社交活动参与度等，评估心理和社会功能的改善情况。

（五）受检者满意度调查

通过问卷或访谈，了解受检者对干预的满意度，包括服务的态度、质量、效果等方面。

六、协作与沟通

在健康管理中，协作与沟通至关重要，它们是确保为受检者提供优质、全面健康管理服务的关键因素。

（一）协作方面

1. *跨学科团队协作* 健康管理护理往往涉及多个学科领域，如医生、护士、营养师、康复师、心理咨询师等。各专业人员需要紧密合作，共同为受检者制订和实施个性化的健康管理计划。

2. *医疗机构内部协作* 护理团队与医生团队的协作，不同科室之间的协作对于受检者的全程管理至关重要。如护士与医生之间需要及时交接受检者的病情信息，确保治疗和护理的连续性。

3. *医疗机构与社区协作* 医疗机构可以与社区卫生服务中心合作，将受检者的健康管理延伸到社区和家庭。社区工作人员可以协助监督受检者的康复情况，提供必要的支持和帮助。

（二）沟通方面

1. *与受检者的沟通* 健康体检工作中，健康管理护士是受检者接触最直接、最密切的人。健康管理护士需要以通俗易懂的语言向受检者解释健康状况、治疗方案和护理措施，了解受检者的需求和期望，增强受检者的依从性和信心。

2. *医护团队内部沟通* 通过定期的病例讨论、会诊、交接班等形式，团队成员之间交流受检者的健康状况变化、治疗进展和护理要点，确保信息的及时传递和共享。

3. *与受检者家属的沟通* 向家属告知受检者的健康状况和护理计划，争取家属的支持和配合，共同关心和照顾受检者。

4. *电子健康记录与信息系统的运用* 利用信息化手段，如电子健康记录和医疗信息平台，实现受检者信息的准确、及时传递和共享，提高沟通效率和质量。

为了促进健康管理护理中的协作与沟通，需要建立良好的团队文化和工作机制，加强培训，提高团队成员的协作和沟通能力。

第二节　健康管理护理个案管理案例

案例一　高血压健康管理护理

李先生，男，50岁，汉族，身高175cm，体重85kg，BMI 127.8kg/m^2（超重），腰围96cm，工程师，主诉高血压2年，未规律服用降压药，本次体检希望重点关注心血管系统的检查。

一、检前——采集健康危险因素

（一）检前问卷调查

在体检前以问卷形式采集受检者信息，了解受检者是否存在高血压的相关风险因素。同时对个人的健康信息、生活方式情况、心理状况等做好信息采集。

1. *采集人口学特征信息*　年龄、性别、婚育史、受教育程度、职业和居住地等。

2. *采集个人史*　评估现病史和既往史，既往有无高血压、糖尿病、冠心病、脑卒中、血脂异常等家族史；既往病史、用药史，尤其注意可引起血压增高的药物（包括中药）；既往体检情况。还需关注年限（如患病、服药年数）和类别（如手术部位、服用药物类别、服药依从性）。

3. *躯体症状*　出现高血压相关的临床症状如头晕、乏力等。

4. *生活方式*　询问饮食习惯、特殊嗜好、有无吸烟史、饮酒史、体力活动强度、体育锻炼方式、频次、运动时间、强度，还需关注年限（如吸烟、饮酒年限）、频率（如运动频率）、数量（如饮酒量、吸烟量）和类型（如饮食、运动类型）。

5. *心理状况*　询问睡眠时长、质量和影响因素，询问工作状态，有无紧张、焦虑和睡眠障碍等情况，家庭及社会支持情况。

通过检前信息采集结果显示：李先生，本科，已婚，工程师，吸烟20年，3～5支/天；饮食偏咸，嗜酒，爱吃油炸食物；平时无运动锻炼习惯，开车代步，办公室久坐。一级亲属患有冠心病、高血压。发现高血压2年，最高血压165/110mmHg，曾经使用抗高血压药治疗，未规律服药，近半年偶有头晕头痛，休息后可缓解，未重视。心理状态方面：工作忙碌，时常加班，容易失眠；焦虑自评量表（SAS）总评分53分，轻度焦虑；抑郁自评量表（SDS）总评分45分，无抑郁状态。

（二）个性化体检方案设计

根据受检者的健康危险因素，在《健康体检项目专家共识（2022）》的基础上参照《成人个体化健康体检项目推荐专家共识》针对性地制订个体化的健康体检项目。

高血压风险人群推荐项目血浆同型半胱氨酸、超敏C反应蛋白（hypersensitiveC-reactive protein，hs-CRP）、电解质（血Na^+、K^+、Cl^-）、肌酐、肾高血压4项（醛固酮、肾素、皮质醇、促肾上腺皮质激素）、尿微量白蛋白、超声心动图、颈动脉超声、肾动脉超声、眼底检查、24小时动态血压、踝臂血压指数、脉搏波传导速度、双下肢动脉超声、冠状动脉钙化积分、呼吸睡眠监测、头颅磁共振脑血管成像（MRA）、经颅多普勒超声、人体成分分析、血管内皮功能检查、肾上腺 CT。

综合李先生的健康危险因素及风险评估，参照相关指南，充分尊重其个人意愿下最终为其制订的个性化体检项目如下：体格检查、血常规、生化、心电图检查、胸部 X 线片、腹部超声、CEA、CA19-9、AFP、CA724、血浆同型半胱氨酸、肾高血压 4 项（醛固酮、肾素、皮质醇、促肾上腺皮质激素）、尿常规、尿微量白蛋白、心脏彩超、双侧颈动脉超声、眼底检查、人体成分分析。

二、检中——体检质量控制

检中质量控制的核心是保证体检项目的顺利完成，注意按照规范做好高血压相关的检查，注重质量控制，确保检查结果的准确性和检查过程的安全性。

在血压评估方面的质控需注意以下几点。

（1）选择符合计量标准的水银柱血压计或经过验证的电子血压计，定期校准，以保证测量的准确性。

（2）测量血压前受检者应安静休息至少 5 分钟，30 分钟内避免进食及吸烟、喝刺激性的饮料，如咖啡、浓茶、酒等，排空膀胱。

（3）测量环境：选择安静、舒适、温度适宜的环境，避免室温过高或过低。

（4）测量时一般受检者取坐位，最好坐靠背椅，手臂应与心脏在同一水平位置，身体保持不动，不说话。如果是卧位测量，也要保证手臂与心脏平齐。

（5）若受检者血压出现异常，当收缩压≥ 140mmHg 且＜ 180mmHg 和（或）舒张压≥ 90mmHg 且＜ 110mmHg 时。

1）再次测量：为确保测量结果的准确性，可以让受检者休息 5 ～ 10 分钟，情绪稳定后再次测量血压。

2）询问相关情况：了解受检者近期的身体状况，如是否有头痛、头晕、心悸、胸闷等症状；是否正在服用影响血压的药物；是否有高血压家族史；近期的生活方式，如睡眠、饮食、运动、精神压力等。

3）给予初步建议：若安静休息后复测仍达此标准，受检者无不适，予以健康宣教，建议受检者保持低盐、低脂肪饮食，适量运动，避免劳累和精神紧张，保证充足的睡眠。若受检者伴有不适，应及时汇报医生，遵医嘱予以诊疗。

4）记录和报告：将受检者的血压测量结果、相关症状和初步处理情况详细记录。

（6）若体检中发现血压出现重要异常结果：收缩压≥ 180mmHg 和（或）舒张压≥ 110mmHg 伴急性症状，或安静休息后复测仍达此标准。立即启动重要异常结果处理程序。

1）受检者血压为重要异常结果 A 类，立即汇报医生，及时处理，停止体检。

2）告知受检者本人及其家属，配合医生联系相关科室，及时转诊进一步处理，必要时迅速配合展开现场急救。

3）及时记录重要异常结果报告情况。记录内容如下：在重要异常结果报告登记记录本内详细记录日期、受检者姓名、体检号、重要异常结果、重要异常结果报告人姓名、报告时间（具体到分）、重要异常结果管理员签名、处理情况等级、通知时间、被通知人姓名、反馈结果等。

4）做好重要异常结果的随访工作：由专人负责随访，在体检后的 24 小时内、1 周内、1 个月内，通过电话了解受检者的诊治情况，并进行记录。

5）待受检者病情稳定后继续体检。

三、检后——疾病风险评估

本次李先生体检结果显示：血压150/96mmHg；甘油三酯1.9mmol/L；尿酸521μmol/L；中度脂肪肝；双侧颈动脉内中膜增厚伴右侧斑块形成（单发）；余下体检项目均为正常，结合问卷情况和体检报告结果确定为1级高血压；血脂异常；血尿酸增高；双侧颈动脉内中膜增厚伴右侧斑块形成（单发）；未合并冠心病、心力衰竭、卒中、肾脏疾病和糖尿病。风险评估分层：心血管疾病中高危人群。主要健康问题，未控制的高血压及相关靶器官损害风险（心、脑、肾、血管）。不良生活方式（高盐高脂饮食、缺乏运动、吸烟、过量饮酒、精神压力）、代谢紊乱（肥胖、血脂）。重点对高血压进行健康管理。

四、制订健康管理目标及计划

健康管理方案由医生、健康管理护士、营养师、运动管理师等多学科与李先生及其家属共同制订，方案的制订基于充分尊重李先生的健康需求、保护其隐私，根据李先生的生活条件、医疗经济资源等实际情况，最大程度提高受检者的依从性和配合度。李先生意愿暂缓给药，采用单纯生活方式干预3～6个月，确定血压控制目标：血压至少减低20/10mmHg，最好控制在140/90mmHg以内。3个月内在能耐受的情况下，逐步降压达标。体重目标：减重至80kg左右（$BMI=26kg/m^2$）。

五、确定干预措施

饮食护理

1. 合理膳食

（1）指导需遵循低盐、低脂饮食，控制高热量食物的摄入，如高脂食物、含糖饮料和酒类等；适当控制碳水化合物的摄入。饮食应以水果、蔬菜、低脂奶制品、富含食用纤维的全谷物、植物来源的蛋白质为主，减少饱和脂肪和胆固醇的摄入。

（2）减少钠盐摄入：高盐饮食是导致高血压的重要原因之一，因此高血压患者应严格控制食盐用量。一般来说，每天的食盐摄入量应不超过5g，相关措施如下。

1）纠正过咸口味，指导可以使用醋、柠檬汁、香料、姜等调味品，提高菜肴的鲜味。减少味精、酱油等含钠盐的调味品的用量。

2）采取总量控制，使用限盐勺，按量烹饪。

3）使用低钠盐、低钠酱油或限盐酱油，少放味精。

4）少吃烧烤、零食、腌制食品及其他过咸食品。

5）李先生目前肾功能良好，可推荐选择低钠富钾替代盐。

2. 运动干预　除日常生活的活动外，指导采取有规律、中等强度的有氧运动。建议每日体力活动30～60分钟，每周至少进行3次有氧锻炼，如慢跑、散步、游泳、打太极拳（剑）、骑自行车等。运动强度指标为运动时最大心率达到（220－年龄）次/分，运动的强度、时间和频度以不出现不适反应为度。运动的形式和运动量均应根据个人的兴趣和身体状况而定。

3. 限制酒和戒烟　饮酒会导致血压升高，增加心血管疾病的风险。高血压患者应尽量避免饮酒，如果无法避免，应限制饮酒量。受检者平素嗜酒，应告知饮酒对高血压患者的危害，指导受检者每天的饮酒量不应超过 25g（相当于白酒 50ml、啤酒 300ml、葡萄酒 100ml）。李先生每天吸烟 3 ～ 5 支，应指导控烟甚至戒烟。

4. 高血压急症的护理

（1）避免诱因：指导受检者避免情绪激动，保持轻松、稳定心态，必要时使用镇静药。指导其高血压急症期按医嘱服用抗高血压药，不可擅自减量或停服，以免血压急剧升高。另外，避免过度劳累和寒冷刺激。

（2）病情监测：监测血压变化，一旦发现有高血压急症的表现，如血压急剧升高、剧烈头痛、呕吐、大汗、视物模糊、面色及神志改变、肢体运动障碍等，应立即通知医生。

（3）高血压急症的护理：绝对卧床，抬高床头，避免一切不良刺激和不必要活动，协助生活护理。保持呼吸道通畅，吸氧。进行心电、血压和呼吸监测，建立静脉通道并遵医嘱用药，用药过程中监测血压变化，避免血压骤降。应用硝普钠、硝酸甘油时采用静脉泵入方式，密切观察药物不良反应。

5. 心理护理　长期血压控制不理想患者容易产生焦虑、恐惧、不安等负性情绪，应指导受检者减轻精神压力，保持心理平衡，指导李先生放松技巧（如深呼吸、冥想、渐进式肌肉放松法）。应全程做好受检者的心理护理，多与受检者保持沟通，倾听其心声，给予积极心理疏导；帮助受检者保持积极乐观的生活态度，避免负性情绪；鼓励受检者家属给予受检者支持和关爱；若无法承受心理压力必要时可寻求专业心理辅导或治疗。

6. 健康教育

（1）疾病知识指导：让受检者了解自身病情，包括血压水平、危险因素及合并症及症状等。详细告知其高血压的风险因素和有效治疗的益处。对受检者及其家属进行高血压相关知识指导，提高护患配合度。

（2）用药原则：通过讲座或者一对一指导等多种形式，详细讲解降压各种相关药物，让患者了解常用药物副作用及自我观察要点，若非药物干预血压控制不理想应及时行药物干预，抗高血压药应按时、正确服用。

7. 自我管理　提高高血压患者自我管理的能力，定期监测血压和记录，管理好自身生活方式。高血压患者应每天填写自我管理记录量表提高健康管理依从性，同时有助于提高自我管理能力，高血压自我管理记录量见表 17-1。

表 17-1　高血压自我管理记录量表

项目	解释		3 分	2 分	1 分
饮食	低热量、低脂	建立合理健康的饮食习惯，多进食蔬菜，脂肪热量不超过 20%	完全按照要求饮食者	有总摄入热量超标或者脂肪热量超标一项者	完全不按照要求饮食者
摄盐量	低盐饮食	每天食盐量不超过 5g	完全按照要求饮食	部分符合要求饮食	完全不按照要求饮食者
生活习惯	戒烟、限酒	戒烟、限制饮酒，每日饮酒不超过 25g	完全符合要求者	有吸烟或饮酒超量其中一样者	完全不按照要求者

续表

项目	解释		3分	2分	1分
运动	适量运动	选择散步、慢跑、打太极拳、快走等运动形式，每日锻炼不少于30分钟，锻炼时最快心率控制在（170 －年龄）次/分以下	完全按照要求运动者	运动时间不足30分钟	完全不运动或剧烈运动导致心率超标者
情绪/压力	情绪稳定，减轻压力	控制情绪，保持心情愉悦	完全符合要求者	有情绪波动、焦虑者	有抑郁情绪，出现暴怒者
血压测量	规律监测血压	清晨血压 早6～10时（mmHg） 晚间血压 18～21时（mmHg）	完全符合要求者	有监测清晨血压或晚间血压其中一样者	完全不按照要求者

注：评分＞10分为自我管理效果良好，＜5分为自我管理效果差，需加强健康宣教，提高依从性

六、效果监测与评价

高血压管理的效果评价是指根据高血压管理方案中所设定的管理指标等，对管理效果进行评价，从而评估高血压管理方案的实施效果，以期进一步修正和完善管理方案。

（一）年度评估

在年内随访管理的基础上，按照患者全年血压控制情况，分为优良、尚可、不良3个等级。

（二）过程评估

1. *目标达成情况评估* 对照预先设定的健康管理目标，检查受检者的健康状况是否达到预期的改善。李先生能主动养成良好的生活方式，掌握家庭血压监测的方法，有效记录监测数据并提供给医护人员，干预3个月后，家庭自测量血压值为135～145/85～88mmHg，诊室血压139/85mmHg（较基线下降）。体重降至82kg（减重3kg），BMI=26.8kg/m^2，腰围93cm。

2. *症状和体征改善评估* 观察受检者的症状，李先生头痛减轻或消失，食欲增加。

3. *生理指标监测* 3个月后检测李先生的生理指标，血糖、血脂、胆固醇及尿酸指标正常，未发生相关并发症。

4. *心理和社会功能评估* 运用心理评估量表或观察李先生的情绪状态、社交活动参与度等，评估心理和社会功能的改善情况。李先生情绪稳定，了解自身疾病，并能积极配合治疗，能较好地保持积极情绪。

5. *受检者满意度调查* 通过问卷或访谈，李先生对护理干预的满意度评分为96分。

案例二 2型糖尿病健康管理护理

李先生，男，43岁，公务员，主诉近期疲倦犯困，2024年3月体检结果：空腹血糖7.2mmol/L；糖化血红蛋白6.8%；OGTT（空腹）7mmol/L；OGTT（餐后2小时血糖）10.8mmol/L；总胆固醇5.35mmol/L；LDL-C 3.25mmol/L；HDL-C 1.69mmol/L；甘油三酯2.1mmol/L；血尿酸312μmol/L；眼底检查（－），甲状腺触诊（－）；皮肤检查（－）；足部检查（－）。本次由家属陪同到健康管理中心要求体检。

一、检前——采集健康危险因素

糖尿病是因胰岛素绝对或相对不足，以及胰岛素利用障碍所引起的代谢紊乱性疾病，糖尿病的防治需要多学科协作。糖尿病健康管理团队应至少需要 1 名内分泌科专科医生、1 名健康管理护士、1 名营养师，若条件允许还应包括运动治疗师、药剂师、心理治疗师、社区工作人员等相关人员。健康管理护士是糖尿病患者健康管理中健康教育的主要实施者，负责指导糖尿病患者的血糖监测模式、自我管理的技巧、并发症的预防及糖尿病的随访等内容。健康管理护士在糖尿病健康管理中发挥着重要作用，协调糖尿病健康管理整个团队。

在健康管理中心，在健康体检的基础上进行糖尿病的健康管理，糖尿病的健康管理护理以其护理管理路径贯穿健康体检全过程，从而做好糖尿病的筛查、评估和护理干预工作。

（一）检前问卷调查

在体检前应以问卷形式采集受检者信息，了解受检者是否存在糖尿病的相关风险因素。同时对个人的健康信息、生活方式情况、心理状况等做好信息采集。

1. *采集人口学特征信息*　年龄、性别、婚育史、受教育程度、职业和居住地等。

2. *采集个人史*　采集现病史和既往史，既往有无高血压、糖尿病、冠心病、脑卒中、血脂异常等家族史；有无用药史，既往治疗方案和疗效情况；目前治疗情况（药物、治疗依从性、饮食、运动等），血糖监测情况、急性并发症和低血糖发生频率、严重程度和常见原因。

3. *躯体症状*　有无出现糖尿病相关的“三多一少”等症状及糖尿病相关并发症情况。

4. *生活方式*　询问饮食习惯、特殊嗜好、有无吸烟史、饮酒史、体力活动强度、体育锻炼方式、频次、运动时间、强度，还需关注年限（如吸烟、饮酒年限）、频率（如运动频率）、数量（如饮酒量、吸烟量）和类型（如饮食、运动类型）。

5. *心理状况*　询问睡眠时长、质量和影响因素，询问工作状态，有无紧张、焦虑和睡眠障情况、家庭及社会支持情况。

通过检前信息采集结果显示：李先生，男，43 岁，公务员，身高 179.5cm，体重 79.3kg，血压 128/78mmHg，腰围 88cm，臀围 95cm。主诉：近期倦怠，容易犯困；偶有口干的现象。入睡困难，起夜 1 ～ 2 次。既往史：体检发现血糖高 9 个月，父亲患 2 型糖尿病。生活方式：饮食方面：早餐不规律，午餐外卖（高油高盐），晚餐多主食；喜甜食、含糖饮料；蔬菜摄入不足，不吸烟，偶有饮酒。运动方面：每日久坐＞ 8 小时，无规律运动。睡眠：每日平均 6 小时，入睡困难，常熬夜处理文件。心理社会方面：工作压力大，焦虑情绪明显，家庭及社会支持情况较好。

（二）个性化体检方案设计

根据受检者检前问卷测评结果的情况，在《健康体检项目专家共识（2022）》的基础上参照《成人个体化健康体检项目推荐专家共识》针对性地制订个体化的健康体检项目。

例：糖尿病风险人群推荐项目

空腹胰岛素、空腹 C 肽、餐后 2 小时血糖、餐后 2 小时胰岛素、餐后 2 小时 C 肽、糖化血红蛋白、糖化白蛋白、尿微量白蛋白肌酐比、1 型糖尿病相关自身抗体谱、眼底照相、颈动脉超声、下肢动脉超声。其中，1 型糖尿病相关自身抗体谱包括谷氨酸脱羧酶抗体（glutamic acid decarboxylase antibodies，GADA）、胰岛细胞自体抗体（islet Cell autoantibody，ICA）、人胰岛细胞抗原 2 抗体（human islet antigen-2 antibody，IA-2A）、抗胰岛素自身抗体（anti-insulin autoantibodies，IAA，适用于 1 型糖尿病患者）。

综合李先生的健康危险因素及风险评估，参照相关指南，充分尊重其个人意愿，最终为李先生制订的个性化体检项目如下：体格检查、血常规、生化、心电图检查、胸部 X 线片、腹部超声、CEA、CA19-9、AFP、空腹胰岛素、空腹 C 肽、餐后 2 小时血糖、餐后 2 小时胰岛素、餐后 2 小时 C 肽、糖化血红蛋白、尿微量白蛋白、眼底照相、颈动脉超声、下肢动脉超声。

二、检中——体检质量控制

检中最主要的目标是完成体检项目，保证体检项目结果的准确性，并保证体检全程的安全性，因此糖尿病的健康管理护理质量控制应注意按照规范做好糖尿病相关检查，注重过程质量控制。

应注意以下相关质控要点。

1. 空腹血糖

（1）受检者要求至少 8 小时未进食，但不超过 16 小时，通常建议在前一天晚上 10：00 后不再进食，但可以少量饮水。

（2）采血前受检者避免剧烈运动：剧烈运动可能导致血糖水平波动。

（3）保证充足睡眠，保持情绪稳定：紧张、焦虑、愤怒等情绪可能影响体内激素分泌，从而影响血糖。

（4）宜在早上 7 ～ 9 时采血，采血后及时送检。

（5）采血前受检者不要服用降血糖药物：以免影响检测结果。但如果医生有特殊要求，则需遵医嘱。

（6）近期饮食规律：采血前几天应保持正常的饮食结构和摄入量，避免刻意节食或暴饮暴食。

2. 糖化血红蛋白　采集抗凝血送检，注意受检者近期是否有输血、大量失血或接受促红细胞生成素治疗或服用维生素 C 或维生素 E 等药物，可影响检测结果。

3. 口服葡萄糖糖耐量试验（OGTT）的注意要点

（1）检查前准备

1）试验前 3 天，每日碳水化合物摄入量不少于 150g。

2）试验前应禁食 8 ～ 14 小时，但可以适量饮水。

3）试验前应停用可能影响血糖的药物，如避孕药、利尿剂、苯妥英钠等，如需服用抗高血压药可照常使用。

4）保持身体和精神状态良好，避免剧烈运动和情绪激动。

（2）检查方法

1）晨起空腹抽取静脉血，测定血糖值。

2）将 75g 无水葡萄糖（儿童按 1.75g/kg 体重计算，总量不超过 75g）溶于 250 ～ 300ml 温开水中，在 5 分钟内喝完。

3）从喝第一口糖水开始计时，分别于服糖后 30 分钟、1 小时、2 小时、3 小时抽取静脉血，测定血糖值。

（3）注意事项

1）试验过程中不可吸烟、喝咖啡、喝茶或进食，不做剧烈运动，安静休息。

2）为保证 OGTT 试验的安全进行，检前一般先了解受检者的血糖情况，若受检者血糖已经明显升高（通常空腹血糖＞ 12mmol/L），则不推荐行该项检查，以免造成受检者糖负荷过高。

3）在此过程中，若受检者出现低血糖反应，应立即停止试验并给予处理。采血后尽早将标本送检。

三、检后——疾病风险评估

根据问卷调查、体检结果，对李先生进行全面评估，评估靶器官损害程度和预测疾病风险，根据李先生的既往情况，结合本次体检结果：空腹血糖 7.8mmol/L；糖化血红蛋白 7.0%；OGTT（空腹）7.3mmol/L；OGTT（餐后 2 小时血糖）10.9mmol/L；总胆固醇 5.4mmol/L；LDL-C 3.23mmol/L；HDL-C 1.72mmol/L；甘油三酯 2.2mmol/L；血尿酸 322μmol/L；风险评估分层：心血管疾病中高危人群，未控制的高血糖及相关靶器官损害风险。不良生活方式（高盐高脂饮食、缺乏运动、吸烟、过量饮酒、精神压力）、代谢紊乱（肥胖、血脂异常）。主要诊断：2 型糖尿病；血脂异常。

甲状腺触诊（－）；皮肤检查（－）；足部检查（－），动脉粥样硬化；ST 段改变、T 波改变；脂肪肝；左心室舒张功能降低；前列腺增生；余下体检项目均为正常，李先生未合并冠心病、心力衰竭、卒中、肾脏疾病和高血压。预测疾病风险，将李先生纳入糖尿病人群进行健康管理。

四、制订健康管理目标及计划

糖尿病的健康管理方案由内分泌医生、健康管理护士、营养师、运动管理师等多学科与李先生及其家属共同制订，方案的制订基于充分尊重李先生的健康需求、保护其隐私，根据李先生的生活条件、医疗经济资源等实际情况，最大程度地提高其依从性和配合度。

糖尿病健康管理的近期目标是消除糖尿病症状和防止出现急性并发症。参照中国 2 型糖尿病综合控制目标（2020 版）（表 17-2）管理血糖到达标，时间为 3 ～ 4 个月；远期目标是预防或延缓糖尿病慢性并发症的发生和发展。

糖尿病的治疗应遵循综合性原则，根据患者的年龄、病程、并发症或合并症严重程度和预期寿命等确定个体的控制目标。通过“五驾马车”使血糖、血压、血脂等代谢指标得到良好控制，达到预防糖尿病并发症的发生和发展，从而提高患者生活质量，延长寿命。

表 17-2　中国 2 型糖尿病综合控制目标（2020 版）

目标	目标值
毛细血管血糖（mmol/L）	
空腹	4.4 ～ 7.0
非空腹	＜ 10.0
糖化血红蛋白（%）	＜ 7.0
血压（mmHg）	＜ 130/80
总胆固醇（mmol/L）	＜ 4.5
高密度脂蛋白胆固醇（mmol/L）	
男性	＞ 1.0

续表

目标	目标值
女性	＞ 1.3
甘油三酯（mmol/L）	＜ 1.7
低密度脂蛋白胆固醇（mmol/L）	
未合并动脉粥样硬化性心血管疾病	＜ 2.6
合并动脉粥样硬化性心血管疾病	＜ 1.8
BMI（kg/m^2）	＜ 24.0

五、确定干预措施

（一）饮食护理

1. 饮食原则 ①合理饮食，吃动平衡，有助于血糖的良好控制；②主食定量，粗细搭配，提倡低血糖指数的主食；③多吃蔬菜，水果适配，种类和颜色要丰富多样；④常吃鱼、禽，蛋、肉适量，限制加工肉类制品摄入；⑤奶类、豆类天天要有，零食加餐按需合理选择；⑥清淡饮食，少油低盐，应当足量饮水且不饮酒；⑦定时定量，细嚼慢咽，根据实际情况少食多餐。

2. 指导控制总热量

（1）计算理想体重

方法 1：理想体重（kg）= 身高（cm）－ 105。在此值 ±10% 以内均属正常范围，低于此值 20% 为消瘦，超过 20% 为肥胖（此公式用于后文的热量测定）。

方法 2：BMI 18.5 ～ 23.9 kg/m^2 为正常，＜ 18.5kg/m^2 属于消瘦，24.0 ～＜ 28.0kg/m^2 属于超重，≥ 28.0kg/m^2 为肥胖。

（2）计算总热量：受检者每天摄入的总热量根据受检者的理想体和参与体力劳动的情况计算，每日所需的总热量 = 理想体重 × 每千克体重需要的热量（表 17-3）。

表 17-3 不同体力劳动的热量需求表 [kcal/（kg・d）]

劳动强度	举例	消瘦	正常	超重或肥胖
卧床休息		25 ～ 30	20 ～ 25	15
轻体力劳动	办公室职员、教师、售货员、简单家务，或与其相当的活动量	35	30	20 ～ 25
中体力劳动	学生、司机、外科医生、体育教师、一般农活，或与其相当的活动量	40	35	30
重体力劳动	建筑工、搬运工、冶炼工、重的农活、运动员、舞蹈者，或与其相当的活动量	45 ～ 50	40	35

李先生的糖尿病饮食计划如下：首先判定其体型，李先生身高 179.5cm，体重 79.3kg，根据理想体重（kg）= 身高（cm）－ 105 计算公式可得李先生的理想体重（kg）为 179.5cm － 105=74.5kg；李先生属于正常体型；根据李先生的理想体重和参与体力劳动的情况计算，每日所需的总热量 = 理想体重 × 每千克体重需要的热量计算出李先生每日需要能量为 74.5kg ×

（25～30）kcal/（kg • d）=1862.5～2235kcal。

3. 食物多样，合理膳食　李先生的饮食结构较单一，偏食甜食，首先指导其改变膳食结构，合理膳食（表 17-4）。总的原则是低脂肪、适量蛋白质和高纤维的膳食。糖类占 50%～65%，提倡食用粗制米、面和一定量杂粮，忌食用葡萄糖、蔗糖、蜜糖及其制品；蛋白质 15%～20%，脂肪 20%～30%。参照《中国糖尿病膳食指南》2017 版安排膳食。

表 17-4　2200～2300kcal 热量三餐食谱示例

早餐				
食谱 1	豆浆（鲜豆浆 250g）	花卷（标准粉 75g）	拌菠菜（菠菜 50g）	煮鸡蛋（鸡蛋 50g）
食谱 2	牛奶（鲜牛奶 250g）	馒头（标准粉 75g）	拌黄瓜（黄瓜 50g）	煮鸡蛋（鸡蛋 50g）
食谱 3	无糖酸奶（无糖酸奶 200g）		面包（标准粉 25g）	
	蔬菜沙拉（蔬菜 50g）		煮鸡蛋（鸡蛋 50g）	
午餐				
食谱 1	米饭（大米 150g） 番茄蛋花汤（番茄 50g，鸡蛋 50g）		青椒炒鸡肉（青椒 100g，鸡肉 75g）	
食谱 2	米饭（大米 150g） 红烧带鱼（带鱼 100g）		木耳炒鸡蛋（木耳 100g，鸡蛋 50g）	
食谱 3	烙饼（标准粉 150g） 萝卜炖牛腩（胡萝卜 50g，牛肉 70g）		西芹百合（西芹 100g，百合 10g）	
加餐				
食谱 1 苹果 100g	食谱 2 柚子 100g		食谱 3 西瓜 100g	
晚餐				
食谱 1	米饭（大米 150g） 炒豆芽（黄豆芽 50g）		清笋鸡丝（清笋 100g，鸡肉 75g）	
食谱 2	米饭（大米 150g） 拌黄瓜（黄瓜 50g）		芹菜炒肉（芹菜 100g，瘦猪肉 75g）	
食谱 3	馒头（标准粉 150g） 素炒菠菜（菠菜 100g）		排骨海带（湿海带 100g，排骨 75g）	
加餐				
食谱 1 苹果 100g	食谱 2 香蕉 100g		食谱 3 草莓 100g	

（二）运动干预

规律运动有助于控制血糖，减少心血管危险因素，减轻体重，提升幸福感。根据《中国 2 型糖尿病运动治疗指南（2024 版）》，2 型糖尿病患者运动时应遵循以下原则。

（1）运动干预前应在医生指导下进行，根据既往运动习惯、CVD 风险及目标运动强度等决定评估内容，特别是心肺功能和运动功能的医学评估（如运动负荷试验）。

（2）运动频率与时间：运动频率是指每周执行运动计划的天数，在促进健康和改善健康体适能中起重要作用。世界卫生组织推荐有氧运动频率不少于 3 天 / 周，抗阻运动时，同一肌群的运动频率至少间隔 1 天，2 ～ 3 天 / 周。柔韧性运动的频率最好每天都进行。鼓励患者 3 ～ 5 次 / 周、间隔不超过 2 天的运动以达到推荐的运动量。每周至少 150 分钟运动时间，运动时间可以连续完成，也可以分次累计完成。建议在餐后 1 小时左右开始运动，以便更好地控制血糖。

（3）运动强度：根据李先生的运动习惯、健康状态建议以低强度有氧运动（30% ～ 39% HRR）起始，逐步增至中等强度（40% ～ 59% HRR）至较大强度（60% ～ 69% HRR）有氧运动。

（4）中等强度的有氧运动包括散步、慢跑、快走、游泳、打太极拳、爬楼梯、登山等，还可根据个人的爱好进行球类运动。根据李先生的个人体质、运动爱好选择慢跑的运动方式。推荐李先生每天慢跑应累计达到 8000 ～ 10 000 步。

（5）运动项目的选择与患者的年龄、病情及身体承受能力相适应，并定期评估，适时调整运动计划。

（6）体力活动 / 运动是糖尿病自我管理的关键行为，推荐在运动干预时可戴设备中的运动手环或智能手表以及以运动打卡的形式提高运动干预的依从性。

（7）运动注意事项：选择合适的运动强度、运动方式和运动时机；充分做好运动前的准备，包括运动时的服装、鞋子等要合适，随身携带食物、水等；循序渐进，不要随意增加运动时长或强度；注意休息，注意运动周围环境及气候，保证运动安全。

（8）运动干预要点：运动后要加强血糖监测，运动量大或剧烈运动时应指导患者动态调整饮食方案，以免发生低血糖；发生低血糖时应立即处理；低血糖事件通常发生在运动后 6 ～ 15 小时，需警惕夜间低血糖事件。血糖＞ 16.7mmol/L 时，无论是否合并酮症应谨慎运动；反复低血糖或血糖波动大，有 DKA 等急性代谢并发症、合并急性感染、严重肾脏病等情况下禁忌运动，病情控制稳定后方可逐步恢复运动。

（三）心理护理

糖尿病是代谢紊乱的慢性病，由于患者担心糖尿病的并发症，对疾病发展和预后不确定，生活方式改变的不适应等出现紧张不安、焦虑恐惧等负性情绪，健康管理护士应与健康管理对象建立良好信任关系，倾听理解患者，让患者感受到被关心和尊重；向患者介绍疾病相关知识，答疑解惑，增强患者对疾病的认识和治疗的信心。鼓励患者表达情绪，组织同伴教育经验交流，提供心理支持；帮助患者制订合理的生活计划，增强自我管理能力，帮助患者调整心态；指导其通过正念冥想和深呼吸等心理疏导技术进行心理调节；引导家属支持和理解患者，给予家庭支持。必要时向专业心理治疗师寻求帮助。

（四）血糖监测

血糖监测是糖尿病健康管理重要的组成部分，血糖监测可以直观地反映患者当前的血糖水平，有助于了解患者糖尿病的控制情况，便于及时调整治疗方案，预防高血糖和低血糖的发生。

血糖监测的注意事项如下。

1. *正确操作血糖仪*　测试前检查试纸条和质控品是否储存恰当，试纸条的有效期和条码是否符合要求。在使用血糖仪监测血糖时，患者需要严格按照血糖仪的使用说明进行操作，确保操作正确。例如，在采血前要清洁手指，避免使用含有乙醇的消毒剂；采血时要选择合适的采血部位，避免在手指有伤口或感染的部位采血；将血滴在血糖试纸上时要注意血量适中，避免血量过多或过少。

2. *记录血糖监测结果*　受检者在监测血糖后，要及时记录血糖值、监测日期、时间、饮食情况、运动情况等信息。这些记录可以帮助受检者和医生了解血糖的变化情况，分析血糖波动的原因，调整治疗方案。指导李先生建立自己的糖尿病管理日记，提供动态客观的血糖监测情况（表 17-5）。

表 17-5　糖尿病管理记录表

日期	监测时间	血糖值	监测当天情况说明		
			饮食	运动	其他
填写示例 2024 年 7 月 12 日	9 时	餐后 2 小时 8.9mmol/L	早餐比平时多喝半碗粥	餐后 1 小时出门，步行 30 分钟	按照健康管理计划执行

3. *定期校准血糖仪*　血糖仪需要定期校准，以确保监测结果的准确性。患者可以按照血糖仪的使用说明，定期使用校准液对血糖仪进行校准。如果血糖仪出现故障或监测结果不准确，应及时联系厂家或专业人员进行维修或更换。

4. *注意血糖监测的时间点*　不同的血糖监测时间点反映了不同的血糖情况。受检者在监测血糖时，要注意选择合适的时间点。例如，空腹血糖是指在至少 8 小时未进食的情况下监测的血糖值，一般在早晨起床后进行监测；餐后 2 小时血糖是指从进食第一口饭开始计算，2 小时后监测的血糖值。本次李先生的血糖监测时间点定为空腹、早餐后 2 小时、午餐前、午餐后 2 小时、晚餐前、晚餐后、睡前。

（五）健康教育

糖尿病健康教育是重要的基础措施，是决定糖尿病管理成败的关键因素。糖尿病教育的内容应包含以下基本内容：指导患者正确认识糖尿病，糖尿病的自然进程、临床表现、危害及如何防治并发症；个体化的治疗目标及生活干预方式；口服药、胰岛素的使用要点；血糖监测；糖尿病的日常护理；特殊情况的应对；糖尿病自我管理的重要性等。在指导患者的同时，争取家属的大力支持和配合。

（六）自我管理指导

指导李先生每天多次监测血糖，并及时记录反馈；每 3 ～ 6 个月检测 GHbA1c，每年检查血脂、胆固醇值，每年检查眼底、心电图一次，血压不正常者，每天监测血压并记录，正常者每周测量血压一次。

（七）低血糖预防与处理的指导

指导患者和其家属掌握低血糖先兆症状，低血糖的值（血浆葡萄糖浓度＜ 2.8mmol/L）。如出现心悸、心率加快、头晕、出冷汗、软弱无力、面色苍白、四肢冰冷等症状时应考虑为低血糖，此时应及时进食。轻者口服糖水、含糖饮料，进食饼干、面包等即可缓解；重者和疑似低血糖昏迷者，应及时给予 50% 葡萄糖 60 ～ 100ml 静脉注射，继以 5% ～ 10% 葡萄糖静脉滴注。

六、效果监测与评价

（1）李先生糖尿病症状减轻或消失。

（2）李先生情绪稳定，了解自身疾病，并能积极配合治疗。服药依从性好，血糖控制在目标范围内。

（3）李先生能主动养成良好的生活方式。

（4）李先生掌握血糖监测的方法，有效记录监测数据并提供给医护人员。

（5）李先生未发生相关并发症，或并发症发生。

案例三 肥胖症的健康管理护理

廖先生，61 岁，男性，退休人员。身高 176.8cm，体重 87.1kg，标准体重为 71.8kg，超重 15.3kg；BMI 27.9kg/m^2；腰围 104cm，臀围 108cm。廖先生因体检发现血脂偏高，同时伴有中度脂肪肝，前来寻求健康管理帮助。

一、检前——采集健康危险因素

（一）问卷调查

通过问卷调查和现场一对一咨询的形式详细询问李先生的肥胖起病年龄、进展速度；是否服用继发性引起肥胖的用药史和疾病史；饮食习惯、特殊嗜好、有无吸烟史、饮酒史、体力活动强度、体育锻炼方式、频次、运动时间、强度和运动喜好，吸烟、饮酒年限、饮酒量、吸烟量；既往史和家族史等。了解到李先生日常工作以久坐为主，饮食不规律，经常吃外卖和快餐，且运动量极少。

同时采用 SAS 和 SDS 心理测量量表对李先生的心理状况做好信息采集，了解到廖先生的 SAS 得分为 56 分，属于轻度焦虑；SDS 得分为 45 分，抑郁筛查属于正常。

（二）个性化体检方案设计

根据受检者检前问卷测评结果的情况，在《健康体检项目专家共识（2022）》的基础上参照《成人个体化健康体检项目推荐专家共识》针对性制订个体化健康体检项目。肥胖症风险人群推荐项目如下。

根据受检者的健康危险因素，参照《健康体检基本项目专家共识》，为受检者制订个性化的体检菜单，重点关注心血管疾病、内分泌代谢疾病的筛查。具体建议项目内容如下。

1. 一般项目检查 身高、体重、腰围、臀围、血压、医学物理检查等。

2. 实验室检查 血糖、血脂、尿酸、皮质醇、肝功能、肾功能、促肾上腺皮质激素、甲状腺激素、性激素等评估相关并发症的风险。

3. 仪器检查 血管彩超、腹部彩超、人体成分分析、膝关节正侧位片、睡眠呼吸监测等。

4. 心理评估 SAS、SDS 等心理调查问卷。

综合受检者的健康危险因素及风险评估，参照相关指南，充分尊重受检者的个人意愿下最终为受检者制订的个性化体检项目如下：体格检查、血常规、生化、心电图检查、X 线胸片、腹部超声、CEA、CA19-9、AFP、糖化血红蛋白、尿常规、甲状腺超声、胸部平扫＋三维重建（低剂量）、心理压力测评。

二、检中——体检质量控制

检中最主要的目标是完成体检项目，保证体检项目结果的准确性，并保证体检全程的安全性，因此肥胖症的健康管理护理质量控制应注意按照规范做好肥胖症相关的检查，注重过程质量控制。

1. BMI 的测量　计算公式：BMI = 体重（kg）÷ 身高（m）的平方。

具体测量步骤如下。

（1）测量体重：使用经过校准的体重秤，测量时受检者应当空腹、穿着轻便的衣物，去除鞋子、帽子、厚重的外套等，以确保测量结果的准确性。

（2）测量身高：使用身高测量仪，测量时需保持身体挺直，头部、肩部、臀部、足跟紧贴测量尺，视线水平向前。

BMI 是一个参考指标，但不能完全代表一个人的健康状况。例如，运动员或经常进行高强度体力活动的人，由于肌肉含量较高，可能 BMI 偏高但身体脂肪比例并不高；而对于老年人，由于肌肉流失，可能 BMI 正常但体脂肪率较高。此外，还需要结合腰围、体脂率等其他指标来综合评估身体健康状况。

2. 腰、臀围的测量

(1) 腰围测量：被测者取站立位，两眼平视前方，自然均匀呼吸，腹部放松，两臂自然下垂，双足并拢（两腿均匀负重），充分裸露肋弓下缘与髂嵴之间测量部位，在双侧腋中线肋弓下缘和髂嵴连线中点处做标记。将软尺轻轻贴住皮肤，经过双侧标记点，围绕身体一周，平静呼气末读数，以厘米为单位，读数精确到 0.1cm。

(2) 臀围测量：被测者取站立位，两眼平视前方，自然均匀呼吸，腹部放松，两臂自然下垂，双足并拢（两腿均匀负重），穿贴身内衣裤。将软尺轻轻贴住皮肤，经过臀部最高点，围绕身体一周，以厘米为单位，读数精确到 0.1cm。

三、检后——疾病风险评估

根据问卷和李先生的体检结果，对其进行护理评估，识别可干预的健康危险因素，廖先生存在心脑血管疾病和代谢性疾病的患病风险，本次体检结果显示：腰围 104.0cm；臀围 106.0cm；血压 122/68mmHg；身高 176.5cm；体重 86.9kg；BMI 27.9kg/m^2；总胆固醇 5.88mmol/L；LDL-C 4.33mmol/L；HDL-C 1.72mmol/L；甘油三酯 2.03mmol/L；血尿酸 517μmol/L；尿隐血微量；中度脂肪肝；肝内血管瘤；双肺结节；甲状腺双侧叶结节。TI-RADS3 类；眼底检查（−），甲状腺触诊（−）；皮肤检查（−）；其余体检项目均正常，受检者未合并冠心病、心力衰竭、卒中、肾脏疾病和高血压。目前 BMI 为 27.9kg/m^2，属于肥胖，同时全腹彩超结果显示有中度脂肪肝。

四、制订健康管理目标及计划

肥胖症护理干预的目标是通过减重预防和治疗肥胖相关并发症和合并症，改善患者的健康状况。干预方案由健康管理师、运动管理师、健康管理护士、营养师、心理咨询师、患者本人、家属共同制订。肥胖症护理干预方案需要结合患者的实际情况定制个性化的减重方案，在充分与干预对象进行有效沟通、尊重其意愿、保护其隐私的情况下，了解其健康需求、生活方式和经济支付能力等，协同其家属共同参与共同健康管理护理干预方案的制订。对于单纯的肥胖患者，体重减轻 5% ～ 15% 或更多可以有效减少高血压、血脂异常、2 型糖尿病和非酒精性脂肪肝的发生。而对于廖先生这样肥胖伴有中度脂肪肝的患者，经过团队及廖先生意愿共同商讨减重目标 3 ～ 6 个月降低体重 10% ～ 15%。

五、确定干预措施

肥胖症的生活方式及行为治疗：改善生活方式是减重的基石，包括饮食、运动和行为方式干预，结合干预对象的具体情况，制订个体化的生活方式和治疗方案。

（一）饮食护理

营养治疗是减重的最基本干预。减少能量摄入是减重治疗中最主要的，对于轻度和中度肥胖能够取得一定疗效。

（1）与营养师合作，为廖先生制订个性化饮食方案。控制热量的摄入：摄入能量小于消耗能量，每日减少 750kal（1kcal =4.789J）能量的饮食摄入，限制糖和脂肪摄入量，同时供给充足的营养素，如必需氨基酸、维生素、矿物质等，需补充足量蛋白质，以减少限制饮食造成的蛋白质丢失，而富含营养素的膳食结构可提高受检者依从性。要确定合适的能量摄入，每日所需总能量 = 理想体重（kg）× 每千克需能量（kcal/kg）。廖先生的营养目标为每天 1500 ～ 1800kcal。建议控制饮食量，采用少食多餐的方式，避免暴饮暴食。建议廖先生将每日三餐分为 5 ～ 6 餐，每餐七八分饱。

（2）合理膳食结构：确定营养素分配比例，分配原则是蛋白质摄入量占总热量的 15% ～ 20%、脂肪占 30% 以下、糖类占 50% ～ 358%：蛋白质位以优质蛋白为主（≥ 50%），如蛋、奶、鱼、肉及大豆蛋白质。

（3）摄入足够的新鲜蔬菜（400 ～ 500g/d）和水果（100 ～ 200g/d）。

（4）避免油煎及方便食品、快餐、甜品和零食等。

（5）适当增加膳食纤维、无热量液体及非吸收食物以满足饱腹感。

（6）限制钠盐的摄入，食用盐控制在每日 6g 以内，钠摄入量每日不超过 2000mg，合并高血压患者盐控制在每日 5g 以内。

（7）严格戒烟。

（8）限制饮酒，1 天饮酒的酒精量＜ 25g，每周不超过 2 次。

通过手机 APP 或者微信每日将个性化饮食方案的信息传送至廖先生的手机端，指导廖先生每日饮食打卡，动态反馈饮食方案的执行情况，并及时鼓励和动态调整。

（二）运动锻炼

运动锻炼是健康生活方式的关键组成部分，也是预防和治疗肥胖的重要组成部分。

运动锻炼对体重的影响程度取决于运动方式、总量、强度、时间和频率。结合李先生的身体状况和兴趣爱好，制订运动计划。建议每周进行至少 150 分钟的中等强度有氧运动，如快走、慢跑、游泳等。逐步增加运动强度和时间，同时加入力量训练，如举重、俯卧撑、仰卧起坐等，以提高基础代谢率，帮助燃烧更多脂肪。提醒李先生在运动前做好热身准备，运动后进行放松活动，避免运动损伤。为维持体重下降及防止减重后的体重反弹（长期，1 年以上）则需要更高水平的体育锻炼（每周 200 ～ 300 分钟）。

运动锻炼需要在运动管理师的指导下进行，其指导要点如下。

（1）运动前需进行必要的评估，尤其是心肺功能和运动功能的医学评估。

（2）运动项目的选择应结合患者的兴趣爱好，并与患者的年龄、存在的合并症和身体承受能力相适应。

（3）运动量和强度应当逐渐递增。

（4）建议中等强度的有氧运动（50% ～ 70% 最大心率，运动时出汗，心跳加快，但不影响正常呼吸为宜）根据个体喜好可选择包括快走、打太极拳（剑）、游泳、羽毛球等方式，并循序渐进增加体力活动。如无特殊禁忌证，建议每周进行 2 ～ 3 次的抗阻力运动。锻炼部位应包括四肢和躯干等主要的肌肉群，训练强度为中等强度。

（5）为进一步提高运动锻炼的依从性，可采用运动日记或运动打卡的形式进行激励。培养积极的生活态度。

（三）行为认知干预

行为方式干预是指通过各种方式增加肥胖症患者治疗的依从性，包括自我管理、健康教育、减轻压力、心理评估、激励和咨询、认知调整和动员社会支持力量等。情绪常对饮食起到推动作用，肥胖症患者常会因压力、沮丧和抑郁导致过度进食，引发罪恶感而陷入恶性循环，或因各种心理社会因素拒绝寻求帮助，因此在开始进行减肥计划前应考虑压力和情绪低落对减重的负性影响。行为 - 认知干预配合运动和饮食调整，更能显著降低体重。在此过程中，健康管理护士应对患者表达充分的倾听、支持和尊重，并建立信任，了解到廖先生因肥胖而感到自卑和焦虑，给予心理支持和鼓励。向他介绍成功减肥的案例，增强他的信心。建议廖先生通过与家人、朋友分享减肥经历，获得支持和监督。同时，鼓励他保持积极乐观的心态，面对减肥过程中的挑战。

通过健康教育提高患者对肥胖危险性的认识，不要忽略任何细微进步，给予及时的认同、称赞，适当的鼓励。

六、效果监测与评价

定期随访廖先生，了解他的饮食和运动执行情况，解答疑问，提供指导和建议。要求廖先生记录每日饮食和运动情况，可通过电话随访或微信沟通的形式及时发现问题并调整计划。定期测量体重、血压、血脂等指标，评估健康管理效果。

肥胖症健康管理护理干预的效果评估是一个多维度的过程，可以从以下几个方面进行综合评估。

（一）短期评估（3 ～ 6 个月）

在健康管理随访的基础上，对体重控制程度，并发症的发生情况，社会活动能力，心理健康水平状况等进行综合评估。

1. *体重控制程度*　经过 6 个月的健康管理，廖先生的体重下降了 17.3kg，BMI 下降为 22.7kg/m^2，腰围缩小 12cm，体脂率的改变情况。

2. *并发症的发生情况*　生理指标改善如下：尿酸 517μmol/L 下降为 438μmol/L；甘油三酯从 2.03mmol/L 降为 0.31mmol/L；总胆固醇从 5.88mmol/L 降为 3.85mmol/L，恢复正常；中度脂肪肝逆转为正常。管理前轻度肝功能异常，管理后肝功能指标均恢复正常。

3. *心理健康状况*　3 个月后再次通过 SAS、SDS 专业量表评估患者的心理状态，SAS 得分下降为 45 分，保持积极乐观的心理状态，促进了心理健康。

廖先生的饮食习惯和运动习惯得到了明显改善，他表示会继续坚持健康管理，争取达到理想的体重和健康状态。

（二）长期评估（12 个月）

1. *体重控制程度*　经过 12 个月的持续性健康管理，廖先生的腰围 88cm、臀围 97cm；体重 70.9kg，BMI 22.8kg/m^2。

2. *并发症的发生情况*　尿酸 420μmol/L；甘油三酯 1.11mmol/L；总胆固醇 3.6mmol/L；无脂肪肝。

3. *心理健康状况*　12 个月后再次通过 SAS、SDS 专业量表评估患者的心理状态，SAS 得分 42 分；SDS 得分 45 分，心理健康测评无异常。

这个案例表明，通过个性化的健康管理护理，包括饮食管理、运动管理和心理支持，可以帮助肥胖症患者有效控制体重，改善健康状况。

思考题

1. 简述健康管理护理路径。
2. 简述高血压高危人群的健康教育内容。
3. 简述糖尿病的健康管理护理干预。
4. 如何做好高血压患者的健康教育？
5. 简述肥胖症的健康管理护理干预。

（蔡丽华　周晓丹）

参考文献

郭清，2015. 健康管理学 [M]. 北京：人民卫生出版社.
蒋慧琴，东梅，2017. 慢性病多学科协作模式下的护理现状和展望 [J]. 护理学报，24(22): 28-31.
李合平，2011. 浅论临床护理路径 [J]. 医学信息 (上旬刊), 24(10): 6699-6700.
刘玉萍，关华，唐怀蓉，2021. 健康管理专科护士 [M]. 北京：中国纺织出版社.
王惠珍，周春兰，2015. 内科常见疾病护理评估技能 [M]. 北京：人民卫生出版社.
王陇德，2019. 健康管理师基础知识 [M]. 北京：人民卫生出版社.
许亮文，关向东，王淑霞，等，2020. 健康服务与管理技能 [M]. 北京：人民卫生出版社.
张润，刘静，骆昌全，等，2021. 基于立体 MDT 模式引导下 2 型糖尿病患者临床护理路径的构建与应用 [J]. 西部医学，33(2): 301-307.
郑晓，张持晨，田峰，等，2024. 社区中老年人多重慢病健康管理服务路径研究 [J]. 中国全科医学，27(17): 2119-2123.
中华医学会内分泌学分会肥胖学组，2011. 中国成人肥胖症防治专家共识 [J]. 中华内分泌代谢杂志，27(9): 711-717.
中华医学会糖尿病学分会，2021. 中国 2 型糖尿病防治指南 (2020 年版)[J]. 中华糖尿病杂志，13(4): 315-409.
Chouvarda IG, Goulis DG, Lambrinoudaki I, et al, 2015. Connected health and integrated care: Toward new models for chronic disease management[J]. Maturitas, 82(1): 22-27.
Palmer K, Marengoni A, Fdrjaz M J, et al, 2018. Multimorbidity care model: recommendations from the consensus meeting of the Joint Action on Chronic Diseases and Promoting Healthy Ageing across the Life Cycle(JA-CHRODIS)[J]. Health Policy, 122(1): 4-11.

附　　录

附录一　评估及登记量表

附表 1　法格斯特伦尼古丁依赖性评估量表（FTND）

项目	0 分	1 分	2 分	3 分
1. 您早晨醒来后多长时间吸第一支烟（分钟）	> 60	31 ~ 60	6 ~ 30	≤ 5
2. 您是否在许多禁烟场所很难控制吸烟	否	是		
3. 您认为哪支烟最不愿意放弃	其他时间	早晨醒来后第一支		
4. 您每天吸多少支卷烟	≤ 10	11 ~ 20	21 ~ 30	> 30
5. 您早晨醒来后第一个小时是否比其他时间吸烟多	否	是		
6. 您患病在床时仍旧吸烟吗	否	是		

注：得分 0 ~ 3 分为轻度烟草依赖，4 ~ 6 分为中度烟草依赖，≥ 7 分为重度烟草依赖

附表 2　健康状况调查量表（SF-36）

1. 总的来说，您认为您的健康状况	①极好 ②很好 ③好 ④一般 ⑤差
2. 您如何评价您目前总的健康状况	①比一年前好多了 ②比一年前好一些 ③和一年前一样 ④比一年前差一些 ⑤比一年前差多了
3. 下列各项是您日常生活中可能进行的活动，您目前的健康状况是否对这些活动有妨碍或限制？如果有限制，程度如何	
（1）重体力活动，如跑步、举重、参加剧烈活动等	①限制很大 ②有些限制 ③毫无限制
（2）适度的活动，如搬桌子、扫地、打太极拳、做简单体操等	①限制很大 ②有些限制 ③毫无限制

续表

(3) 手提日用品，如提蔬菜、食品或杂物等	①限制很大 ②有些限制 ③毫无限制
(4) 爬几层楼	①限制很大 ②有些限制 ③毫无限制
(5) 爬一层楼	①限制很大 ②有些限制 ③毫无限制
(6) 弯腰、屈膝、下蹲	①限制很大 ②有些限制 ③毫无限制
(7) 步行 1500m 左右的路程	①限制很大 ②有些限制 ③毫无限制
(8) 步行 1000m 的路程	①限制很大 ②有些限制 ③毫无限制
(9) 步行 100m 的路程	①限制很大 ②有些限制 ③毫无限制
(10) 自己洗澡或穿衣服	①限制很大 ②有些限制 ③毫无限制
4. 过去 4 周里，您在工作或其他日常活动中是否因身体健康方面的原因而产生下列问题？	
(1) 减少了工作或其他活动的时间	①是 ②不是
(2) 实际做的要少于想做的	①是 ②不是
(3) 做某些工作或活动的种类受到限制	①是 ②不是
(4) 完成工作或其他活动有困难（如更费劲）	①是 ②不是
5. 过去 4 周里，您在工作或其他日常活动中是否因情绪方面的原因（如感到沮丧或焦虑）而产生下列问题？	
(1) 减少了工作或其他日常活动的时间	①是 ②不是
(2) 本来要做的事情只完成了一部分	①是 ②不是

续表

(3) 做事情不如平时细心	①是 ②不是
6. 过去4周里，您的身体健康或情绪问题在多大程度上影响了您与家人、朋友，邻居或集体的正常社会交往？	①没有影响 ②稍有影响 ③有一些影响 ④有较大影响 ⑤有极大影响
7. 过去4周里，您身体任何部位有过疼痛吗？	①完全没有疼痛 ②有一点疼痛 ③有轻度的疼痛 ④有中度的疼痛 ⑤有较重的疼痛 ⑥有非常剧烈的疼痛
8. 过去4周里，您身体的疼痛对您的日常工作（包括上班和家务）有多大影响？	①完全没有影响 ②有一点影响 ③中度影响 ④影响很大 ⑤影响非常大
9. 以下几个问题问及您在过去4周中自我感觉情况。针对每一个问题，请选择一个最接近您感觉的答案（请在每一项圈出一个答案）	
(1) 您觉得生活充实	①所有的时间 ②大部分时间 ③比较多时间 ④一部分时间 ⑤小部分时间 ⑥没有这种感觉
(2) 您是一个敏感的人	①所有的时间 ②大部分时间 ③比较多时间 ④一部分时间 ⑤小部分时间 ⑥没有这种感觉
(3) 您的情绪非常不好，什么事都不能使您高兴	①所有的时间 ②大部分时间 ③比较多时间 ④一部分时间 ⑤小部分时间 ⑥没有这种感觉
(4) 您的心里很平静	①所有的时间 ②大部分时间 ③比较多时间

续表

	④一部分时间 ⑤小部分时间 ⑥没有这种感觉
(5) 您做事精力充沛	①所有的时间 ②大部分时间 ③比较多时间 ④一部分时间 ⑤小部分时间 ⑥没有这种感觉
(6) 您的情绪低落	①所有的时间 ②大部分时间 ③比较多时间 ④一部分时间 ⑤小部分时间 ⑥没有这种感觉
(7) 您感到筋疲力尽	①所有的时间 ②大部分时间 ③比较多时间 ④一部分时间 ⑤小部分时间 ⑥没有这种感觉
(8) 您觉得自己是个快乐的人	①所有的时间 ②大部分时间 ③比较多时间 ④一部分时间 ⑤小部分时间 ⑥没有这种感觉
(9) 您感觉厌烦	①所有的时间 ②大部分时间 ③比较多时间 ④一部分时间 ⑤小部分时间 ⑥没有这种感觉
10. 您的健康限制了您的社会活动（如走亲访友）	①所有的时间 ②大部分时间 ③比较多时间 ④一部分时间 ⑤小部分时间 ⑥没有这种感觉
11. 下述每种情况，目前您在多大程度上认为是正确的？	

续表

(1) 我好像比别人更容易生病	①绝对正确 ②大部分正确 ③不能肯定 ④大部分错误 ⑤绝对错误
(2) 我跟周围人一样健康	①绝对正确 ②大部分正确 ③不能肯定 ④大部分错误 ⑤绝对错误
(3) 我觉得我的健康状况在变坏	①绝对正确 ②大部分正确 ③不能肯定 ④大部分错误 ⑤绝对错误
(4) 我非常健康	①绝对正确 ②大部分正确 ③不能肯定 ④大部分错误 ⑤绝对错误

附表 3　健康体检自测问卷

A 个人基本信息					
A1 性别	□男　□女	A2 民族		A3 出生日期	年　月　日
A4 文化程度	□研究生及以上　□大学本科或专科 □初中、高中、中专、技校　□小学及以下				
A5 婚姻状况	□未婚　□已婚　□离婚　□丧偶　□其他				
A6 职业	□国家公务员　□专业技术人员　□职员　□企业管理人员　□工人 □农民　□学生　□现役军人　□自由职业者　□个体经营者 □无业人员　□退（离）休人员 □其他（请注明）				
A7 现家庭常住住址	________ 省 / 直辖市 ________ 市 / 区 ________ 街道 / 乡镇； 居住时长 ________ 年				
A8 工作单位所在地	________ 省 / 直辖市 ________ 市 / 区 ________ 街道 / 乡镇； 工作时长 ________ 年				
B 健康状况及家族史					
B1 近一年内，您觉得您的健康状况怎么样？	□很好　□好　□一般　□不好　□很不好				
B2 本人手术史：□无　□有　输血史　□无　□有　药物过敏史：					
B3 本人疾病史：□无　□有					

续表

<table>
<tr><th>疾病名称（释义）</th><th>已患
该病</th><th>患病时长
（年）</th><th>已经用药</th><th>且遵医嘱按时服药</th><th>家族史（父亲母亲及兄弟姐妹）</th></tr>
<tr><td>糖尿病</td><td>□</td><td>______</td><td>□</td><td>□是
□否</td><td>□</td></tr>
<tr><td>高血压</td><td>□</td><td>______</td><td>□</td><td>□是
□否</td><td>□</td></tr>
<tr><td>血脂异常</td><td>□</td><td>______</td><td>□</td><td>□是
□否</td><td>□</td></tr>
<tr><td>心脏病</td><td>□</td><td>______</td><td>□</td><td>□是
□否</td><td>□</td></tr>
<tr><td>脑血管病</td><td>□</td><td>______</td><td>□</td><td>□是
□否</td><td>□</td></tr>
<tr><td>恶性肿瘤</td><td>□</td><td>______</td><td>□</td><td>□是
□否</td><td>□</td></tr>
<tr><td>其他疾病：________</td><td>□</td><td>______</td><td>□</td><td>□是
□否</td><td>□</td></tr>
<tr><td colspan="6">C 生活方式信息</td></tr>
<tr><td>C1 您吸烟吗？</td><td colspan="5">□吸烟 □不吸烟但有被动吸烟 □不吸烟且没有被动吸烟 □已戒烟</td></tr>
<tr><td colspan="6">C2 现在 / 戒烟（6 个月以上）前，您已经吸烟 _______ 年，每日平均 _______ 支</td></tr>
<tr><td>C3 您过去一年饮酒？</td><td colspan="5">□不饮酒 □已戒酒 □每月少于 1 次 □每月 1 ～ 10 次
□每月超过 10 次</td></tr>
<tr><td>C4 您饮酒的主要种类？（不饮酒者跳过）</td><td colspan="5">□烈性酒 □啤酒 □葡萄酒、米酒或黄酒 □其他 _______</td></tr>
<tr><td colspan="6">C5 您的饮食习惯？ □荤素均衡 □荤食为主 □素食为主</td></tr>
<tr><td colspan="6">且口味偏于：□多盐 □多油 □多糖 □辛辣 □清淡</td></tr>
<tr><td colspan="6">C6 您每天的夜间睡眠时长 _______ 小时，午睡 _______ 分钟，睡眠质量：□较好 □一般 □较差</td></tr>
<tr><td colspan="6">C7 您若是女性，请问您是否绝经？</td></tr>
<tr><td colspan="6">（男性跳过） □是（绝经年龄：_______ 岁） □否</td></tr>
<tr><td colspan="6">D 运动情况调查</td></tr>
<tr><td>D1 最近 7 天内，您有几天做了剧烈的体力活动，如提重物、挖掘、有氧活动、快速骑车等</td><td colspan="5">□无相关体力活动
□有，每周 _______ 天；平均每天 _______ 小时 _______ 分钟</td></tr>
<tr><td>D2 最近 7 天内，您有几天做了适度的体力活动，如提轻的物品、以平常的速度骑车、双人网球运动等，但不包括常规速度走路</td><td colspan="5">□无相关体力活动
□有，每周 _______ 天；平均每天 _______ 小时 _______ 分钟</td></tr>
</table>

续表

D3 最近 7 天内，您有几天步行，且每次至少 10 分钟	□没有步行 □有，每周 ______ 天；平均每天 ______ 小时 ______ 分钟
D4 最近 7 天内，工作日您有多久是坐着的	平均每天 ______ 小时 ______ 分钟　□不知道或不确定
E 心理及精神压力	
E1 您感觉工作 / 生活压力如何	□很小　□较小　□适中　□较大　□很大
E2 您平时的心理状态如何	□积极乐观　□平静不易改变　□非常容易受外界影响改变　□消极低落
E3 我因一些小事而烦恼	□没有　□有，每周 ____ 天　□不知道
E4 我在做事时很难集中精力	□没有　□有，每周 ____ 天　□不知道
E5 我感到情绪低落	□没有　□有，每周 ____ 天　□不知道
E6 我觉得做任何事都很费劲	□没有　□有，每周 ____ 天　□不知道
E7 我对未来充满希望	□没有　□有，每周 ____ 天　□不知道
E8 我感到害怕	□没有　□有，每周 ____ 天　□不知道
E9 我的睡眠不好	□没有　□有，每周 ____ 天　□不知道
E10 我很愉快	□没有　□有，每周 ____ 天　□不知道
E11 我感到孤独	□没有　□有，每周 ____ 天　□不知道
E12 我觉得我无法继续我的生活	□没有　□有，每周 ____ 天　□不知道

附表 4　汉密尔顿焦虑量表

编号	项目	项目内容	无	轻	中	重	极重
1	焦虑心境	担心、担忧，感到有最坏的事将要发生，容易激惹	0	1	2	3	4
2	紧张	紧张感、易疲劳、不能放松，情绪反应，易哭、颤抖、感到不安	0	1	2	3	4
3	害怕	害怕黑暗、陌生人、一人独处、动物、乘车或旅行及人多的场合	0	1	2	3	4
4	失眠	难以入睡、易醒、睡得不深、多梦、夜惊、醒后感觉疲倦	0	1	2	3	4
5	认知功能	或称记忆、注意障碍，注意力不能集中，记忆力差	0	1	2	3	4
6	抑郁心境	丧失兴趣、对以往爱好缺乏快感、抑郁、早醒、昼重夜轻	0	1	2	3	4
7	躯体性焦虑（肌肉系统）	肌肉酸痛、活动不灵活、肌肉抽动、肢体抽动、牙齿打颤、声音发颤	0	1	2	3	4

续表

编号	项目	项目内容	无	轻	中	重	极重
8	躯体性焦虑（感觉系统）	视物模糊、发冷发热、软弱无力感、浑身刺痛	0	1	2	3	4
9	心血管系统症状	心动过速、心悸、胸痛、血管跳动感、昏倒感、心搏脱漏	0	1	2	3	4
10	呼吸系统症状	胸闷、窒息感、叹息、呼吸困难	0	1	2	3	4
11	胃肠道症状	吞咽困难、嗳气、消化不良(进食后腹痛、腹胀、恶心、胃部饱感)、肠动感、肠鸣、腹泻、体重减轻、便秘	0	1	2	3	4
12	生殖泌尿系统症状	尿意频数、尿急、停经、性冷淡、早泄、阳痿	0	1	2	3	4
13	自主神经系统症状	口干、潮红、苍白、易出汗、起鸡皮疙瘩、紧张性头痛、毛发竖起	0	1	2	3	4
14	会谈时行为表现	一般表现：紧张、不能松弛、忐忑不安、咬手指、紧握拳、摆弄手帕、面肌抽搐、不宁顿足、手抖、皱眉、表情僵硬、肌张力高、叹气样呼吸、面色苍白。生理表现：吞咽、打呃、安静时心率增快、呼吸增快（20 次 / 分以上)、腱反射亢进、震颤、瞳孔放大、眼睑跳动、易出汗、眼球突出	0	1	2	3	4

附表 5　汉密尔顿抑郁量表

1. 抑郁心境（感到悲伤、绝望、无依无靠、无用）	0—不存在 1—只有在问到时才诉说这些感觉情况 2—在谈话中自发地表达这些感觉情况 3—不用语言也可以通过面部表情、姿势、声音或欲哭中流露这种情绪 4—患者的自发言语和非言语性表达（表情、动作）几乎完全表现为这种情况
2. 罪恶感	0—没有 1—自我责备，感到自己连累了他人 2—认为自己犯了罪或反复思考过去的错误或过失 3—认为现在的病是对自己错误的惩罚，或有罪恶妄想 4—罪恶妄想伴有指责威胁性幻想
3. 自杀	0—不存在 1—觉得活着没意义 2—希望自己已经死去，或者有自己已经死去的任何想法 3—自杀念头或表示 4—企图自杀
4. 失眠（早期）	0—没有困难 1—诉说偶尔入睡有困难，即超过 30 分钟 2—诉说每夜入睡都有困难

续表

5. 失眠（中期）	0—没有困难 1—诉说在夜晚不安稳和有干扰 2—夜晚醒来——因为任何原因而起床，除了去厕所
6. 失眠（晚期）	0—没有困难 1—早上起得早但能再入睡 2—如果起床就不能再入睡
7. 工作和活动	0—没有困难 1—与活动、工作或业余爱好有关的能力、疲劳或虚弱的想法和感觉 2—自发地直接或间接表达对活动、业余爱好或工作失去兴趣，如无精打采、犹豫不决、不能坚持或需要强迫自己去工作或活动 3—活动时间减少或成效降低，住院患者除了病房的日常零星工作外，每天花在活动（医院任务或业余爱好）上的时间不足 3 小时 4—由于目前的疾病而停止工作；住院患者除病房的日常事务外没有其他活动，或在没有人的帮助下不能完成病房的日常事物
8. 阻滞（指思维和言语缓慢；注意力难以集中，主动性减退）	0—正常思维和言语 1—交谈时稍阻滞 2—交谈时明显阻滞 3—交谈困难 4—完全木僵（不能回答问题）
9. 激越	0—没有 1—坐立不安 2—玩手、头发等 3—走来走去不能坐定 4—搓手、咬指甲、扯头发、咬唇
10. 精神性焦虑	0—没有 1—主观紧张和易激惹 2—为小事烦恼 3—从表情或言语中流露出明显忧患
11. 躯体性焦虑	（焦虑的生理症状，如胃肠道——口干、腹胀、不消化、腹泻、胃肠性痉挛、嗳气；心血管系统——心悸、头痛；呼吸系统——过度换气、叹气；尿频；出汗） 0—没有 1—轻度 2—中度 3—严重 4—失能（严重影响生活和活动）
12. 胃肠道症状	0—无 1—食欲减退，但不需要他人鼓励便自行进食 2—进食需要他人催促
13. 全身性躯体症状	0—没有 1—四肢、背部或颈部沉重感、背痛、头痛、肌肉疼痛、没有精力、疲劳 2—存在明显的症状

续表

14. 性症状（如性欲丧失，月经紊乱）	0—无症状 1—轻度 2—重度
15. 疑病症	0—不存在 1—对身体自我专注 2—对健康的偏见 3—经常说自己有病，需要帮助 4—疑病妄想
16. 自知力	0—承认有抑郁和有病，或者现在没有抑郁 1—承认有病，但归咎于食物不好、气候、工作过度、病毒感染，需要休息 2—根本否认有病
17. 体重减轻（根据病史评分）	0—体重未减轻 1—也许有与现在的病变有关的体重减轻 2—确实体重减轻（根据患者的报告）
18. 昼夜变化型（白天重、晚上轻）	0—不 1—轻度 2—严重
19. 现实解体和人格解体	0—不存在 1—远离的感觉 2—感觉周围的事物不真实 3—感觉自己不真实 4—感觉自己不是作为一个人生活在世上
20. 类偏执狂症状	0—没有 1—猜测或有疑心 2—猜测他人要伤害他（她） 3—妄想他人要伤害他（她）并正试图这样做 4—幻想他人正试图伤害他（她）
21. 强迫症	0—不存在 1—承认有这些症状 2—承认本人认为的正确想法与正常的观点和感觉相反

附表 6　匹兹堡睡眠质量指数量表

条目	项目	评分			
		0 分	1 分	2 分	3 分
1	近 1 个月，晚上上床睡觉通常在 ____ 时				
2	近 1 个月，从上床到入睡通常需要 ____ 分钟	□≤ 15 分钟	□ 16 ～ 30 分钟	□ 31 ～ 60 分钟	□> 60 分钟
3	近 1 个月，通常早上 ____ 时起床				

续表

条目	项目	评分			
		0分	1分	2分	3分
4	近1个月，每晚实际睡眠通常____小时（不等于卧床时间）				
5	近1个月，因下列情况影响睡眠而烦恼				
	a. 入睡困难（30分钟内不能入睡）	□无	□< 1次/周	□1～2次/周	□≥ 3次/周
	b. 夜间易醒或早醒	□无	□< 1次/周	□1～2次/周	□≥ 3次/周
	c. 夜间去厕所	□无	□< 1次/周	□1～2次/周	□≥ 3次/周
	d. 呼吸不畅	□无	□< 1次/周	□1～2次/周	□≥ 3次/周
	e. 咳嗽或鼾声高	□无	□< 1次/周	□1～2次/周	□≥ 3次/周
	f. 感觉冷	□无	□< 1次/周	□1～2次/周	□≥ 3次/周
	g. 感觉热	□无	□< 1次/周	□1～2次/周	□≥ 3次/周
	h. 做噩梦	□无	□< 1次/周	□1～2次/周	□≥ 3次/周
	i. 疼痛不适	□无	□< 1次/周	□1～2次/周	□≥ 3次/周
	j. 其他影响睡眠的事情 如有，请说明：	□无	□< 1次/周	□1～2次/周	□≥ 3次/周
6	近1个月，总的来说，您认为您的睡眠质量	□很好	□较好	□较差	□很差
7	近1个月，您用药物催眠的情况	□无	□< 1次/周	□1～2次/周	□≥ 3次/周
8	近1个月，您常感到困倦吗？	□无	□< 1次/周	□1～2次/周	□≥ 3次/周
9	近1个月您做事情的精力不足吗？	□没有	□偶尔有	□有时有	□经常有

附表7　阿森斯失眠量表

项目	选项			
1. 入睡时间（从关灯后到睡着的时间）	0分：没问题	1分：轻微延迟	2分：显著延迟	3分：延迟严重或没有睡觉
2. 夜间苏醒	0分：没问题	1分：轻微延迟	2分：显著延迟	3分：延迟严重或没有睡觉
3. 比期望的时间早醒	0分：没问题	1分：轻微延迟	2分：显著延迟	3分：延迟严重或没有睡觉
4. 总睡眠时间	0分：没问题	1分：轻微延迟	2分：显著延迟	3分：延迟严重或没有睡觉
5. 总睡眠质量（无论睡多长）	0分：没问题	1分：轻微延迟	2分：显著延迟	3分：延迟严重或没有睡觉
6. 白天情绪	0分：没问题	1分：轻微延迟	2分：显著延迟	3分：延迟严重或没有睡觉
7. 白天身体功能（体力或精神：如记忆力、认知力和注意力等）	0分：没问题	1分：轻微延迟	2分：显著延迟	3分：延迟严重或没有睡觉
8. 白天思睡	0分：没问题	1分：轻微延迟	2分：显著延迟	3分：延迟严重或没有睡觉

注：得分< 4分表示没有睡眠障碍；得分4～6分表示存在轻度睡眠障碍；得分> 6分表示存在失眠症状

附表 8　爱泼沃斯嗜睡量表

项目	选项			
1. 坐着阅读书刊	0 分：从不打瞌睡	1 分：打瞌睡的可能性很小	2 分：打瞌睡的可能性中等	3 分：很可能瞌睡
2. 看电视	0 分：从不打瞌睡	1 分：打瞌睡的可能性很小	2 分：打瞌睡的可能性中等	3 分：很可能瞌睡
3. 在公共场所坐着不动时（如在剧场或开会）	0 分：从不打瞌睡	1 分：打瞌睡的可能性很小	2 分：打瞌睡的可能性中等	3 分：很可能瞌睡
4. 乘坐汽车超过 1 小时，不休息	0 分：从不打瞌睡	1 分：打瞌睡的可能性很小	2 分：打瞌睡的可能性中等	3 分：很可能瞌睡
5. 条件允许情况下，下午躺下休息	0 分：从不打瞌睡	1 分：打瞌睡的可能性很小	2 分：打瞌睡的可能性中等	3 分：很可能瞌睡
6. 条件允许情况下，下午躺下休息	0 分：从不打瞌睡	1 分：打瞌睡的可能性很小	2 分：打瞌睡的可能性中等	3 分：很可能瞌睡
7. 午饭（未饮酒）后安静地坐着时	0 分：从不打瞌睡	1 分：打瞌睡的可能性很小	2 分：打瞌睡的可能性中等	3 分：很可能瞌睡
8. 在交通堵塞停停走走几分钟时	0 分：从不打瞌睡	1 分：打瞌睡的可能性很小	2 分：打瞌睡的可能性中等	3 分：很可能瞌睡

注：得分 7 ～ 12 分可能存在轻度日间嗜睡；得分 13 ～ 18 分可能存在中度日间嗜睡；得分＞ 18 分表示严重日间嗜睡

附表 9　基于诊室血压的血压分类和高血压分级（mmHg）

分类	收缩压		舒张压
正常血压	＜ 120	和	＜ 80
正常高值	120 ～ 139	和（或）	80 ～ 89
高血压	≥ 140	和（或）	≥ 90
1 级高血压（轻度）	140 ～ 159	和（或）	90 ～ 99
2 级高血压（中度）	160 ～ 179	和（或）	100 ～ 109
3 级高血压（重度）	≥ 180	和（或）	≥ 110
单纯收缩期高血压	≥ 140	和	＜ 90
单纯舒张期高血压	＜ 140	和	≥ 90

注：当收缩压和舒张压分属于不同级别时，以较高的分级为准

附表 10　Framingham 心血管疾病风险评分

年龄（岁）	30 ～ 34	35 ～ 39	40 ～ 44	45 ～ 49	50 ～ 54	55 ～ 59	60 ～ 64	65 ～ 69	70 ～ 74	75 ～
男	0	2	5	7	8	10	11	12	14	15
女	0	2	4	5	7	8	9	10	11	12

续表

高密度脂蛋白（mmol/L）	＞1.6	1.3～1.6	1.2～1.29	0.9～1.19	＜0.9
男/女	－2	－1	0	1	2

总胆固醇（mmol/L）	＞4.1	4.1～5.19	5.2～6.19	6.2～7.2	＜7.2
男/女	0	1	2	3	4

收缩压（mmHg）	＜120	120～129	130～139	140～149	150～159	160～
男（未治疗）	－2	0	1	2	2	3
男（治疗后）	0	2	3	4	4	5
女（未治疗）	－3	0	1	2	4	5
女（治疗后）	－1	2	3	5	6	7

吸烟	是	否
男	4	0
女	3	0

糖尿病	是	否
男/女	/	0

根据总分评估10年心血管疾病风险（%）：低风险、中风险、高风险

总分	≤－3	－2	－1	0	1	2	3	4	5	6	7	8	9
男	＜1（低）	1.1（低）	1.4（低）	1.6（低）	1.9（低）	2.3（低）	2.8（低）	3.3（低）	3.9（低）	4.7（低）	5.6（低）	6.7（低）	7.9（低）
女	＜1（低）	＜1（低）	1（低）	1.2（低）	1.5（低）	1.7（低）	2（低）	2.4（低）	2.8（低）	3.3（低）	3.9（低）	4.5（低）	5.3（低）
总分	10	11	12	13	14	15	16	17	18	19	20	21～	
男	9.4（低）	11.2（中）	13.3（中）	15.6（中）	18.4（中）	21.6（高）	25.3（高）	29.4（高）	＞30（高）	＞30（高）	＞30（高）	＞30（高）	
女	6.3（低）	7.3（低）	7.3（低）	10（中）	11.7（中）	13.7（中）	15.9（中）	18.51（中）	21.5（高）	24.8（高）	27.5（高）	＞30（高）	

附录 11 改良的弗明汉卒中量表（男）

	分值										
	0	1	2	3	4	5	6	7	8	9	10
年龄（岁）	54～56	57～59	60～62	63～65	66～68	69～72	73～75	76～78	79～81	82～84	≥85
未治疗的收缩压（mmHg）	97～105	106～115	116～125	126～135	136～145	146～155	156～165	166～175	176～185	186～195	196～205
治疗后的收缩压（mmHg）	97～105	106～112	113～117	118～123	124～129	130～135	136～142	143～150	151～161	162～176	177～205
糖尿病	否		是								
吸烟	否			是							
心血管疾病	否				是						
心房颤动	否				是						
左心室肥厚	否					是					

分值	10 年卒中风险（%）	分值	10 年卒中风险（%）	分值	10 年卒中风险（%）
1	3	11	11	21	42
2	3	12	13	22	47
3	4	13	15	23	52
4	4	14	17	24	57
5	5	15	20	25	63
6	5	16	22	26	68
7	6	17	26	27	74
8	7	18	29	28	79
9	8	19	33	29	84
10	10	20	37	30	88

附表 12 改良的弗明汉卒中量表（女）

	分值										
	0	1	2	3	4	5	6	7	8	9	10
年龄（岁）	54～56	57～59	60～62	63～64	65～67	68～70	71～73	74～76	77～78	79～81	82～84
未治疗的收缩压（mmHg）		95～106	107～118	119～130	131～143	144～155	156～167	168～180	181～192	193～204	205～216
治疗后的收缩压（mmHg）		95～106	107～113	114～119	120～125	126～131	132～139	140～148	149～160	161～204	205～216
糖尿病	否			是							
吸烟	否			是							

续表

	分值										
	0	1	2	3	4	5	6	7	8	9	10
心血管疾病	否		是								
心房颤动	否						是				
左心室肥厚	否				是						
分值	10 年卒中风险（%）			分值	10 年卒中风险（%）			分值	10 年卒中风险（%）		
1	1			11	8			21	43		
2	1			12	9			22	50		
3	2			13	11			23	57		
4	2			14	13			24	64		
5	2			15	16			25	71		
6	3			16	19			26	78		
7	4			17	23			27	84		
8	4			18	27						
9	5			19	32						
10	6			20	37						

附表 13　非瓣膜病心房颤动患者卒中风险评估 CHADS-VASc 量表

危险因素	分值
充血性心力衰竭	1
高血压史	1
≥ 75 岁	2
65 ～ 74 岁	1
糖尿病	1
卒中 / 短暂性脑缺血发作 / 血栓栓塞	2
女性	1
血管疾病（包括既往心肌梗死、主动脉斑块、周围动脉疾病）	1
总分	9

注：总分 9 分，其中 0 分为低危组，1 分为中危组，2 ～ 9 分为高危组

附表 14　Essen 脑卒中风险评分量表

危险因素	分值
年龄	
65 ～ 75 岁	1
> 75 岁	2

续表

危险因素	分值
高血压	1
糖尿病	1
既往心肌梗死	1
其他心血管疾病（除外心肌梗死和心房颤动）	1
周围动脉疾病	1
吸烟	1
既往短暂性脑缺血发作或缺血性卒中	1
总分	9

注：0～2 分为卒中复发低风险患者，≥ 3 分为卒中复发高风险患者

附表 15　慢性阻塞性肺疾病全球倡议（GOLD）肺功能评分

GOLD 肺功能分级	肺功能 FEV_1 占预计值百分比（%pred）
1 级（轻度）	≥ 80
2 级（中度）	50～79
3 级（重度）	30～49
4 级（极重度）	< 30

附表 16　慢性阻塞性肺疾病 BODE 评分

评分指标	BODE 评分的分值（各项累加，0～10 分）			
	0 分	1 分	2 分	3 分
FEV_1（%）	≥ 65	50～64	36～49	≤ 35
6MWT（m）	≥ 350	250～349	150～249	≤ 149
MMRC	0～1	2	3	4
BMI（kg/m^2）	> 21	≤ 21		

附表 17　中国慢性阻塞性肺疾病人群筛查评分（COPD-SQ）

问题	评分标准（分）
1. 您的年龄？	
40～49 岁	0
50～59 岁	4
60～69 岁	8
≥ 70 岁	11
2. 您的吸烟总量？吸烟总量 = 每天吸烟（包）× 吸烟（年）	
从不吸烟	0
1～15 包 / 年	2

续表

问题	评分标准（分）
15 ～ 30 包 / 年	4
≥ 30 包 / 年	5
3. 您的体重指数（BMI）?	
< 18.5kg/m^2	7
18.5 ～ 23.9kg/m^2	4
24.0 ～ 27.9kg/m^2	1
≥ 28.0kg/m^2	0
4. 没有感冒时您是否常有咳嗽?	
是	5
否	0
5. 您平时是否感觉气促?	
没有气促	0
在平地急行或爬小坡时感觉气促	3
平地正常行走时感觉气促	6
6. 您主要使用生物燃料烹饪吗? （生物燃料指利用生物体制取的燃料，比如玉米秆、玉米芯等）	
是	1
否	0
7. 您的父母、兄弟、姐妹及子女中是否有人患支气管哮喘、慢性支气管炎、肺气肿或慢性阻塞性肺疾病?	
是	3
否	0

注：如果您的总分≥ 16 分，您需找医生进一步检查，明确是否患慢性阻塞性肺疾病

附表 18　芬兰版糖尿病风险评估量表（FINDRISC）

条目	计分	权重 (%)	排序
年龄（岁）	≤ 44：0 分；45 ～ 54：2 分；55 ～ 64：3 分；≥ 65：4 分	23.6	1
服用降压药	否：0 分；是：2 分	5.3	6
既往血糖情况	无异常：0 分；诊断为糖尿病或隐性糖尿病：5 分	13.2	4
每日摄入蔬菜水果	是：0 分；否：1 分	2.6	8
BMI（kg/m^2）	≤ 23.9：0 分；24.0 ～ 29.9：1 分；≥ 30.0：3 分	10.5	5
腰围（cm）：男	< 89.9：0 分；90.0 ～ 94.9：3 分；≥ 95.0：4 分	18.4	3
腰围（cm）：女	< 84.9：0 分；85.0 ～ 89.9：3 分；≥ 90.0：4 分		
糖尿病家族史	无：0 分；旁系亲属：3 分；直系亲属：5 分	21.1	2
运动情况（小时 / 周）	≥ 3.5：0 分；< 3.5：2 分	5.3	6

附表 19　丹麦糖尿病风险评分量表（DDRS）

评分指标	分值
年龄（岁）	
＜ 45	0
45 ～ 49	7
50 ～ 54	13
≥ 55	18
性别	
男	4
女	0
BMI（kg/m^2）	
＜ 25.0	0
25.0 ≤ BMI ＜ 29.9	7
≥ 30.0	15
高血压史	
无	0
有	10
闲暇时间体力活动	
无	6
有	0
糖尿病家族史	
无	0
有	7

附表 20　中国糖尿病风险评分表（CDRS）

评分指标	分值	评分指标	分值
年龄（岁）		BMI（kg/m^2）	
20 ～ 24	0	＜ 22.0	0
25 ～ 34	4	22.0 ～ 23.9	1
35 ～ 39	8	24.0 ～ 29.9	3
40 ～ 44	11	＞ 30.0	5
45 ～ 49	12	腰围（cm）	
50 ～ 54	13	男＜ 75.0	0
55 ～ 59	15	女＜ 70.0	0
60 ～ 64	16	男 75.0 ～ 79.9	3
65 ～ 74	18	女 70.0 ～ 74.9	3
收缩压（mmHg）		男 80.0 ～ 84.9	5
＜ 110	0	女 75.0 ～ 79.9	5

续表

评分指标	分值	评分指标	分值
110 ～ 119	1	男 85.0 ～ 89.9	7
120 ～ 129	3	女 80.0 ～ 84.9	7
130 ～ 139	6	男 90.0 ～ 94.9	8
140 ～ 149		女 85.0 ～ 89.9	8
150 ～ 159	8	男≥ 95.0	10
≥ 160	10	女≥ 90.0	10
性别		糖尿病家族史（父母，同胞，子女）	
女	0	无	0
男	2	有	6

注：mmHg=0.133kPa；判断糖尿病的最佳切点为 25 分，故总分＞ 25 分者应进行口服葡萄糖耐量试验检查

附表 21 国际骨质疏松基金会（IOF）骨质疏松症风险 1 分钟测试题

问题	回答	
是否实际年龄超过 60 岁（女）/70 岁（男）?	是	否
50 岁之后是否有骨折史	是	否
是否体重过轻（BMI ＜ 19kg/m^2）	是	否
是否 40 岁后身高减少超过 4cm?	是	否
父母任何一方是否有髋部骨折史	是	否
是否存在以下任一情况：类风湿关节炎、消化道疾病（炎症性疾病、乳糜泻）、糖尿病、慢性肾脏病、甲状腺或甲状旁腺疾病（甲状腺或甲状旁腺功能亢进）、肺病（慢性阻塞性肺病）、长时间制动、艾滋病（HIV）?	是	否
是否接受过以下药物治疗：曾服用类固醇激素（如持续服用泼尼松 3 个月及以上）、噻唑烷二酮类药物、器官移植术后免疫抑制剂、抗抑郁药物、抗惊厥药物、抗癫痫药?	是	否
女士回答：是否存在以下任一情况：乳腺癌、接受芳香化酶抑制剂治疗乳腺癌、早绝经、不正常闭经、卵巢切除或由于性腺功能减退导致低雌激素水平?	是	否
男士回答：是否存在以下任一情况：前列腺癌、接受雄激素剥夺治疗前列腺癌、低睾酮（性腺功能减退）、是否过量饮酒（每天超过 3 个单位）和（或）是否吸烟?	是	否
结果判断：上述问题，只要其中有一题回答结果为“是”，提示存在骨质疏松症的风险，并建议进行骨密度检查或 FRAX 骨折风险评估工具进行风险评估		

附表 22 手卫生考核评分表

姓名：　　　　考核日期：　　　　成绩：　　　　考核人员：

项目	考核要点	分值	扣分	备注
人员准备	1. 着装符合操作要求 2. 指甲长度不超过指尖 3. 不应佩戴人工指甲及饰品	5 5 5		

续表

项目	考核要点	分值	扣分	备注
七步洗手法	流动水淋湿双手，取洗手液适量，开始揉搓：认真揉搓双手至少 15 秒，清洗双手所有皮肤，无顺序要求	10		
	内：掌心相对，手指并拢，相互揉搓	5		
	外：手心对手背沿指缝相互揉搓，交换进行	5		
	夹：掌心相对，双手交叉指缝相互揉搓	5		
	弓：弯曲手指使关节在另一手掌心旋转揉搓，交换进行	5		
	大：右手握住左手拇指旋转揉搓，交换进行	5		
	立：将 5 个手指尖并拢放在另一手掌心揉搓，交换进行	5		
	腕：必要时揉搓手腕。流动水下彻底冲净双手	5		
	擦干双手，干手物品无二次污染	5		
卫生手消毒	1 卫生手消毒的原则掌握正确	5		
	2. 取液 2 ～ 5ml，充分涂抹双手表面	10		
理论知识考核	1. 手卫生的定义	5		
	2. 手卫生的原则	5		
	3. 洗手的指征	5		
评价	操作规范，流程熟练	5		
总得分 100		扣分		

附录 23　员工感染性职业暴露或经空气传播性感染风险评估表

科别：　　　　　　　　姓名：　　　　　　　　工号：

职业暴露类型		操作诊疗行为	操作时所处情形（符合情形：√）		
锐器伤	1	操作过程中是否保证光线充足	是	否	不适用
	2	操作过程中操作空间是否宽敞	是	否	不适用
	3	是否用手分离使用过的针具和针管	是	否	不适用
	4	是否用手直接接触污染的针头、刀片等锐器	是	否	不适用
	5	是否用手直接拿取被污染的破损玻璃物品	是	否	不适用
	6	是否把手直接伸到垃圾容器中向下挤压废物	是	否	不适用
	7	是否把手伸入容器中存放和处理被污染的重复性使用的锐器	是	否	不适用
	8	是否重复使用一次性医疗用品	是	否	不适用
	9	是否双手回套针帽	是	否	不适用
	10	使用注射器、套管针和静脉输液系统时，是否严格遵守无菌操作原则	是	否	不适用
	11	安全注射时是否遵循一人一针一管一用	是	否	不适用
	12	传递手术刀、剪、缝针等锐器时，是否将锐器放在无菌弯盘中，尖端朝向自己	是	否	不适用
	13	接触血液、黏膜或破损皮肤、进行血管穿刺时是否戴手套	是	否	不适用

续表

职业暴露类型		操作诊疗行为	操作时所处情形（符合情形：√）		
	14	处理或接触污染物或被污染的表面时是否戴手套	是	否	不适用
	15	使用后的锐器直接放入利器盒，无随意乱放	是	否	不适用
	16	医务人员手部发生破损、实施骨科等具有高损伤暴露风险手术时，是否戴双层手套	是	否	不适用
	17	发生职业暴露后是否立即进行局部处理	是	否	不适用
黏膜暴露	1	操作过程中是否穿隔离衣	是	否	不适用
	2	操作过程中是否戴帽子	是	否	不适用
	3	操作过程中是否戴外科口罩	是	否	不适用
	4	操作过程中是否戴手套	是	否	不适用
	5	进行可能产生喷溅到面部的操作时，是否戴护目镜或面罩	是	否	不适用
	6	进行可能产生大面积喷溅或污染医务人员身体的操作时，是否穿戴有防渗透性能的隔离衣或围裙	是	否	不适用
	7	发生职业暴露后是否立即进行局部处理	是	否	不适用
麻疹、肺结核等	1	严格按照隔离区域流程，是否穿戴不同防护用品	是	否	不适用
	2	进入确诊或可疑传染病患者房间时，是否戴帽子和口罩	是	否	不适用
	3	进行可能产生喷溅的操作时，是否戴护目镜或面罩	是	否	不适用
	4	接触患者及其血液、体液、分泌物、排泄物等物质时是否戴手套	是	否	不适用
	5	患者出院或转院后，对房间所有物体表面及空气是否进行彻底消毒	是	否	不适用

注：1. 请根据发生职业暴露的类型选择，如发生锐器伤，请选择锐器伤时操作诊疗行为，并画“√”。
2. 发生职业暴露的医生、进修医生、规培医生等由科主任评估；护士、进修护士等由护士长评估；保洁人员由保洁主管评估。
3. 保洁员应在“不适用”的情况下，注明被暴露时的操作实情。

负责人签字：

日期：

附表 24　医务人员职业暴露登记表（1）

1. 姓名：__________（工号：________）　2. 性别：__________　3. 年龄：_____岁

4. 电话：________________　5. 工作科室：__________

6	工作类别：①口腔医生；②口腔护士；③主治医师（含以上）；④住院医师；⑤实习医师；⑥进修医师；⑦主管护师（含以上）；⑧护师；⑨护士；⑩实习护士；⑪进修护士；⑫检验人员；⑬医技人员；⑭后勤人员；⑮保洁员；⑯护理员；⑰助产士；⑱废物收集人员；⑲康复师；⑳医疗服务人员；㉑其他：请说明：__________
7	入院时间：________________
8	学历：①专科及以下；②本科；③硕士；④博士
9	职称：①初级及以下；②中级；③副高；④正高

续表

10	暴露日期：________年____月________日　周____　时间：________
11	暴露发生科室：__________________
12	暴露发生地点：①病房；②病房外（走廊、护士站）；③治疗室；④急诊室；⑤监护病房；⑥手术室、恢复室；⑦门诊；⑧血库；⑨抽血中心；⑩血液透析室；⑪检查室（X 线室，心、脑电图室等）；⑫检验科；⑬解剖、病理室；⑭洗衣房；⑮供应室；⑯产房、待产室；⑰其他：请说明：__________________
13	受伤时上班班次：①白班；②小夜；③大夜；④白 12；⑤夜 12；⑥值班；⑦行班；⑧其他____________________
14	受伤前 1 个月发生暴露的次数：____次；受伤前 1 年发生暴露的次数：____ 次
15	暴露方式：①接触暴露；②针刺伤或锐器割伤；③抓伤；④咬伤；⑤其他方式____________（若选择①，直接回答 15.1.1 或 15.1.2，跳至 16 题；若选择②，直接回答 15.2.1、15.2.2、15.2.3，跳至 16 题；若选择③④⑤，直接跳至 16 题）
15.1.1	皮肤：①无破损；②有破损
15.1.2	黏膜：①发生黏膜暴露；②未发生黏膜暴露
15.2.1	导致伤害的锐器物种类：①注射器针头；②头皮针；③套管针芯、导管丝；④套管针；⑤特殊穿刺针；⑥检查探针；⑦缝合针；⑧针灸针；⑨手术刀；⑩剪刀；⑪手术钳；⑫血管钳；⑬玻璃；⑭血糖针；⑮其他：请说明：__________________
15.2.2	锐器最初是用作什么目的？①各种经皮注射（肌内、皮下注射）；②静脉输液；③放置动脉或静脉导管；④经输液器加药；⑤经肝素帽封管；⑥连接静脉输液管路；⑦抽取动脉血；⑧抽取静脉血；⑨抽取体液或组织标本；⑩抽取指血、足跟血（测血糖等）；⑪冲洗伤口；⑫缝合、剪断；⑬切开；⑭操作练习；⑮不知道；⑯其他：请说明：__________________
15.2.3	锐器使用者：①习惯左手操作；②习惯右手操作
16	暴露源血源性传染性疾病情况：①无；②乙肝；③丙肝；④艾滋病；⑤梅毒；⑥不清楚；⑦其他：请说明：____________________
17	暴露源姓名______________　ID 号______________
18	受伤前是否知道暴露源患者情况？①知道；②不知道；③不清楚；④不适用
19	是否接种过乙肝疫苗？① 0；②＜ 5 年；③ 5 ～ 10 年；④＞ 10 年
20	伤害是由谁造成的？①自己；②患者；③家属；④其他医务人员
21	是否经过规范化操作培训：①是；②否
22	伤害发生的操作环节： 操作前准备：①拔去护针帽时；②安装针头时；③抽取药液时；④套上针帽或安瓿 操作中（治疗、检查、手术）：⑤经皮注射时；⑥经皮拔针时；⑦静脉穿刺时；⑧静脉加药时；⑨换输液瓶（袋）时；⑩静脉封管时；⑪输液结束拔针时；⑫传递锐器时；⑬取活检时；⑭检查时；⑮治疗时；⑯手术中（缝合或切口时）；⑰将血标本注入试管时；⑱患者躁动时；⑲配合医生或其他医务人员操作时 操作后整理用物：⑳给针头回套针帽：a. 单手回套；b. 双手回套；㉑使用后分离锐器与注射器；㉒整理用毕的锐器物时；㉓准备可重复使用的锐器物品；㉔被不适当放置的锐器物刺伤 处理废弃物：㉕丢弃前针头等锐器物处理时；㉖运送锐器废物时；㉗被突出于锐器盒开口的锐器刺伤；㉘被刺穿于废物收集箱 / 盒的尖锐物刺伤；㉙其他：__________________

续表

23	受伤后伤口处理情况（可多选）：①未处理；②清水冲洗；③挤出伤口的血；④消毒；⑤清创缝合；⑥ 0.9% 氯化钠溶液冲洗；⑦其他液体：________________
24	如果受伤的部位是手，锐器穿透了：①一层手套；②双层手套；③没戴手套
25	受伤程度：①轻度；②中度；③重度
26	伤害发生的部位：________________
27	请描述暴露发生的过程及处理情况：____
28	伤害的发生有无不正确操作：①有；②无；③未知
29	如果此针头、锐器有安全保护装置，即使花费一定费用，你是否愿意选择此功能来预防事件的发生？①是；②否；③未知

填报时间：________年____月____日　　　　　　　　填报人__________

附表 25　感染性职业暴露登记表（2）

<table>
<tr><td>科别</td><td colspan="2"></td><td>姓名</td><td></td><td>性别</td><td></td><td>年龄</td><td></td><td>电话</td><td></td></tr>
<tr><td colspan="3">医生</td><td colspan="2">护士</td><td colspan="2">医技人员</td><td colspan="2">行管人员</td><td colspan="2">其他人员</td></tr>
<tr><td>暴露时间</td><td colspan="10"></td></tr>
<tr><td>暴露地点</td><td colspan="10"></td></tr>
<tr><td>暴露部位</td><td colspan="10"></td></tr>
<tr><td>护士长意见</td><td colspan="4">签字：</td><td colspan="2">科主任或部门负责人意见</td><td colspan="4">签字：</td></tr>
<tr><td>医院感染管理办公室意见</td><td colspan="10">签字：　　　　盖章</td></tr>
<tr><td rowspan="2">皮肤科门诊</td><td colspan="2" rowspan="2">预防性治疗</td><td colspan="4">第一次</td><td colspan="4">第二次</td></tr>
<tr><td>接诊时间</td><td></td><td>接诊人员签字</td><td></td><td>接诊时间</td><td></td><td>接诊人员签字</td><td></td></tr>
<tr><td rowspan="6">公共卫生科</td><td colspan="2" rowspan="2">乙肝免疫球蛋白</td><td colspan="4">接种时间</td><td colspan="4">接种人员签字</td></tr>
<tr><td colspan="4"></td><td colspan="4"></td></tr>
<tr><td rowspan="3">乙肝疫苗</td><td>第一针</td><td></td><td colspan="7"></td></tr>
<tr><td>第二针</td><td></td><td colspan="7"></td></tr>
<tr><td>第三针</td><td></td><td colspan="7"></td></tr>
<tr><td colspan="2">其他</td><td colspan="8"></td></tr>
</table>

注：发生职业暴露后当事人应及时填写感染性职业暴露表（1）、（2），按照《感染性职业暴露处置和报告流程》，经科主任或护士长签字后进行登记上报、审核、血液检验及预防接种

附表 26　血源性病原体职业暴露上报表

1. 暴露者：____________　　2. 性别：□男　□女
3. 发生时间：_____ 年 ___ 月 ___ 日 ____ 时
4. 上报时间：_____ 年 ___ 月 ___ 日 ____ 时
5. 联系电话（手机）：________________
6. 发生部门及地点：________________；
7. 本人工作部门：________________；
8. 工种：________________；
9. 暴露源病原体是否明确：□是　□否
10. 若暴露源病原体明确，请勾选：
（1）HIV □　（2）HBV □　（3）HCV □　（4）梅毒 □　（5）其他 _______
11. 暴露类型
（1）锐器伤　（2）黏膜暴露
12. 暴露体液种类
（1）血液□　（2）痰液 □　（3）脑脊液□　（4）胸膜液 □　（5）尿液 □
（6）其他
科主任或护士长确认签字：　　日期：

附表 27　中华人民共和国传染病报告卡

卡片编号：____________　　报卡类别：1. 初次报告；2. 订正报告

姓名 *：____________（患儿家长姓名：____________）
有效证件号 *：　　性别 *：　男　女
出生日期 *：________年____月____日（如出生日期不详，实足年龄：________年龄单位：　岁　月　天）
工作单位（学校）：________________联系电话：________________
患者属于 *：　本县区　本市其他县区　本省其他地市　外省　港澳台　外籍
现住址(详填)*：________省________市________县(区)________乡(镇、街道)________村________(门牌号)
人群分类 *：
幼托儿童、散居儿童、学生（大中小学）、教师、保育员及保姆、餐饮食品业、商业服务、医务人员、工人、民工、农民、牧民、渔（船）民、干部职员、离退人员、家务及待业、其他（　　　）、不详

病例分类 *：（1）疑似病例、临床诊断病例、确诊病例、病原携带者
（2）急性、慢性（乙肝 *、血吸虫病 *、丙肝）
发病日期 *：________年____月____日
诊断时间 *：________年____月____日____时
死亡日期：________年____月____日

甲类传染病 *：
鼠疫、霍乱

乙类传染病 *：
传染性非典型肺炎、艾滋病（艾滋病患者、HIV）、病毒性肝炎（甲型、乙型、丙型、丁型、戊型、未分型）、脊髓灰质炎、人感染高致病性禽流感、麻疹、流行性出血热、狂犬病、流行性乙型脑炎、登革热、炭疽（肺炭疽、皮肤炭疽、未分型）、痢疾（细菌性、阿米巴性）、肺结核（利福平耐药、涂阳、仅培阳、菌阴、未痰检）、伤寒（伤寒、副伤寒）、流行性脑脊髓膜炎、百日咳、白喉、新生儿破伤风、猩红热、布鲁氏菌病、淋病、梅毒（Ⅰ期、Ⅱ期、Ⅲ期、胎传、隐性）、钩端螺旋体病、血吸虫病、疟疾（间日疟、恶性疟、未分型）、人感染 H7N9 禽流感、新型冠状病毒感染、猴痘

续表

丙类传染病 *： 流行性感冒、流行性腮腺炎、风疹、急性出血性结膜炎、麻风病、流行性和地方性斑疹伤寒、黑热病、包虫病、丝虫病，除霍乱、细菌性和阿米巴性痢疾、伤寒和副伤寒以外的感染性腹泻病、手足口病
其他法定管理及重点监测传染病：
订正病名：______ 退卡原因：______ 报告单位：______ 联系电话：______ 填卡医生 *：______ 填卡日期 *：____年__月__日
备注：* 为必填项目

附表 28 环境清洁和消毒记录表

编号：

清洁消毒对象		规定方法	执行方法	清洁剂	消毒剂	规定清洁周期	规定消毒周期	执行清洁周期	执行消毒周期	操作人
走廊	天花板	湿抹				1 次 / 月	1 次 / 月			
	墙面	湿抹				1 次 / 周或更换产品时	1 次 / 周			
	地面	湿拖				1 ～ 2 次 / 天或更换产品时	1 ～ 2 次 / 周			
清洗间	天花板	湿抹				1 次 / 月	1 次 / 月			
	门、窗、墙	湿抹				1 ～ 2 次 / 天或清洗结束后	1 次 / 周			
	水槽洗涤盆	洗刷				1 次 / 天或物件清洗结束后	1 次 / 天			
	地面	湿拖				1 次 / 天或物件清洗结束后	1 ～ 2 次 / 周			
更衣室 洗衣房 洁具间	天花板	湿抹				1 次 / 月	1 次 / 月			
	门、窗	湿抹				1 ～ 2 次 / 周	1 次 / 周			
	墙面	湿抹				2 次 / 月	2 次 / 月			
	地面	湿拖				1 次 / 天	1 ～ 2 次 / 周			
	洗涤盆	湿抹				1 ～ 2 次 / 天	1 次 / 天			
更衣室衣鞋柜		湿抹				1 ～ 2 次 / 周	1 次 / 周			
地漏		擦洗				至少 1 次 / 周	至少 1 次 / 周			

备注：清洁剂：
A. 0.1% 苯扎溴铵溶液
B. 洗洁精
C. 玻璃清洁剂

消毒剂：
1. 75% 乙醇
2. 含 0.5% 醋酸氯己定的 70% 乙醇液
3. 0.1% 苯扎溴铵溶液

附表 29　手卫生依从性调查表

科室：　　调查日期：　年　月　日　开始 / 结束时间：　　/　　持续时间：　　调查人员：

职业类别：□医生　□护士　□护工							职业类别：□医生　□护士　□护工						
□进修实习人员　□保洁人员							□进修实习人员　□保洁人员						
被调查人姓名：							被调查人姓名：						
时机	指征	手卫生措施	手卫生是否正确				时机	指征	手卫生措施	手卫生是否正确			
1	□接触患者前	□手消	□是	□否			1	□接触患者前	□手消	□是	□否		
	□清洁 / 无菌操作前	□洗手						□清洁 / 无菌操作前	□洗手				
	□暴露患者体	○无						□暴露患者体	○无				
	□接触患者后	□手套						□接触患者后	□手套				
	□接触患者周围环境			步骤错误	揉搓时间＜ 15 秒□	干手方法错误□		□接触患者周围环境后			步骤错误	揉搓时间＜ 15 秒□	干手方法错误□
				（少）□							（少）□		
2	□接触患者前	□手消	□是	□否			2	□接触患者前	□手消	□是	□否		
	□清洁 / 无菌操作前	□洗手						□清洁 / 无菌操作前	□洗手				
	□暴露患者体	○无						□暴露患者体	○无				
	□接触患者后	□手套						□接触患者后	□手套				
	□接触患者周围环境			步骤错误	揉搓时间＜ 15 秒□	干手方法错误□		□接触患者周围环境后			步骤错误	揉搓时间＜ 15 秒□	干手方法错误□
				（少）□							（少）□		
3	□接触患者前	□手消	□是	□否			3	□接触患者前	□手消	□是	□否		
	□清洁 / 无菌操作前	□洗手						□清洁 / 无菌操作前	□洗手				

续表

	□暴露患者体	○无						□暴露患者体	○无				
	□接触患者后	□手套						□接触患者后	□手套				
	□接触患者周围环境后			步骤错误	揉搓时间＜15秒□	干手方法错误□		□接触患者周围环境后			步骤错误	揉搓时间＜15秒□	干手方法错误□
				(少)□							(少)□		
4	□接触患者前	□手消	□是	□否			4	□接触患者前	□手消	□是	□否		
	□清洁/无菌操作前	□洗手		□清洁/无菌操作前				□清洁/无菌操作前	□洗手				
	□暴露患者体	○无		□暴露患者体				□暴露患者体	○无				
	□接触患者后	□手套		□接触患者后				□接触患者后	□手套				
	□接触患者周围环境后			步骤错误	揉搓时间＜15秒□	干手方法错误□		□接触患者周围环境后			步骤错误	揉搓时间＜15秒□	干手方法错误□
				(少)□							(少)□		

注意事项：

1. 表头在开始数据收集前填写完整（除外结束时间和观察持续时间）。

2. 采用直接观察法：在日常医疗护理活动中，不告知观察对象时，随机选择观察对象，观察并记录医务人员手卫生时机及执行的情况，计算手卫生依从率，以评估手卫生的依从性。

3. 观察时间与范围根据评价手卫生依从性的需要，选择具有代表性的观察区域和时间段；观察持续时间不宜超过20分钟（15～20分钟）。

4. 观察人员可同时最多观察3名医务人员，一次观察一名医务人员不宜超过3个手卫生时机。

5. 每周调查一次，整月下来要覆盖全科人员的80%（科室人员少的要全覆盖）。

6. 用铅笔记录监测和观察数据，以便必要时修改。

7. 手卫生措施中的“手消”是指使用速干手消毒剂消毒双手；“手套”只在医务人员未采取其他手卫生措施直接戴手套的情况下才进行。

8. 指征选择：在时机对应的指征选项中选择对应指征，在每个指征前的“口中画”✓

9. 手卫生措施的选择：当观察对象执行了手卫生时，应在“口手消”“口洗手”中选择一项或两项（洗手后再进行卫生手消毒），并接着判断和记录其是否正确（正确性评价包括揉搓方法、揉搓时间、干手方法，任一不正确都应视为手卫生“错误”）；如观察对象未执行手卫生，应选“无”；当观察对象未进行手卫生但是佩戴手套时，在选择“无”的同时选择“手套”。

10. 两个手卫生时机同时出现，优先次序：

无菌操作前＞体液暴露后＞接触患者前＞接触患者后＞接触患者周围环境后

手卫生依从率＝实际手卫生/应该手卫生 ×100%

手卫生正确率＝正确手卫生/实际手卫生 ×100%

附表 30　健康体检问卷表

健康体检问卷

非常感谢您填写健康体检个人问卷信息部分！本问卷旨在明晰您与健康相关的状况及影响因素，以此对您的精准预防予以指导，我们对您个人信息的隐私权予以充分尊重和保护。烦请您认真回答每个问题，并在“□”相应处画✓。

姓名：____________________体检编号：________________

A 个人基本信息

A1　性别	□男　□女	A2 民族	□汉　□其他（　　）	A3 年龄（岁）	
A4　教育程度	□研究生及以上　□大学本科或专科　□高中及以下　□小学及以下				
A5　婚姻状况	□未婚　□已婚　□其他				

B 健康状况及家族史

B1 本人手术史：□无　□有（　　　　　　　　）
B2 既往史：□糖尿病　□高血压　□血脂异常　□心脏病　□脑血管病　□恶性肿瘤 _______ □其他疾病 _______
B3 家族史（父母、兄弟、姐妹） □糖尿病　□高血压　□血脂异常　□心脏病　□脑血管病　□恶性肿瘤 _______ □其他疾病 _______

C 生活方式信息

C1 您吸烟吗？	□吸烟　　　　□不吸烟
C2 您饮酒吗？	□不饮酒　□饮酒（□每月少于 4 次　□每月超过 10 次）
C3 您的饮食习惯？　□荤素均衡　□荤食为主　□素食为主	
C4 您若是女性，请问您是否绝经？□是（绝经年龄：______岁）　□否	
C5 最近 6 个月，有生育的计划吗？□是　□否	

D 运动情况调查

D1 您平时有运动的习惯吗？	□没有	□有，每周 _______ 天

E 心理及精神压力

E1 您感觉工作 / 生活压力如何	□较小　□适中　□很大
E2 过去 1 个月您的睡眠质量如何	□非常好　□一般　□不好　□非常差

附表 31　健康管理研究项目伦理审查申请书

项目名称			
项目来源	□纵向课题　　□横向课题　　□自选课题		
项目负责人		职称	
联系电话		电子邮箱	
所属科室		研究起止时间	
研究方法	□实验性研究　□观察性研究　□描述性研究　□其他 _________		
生物样本数据	样本来源：□既往留存　□计划采集　□生物样本库　□其他 _________		
采集对象（多选）	□血液标本　□尿液标本　□组织标本 □病史、数据、流行病学调查　□其他 _________		

续表

提交审查文本	项目研究方案 知情同意书 课题申请书 其他（如相关资质、条件证明等）		
项目负责人签字		日期	

备注：

1. 请在表格相应的“□”内画✓。

2. 涉及伦理学相关的项目在申请书提交前需获得伦理审查委员会的审查意见，获批后如若在执行期间更改研究计划的，需重新向伦理审查委员会提交审查申请。

附表 32　成人体检健康信息基础问卷

欢迎您接受健康体检服务！我们尊重您个人的隐私权，您所提供的信息将仅用于与您健康有关的风险评估服务，在未经您同意的情况下，不会将您个人有关的信息透露给任何其他个人或单位。

姓名：　　　　　　　　　　性别：□男　□女　出生年月：

身份证号：

职业	□国家公务员	□专业技术人员	□职员	□管理人员	□工人	□农民
	□学生	□自由职业者	□现役军人	□自由职业	□离退休人员	□其他
婚姻状态	□未婚	□已婚	□离异	□丧偶	□再婚	
文化程度	□小学及以下	□初中	□高中	□中专及技校	□大学本科/专科	□研究生及以上
家庭所在地	区　　街道（或乡镇）					
工作单位所在地	区　　街道（或乡镇）					

1.1　个人史

本人疾病史　□无　□有				
□高血压	□糖尿病	□血脂异常	□冠心病	□脑卒中
□慢性阻塞性肺病	□消化性溃疡	□慢性肾功能不全	□甲亢或甲减	□高尿酸血症
□骨关节疾病	□慢性肝炎	□肺结核	□精神疾病	□其他
恶性肿瘤病史　□无　□有				
□肺癌	□食管癌	□胃癌	□结肠/直肠癌	□肝癌
□甲状腺癌	□乳腺癌	□卵巢癌	□宫颈癌	□前列腺癌
□膀胱癌	□白血病	□淋巴瘤	□脑肿瘤	□其他恶性肿瘤
用药史　□无　□有				
请列出药物名称				
药物过敏史　□无　□有				
如有，请列出药物名称				
月经史（如为女性）	初潮时间：__________是否规律：□是　□否 末次月经：__________ 是否绝经：□是　□否			

续表

家族史	□无 □有								
关系 / 疾病	高血压	糖尿病	冠心病	脑卒中	乳腺癌	肺癌	结肠 / 直肠癌	精神疾病	无病史
父亲	□	□	□	□	□	□	□	□	□
母亲	□	□	□	□	□	□	□	□	□
兄弟	□	□	□	□	□	□	□	□	□
姐妹	□	□	□	□	□	□	□	□	□

1.2　躯体症状

您近期是否有以下躯体症状，如有请选择（可多选）：		
□头晕、头痛、头胀、头部压迫紧箍感	□胸痛、胸闷、心慌	□气紧、气促、呼吸困难
□咳嗽、咳痰或咯血	□鼻出血或脓血鼻涕	□吞咽困难、哽噎感
□反酸、恶心	□腹痛、腹胀、腹部不适 部位：□脐以上　□脐周围 □脐以下　□全腹部	□小便异常（尿频、尿急、尿痛、排尿困难、血尿）
□大便异常 具体表现：□大便带血、色鲜红 □黑粪 □黏液脓血便 □腹泻，＞ 3 次 / 日 □便秘，≤ 2 次 / 周	□水肿（颜面、下肢、全身） 部位：□眼睑颜面　□下肢 □全身	□颈肩不适、活动障碍、上下肢麻木
□腰椎久坐疼痛酸胀、活动受限、腿足麻木	□关节疼痛、活动僵硬受限 部位：□手指　□左膝关节 □右膝关节　□左肘关节 □右肘关节　□髋关节 □踝关节　□其他关节	□不明原因的阴道出血、白带异常

1.3　生活方式调查

烟草接触史	
1. 您目前吸烟吗？	□不吸　□吸烟　□已戒除
1.1 吸烟量（粗估）	平均　　　支 / 日
1.2 持续时间	约　　　年
2. 您戒烟多少年了？	约　　　年
3. 您是否被动吸烟？（每天累计 15 分钟以上，且每周 1 天以上）	□是　□否
饮酒史	
1. 您是否经常饮酒？	□是　□否
2. 饮酒量和频率	平均每周______次（0 ～ 14 次）； 平均每次饮酒量______两（1 两相当于 50ml 白酒，100ml 红酒，300ml 啤酒）；饮酒______年；已戒酒______年

续表

3. 饮酒类型：	□高度白酒（50 度以上）□低度白酒（50 度以下） □红酒　□啤酒　□混合
睡眠情况调查	
1. 最近 1 个月，您的睡眠如何？	□好　□一般　□差
1.1 您睡眠差的主要表现：	□入睡困难　□早醒　□多梦或噩梦中惊醒 □夜起　□熟睡时间短　□其他
2. 您每天平均睡眠时间（不等于卧床时间）：	□＜ 5 小时　□ 5 ～ 7 小时　□ 7 ～ 9 小时　□＞ 9 小时
3. 您现在是否经常熬夜（夜间晚于 11 时睡觉，包括值夜班）？	□经常熬夜　□偶尔熬夜（平均每个月不超过 2 次） □一般都按时睡觉
4. 您是否能午睡？	□无　□ 1 ～ 2 次 / 周　□ 3 ～ 5 次 / 周　□ 6 ～ 7 次 / 周
喝饮品情况调查	
您平时最常喝的饮品	□白开水　□含糖饮料　□咖啡　□绿茶　□其他茶 □茶和咖啡混合
手机、电脑使用情况调查	
1. 您现在一般每天注视电脑____小时	2. 您现在一般每天注视手机____小时

1.4　饮食营养

1. 您的饮食状况？	□荤素搭配　□以荤为主　□以素为主　□不吃素食　□全素食
2. 您家里食用粗粮的情况？	□不吃　□偶尔吃　□经常吃
3. 您喝牛奶的频率？	□基本不喝或每周＜ 3 次　□每周 3 ～ 5 次　□每周 6 ～ 7 次　□每周＞ 7 次
4. 您的饮食嗜好？（可多选）	□清淡　□咸　□甜　□高油脂　□辛辣　□热烫 □海鲜　□牛羊肉　□快餐　□浓茶　□腌 / 烤 / 熏过的食物　□其他
5. 您平时每天吃几顿饭？	□少食 3 次以上正餐　□ 3 次正餐　□ 2 次正餐　□ 1 次正餐
6. 您平时食用零食情况？	□每天 3 次以上零食　□每天 1 ～ 2 次零食　□偶尔吃零食　□从不吃零食
7. 您吃早餐情况？	□不吃早饭　□每周 1 ～ 2 次　□每周 3 ～ 5 次　□几乎每天都吃
8. 您吃饭的速度与同龄人相比，属于：	□细嚼慢咽　□中等速度　□有点快　□很快（狼吞虎咽）

1.5　运动方式

1. 您工作中的体力强度？	□不工作　□脑力劳动为主　□轻体力劳动　□中度体力劳动 □重体力劳动
2. 您是否经常主动地锻炼身体？	□否　□偶尔　□是
3. 您业余时间坚持的运动是？（可多选）	□散步　□快走 / 慢跑　□游泳　□骑自行车　□球类　□集体舞 □瑜伽　□健身操　□力量锻炼　□登山　□太极拳　□其他
4. 您单次运动项目的大约时间？	□ 30 分钟以下　□ 30 ～ 60 分钟　□ 60 分钟以上
5. 您每周进行运动项目的次数？	□ 1 ～ 2 次　□ 3 ～ 5 次　□＞ 5 次
6. 您上下班的主要交通方式？	□不上班　□自驾或打车　□公共交通　□骑自行车　□步行
7. 您上下班路上的大约时间？	□不上班　□ 30 分钟以下　□ 30 ～ 60 分钟　□ 60 分钟以上

附录 33　常见慢性病风险筛查问卷

1. 心脑血管病筛查问卷

1.1 高血压

高血压　□无　□有	
1. 病史______年，规律服药______年	
2. 1 年内降压治疗的情况	
服药频率	□每天　□5～6 天 / 周　□3～4 天 / 周　□1～2 天 / 周 □< 1 天 / 周或无
是否定期开药 / 买药 原因 间隔时间 地点	○是　○否 □药费贵　□挂号难　□距离远　□行动不便　□没时间　□自己认为不用服药　□其他 ○半个月　○1 个月　○3 个月　○≥ 6 个月 ○医疗机构　○药店　○其他
3. 1 年内是否测量血压	○否　○是（○每天 1 次以上　○每周 1 次以上　○每月 1 次以上） 曾达到的最高血压水平：收缩压______mmHg　/ 舒张压______mmHg　○不详
4. 1 年内是否做过 24 小时动态血压监测	○是　○否　○不详
5. 最近 2 周血压测量情况	○测量多次：最高血压水平：收缩压______mmHg　/舒张压______mmHg ○不详 最低血压水平：收缩压______mmHg/ 舒张压______mmHg　○不详 ○测量 1 次：收缩压______mmHg/ 舒张压______mmHg　○不详 ○未测
6. 是否自备血压测量工具	○无　○有 类型：□上臂式电子血压计　□手腕式电子血压计　□血压手环（可穿戴设备）　□水银血压计　□其他
7. 是否自我记录血压	○否　○是 方式：□手工记录　□设备自动记录　□其他

1.2 心脏病病史

1. 瓣膜病	□有　□无　□已做手术　□未做手术
2. 先天性心脏病	□有　□无　□已做手术　□未做手术
3. 心肌病	□有　□无　□药物治疗　□未治疗 日常生活：□受限　□不受限
4. 心功能不全	□有　□无　□药物治疗　□未治疗 日常生活：□受限　□不受限
5. 心律失常	□有　□无　□药物治疗　□手术治疗　□未治疗
6. 冠心病	○有　○无 类型：□心绞痛：首次时间______年 □心肌梗死：首次时间______年 □其他：首次时间______年 □分型不详：治疗方式：□药物治疗　□手术治疗 □经皮冠状动脉介入治疗（PCI）：首次时间______年 □冠状动脉旁路移植术（CABG）：首次时间______年 □未治疗

续表

1.3 脑卒中　脑卒中”危险评分卡是人群进行脑卒中风险自我评定的常用量表之一。“脑卒中”危险评分卡适用于40岁以上人群，由8大危险因素加脑卒中病史组成。“脑卒中”危险评分卡将40岁以上的成年人分为脑卒中的低危、中危、高危人群。

8项危险因素（适用于40岁以上人群）			
高血压		○	≥140/90mmHg
血脂情况		○	血脂异常或不知道
糖尿病		○	有
吸烟		○	有
心房颤动		○	心跳不规则
体重		○	明显超重或肥胖
运动		○	缺乏运动
卒中家族史		○	有
评估结果	高危	○	存在3项及以上上述危险因素
		○	既往有脑卒中（中风）病史
		○	即往有短暂脑缺血发作病史
	中危	○	有高血压、糖尿病、心房颤动之一者
如果您是“中风”高危人群，请立即向医生咨询脑卒中的预防！			

注：高危——具有3项及以上危险因素；或者发生过脑卒中；或者有过短暂性脑缺血发作（TIA）。判断为高危的人群建议立即向专科医生咨询脑卒中的预防。中危——具有少于3项危险因素，且患有慢性病（高血压、糖尿病、心房颤动）之一。低危——具有少于3项危险因素，且无慢性病。

2. 恶性肿瘤风险筛查问卷

2.1 环境 & 行为

您长期生活环境是否存在严重空气污染？	□是　□否
您是否有较长时间有害物质接触（如放射线、石棉、铍、铀、氡等）？	□是　□否
近10年来，您生活环境是否有较多室内油烟情况（来自做饭和取暖）？	□是　□否
您是否吸烟（累计6个月以上）？	□是　□否
您是否长期吸入二手烟？	□是　□否
您是否过量饮酒（平均每周3次以上，每次100ml以上）？	□是　□否
您是否经常参加体育锻炼（平均每周3次以上，每次超过30分钟）？	□是　□否

2.2 饮食习惯

近2年来，您平均每周新鲜蔬菜摄入量是否能超过2.5kg？	□是　□否
近2年来，您平均每周粗粮摄入量是否能超过500g？	□是　□否
近2年来，您平均每周畜肉（猪、牛、羊肉）摄入量是否超过350g？	□是　□否
您日常是否喜好烫饮烫食？	□是　□否
您日常是否偏好重盐饮食？	□是　□否
您日常是否经常食用腌晒食品（咸鱼、酸菜、泡菜、咸菜等）？	□是　□否
您日常是否经常食用剩菜剩饭？	□是　□否

2.3 心理和情绪　　续表

近些年您是否曾经受较大的精神创伤（亲人患重病或死亡、家庭不和破裂、重大财产损失、重大意外身体伤害、暴力恐吓等）?	□是　□否
近些年您是否有较长时间精神处于压抑状况（连续超过 6 个月)?	□是　□否

2.4 疾病史

您是否曾被确诊患有任何癌症?	□是　□否 肺癌、食管癌、肝癌、胃癌、结直肠癌、乳腺癌（女)、宫颈癌（女)、其他（可复选)
您是否曾被诊断 EB 病毒感染?	□是　□否
您既往或现在是否罹患某些疾病?	□是　□否 (1) 中枢神经系统疾病（○是　○否）　□现病（6 个月内）　□既往 (2) 心血管疾病（○是　○否）　□现病（6 个月内）　□既往 (3) 肺及支气管疾病（○是　○否）　□现病（6 个月内）　□既往 (4) 肺炎、肺结核、其他慢性肺支气管疾病（可复选) (5) 食管疾病（○是　○否）　□现病（6 个月内）　□既往 (6) 胃部疾病（○是　○否）　□现病（6 个月内）　□既往 (7) 慢性胃炎、胃溃疡、胃泌素瘤、其他慢性胃部疾病（可复选) (8) 肝胆疾病（○是　○否）　□现病（6 个月内）　□既往 (9) 肝炎、肝硬化、胆结石、胆囊炎、其他慢性肝胆疾病（可复选) (10) 胰腺炎（○是　○否）　□现病（6 个月内）　□既往 (11) 肠道疾病（○是　○否）　□现病（6 个月内）　□既往 (12) 结肠炎、肠道憩室炎、直肠息肉、其他慢性结直肠疾病（可复选) (13) 糖尿病（○是　○否）　□现病（6 个月内）　□既往 (14) 皮肤疾病（○是　○否）　□现病（6 个月内）　□既往 (15) 前列腺炎（○是　○否)——男　□现病（6 个月内）　□既往 (16) 乳腺疾病（○是　○否)——女　□现病（6 个月内）　□既往 (17) 妇科疾病（○是　○否)——女　□现病（6 个月内）　□既往 (18) 盆腔炎、子宫内膜异位症、卵巢囊肿、其他（可复选)

2.5 家族史

您是否有腺瘤样疾病家族史?	□是　□否
您的三代内血缘亲属中，是否有人曾被诊断癌症?	□是　□否 肺癌、食管癌、肝癌、胃癌、结直肠癌、乳腺癌（女)、卵巢癌（女)（可复选)

2.6 生理 & 生育——女

您是否正处于月经期?	□是　□否
您是否正处于妊娠期?	□是　□否
您是否已婚?	□是　□否　初婚年龄：(____）岁
您的首次月经年龄	(____）岁
您是否已绝闭经?	□是　□否　绝闭经年龄：(____）岁
您的首次性行为年龄	□无　□≤ 20 岁　□> 20 岁

续表

您是否生育?	□是 □否 初次生育年龄：(____) 岁 生育次数：(____) 次 累计哺乳月数：(____) 月
您日常采用的避孕方式是	□未采用 □避孕套 □其他方式
您是否有人工流产经历?	□是 □否 人工流产次数：(____) 次

3. 慢性阻塞性肺疾病自我筛查问卷：推荐采用慢性阻塞性肺疾病自我筛查问卷（COPD-SQ）对目标人群进行慢性阻塞性肺疾病筛查，总分达到 16 分提示可能为慢性阻塞性肺疾病患者，需进行肺功能检查。有条件的人群年龄 40 岁以上或者有呼吸道症状者，也可以直接进行肺功能检查。

每 1 小题只选择 1 个最符合您的答案，参考评分标准积分，相加得总分。

问题	回答	评分标准	得分
1. 您的年龄（岁)?	40 ～ 49	0	
	50 ～ 59	3	
	60 ～ 69	7	
	≥ 70	10	
2. 您吸烟总量（包 / 年）= 每天吸烟__包 × 吸烟__年	0 ～ 14	0	
	15 ～ 30	1	
	≥ 30	2	
3. 您的体重指数（kg/m^2）= 体重（kg）/ 身高 ^{2}（m^2）如果您不会计算，您的体重属于哪一类? 很瘦（7)，一般（4)，稍胖（1)，很胖（0)	< 18.5	7	
	18.5 ～ 23.9	4	
	24.0 ～ 27.9	1	
	≥ 28	0	
4. 没感冒时您是否经常咳嗽?	是	3	
	否	0	
5. 您平时是否感觉有气促?	没有气促	0	
	在平地急行或爬小坡时感觉气促	2	
	平地正常行走时感觉气促	3	
6. 您目前使用煤炉或柴草烹饪或取暖吗?	是	1	
	否	0	
7. 您父母、兄弟姐妹及子女中，是否有人患哮喘、慢性支气管炎、肺气肿或慢性阻塞性肺疾病?	是	2	
	否	0	
总分			

注：如果您的总分≥ 16 分，请与医生联系，进行进一步检查，明确是否患有慢阻肺。

来源：中华医学会呼吸病学分会慢性阻塞性肺疾病学组，中国医师协会呼吸医师分会慢性阻塞性肺疾病工作委员会，2021. 慢性阻塞性肺疾病诊治指南（2021 年修订版）[J]. 中华结核和呼吸杂志，44(3): 170-205.

续表

4. 代谢相关疾病风险筛查问卷

4.1 糖尿病

根据糖尿病成年高危人群评估方法，本次体检基础问卷及体格检查应包含性别、身高、体重、血压、腰围、臀围、是否有黑棘皮征，并获得既往体检病史、空腹血糖、糖化血红蛋白、血脂、血管超声等信息。除此之外，设计糖尿病风险评估问卷如下：

您是否诊断过糖尿病？	□是　□否
您是否诊断过糖尿病前期？	□是　□否
您是否诊断过高血压？	□是　□否
您是否诊断过冠心病？	□是　□否
您是否诊断过动脉粥样硬化（如颈动脉粥样硬化、下肢动脉粥样硬化、冠状腺脉粥样硬化）？	□是　□否
您是否诊断过妊娠期糖尿病？（女性受检者请回答）	□是　□否
您是否有巨大儿生产史（分娩婴儿体重≥4000g）？（女性受检者请回答）	□是　□否
您是否诊断过多囊卵巢综合征？（女性受检者请回答）	□是　□否
您是否曾使用过类固醇类药物（如口服或静脉给药的糖皮质激素，包括泼尼松、氢化可的松、地塞米松等）？	□是　□否
您是否长期接受抗精神病药物或抗抑郁症药物治疗？	□是　□否
您的亲属中有无糖尿病患者？	□有，共有__位； □无
如有：您的一级亲属有无糖尿病患者（父母、同胞、子女）？	□有，共有__位，具体是哪些亲属； □无
您的其他亲属中有无糖尿病患者（祖父、祖母、外祖父、外祖母、叔、伯、姨、姑等）？	□有，共有__位，具体是哪些亲属； □无
您是否经常进行体力活动？	□是　□否

来源：中华医学会糖尿病学分会，2021．中国 2 型糖尿病防治指南（2020 年版）[J]. 中华糖尿病杂志，13（4）：315-409.

4.2 骨质疏松　国际骨质疏松基金会（International Osteoporosis Foundation，IOF）骨质疏松症风险 1 分钟测试题是目前较为公认的疾病风险初筛工具。

（1）国际骨质疏松症基金会（IOF）骨质疏松风险 1 分钟测试题

问题	回答
是否实际年龄超过 60 岁（女）/70 岁（男）？	是□　否□
50 岁之后是否有骨折史	是□　否□
是否体质量过轻（BMI < 19kg/m^2）？	是□　否□
是否于 40 岁后身高减少超过 4cm?	是□　否□
父母任何一方是否有髋部骨折史？	是□　否□

续表

问题	回答
是否存在以下任一情况：类风湿关节炎、消化道疾病（炎症性肠病、乳糜泻）、糖尿病、慢性肾脏病、甲状腺或甲状旁腺疾病（甲状腺或甲状旁腺功能亢进）、肺病（慢性阻塞性肺病）、长时间制动、艾滋病（HIV）？	是□　否□
是否接受过以下药物治疗：曾服用类固醇激素（如持续服用泼尼松 3 个月及以上）、噻唑烷二酮类药物、器官移植术后免疫抑制剂、抗抑郁药物、抗惊厥药物、抗癫痫药？	是□　否□
女士回答：是否存在以下任一情况：乳腺癌、接受芳香化酶抑制剂治疗乳腺癌、早绝经、不正常闭经、卵巢切除或由于性腺功能减退导致低雌激素水平？	是□　否□
男士回答：是否存在以下任一情况：前列腺癌、接受雄激素剥夺治疗前列腺癌、低睾酮（性腺功能减退）、是否过量饮酒（每天超过 3 个单位）和（或）是否目前吸烟？	是□　否□
结果判断：上述问题，只要其中有一题回答结果为“是”，提示存在骨质疏松症的风险，并建议进行骨密度检查或 FRAX 风险评估	

（2）亚洲人骨质疏松自我筛查工具（OSTA 指数）：适用于绝经后女性，OSTA 结果≤－1 或中高风险者均提示存在骨质疏松症的风险。OSTA 指数＝[体质（kg）－年龄（岁）]×0.2，结果评定见下表。也可以通过简图根据年龄和体重进行快速查对评估。

OSTA 指数评价骨质疏松风险指数

风险级别	OSTA 指数
低	＞－1
中	－1～－4
高	＜－4

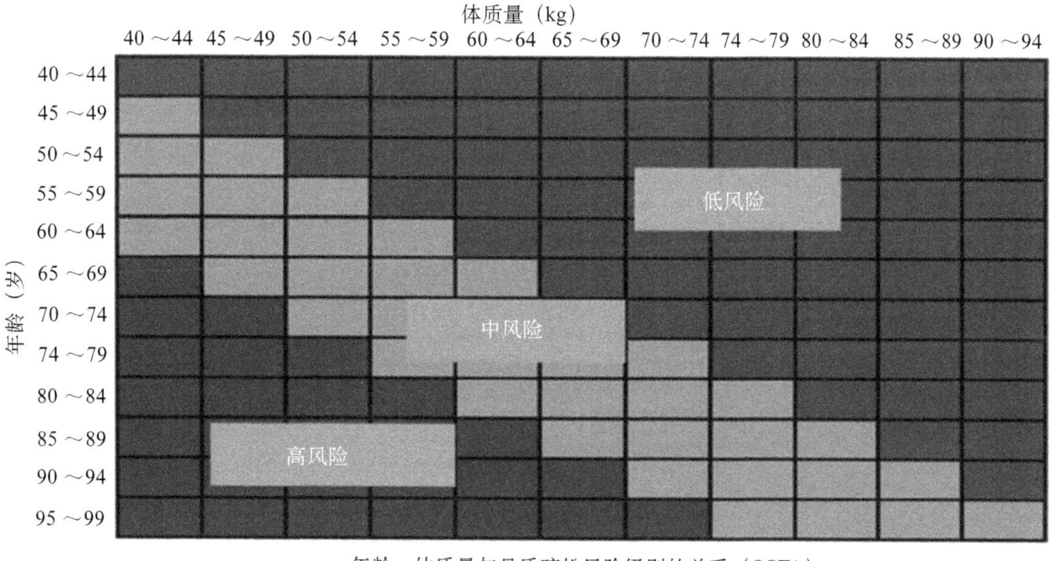

年龄、体质量与骨质疏松风险级别的关系（OSTA）

注：OSTA 主要是根据年龄和体质量筛查骨质疏松症的风险，但需要指出， OSTA 所选用的指标过少，其特异性不高，需结合其他危险因素进行判断，且仅适用于绝经后女性。

续表

(3) 骨折风险预测简易工具（FRAX）：FRAX 是 WHO 推荐的用于评估患者未来 10 年髋部及主要骨质疏松性骨折（椎体、前臂、髋部或肱骨近端）概率的骨折风险预测工具。该工具的计算参数主要包括临床危险因素和（或）股骨颈骨密度。

FRAX 评估的适应人群和流程：对于骨密度未知患者，可先采用 FRAX 进行风险评估，评估为中高风险患者，推荐行骨密度检测，并将股骨颈骨密度值代入 FRAX 软件重新计算未来骨折风险，再据此判断是否进行治疗干预。具有 1 个或多个骨质疏松性骨折临床危险因素且未发生骨折的骨量减少患者，可通过 FRAX 计算未来 10 年发生髋部骨折及主要骨质疏松性骨折的概率。当 FRAX 评估阈值为骨折高风险患者，建议给予治疗。该工具可以通过以下网址获得：http: //www.shef.ac.uk/FRAX/。

FRAX 计算依据的主要临床危险因素、骨密度值及结果判断

危险因素	解释
年龄	模型计算年龄是 40 ～ 90 岁
性别	选择男性或女性
体重	填写单位是 kg
身高	填写单位是 cm
既往骨折史	指成年期自然发生或轻微外力下发生的骨折，选择是与否
父母髋部骨折史	选择是与否
吸烟	根据患者现在是否吸烟，选择是与否
糖皮质激素	若患者正在接受糖皮质激素治疗或接受过相当于泼尼松＞ 5mg/d 超过 3 个月，选择是
类风湿关节炎	选择是与否
继发性骨质疏松	如果患者具有与骨质疏松症密切关联的疾病，选择是包括 1 型糖尿病、成骨不全症、未治疗的甲状腺功能亢进症、性腺功能减退症或早绝经（＜ 45 岁）、慢性营养不良或吸收不良、慢性肝病等
过量饮酒	酒精摄入量≥ 3 单位 /d 为过量饮酒 1 单位相当于 8 ～ 10g 乙醇，约 285ml 啤酒，120ml 葡萄酒，30ml 烈性酒
骨密度	先选择测量骨密度的仪器，然后填写股骨颈骨密度的实际测量值（g/cm^2），若患者没有测量骨密度，可以不填此项
结果判断	FRAX 预测的髋部骨折可能性≥ 3% 或任何主要骨质疏松性骨折可能性≥ 20%，为骨质疏松性骨折高危患者，建议给予治疗；FRAX 预测的任何主要骨质疏松性骨折可能性为 10% ～ 20%，为骨质疏松性骨折中风险；FRAX 预测的任何主要骨质疏松性骨折可能性为＜ 10%，为骨质疏松性骨折低风险

来源：中华医学会骨质疏松和骨矿盐疾病分会，2022. 原发性骨质疏松症诊疗指南（2022）[J]. 中华骨质疏松和骨矿盐疾病杂志，15(6): 573-611.

附录二　操作评分量表

附表 34　静脉采血技术考核评分表

姓名：　　　　考核日期：　　　　成绩：　　　　考核人员：

项目	操作要点	考核要点	分值	扣分	备注
仪表（5 分）	1. 仪表端庄，衣帽整洁 2. 洗手，戴口罩	着装整洁 符合要求	3 2		
操作前准备（5 分）	处置车、治疗盘、碘伏、无菌棉签、采血针、真空采血管、放置采血管的容器、止血带、治疗巾、无菌手套、胶布、笔、体检指引单、化验单、锐器盒、医用 / 生活垃圾桶	物品准备齐全均在有效期内，物品处于备用状态	5		
操作流程（70 分）	1. 受检者：局部皮肤、血管情况及配合程度 环境：清洁，光线明亮，适宜操作	评估情况	5		
	2. 核对解释：核对受检者，告知目的，以取得合作，询问既往史有无晕针、晕血	核对准确	5		
	3. 协助受检者取舒适体位，铺治疗巾	摆体位	5		
	4. 于注射部位上方 5 ～ 7.5cm 处扎止血带，评估血管	扎止血带的方法及血管的评估	10		
	5. 按静脉穿刺消毒、嘱受检者握拳，见回血再进针 0.5 ～ 1cm，固定采血针	手法正确	10		
	6. 按顺序采集血液	采血管的顺序	10		
	7. 嘱受检者松拳，松止血带，拔出采血针	采血结束后的操作方法	10		
	8. 指导受检者用干棉签按压穿刺点 5 分钟	交代注意事项	10		
	9. 再次查对，交代注意事项	三查七对	5		
操作后整理（10 分）	1. 整理用物，按规定处置 2. 洗手，记录，送检血标本	整理用物按规定处置 七步洗手法	5 5		
理论（10 分）	1. 操作目的 2. 注意事项	掌握全面 回答正确	5 5		
总分（100 分）		总扣分			

附表 35　身高测量技术考核评分表

姓名：　　　　考核日期：　　　　成绩：　　　　考核人员：

项目	操作要点	考核要点	分值	扣分	备注
仪表（5 分）	1. 仪表端庄、衣帽整洁 2. 洗手、戴口罩	着装整洁 符合要求	3 2		
操作前准备（20 分）	1. 身高测量仪应放在坚硬平坦的地面，秤脚无异物，未放在砖缝中	用物准备处于备用状态	10		
	2. 使用前应检查电源线及接口是否牢固，连接处是否紧密	连接紧密	10		

续表

项目	操作要点	考核要点	分值	扣分	备注
操作流程 （55分）	1. 受检者先脱掉鞋子，站立在身高测量仪上 2. 背靠测量尺站直。保持头、臀、足三点一线，即头顶、臀部和足跟在一条直线上 3. 头顶最高点对应的测量仪上高度就是实际身高 4. 准确记录数值，一般用厘米（cm）表示更为精确	打开机器，显示正确 测量方法正确 测量方法正确 数值记录准确	10 20 15 10		
操作后整理 （10分）	每季度校准一次，并做好记录（口述）	口述正确	10		
理论 （10分）	1. 操作目的 2. 注意事项	掌握全面 回答正确	5 5		
总分（100分）		总扣分			

附表36　电子体重测量技术考核评分表

姓名：　　　　考核人员：　　　　考核日期：　　　　成绩：

项目	操作要点	考核要点	分值	扣分	备注
仪表 （5分）	1. 仪表端庄、衣帽整洁 2. 洗手、戴口罩	着装整洁 符合要求	3 2		
操作前准备 （20分）	1. 电子秤应放在坚硬平坦的地面，秤脚无异物，未放在砖缝中 2. 使用前应检查电源线及接口是否牢固，连接处是否紧密 3. 受检者应该被告知在早上起床后进行体重测量。排空大小便，并保持空腹，穿尽量少的衣服	用物准备处于备用状态 连接紧密 告知注意事项正确	5 5 10		
操作流程 （55分）	1. 打开电源开关；按下“启动”按键，显示屏上显示2次“8888”后显示0.0，进入工作状态 2. 受检者穿薄衣服、赤足，全身放松。记录以千克（kg）为单位，精确到小数点后1位。测量误差不得超过0.1kg 3. 准确记录数值	打开机器检查正确 测量方法正确 数值记录准确	20 20 15		
操作后整理 （10分）	每季度校准一次，并做好记录（口述）	口述正确	10		
理论 （10分）	1. 操作目的 2. 注意事项	掌握全面 回答正确	5 5		
总分（100分）		总扣分			

附表 37　臂式电子血压测量技术考核评分表

姓名：　　　　考核人员：　　　　考核日期：　　　　成绩：

项目	操作要点	考核要点	分值	扣分	备注
仪表（5 分）	1. 仪表端庄、衣帽整洁 2. 洗手、戴口罩	着装整洁 符合要求	3 2		
操作前准备（5 分）	臂式电子血压计	物品准备齐全均在有效期内，物品处于备用状态	5		
操作流程（70 分）	1. 臂式电子血压计：受检者采取坐姿，并露出手臂，注意手臂要与心脏保持同一水平的高度 2. 操作者将臂式电子血压计的袖带从受检者腕部穿入并推至肘关节上 2cm 处，同时将袖带绑紧，松紧度以能活动 1 ～ 2 根手指为宜 3. 打开臂式电子血压计开关，开始测量 4. 测量时可看到臂式电子血压计屏幕数字变换，待数字停止变换后读取数值即可	指导姿势正确 袖带松紧度适宜，不能过松或过紧 操作方法正确 准确记录数据	20 30 10 10		
操作后整理（10 分）	血压计应每日擦拭消毒，袖带每日更换（口述）	口述正确	10		
理论（10 分）	1. 操作目的 2. 注意事项	掌握全面 回答正确	5 5		
总分（100 分）		总扣分			

附表 38　水银血压测量技术考核评分表

姓名：　　　　考核日期：　　　　成绩：　　　　考核人员：

项目	操作要点	考核要点	分值	扣分	备注
仪表（5 分）	1. 仪表端庄、衣帽整洁 2. 洗手、戴口罩	着装整洁 符合要求	3 2		
操作前准备（5 分）	水银血压计	物品准备齐全均在有效期内，物品处于备用状态	5		
操作流程（70 分）	1. 水银血压计：受检者采取坐姿，并露出手臂，注意手臂要与心脏保持同一水平的高度 2. 取出水银血压计，并将袖带置于肘关节上 2cm 处绑紧 3. 将听诊器的探头放在肱动脉搏动处 4. 使用球囊进行打气，并观察数值是否有变化。当放气过程中听到第一声搏动时，即为收缩压，搏动声消失时的数值即为舒张压 5. 注意测量血压前需静坐休息 10 ～ 15 分钟，以免影响测量数值。此外，测量血压时应每次测量 2 ～ 3 次，测量间隔时间为 5 分钟左右，然后取平均值，以确保结果的准确（口述）	指导姿势正确 袖带松紧度适宜，不能过松或过紧 操作方法正确 操作方法正确，能掌握收缩压和舒张压的方法 口述正确	20 10 10 20 10		

续表

项目	操作要点	考核要点	分值	扣分	备注
操作后整理（10 分）	血压计应每日擦拭消毒，袖带每日更换（口述）	口述正确	10		
理论（10 分）	1. 操作目的 2. 注意事项	掌握全面 回答正确	5 5		
总分（100 分）		总扣分			

附表 39　血糖测量技术考核评分表

姓名：　　　　　　考核日期：　　　　　　成绩：　　　　　　考核人员：

项目	操作要点	考核要点	分值	扣分	备注
仪表（5 分）	1. 仪表端庄、衣帽整齐 2. 洗手、戴口罩	着装整洁 符合要求	3 2		
操作前准备（10 分）	1. 用物准备：血糖仪、一次性采血针、试纸、安尔碘、75% 乙醇、棉签 2. 评估受检者局部皮肤情况 3. 携用物至受检者处，核对受检者，向受检者解释目的	用物准备正确 评估情况 核对正确，解释到位	2 5 3		
操作流程（70 分）	1. 确认受检者是否符合空腹或者餐后 2 小时血糖测定的要求 2. 协助或指导受检者用肥皂和温水洗手。为了促进指尖血液循环，护士从受检者手腕向指尖部按摩 2 ～ 3 次 3. 血糖仪开机，对比血糖仪屏幕中的代码与试瓶上的代码是否相符 4. 从试纸瓶中取出试纸，将试纸尖端插入血糖仪试纸支撑区的底部，然后盖好瓶盖 5. 常规消毒采血手指，采血针紧靠在受检者指尖的一侧刺入，每次选取不同的采血点，以防止出现局部肿痛，将采血针弃于锐器盒内 6. 用棉签拭去第一滴血，将第二滴血滴入试纸区的测试区，使测试区完全变成红色，不可反复滴入血液，否则会导致测量结果不准确 7. 当血糖仪显示出监测结果，才能取出并丢弃试纸	检查前确认正确 操作方法正确 开机正确，核对代码正确 操作方法正确 采集部位正确 采集方法正确 操作方法正确	10 10 10 10 10 10 10		
操作后整理（15 分）	1. 关闭血糖仪，整理用物，洗手并记录 2. 指导受检者：穿刺后按压至不出血为止	按规定方法处置 指导正确	5 10		
总分（100 分）		总扣分			

附表 40　吸氧操作技术考核评分表

姓名：　　　　考核日期：　　　　成绩：　　　　考核人员：

项目	操作要点	考核要点	分值	扣分	备注
仪表（5 分）	1. 护士准备：衣帽整洁、洗手、戴口罩	着装整洁	3		
	2. 用物准备：一次性吸氧管，供氧系统氧气吸入装置 1 套、弯盘、小药杯（冷开水）、棉签、用氧记录单、治疗碗内盛无菌蒸馏水、洗手液、医疗及卫生垃圾桶	用物准备齐全	2		
操作前准备（8 分）	1. 环境准备：安全、舒适、符合用氧操作的环境	评估环境	3		
	2. 评估受检者病情意识，身体情况，合作程度，取得配合，评估受检者鼻腔情况	评估受检者	5		
操作流程（72 分）	1. 携用物至床旁，核对受检者，做好解释，协助受检者取舒适体位	解释到位	5		
	2. 观察用氧环境，取下墙壁氧气上活塞，用湿棉签擦拭气源接头内尘土	观察用氧环境	5		
	3. 接湿化瓶：向湿化瓶内注入蒸馏水 1/2 ～ 2/3，并将湿化瓶拧紧	蒸馏水的用量	5		
	4. 氧气吸入器插入气源接头前必须关闭流量调节阀	关闭流量调节阀	5		
	5. 将氧气吸入器进气插头插入与其配套的医用气源接头内，当听到“咔嚓”声响，说明接头已锁住	听到咔嚓声响	5		
	6. 清洁双侧鼻腔，观察鼻腔情况	评估鼻腔情况	5		
	7. 检查一次性吸氧管密封效果及有效日期，将带鼻塞的塑料管连接在出口接头上	三查七对	5		
	8. 根据病情调节流量，成人轻度缺氧或小儿 1 ～ 2L/min；中度缺氧 2 ～ 4L/min；严重缺氧者 4 ～ 6L/min。调节至所需流量后，将吸氧连接管鼻塞置入治疗碗中，检查其是否通畅	调节氧流量正确，氧气管连接正确	5		
	9. 将鼻塞置入患者鼻腔内，固定好鼻导管	固定鼻导管正确	5		
	10. 记录用氧开始时间及流量	记录正确	5		
	11. 协助受检者取舒适体位，做好交代，整理用物，洗手，做好记录	按规定处理用物	5		
	12. 告知受检者不要自行摘除鼻塞或者调节氧流量	交代事项正确	5		
	13. 告知受检者如感到鼻咽部干燥不适或者胸闷憋气时，应当及时通知医护人员；告知受检者有关用氧安全的知识	交代事项正确	5		
	14. 用氧过程中密切观察缺氧改善情况（口述）	口述正确	2		
	15. 停吸氧时，先将吸氧鼻塞取下，再关闭流量开关	前后顺序正确	3		
	16. 记录停氧时间	记录正确	2		

续表

项目	操作要点	考核要点	分值	扣分	备注
操作后整理（5分）	1. 卸下湿化瓶及吸氧装置，盖好墙壁氧气活塞，整理用物，洗手 2. 正确处理吸氧用物	按规定处置用物正确 按规定处置用物正确	3 2		
理论（10分）	1. 操作目的 2. 注意事项	掌握全面 回答正确	5 5		
总分（100分）		总扣分			

附表41 心肺复苏操作技术考核评分表

姓名： 考核日期： 成绩： 考核人员：

项目	操作要点	考核要点	分值	扣分	备注
仪表（5分）	1. 衣帽整洁 2. 洗手，戴口罩	着装整洁 符合要求	3 2		
操作前准备（5分）	用物准备并检查：简易呼吸气囊	仪器处于备用状态	5		
操作流程（77分）	1. 发现受检者，叫旁人让开	呼叫正确	5		
	2. 评估环观察周围环境，确定安全判断意识，拍打受检者双肩，分别对双耳呼叫，呼叫声响有效“受检者无意识”，呼救，“请帮忙拨打120，取就近AED”看呼救时间	评估正确	5		
	3. 眼睛观察受检者胸廓，同时喉结旁开2指，检查颈动脉搏动	判断自主呼吸和脉搏方法正确	10		
	4. 判断时间5～10秒：“一千零一、一千零二、一千零三、一千零四、一千零五、一千零六、一千零七”	判断时间准确	5		
	5. 无自主呼吸、颈动脉无搏动，立即胸外按压！	判断正确	5		
	6. 为受检者摆放复苏体位“头、颈、躯干呈一直线”	摆放体位正确	5		
	7. 施救者与受检者体位正确（在右侧）	体位正确	5		
	8. 胸外按压（两个循环）；暴露胸廓，松开裤带，按压定位准确（一手掌根放在胸骨上，中指大致平乳头，双臂夹紧绷直，自身重力不依靠胸廓上，垂直均匀下压），按压深度5～6cm，按压频率100～120次/分（节律均匀），每次按压后胸壁完全回弹（掌根不离开胸壁），按压期间始终观察受检者面色，连续不间断按压30次	操作方法、按压深度、按压频率正确	10		
	9. 开放气道；观察口鼻腔有无分泌物、义齿，压额抬颏法充分开放气道	开放气道正确	10		

续表

项目	操作要点	考核要点	分值	扣分	备注
	10. 人工呼吸：以“EC”或“OK”手法固定面罩，方法正确，无漏气，每次送气时间持续1秒，连续通气2次（通气有效：见胸廓隆起）	EC手法正确	10		
	11. 5个循环：同法再完成3个循环（口述）	口述正确	3		
	12. 复检 ①判断颈动脉搏动是否恢复，同时判断自主呼吸是否恢复 ②判断时间5～10秒 ③看复苏成功时间	复检方法、判断时间正确	4		
操作后整理（3分）	洗手、整理用物	整理用物，按规定处置	3		
理论（10）	1. 操作目的 2. 注意事项	掌握全面 回答正确	5 5		
总分（100分）		总扣分			

附表42 心电监护操作技术考核评分表

姓名： 考核日期： 成绩： 考核人员：

项目	操作要点	考核要点	分值	扣分	备注
仪表（5分）	护士准备：工作衣、帽、鞋穿戴整齐，符合规范，洗手	着装整齐	5		
操作前准备（15分）	1. 评估受检者：受检者病情，意识，治疗情况，心理状态及合作程度，皮肤情况，是否有乙醇过敏史和电极片过敏史，心脏起搏器植入史	评估正确	3		
	2. 评估周围环境	评估正确	2		
	3. 用物准备：心电监护仪，导联线，托盘，75%乙醇，棉签，纱布，导电凝胶，电极片，弯盘，需要时备电源插板	用物齐全	5		
	4. 监护仪外观清洁、干燥。开机后，监护信号正常。结构性能良好	用物均处于备用状态	5		
操作流程（55分）	1. 携用物至床旁，使用两种以上方式核对受检者信息	核对正确	10		
	2. 做好受检者解释工作，受检者取合适体位	摆体位	3		
	3. 开机预热，使心电监护仪处于备用状态	开机正确	2		
	4. 电极片安放部位用75%乙醇（若是乙醇过敏，改用0.9%生理盐水）擦拭，避开胸毛以减少干扰	操作正确	5		
	5. 连接电极：将电极片贴于受检者胸部合适位置（RA-右锁骨中线与第二肋交点，LA-左锁骨中线与第二肋交点，RL-右腋前线肋缘处，LL-左腋前线肋缘处，V-胸骨左缘第四肋间）。电极安放部位要避开伤口，肌肉活动处，骨隆突处	连接正确	10		

续表

项目	操作要点	考核要点	分值	扣分	备注
	6. 血压、氧饱和度连接按照医嘱设置测量模式 / 频率	设置正确	5		
	7. 参数设置：①正确设置监护导联；②调整振幅；③设置报警上下限，包括心率、血压、呼吸、血氧饱和度等，报警范围一般为当前值的 ±10% ～ 20%，根据受检者实际监测数值和病情个性化设置，并根据医嘱设置血压测定方式和间隔时间；④设置报警音量	参数调整正确	10		
	8. 评价：①心房与心室频率是否一致；②心跳节律是否规整；③有无 P 波存在；④ P 波与 QRS 波有无关系；⑤ QRS-T 波群是否正常等；⑥心电图示波形出现明显异常时须及时采取措施	评价正确	5		
	9. 报警设置，报警处于“ON”状态	报警设置正确	5		
操作后整理（15 分）	1. 整理用物，询问受检者感受，整理床单位，洗手，记录	整理用物	5		
	2. 指导受检者监护仪使用的注意事项，定时巡视、及时记录	注意事项正确	5		
	3. 停止心电监护时，先向受检者说明，取得配合：①关闭心电监护仪再切断电源；②取下袖带，血氧探头，电极片，妥善放置各导线，保持整齐；③擦去电极凝胶，为受检者取舒适的体位，整理床单位；④监护仪及相关附件用酒精纱布擦拭，整理心电导联线，血压袖带，血氧饱和度探头；⑤洗手，记录	停止使用操作正确	5		
理论（10 分）	1. 操作目的	掌握全面	5		
	2. 注意事项	回答正确	5		
总分（100 分）		总扣分			

附表 43　吸痰操作技术考核评分表

姓名：　　　　考核日期：　　　　成绩：　　　　考核人员：

项目	操作要点	考核要点	分值	扣分	备注
仪表（3 分）	护士准备：衣帽穿戴整洁 洗手、戴口罩	着装整洁	3		
操作前准备（12 分）	1. 用物准备：听诊器、75% 乙醇、棉签、一次性吸痰管、生理盐水、治疗巾，手电筒、必要时备压舌板或口咽通气	用物准备正确	2		
	2. 评估周围环境：房间明亮温度适宜		2		
	3. 评估受检者：了解受检者的意识、生命体征、吸氧流量及受检者呼吸道分泌物的部位	评估情况	3		
	4. 负压值在有效范围内（成人 0.04 ～ 0.05MPa）（300 ～ 400mmHg）	用物检查正确	5		

续表

项目	操作要点	考核要点	分值	扣分	备注
操作流程（80分）	1. 核对受检者，做好解释。协助受检者取合适体位，检查受检者口鼻腔黏膜，有活动义齿者取下，铺治疗巾于受检者胸前，调高氧流量	操作方法正确	10		
	2. 打开生理盐水，鼻腔、口腔的液体应分开使用	操作方法正确	10		
	3. 按无菌原则取出吸痰管，连接吸引器，润滑冲洗吸痰管	连接方法正确	10		
	4. 插管深度适宜，吸痰时轻轻左右旋转吸痰管上提吸痰，同时观察痰液的颜色、性状、量，一次使用一根吸痰管，吸痰前、中、后应观察受检者生命体征	操作方法正确	10		
	5. 插入吸痰管时不带负压，以免损伤黏膜，每次吸痰时间不超过15秒	吸痰时间正确	10		
	6. 对昏迷受检者可以用压舌板或口咽通气管帮助其张口，吸痰方法同清醒受检者，吸痰毕，取出压舌板或口咽通气管	操作方法正确	10		
	7. 清洁受检者口鼻，检查口鼻腔黏膜，帮助受检者恢复舒适体位，必要时听诊肺部，待受检者生命体征平稳后将氧流量调回原先的氧流量	操作方法正确	10		
	8. 指导受检者：对受检者进行正确指导和良好沟通	指导方法正确	10		
操作后整理（5分）	整理用物及床单位，洗手，记录	按规定方法处置	5		
总分（100分）		总扣分			

附表44 密闭式静脉输液操作技术考核评分表

姓名： 考核日期： 成绩： 考核人员：

项目	操作要点	考核要点	分值	扣分	备注
仪表（5分）	护士准备：衣帽穿戴整洁，洗手，戴口罩，符合规范	着装整洁，符合要求	5		
操作前准备（5分）	物品准备：一次性输液器、消毒液、治疗巾、棉签、止血带、输液贴（或胶布、纱布罐、无菌镊）、弯盘、药液、输液卡、速干手消液、PDA、锐器盒、垃圾筒、输液架、必要时备夹板、绷带	用物齐全	5		
评估受检者（10分）	1. 评估受检者局部皮肤、血管情况 2. 评估周围环境	评估正确	5 5		

续表

项目	操作要点	考核要点	分值	扣分	备注
操作流程（60分）	1. 核对医嘱，检查用物，根据医嘱按无菌原则配药并在溶液袋上注明签字，再次消毒瓶口，将输液器插入瓶塞至针头根部，关紧调节器	操作方法正确	5		
	2. 携用物推车至床尾，使用PDA扫码，核对受检者，向受检者解释输液的目的、输入药物名称、作用，协助受检者排空膀胱	解释到位	10		
	3. 协助受检者取舒适卧位，选择穿刺部位	摆体位正确	10		
	4. 核对受检者，将输液袋倒挂于输液架上，排尽气体（第一次排气至头皮针与输液管连接处），检查输液管内有无空气	操作方法正确	10		
	5. 在穿刺部位下方铺治疗巾，穿刺点上6cm处扎上止血带，以穿刺点为中心消毒皮肤，范围＞5cm×5cm，待干	消毒面积正确	10		
	6. 再次排尽管内空气，检查有无气泡，再次核对受检者，嘱受检者握拳进行穿刺，见回血将针头再沿静脉进针少许，松开止血带，嘱受检者松拳，打开调节器，询问受检者感受，输液贴固定，根据患者的病情、年龄、药物性质调节滴速	操作方法正确	10		
	7. 再次核对受检者，取下治疗巾和止血带，协助受检者取舒适卧位，整理床单位，放置呼叫器于受检者可触及位置，并向受检者交代注意事项	三查七对	5		
操作后整理（5分）	1. 整理用物，洗手后做记录、签名等	整理用物	2		
	2. 加强巡视，观察受检者情况及有无输液反应	口述正确	2		
	3. 指导受检者：对受检者进行正确指导和良好沟通	口述正确	1		
操作质量（15分）	1. 仪表端庄，态度认真	人文关怀	5		
	2. 关心体贴受检者，动作轻柔，注意与受检者沟通		5		
	3. 操作程序正确，一针见血，固定牢固、美观		5		
总分（100分）		总扣分			

附表45　静脉留置针穿刺技术考核评分表

姓名：　　考核日期：　　成绩：　　考核人员：

项目	操作要点	考核要点	分值	扣分	备注
仪表（2分）	护士准备：衣帽穿戴整洁、洗手、戴口罩，符合规范	着装整洁	2		

续表

项目	操作要点	考核要点	分值	扣分	备注
操作前准备（5 分）	1. 用物准备：治疗盘、碘伏、无菌棉签、弯盘、操作药物（溶液）、输液器、注射器、静脉留置针、肝素帽、透明贴膜（瓶套）、止血带、治疗巾、胶布、砂轮（启瓶器）、医嘱卡、输液标签、洗手液、锐器盒、生活 / 医用垃圾桶、回收止血带盒	用物齐全	3		
	2. 环境：安静、整洁，空气清新，适宜操作	评估正确	2		
评估受检者（3 分）	评估受检者的局部皮肤及血管情况	评估正确	3		
操作流程（70 分）	1. 备齐用物，根据医嘱及输液卡，打印输液瓶贴，倒贴输液袋上，核对药液标签（药名、浓度、剂量）；检查药液质量（变质、变色、浑浊、沉淀、过期或安部有无裂痕现象）	用物核对正确	5		
	2. 携物至床旁，PDA 扫码核对受检者信息，解释目的，询问受检者是否需要排空膀胱	解释到位	5		
	3. 关闭调节器，旋紧头皮针连接处；将输液袋挂于输液架上，排空气，检查输液管内无气泡，将输液管放置妥当（首次排气原则是不滴出药液）	操作方法正确	10		
	4. 打开留置针，将输液器上的针头插入留置针的肝素帽内，将留置针内的气体排尽，关闭调节器	操作方法正确	5		
	5. 选择弹性好、粗直的静脉，扎止血带	选择静脉正确	5		
	6. 常规消毒穿刺部位皮肤，待干，备透明贴膜（注明日期、时间）	消毒方法正确	5		
	7. 再次核对，取下针套，旋转松动外套管，再次排气	三查七对	5		
	8. 嘱受检者握拳，绷紧皮肤，固定血管，持针翼以 15°～30° 角进针，见回血后压低针柄角度继续进针 0.2cm	手法正确	10		
	9. 左手持 Y 形接口，右手后撤针芯约 0.5cm，持针柄将针芯与外套管一起全部送入静脉内，撤出针芯、放于锐器盒中	手法正确	10		
	10. 松止血带，嘱松拳，松开调节器，用透明贴膜固定	操作方法正确	5		
	11. 调节滴速，取出止血带和治疗巾	调节低速准确	5		
操作后整理（10 分）	1. 再次核对	核对正确	2		
	2. 整理床单位，协助受检者取舒适体位，告知受检者输入的药物、注意事项等	注意事项正确	3		
	3. 洗手，记录（巡视观察，及时换液）	整理用物	2		

续表

项目	操作要点	考核要点	分值	扣分	备注
	4. 封管：①拔出头皮针，消毒肝素帽；②用注射器抽取 5 ～ 10ml 肝素稀释液或生理盐水，刺入肝素帽，边推药边退针的正压封管方法，至针头完全退出为止（用可来福接头替代肝素帽，可不用封管）	操作方法正确	3		
操作质量（15 分）	1. 仪表端庄，态度认真 2. 关心体贴受检者，动作轻柔 3. 操作程序正确，动作熟练	人文关怀、动作熟练	5 5 5		
总分（100 分）		总扣分			

附表 46　肌内注射操作技术考核评分表

姓名：　　　　考核日期：　　　　成绩：　　　　考核人员：

项目	实施要点	考核要点	分值	扣分	备注
仪表（2 分）	护士准备：衣帽穿戴整洁，洗手戴口罩	符合规范	2		
操作前准备（10 分）	1. 用物准备：治疗盘、2 ～ 5ml 一次性注射器，无菌棉签、砂轮、起瓶器、弯盘、无菌治疗巾或无菌垫、注射药物、注射卡、速干消毒液、PDA、锐器盒、医用垃圾筒	用物齐全	5		
	2. 评估受检者局部皮肤情况过敏史	评估正确	3		
	3. 评估环境	评估正确	2		
操作流程（65 分）	1. 核对医嘱及药物，在治疗盘内放无菌巾或无菌垫，注明使用时间	核对正确	5		
	2. 将安瓿尖端药液弹下，用乙醇无菌棉签消毒安瓿颈及砂轮，在安瓿颈部用砂轮划一锯痕，再次消毒，折断安瓿	操作方法正确	5		
	3. 取一次性注射器及针头，并衔接紧密，用正确方法抽吸药液，抽毕排气，套上安瓿放于治疗巾或无菌垫内	抽吸方法正确	5		
	4. 携用物至受检者床旁，核对受检者，向受检者解释注射的药物及作用，保护受检者隐私	解释到位	5		
	5. 选择注射部位（臀大肌、臀中肌、臀小肌、股外侧肌、上臂三角肌）	选择部位正确	10		
	6. 协助受检者取合适体位（如臀大肌注射取侧卧位，上腿伸直，下腿稍弯曲，也可取俯卧位，足尖相对，足跟分开）暴露注射部位，使肌肉放松	摆体位正确	5		
	7. 常规消毒皮肤，待干，消毒面积不少于 5cm × 5cm	消毒面积正确	5		
	8. 操作前查对，排尽注射器内空气	三查七对	5		

续表

项目	实施要点	考核要点	分值	扣分	备注
	9. 左手拇指与示指绷紧皮肤，小指与环指处夹一干无菌棉签	手法正确	5		
	10. 右手持注射器，以中指固定针栓，垂直快速刺入，进针深度为针梗长度的2/3（消瘦者及小儿酌减）	手法正确	10		
	11. 松开左手，抽动活塞，右手固定针头，无回血时，缓慢注入药液	无回血	5		
操作后整理（15分）	1. 注射完毕，左手用干无菌棉签按压针眼处，右手快速拔针，再按压进针点至不出血。再次核对受检者	操作方法正确	5		
	2. 协助受检者取适当卧位，整理衣被	摆体位正确	2		
	3. 分类清理用物，操作后洗手并记录	整理用物	3		
	4. 指导受检者：①告知受检者注射时勿紧张，肌肉放松，使药液顺利进入肌组织，利于药液的吸收；②告知受检者所注射的药物及注意事项	注意事项正确	5		
操作质量（10分）	1. 仪表端庄，态度认真		3		
	2. 关心体贴受检者，动作轻柔		3		
	3. 操作程序正确，动作熟练		4		
总分（100分）		总扣分			

附表47　腰围、臀围测量技术考核评分表

姓名：　　　　考核日期：　　　　成绩：　　　　考核人员：

项目	总分	操作要点	考核要点	分值	扣分	备注
仪表	2	护士准备：工作衣、帽、鞋穿戴整齐 洗手、戴口罩符合规范	着装整洁	2		
操作前准备	8	1. 物品准备：最小刻度为1mm的软尺一条，签字笔、速干手消剂、75%乙醇、电脑	物品准备齐全均在有效期内，物品处于备用状态	5		
		2. 评估周围环境		3		
操作过程	75	1. 主动接过指引单，“您好”	规范用语	2		
		2. 核对信息，扫受检者指引单保护受检者隐私	核对准确	3		
		3. 嘱受检者排空膀胱，除去腰带，卷起上衣至双侧肋缘，露出腹部，身体直立，肩部自然打开，双臂自然下垂，腹部放松，双脚分开25～30cm	空腹或餐后4～5小时未排空膀胱、除去腰带	5		
		4. 双侧髂前上棘与第十二肋下缘垂直连线的中点，用黑色签字笔做好标记（平静呼吸状态下脐上1cm处；或者腰部最狭窄处）	测试者站位正确、测量时软尺平整不扭曲	10		
		5. 测试者站在受试者前侧或者后侧，双手持软尺按双侧标记点水平围绕腹部一周	输入正确	10		

续表

项目	总分	操作要点	考核要点	分值	扣分	备注
		6. 嘱受试者像平常一样呼吸两次，在第二次呼气末轻轻收紧软尺；在呼气末测量腰围的长度，读取数字，精确至毫米（mm）	受试者呼吸不平稳，未像平常一样呼吸、在第二次呼气末收紧软尺、软尺松紧适宜；读取数值时双眼目光与软尺未呈水平一线	10		
		7. 嘱受试者排空膀胱，脱下裤子（包括内裤）至完全露出整个臀部为止，双腿并拢直立，双臂自然下垂	上传方法正确	10		
		8. 耻骨联合处及背后臀大肌肉最凸处（骨盆最突出处）	位置选择正确	10		
		9. 测试者站在受试者背侧，双手持软尺环绕耻骨联合处及臀大肌最凸处一周，轻轻收紧软尺；测量出臀围的长度，读出数字，精确至毫米（mm）	读取数值时双眼目光与软尺未呈水平一线	15		
操作后整理	5	1. 速干手消剂消毒双手 2. 体检结束，整理用物，做好清洁消毒并记录电脑	手消到位 清洁到位	2 3		
理论	10	1. 操作目的 2. 注意事项	掌握全面 回答正确	5 5		
总分（100分）			总扣分			

附表48　动脉硬化检测护理技术考核评分表

姓名：　　考核日期：　　成绩：　　考核人员：

项目	总分	操作要点	考核要点	分值	扣分	备注
仪表	5	1. 护士准备：衣帽、鞋穿戴整齐，符合规范 2. 洗手，戴口罩	着装标准 方法正确	3 2		
操作前准备	15	1. 仪器准备：四肢动脉仪、电脑、扫码枪 2. 物品准备：速干手消剂、75%乙醇 3. 所有无菌物品均在有效期内，仪器配备齐全功能正常，处于备用状态	仪器及物品准备齐全均在有效期内物品处于备用状态	3 2 5		
		4. 打开OMRON检测仪，打开电脑，进入“图片上传程序”、分诊系统及体检系统	开机正确	5		
操作过程	55	1. 主动接过指引单，“您好” 2. 核对信息，盖人名章，扫受检者指引单 3. 告知受检者脱掉厚重衣物，只留一件薄衣，将袜子脱至露出足跟，平卧于诊床，测量中勿移动身体，暂时不要说话，不要紧张	规范用语 核对准确 告知清楚 规范用语	5 5 5		

续表

项目	总分	操作要点	考核要点	分值	扣分	备注
		4. 选择正确部位，连接足踝袖带，松紧适宜 5. 输入受检者信息：ID 号、姓名、性别、身高、体重等 6. 按开始键进行检测 7. 测量结束后，自动生成并保存图片，显示图片上传成功	部位正确 输入正确 检测方法正确 上传方法正确	10 10 10 10		
操作后整理	15	1. 速干手消剂消毒双手 2. 体检结束，退出各系统，关闭仪器及电脑 3. 整理用物，仪器清洁消毒并记录	手消到位 关机方法正确 清洁到位	5 5 5		
理论	10	1. 操作目的 2. 注意事项	掌握全面 回答正确	5 5		
总分（100 分）			总扣分			

附表 49　^{13}C - 呼气试验操作技术考核评分表

姓名：　　　　　　考核日期：　　　　　　成绩：　　　　　　考核人员：

项目	总分	操作要点	考核要点	分值	扣分	备注
仪表	5	1. 按要求着装上岗 2. 洗手，戴口罩	着装整洁 方法正确	3 2		
操作前准备	20	1. 仪器准备：^{13}C- 尿素呼气试验检测仪、电脑、扫码枪、打印机 2. 物品准备：0 分钟集气袋、30 分钟集气袋管、尿素 ^{13}C 诊断试剂盒或检测胶囊、温开水、速干手消剂、医用垃圾桶、生活垃圾桶 3. 所有无菌物品均在有效期内，仪器配备齐全功能正常，处于备用状态 4. 打开 ^{13}C- 尿素呼气试验检测仪及电脑，进入 ^{13}C- 尿素呼气试验检测软件，点击登录，进行设备预热 5. 仪器校正	仪器及物品准备齐全均在有效期内，处于备用状态 开机方法正确 校正方法正确	2 5 3 5 5		
操作流程	40	1. 速干手消剂消毒双手，主动接过指引单，"您好，您请坐" 2. 核对受检者信息 3. 向受检者解释此项检查的目的及注意事项并告知禁忌证 4. 输入受检者信息：ID 号、姓名 5. 指导受检者取坐位，维持正常呼吸。嘱受检者 0 分钟气袋内，呼气 4 ～ 5 秒，立即拧紧气袋盖。请受检者口服 80 ～ 100ml 温开水稀释的 ^{13}C- 尿素呼气试验诊断试剂或检测胶囊后，立即在指引单右上角及 0 分钟采集袋上记录再次采集时间	规范用语，手消到位 有效核对 解释及告知全面 输入正确 采集正确	5 2 3 2 8		

续表

项目	总分	操作要点	考核要点	分值	扣分	备注
		6. 告知受检者于 30 分钟后再次收集样品，嘱受检者 30 分钟内保持空腹状态并勿吸烟，剧烈运动	告知全面	10		
		7. 二次吹气：核对受检者信息按 0 分钟收集呼气方法再次收集 30 分钟呼气样品，拧紧气袋盖	采集正确	10		
操作后整理	25	1. 打开软件，输入受检者信息（编号、姓名、性别），正确插入集气试管，开始检测	信息录入正确	10		
		2. 打印报告，核对姓名，签字	核对方法正确	5		
		3. 整理用物，按医用垃圾分类处理用物	收整到位，按医用垃圾分类处理用物	5		
		4. 用速干手消剂消毒双手	手消到位	3		
		5. 体检结束，退出 ^{13}C- 尿素呼气试验检测系统	关机方法正确	2		
理论	10	1. 操作目的	掌握全面	5		
		2. 注意事项	回答正确	5		
总分（100 分）			总扣分			

附表 50　肺功能检测护理技术考核评分表

姓名：　　　　　　　考核日期：　　　　　　　成绩：　　　　　　　考核人员：

项目	总分	操作要点	考核要点	分值	扣分	备注
仪表	5	1. 按要求着装上岗	着装标准	3		
		2. 洗手、戴口罩	方法正确	2		
操作前准备	20	1. 取得受检者知情同意，合作	取得知情同意	5		
		2. 评估：意识状态、生命体征、血气分析、睡眠、心理状况	做好适应证评估	5		
		3. 备齐用物：一次性口含嘴、肺功能检查仪、鼻夹、卫生纸、打印机、打印纸、含氯消毒液	物品备齐	5		
		4. 检查操作环境是否适宜，肺功能检测仪是否完好，检查管路消毒有无过期、漏气	开机方法正确	5		
操作流程	50	1. 开机，定标；主动接过指引单，“您好，您请坐”	规范用语 核对方法正确	5		
		2. 连接肺功能检测仪通道：有蓝点的靠近受检者一侧 首先将检查的过程讲述一遍，有需要注意的地方，加强说明，指导受检者如何配合	规范用语	5		

续表

项目	总分	操作要点	考核要点	分值	扣分	备注
		3. 用鼻夹夹住鼻子，使呼吸的通道只有一个，通过嘴呼吸；让受检者接上咬口先平静呼吸，几个呼吸周期后指导受检者将气缓慢吐出来，吐到不能再吐为止，至少持续3秒；让受检者用力、快速吸饱气到肺总量位而不能停顿；马上开始以最大能力、最快速度用力呼气；最后深吸一口气或回到平静呼吸；让受检者离开咬口等待检查结果，测量结果保存并打印，便于后续分析（肺通气功能检查） 4. 让受检者接上咬口先平静呼吸，几个呼吸周期后指导受检者将气缓慢吐出来，吐到不能再吐为止，至少持续3秒；让受检者用力、快速吸饱气到肺总量位而不能停顿；吸到最高点屏气，护士数数，听到0，马上开始以最大能力、最快速度用力呼气；最后深吸一口气或回到平静呼吸；让受检者离开咬口等待检查结果，测量结果保存并打印，便于后续分析（肺弥散功能检查） 5. 让受检者接上咬口用力吸用力吐，最快速度的呼吸12秒；让受检者离开咬口等待检查结果，根据结果分析，测量结果保存并打印，便于后续分析（肺最大通气功能检查）	信息齐全 检测部位正确、皮肤无破损 正确测量	15 15 10		
操作后流程	15	1. 整理用物，按医用垃圾分类处理用物，一次性口含嘴扔黄色垃圾袋内，每日做完最后一个受检者后，进行终末消毒 2. 速干手消剂消毒双手 3. 终末消毒：肺功能可写管路先流动水冲洗后，放入多酶洗液内浸泡5分钟，后放入清水内，左右晃动清洗膜上的酶后，放含有效氯1000mg/L的消毒液内浸泡30分钟后，放入更换后的清水内，左右晃动清洗膜上的消毒液，放置在无菌纱布上，晾干备用 4. 仪器清洁消毒并记录	收整到位，按医用垃圾分类处理用物 手消到位 收整到位 清洁到位	4 3 5 3		
理论	10	1. 操作目的 2. 操作注意事项	掌握全面 回答正确	5 5		
总分（100分）			总扣分			

附表 51　人体成分分析仪操作技术考核评分表

姓名：　　　　考核日期：　　　　成绩：　　　　考核人员：

项目	总分	操作要点	考核要点	分值	扣分	备注
仪表	5	1. 护士准备：衣帽、鞋穿戴带整齐 2. 洗手、戴口罩，符合规范	着装整洁 方法正确	3 2		
操作前准备	15	1. 仪器准备：人体成分仪、电脑、扫码枪 2. 物品准备：速干手消剂、消毒纸巾、一次性垫巾、置物筐 3. 所有无菌物品均在有效期内，仪器配备齐全功能正常，处于备用状态 4. 打开检测仪，打开电脑，进入“图片上传程序”、体检系统	仪器及物品准备齐全均在有效期内，处于备用状态 开机正确	10 5		
操作过程	60	1. 按序接待受检者，主动问好 2. 核对受检者信息 3. 询问受检者“是否空腹，是否有心脏起搏器或钢板，是否怀孕”，查看肢体是否健全 4. 告知受检者脱去外衣，将身上物品放入置物筐内，并脱去鞋袜 5. 录入相关信息 6. 正确姿势进行检测 7. 检测结束，点击“打印”，在“图片上传程序”准确上传 8. 在体检系统中录入检测结果	有序接诊，规范用语 核对准确 询问全面 指导正确 信息准确 体位正确 上传成功 录入正确	5 5 10 5 10 10 10 5		
操作后整理	10	1. 消毒纸巾擦拭电极，更换垫纸，速干手消剂消毒双手 2. 体检结束，退出各系统，关闭仪器及电脑 3. 仪器清洁消毒并记录	清洁到位 手消到位 收整到位	5 5		
理论	10	1. 操作目的 2. 注意事项	掌握全面 回答正确	5 5		
总分（100 分）			总扣分			

附表 52　骨密度测量护理技术评分表

姓名：　　　　考核日期：　　　　成绩：　　　　考核人员：

项目	总分	操作要点	考核要点	分值	扣分	备注
仪表	5	1. 按要求着装上岗 2. 洗手、戴口罩	着装标准 方法正确	3 2		
操作前准备	15	1. 仪器准备：超声骨密度、电脑、打印机 2. 物品准备：耦合剂、棉签、速干手消剂、一次性垫巾、打印纸、医用垃圾桶、生活垃圾桶 3. 所有无菌物品均在有效期内，仪器配备齐全功能正常，处于备用状态。 4. 打开骨密度检测仪，打开电脑及打印机，输入账号及密码，进入骨强度界面	仪器及物品准备齐全均在有效期内，处于备用状态 开机方法正确	10 5		

续表

项目	总分	操作要点	考核要点	分值	扣分	备注
操作流程	50	1. 主动接过指引单，“您好，您请坐”	规范用语	5		
		2. 核对信息，询问受检者测试部位有无破损	核对方法正确，规范用语	5		
		3. 选择“单部位”，正确输入受检者信息：ID 号、姓名、性别、出生年月日、左 / 右足、身高、体重点击“ok”按钮	信息齐全	10		
		4. 嘱受检者端坐体位，选择检测部位手部或足部	检测部位正确、皮肤无破损	5		
		5. 按回车开始测量，重复 3 ～ 5 次	正确测量	10		
		6. 测量完毕点击结果按钮——打印报告——保存并关闭——关闭受检者档案－－再次核对信息。在检查单上签执行者姓名和日期	打印报告并再次核对	10		
		7. 报告解读	正确解读	5		
操作后流程	20	1. 整理用物，按医用垃圾分类处理用物	收整到位，按医用垃圾分类处理用物	5		
		2. 速干手消剂消毒双手	手消到位	5		
		3. 体检结束，退出系统，关闭仪器、电脑及打印机	收整到位	5		
		4. 仪器清洁消毒并记录	清洁到位	5		
理论	10	1. 操作目的	掌握全面	5		
		2. 操作注意事项	回答正确	5		
总分（100 分）			总扣分			

附表 53　心电图操作护理技术评分表

姓名：　　　　　　考核日期：　　　　　　成绩：　　　　　　考核人员：

项目	总分	操作要点	考核要点	分值	扣分	备注
仪表	5	1. 按要求着装上岗	着装标准	3		
		2. 洗手	方法正确	2		
操作前准备	20	1. 仪器准备：心电图仪、电脑、扫码枪 2. 物品准备：生理盐水、干棉球、75% 乙醇或乙醇棉片、镊子罐、止血钳、棉球罐、生理盐水罐、医疗垃圾桶、速干手消剂、心电图纸 3. 所有无菌物品均在有效期内，仪器配备齐全功能正常，处于备用状态	仪器及物品配备齐全均在有效期内处于备用状态	10		
		4. 打开心电图仪及电脑，进入心电系统，登录“心电信息平台”	开机正确，正确登录	10		

续表

项目	总分	操作要点	考核要点	分值	扣分	备注
操作流程	50	1. 有序接待受检者，主动接过指引单，“您好”	有序接诊，规范用语	5		
		2. 核对信息，盖人名章	核对准确	5		
		3. 告知受检者：请您不要脱鞋，上床平卧，暴露双足踝、双手腕及前胸	告知全面，体位正确，部位准确	5		
		4. 正确选择部位并用 75% 乙醇棉球擦拭，连接导连线		10		
		5. 选择清晰无干扰图，点击“ECG”按钮，固定留图	采图清晰，图形完整	10		
		6. 点击“保存”键，上传心电图	保存成功，上传成功	15		
操作后收整	15	1. 整理用物，按医用垃圾分类处理用物，速干手消剂消毒双手	收整到位，手消到位	5		
		2. 体检结束，退出各系统，关闭仪器及电脑	关机方法正确	5		
		3. 仪器清洁消毒并记录	清洁到位	5		
理论	10	1. 操作目的	掌握全面	5		
		2. 注意事项	回答正确	5		
总分（100 分）			总扣分			